OEUVRES

DE

WALTER SCOTT.

TOME XXVI.

IMPRIMERIE DE E. DUVERGER,
rue de Verneuil, n° 4.

LA JOLIE FILLE

DE PERTH,

OU

LE JOUR DE SAINT-VALENTIN.

(𝔖𝔱-𝔙𝔞𝔩𝔢𝔫𝔱𝔦𝔫𝔢'𝔰 𝔇𝔞𝔫.)

TRADUCTION

DE M. DEFAUCONPRET,

AVEC DES ÉCLAIRCISSEMENS ET DES NOTES HISTORIQUES.

PARIS.

FURNE, LIBRAIRE-ÉDITEUR,

QUAI DES AUGUSTINS, N° 39.

M DCCC XXX.

LA JOLIE FILLE
DE PERTH,

ou

LE JOUR DE SAINT-VALENTIN.

(𝔗𝔥𝔢 𝔣𝔞𝔦𝔯 𝔐𝔞𝔦𝔡 𝔬𝔣 𝔓𝔢𝔯𝔱𝔥.)

CHAPITRE PRÉLIMINAIRE.

> « Je foule en ces lieux sous mes pas
> « Des rois assassinés la cendre ensevelie,
> « Et j'aperçois plus loin la scène d'un trépas
> « Qui fit couler les larmes de Marie. »
> Le Capit. Marjoribanks.

Chaque quartier d'Edimbourg a quelque objet particulier dont il est fier; de sorte que cette ville réunit dans cette enceinte, si vous voulez en croire les habitans sur parole, autant de variété que de beauté, autant d'intérêt historique que de sites pittoresques. Nos prétentions en faveur du quartier de la Canongate ne sont ni les moins élevées ni les moins intéressantes. Le Château peut nous surpasser par l'étendue de la perspective et par l'avantage naturel de sa situation sublime. Le Calton-Hill [1] a toujours eu la supériorité par son panorama sans rival, et il y a ajouté récemment ses tours, ses ponts et ses arcs

---

(1) Eminence d'Edimbourg où sont aujourd'hui la colonne de Nelson, l'Observatoire, etc., etc. — Ed.

de triomphe. Nous convenons que High-Street [1] a eu l'honneur distingué d'être défendu par des fortifications dont nous ne pouvons montrer aucun vestige. Nous ne nous abaisserons pas jusqu'à mentionner les prétentions de certains quartiers, semblables à de nouveaux parvenus, et qu'on nomme l'Ancienne-Nouvelle-Ville, et la Nouvelle-Nouvelle-Ville, pour ne rien dire du quartier favori, Moray-Place, qui est la plus nouvelle Nouvelle-Ville. Nous ne voulons entrer en compétition qu'avec nos égaux, et seulement avec nos égaux en âge, car nous n'en reconnaissons aucun en dignité. Nous nous vantons d'être le quartier de la cour, de posséder le palais, ainsi que les restes et la sépulture de nos anciens monarques; nous avons le pouvoir de faire naître, à un degré inconnu aux parties moins honorées de la ville, les souvenirs sombres et solennels de l'ancienne grandeur qui régna dans l'enceinte de notre vénérable abbaye [2], depuis le temps de saint David jusqu'à l'époque où les murs abandonnés de cet édifice éprouvèrent une nouvelle joie, et éveillèrent leurs échos long-temps silencieux, lors de la visite de notre gracieux souverain actuel [3].

Mon long séjour dans les environs, et la tranquillité respectable de mes habitudes, m'ont procuré une sorte d'intimité avec la bonne mistress ***, qui remplit les fonctions de femme de charge dans cette partie très intéressante de l'ancien édifice, qu'on appelle les Appartemens de la Reine Marie. Mais une circonstance toute récente m'a donné encore de plus grands priviléges, de sorte que je pourrais, je crois, risquer le même exploit que Chastelart [4], qui fut exécuté pour avoir été trouvé à

(1) La grande rue de la Vieille-Ville, qui s'étend depuis le château jusqu'à Holy-Rood. — Ed.
(2) Holy-Rood. — Ed.
(3) L'auteur fait ici allusion au voyage que George IV fit à Edimbourg en 1822. — Ed.
(4) Gentilhomme dauphinois, petit-neveu ou même petit-fils de Bayard,

minuit caché dans la chambre à coucher de la souveraine d'Ecosse.

Il arriva que la bonne dame dont je viens de parler s'acquittait de ses fonctions en montrant les appartemens à un *Cockney* de Londres [1]. Ce n'était pas un de nos voyageurs ordinaires, tranquilles, taciturnes, ouvrant une grande bouche et de grands yeux, et écoutant avec une nonchalante complaisance les informations banales distribuées par un cicérone de province. Point du tout, c'était l'agent actif et alerte d'une grande maison de la cité de Londres, qui ne manquait pas une occasion de faire ce qu'il appelait des affaires, c'est-à-dire de vendre les marchandises de ses commettans, et d'ajouter un *item* à son compte pour droit de commission. Il avait parcouru avec une sorte d'impatience toute la suite des appartemens, sans trouver la moindre occasion de dire un seul mot de ce qu'il regardait comme le but principal de son existence. L'histoire même de l'assassinat de Rizzio ne fit naître aucune idée dans l'esprit de cet émissaire commercial, et son attention ne s'éveilla que lorsque la femme de charge, à l'appui de sa relation, en appela aux taches de sang imprimées sur le plancher [2].

— Vous voyez ces taches, lui dit-elle, rien ne les fera disparaître. Elles existent depuis deux cent cinquante ans, et elles existeront tant que le plancher durera : ni l'eau, ni rien au monde ne peut les enlever.

Or, notre Cockney, entre autres marchandises, avait à vendre ce qu'on appelait un élixir détersif, et une tache de deux cent cinquante ans était pour lui un objet très

---

selon de Thou, attaché à la cour de Marie Stuart, et amoureux de sa souveraine; il fut surpris deux fois la nuit dans sa chambre, et condamné à mort la seconde fois. « Chastelart, dit Brantôme, avait beaucoup d'esprit, et se servait « d'une poésie douce et gentille aussi bien que gentilhomme de France. » — ED.

(1) Badaud de Londres. — ED.

(2) Il n'est aucun voyageur à qui on ne fasse remarquer ce sang que rien ne peut effacer. — ED.

intéressant, non parce qu'elle avait été causée par le sang du favori d'une reine, massacré dans son propre appartement, mais parce qu'elle lui offrait une excellente occasion d'éprouver l'efficacité de son incomparable élixir. Notre ami tomba sur ses genoux à l'instant même, mais ce n'était ni par horreur, ni par dévotion.

— Deux cent cinquante ans, madame! s'écria-t-il; et rien ne peut l'enlever! Quand elle en aurait cinq cents, j'ai dans ma poche quelque chose qui l'enlèvera en cinq minutes. Voyez-vous cette fiole d'élixir, madame? je vais vous faire disparaître cette tache en un instant.

En conséquence, mouillant de son spécifique irrésistible un des coins de son mouchoir, il commença à frotter le plancher sans écouter les remontrances de mistress ***.
— La bonne âme resta d'abord interdite d'étonnement, comme l'abbesse de Sainte-Brigitte quand un profane vida d'un seul trait une fiole d'eau-de-vie qui avait été long-temps montrée, parmi les reliques du couvent, comme contenant les larmes de cette sainte. La vénérable abbesse de Sainte-Brigitte s'attendait probablement à l'intervention de sa patronne; et peut-être la femme de charge de Holy-Rood espérait-elle que le spectre de David Rizzio apparaîtrait pour prévenir cette profanation. Mais mistress *** ne resta pas long-temps dans le silence de l'horreur. Elle éleva la voix, et poussa des cris aussi perçans que la reine Marie elle-même à l'instant où le meurtre se commettait.

Il arriva que je faisais en ce moment ma promenade du matin dans la galerie voisine, cherchant à deviner pourquoi les rois d'Ecosse suspendus autour de moi étaient tous représentés avec un nez courbé comme le marteau d'une porte. Tout-à-coup les murs retentirent de cris lamentables, au lieu des accens de la joie et des sons de la musique qu'on avait autrefois entendus si souvent dans les palais des souverains écossais. Surpris de ce bruit alarmant dans un lieu si solitaire, je courus à l'endroit d'où il partait, et je trouvai le voyageur bien intentionné frottant les planches comme une chambrière, tandis que mistress *** le tirait par les pans de son habit, s'efforçant en vain d'interrompre son occupation sacrilége. Il m'en coûta quelque peine pour expliquer à ce zélé purificateur de bas de soie, de gilets brodés, de draps superfins, et de planches de sapin, qu'il existait en ce monde certaines taches qui devaient rester ineffaçables à cause des souvenirs qui s'y rattachaient : notre bon ami ne pouvait rien y voir qu'un moyen de prouver la vertu de sa marchandise si vantée. Il finit pourtant par comprendre qu'il ne lui serait pas permis d'en démontrer l'infaillibilité en cette occasion. Il se retira donc en grommelant, et en disant à demi-voix qu'il avait toujours entendu dire que les Ecossais étaient une nation malpropre, mais qu'il n'aurait pas cru qu'ils le fussent au point de vouloir avoir les planchers de leurs palais couverts de sang, comme le spectre de Banquo [1], tandis que, pour les enlever, il ne leur faudrait que quelques gouttes de l'infaillible élixir détersif, préparé et vendu par MM. Scrub et Rub, en fioles de cinq et de dix shillings, chaque fiole étant marquée des lettres initiales de l'inventeur, pour que tout contrefacteur pût être poursuivi suivant la loi.

Délivrée de l'odieuse présence de cet ami de la propreté, ma bonne amie mistress *** me prodigua des remerciemens sincères; et cependant sa reconnaissance, au lieu de s'être épuisée par ces protestations, suivant l'usage du monde, est encore aussi vive en ce moment que si elle ne m'en eût adressé aucune. C'est grâce au souvenir qu'elle a conservé de ce bon office que j'ai la permission d'errer à mon gré dans ces salles désertes,

---

[1] Dans *Macbeth*. — Ed.

comme l'ombre de quelque défunt chambellan, tantôt songeant à des choses

<small>Depuis assez long-temps passées,</small>

comme le dit une vieille chanson irlandaise, tantôt désirant avoir la même bonne fortune que tant d'éditeurs de romans, et découvrir quelque cachette mystérieuse, quelque armoire antique et massive, qui pût offrir à mes recherches un manuscrit presque illisible, contenant les détails authentiques de quelques uns des évènemens singuliers du temps étrange de l'infortunée Marie.

Ma chère mistress Baliol unissait ses regrets aux miens, quand je me plaignais qu'on ne vît plus tomber du ciel des faveurs de cette espèce, et qu'un auteur dont les dents claquent de froid sur le bord de la mer, pût se les briser les unes contre les autres, avant qu'une vague jetât à ses pieds une caisse contenant une histoire comme celle d'Authomates [1]; qu'il pût se rompre les os des jambes en furetant dans une centaine de caves, sans y rencontrer autre chose que des rats et des souris ; et habiter successivement une douzaine de misérables taudis, sans voir d'autre manuscrit que le mémoire qu'on lui présente à la fin de chaque semaine pour sa nourriture et son logement. Une laitière, dans ce temps de dégénération, pourrait tout aussi bien laver et décorer sa laiterie dans l'espoir de trouver dans son soulier la pièce de six sous de la fée [2].

— C'est une chose fort triste, et qui n'est que trop vraie, cousin, dit mistress Baliol ; nous avons certainement tout lieu de regretter ce manque absolu de secours pour une imagination épuisée. Mais vous avez plus que personne le droit de vous plaindre que les fées n'aient

---

(1) L'*Histoire d'Authomates* est un roman philosophique dans le genre de *Robinson Crusoé*. — Ed.
(2) Pièce qui se reproduit à mesure qu'on la dépense. — Tr.

pas favorisé vos recherches, vous qui avez prouvé à l'univers que le siècle de la chevalerie n'est pas encore terminé; vous, chevalier de Croftangry, qui avez bravé la fureur d'un audacieux apprenti de Londres, pour prendre la défense d'une belle dame, et pour conserver le souvenir du meurtre de Rizzio. — N'est-ce pas bien dommage, cousin, puisque cet acte chevaleresque était si bien d'accord avec toutes les règles, — n'est-ce pas bien dommage, dis-je, que la dame n'ait pas été un peu plus jeune, et la légende un peu plus vieille?

— Quant à l'âge auquel une belle dame perd son recours à la chevalerie, et n'a plus le droit de demander à un chevalier de lui octroyer un don, c'est ce que je laisse à décider aux statuts de l'ordre de la chevalerie errante; mais pour le sang de Rizzio, je relève le gant, et je soutiens contre tous et un chacun que les taches ne sont pas de date moderne, et qu'elles sont véritablement la suite et l'indice de ce meurtre abominable.

— Comme je ne puis accepter le défi, beau cousin, je me contenterai de vous demander vos preuves.

— La tradition constante du palais, et l'analogie de l'état actuel des choses avec cette tradition.

— Expliquez-vous, s'il vous plaît.

— Je vais le faire. La tradition universelle dit que lorsque Rizzio eut été traîné hors de la chambre de la reine, les meurtriers qui dans leur fureur se disputaient à qui lui ferait plus de blessures, l'assassinèrent à la porte de l'antichambre. Ce fut donc en cet endroit que la plus grande quantité de sang fut répandue, et c'est là qu'on en montre encore les traces. En outre, les historiens rapportent que Marie continua à supplier qu'on épargnât la vie de Rizzio, mêlant ses prières de cris et d'exclamations, jusqu'au moment où elle fut positivement assurée qu'il n'existait plus; et qu'alors, s'essuyant les yeux, elle dit : — Maintenant, je songerai à le venger.

— Je vous accorde tout cela... Mais le sang? Croyez-vous qu'un si grand nombre d'années ne suffirait pas pour en effacer les marques, pour les faire disparaître?

— J'y arrive dans un moment. La tradition constante du palais dit que Marie défendit qu'on prît aucune mesure pour enlever les traces du meurtre, voulant les conserver pour mûrir ses projets de vengeance. Mais on ajoute que trouvant qu'il lui suffisait de savoir qu'elles existaient, et ne se souciant pas d'avoir toujours sous les yeux les marques horribles de cet assassinat, elle ordonna qu'une *traverse,* comme on l'appelait, c'est-à-dire une cloison en planches, fût élevée dans l'antichambre, à quelques pieds de la porte, de manière à séparer du reste de l'appartement la partie dans laquelle se trouvaient les traces de sang, partie qui devint beaucoup plus obscure. Or cette cloison existe encore, et comme elle rompt l'uniformité des corniches, c'est une preuve évidente que quelque motif de circonstance l'a fait construire, puisqu'elle nuit aux proportions de l'appartement, comme à celles des ornemens du plafond, et que par conséquent on n'a pu avoir d'autre but, en la plaçant en cet endroit, que de dissimuler un objet désagréable à la vue. Quant à l'objection que les taches de sang auraient disparu avec le temps, je crois qu'en supposant qu'on n'ait pas pris des mesures pour les enlever immédiatement après que le crime eut été commis, en d'autres termes, qu'on ait laissé au sang le temps de pénétrer dans le bois, elles doivent être devenues ineffaçables. Or, indépendamment de ce que nos palais d'Ecosse n'étaient pas très scrupuleusement nettoyés à cette époque, et qu'il n'existait pas d'élixir détersif pour aider le travail de l'éponge et du torchon, je crois très probable que ces marques sinistres auraient pu subsister très long-temps, quand même Marie n'aurait pas désiré ou ordonné qu'on les conservât, mais qu'on les dérobât à la vue par le moyen d'une cloison. Je connais plusieurs exemples de pareilles taches de sang qui ont duré pendant bien des années, et je doute qu'après un certain temps on puisse les faire disparaître autrement qu'en recourant au rabot du menuisier. Si quelque sénéchal, pour ajouter à l'intérêt qu'inspirent ces appartemens, avait voulu employer une couleur ou quelque autre moyen imitatif, pour tromper la postérité par ces stigmates artificiels, il me semble qu'il aurait établi la scène de son imposture dans le cabinet ou dans la chambre à coucher de la reine, et placé ces traces de sang dans un endroit où elles auraient été distinctement visibles à tous les yeux, au lieu de les cacher ainsi derrière une cloison. D'ailleurs l'existence de cette cloison est infiniment difficile à expliquer, si l'on rejette la tradition commune. En un mot, les localités s'accordent si bien avec le fait historique, qu'elles me semblent pouvoir venir à l'appui de la circonstance additionnelle des taches de sang qu'on voit sur le plancher.

— Je vous proteste, cousin, que je suis très disposée à me laisser convertir à votre croyance. Nous parlons d'un vulgaire crédule, sans nous souvenir toujours qu'il existe aussi une incrédulité vulgaire, qui, en fait d'histoire comme de religion, trouve plus facile de douter que d'examiner, et qui fait qu'on cherche à se faire un honneur d'être un esprit fort, toutes les fois qu'un fait est un peu au-dessus de l'intelligence bornée du sceptique. Ainsi, ce point étant réglé entre nous, et puisque vous possédez, comme je le comprends, le *sésame*[1] qui peut vous ouvrir ces appartemens secrets, quel usage comptez-vous faire de votre privilége, s'il m'est permis de vous le demander?... Avez-vous dessein de passer la nuit dans la chambre à coucher de la reine?

---

(1) Le mot du talisman. Allusion à l'histoire d'*Ali Baba et les quarante voleurs*, dans les *Mille et une Nuits*, où la porte du souterrain s'ouvre dès qu'on prononce le mot *sésame*. — Éd.

— Et à quoi bon, ma chère dame? Si c'est pour ajouter encore à mon rhumatisme, ce vent d'est peut suffire pour cela.

— A votre rhumatisme! — A Dieu ne plaise! Ce serait pis que d'ajouter des couleurs à la violette [1]. Non, je ne vous recommandais de passer une nuit sur la couche de la Rose d'Écosse, que pour vous échauffer l'imagination. Qui sait quels rêves peut produire une nuit passée dans un palais où vivent tant de souvenirs! Qui sait si la porte de fer de l'escalier de la poterne ne s'ouvrirait pas à l'heure mystérieuse de minuit, comme du temps de la conspiration, et si vous ne verriez pas arriver les fantômes des assassins, d'un pas furtif, avec un air sombre, pour vous donner une répétition de cette scène tragique... Voyez s'avancer le féroce et fanatique Ruthven, qui trouva dans sa haine et l'esprit de parti la force de porter une armure dont le poids eût accablé des membres exténués comme les siens par une maladie lente. Voyez ses traits, défigurés par les souffrances, se montrer sous son casque, comme ceux d'un cadavre animé par un démon, ses yeux étincelans de vengeance, tandis que son visage a le calme de la mort... Vient ensuite la grande taille du jeune Darnley, aussi beau dans sa personne que chancelant dans sa résolution. Il avance comme si son pied hésitait de fouler le sol; mais il hésite encore davantage dans son projet, une crainte puérile ayant déjà pris l'ascendant sur sa puérile passion. Il est dans la situation d'un enfant espiègle qui a mis le feu à une mine, et qui, attendant l'explosion avec remords et terreur, donnerait sa vie pour éteindre la mèche que sa propre main a enflammée... Après lui... mais j'oublie les noms du reste de ces nobles coupe-jarrets... Ne pouvez-vous m'aider?

(1) Expression de Shakspeare.
To gold refined gold, to paint the lily
To throw a perfume on the violet, etc.   ED.

— Évoquez le Postulant, George Douglas, le plus actif de toute la bande. — Qu'il apparaisse à votre voix, celui qui prétendait à une fortune qu'il ne possédait pas, dans les veines duquel coulait l'illustre sang des Douglas, mais souillé d'illégitimité. — Peignez cet homme cruel, entreprenant, ambitieux, si près de la grandeur, et ne pouvant y atteindre ; si voisin de la richesse, et ne pouvant se la pocurer ; ce Tantale politique, prêt à tout faire et à tout oser pour contenter sa cupidité et faire valoir ses droits douteux.

— Admirable, mon cher Croftangry ! mais qu'est-ce qu'un Postulant ?

— Ah ! ma chère dame ! vous troublez le cours de mes idées ! — On nommait Postulant en Écosse, le candidat à un bénéfice qu'il n'avait pas encore obtenu. — George Douglas, qui poignarda Rizzio, était Postulant des domaines temporels de la riche abbaye d'Arbroath.

— Me voilà instruite. — Allons, continuez : qui vient ensuite ?

— Qui vient ensuite ? Cet homme grand et maigre, ayant un air sauvage, tenant en main un pétrinal [1], doit être André Ker de Faldonside, fils, je crois, du frère du célèbre sir David Ker de Cessford. Son regard et son maintien annoncent un maraudeur des frontières. Il avait l'humeur si farouche, que, pendant le tumulte dans le cabinet, il dirigea son arme chargée contre le sein de la jeune et belle reine... d'une reine qui devait devenir mère quelques semaines après.

— Bravo ! beau cousin ! — Eh bien, puisque vous avez évoqué un tel essaim de fantômes, j'espère que vous n'avez pas le projet de les renvoyer dans leur couche froide pour se réchauffer ? Vous les mettrez en action, et puisque votre plume infatigable menace encore la Ca-

---

[1] Ancien fusil, plus court que le mousquet. — Tr.

nougate, vous avez sans doute dessein d'arranger en roman, ou en drame, si vous le préférez, cette tragédie la plus singulière de toutes?

— On a choisi des temps plus arides, c'est-à-dire moins intéressans, pour amuser les siècles paisibles qui ont succédé à des jours orageux. Mais, ma chère dame, les évènemens qui se sont passés sous le règne de Marie sont trop connus pour qu'il soit possible de les couvrir du voile de la fiction. Que pourrait ajouter un meilleur écrivain que je ne le suis à l'élégante et énergique narration de Robertson? Adieu donc ma vision! Je me réveille, comme John Bunyan [1], et je vois que ce n'était qu'un songe. — Eh bien, je ne suis pas fâché de m'éveiller sans la sciatique qui aurait probablement suivi mon sommeil, si j'avais profané le lit de la reine Marie, en m'en servant comme d'une ressource mécanique pour rendre son élasticité à une imagination engourdie.

— Vous ne m'échapperez pas ainsi, cousin. Il faut passer par-dessus tous ces scrupules, si vous voulez réussir dans le rôle d'historien-romancier que vous vous êtes décidé à jouer. Quel rapport y a-t-il entre vous et le classique Robertson? La lumière qu'il portait était comme une lampe destinée à éclairer les évènemens obscurs de l'antiquité; la vôtre est une lanterne magique qui fait voir des merveilles qui n'ont jamais existé. Un lecteur de bon sens ne sera pas plus surpris de trouver dans vos écrits des inexactitudes historiques, qu'on ne l'est de voir Polichinelle, sur son théâtre mobile, assis sur un même trône avec Salomon dans toute sa gloire, ou de l'entendre crier au patriarche, pendant le déluge : — Voilà un brouillard bien épais, maître Noé!

— Comprenez-moi bien, ma chère dame : je connais parfaitement tous mes priviléges, comme romancier. Mais

---

(1) Auteur du roman allégorique du *Voyage du Pélerin*. — ED.

le menteur, M. Fagg [1], nous assure lui-même que, quoiqu'il ne se fasse jamais scrupule de mentir par ordre de son maître, cependant il se sent la conscience blessée quand le mensonge est découvert. Or, c'est pour cette raison que j'évite prudemment de marcher dans les sentiers trop battus de l'histoire, où chacun trouve des poteaux chargés d'inscriptions qui lui apprennent par où il doit tourner ; de sorte que les enfans des deux sexes qui apprennent l'histoire d'Angleterre par demandes et par réponses rient aux dépens d'un pauvre auteur, s'il vient à se fourvoyer du droit chemin.

— Ne vous découragez pourtant pas, cousin Chrystal. L'histoire d'Écosse offre une foule de contrées inconnues, dont les chemins, si je ne me trompe, n'ont jamais été décrits avec certitude, et qu'on ne connaît que par des traditions imparfaites et de merveilleuses légendes. Et, comme le dit Mathieu Prior [2], dans les déserts où nul sentier n'est tracé, les géographes placent des éléphans au lieu de villes.

— Si tel est votre avis, ma chère dame, lui dis-je, le cours de mon histoire prendra sa source, en cette occasion, à une époque reculée, et dans une province éloignée de ma sphère naturelle de la Canongate.

Ce fut sous l'influence de ces sentimens que j'entrepris le roman historique qui va suivre, et qui, souvent interrompu et mis à l'écart, a maintenant acquis une dimension trop imposante pour être tout-à-fait mis au rebut, quoiqu'il soit peut-être imprudent de le confier à la presse.

Je n'ai point placé dans la bouche de mes interlocuteurs le dialecte écossais qu'on parle aujourd'hui, parce qu'il est incontestable que la langue écossaise du temps dont il s'agit ressemblait beaucoup à l'anglo-saxon, enrichi d'une légère teinte de français ou de normand. Ceux

---

[1] Personnage de comédie. — Ed.
[2] Poète et diplomate contemporain de Pope. — Ed.

qui désirent approfondir ce sujet peuvent consulter les *Chroniques de Wynton* [1], et l'*Histoire de Bruce* par l'archidiacre Barbour [2]. Mais en supposant que ma connaissance de l'ancien écossais pût suffire pour en faire passer les particularités dans le dialogue, il aurait fallu y joindre une traduction, pour mettre ce style à la portée de la généralité des lecteurs. On peut donc regarder le dialecte écossais comme mis de côté dans cet ouvrage, si ce n'est dans les occasions où l'emploi de certains mots peut ajouter de la force ou de la vivacité à la phrase.

CHAPITRE PREMIER.

« C'est le Tibre! disait un Romain orgueilleux,
« Voyant couler les eaux du Tay majestueux;
« Mais quel est l'Ecossais, imitant sa jactance,
« Qui voudrait, s'il n'était attaqué de démence,
« Au Tibre, fleuve nain, donner le nom de Tay [3]? »
Anonyme.

Si l'on demandait à un étranger intelligent d'indiquer la plus variée et la plus belle de toutes les provinces d'Écosse, il est probable qu'il nommerait le comté de Perth. Qu'on fasse la même question à un Ecossais né dans toute autre partie de ce royaume, il est probable que sa partialité lui fera d'abord donner la préférence au comté qui l'a vu naître, mais il accordera certainement la seconde place à celui de Perth; ce qui donne aux habitans de celui-ci un juste droit de prétendre que, tout préjugé à part, le comté de Perth forme la plus belle portion de la Calédonie [4]. Il y a long-temps que lady

(1) André Wynton, chanoine, chroniqueur écossais, mort en 1420. — Ed.
(2) John Barbour était le chapelain de Bruce, et il écrivit son histoire en vers. Voyez le *Lord des Iles*, et les notes de ce poème historique. — Ed.
(3) Ces vers font allusion à une exclamation attribuée aux soldats romains à la vue du Tay. — Ed.
(4) Le comté de Perth se divise d'une manière générale en pays haut et en pays bas (*highland* et *lowland*). C'est un des plus larges et le plus pittores-

Marie Wortley Montague, avec cet excellent goût qui caractérise tous ses écrits, exprima l'opinion que la partie la plus intéressante de chaque pays, celle qui offre dans la plus grande perfection une variété de beautés naturelles, est celle où les hauteurs s'abaissent au niveau des plaines, ou d'un terrain plus uni. C'est là qu'on trouve les montagnes les plus pittoresques, sinon les plus élevées. Les rivières s'échappent en cascades du flanc des rochers, et traversent les défilés les plus romantiques. En outre, la végétation d'un climat et d'un sol plus heureux se mêle aux teintes magnifiques qui caractérisent le tableau de ces régions; des bois, des bosquets, des buissons revêtent avec profusion la base des montagnes, serpentent le long de leurs ravins, et en couronnent le sommet. C'est dans ces régions favorisées que le voyageur trouve ce que Gray, ou quelque autre poète, a appelé la beauté assise sur les genoux de la terreur.

D'après sa situation avantageuse, cette province présente la variété la plus séduisante. Ses lacs, ses bois, ses montagnes, peuvent rivaliser de beauté avec tout ce que renferme le pays des Highlands; et quelquefois, à peu de distance de ses sites les plus sublimes, le comté de Perth offre aussi des cantons fertiles et peuplés qui peuvent lutter de richesse avec l'Angleterre même. Ce pays a été aussi la scène d'un grand nombre d'exploits et d'événemens remarquables, les uns d'une importance historique, les autres intéressans pour le poète et le romancier, quoiqu'ils ne nous aient été transmis que par la tradition populaire. Ce fut dans ces vallées que les Saxons des plaines et les Gaëls des montagnes eurent mille rencontres sanglantes et désespérées, dans lesquelles il était souvent impossible de décider si la palme de la victoire

---

que des comtés d'Ecosse : borné à l'est par le Forfarshire, au sud par le frith du Tay et les comtés de Kinross et de Fife, au sud-ouest par le Stirlingshire, et au nord par Inverness et Aberdeen. — Eb.

devait appartenir aux cottes de mailles de la chevalerie des Lowlands, ou aux plaids des clans des Highlands.

Perth[1], si remarquable par la beauté de sa situation, est une ville fort ancienne à qui une vieille tradition attache une importance additionnelle, en la disant fondée par les Romains. Cette nation victorieuse prétendait, dit-on, reconnaître le Tibre dans le Tay, fleuve navigable et bien plus beau que celui de Rome, et ajoutait que la grande plaine connue sous le nom de North-Inch avait beaucoup de ressemblance avec son Campus Martius. Cette cité fut souvent la résidence de nos monarques. Ils n'avaient pourtant pas de palais à Perth, mais le couvent des religieux de l'ordre de Citeaux suffisait amplement pour les recevoir eux et leur cour. Ce fut là que Jacques Ier, un des plus sages et des meilleurs rois d'Ecosse, succomba victime de la haine d'une aristocratie vindicative[2]. Ce fut là aussi qu'eut lieu la mystérieuse conspiration de Gowrie[3], dont la scène n'a disparu que depuis peu, par la destruction de l'ancien palais dans lequel cet évènement se passa. La société des Antiquaires de Perth, par suite d'un zèle louable pour tout ce qui a rapport à ses travaux, a publié un plan exact de cet édifice, et y a joint quelques remarques sur les rapports qu'il a avec la relation de ce complot, remarques qui se font distinguer par autant de sagacité que de candeur.

Un des plus beaux points de vue que la Grande-Bretagne ou peut-être le monde entier puisse présenter, est, ou nous devrions plutôt dire était, la perspective dont on jouissait d'un endroit nommé *les Wicks de Béglie*; c'était une espèce de niche où le voyageur arrivait après avoir traversé, depuis Kinross, une longue étendue de

---

(1) La capitale du Perthshire, située à trente-huit milles environ d'Edimbourg, sur la rive sud-ouest du Tay. — Ed.

(2) Il fut tué par le duc d'Athol. — Ed.

(3) Sous Jacques VI. — Ed.

pays inculte et dépourvu de tout intérêt. De ce lieu, formant une passe sur le sommet d'une éminence qu'il avait gravie graduellement, il voyait s'étendre sous ses pieds la vallée du Tay, arrosée par ce grand et beau fleuve, la ville de Perth avec ses deux grandes prairies ou *inches* [1], ses clochers et ses tours; les montagnes de Moncrieff et de Kinnoul s'élevant peu à peu en rochers pittoresques, revêtus en partie de bois; les riches bords du fleuve décorés d'élégantes maisons, et, dans le lointain, les monts Grampiens, rideau qui termine du côté du nord ce paysage ravissant. Le changement fait à la route, et qui, il faut l'avouer, favorise grandement les communications, prive le voyageur de ce magnifique point de vue, et le paysage ne se développe aux yeux que partiellement et graduellement, quoique les approches puissent en ce être justement admirées. Nous croyons qu'il reste encore un sentier par lequel les piétons peuvent arriver aux Wicks de Béglie, et le voyageur, en quittant son cheval ou son équipage, et en faisant à pied quelques centaines de toises, peut encore comparer le paysage avec l'esquisse que nous avons essayé d'en tracer. Mais il n'est ni en notre pouvoir de communiquer à nos lecteurs, ni au leur de se figurer d'après notre description, le charme que la surprise ajoute au plaisir quand une vue si magnifique s'offre à l'instant où l'on s'y attend le moins et où l'on peut le moins l'espérer. C'est ce qu'éprouva Chrystal Croftangry, la première fois qu'il vit ce spectacle sans égal.

Il est vrai qu'une admiration presque enfantine était un des élémens du plaisir dont je jouis alors, car je n'avais pas plus de quinze ans : et comme c'était la première excursion qu'il m'était permis de faire sur un bidet qui m'appartenait, j'éprouvais aussi une satisfaction résul-

---

[1] Ce sont deux plaines dans la ville même et à l'extrémité des deux grandes rues. — Ed.

tant du sentiment de mon indépendance, et mêlée de cette sorte d'inquiétude dont ne peut se défendre le jeune homme le plus prévenu en sa faveur, quand il est, pour la première fois, abandonné à ses propres conseils. Je me souviens que je tirai tout-à-coup les rênes de mon cheval pour le faire arrêter, et que je regardai la scène qui se présentait à mes yeux comme si j'avais craint qu'elle changeât ainsi que les décorations d'un théâtre, sans me laisser le temps d'en examiner distinctement les différentes parties, et de me convaincre que ce que je voyais était réel. Depuis ce moment, et il y a maintenant plus de cinquante ans qu'il est passé, le souvenir de ce paysage sans rival a exercé la plus vive influence sur mon esprit; c'est pour moi une époque à laquelle je reviens souvent quand la plupart des évènemens qui ont influé sur ma fortune se sont effacés de ma mémoire. Il est donc naturel que, lorsque je délibérais sur le choix du sujet que j'offrirais au public pour son amusement, j'en aie pris un ayant quelque rapport au beau spectacle qui avait fait tant d'impression sur ma jeune imagination, et qui peut-être produira, relativement aux imperfections de mon ouvrage, le même effet que les dames attribuent à de belles tasses de porcelaine relevant, suivant elles, la saveur d'un thé médiocre.

L'époque à laquelle se rattache mon ouvrage remontera pourtant beaucoup plus haut qu'aucun des évènemens historiques et remarquables auxquels j'aie déjà fait allusion; car les faits dans le détail desquels je vais entrer se sont passés pendant les dernières années du quatorzième siècle, lorsque le sceptre de l'Ecosse était entre les mains du bon mais faible roi John, qui régna sous le nom de Robert III.

CHAPITRE II.

Perth pouvant se vanter, comme nous l'avons déjà dit, d'être si bien partagé du côté des beautés de la nature inanimée, a toujours eu aussi sa part de ces charmes qui sont en même temps plus intéressans, mais moins durables. Être appelée « la Jolie Fille de Perth » aurait été dans tous les temps une grande distinction, et aurait supposé une beauté supérieure, quand il y avait tant de rivales dignes de réclamer un titre si envié. Mais dans les temps féodaux sur lesquels nous appelons maintenant l'attention du lecteur, la beauté d'une femme était une qualité de bien plus haute importance qu'elle ne l'a été depuis que les idées de la chevalerie ont disparu en grande partie. L'amour des anciens chevaliers était une espèce d'idolâtrie tolérée, dont on supposait en théorie que l'amour du ciel pouvait seul approcher, quoique, en pratique, l'ardeur de ce second amour égalât rarement celle du premier. On en appelait familièrement au même instant à Dieu et aux dames, et le dévouement au beau sexe était aussi vivement recommandé à l'aspirant aux honneurs de la chevalerie, que la dévotion envers le ciel. A cette époque de la société, le pouvoir de la beauté était presque sans bornes : il pouvait mettre le rang le plus élevé au niveau de celui qui lui était inférieur, même à une distance incommensurable.

Sous le règne qui avait précédé celui de Robert III, la beauté seule avait fait appeler une femme d'un rang inférieur, et de mœurs presque suspectes, à partager le trône d'Écosse ; et bien des femmes, moins adroites ou moins heureuses, s'étaient élevées à la grandeur, d'un état de concubinage dont les mœurs du temps étaient l'excuse. De tels exemples auraient pu éblouir une fille de plus haute naissance que Catherine ou Katie Glover, universellement reconnue pour être la jeune personne la plus belle de la ville et des environs. La renommée de la Jolie Fille de Perth avait attiré sur elle l'attention des jeunes galans de la cour du roi. Cette cour se tenait à Perth ou dans les environs; au point que maints nobles seigneurs, et des plus distingués par leurs exploits chevaleresques, mettaient plus de soin à donner des preuves de leurs talens dans l'art de l'équitation, quand ils passaient devant la porte du vieux Simon Glover, dans la rue qu'on appelait Curfew-Street, qu'à se distinguer dans les tournois, où les plus illustres dames d'Ecosse étaient pourtant les spectatrices de leur adresse.

Mais la fille de Glover, ou du Gantier (car, suivant l'usage assez commun dans ce temps, Simon tirait son surnom du métier qu'il exerçait), ne montrait aucune envie d'écouter les galanteries qui partaient d'un rang trop au-dessus de celui qu'elle occupait elle-même; et quoique probablement elle ne fût pas aveugle sur ses charmes personnels, elle semblait désirer de borner ses conquêtes à ceux qui se trouvaient dans sa propre sphère. D'un genre de beauté encore plus intellectuel que physique, elle était, malgré la douceur et la bonté naturelle de son caractère, accompagnée de plus de réserve que de gaieté, même dans la compagnie de ses égaux, et le zèle avec lequel elle s'acquittait de tous les devoirs de la religion portait bien des gens à penser que Catherine Glover nourrissait en secret le désir de se retirer du monde et de s'ensevelir dans la retraite d'un cloître. Mais en supposant qu'elle eût le projet d'un tel sacrifice, il n'était pas à présumer que son père, qui passait pour riche et qui n'avait pas d'autre enfant, y consentît jamais volontairement.

La beauté régnante de Perth fut confirmée par les sentimens de son père dans la résolution qu'elle avait

prise de fermer l'oreille aux fleurettes des courtisans.
— Laisse-les passer, lui disait-il, laisse-les passer, Catherine, ces galans avec leurs chevaux fringans, leurs brillans éperons, leurs toques à plumes et leurs moustaches bien frisées ; ils ne sont pas de notre classe, et nous ne chercherons pas à nous élever jusqu'à eux. C'est demain la Saint-Valentin, le jour où chaque oiseau choisit sa compagne ; mais tu ne verras ni la linotte s'accoupler à l'épervier, ni le rouge-gorge au milan. Mon père était un honnête bourgeois de Perth, et il savait manier l'aiguille aussi bien que moi. Si pourtant la guerre approchait des portes de notre belle ville, il laissait là l'aiguille, le fil, et la peau de chamois ; il tirait du coin obscur où il les avait déposés un bon morion et un bouclier, et il prenait sa longue lance sur la cheminée. Qu'on me dise quel jour lui ou moi nous nous sommes trouvés absens quand le prévôt passait la revue ! C'est ainsi que nous avons vécu, ma fille ; travaillant pour gagner notre pain, et combattant pour le défendre, je ne veux pas avoir un gendre qui s'imagine valoir mieux que moi ; et quant à ces lords et à ces chevaliers, je me flatte que tu te souviendras toujours que tu es d'une condition trop inférieure pour être leur femme, et trop haute pour être leur maîtresse. Et maintenant laisse là ton ouvrage, mon enfant ; car c'est aujourd'hui la veille d'une fête, et il convient que nous allions à l'office du soir. Nous prierons le ciel de t'envoyer demain un bon Valentin [1].

La Jolie Fille de Perth laissa donc le superbe gant de chasse qu'elle brodait pour lady Drummond, et mettant

(1) Le 14 février, jour de Saint-Valentin, chaque oiseau, disent les Anglais, choisit sa compagne de nichée pour le reste de l'an. D'après un usage immémorial qui remonte aux superstitions païennes, le premier homme qu'une jeune fille voit ce jour-là doit être son ami au moins pour douze mois, et s'appelle son Valentin. Depuis la réforme, saint Valentin a conservé encore le privilége de représenter le Cupidon païen. Les jeunes filles reçoivent ce jour-là des vers (madrigaux et acrostiches), au grand profit de la petite poste. — Éd.

sa robe des jours de fête, elle se prépara à suivre son père au couvent des Dominicains, qui était à peu de distance de Curfew-Street, où ils demeuraient. Chemin faisant, Simon Glover, ancien bourgeois de Perth, généralement estimé, un peu avancé en âge, mais ayant aussi avancé sa fortune, recevait des jeunes et des vieux les hommages dus à son pourpoint de velours et à sa chaîne d'or, tandis que la beauté de Catherine, quoique cachée sous sa mante, qui ressemblait à celle qu'on porte encore en Flandre, obtenait les révérences et les coups de bonnet de ses concitoyens de tout âge.

Tandis qu'ils marchaient, le père donnant le bras à sa fille, ils étaient suivis par un grand et beau jeune homme portant le costume le plus simple de la classe mitoyenne, mais qui dessinait avec avantage des membres bien proportionnés, et laissait voir des traits nobles et réguliers que faisait encore valoir une tête bien garnie de cheveux bouclés, et une petite toque écarlate qui convenait à ravir à cette coiffure. Il n'avait d'autre arme qu'un bâton qu'il tenait à la main, car il était apprenti du vieux Glover; et l'on ne jugeait pas convenable que les personnes de sa classe se montrassent dans les rues portant l'épée où le poignard, privilége que les *jackmen*, c'est-à-dire les militaires au service particulier des nobles, regardaient comme leur appartenant exclusivement. Il suivait son maître à l'église, d'abord comme étant en quelque sorte son domestique, et ensuite pour prendre sa défense, si quelque circonstance l'exigeait; mais il n'était pas difficile de voir, aux attentions marquées qu'il avait pour Catherine Glover, que c'était surtout à elle qu'il désirait consacrer tous ses soins. En général son zèle ne trouvait pas d'occasion pour s'exercer, car un sentiment unanime de respect engageait tous les passans à se ranger pour faire place au père et à la fille.

Cependant quand on commença à voir briller parmi la

foule les casques d'acier, les barrettes et les panaches des écuyers, des archers et des hommes d'armes, ceux qui portaient ces marques distinctives de la profession militaire montrèrent des manières moins polies que les citoyens paisibles. Plus d'une fois, quand, soit par hasard, soit peut-être par prétention à une importance supérieure, quelqu'un de ces individus prenait sur Simon le côté du mur, le jeune apprenti du gantier fronçait le sourcil avec l'air menaçant d'un homme qui désirait prouver l'ardeur de son zèle pour le service de sa maîtresse. Chaque fois que cela lui arrivait, Conachar, c'était le nom de l'apprenti, recevait une réprimande de son maître, qui lui donnait à entendre qu'il ne voulait pas qu'il intervînt en pareilles affaires, sans en avoir reçu l'ordre.

— Jeune insensé, lui dit-il, n'as-tu pas vécu assez longtemps dans ma boutique pour avoir appris qu'un coup fait naître une querelle, et qu'un poignard coupe la peau aussi vite qu'une aiguille perce le cuir? Ne sais-tu pas que j'aime la paix, quoique je n'aie jamais craint la guerre; et que je me soucie fort peu de quel côté de la chaussée ma fille et moi nous marchons, pourvu que nous puissions cheminer paisiblement? Conachar s'excusa sur le zèle qu'il avait pour l'honneur de son maître; mais cette réponse ne satisfit pas le vieux bourgeois de Perth. — Qu'avons-nous de commun avec l'honneur? s'écria Simon Glover; si tu veux rester à mon service, songe à l'honnêteté, et laisse l'honneur à ces fanfarons extravagans qui portent des éperons aux talons et du fer sur leurs épaules. Si tu veux te charger d'une pareille garniture et t'en servir, à la bonne heure; mais ce ne sera ni chez moi, ni en ma compagnie.

Cette réprimande parut animer la colère de Conachar, au lieu de la calmer. Mais un signe de Catherine, si le léger mouvement qu'elle fit en levant son petit doigt était véritablement un signe, produisit sur le jeune homme plus d'effet que les reproches de son maître courroucé. Il perdit sur-le-champ l'air martial qui lui semblait naturel, et redevint l'humble apprenti d'un bourgeois paisible.

Ils furent bientôt joints par un jeune homme portant un manteau qui lui couvrait une partie du visage ; c'était l'usage adopté souvent par les galans de ce temps quand ils ne voulaient pas être connus, et qu'ils sortaient pour chercher des aventures. Il semblait, en un mot, un homme qui pouvait dire à ceux qui l'entouraient : — Je désire en ce moment ne pas être connu ; je ne veux pas qu'on m'applique mon nom ; mais, comme je ne suis responsable de mes actions qu'à moi-même, je ne garde l'incognito que par forme, et je me soucie fort peu que vous me reconnaissiez ou non. Il s'approcha de Catherine, qui tenait le bras de son père, et ralentit le pas, comme pour les accompagner.

— Bonjour, brave homme.

— J'en dis autant à Votre Honneur, et je vous remercie. Puis-je vous prier de continuer votre chemin ? Nous marchons trop lentement pour Votre Seigneurie, et notre société est trop humble pour le fils de votre père.

— C'est ce dont le fils de mon père doit être le meilleur juge, vieillard ; mais j'ai à vous parler d'affaires, ainsi qu'à la belle sainte Catherine que voici, et qui est la plus aimable et la plus cruelle de toutes les saintes du calendrier.

— Sauf votre respect, milord, je vous ferai observer que c'est aujourd'hui la veille de saint Valentin, et que par conséquent ce n'est pas le moment de parler d'affaires. Votre Honneur peut m'envoyer ses ordres par un valet demain matin, d'aussi bonne heure qu'il lui plaira.

— Il n'y a pas de temps comme le moment présent, répondit le jeune homme, qui semblait être d'un rang à se dispenser de toute cérémonie ; je désire savoir si vous avez fini le pourpoint de buffle que j'ai commandé il y a quelque temps ; et je vous prie de me dire, belle Catherine, ajouta-t-il en baissant la voix, si vos jolis doigts se sont occupés à le broder, comme vous me l'avez promis. Mais je n'ai pas besoin de vous le demander, car mon pauvre cœur a senti la piqûre de chaque coup d'aiguille que vous avez donné au vêtement qui doit le couvrir. Cruelle, comment pouvez-vous tourmenter un cœur qui vous chérit si tendrement ?

— Permettez-moi de vous en supplier, milord, cessez un pareil langage ; il ne vous convient pas de me l'adresser, et je ne dois pas l'écouter. Nous sommes d'un rang obscur, mais honnête, et la présence d'un père devrait mettre sa fille à l'abri d'entendre de semblables propos, même dans la bouche de Votre Seigneurie.

Catherine parlait si bas, que ni son père ni Conachar ne pouvaient entendre ce qu'elle disait.

— Eh bien, tyran, répondit le galant persévérant, je ne vous persécuterai pas plus long-temps, pourvu que vous me promettiez que je vous verrai demain matin à votre fenêtre à l'instant où le soleil se montrera au-dessus de la montagne du côté de l'orient, et que vous me donnerez ainsi le droit d'être votre Valentin pendant toute l'année.

— Je n'en ferai rien, milord ; il n'y a qu'un moment que mon père me disait que les faucons, et encore moins les aigles, ne s'apparient pas avec l'humble linotte. Cherchez quelque dame de la cour, à qui vos attentions feront honneur ; quant à moi, Votre Seigneurie doit me permettre de lui dire la vérité avec franchise, elles ne peuvent que me faire du déshonneur.

Tout en parlant ainsi, ils arrivèrent à la porte de l'église.

— J'espère, milord, dit Simon, que vous nous permettrez ici de prendre congé de vous. Je sais parfaitement que les tourmens et les inquiétudes que vos fantaisies peuvent causer à des gens de notre classe ne sont pas capables de vous y faire renoncer ; mais d'après la foule de domestiques qui sont à la porte, vous pouvez voir qu'il y a dans l'église d'autres personnes qui ont droit au respect, et même de la part de Votre Seigneurie.

— Oui, du respect ! et qui en a pour moi ? murmura le jeune seigneur hautain ; un misérable artisan et sa fille, qui devraient se croire trop honorés que je leur accorde la moindre attention, ont l'insolence de me dire que ma compagnie les déshonore... Fort bien, ma princesse de peau de daim et de soie bleue, je vous en ferai repentir.

Tandis qu'il se parlait ainsi à lui-même, le gantier et sa fille entraient dans l'église des Dominicains, et l'apprenti Conachar, en voulant les suivre de près, coudoya, peut-être avec intention, le jeune seigneur. Le galant, sortant de sa rêverie fâcheuse, et se croyant insulté de propos délibéré, saisit le jeune homme à la poitrine, le frappa et le repoussa rudement. Conachar trébucha et se soutint avec peine, et il porta la main à son côté, comme s'il eût cherché une épée ou un poignard à l'endroit où l'on porte ordinairement ces armes ; mais n'en trouvant pas, il fit un geste de colère et de désappointement, et entra dans l'église. Cependant le jeune noble resta les bras croisés sur sa poitrine, en souriant avec hauteur, comme pour narguer son air menaçant. Lorsque Conachar eut disparu, son antagoniste arrangea son manteau de manière à se cacher encore davantage la figure, et fit un signal en levant un de ses gants. Il fut joint aussitôt par deux hommes qui, déguisés comme lui, avaient attendu ses ordres à peu de distance. Ils parlèrent ensemble avec vivacité, après quoi le jeune seigneur se retira d'un côté, et ses amis ou domestiques partirent de l'autre.

Simon Glover, en entrant dans l'église, avait jeté un regard sur ce groupe, mais il avait pris sa place parmi la congrégation avant que ces trois individus se fussent séparés. Il s'agenouilla avec l'air d'un homme qui a un poids accablant sur l'esprit ; mais quand le service fut terminé, il parut libre de tous soucis, comme s'il se fût abandonné à la disposition du ciel, lui et ses inquiétudes. L'office divin fut célébré avec solennité, et un grand nombre de seigneurs et de dames de haut rang y étaient présens. On avait fait des préparatifs pour la réception du bon vieux roi lui-même, mais quelques-unes des infirmités auxquelles il était sujet avaient empêché Robert III d'assister au service, comme c'était sa coutume. Lorsque la congrégation se sépara, le gantier et sa charmante fille restèrent encore quelque temps dans l'église, afin d'attendre leur tour pour se placer à un confessionnal, les prêtres venant d'y entrer pour s'acquitter de cette partie de leurs devoirs. Il en résulta que la nuit était tombée, et que les rues étaient désertes, quand ils se remirent en chemin pour retourner chez eux. Ceux qui restaient alors dans les rues étaient des coureurs de nuit, des débauchés, ou les serviteurs fainéans et rodomonts de nobles orgueilleux, qui insultaient souvent les passans paisibles, parce qu'ils comptaient sur l'impunité que la faveur dont leurs maîtres jouissaient à la cour n'était que trop propre à leur assurer.

Ce fut peut-être dans la crainte de quelque évènement de cette nature que Conachar, s'approchant du gantier, lui dit : — Maître Glover, marchez plus vite, nous sommes suivis.

— Suivis, dis-tu ? Par qui ? Pourquoi ?

— Par un homme caché dans son manteau, qui nous suit comme notre ombre.

— Je ne changerai point de pas dans Curfew-Street, pour qui que ce soit au monde.

— Mais il a des armes.

— Nous en avons aussi ; et des bras et des mains, des jambes et des pieds. Quoi ! Conachar, as-tu peur d'un homme ?

— Peur ! répéta Conachar indigné de cette supposition ; vous verrez bientôt si j'ai peur.

— Te voilà dans un autre extrême, jeune extravagant ; jamais tu ne sais garder un juste milieu. Parce que nous ne voulons pas courir, il n'est pas nécessaire de nous faire une querelle. Marche en avant avec Catherine, et je prendrai ta place. Nous ne pouvons courir aucun danger quand nous sommes si près de notre maison.

Le gantier se mit donc à l'arrière-garde, et il est très vrai qu'il remarqua un homme qui les suivait d'assez près pour justifier quelques soupçons, en prenant en considération l'heure et le lieu. Quand ils traversèrent la rue, l'étranger la traversa aussi, et s'ils accéléraient ou ralentissaient le pas, il ne manquait pas d'en faire autant. Cette circonstance aurait paru peu importante à Glover s'il eût été seul ; mais la beauté de sa fille pouvait le rendre l'objet de quelque projet criminel, dans un pays où la protection des lois était un bien faible secours pour ceux qui n'avaient pas les moyens de se protéger eux-mêmes. Conachar et sa belle compagne étant arrivés à la porte de leur maison, qui leur fut ouverte par une vieille servante, le gantier se trouva hors de toute inquiétude. Déterminé pourtant à s'assurer, s'il était possible, s'il avait eu quelque motif pour en concevoir, il appela à haute voix l'homme dont les mouvemens avaient donné l'alarme, et qui s'arrêta, quoiqu'il semblât chercher à se tenir à l'ombre. — Allons ! allons ! avance, l'ami ! et ne joue pas à cache-cache. Ne sais-tu pas que ceux qui se promènent dans les ténèbres comme des fantômes, sont exposés à la conjuration du bâton ? Avance ! te dis-je, et laisse-nous voir ta forme.

— Bien volontiers, maître Glover, dit une des voix les plus fortes qui aient jamais répondu à une question; je suis tout disposé à vous montrer mes formes; je voudrais seulement qu'elles pussent mieux supporter le jour.

— Sur mon âme, je connais cette voix! s'écria Simon. Et est-ce bien toi, véritablement toi, Henry Gow? Sur ma foi! tu ne passeras pas cette porte sans humecter tes lèvres. Le couvre-feu n'est pas encore sonné [1], et quand il le serait, ce ne serait pas une raison pour que le père et le fils se séparassent. Entre, mon garçon; Dorothée nous servira un morceau, et nous viderons un pot avant que tu nous quittes. Entre, te dis-je, ma fille Kate sera charmée de te voir.

Pendant ce temps, il faisait entrer celui à qui il parlait avec tant de cordialité dans une cuisine qui, à moins d'occasions extraordinaires, servait aussi de salle à manger. Elle avait pour ornemens des assiettes d'étain mêlées de quelques coupes d'argent, rangées très proprement sur des tablettes comme celles d'un buffet, vulgairement appelé en Écosse le *bink*. Un bon feu, aidé par une lampe qui répandait une vive clarté dans l'appartement, lui donnait un air de gaieté, et la saveur des apprêts du souper, dont Dorothée faisait les préparatifs, n'offensait pas l'odorat de ceux dont il allait satisfaire l'appétit.

L'étranger qui venait d'entrer se laissait voir au milieu d'eux, et quoiqu'il n'eût ni beauté, ni air de dignité, sa stature et son visage non-seulement méritaient l'attention, mais semblaient même la commander. Il était un peu au-dessous de la moyenne taille, mais la largeur de ses épaules, la longueur de ses bras nerveux, les

(1) Guillaume-le-Conquérant, après avoir soumis l'Angleterre, craignant les réunions nocturnes et les insurrections, ordonna qu'on sonnât tous les soirs à une certaine heure, qui variait suivant la saison, une cloche au son de laquelle chacun devait éteindre son feu et ses lumières. C'est ce qu'on appelait le *curfew*, par corruption du mot français *couvre-feu*. — Tr.

muscles fortement dessinés de tous ses membres, annonçaient un degré de force très peu ordinaire et un corps dont la vigueur était entretenue par un exercice constant. Ses jambes étaient un peu courbées, mais d'une manière qui n'avait rien de difforme, et qui semblait même d'accord avec la force de ses membres, quoiqu'elle nuisît jusqu'à un certain point à leur symétrie. Il portait un pourpoint de buffle, et une ceinture à laquelle étaient attachés une large épée ou claymore et un poignard comme pour défendre la bourse qui, suivant l'usage des bourgeois, y était aussi suspendue. Ses cheveux noirs et frisés étaient coupés près de sa tête, qui était ronde et bien proportionnée. On remarquait dans ses yeux noirs de l'audace et de la résolution, mais ses traits semblaient d'ailleurs exprimer une timidité mêlée de bonne humeur, et annonçaient évidemment sa satisfaction de se retrouver avec ses anciens amis. Abstraction faite de l'expression de timidité qui était celle du moment, le front de Henry Gow ou Smith, — car on lui donnait indifféremment l'un ou l'autre de ces noms, dont chacun exprimait également sa profession, celle de forgeron, — était découvert et plein de noblesse; mais la partie inférieure de son visage était moins heureusement formée. Sa bouche était grande et garnie de belles dents, dont l'émail et la distribution répondaient à l'air de force et de santé qu'indiquait tout son extérieur. Une barbe courte et épaisse, et des moustaches qui avaient été récemment arrangées avec soin, complétaient son portrait. Vingt-huit ans pouvaient être son âge.

Toute la famille parut également charmée de revoir inopinément un ancien ami. Simon Glover lui secoua la main à plusieurs reprises. Dorothée lui fit ses complimens, et Catherine lui offrit la main d'elle-même. Henri la prit dans les siennes, comme s'il avait eu dessein de la porter à ses lèvres; mais il y avait sur les joues de la Jolie Fille de Perth un sourire mêlé de rougeur qui semblait augmenter la confusion du galant. Simon voyant l'hésitation de son ami, s'écria avec un ton de franche gaieté :

— Ses lèvres! mon garçon, ses lèvres! C'est ce que je ne dirais pas à tous ceux qui passent le seuil de ma porte. Mais, par saint Valentin dont c'est demain la fête, je suis si charmé de te revoir dans notre bonne ville de Perth, qu'il serait difficile de dire ce que je pourrais te refuser.

Gow, Smith, le Forgeron, car ces trois dénominations s'appliquaient au même individu, et désignaient, comme nous l'avons dit plus haut, sa profession, se trouvant encouragé de cette manière, prit un baiser modeste sur les lèvres de Catherine, qui s'y prêta avec un sourire d'affection qui aurait pu convenir à une sœur; et elle lui dit ensuite : — Permettez-moi d'espérer que je revois à Perth un homme repentant et corrigé.

Henry lui tenait la main, comme s'il allait lui répondre; mais il la laissa échapper tout-à-coup, en homme qui perd courage à l'instant d'en montrer; et reculant comme s'il eût été effrayé de la liberté qu'il venait de prendre, ses joues basanées rougissant de plaisir et de timidité, il s'assit près du feu, du côté opposé à celui où se trouvait Catherine.

— Allons, Dorothée! s'écria Simon; dépêche-toi, vieille femme! Le souper!... Et Conachar!... où est Conachar?

— Il est allé se coucher avec un mal de tête, dit Catherine en hésitant.

— Va l'appeler, Dorothée, reprit Glover; je ne souffrirai pas qu'il se conduise ainsi. Son sang montagnard est sans doute trop noble pour étendre une nappe sur la table, et pour donner une assiette; et il s'attend à entrer dans l'ancien et honorable corps des maîtres gantiers, sans avoir rempli tous ses devoirs d'apprenti ! Va l'appeler, te dis-je ; je ne veux pas être négligé ainsi.

On entendit bientôt Dorothée appeler l'apprenti volontaire sur l'escalier, ou plutôt sur l'échelle qui conduisait au grenier qui lui servait de chambre, et où il avait fait une retraite prématurée. Conachar répondit en murmurant, et bientôt après il rentra dans la cuisine servant de salle à manger. Ses traits hautains, quoique beaux, étaient chargés d'un sombre nuage de mécontentement; et tandis qu'il couvrait la table d'une nappe, et qu'il y plaçait les assiettes, le sel, les épices, et d'autres assaisonnemens, qu'il s'acquittait en un mot des devoirs d'un domestique de nos jours, et que l'usage du temps imposait à tous les apprentis, il était évidemment dégoûté et indigné des fonctions serviles qu'il était obligé de remplir. La Jolie Fille de Perth le regardait avec quelque inquiétude, comme si elle eût craint que sa mauvaise humeur manifeste n'augmentât le mécontentement de son maître ; et ce ne fut que lorsque les yeux de Conachar eurent rencontré pour la seconde fois ceux de Catherine, qu'il daigna déguiser un peu sa répugnance, et mettre une plus grande apparence de soumission et de bonne volonté dans son service.

Et ici nous devons informer nos lecteurs que, quoique les regards échangés entre Catherine Glover et le jeune montagnard indiquassent qu'elle prenait quelque intérêt à la conduite de l'apprenti, l'observateur le plus attentif aurait été fort embarrassé pour découvrir si le sentiment qu'elle éprouvait était plus vif que celui qui était naturel à une jeune personne à l'égard d'un jeune homme de son âge, habitant la même maison, et avec lequel elle vivait dans une habitude d'intimité.

— Tu as fait un long voyage, mon fils Henry, dit Glover, qui lui avait toujours donné ce titre d'affection, quoiqu'il ne fût aucunement parent du jeune artisan; tu as vu bien d'autres rivières que le Tay, et bien d'autres villes que Saint-Johnstoun [1].

— Mais je n'ai vu ni ville ni rivière qui me plaise à moitié autant et qui mérite à moitié autant de me plaire, répondit Smith; je vous garantis, mon père, qu'en traversant les Wicks de Beglie, quand je vis notre belle ville s'offrir à mes yeux comme la reine des fées dans un roman, lorsque le chevalier la trouve endormie sur un lit de fleurs sauvages, je me sentis comme l'oiseau qui plie ses ailes fatiguées en s'abattant sur son nid.

— Ah! ah! tu n'as donc pas encore renoncé au style poétique? Quoi! aurons-nous donc encore nos ballades, nos rondeaux, nos joyeux noëls, nos rondes pour danser autour du mai?

— Il n'y a rien d'impossible à cela, mon père, quoique le vent des soufflets et le bruit des marteaux tombant sur l'enclume ne soient pas un excellent accompagnement pour les chants du ménestrel; mais je ne puis leur en donner d'autre, car si je fais de mauvais vers, je veux tâcher de faire une bonne fortune.

— Bien dit, mon fils; on ne saurait mieux parler. Et tu as sans doute fait un voyage profitable?

— Très avantageux. J'ai vendu le haubert d'acier que vous savez quatre cents marcs au gardien anglais des Marches orientales, sir Magnus Redman. J'ai consenti qu'il l'essayât en y donnant un grand coup de sabre, après quoi il ne m'a pas demandé à en rabattre un sou; tandis que ce mendiant, ce brigand de montagnard qui me l'avait commandé, avait marchandé ensuite pour en réduire le prix de moitié, quoique ce fût le travail d'un an.

— Eh bien! qu'as-tu donc, Conachar? dit Simon, s'adres-

---

(1) Perth se nommait autrefois Saint-Johnstoun. Les Pictes, après leur conversion au christianisme, bâtirent en cet endroit une église qu'ils dédièrent à saint Jean (*saint John.*) De là cette ville prit le nom de Saint-Johnstoun, c'est-à-dire ville de Saint-Jean. — Tr.

sant par forme de parenthèse à son apprenti montagnard. Ne sauras-tu jamais t'occuper de ta besogne sans faire attention à ce qui se passe autour de toi? Que t'importe qu'un Anglais regarde comme étant à bon marché ce qui peut paraître cher à un Écossais?

Conachar se tourna vers lui pour lui répondre ; mais après un instant de réflexion il baissa les yeux et chercha à reprendre son calme, qui avait été dérangé par la manière méprisante dont Smith venait de parler de ses pratiques des montagnes. Henry continua sans faire attention à l'apprenti.

— J'ai aussi vendu à bon prix quelques sabres et quelques couteaux de chasse pendant que j'étais à Edimbourg. On s'y attend à la guerre, et s'il plaît à Dieu de nous l'envoyer, mes marchandises vaudront leur prix, graces en soient rendues à saint Dunstan, car il était de notre métier[1]. En un mot, ajouta-t-il en mettant la main sur sa bourse, cette bourse qui était maigre et plate quand je suis parti il y a quatre mois, est maintenant ronde et grasse comme un cochon de lait de six semaines.

— Et cet autre drôle à poignée de fer et à fourreau de cuir qui est suspendu à côté d'elle, n'a-t-il eu rien à faire pendant tout ce temps? Allons, Smith, avoue la vérité ; combien as-tu eu de querelles depuis que tu as passé le Tay?

— Vous avez tort, mon père, répondit Smith en jetant un coup d'œil à la dérobée sur Catherine, de me faire une pareille question, et surtout en présence de votre fille. Il est bien vrai que je forge des sabres, mais je laisse à d'autres le soin de s'en servir. Non, non, il est bien rare que j'aie à la main une lame nue, si ce n'est pour la fourbir et lui donner le fil. Et cependant de mauvaises langues m'ont calomnié et ont fait croire à Catherine que le bourgeois le plus paisible de Perth était un tapageur. Je voudrais que le plus brave d'entre

---

(1) Ce saint, disent les chroniques, reçut dans sa forge une visite du diable, et trouvant sous sa main des pinces rouges au feu, il en saisit le nez du tentateur, qui s'enfuit en hurlant. — Éd.

eux osât parler ainsi sur le haut du Kinnoul, et que je m'y trouvasse tête à tête avec lui !

— Oui, oui, dit Glover en riant, et nous aurions une belle preuve de ton humeur patiente et paisible. Fi ! Henry ! peux-tu faire de pareils contes à un homme qui te connaît si bien ? Tu regardes Kate comme si elle ne savait pas qu'il faut en ce pays que la main d'un homme puisse garder sa tête s'il veut dormir avec quelque tranquillité. Allons, allons, conviens que tu as gâté autant d'armures que tu en as fait.

— Ma foi, père Simon, ce serait un mauvais armurier que celui qui ne saurait pas donner par quelques bons coups des preuves de son savoir-faire. S'il ne m'arrivait pas de temps en temps de fendre un casque et de trouver le défaut d'une cuirasse, je ne connaîtrais pas le degré de force que je dois donner aux armures que je fabrique ; j'en ferais de carton, comme celles que les forgerons d'Édimbourg n'ont pas de honte de laisser sortir de leurs mains.

— Ah ! je gagerais une couronne d'or que tu as eu une querelle à ce sujet avec quelque armurier d'Édimbourg.

— Une querelle ! non, mon père ; mais j'avoue que j'ai mesuré mon épée avec un d'entre eux sur le mont Saint-Léonard, pour l'honneur de notre bonne ville. Certainement vous ne pouvez croire que je voulusse avoir une querelle avec un confrère.

— Sûrement non. Mais comment ton confrère s'en est-il tiré ?

— Comme un homme qui n'aurait sur sa poitrine qu'une feuille de papier se tirerait d'un coup de lance ; ou pour mieux dire, il ne s'en est pas tiré du tout, car lorsque je suis parti il était encore dans la cabane de l'ermite attendant la mort tous les jours, et le père Gervais m'a dit qu'il s'y préparait en bon chrétien.

— Et as-tu mesuré ton épée avec quelque autre ?

— Pour dire la vérité, je me suis battu avec un Anglais à Berwick, pour la vieille question de la suprématie [1], comme

(1) La suzeraineté à laquelle l'Angleterre prétendait sur l'Écosse depuis Robert Bruce et de plus loin. — Tr.

ils l'appellent. Je suis bien sûr que vous n'auriez pas voulu que je ne soutinsse pas une pareille cause; et j'ai eu le bonheur de le blesser au genou gauche.

— Bravo! par saint André! — Et à qui as-tu eu affaire ensuite? demanda Simon, riant des exploits de son ami pacifique.

— J'ai combattu contre un Écossais dans le Torwood, parce que nous doutions lequel de nous maniait le mieux la claymore. Or vous sentez que cette question ne pouvait se décider qu'en mettant notre savoir-faire à l'épreuve. Il en a coûté deux doigts au pauvre diable.

— C'est assez bien pour le bourgeois le plus paisible de Perth, qui ne touche jamais une lame que pour la fourbir. As-tu quelque chose de plus à nous dire?

— Presque rien; car ce n'est guère la peine de parler d'une correction que j'ai administrée à un montagnard.

— Et pourquoi la lui as-tu administrée, homme de paix?
— Je ne saurais trop le dire, si ce n'est que je le rencontrai au sud du pont de Stirling.

— Eh bien! je vais boire à ta santé, et tu es le bienvenu chez moi après tous ces exploits. Allons, Conachar, évertue-toi, mon garçon; sers-nous à boire, et tu prendras pour toi-même une coupe de cette bonne ale.

Conachar emplit deux coupes d'ale et les présenta à son maître et à Catherine avec le respect convenable; après quoi, mettant le pot sur la table, il se rassit.

— Comment! drôle! s'écria Glover; est-ce ainsi que tu agis? Offre donc une coupe à mon hôte, au digne maître Henry Smith.

— Maître Smith peut se servir lui-même, s'il a envie de boire, répondit le jeune Celte. Le fils de mon père s'est déjà assez dégradé pour une soirée.

— Tu as le chant bien haut pour un jeune coq, dit Henry; mais au fond tu as raison, mon garçon: celui qui a besoin d'un échanson pour boire mérite de mourir de soif.

Le vieux Simon ne montra pas tant de patience en voyant la désobéissance de son jeune apprenti.

— Sur ma parole, s'écria-t-il, et par la meilleure paire de gants que j'aie jamais faite, tu lui présenteras une coupe de cette ale, si tu veux que toi et moi nous passions cette nuit sous le même toit.

En entendant cette menace, Conachar se leva d'un air sombre, et s'approchant de Smith qui avait déjà pris la coupe en main, il la remplit; et tandis que Henry levait le bras pour la porter à sa bouche, il feignit de faire un faux pas, se laissa tomber en le heurtant, et la liqueur écumante se répandit sur la figure et les vêtemens de l'armurier. En dépit de son penchant belliqueux, Smith avait réellement un bon caractère; mais une telle provocation lui fit perdre patience : il saisit le jeune homme au gosier, qui lui tomba le premier sous la main; et le serrant pour repousser Conachar, il s'écria : — Si tu m'eusses joué un pareil tour partout ailleurs, gibier de potence, je t'aurais coupé les deux oreilles, comme je l'ai déjà fait à plus d'un montagnard de ton clan.

Conachar se releva avec l'activité d'un tigre, et s'écriant : —Tu ne t'en vanteras jamais une seconde fois, — il tira de son sein un petit couteau bien affilé, et s'élançant sur Henry Smith, il chercha à le lui enfoncer dans le cou au-dessous de la clavicule, ce qui lui aurait fait une blessure mortelle. Mais celui qu'il attaquait ainsi mit une telle promptitude à lui arrêter le bras, que la lame du couteau ne fit que lui effleurer la peau suffisamment pour en tirer du sang. Tenant le bras de l'apprenti d'une main qui le serrait comme une paire de tenailles, il le désarma en un instant. Conachar se voyant à la merci de son formidable antagoniste, sentit une pâleur mortelle succéder sur ses joues à la rougeur dont la colère les avait animées, et il resta muet de honte et de crainte. Enfin Smith, lui lâchant le bras, lui dit avec le plus grand calme : — Il est heureux pour toi que tu ne sois pas digne de ma colère. Tu n'es qu'un enfant, je suis un homme; je n'aurais dû rien dire qui pût te provoquer; mais que ceci te serve de leçon,

Conachar eut un instant l'air de vouloir lui répondre ; mais il sortit tout à coup de l'appartement avant que Simon fût assez revenu de sa surprise pour pouvoir parler. Dorothée cherchait partout des simples et des onguens. Catherine s'était évanouie en voyant couler le sang.

— Permettez-moi de partir, père Simon, dit Henry d'un ton mélancolique ; j'aurais dû deviner que mon ancien guignon m'aurait suivi ici, et que j'aurais occasionné une scène de querelle et de sang dans un endroit où j'aurais voulu apporter la paix et le bonheur. Ne faites pas attention à moi, et donnez tous vos soins à Catherine. La vue de ce qui vient de se passer l'a tuée, et tout cela par ma faute !

— Ta faute, mon fils ! — C'est la faute de ce brigand montagnard. C'est une malédiction pour moi que de l'avoir dans ma maison ; mais il retournera sur ses montagnes demain matin, ou il fera connaissance avec la prison de la ville. — Attenter à la vie de l'hôte de son maître dans la maison même de son maître ! Cela rompt tous les liens entre nous. — Montre-moi ta blessure.

— Catherine ! répéta Henry ; songez à Catherine.

— Dorothée en aura soin. — La surprise et la frayeur ne tuent point ; mais les poignards et les couteaux sont plus dangereux. D'ailleurs si elle est ma fille suivant le sang, tu es mon fils d'affection, mon cher Henry. — Laisse-moi voir ta blessure. Le couteau est une arme perfide dans la main d'un montagnard.

— Je ne m'en soucie pas plus que de l'égratignure d'un chat sauvage ; et maintenant que les couleurs commencent à reparaître sur les joues de Catherine, vous allez voir qu'il n'en sera plus question dans un moment.

A ces mots il s'approcha d'un petit miroir qui était suspendu à la muraille dans un coin, prit dans sa poche de la charpie pour l'appliquer sur la blessure légère qu'il avait reçue, et écarta de son cou et de ses épaules le pourpoint de peau qui les couvrait. Ses formes mâles n'étaient pas plus remarquables que la blancheur de sa peau dans les parties de son corps qui n'avaient pas été, comme ses mains et son visage, exposées aux intempéries de l'air et aux suites de son métier laborieux. Il se servit à la hâte de sa charpie pour arrêter le sang, et après en avoir avec un peu d'eau fraîche fait disparaître les dernières traces, il boutonna son pourpoint et se tourna vers Catherine, qui, quoique encore pâle et tremblante, était pourtant revenue de son évanouissement.

— Me pardonnerez-vous, lui dit-il, de vous avoir offensée à l'instant même de mon retour? Ce jeune homme a été assez fou pour me provoquer, et j'ai été plus fou de me laisser provoquer par un pareil blanc-bec. Votre père ne me blâme pas, Catherine; et vous, ne pouvez-vous me pardonner?

— Je n'ai rien à pardonner, répondit Catherine, quand je n'ai pas le droit d'être offensée. Si mon père trouve bon que sa maison devienne un théâtre de querelles nocturnes, il faut bien que j'en sois témoin, je ne saurais l'empêcher. J'ai peut-être eu tort d'avoir interrompu par mon évanouissement la suite d'un si beau combat. Ma seule excuse c'est que je ne puis supporter la vue du sang.

— Et est-ce de cette manière que vous recevez mon ami après sa longue absence? lui demanda son père. Mon ami! c'est mon fils que je dois dire; il manque d'être assassiné par un drôle dont je débarrasserai demain cette maison, et vous le traitez comme s'il avait eu tort de repousser le serpent qui voulait l'empoisonner de son venin!

— Il ne m'appartient pas, mon père, répondit la Jolie Fille de Perth, de décider qui a eu raison ou tort dans la querelle qui vient d'avoir lieu; je n'ai même pas vu assez distinctement ce qui s'est passé pour pouvoir dire qui a été l'agresseur, et qui n'a fait que se défendre. Mais bien certainement notre ami maître Henry ne niera pas qu'il ne vive dans une atmosphère perpétuelle de querelles, de combats et de sang. S'il entend vanter l'adresse de quelqu'un à manier la claymore, il devient jaloux de sa réputation, et il faut qu'il mette son savoir-faire à l'épreuve. S'il est témoin d'une querelle, il se jette au beau milieu; s'il a des amis, il se bat avec eux par honneur; s'il a des ennemis, il les combat par esprit de haine et de vengeance; et ceux qui ne sont ni ses amis ni ses ennemis, il les attaque parce qu'ils se trouvent au nord ou au sud d'une rivière. Ses jours sont des jours de combats, et il passe sans doute ses nuits à se battre en rêve.

— Ma fille, dit Simon, ta langue se donne trop de licence. Les querelles et les combats sont l'affaire des hommes, et non celle des femmes, et il ne convient à une jeune fille ni d'en parler ni même d'y songer.

— Mais si l'on se les permet en notre présence, mon père, il est un peu dur de nous défendre d'en parler et d'y songer. Je conviendrai avec vous que ce vaillant bourgeois de Perth a un des meilleurs cœurs qu'on puisse trouver dans l'enceinte de cette ville, — qu'il s'écarterait de trois cents pas de son chemin plutôt que de marcher sur un insecte, — qu'il n'aimerait pas plus à tuer une araignée de gaîté de cœur que s'il était certain parent du roi Robert, d'heureuse mémoire [1]; que lors de la dernière querelle qu'il eut avant son départ, il se battit avec quatre bouchers pour les empêcher de tuer un pauvre boule-dogue qui ne s'était pas bien comporté dans le combat du taureau, et que ce ne fut pas sans peine qu'il évita d'avoir le sort du chien qu'il protégeait. Je conviendrai aussi que le pauvre ne passe jamais devant la porte du riche armurier sans y trouver des alimens et des aumônes. Mais à quoi sert sa charité, quand son bras condamne aux pleurs et à l'indigence autant de veuves et d'orphelins que sa bourse en soulage.

— Ecoutez seulement un mot, Catherine, avant de continuer à adresser à mon ami cette litanie de reproches qui ont bien quelque apparence de bon sens, mais qui dans le fond ne sont pas d'accord avec tout ce que nous voyons et ce que nous entendons. Quel est le spectacle auquel s'empressent de courir notre roi et toute sa cour, nos nobles, nos dames, nos

---

[1] Allusion au respect de Robert Bruce pour les araignées depuis qu'il avait trouvé dans le travail d'un de ces insectes le symbole prophétique de son triomphe. — Ép,

abbés, nos moines et nos prêtres? n'est-ce pas un tournoi, une joute? N'y sont-ils pas pour admirer les prouesses de la chevalerie, pour être témoins des hauts faits de braves chevaliers, pour voir des actions glorieuses et honorables exécutées par les armes et au prix du sang? En quoi diffère ce que font ces nobles chevaliers de ce que fait notre bon Henry Gow dans sa sphère? Qui a jamais entendu dire qu'il ait abusé de sa force et de son adresse pour faire le mal ou favoriser l'oppression? et qui ne sait combien de fois il en a fait usage pour servir la bonne cause dans notre ville? Ne devrais-tu pas, toi, parmi toutes les femmes de la ville, te faire une gloire et un honneur de ce qu'un homme ayant un cœur si bien placé et un bras si vigoureux se soit déclaré ton bachelier? De quoi les dames les plus orgueilleuses sont-elles le plus fières, si ce n'est de la prouesse de leur galant? Et le plus hardi chevalier d'Ecosse a-t-il fait des exploits plus remarquables que mon brave fils Henry, quoiqu'il ne soit que d'humble extraction? N'est-il pas renommé dans la haute et basse Ecosse comme le meilleur armurier qui ait jamais forgé une claymore et le meilleur soldat qui l'ait jamais tirée du fourreau?

— Vous êtes en contradiction avec vous-même, mon père, si vous permettez à votre fille de parler ainsi. Remercions Dieu et tous les saints d'être nés dans une humble et paisible condition qui nous place au-dessous de l'attention de ceux qu'une haute naissance et plus encore l'orgueil conduisent à la gloire par des œuvres de cruauté sanguinaire, que les grands et les puissans appellent des faits de chevalerie. Votre sagesse conviendra qu'il serait absurde à nous de vouloir nous parer de leurs plumes et porter leurs splendides vêtemens: pourquoi donc imiterions-nous les vices dans lesquels ils se donnent pleine carrière? pourquoi prendrions-nous l'orgueil de leur cœur endurci et leur cruauté barbare, qui se fait du meurtre non-seulement un divertissement, mais un triomphe et un sujet de vaine gloire? Que ceux dont le sang réclame des hommages sanglans s'en fassent un honneur et un plaisir; mais nous, qui ne sommes pas du nombre des sacrificateurs, nous n'en pouvons que mieux plaindre les souffrances des victimes. Remercions le ciel de nous avoir placés dans notre humble situation, puisqu'elle nous met à l'abri de la tentation.— Mais pardonnez-moi, mon père, si j'ai passé les bornes de mon devoir en combattant les idées que vous avez sur ce sujet, et qui vous sont communes avec tant d'autres personnes.

— Sur ma foi, Catherine, tu as la langue trop bien pendue pour moi, lui dit son père avec beaucoup d'humeur. Je ne suis qu'un pauvre artisan, et ce que je sais le mieux c'est distinguer le gant de la main droite de celui de la main gauche. Mais si tu veux que je te pardonne, dis quelques mots de consolation à mon pauvre Henry. Le voilà confondu et déconcerté de t'avoir entendue prêcher comme tu viens de le faire; et lui pour qui le son d'une trompette était comme une invitation à un festin, le voilà qui baisse l'oreille au son du sifflet d'un enfant.

Dans le fait Henry Smith, en entendant la voix qui lui était si chère peindre son caractère sous des couleurs si défavorables, avait baissé la tête sur la table en l'appuyant sur ses bras croisés, dans l'attitude de l'accablement le plus profond et presque du désespoir.

— Plût au ciel, mon père, répondit Catherine, qu'il fût en mon pouvoir de donner des consolations à Henry sans trahir la cause sacrée de la vérité dont je viens d'être l'interprète! Et je puis, je dois même avoir une telle mission, continua-t-elle d'un ton qui, d'après la beauté parfaite de ses traits et l'enthousiasme avec lequel elle parlait, aurait pu passer pour de l'inspiration. Prenant alors un ton plus solennel :
— Le ciel, dit-elle, ne confia jamais la vérité à une bouche, quelque faible qu'elle fût, sans lui donner le droit d'annoncer la merci tout en prononçant le jugement. Lève la tête, Henry; lève la tête, homme bon, généreux et magnanime, quoique cruellement égaré! Tes fautes sont celles de ce siècle cruel et sans remords, tes vertus n'appartiennent qu'à toi.

Tandis qu'elle parlait ainsi elle plaça une main sur le bras de Smith, et le tirant de dessous sa tête avec une douce violence, mais à laquelle il ne put résister, elle le força à lever vers elle ses traits mâles et ses yeux, dans lesquels les reproches de Catherine joints à d'autres sentimens avaient appelé des larmes. — Ne pleure pas, lui dit-elle, ou plutôt pleure, mais comme ceux qui conservent l'espérance. Abjure les démons de l'orgueil et de la colère qui t'assiégent si constamment, et jette loin de toi ces maudites armes, dont l'usage fatal et meurtrier t'offre une tentation à laquelle tu te laisses aller si aisément.

— Ce sont des conseils perdus, Catherine, répondit Smith. Je puis me faire moine, et me retirer du monde; mais tant que j'y vivrai il faut que je m'occupe de mon métier, et tant que je fabriquerai des armes pour les autres je ne puis résister à la tentation de m'en servir moi-même. Vous ne m'adresseriez pas les reproches que vous me faites si vous saviez combien les moyens par lesquels je gagne mon pain sont inséparables de cet esprit guerrier dont vous me faites un crime, quoiqu'il soit le résultat d'une nécessité inévitable. Tandis que je donne au bouclier ou à la cuirasse la solidité nécessaire pour résister aux coups, ne dois-je pas toujours avoir l'esprit fixé sur la manière dont on les frappe, sur la force avec laquelle on les reporte; et quand je forge ou que je trempe une épée, m'est-il possible d'oublier l'usage auquel elle est destinée?

— Eh bien! mon cher Henry, s'écria la jeune enthousiaste, tandis que ses deux petites mains saisissaient la main forte et nerveuse du vigoureux armurier qu'elles soulevèrent avec quelque difficulté, Smith n'opposant aucune résistance à ce mouvement, mais ne faisant que s'y prêter sans l'aider; eh bien! mon cher Henry, renoncez à la profession qui vous environne de tels piéges. Abjurez la fabrication de ces armes qui ne peuvent être utiles que pour abréger la vie humaine, déjà trop courte pour le repentir, ou pour encourager par un sentiment de sécurité ceux que la crainte pourrait empêcher sans cela de s'exposer au péril. L'art de forger des armes offensives et défensives est criminel pour un homme dont le caractère toujours violent trouve dans ce travail un piége et une occasion de pêcher. Renoncez donc entièrement à fabriquer des armes de quelque espèce que ce soit, et méritez le pardon du ciel en abjurant tout ce qui peut vous faire retomber dans votre péché habituel.

— Et que ferai-je pour gagner ma vie ? demanda Smith, quand j'aurai abandonné la profession pour laquelle Henry de Perth s'est fait connaître depuis le Tay jusqu'à la Tamise ?

— Votre art vous offre des ressources louables et innocentes, répondit Catherine. Si vous renoncez à forger des épées et des boucliers, vous pouvez vous consacrer à fabriquer la bêche utile et le fer de l'honorable charrue, tous ces outils qui contribuent à soutenir la vie ou à en augmenter l'agrément. Vous pouvez forger des barres et des serrures pour défendre la propriété du faible contre l'oppression du plus fort et les agressions des brigands. La foule se rendra encore chez vous, et votre honorable industrie se trouvera...

Ici Catherine fut interrompue. Ses déclamations contre les tournois et les joutes contenaient une doctrine toute nouvelle pour son père, et cependant il les avait entendues en se disant tout bas qu'elle pourrait bien n'avoir pas tout-à-fait tort. Il désirait même secrètement que celui dont il avait le projet de faire son gendre ne s'exposât pas volontairement aux périls que le caractère entreprenant et la force prodigieuse de Smith lui avaient fait braver jusqu'alors trop aisément. Jusqu'à ce point il aurait désiré que les argumens de Catherine produisissent quelque effet sur l'esprit de son amant, qu'il savait être aussi docile quand l'affection exerçait son influence sur lui, qu'il était opiniâtre et intraitable quand il était attaqué par des remontrances hostiles ou des menaces. Mais les raisonnemens de sa fille contrarièrent ses vues quand il l'entendit insister pour prouver que celui qu'il voulait choisir pour gendre devait renoncer à la profession la plus lucrative qui existât alors en Ecosse, et qui rapportait plus de profit à Henry de Perth qu'à aucun autre armurier du royaume. Il avait quelque idée confuse qu'il ne serait pas mal de faire perdre à Smith l'habitude qu'il avait de recourir trop souvent aux armes, quoiqu'il ne pût sans en être fier se voir lié avec un homme qui les maniait avec tant de supériorité, ce qui n'était pas un petit mérite dans ce siècle belliqueux. Mais quand il entendit sa fille recommander à son amant, comme la route la plus courte pour arriver à cet état pacifique d'esprit, de renoncer à cette profession lucrative dans laquelle il n'avait pas de rival, et qui d'après les querelles particulières qui avaient lieu tous les jours et les guerres fréquentes à cette époque était sûre de lui rapporter un profit considérable, il ne put retenir plus long-temps sa colère. Catherine avait à peine donné à son amant le conseil de fabriquer des instrumens d'agriculture, que son père, convaincu qu'il avait raison, ce dont il avait douté dans la première partie des remontrances de sa fille, s'écria avec vivacité :

— Des barres et des serrures! des fers de charrue et des dents de herse !... et pourquoi pas des pelles et des pincettes? Il ne lui faudrait plus qu'un âne pour porter ses marchandises de village en village, et tu en conduirais un second par le licou... As-tu tout-à-fait perdu le bon sens, Catherine? ou t'imagines-tu que dans ce siècle de fer on trouve beaucoup de gens disposés à donner de l'argent pour autre chose que ce qui peut les mettre en état d'ôter la vie à leurs ennemis ou de défendre la leur? Ce qu'il nous faut à présent, sotte fille, c'est une épée pour nous protéger, et non des charrues pour ouvrir la terre afin de lui confier des grains que nous ne verrons peut-être jamais produire une moisson. Quant au pain dont on a besoin chaque jour, le plus fort s'en empare, et il vit ; le faible s'en passe, et meurt de faim. Heureux celui qui comme mon digne fils a le moyen de gagner sa vie autrement qu'à la pointe de l'épée qu'il fabrique! Prêche-lui la paix autant que tu le voudras, ce n'est pas moi qui te dirai jamais non à cet égard ; mais t'entendre conseiller au premier armurier d'Écosse de renoncer à fabriquer des épées, des haches d'armes et des armures, il y a de quoi pousser à bout la patience même. Retire-toi ! et demain matin, si tu as le bonheur de voir Henry Smith, ce que tu ne mérites guère d'après la manière dont tu l'as traité, souviens-toi que tu verras un homme qui n'a pas son égal en Écosse dans le maniement des armes, et qui peut gagner cinq cents marcs par an sans manquer au repos d'un seul jour de fête.

Catherine, en entendant son père parler d'un ton si péremptoire, le salua avec respect, et sans plus de cérémonie se retira dans sa chambre à coucher.

CHAPITRE III.

Le cœur de l'armurier était en proie à divers sentimens contraires; il battait comme s'il avait voulu percer le pourpoint de buffle qui le couvrait. Smith se leva, détourna la tête, et tendit la main au gantier sans le regarder, comme s'il eût désiré ne pas laisser apercevoir l'émotion que sa physionomie annonçait.

— Je veux être pendu si je te dis adieu à présent, Henry, s'écria Simon en donnant un coup du plat de la main sur celle que Smith lui présentait. — Je ne te serrerai pas la main d'ici à une heure au plus tôt. Attends un moment, mon garçon, et je t'expliquerai tout cela. A coup sûr, quelques gouttes de sang qu'a fait couler une égratignure et quelques sottes paroles sorties de la bouche d'une jeune folle ne doivent pas séparer le père et le fils, quand ils ont été si long-temps sans se voir. Reste donc, si tu désires obtenir la bénédiction d'un père et celle de saint Valentin dont c'est demain la fête.

Le gantier appela Dorothée à haute voix, et quand elle eut monté et descendu quelques escaliers, sa marche étant accompagnée par le cliquetis du trousseau de clefs suspendu à son côté, elle apporta trois grandes coupes de cristal vert, ce qui était alors regardé comme une curiosité rare et précieuse, et Simon mit sur la table une énorme bouteille qui contenait au moins six pintes de notre siècle dégénéré.

— Voici du vin qui a au moins le double de mon âge, Henry, dit-il ; mon père le reçut en présent du vieux Crabbe, célèbre ingénieur flamand qui défendit Perth si vigoureusement pendant la minorité de David II. Nous autres gantiers nous ne laissons pas de profiter de la guerre, quoiqu'elle ait un rapport moins direct avec nous qu'avec vous autres qui travaillez en fer et en acier. Mon père avait gagné les bonnes graces du vieux Crabbe ; quelque autre jour je te dirai à quelle occasion et combien de temps ces bouteilles sont restées enterrées pour les mettre à l'abri des maraudeurs anglais. Maintenant je viderai cette coupe à la santé de l'ame de mon respectable père : puissent ses péchés lui être pardonnés ! — Dorothée, bois aussi un coup à la même santé, et puis tu monteras dans ton grenier. Je sais que les oreilles te démangent, mais ce que j'ai à dire ne doit être entendu que par mon fils d'adoption.

Dorothée ne hasarda pas une remontrance, mais prenant son verre avec courage, elle le vida et se retira dans sa chambre. Les deux amis restèrent seuls.

— Je suis fâché, ami Henry, dit Simon en remplissant sa coupe et celle de son hôte ; je suis fâché au fond de l'ame que ma fille soit d'une humeur si maussade ; mais il me semble que c'est un peu ta faute. Pourquoi viens-tu ici avec une épée et un poignard, quand tu sais qu'elle est assez sotte pour ne pouvoir supporter la vue de ces armes ? Ne te souviens-tu pas que tu eus une sorte de querelle avec elle, avant ton dernier départ de Perth, parce que tu ne veux pas prendre le costume pacifique des honnêtes bourgeois, mais qu'il faut que tu sois toujours armé comme ces coquins de Jackmen qui sont au service de la noblesse ? Sûrement il est assez temps pour un paisible bourgeois de prendre ses armes quand la grosse cloche de la ville nous donne le signal de la guerre.

— Je vous dirai, père Simon, que ce n'est pas ma faute. A peine étais-je descendu de cheval que je me rendis ici pour vous informer de mon retour, pensant à vous demander votre permission pour être cette année le Valentin de miss Catherine. Mistress Dorothée m'ayant appris que vous étiez allés tous deux à l'église des Frères Noirs, je vous y suivis, en premier lieu pour assister à l'office avec vous, et aussi, que Notre-Dame et saint Valentin me le pardonnent! pour jeter un coup d'œil sur celle qui ne pense guère à moi. Comme vous entriez dans l'église je vis trois hommes qui me parurent suspects, qui tenaient conseil ensemble en vous regardant ainsi que Catherine; et je reconnus notamment sir John Ramorny malgré son déguisement, et quoiqu'il eût un œil couvert d'une mouche de velours et qu'il portât un manteau semblable à celui d'un laquais. Si bien que je pensai que comme vous étiez vieux, père Simon, et que ce brin de montagnard était un peu trop jeune pour bien se battre, je ferais bien de vous suivre tranquillement quand vous retourneriez chez vous, ne doutant pas qu'avec les outils que je portais je ne misse aisément à la raison quiconque oserait vous insulter. Vous savez que vous m'avez reconnu vous-même et que vous m'avez fait entrer chez vous bon gré mal gré : sans cela je vous promets que je ne me serais pas présenté devant votre fille avant d'avoir mis le pourpoint neuf que je me suis fait faire à Berwick à la plus nouvelle mode, et que je n'aurais pas montré à ses yeux ces armes qu'elle ne peut souffrir. Et cependant, pour dire la vérité, il y a malheureusement tant de gens qui pour une cause ou pour une autre ont contre moi une rancune mortelle, qu'il m'est aussi nécessaire qu'à qui que ce soit en Écosse de ne pas sortir la nuit sans être armé.

— C'est à quoi la sotte ne pense jamais. Elle n'a pas assez de bon sens pour réfléchir que dans notre chère Écosse chacun croit avoir le droit et le privilége de se faire justice à soi-même. Mais, mon garçon, tu as tort de prendre si fort à cœur ce qu'elle t'a dit. Je t'ai vu la langue assez déliée devant d'autres jeunes filles : pourquoi restes-tu muet avec elle?

— Parce qu'elle est quelque chose de tout différent des autres, père Glover; parce qu'elle est non-seulement plus belle, mais plus sage, plus instruite, plus imposante, plus sainte, et qu'elle me semble pétrie d'un meilleur limon que nous autres qui nous approchons d'elle. Je puis lever la tête assez haut, au milieu des autres jeunes filles quand nous dansons autour du mai ; mais quand je suis près de Catherine je ne parais plus à mes yeux qu'un être terrestre, grossier, féroce, digne à peine de lever les yeux sur elle, encore bien moins de répliquer aux préceptes qu'elle me donne.

— Tu es un chaland imprudent, Henry Smith ; tu fais trop d'éloges des marchandises que tu as envie d'acheter. Catherine est une bonne fille, je suis son père ; mais si tu la gonfles d'amour-propre par ta timidité et tes flatteries, ni toi ni moi nous ne verrons nos souhaits s'accomplir.

— C'est ce que je crains souvent, mon bon père ; car je songe combien peu je suis digne de Catherine.

— Bah ! bah ! songe à un bout de fil ! s'écria le gantier, ou plutôt songe à Catherine et à moi, ami Smith. Songe comme la pauvre fille est assiégée du matin au soir et par quelle sorte de personnes, même quand les portes et les fenêtres sont fermées. — Encore aujourd'hui nous avons été accostés par un galant trop puissant pour être nommé, — oui ; et il n'a pas cherché à cacher sa mauvaise humeur, parce que je n'ai pas voulu souffrir qu'il contât fleurette à ma fille dans l'église même et pendant le service divin. Il y en a d'autres qui ne sont guère plus raisonnables. Je voudrais quelquefois que Catherine fût moins jolie pour qu'elle n'attirât pas cette dangereuse espèce d'admiration, ou qu'elle fût un peu moins sainte pour qu'elle pût se décider à devenir la femme honnête et contente du brave Henry Smith, qui saurait la protéger contre toute la chevalerie de la cour d'Écosse.

— Et si j'y manquais, dit Henry en allongeant une main et un bras dignes d'un géant, je veux ne jamais faire tomber le marteau sur l'enclume. Oui, et si les choses en venaient là, ma belle Catherine reconnaîtrait qu'il n'y a pas de mal qu'un homme sache un peu se défendre. Mais je crois qu'elle s'imagine que le monde est une grande cathédrale, et que chacun doit se conduire comme s'il assistait à une messe éternelle.

— Dans le fait, dit Simon, elle a une étrange influence sur tous ceux qui l'approchent. Ce jeune montagnard, ce Conachar dont ma maison est encombrée depuis deux ou trois ans, vous voyez qu'il a tout le caractère de sa nation ; eh bien ! il obéit au moindre signe de Catherine ; il n'y a presque qu'elle dans la maison qui puisse lui inspirer de la docilité. Elle se donne beaucoup de peine pour lui faire perdre ses habitudes montagnardes.

Henry Smith parut mal à l'aise sur sa chaise. Il prit la bouteille, la remit sur la table, et s'écria enfin : — Au diable le jeune chien montagnard et toute sa race ! Quel besoin a Catherine d'instruire un pareil drôle ? Il en sera de lui comme du jeune loup que j'ai été assez fou pour élever comme un chien. Chacun le croyait apprivoisé ; mais dans un moment malencontreux, étant allé me promener avec lui sur la montagne de Montcrieff, il se jeta sur le troupeau du laird, et il y fit un ravage qui m'aurait coûté cher si le laird n'avait eu besoin d'une armure en ce moment. Et je suis surpris que vous, père Glover, vous qui êtes un homme sensé, vous gardiez ce montagnard, — un jeune drôle qui promet, je vous en réponds, — si près de Catherine comme s'il n'y avait que votre fille qui pût lui servir de maîtresse d'école.

— Fi, mon fils ! fi ! dit Simon. Te voilà jaloux d'un pauvre diable qui, pour te dire la vérité, n'est ici que parce qu'il pourrait ne pas se trouver si bien de l'autre côté de la montagne.

— Je sais ce que je dis, père Simon, répliqua l'armurier qui avait toutes les idées étroites des citadins de son temps ; et si ce n'était crainte de vous offenser, je dirais que vous vous mettez trop de pair à compagnon avec ces drôles qui vivent sur les montagnes.

— Il faut bien que je me procure quelque part mes cuirs de daim, mes peaux de chevreuil, mon bon Henry ; et l'on fait de bons marchés avec ces montagnards.

— Ils y trouvent encore leur compte, car ils ne vendent que ce qu'ils ont volé.

— Fort bien, fort bien ; quoi qu'il en soit, ce n'est pas mon affaire de savoir où ils se procurent la bête, pourvu que j'en aie la peau. Mais, comme je te le disais, il y a certaines considérations qui font que je suis charmé d'obliger le père de ce jeune homme en le gardant chez moi. D'ailleurs ce n'est qu'un demi-montagnard, et il n'en a pas tout-à-fait l'esprit indomptable. Après tout, je lui ai rarement vu l'humeur aussi féroce que ce soir.

— Vous ne le pourriez, à moins qu'il ne tuât son homme, dit Smith d'un ton sec.

— Si pourtant vous le désirez, Henry, je mettrai de côté tous autres égards, et j'enverrai le drôle demain matin chercher fortune ailleurs.

— Vous devez être bien sûr, père Simon, que Henry Gow ne se soucie pas plus de ce jeune chat de montagnes que d'un charbon de sa forge. Je vous garantis que je m'inquiéterais peu de voir entrer tout son clan dans la ville par Shoegate en criant *Slogan*[1] et au son de sa cornemuse : j'aurais bientôt trouvé cinquante lames et autant de boucliers qui renverraient les maraudeurs plus vite qu'ils ne seraient venus. Mais pour vous dire la vérité, quoique ce soit encore parler en fou, je n'aime pas à voir ce taquin si souvent avec Catherine. Songez, père Glover, que votre métier vous occupe les mains et les yeux, et que vous devez y donner toute votre attention, même quand ce fainéant y travaille, ce qui ne lui arrive pas souvent, comme vous le savez vous-même.

— C'est la vérité. Il coupe tous ses gants pour la main droite ; il n'a jamais pu en faire une paire complète.

— En fait de couper la peau il a sans doute des idées d'un genre tout différent, dit Henry du même ton sec ; mais avec votre permission, père Glover, je voudrais seulement vous dire que soit qu'il travaille soit qu'il reste sans rien faire, il n'a pas les yeux de travers ; ses mains ne sont brûlées ni par le fer chaud, ni endurcies à force de manier le marteau ; ses cheveux ne sont pas rouillés par la fumée et flambés dans la fournaise comme le cuir d'un blaireau, plutôt que de ressem-

---

[1] Cri de guerre des montagnards. — Tr.

bler à une chevelure digne d'être couverte d'un bonnet chrétien. Or, que Catherine soit une aussi bonne fille qu'il en a jamais existé, et je soutiens que c'est la meilleure de Perth, cependant elle doit voir et savoir que tout cela établit une différence entre un homme et un autre, et que cette différence n'est pas en ma faveur.

— A ta santé, et de tout mon cœur! mon fils Henry, dit le vieillard en emplissant deux verres, un pour lui et un pour son compagnon. Je vois bien que quelque bon forgeron que tu sois, tu ne connais pas le métal dont les femmes sont faites. Il faut que tu sois plus hardi, Henry, et que tu te comportes non comme si tu marchais au gibet, mais en joyeux jeune homme qui sait ce qu'il vaut, et qui ne supporte pas le mépris de la meilleure des petites-filles d'Ève. Catherine est une femme comme sa mère, et tu te trompes grandement si tu penses que toutes les femmes se laissent prendre par les yeux. Il faut plaire à leurs oreilles, mon garçon. Il faut qu'une femme sache que celui à qui elle accorde la préférence est hardi et décidé, et qu'il pourrait obtenir les bonnes graces d'une vingtaine d'autres, quoiqu'il recherche les siennes. Crois-en un vieillard, les femmes se décident plus souvent par l'opinion des autres que par la leur. Que Catherine demande quel est l'homme le plus résolu de Perth; que lui répondra-t-on? Henry le forgeron; le meilleur armurier qui ait jamais forgé une arme sur l'enclume? Henry Smith; le danseur qui va le plus en mesure autour du mai? le joyeux armurier; celui qui chante les meilleures ballades? Henry Gow; le meilleur lutteur, celui qui manie le mieux le sabre et le bouclier, le roi du bâton à deux bouts, celui qui sait dompter un cheval et mettre à la raison un montagnard sauvage? c'est encore toi... toujours toi... personne que toi... Et Catherine te préférerait cet avorton de montagnard! fi! Elle ferait tout aussi bien un gantelet d'acier avec une peau de chevreuil. Je te dis que Conachar n'est rien pour elle, si ce n'est qu'elle voudrait le sauver des griffes du diable, qui le regarde comme lui appartenant ainsi que les autres montagnards. Que le ciel la bénisse, la pauvre fille ! Elle voudrait ramener le genre humain tout entier à de meilleures pensées, si elle le pouvait.

— Et je réponds qu'elle n'y réussira pas, s'écria Smith, qui, comme le lecteur peut l'avoir remarqué, n'avait pas des dispositions amicales pour la race des montagnards ; je gagerais contre Catherine en faveur du diable, que je devrais un peu connaître puisqu'il travaille dans le même élément que moi. Le diable aura le tartan [1], rien n'est plus sûr.

— Fort bien, mais Catherine a un second que tu ne connais guère. Le père Clément a entrepris le jeune maraudeur ; et le père Clément ne craint pas plus une centaine de diables que je n'ai peur d'une troupe d'oies.

— Le père Clément! vous faites toujours quelque nouveau saint dans cette bonne ville de Saint-Jonhstoun. Et qui peut être ce dénicheur de diables? Est-ce quelqu'un de vos ermites qui se prépare à faire des miracles comme un athlète à lutter, et qui s'y dispose à force de jeûne et de pénitence? N'est-ce pas cela?

— Pas du tout. La merveille, c'est que le père Clément boit, mange, et se conduit à peu près comme le reste des hommes, tout en observant strictement les commandemens de l'Eglise.

— Oh! je comprends, c'est un bon vivant de prêtre, qui pense à vivre joyeusement plutôt qu'à bien vivre, qui vide une cruche de vin la veille du mercredi des Cendres pour se mettre en état de faire face au carême, qui a un agréable *in principio*, et qui confesse toutes les plus jolies femmes de la ville.

— Tu donnes encore à gauche, Smith. Je te dirai que ma fille et moi nous flairerions de bien loin un hypocrite qui serait à jeun ou bien repu ; mais le père Clément n'est ni l'un ni l'autre.

— Mais qu'est-il donc, au nom du ciel?

— Un homme qui vaut beaucoup mieux que la moitié des moines de Saint-Johnstoun mis tous ensemble, ou qui est tel-

---

(1) Étoffe dont les montagnards font leurs manteaux qu'ils appellent plaids. — Tr.

lement pire que le pire d'entre eux, que c'est une honte et un péché de souffrir qu'il reste dans le pays.

— Il me semble qu'il doit être aisé de dire s'il est l'un ou l'autre.

— Contentez-vous de savoir que si vous jugez le père Clément par ce que vous le voyez faire et par ce que vous l'entendez dire, vous le regarderez comme l'homme le meilleur et le plus bienfaisant du monde entier, ayant une consolation pour celui qui est dans l'affliction, un conseil pour quiconque est dans l'embarras, le guide le plus sûr du riche et l'ami le plus zélé du pauvre. Mais si vous écoutez ce qu'en disent les dominicains... Merci du ciel ! — ici le gantier fit un signe de croix sur son front et sur sa poitrine : — c'est un infâme hérétique qui devrait passer par les flammes terrestres pour être précipité dans celles qui ne s'éteindront jamais.

L'armurier fit aussi le signe de la croix, et s'écria : — Sainte Marie ! et vous, père Simon, vous qui avez tant de prudence et de circonspection qu'on vous a surnommé le Sage Gantier de Perth, vous souffrez que votre fille ait pour directeur un homme qui est..... Que tous les saints nous protégent ! qui est soupçonné d'être ligué avec le malin esprit lui-même ! Quoi ! ne fut-ce pas un prêtre qui évoqua le diable dans le Meal-Vennel[1], quand la maison de Hodge Jackson fut renversée par l'ouragan ? Et le diable ne parut-il pas au milieu du Tay, vêtu d'un scapulaire de prêtre et grenouillant dans l'eau comme un marsouin, le matin que notre beau pont fut emporté ?

— Je ne puis dire si cela est vrai ou non ; tout ce que je sais, c'est que je ne l'ai pas vu. Quant à Catherine, on ne peut dire qu'elle ait pour directeur le père Clément, puisque son confesseur est le vieux Francis, dominicain, qui lui a donné l'absolution aujourd'hui. Mais les femmes sont quelquefois volontaires, et il est certain qu'elle tient des consultations avec le père Clément plus souvent que je ne le voudrais. Et cependant moi-même toutes les fois que je lui ai parlé, il m'a

---

[1] Dans le voisinage de Perth. — Éd.

paru si vertueux et si saint, que je lui aurais volontiers confié le salut de mon ame. Il court de mauvais bruits sur lui chez les dominicains, c'est une chose sûre; mais en quoi cela nous regarde-t-il, nous autres laïques, mon fils? Payons à notre Sainte Mère l'Église ce qui lui est dû, faisons des aumônes, confessons-nous, exécutons les pénitences qui nous sont imposées, et les saints nous tireront d'affaire.

— Sans doute ; et ils auront quelque indulgence pour un malheureux coup qu'un homme peut avoir l'indiscrétion de porter en se battant, quand son adversaire est debout devant lui et en posture de défense ; et voilà la seule profession de foi avec laquelle un homme puisse vivre en Écosse, que votre fille en pense ce qu'elle voudra. Morbleu ! il faut qu'un homme connaisse l'escrime, ou sa vie n'est qu'un bail à court terme, dans un pays où les coups tombent si dru. Cinq nobles[1] m'ont tiré d'affaire pour le meilleur homme à l'égard duquel il m'est arrivé malheur.

— Finissons donc notre flacon, car la cloche de la tour des dominicains vient de sonner minuit. Et écoute-moi, mon fils Henry ; sois au point du jour devant la fenêtre de cette maison qui donne du côté du levant, et fais-moi savoir que tu es arrivé en sifflant doucement l'appel du forgeron. Je m'arrangerai de manière à ce que Catherine mette la tête à la croisée; par ce moyen tu obtiendras pour le reste de l'année tous les priviléges d'un galant Valentin. Si tu ne sais pas en profiter, je serai porté à croire que quoique tu sois couvert de la peau du lion, la nature t'a laissé les longues oreilles de l'âne.

— *Amen,* mon père, répondit l'armurier ; je vous souhaite une bonne nuit, et que Dieu répande ses bénédictions sur votre toit et sur tous ceux qu'il couvre. Vous entendrez siffler l'appel du forgeron au premier chant du coq ; je vous garantis même que je ferai honte de sa paresse à sire Chanteclair[2].

A ces mots il prit congé du gantier ; et quoique inaccessible à la crainte, il traversa les rues désertes en homme qui se

---

(1) Pièce d'or ainsi nommée. — Tr.
(2) Sobriquet donné au coq dans les vieilles poésies. — Tr.

tient sur ses gardes, et arriva enfin à sa demeure qui était située dans le Mill Wynd, à l'extrémité occidentale de Perth.

CHAPITRE IV.

On peut bien croire que l'intrépide armurier fut exact au rendez-vous que lui avait donné celui qui avait dessein de devenir son beau-père. Il fit pourtant sa toilette avec plus de soin que de coutume, écartant autant qu'il le pouvait tout ce qui semblait avoir un air militaire. Il était trop connu pour aller entièrement sans armes dans une ville où il comptait sans doute beaucoup d'amis, mais où, d'après le caractère de ses anciens exploits, il avait aussi des ennemis mortels de qui il savait qu'il avait peu de merci à attendre, s'ils trouvaient occasion de l'attaquer avec avantage. Il portait donc sous ses vêtemens une cotte de mailles si légère et si flexible, qu'elle ne le gênait pas plus dans ses mouvemens qu'un gilet de dessous de notre temps; mais elle était à l'épreuve, et il y pouvait compter, car chaque anneau en avait été travaillé et joint aux autres de ses propres mains. Par-dessus cette armure défensive il portait, comme les autres bourgeois de son âge, les hauts-de-chausses et le pourpoint flamand, qui en honneur du jour de fête étaient du plus beau drap d'Angleterre, d'un bleu pâle, taillardé en satin noir et passementé d'une broderie en soie noire. Ses bottes étaient de cuir de Cordoue, et son manteau de bon drap gris d'Écosse servait à cacher un couteau de chasse suspendu à sa ceinture. C'était sa seule arme offensive, car il n'avait en main qu'un bâton de houx. Sa toque de velours noir était doublée d'acier, et rembourrée entre le métal et sa tête, ce qui formait un nouveau moyen de défense de l'efficacité duquel il était sûr.

Au total Henry paraissait ce qu'il était réellement, un riche bourgeois méritant la considération, et se donnant par ses vêtemens autant d'importance qu'il le pouvait sans s'élever au-dessus de son rang et sans empiéter sur celui de la noblesse. Il avait une tournure franche et résolue; mais quoique ses manières annonçassent qu'il ne craignait aucun danger, elles n'avaient nulle ressemblance à celles des spadassins et fiers-à-bras de cette époque avec lesquels on avait quelquefois l'injustice de confondre Henry, parce qu'on attribuait les querelles qu'il avait souvent à un caractère violent, résultat de sa confiance dans sa force et dans son adresse à manier les armes. Au contraire, tous ses traits portaient l'expression de franchise et de bonne humeur d'un homme qui ne songeait à insulter personne, et qui ne craignait pas les insultes.

S'étant costumé de son mieux, l'honnête armurier plaça sur son cœur, qui tressaillit en y touchant, un petit présent qu'il avait préparé depuis long-temps pour Catherine Glover, présent que sa qualité de Valentin lui permettrait bientôt de lui présenter, et autoriserait également la Jolie Fille de Perth à accepter sans scrupule. C'était un petit rubis taillé en forme de cœur percé d'une flèche d'or, et enfermé dans une petite bourse en anneaux d'acier, travaillée avec le même soin que si c'eût été un haubert pour un roi. Autour de la bourse étaient ces mots :

« Le dard de l'amour perce les cœurs à travers les cottes de mailles. »

Cette devise avait coûté quelques réflexions à l'armurier, et il était satisfait de la pensée qu'il avait trouvée, parce qu'elle semblait indiquer que son art pouvait défendre tous les cœurs, excepté le sien. Il s'enveloppa de son manteau, et traversa à la hâte les rues encore silencieuses, afin de se trouver devant la fenêtre qui lui avait été indiquée, un peu avant le premier rayon de l'aurore.

Dans ce dessein il traversa High-Street, et prenant le passage sur l'emplacement duquel se trouve aujourd'hui l'église de Saint-Jean, afin de se rendre dans Curfew-Street, il lui parut d'après l'apparence du ciel qu'il était parti au moins une heure trop tôt, et il pensa qu'il vaudrait mieux n'arriver au rendez-vous qui lui avait été donné que lorsque le moment convenu serait plus voisin. Il n'était pas invraisemblable que d'autres galans rôdassent comme lui dans les environs de la demeure de la Jolie Fille de Perth, et il connaissait assez bien son faible pour sentir qu'il courait grand risque d'avoir quelque querelle avec eux.

— L'amitié de mon père Simon, pensa-t-il, me donne l'avantage sur eux ; pourquoi donc me teindrais-je les mains du sang de pauvres diables qui ne méritent pas ma colère, puisqu'ils sont moins heureux que moi? Non, non, je serai sage pour cette fois, et j'éloignerai toute tentation de mettre les armes à la main. Je ne leur laisserai pas, pour me chercher querelle, plus de temps qu'il ne m'en faudra pour donner le signal convenu, et pour que mon père Simon y réponde. Je ne conçois pas comment il viendra à bout de faire paraître sa fille à la croisée. Si elle savait quel est son dessein, je crois qu'il aurait quelque peine à l'exécuter.

Tandis que ces pensées dignes d'un amant roulaient dans son esprit, le robuste armurier ralentit le pas, jetant souvent un regard du côté de l'orient et levant les yeux vers le firmament, où pas la moindre teinte grisâtre n'annonçait encore l'approche de l'aurore, quoique peu éloignée, et que l'impatience de Henry accusait d'être plus paresseuse que de coutume à occuper son poste avancé. Il marchait à pas lents le long des murs de la chapelle de Sainte-Anne, n'oubliant pas de faire un signe de croix et de dire un *Ave* en passant sur ce terrain consacré, quand une voix qui semblait partir de derrière un des arcs-boutans de la chapelle s'écria : — Il ne fait que ramper, celui qui devrait courir.

— Qui parle? s'écria Smith en regardant autour de lui, un peu surpris qu'on lui adressât la parole si inopinément, et avec un ton et des expressions si singulières.

— N'importe qui parle, répondit la même voix, dépêche-toi, ou tu arriveras trop tard. Ne me réponds point ; pars.

— Saint ou pécheur, ange ou diable, dit Henry en faisant le signe de la croix, votre avis me touche de trop près pour que je le néglige. Que saint Valentin me donne des jambes!

A ces mots, quittant sa marche lente pour prendre un pas que peu de gens auraient pu suivre, il fut en un instant dans Curfew-Street. Il n'avait pas fait trois pas du côté de la maison de Simon Glover qui était vers le milieu de cette rue étroite, que deux hommes placés le long du mur de chaque côté avancèrent vers lui comme par un mouvement concerté, pour l'empêcher de passer. L'obscurité lui permit seulement de distinguer qu'ils portaient le plaid des montagnards.

— Dégagez le chemin, brigands! s'écria l'armurier d'une voix forte et ferme, digne de l'ampleur de sa poitrine.

Ils ne répondirent pas, du moins de manière à se faire entendre; mais Henry put voir qu'ils tiraient leurs épées dans le dessein d'employer la force pour l'empêcher de passer. Se livrant à des conjectures alarmantes, quoique sans savoir ce qu'il devait craindre, Smith résolut de s'ouvrir un passage à tous risques, et d'aller défendre sa maîtresse, ou du moins mourir à ses pieds. Il jeta son manteau sur son bras pour s'en faire une espèce de bouclier, et s'avança avec autant de hardiesse que de promptitude vers ces deux hommes. Celui dont il était le plus proche lui porta un coup d'épée qu'il reçut dans son manteau; Henry lui ripostant par un coup de poing sur la figure du bras gauche et un croc-en-jambe du pied droit, le fit tomber rudement sur la chaussée, tandis que presque au même instant, d'un revers de son couteau de chasse il renversa celui qui était à sa droite, à côté de son compagnon.

Plus alarmé que jamais, et il avait quelque raison de l'être en trouvant la rue gardée par des étrangers qui commettaient de tels actes de violence, Henry courut rapidement en avant. Il entendit parler à voix basse sous une croisée de la maison du gantier, précisément sous celle où il avait espéré voir Catherine, et acquérir le droit de devenir son Valentin. Il se tint de l'autre côté de la rue pour tâcher de reconnaître le nombre et les projets de ceux qui s'y trouvaient. Mais un de ceux qui étaient sous la fenêtre l'ayant vu ou entendu traverser la rue, et le prenant sans doute pour une des deux sentinelles, il lui dit à demi-voix : — Quel est donc ce bruit, Kenneth? Pourquoi n'avez-vous pas donné le signal?

— Scélérat! s'écria Smith, vous êtes découvert, et vous allez périr!

Tout en parlant ainsi, il lui porta un coup de couteau de chasse qui aurait vérifié sa prédiction, si l'étranger, levant le bras, n'y eût reçu le coup qui était destiné à sa tête. La blessure dut être sérieuse, car il chancela, et tomba en poussant un profond gémissement. Sans penser davantage à lui, Smith courut à la hâte vers un groupe d'hommes qui semblaient occupés à placer une échelle contre la croisée. Henry ne songea plus alors à en compter le nombre ni à s'assurer de leurs desseins. Poussant le cri d'alarme d'usage, pour rassembler les bourgeois qui ne manquaient jamais d'accourir dès qu'ils l'entendaient, il se jeta sur ces rôdeurs nocturnes, dont l'un montait déjà sur l'échelle. Il la saisit par les échelons d'en-bas, la renversa, et plaçant le pied sur le corps de l'homme qui venait de tomber, il l'empêcha de se relever. Les autres l'attaquèrent vivement pour délivrer leur compagnon. Mais la cotte de mailles de Smith lui fut d'une grande utilité; et il leur rendit leurs coups avec usure, en s'écriant : Au secours! Saint-Johnstoun! au secours! Sabrez et piquez! Braves citoyens, sabrez et piquez! On force nos maisons à l'ombre de la nuit!

Ces mots qui retentirent bien loin dans les rues de la ville étaient accompagnés de coups distribués par un bras ferme, et qui produisaient quelque effet sur ceux que l'armurier attaquait. Pendant ce temps les habitans commencèrent à s'éveiller et à se montrer dans la rue en chemises, mais avec des sabres et des boucliers, et quelques-uns portant des torches. Les inconnus cherchèrent alors à s'échapper, et ils y réussirent, à l'exception de celui qui avait été renversé avec l'échelle. L'intrépide armurier l'avait saisi à la gorge à l'instant où il s'était relevé, et il le tenait aussi ferme qu'un levrier tient un lièvre. Ceux qu'il avait blessés furent emportés par leurs compagnons.

— Voilà des drôles qui troublent la paix de notre ville, dit Henry aux bourgeois qui commençaient à se rassembler. Courez après les pendards ; ils ne peuvent aller bien vite, car il y en a quelques-uns dont ma lame a entamé la peau. Poursuivez-les, les traces de sang vous indiqueront leur marche.

— Quelques maraudeurs montagnards, dit un citoyen ; allons, voisins, donnons-leur la chasse.

— Oui, donnez-leur la chasse, dit l'armurier ; et moi j'aurai soin du coquin que voici.

Les bourgeois se dispersèrent de différens côtés, éclairés par leurs torches et faisant retentir de leurs cris tous les environs.

Cependant le prisonnier de Henry cherchait à obtenir sa liberté, et il employait tour à tour les prières, les promesses et les menaces.

— Si vous êtes un gentilhomme, dit-il à Henry, permettez que je me retire, et ce que vous avez fait vous sera pardonné.

— Je ne suis pas gentilhomme, je suis Henry le Forgeron, bourgeois de Perth ; et je n'ai rien fait qui ait besoin de pardon.

— Vilain ! tu ne sais pas ce que tu as fait ! Mais lâche-moi, et je remplirai ton bonnet de pièces d'or.

— Le tien sera rempli à l'instant d'une tête fendue si tu fais un seul mouvement pour t'échapper.

— De quoi s'agit-il donc, mon fils Henry ? demanda Simon qui parut en ce moment à la fenêtre. J'ai entendu ta voix, mais sur un autre ton que je m'y attendais. Pourquoi tous les voisins se sont-ils rassemblés ?

— Parce qu'une bande de coquins a voulu escalader cette croisée, père Simon. Mais il est probable que je serai parrain de l'un d'eux, que je tiens ici aussi serré qu'aucun écrou tint jamais une vis.

— Écoutez-moi, Simon Glover, dit le prisonnier ; que je vous dise un mot en particulier. Délivrez-moi des mains de ce manant à tête de plomb et à poing de fer, et je vous prouverai qu'on ne voulait nuire ni à vous, ni à aucun des vôtres. Je vous dirai en outre quelque chose qui sera à votre avantage.

— Je crois connaître cette voix, dit Simon qui ouvrit sa porte en ce moment, tenant en main une lanterne sourde. Mon fils Smith, laisse ce jeune homme venir me parler; il n'y a nul danger à craindre de lui, reste un instant où tu es, et ne laisse entrer personne dans la maison, soit pour attaquer soit pour défendre. Je garantis que ce jeune gaillard n'a voulu faire qu'une plaisanterie de la Saint-Valentin.

A ces mots le vieillard emmena le prisonnier et ferma sa porte, laissant Henry un peu surpris du jour inattendu sous lequel le gantier considérait cette affaire-là. — Une plaisanterie! répéta-t-il; c'eût été une plaisanterie bien étrange s'ils fussent entrés dans la chambre à coucher de sa fille! Et ils y seraient entrés sans la voix honnête et amicale qui m'a averti derrière un arc-boutant de la chapelle. Cette voix, si ce n'était pas celle de la bienheureuse sainte Anne, et qui suis-je pour qu'elle daigne m'adresser la parole? n'a pu se faire entendre en ce lieu sans sa permission et son consentement, et je fais le vœu de lui offrir un cierge aussi long que mon couteau de chasse. Ah! que n'ai-je eu ma grande claymore, pour l'amour de Saint-Johnstoun, et par égard pour ces coquins! car ces couteaux de chasse sont des joujoux assez gentils, mais qui conviennent mieux à la main d'un enfant qu'à celle d'un homme. O mon fidèle Troyen! si tu eusses été à mon côté au lieu d'être suspendu près du chevet de mon lit, les jambes de ces drôles n'auraient pas couru si vite. Mais je vois des torches allumées et des lames nues. Holà! halte-là, vous autres! Êtes-vous pour Saint-Johnstoun? Si vous êtes amis de la belle ville, avancez, vous êtes les bienvenus.

— Nous avons été à la chasse sans prendre de gibier, dit un des bourgeois. Nous avons suivi les traces du sang jusqu'au cimetière des dominicains, et nous avons vu entre les tombeaux deux coquins qui en soutenaient un troisième qui probablement portait quelques-unes de vos marques, Henry; mais ils sont arrivés à la poterne avant que nous eussions pu les joindre. Ils ont sonné la cloche du sanctuaire, la porte s'est ouverte, et ils y sont entrés. Ainsi les voilà en sûreté dans le sanctuaire, et nous pouvons retourner dans nos lits froids pour tâcher de nous réchauffer.

— Oui, oui, dit un second, les bons dominicains ont toujours un frère qui veille pour ouvrir la porte du sanctuaire à toute pauvre ame en peine qui désire y trouver un refuge.

— Pourvu que la pauvre ame en peine soit en état de bien payer, ajouta un troisième. Mais celui qui est aussi pauvre de bourse que d'esprit peut rester à la porte jusqu'à ce que les chiens qui le chassent soient à portée de le mordre.

Un quatrième, qui avait regardé par terre quelques instans à l'aide de sa torche, se releva pour parler. C'était un petit homme chargé d'assez d'embonpoint, vif, avantageux, et jouissant d'une certaine aisance, nommé Olivier Proudfute. Il tenait le dé dans sa corporation qui était celle des bonnetiers, et par conséquent il parlait du ton d'un homme en autorité.

— Brave Smith, dit-il (car les torches répandaient assez de lumière pour qu'ils pussent se reconnaître), peux-tu nous dire quels sont les drôles qui ont causé un pareil désordre dans notre ville ?

— Les deux premiers que j'ai vus, répondit l'armurier, m'ont paru, autant que j'ai pu en douter, porter le plaid des montagnards.

— C'est assez probable, dit un bourgeois en secouant la tête. C'est une honte que les brèches de nos murs n'aient pas encore été réparées, et que ces brigands de montagnards puissent obliger d'honnêtes gens à sortir de leurs lits quand la nuit est assez obscure au gré de ces maraudeurs.

— Mais voyez ceci, voisins, dit Olivier Proudfute en leur montrant une main qu'il venait de ramasser. Quand est-ce qu'une main comme celle-ci a attaché les braies d'un montagnard? Elle est grande et vigoureuse, mais la peau en est fine et blanche comme celle d'une dame ; et voyez-vous à ce doigt une bague qui brille comme la lueur d'une chandelle? Je me trompe fort, si Simon Glover n'a pas fait bien des gants pour cette main, car il a la pratique de tous les courtisans.

Les spectateurs examinèrent cette preuve sanglante des exploits de l'armurier, et chacun fit ses commentaires à ce sujet.

— En ce cas, dit l'un, Henry Smith fera bien de gagner au pied. Il aura beau dire qu'il a voulu protéger la maison du bourgeois, le justicier ne trouvera pas cette excuse suffisante pour avoir coupé la main d'un homme comme il faut. Il y a des lois sévères contre la mutilation.

— Fi! Michel Wabster! fi! répondit le marchand bonnetier; pouvez-vous parler ainsi? Ne sommes-nous pas les représentans et les successeurs des anciens Romains qui ont bâti la cité de Perth, et qui l'ont rendue aussi semblable qu'ils l'ont pu à leur propre ville? N'avons-nous pas des chartes de tous nos nobles rois qui nous ont déclarés leurs sujets affectionnés? Voudriez-vous nous voir renoncer à nos droits, à nos priviléges, à nos immunités, à notre haute, moyenne et basse justice, à notre droit de prononcer amendes, confiscations, emprisonnement, et même peine de mort, en cas de flagrant délit? Faut-il que nous souffrions que la maison d'un honnête bourgeois soit attaquée sans en avoir réparation? Non, braves citoyens, confrères et bourgeois; le Tay remontera vers Dunkeld avant que nous nous soumettions à une telle injustice.

— Et comment pouvons-nous l'empêcher? demanda un vieillard à figure grave, qui était appuyé sur une épée à deux mains; que voudriez-vous que nous fissions?

— Sur ma foi, bailli Craigdallie, répondit Proudfute, vous êtes le dernier homme de qui j'aurais attendu cette question. Je voudrais que nous partissions d'ici tous ensemble, en braves gens, pour aller nous présenter devant le roi, au risque de troubler son repos; lui faire sentir combien il est désagréable pour nous d'être forcés à quitter nos lits pendant une pareille saison, presque sans autre vêtement que nos chemises; lui montrer cette main sanglante, et le prier de nous déclarer de sa bouche royale s'il est juste et honnête que ses sujets affectionnés soient ainsi traités par les nobles et les chevaliers de sa cour débauchée. Et voilà ce que j'appelle faire valoir notre cause chaudement.

— Chaudement, dis-tu? répliqua le vieux bailli; si chaudement, ma foi, que nous serions tous morts de froid avant que le portier eût tourné la clef dans la serrure pour nous admettre en présence du roi. Allons, mes amis, la nuit est piquante; nous avons fait notre devoir en gens de bien, et notre brave Smith a donné à ceux qui voudraient nous insulter une leçon qui vaudra vingt proclamations du roi. Demain est un autre jour; nous nous réunirons en ce même lieu, afin d'y délibérer sur les mesures à prendre pour découvrir ces scélérats et les faire arrêter. En attendant, séparons-nous avant que notre sang se glace dans nos veines.

— Bravo! bravo! voisin Craigdallie, cria-t-on de toutes parts; vive à jamais saint Johnstoun!

Olivier Proudfute aurait volontiers répliqué, car c'était un de ces orateurs sans pitié qui s'imaginent que leur éloquence peut braver tous les inconvéniens de temps, de lieu et de circonstances. Mais personne ne voulut l'écouter, et les bourgeois se séparèrent pour regagner chacun leur logis, éclairés par le premier rayon de l'aurore qui commençait à tracer des sillons lumineux sur l'horizon.

A peine étaient-ils partis que le vieux Glover ouvrit la porte de sa maison, et prenant Smith par le bras, il l'y fit entrer.

— Où est le prisonnier? demanda l'armurier.

— Parti, échappé, sauvé, que sais-je? répondit Simon; il s'est enfui par la porte de derrière et a traversé le petit jardin. Ne songe pas à lui, mais viens voir la Valentine dont tu as garanti ce matin l'honneur et la vie.

— Donnez-moi le temps de rengaîner mon couteau de chasse et de me laver les mains, dit Smith.

— Il n'y a pas un moment à perdre, s'écria Glover; elle est levée et presque habillée. — Suis-moi. Je veux qu'elle te voie ta bonne arme à la main et le bras couvert du sang de ces misérables, afin qu'elle sache apprécier ce que vaut un homme de cœur. Elle m'a fermé la bouche trop long-temps par sa pruderie et ses scrupules; je prétends qu'elle apprenne à connaître le prix de l'amour d'un brave homme et d'un hardi bourgeois.

CHAPITRE V.

Éveillée en sursaut par le bruit, la Jolie Fille de Perth avait écouté avec terreur, et osant à peine respirer, le tumulte et les cris qu'elle entendait dans la rue. Elle s'était jetée à genoux pour implorer le secours du ciel; et quand elle reconnut les voix de voisins et d'amis réunis pour la protéger, elle resta dans la même attitude pour rendre grace à la Providence. Elle était encore agenouillée quand son père poussa son champion dans sa chambre; car Henry Smith s'était arrêté à la porte, d'abord par timidité, de crainte d'offenser sa maîtresse, et ensuite par respect pour sa dévotion.

— Père Simon, dit l'armurier, elle prie. Je n'oserais pas plus lui parler qu'à un évêque quand il dit la messe.

— Fais ce que tu voudras, vaillant et courageux imbécile, lui répondit Glover. Et s'adressant à Catherine : — Ma fille, lui dit-il, la meilleure manière de rendre grace au ciel, c'est de montrer notre reconnaissance à nos semblables. Voici l'instrument par le moyen duquel Dieu t'a préservée de la mort, ou du déshonneur encore pire que la mort. Reçois-le, Catherine, comme ton fidèle Valentin, comme celui que je désire appeler véritablement mon fils.

— Non pas ainsi, mon père, répondit Catherine; je ne puis voir personne en ce moment, je ne puis parler à personne. Je ne suis pas ingrate; je n'ai peut-être que trop de reconnaissance pour celui à qui nous devons notre sûreté; mais laissez-moi rendre grace à l'ange gardien qui m'a envoyé ce secours si à propos, et donnez-moi un instant pour achever ma toilette.

— Sur ma foi, Kate, il serait bien dur de te refuser la demande que tu me fais, qu'on te laisse le temps de faire ta toilette; car depuis dix jours c'est la première fois que je t'ai entendue parler en femme. — En vérité, Henry, je voudrais que ma fille attendît pour être tout-à-fait sainte le moment où on la canonisera sous le nom de sainte Catherine II.

— Ne plaisantez pas, père Simon ; car je vous jure qu'elle a déjà tout au moins un sincère adorateur, un homme qui s'est voué à son service autant que le peut faire un faible pécheur. — Adieu donc, quant à présent, belle Catherine ; puisse le ciel vous envoyer des songes aussi paisibles que vos pensées de la journée ! Je veillerai sur vous pendant votre repos, et malheur à celui qui oserait l'interrompre !

— Bon et brave Henry, dit Catherine, vous dont l'excellent cœur forme un tel contraste avec votre main cruelle, ne cherchez pas cette nuit quelque nouvelle querelle ; mais recevez mes plus tendres remerciemens, et tâchez d'avoir des pensées aussi paisibles que celles que vous me supposez. Nous nous reverrons ce matin, afin que je puisse vous assurer de ma reconnaissance. Adieu !

— Adieu, vous qui êtes la maîtresse et la lumière de mon cœur, dit l'armurier ; et descendant l'escalier qui conduisait à l'appartement de Catherine, il allait sortir de la maison quand Glover le retint par le bras.

— Grace au tumulte de cette nuit, le cliquetis de l'acier va me plaire plus que je n'aurais jamais cru, mon fils Henry, s'il rend le bon sens à ma fille et s'il lui apprend ce que tu vaux. Par saint Macgrider ! ces tapageurs eux-mêmes ne me déplaisent pas, et je plains de tout mon cœur ce pauvre amant qui ne tiendra plus un bouclier de la main gauche. Oui, il a perdu ce dont il sentira la perte tous les jours de sa vie, et surtout quand il voudra mettre ses gants. Ce ne sera plus qu'une demi-pratique pour ma profession. — Non, non, tu ne sortiras pas de cette maison cette nuit ; il ne faut pas que tu nous abandonnes, mon fils.

— Je suis bien loin d'y penser. Avec votre permission, je veillerai sur vous dans la rue. L'attaque peut se renouveler.

— Et quand cela serait, tu en aurais plus de facilité pour

repousser ces pendards, ayant l'avantage d'être dans la maison. La manière de combattre qui nous convient le mieux à nous autres bourgeois, c'est de faire résistance à l'abri de nos murailles. Notre devoir de veiller à la sûreté publique nous apprend cette tactique. D'ailleurs il y a maintenant assez d'oreilles aux écoutes et d'yeux ouverts pour nous assurer la paix et la tranquillité jusqu'au matin. — Suis-moi par ici.

A ces mots il conduisit Henry, qui ne se fit pas prier beaucoup, dans le même appartement où ils avaient soupé, et où la veille Dorothée, dont le sommeil avait été également troublé par la scène bruyante qui venait d'avoir lieu, eut bientôt rallumé le feu.

— Et maintenant, mon valeureux fils, dit le gantier, dis-moi quel vin tu veux pour boire à la santé de ton père?

Henry Smith s'était laissé tomber machinalement sur une chaise de vieux chêne noir, et il avait les yeux fixés sur le feu qui réfléchissait une teinte rougeâtre sur ses traits mâles. Il se dit à lui-même à demi-voix : — *Bon* Henry, *brave* Henry ! — Ah ! si elle avait dit *cher* Henry !

— Je ne connais pas ces sortes de vins, dit le vieux Glover en riant ; il ne s'en trouve pas dans ma cave. Mais si tu veux du vin des Canaries, du Rhin, ou de Gascogne, tu n'as qu'à dire un mot, et le flacon arrivera. Voilà tout.

— *Ses plus tendres remerciemens !* dit l'armurier continuant les mêmes réflexions ; elle ne m'en avait jamais dit autant. *Ses plus tendres remerciemens !* à quoi cela ne pourrait-il pas s'étendre ?

— Cela s'étendra comme une peau de chevreau, mon garçon, dit le gantier, si tu veux te laisser conduire. Mais dis-moi ce que tu préfères pour ton coup du matin.

— Tout ce que vous voudrez, mon père, répondit Smith nonchalamment ; et il continua son analyse du discours de Catherine. *Un excellent cœur !* a-t-elle dit ; mais elle a parlé aussi de ma *main cruelle !* Et que faut-il donc que je fasse pour me guérir de cette démangeaison de me battre ? Certainement ce que je pourrais faire de mieux ce serait de me couper la main droite et de la clouer à la porte d'une église, afin qu'elle ne m'attirât plus de reproches.

— Tu as coupé assez de mains pour une nuit, dit Simon en plaçant un flaçon de vin sur la table. — Pourquoi te tourmenter ainsi? Elle t'aimerait une fois plus si elle ne voyait pas que tu raffoles d'elle ; mais cela devient sérieux à présent. Je ne me soucie pas de courir le risque de voir les enragés coupejarrets qui sont au service des nobles forcer ma boutique et piller ma maison, parce qu'on trouve bon de l'appeler la Jolie Fille de Perth; non. Elle saura que je suis son père, et que je veux qu'elle ait pour moi cette obéissance à laquelle la loi de l'Évangile me donne droit. Je prétends qu'elle soit ta femme, Henry, mon cœur d'or;... ta femme, mon homme de métal, et cela avant qu'il se passe beaucoup de semaines. Allons! allons! à tes joyeuses noces, brave Smith!

Simon prit une grande coupe, la vida, et la remplissant de nouveau, la présenta à l'armurier, qui la leva lentement vers sa bouche ; mais avant qu'elle eût touché ses lèvres il la replaça sur la table en secouant la tête.

— Si tu ne veux pas faire raison à une telle santé, je ne sais à qui je dois m'adresser, dit Simon. A quoi penses-tu donc, jeune fou? ta bonne fortune vient de la placer en quelque sorte en ton pouvoir, car d'un bout de la ville à l'autre tout le monde crierait fi contre elle si elle te disait non; moi, qui suis son père, non-seulement je consens à tailler ce mariage, mais je veux vous unir ensemble aussi étroitement que jamais aiguille a uni deux morceaux de peau de daim ; et avec tout cela en ta faveur, fortune, père, etc., tu as l'air de l'amant désespéré d'une ballade, et tu sembles plus disposé à te jeter dans le Tay qu'à faire la cour à une jeune fille que tu peux avoir sans autre peine que de la demander, si tu sais seulement choisir le bon moment.

— Oui, mais ce bon moment, père Simon? je doute que Catherine en ait jamais eu un semblable à donner à la terre et à ceux qui l'habitent, et qu'elle veuille jamais écouter un artisan grossier et ignorant comme moi. Je ne sais comment cela se fait; partout ailleurs je puis lever la tête aussi bien qu'un autre, mais auprès de votre sainte fille je n'ai ni cœur ni courage, et je ne puis m'empêcher de penser que ce serait comme si je volais dans une église, que de parvenir à surprendre son affection. Ses pensées s'élèvent trop vers le ciel pour qu'elle les fasse tomber sur un être tel que moi.

— Comme il vous plaira, Henry Smith. Ma fille ne vous fait pas la cour;... je ne vous prie pas de l'accepter;... une belle offre n'est pas une cause de querelle;... seulement si vous vous imaginez que je donnerai dans ses folles idées de couvent vous vous trompez du tout au tout. J'aime et j'honore l'Eglise, je paie consciencieusement et volontiers tout ce qui lui est dû : dîmes, aumônes, vin et cire. Je paie tout cela, dis-je, aussi volontiers qu'aucun bourgeois de Perth; mais je ne puis donner à l'Eglise l'unique brebis que j'aie au monde. Sa mère m'était bien chère tant qu'elle a été sur la terre ; maintenant c'est un ange dans le ciel; Catherine est tout ce qui me reste pour me rappeler ce que j'ai perdu ; et si jamais elle entre dans un cloître, ce sera quand les yeux de son vieux père seront fermés pour toujours, et non auparavant. Mais quant à vous, mon ami Gow, vous pouvez faire ce qu'il vous plaira. Je n'ai nulle envie de vous faire épouser ma fille de force, je vous en reponds.

— Maintenaut voilà que vous battez le fer deux fois, père Simon; c'est toujours ainsi que nous en finissons. Vous prenez de l'humeur contre moi parce que je ne fais pas ce qui me rendrait l'homme le plus heureux du monde, si cela était en mon pouvoir. S'il coule dans mon cœur une seule goutte de sang qui n'appartienne pas à votre fille plus qu'à moi-même, je veux qu'on y enfonce en ce moment le poignard le plus acéré que j'aie jamais forgé. Mais que voulez-vous? puis-je avoir pour elle moins d'estime qu'elle n'en mérite, ou m'en faire trop accroire à moi-même? Ce qui vous paraît si simple et si facile, est aussi malaisé pour moi qu'il le serait de faire un haubert d'acier avec de la filasse. — Mais à votre santé, mon père, continua Smith d'un ton plus enjoué, et à celle de ma belle sainte et de ma Valentine, comme j'espère que votre fille le sera cette année! Et que je ne vous empêche pas plus long-temps de reposer votre tête sur votre oreiller; allez tenir conseil avec votre lit de plumes jusqu'à ce qu'il fasse grand jour; après quoi vous me conduirez à la porte de la chambre de votre fille; vous lui demanderez pour moi la permission d'entrer pour lui souhaiter le bonjour, et je serai l'homme le plus heureux que le soleil aura éveillé dans la ville ou bien loin à la ronde.

— L'avis n'est pas mauvais, mon fils, répondit l'honnête Glover, mais toi, que vas-tu devenir? veux-tu prendre la moitié de mon lit, ou partager celui de Conachar?

— Ni l'un ni l'autre, répondit Henry; je ne ferais que vous empêcher de dormir. Ce fauteuil me vaudra un lit de duvet, et je me coucherai comme une sentinelle, mes armes à côté de moi.

Et en parlant ainsi il porta la main sur son couteau de chasse.

— Fasse le ciel que nous n'ayons plus besoin d'armes! dit Simon; bonne nuit ou pour mieux dire bon jour, jusqu'à ce que le soleil se montre; et le premier éveillé appellera l'autre.

Ainsi se séparèrent les deux bourgeois. Le gantier alla se mettre au lit, et l'on peut supposer qu'il y trouva le sommeil. L'amant ne fut pas si heureux; son corps robuste supporta aisément la fatigue qu'il avait éprouvée pendant le cours de cette nuit, mais son esprit était d'une trempe plus délicate. Sous ce point de vue Henry Smith n'était que le bourgeois résolu de cette époque, fier de savoir également bien fabriquer des armes et s'en servir; sa jalousie contre ses rivaux dans sa profession, sa force personnelle, ses connaissances en escrime, l'avaient entraîné dans bien des querelles qui l'avaient fait craindre généralement, et qui lui avaient même attiré quelques ennemis. Mais il joignait à ces qualités la bonté et la simplicité d'un enfant, et en même temps un caractère plein d'imagination et d'enthousiasme qui semblait peu d'accord avec ses travaux dans sa forge et avec ses combats si fréquens. L'ardeur et l'impétuosité qu'il avait puisées dans de vieilles ballades et dans les romans en vers, qui étaient la seule source de ses connaissances, l'avaient peut-être excité en partie à quelques-uns de ses exploits qui avaient souvent pour lui un air de chevalerie. Du moins il était certain que son amour pour la belle Catherine avait une délicatesse qui aurait pu convenir à cet écuyer de bas degré qui, s'il faut en croire la ballade, fut honoré des soupirs de la fille du roi de Hongrie. Ses sentimens pour elle étaient certainement aussi exaltés que s'ils avaient eu pour objet un ange véritable. Aussi le vieux Simon et tous ceux qui observaient sa conduite pensaient-ils que sa passion était d'un genre trop élevé pour pouvoir réussir auprès d'une jeune fille formée du même limon que les autres mortels. Ils se trompaient pourtant. Catherine avec toute sa réserve et sa retenue avait un cœur en état de comprendre et de sentir l'amour de l'armurier; et soit qu'il lui fût possible d'y répondre ou non, elle était secrètement aussi fière de l'attachement du redouté Henry Gow, ou Smith, qu'on peut supposer qu'une héroïne de roman le serait d'un lion apprivoisé qui la suivrait pour la protéger et la défendre. Ce fut avec la plus sincère reconnaissance qu'elle se rappela en s'éveillant au point du jour les services de Henry pendant cette nuit agitée ; et la première pensée qui l'occupa fut de songer aux moyens de lui faire connaître les sentimens qui l'animaient.

Se levant à la hâte, et rougissant à demi de son projet, elle se dit à elle-même : — Je lui ai montré de la froideur, et j'ai peut-être été injuste; je ne serai point ingrate envers lui, quoique je ne puisse céder à ses vœux. Je n'attendrai pas que mon père me force à le recevoir comme mon Valentin pour cette année ; j'irai le chercher, et je le choisirai moi-même. J'ai accusé les autres jeunes filles d'être trop hardies quand elles agissaient ainsi, mais c'est le moyen de plaire à mon père ; et après tout, je ne ferai qu'accomplir les rites de saint Valentin en prouvant ma reconnaissance à cet homme brave.

Mettant à la hâte ses vêtemens, dans lesquels elle laissa

pourtant un peu plus de désordre qu'à l'ordinaire, elle descendit l'escalier et ouvrit la porte de la chambre dans laquelle, comme elle l'avait supposé, son amant était resté depuis le combat qu'il avait livré. Catherine s'arrêta à la porte, et ne sut trop si elle devait exécuter son dessein; car l'usage non-seulement permettait, mais enjoignait même aux Valentins de commencer leur liaison par un baiser d'affection. On regardait comme un augure particulièrement heureux que l'un des deux trouvât l'autre endormi, et l'éveillât en accomplissant cette cérémonie intéressante.

Jamais plus belle occasion ne s'offrit pour commencer cette liaison mystique que celle qui se présentait alors à Catherine. Après bien des rêveries, le brave amurier s'était enfin endormi sur le fauteuil. Ses traits, pendant qu'il se livrait ainsi au repos, avaient l'air plus fermes et plus mâles que Catherine ne l'aurait cru possible; car elle ne les avait jamais vus qu'agités par la crainte de lui déplaire et la timidité, et elle s'était habituée à n'y voir qu'une expression peu spirituelle.

— Il a l'air bien sévère, pensa-t-elle; s'il allait se fâcher! Et puis quand il s'éveillera... nous sommes seuls... si j'appelais Dorothée... si j'éveillais mon père... Mais non! c'est une affaire d'usage, un gage d'affection fraternelle qui ne peut blesser l'honneur d'une jeune fille. Je ne veux pas supposer que Henry puisse s'y méprendre, et je ne souffrirai pas qu'une crainte puérile l'emporte sur ma reconnaissance.

A ces mots elle avança dans l'appartement en marchant sur la pointe des pieds, quoiqu'en hésitant, et ses joues se couvrirent de pourpre en songeant à ce qu'elle allait faire. Enfin elle arriva auprès de la chaise du dormeur, et déposa un baiser sur ses lèvres[1] aussi légèrement que si une feuille de rose y fût tombée. Son sommeil devait être bien léger pour qu'un si faible contact pût l'interrompre, et il fallait que les rêves de Henry eussent quelque rapport avec la cause de cette interruption, car se levant à l'instant, il saisit Cathe-

(1) L'usage général dans la Grande-Bretagne est d'embrasser sur la bouche et non sur la joue. — Tr.

rine entre ses bras, et dans son transport de joie voulût lui rendre le baiser qu'il venait d'en recevoir. Mais Catherine lui opposa une résistance sérieuse, et comme ses efforts semblaient annoncer une pudeur alarmée plutôt qu'une fausse honte, l'amant timide qui aurait pu la retenir entre ses bras, eût-elle été vingt fois plus forte, souffrit qu'elle s'en arrachât.

— Ne vous fâchez pas, bon Henry, dit Catherine du ton le plus doux à son amant surpris. J'ai rendu hommage à saint Valentin pour prouver combien j'estime l'ami qu'il m'a envoyée pour cette année. Attendez que mon père soit présent, et je n'oserai vous refuser la vengeance que vous pouvez avoir droit de tirer de celle qui a interrompu votre sommeil.

— Qu'à cela ne tienne, s'écria le vieux Glover en entrant avec un air d'extase : Smith en avant ! Bats le fer tandis qu'il est chaud. Apprends-lui ce que c'est que d'éveiller le chat qui dort.

Se trouvant ainsi encouragé, Henry, quoique peut-être avec une vivacité moins alarmante, saisit de nouveau entre ses bras la Jolie Fille de Perth, qui se soumit en rougissant, mais d'assez bonne grace, à recevoir le baiser qu'elle avait donné, avec l'addition d'une douzaine d'autres en forme de représailles. Enfin elle se débarrassa des bras de son amant, et comme si elle eût été effrayée de ce qu'elle venait de faire ou qu'elle s'en fût repentie, elle se jeta sur une chaise et se couvrit le visage des deux mains.

— Lève la tête, jeune folle, lui dit son père, et ne sois pas honteuse d'avoir fait les deux hommes les plus heureux qui soient dans Perth, puisque ton vieux père en est un. Jamais baiser ne fut si bien donné, et il était juste qu'il fût convenablement rendu. Regarde-moi, ma chère Kate, regarde-moi, et que je te voie sourire. Sur ma parole d'honneur, le soleil qui se lève en ce moment pour éclairer notre belle ville n'a rien à me montrer qui puisse me faire plus de plaisir. Quoi ! continua-t-il d'un ton jovial, croyais-tu avoir l'anneau de Jamie Keddie et pouvoir te rendre invisible ? Non, non, ma fée de l'aurore. Comme je venais de me lever, j'ai entendu la porte de ta chambre s'ouvrir et je t'ai suivie à pas de loup, non pour te protéger contre un dormeur, mais pour avoir le plaisir de voir de mes propres yeux ma chère fille faire ce que son père désirait le plus. Allons, allons, baisse ces sottes mains, et quoique tu rougisses un peu, la rougeur n'est pas déplacée sur les joues d'une jeune fille pendant la matinée de la Saint-Valentin.

En finissant de parler, Simon Glover baissa avec une douce violence les mains qui cachaient le visage de sa fille. Il était couvert d'une vive rougeur, mais il annonçait quelque chose de plus que la honte, car ses yeux étaient remplis de larmes.

— Quoi ! des pleurs, Kate ! s'écria son père. Sur ma foi ! c'est beaucoup plus qu'il n'en faut. Henry, aide-moi à consoler cette jeune folle.

Catherine fit un effort pour reprendre du calme. Elle parvint à sourire ; mais ce sourire avait quelque chose de sérieux et même de mélancolique.

— J'ai seulement à vous dire, mon père, dit la Jolie Fille de Perth en continuant ses efforts, qu'en choisissant Henry Gow pour mon Valentin, et en lui donnant le salut qui lui était dû en cette qualité suivant l'usage ordinaire, je n'ai voulu que lui prouver ma reconnaissance du service qu'il nous a rendu avec tant de courage, et vous montrer mon obéissance. Mais ne le portez pas à croire, et vous-même, ô mon père ! ne concevez pas cette idée que j'aie eu dessein de faire plus que de lui promettre d'être sa fidèle et affectionnée Valentine pendant tout le cours de l'année.

— Oui, oui, oui, oui, nous comprenons tout cela, dit Simon du ton que prend une nourrice pour apaiser un enfant. Nous comprenons ce que tu veux dire. C'en est assez pour une fois... assez pour une fois... Tu ne seras ni effrayée ni pressée. Vous êtes de vrais, de fidèles, d'affectionnés Valentins ; le reste viendra... comme le ciel et les circonstances le permettront. Allons, allons, calme-toi. Ne tords pas tes petites mains, et ne crains pas d'autres persécutions en ce moment. Tu as bien agi, très bien même. A présent va joindre

Dorothée, et qu'elle appelle le jeune paresseux. Il nous faut un déjeuner solide après une nuit de confusion et une matinée de joie. Prépare-nous quelques-uns de ces gâteaux délicats qu'aucune main ne sait faire aussi bien que la tienne. Et tu as bien le droit d'en avoir le secret, puisque celle de qui tu l'as appris... Ah! ajouta-t-il en soupirant, paix soit à l'ame de ta pauvre mère! Quel plaisir elle aurait eu de voir ce bienheureux jour de Saint-Valentin!

Catherine profita sur-le-champ de la permission de se retirer qui venait de lui être accordée, et sortit de l'appartement. Ce fut pour Henry comme si le soleil eût disparu du firmament à midi, et eût laissé le monde plongé dans une obscurité soudaine. Les espérances que lui avait fait concevoir ce qui venait de se passer commencèrent déjà à décroître quand il réfléchit sur le changement subit survenu dans la conduite de Catherine, les larmes qu'elle avait versées, la crainte évidente que ses traits annonçaient, et le soin qu'elle avait pris d'expliquer aussi clairement que la délicatesse le lui permettait que les avances qu'elle lui avait faites n'avaient pour but que de se conformer strictement au cérémonial du jour. Glover vit l'air soucieux de Smith avec surprise et déplaisir.

— Au nom du bon saint Jean! s'écria-t-il, pourquoi es-tu grave comme un hibou, quand un garçon vif comme toi, et aussi épris de cette pauvre fille que tu prétends l'être, devrait être gai comme un pinson?

— Hélas! mon père, répondit l'amant découragé, je vois écrit sur son front quelque chose qui dit qu'elle m'aime assez pour être ma Valentine, mais trop peu pour être ma femme.

— Et moi je te dis que tu es un oison glacé et sans cœur. Je sais lire sur le front d'une femme aussi bien et mieux que toi, et je n'ai rien vu de semblable sur le sien. Que diable! tu étais là étendu comme un lord dans un bon fauteuil, ou dormant comme un juge à l'audience, tandis que si tu avais été un amoureux ayant quelque ardeur, tu aurais eu les yeux bien ouverts fixés du côté de l'orient pour guetter le premier rayon

du soleil. Mais non, tu te reposais, tu dormais, tu ronflais, j'en réponds, ne pensant ni à elle ni à rien au monde, et voilà que la pauvre fille se lève au point du jour, de peur que quelque autre ne lui dérobe son précieux et vigilant Valentin, et elle t'éveille par un baiser qui, — saint Macgrider me protége !
— aurait donné la vie à ton enclume ; et je t'entends gémir et te plaindre comme si elle t'avait passé un fer rouge sur les lèvres ! Par saint Jean ! je voudrais qu'elle t'eût envoyé la vieille Dorothée en sa place, et qu'elle t'eût obligé à être le Valentin de ce squelette vivant, à qui il ne reste pas une dent. On n'aurait pu trouver dans tout Perth une Valentine qui convînt mieux à un amant qui manque de cœur.

— Quant à manquer de cœur, père Simon, il y a une vingtaine de bons coqs dont j'ai rabattu la crête qui peuvent vous dire si j'en manque ou non. Mais le ciel sait que je donnerais ma maison que je tiens à droit de bourgeoisie, ma forge, mes soufflets, mon enclume et tout ce que je possède, pour pouvoir penser comme vous à ce sujet. Mais ce n'est ni de sa honte ni de sa rougeur que je parle ; c'est de la pâleur qui a chassé si vite les couleurs de ses joues, et des pleurs qui y ont succédé. C'était comme une giboulée d'avril, rendant obscur le plus beau jour qui ait jamais brillé sur le Tay.

— Ta ! ta ! ta ! ni Perth ni Rome n'ont été bâties en un jour. Tu as pêché le saumon mille fois, et tu aurais dû y prendre une leçon. Quand le poisson a mordu à l'hameçon, tirer brusquement la ligne c'est le moyen de la briser, quand elle serait de fil de laiton ; mais lâchez la main, laissez le saumon revenir sur la surface de l'eau, ayez de la patience, et en moins d'une demi-heure vous le tenez sur le sable. Tu as un aussi beau commencement que tu peux le désirer, à moins que tu ne veuilles que la pauvre fille coure au chevet de ton lit comme elle a couru à ton fauteuil, ce qui n'est pas la mode des jeunes filles modestes. Mais fais bien attention : quand nous aurons déjeuné je te fournirai l'occasion de t'expliquer avec elle. Cependant prends garde de ne pas rester trop en arrière et de ne pas te mettre trop en avant. — Donne-lui de la ligne ;

ne cherche pas à tirer trop vite le poisson hors de l'eau, et je gage ma vie contre la tienne que tu réussiras.

— Quoi que je puisse faire, père Simon, j'aurai toujours tort à vos yeux ; ou je donnerai trop de ligne, ou je n'en donnerai pas assez. Je donnerais le meilleur haubert que j'aie jamais travaillé pour que toute la difficulté vînt de mon côté, car alors j'aurais plus d'espoir de la surmonter. J'avoue pourtant que je ne suis qu'un âne pour trouver la manière d'entamer la conversation sur un pareil sujet.

— Viens dans ma boutique avec moi, mon fils, et je te fournirai un sujet convenable. Tu sais que l'homme qu'une jeune fille a embrassé pendant qu'il dormait doit lui présenter une paire de gants. Viens dans ma boutique, je t'en donnerai une paire de la plus belle peau de chevreuil qu'on puisse voir, et qui iront parfaitement à sa main et à son bras. — Je songeais à sa pauvre mère en les taillant, ajouta l'honnête Simon en soupirant, et à l'exception de Catherine, je ne connais pas une seule femme en Écosse à qui ils iraient, quoique j'aie pris la mesure des plus grandes beautés de la cour. — Viens avec moi, te dis-je, et tu auras un sujet sur lequel tu pourras dégoiser à ton aise, pourvu que le courage et la prudence ne te manquent pas en faisant ta cour.

CHAPITRE VI.

« Jamais Catherine ne donnera sa main à un homme. »
SHAKSPEARE. *La méchante femme mise à la raison.*

Le déjeuner fut servi, et les gâteaux tout chauds, faits de fleur de farine et de miel d'après une recette de famille, non-seulement obtinrent les éloges que devait leur donner naturellement la partialité d'un père et d'un amant ; mais chacun leur rendit justice avec cet appétit qui est la meilleure preuve du mérite d'un gâteau comme d'un pouding. On parla, on rit, on plaisanta. Catherine elle-même avait recouvré son calme habituel dans l'endroit où les dames et les demoiselles de nos jours perdraient probablement le leur, c'est-à-dire dans la cuisine où elle avait exercé les fonctions de surintendante sur toutes les affaires domestiques avec un talent reconnu. Je doute fort que la lecture de Sénèque, pendant un espace de temps égal, eût autant contribué à rétablir la tranquillité dans son esprit.

La vieille Dorothée était assise au bas bout de la table, suivant l'usage ordinaire à cette époque. Les deux amis s'amusaient tellement de leur conversation, et Catherine était tellement occupée, soit à les écouter soit à réfléchir en secret, que la vieille femme fut la première à remarquer l'absence du jeune Conachar.

— Cela est vrai, dit Glover ; va l'appeler, ce fainéant de montagnard. Il ne s'est pas montré pendant la bagarre de la nuit dernière ; du moins je ne l'ai pas vu. Quelqu'un l'a-t-il aperçu ?

La réponse générale fut négative, et Henry ajouta :

— Il y a des temps où ces montagnards savent se tenir à couvert comme leurs daims,— oui, et courir aussi vite pour fuir le danger ; et quant à cela, j'en ai été témoin moi-même.

— Et il y a des temps, répliqua Simon, où le roi Arthur et sa Table-Ronde ne pourraient leur tenir tête. Je voudrais, Henry, vous entendre parler avec plus de respect des montagnards. Ils viennent souvent à Perth, soit isolément soit en troupe, et vous devriez vivre en paix avec eux tant qu'ils vivront en paix avec vous.

Henry était sur le point de lui répondre par une bravade, mais la prudence le retint.

— Vous savez, mon père, dit-il en souriant, que nous autres artisans nous préférons les gens qui nous font vivre. Or ma profession est de travailler pour les nobles chevaliers, les écuyers, les pages, les hommes d'armes et autres, etc., etc., qui portent les armes que je fabrique. Il est donc tout naturel que je préfère les Ruthven, les Lindsay, les Ogilvie, les Oliphant, et tant d'autres de nos braves et nobles voisins qui sont couverts d'armures de ma façon, à ces maraudeurs montagnards qui vont presque nus et qui ne cherchent qu'à nous nuire ; d'autant plus qu'il ne s'en trouve pas cinq dans chaque clan qui aient une cotte d'armes rouillée aussi vieille que leur *brattach*[1], et qui après tout n'est que l'ouvrage de quelque maladroit forgeron de leur clan, qui n'est pas membre de notre honorable corporation, et qui travaille à son enclume comme son père y travaillait avant lui. Je vous dis que de semblables gens ne peuvent être regardés d'un œil favorable par un honnête artisan.

— Fort bien ! fort bien ! dit Simon ; mais n'en dites pas davantage sur ce sujet quant à présent, car voici notre paresseux qui arrive, et quoique ce soit un jour de fête, je ne veux plus avoir de poudings au sang[2].

Conachar entra en ce moment. Il avait les joues pâles, les yeux rouges et l'air préoccupé et agité. Il s'assit au bas bout de la table, en face de Dorothée, et il fit le signe de la croix comme s'il se fût préparé à faire son repas du matin. Comme il ne touchait à rien, Catherine lui présenta le plat contenant les gâteaux qui avaient obtenu l'approbation générale. D'abord il refusa son offre avec un air d'humeur ; mais quand elle l'eût répétée avec un sourire plein de bonté, il prit un gâteau, le rompit, en mordit un morceau, mais l'effort qu'il parut avoir fait pour l'avaler fut apparemment si pénible qu'il ne fit pas une seconde tentative.

— Vous avez un mauvais appétit pour une matinée de Saint-Valentin, Conachar, lui dit son maître avec un air de bonne humeur ; cependant je crois que vous avez bien dormi la nuit dernière, car je suppose que vous n'avez pas entendu la bagarre qui a eu lieu en face de la maison. Je crois qu'un mon-

---

(1) Leur bannière. (*Note de l'auteur.*)

(2) Ce qu'on appelle en France boudin s'appelle en anglais pouding noir. Simon lui donne le nom de pouding au sang, pour faire allusion au coup de couteau porté la veille par Conachar à Henry Smith. — Tr.

tagnard actif aurait été aux côtés de son maître, le poignard à la main, au premier son annonçant quelque danger à un mille à la ronde.

— Je n'ai entendu qu'un bruit peu distinct, répondit le jeune homme en soupirant; j'ai cru que c'étaient quelques joyeux tapageurs, et vous m'avez défendu d'ouvrir ni porte ni fenêtre et d'alarmer la maison pour de pareilles folies.

— Bien, bien. Je m'imaginais qu'un montagnard aurait mieux connu la différence qu'il y a entre le cliquetis des armes et le son des instrumens, entre le cri de guerre et les acclamations de joie. N'en parlons plus, jeune homme; je suis charmé que tu perdes tes habitudes querelleuses. Prends ton déjeuner cependant, car j'ai à te donner de la besogne pressée.

— J'ai déjà déjeuné, et je suis moi-même très pressé, car je pars pour les montagnes. Avez-vous quelques commissions à me donner pour mon père?

— Non, répondit Glover avec surprise. Mais as-tu perdu l'esprit, jeune homme? Quelle fantaisie te fait partir de la ville avec la rapidité d'un tourbillon?

— J'en ai reçu l'ordre inattendu, dit Conachar parlant avec quelque difficulté; mais était-ce par suite de l'embarras qu'on éprouve quelquefois à s'exprimer dans une langue étrangère[1], ou par quelque autre cause secrète, c'était ce qu'il n'était pas facile de distinguer. Il doit y avoir, ajouta-t-il, une réunion, une partie de chasse... et il se tut.

— Et quand comptez-vous revenir de cette bienheureuse partie de chasse? c'est-à-dire s'il m'est permis de vous faire cette question.

— Je ne puis le dire exactement; peut-être jamais, si tel est le bon plaisir de mon père, répondit l'apprenti en affectant un air d'indifférence.

— Je croyais, dit Glover d'un ton sérieux, qu'il ne devait plus être question de tout cela quand après de vives prières je vous reçus sous ce toit; je pensais qu'en me chargeant, ce

[1] Les montagnards ont leur langue particulière, le gaélique, qui n'est ni l'anglais ni l'écossais. — Tr.

dont je ne me souciais guère, de vous apprendre une profession honnête, nous n'entendrions plus parler de chasse, de rassemblemens de clan, d'excursions, ni de rien de semblable.

— On ne m'a pas consulté en m'envoyant ici, répondit le jeune homme avec hauteur ; je ne puis dire quelles en furent les conditions.

— Mais moi, je puis vous dire, sire Conachar, s'écria le gantier avec colère, qu'il n'est nullement honnête à vous de vous être engagé comme apprenti à un honorable artisan, de lui avoir gâté plus de peaux que n'en vaut la vôtre, et maintenant que vous êtes d'âge à pouvoir lui rendre quelques services, de disposer de votre temps à votre bon plaisir, comme s'il vous appartenait et non à votre maître.

— Comptez-en avec mon père, répliqua Conachar, et il vous paiera bien un mouton de France[1] pour chaque cuir que j'ai gâté, et une vache ou un bœuf gras pour chaque jour que je me suis absenté.

— Acceptez, l'ami Glover, acceptez, dit Henry d'un ton sec ; vous serez bien payé du moins, sinon honnêtement. Il me semble que je voudrais savoir combien de bourses ont été vidées pour remplir le sporran de peau de chèvre[2] où l'or doit se puiser pour vous si libéralement, et de quels pâturages viennent les bœufs qui doivent vous être envoyés par les défilés des monts Grampians.

— Vous me rappelez, l'ami, dit le jeune montagnard en se tournant vers l'armurier avec un air de hauteur, que j'ai aussi un compte à régler avec vous.

— N'avance pas à la portée de mon bras, s'écria Henry en étendant son bras nerveux, je ne veux pas avoir affaire à toi de plus près ; je ne veux plus de combats à coup d'épingle : je ne me soucie guère de la piqûre d'une guêpe ; mais je ne

---

(1) Monnaie d'or de France, ainsi nommée parce qu'elle portait l'empreinte d'un agneau. (*Note de l'auteur.*)

(2) La poche des montagnards, généralement de peau de chèvre, et portée sur le devant des vêtemens, s'appelle dans leur langue *sporran*. Un *sporran-moullach* est une poche de peau de chèvre ou de quelque autre animal, ayant en dehors le côté poilu. — Éd.

souffre pas que l'insecte m'approche quand je suis averti par son bourdonnement.

Conachar sourit avec un air de mépris. — Je ne voulais te faire aucun mal, dit-il; le fils de mon père ne t'a fait que trop d'honneur en répandant le sang d'un manant comme toi. Je te le paierai à tant par goutte, afin qu'il se sèche et qu'il ne me souille pas les doigts plus long-temps.

— Paix, singe fanfaron, dit l'armurier; le sang d'un brave homme ne peut se payer à prix d'argent. La seule réparation que tu pusses me faire, ce serait de venir à un mille de distance de tes montagnes, dans les basses-terres, avec deux des plus fiers rodomonts de ton clan, et tandis que j'aurais affaire à eux, je laisserais le soin de te corriger à mon apprenti, le petit Jankin.

Catherine intervint dans la conversation. — Silence! mon fidèle Valentin, à qui j'ai le droit de commander; et vous aussi, Conachar, silence! vous devez m'obéir comme étant fille de votre maître; il est mal de réveiller le matin une querelle que la nuit a dû assoupir.

— Adieu donc, maître Glover, dit Conachar après avoir jeté sur Smith un autre regard de dédain, auquel celui-ci ne répondit que par un éclat de rire; adieu. Je vous remercie de toutes vos bontés; vous en avez eu pour moi plus que je ne le méritais. Si j'en ai paru quelquefois trop peu reconnaissant, ce fut la faute des circonstances et non celle de ma volonté. Catherine...

Il jeta sur elle un regard de vive émotion qui semblait produite par des sentimens de différente nature. Il hésita comme pour lui dire quelque chose, et se détourna enfin en ajoutant le seul mot : — adieu.

Cinq minutes après, ayant aux pieds des brodequins de montagnard et un petit paquet sous le bras, il sortit de Perth par la porte conduisant vers le nord, et prit le chemin des montagnes.

— Le voilà parti aussi fier et aussi gueux que tout un clan montagnard, dit Henry. Il parle de pièces d'or aussi lestement que je parlerais de sous d'argent; et cependant je jurerais que le pouce du gant de laine de sa mère pourrait contenir le trésor de tout son clan.

—Assez probable, dit le gantier souriant de cette idée, d'autant plus que sa mère était une femme qui avait une main assez forte.

— Et quant aux bestiaux, continua Henry, je suppose que ses frères et son père volent des moutons un à un.

— Moins nous en parlerons mieux ce sera, dit Glover en reprenant un air grave. Il n'a pas de frères... Son père est un homme puissant... Il a les bras longs; il les étend autant qu'il le peut, et ses oreilles entendent de si loin qu'il n'est pas nécessaire de parler de lui.

— Et cependant il a placé son fils unique comme apprenti chez un gantier de Perth ! ajouta Henry. J'aurais cru que la noble profession, comme on l'appelle, de saint Crépin, lui aurait mieux convenu ; et que si le fils de quelque grand Mac ou O'[1] devait devenir un artisan, ce ne pouvait être que dans le métier où des princes lui ont donné l'exemple.

Cette observation, quoique faite d'un ton ironique, parut éveiller en notre ami Simon le sentiment de toute la dignité de sa profession, sentiment qui caractérisait en général tous les artisans de cette époque.

—Vous vous trompez, mon fils Henry, répondit-il avec beaucoup de gravité; la profession de gantier est la plus honorable des deux, puisqu'elle travaille pour les mains, au lieu que les savetiers et cordonniers ne s'occupent que des pieds.

— Ce sont des membres également nécessaires au corps, répliqua Henry dont le père avait été cordonnier.

—Cela peut être, mon fils, dit le gantier, mais ils ne sont pas également honorables. Songez que nous employons les mains comme des gages de bonne foi et d'amitié ; les pieds n'ont pas un pareil privilége. Les braves gens combattent les armes à la main ; les lâches se servent des pieds pour s'enfuir.

[1] Le *mac* ou O' (fils de) entre fréquemment dans les noms gaëliques de l'Écosse et de l'Irlande. — Éd.

Un gant se maintient en haut lieu; un soulier se plonge dans la boue. On salue un ami la main ouverte; on repousse avec le pied un chien, ou un homme qu'on méprise comme un chien. Un gant sur la pointe d'une pique est un signe et un gage de bonne foi dans tout l'univers, comme un gantelet jeté par terre est un appel au combat entre chevaliers, tandis que je ne vois aucun emblème dans un vieux soulier, si ce n'est que quelques bonnes femmes le jettent au dos d'un homme pour lui porter bonheur, pratique à laquelle j'avoue que je n'ai pas grande confiance.

— Sur ma foi, s'écria l'armurier amusé de l'éloquent plaidoyer de son ami en faveur de la dignité du métier qu'il exerçait, je vous réponds que ce ne sera jamais moi qui chercherai à déprécier la profession de gantier. Songez donc que je suis moi-même fabricant de gantelets. Mais la dignité de votre ancienne corporation ne m'empêche pas d'être surpris que le père de ce Conachar ait souffert que son fils apprît un métier quelconque d'un artisan des basses-terres; car ces montagnards nous regardent comme infiniment au-dessous de leur rang sublime, comme une race de méprisables journaliers qui ne méritent d'autre destin que d'être maltraités et pillés toutes les fois que ces grands seigneurs à jambes nues croient pouvoir se le permettre sans danger.

— Sans doute, repartit Simon; mais il y avait de puissantes raisons pour... pour... Il retint quelque chose qui semblait sur le point de sortir de ses lèvres, et ajouta: — pour que le père de Conachar agît comme il l'a fait. Au surplus, j'ai accompli tout ce que je lui avais promis, et je ne doute pas qu'il n'agisse honorablement à mon égard. Mais le départ soudain de Conachar me met dans l'embarras. Il avait certaines choses confiées à ses soins... Il faut que j'aille jeter un coup d'œil dans la boutique.

— Puis-je vous aider, mon père? demanda Henry, trompé par le ton sérieux de son ami.

— Vous? non! répondit Simon d'un ton sec qui fit tellement sentir à Henry la maladresse de sa proposition, qu'il rougit jusqu'au blanc des yeux de son manque de présence d'esprit dans une circonstance où l'amour aurait dû lui faire comprendre à demi-mot quelle était l'intention du vieux Glover.

— Catherine, dit Simon en sortant, faite compagnie à votre Valentin pendant cinq minutes, et ne le laissez point partir avant mon retour. Suis-moi, vieille Dorothée, je crois que j'aurai besoin de ton aide.

Il sortit de l'appartement suivi de la vieille femme, et Henry Smith resta seul avec Catherine, peut-être pour la seconde fois de sa vie. Il y eut quelque embarras de la part de la jeune fille, et quelque gaucherie du côté de l'amant pendant environ une minute. Enfin Henry, s'armant de tout son courage, tira de sa poche les gants que Simon lui avait remis, et la supplia de permettre à celui qui avait reçu ce matin une faveur si précieuse de payer l'amende qu'il avait encourue pour avoir été endormi dans un moment où il aurait volontiers renoncé au sommeil pendant toute une année pour être éveillé une seule minute.

— Mais, dit Catherine, l'hommage que j'ai rendu à saint Valentin ne rend pas exigible l'amende que vous désirez payer, et je ne puis consentir à la recevoir.

— Ces gants, dit Henry en approhant doucement sa chaise de celle de Catherine, ont été travaillés par des mains qui vous sont bien chères; et voyez, ils sont faits pour les vôtres. Il les étendit sur la table, et prenant le bras de Catherine dans sa main robuste, il le plaça à côté pour lui montrer comme ils lui iraient bien. —Voyez ce bras arrondi, ajouta-t-il, voyez ces doigts déliés; songez à celui qui a fait ces coutures en soie et en or, et dites-moi si ces gants et les bras auxquels seuls ils peuvent bien aller doivent rester séparés, parce que ces pauvres gants ont eu le malheur d'être quelques minutes sous la garde d'une main rude et basanée comme la mienne.

— Je les reçois avec plaisir comme venant de mon père, dit Catherine, et certainement aussi comme venant de mon *ami*, appuyant sur ce dernier mot, de mon Valentin, de mon défenseur.

— Permettez-moi de vous aider à les mettre, dit Smith en avançant encore plus près d'elle. Ils peuvent être d'abord un peu justes, et vous pouvez avoir besoin de quelque assistance.

— Vous êtes habile à rendre de pareils services, bon Henry Gow, dit Catherine en souriant, mais en reculant sa chaise en même temps.

— De bonne foi, dit Henry en secouant la tête, je suis plus habile à faire entrer dans un gantelet d'acier la main d'un chevalier, qu'à ajuster un gant brodé sur celle d'une jeune fille.

— En ce cas, je ne vous donnerai pas plus de peine; Dorothée m'aidera. Mais je n'aurai pas besoin d'aide; les yeux et les doigts de mon père ne le trompent jamais dans sa profession, et tous les ouvrages qui sortent de ses mains répondent toujours exactement à la mesure qu'il en a prise.

— Permettez-moi de m'en convaincre; que je voie si ces jolis gants vont réellement bien aux mains pour lesquelles ils ont été faits.

— Dans quelque autre moment, bon Henry, je porterai ces gants en l'honneur de saint Valentin et du compagnon qu'il m'a donné pour cette année. Plût au ciel que je pusse également satisfaire mon père sur une matière plus importante! Quant à présent le parfum de cette peau augmente le mal de tête que j'ai eu depuis ce matin.

— Mal de tête, chère Catherine!

— Appelez-le un mal partant du cœur, et vous ne vous tromperez pas, dit Catherine en soupirant, et elle continua d'un ton plus sérieux: Henry, dit-elle, peut-être vais-je montrer autant de hardiesse que vous avez eu lieu de m'en supposer ce matin; car je vais être la première à vous parler d'un sujet sur lequel je devrais peut-être attendre que j'eusse à vous répondre. Mais après ce qui s'est passé ce matin, je ne puis me dispenser de vous expliquer mes sentimens à votre égard sans courir le risque de vous mettre dans le cas de vous y méprendre. Non, ne me répondez pas avant de m'avoir entendue. Vous êtes brave, Henry, plus brave que la plupart des hommes, vous êtes franc et fidèle ; on peut compter sur vous comme sur l'acier que vous travaillez, vous...

— Arrêtez, Catherine, arrêtez, par compassion ! Jamais vous n'avez dit tant de bien de moi que pour en venir à quelque censure amère dont vos éloges étaient les avant-coureurs. Je suis honnête, direz-vous encore, mais je suis un écervelé, un brouillon, un querelleur, un spadassin.

— Je serais injuste envers moi comme envers vous si je vous nommais ainsi. Non, Henry, ce n'eût jamais été à un spadassin, eût-il porté un panache à son bonnet et des éperons d'or à ses talons, que Catherine Glover eût offert la faveur d'usage qu'elle vous a accordée ce matin. Si j'ai quelquefois appuyé sévèrement sur le penchant de votre esprit pour la colère, et de votre main pour le combat, c'est parce que je voudrais, si je pouvais y réussir, vous faire haïr les péchés de vanité et d'emportement auxquels vous vous laissez aller trop aisément. J'ai parlé sur ce sujet plutôt pour alarmer votre conscience que pour exprimer mon opinion. Je sais aussi bien que mon père que dans ce malheureux temps de désordres on peut citer les coutumes de notre nation, et même de toutes les nations chrétiennes, pour justifier l'habitude de faire de la moindre bagatelle une cause de querelle sanglante, de tirer une vengeance terrible et mortelle de la plus légère offense, et de se massacrer l'un l'autre par principe d'honneur et souvent même par pur amusement. Mais je sais que ce sont autant de transgressions pour lesquelles nous serons un jour appelés en jugement, et je voudrais vous convaincre, mon brave et généreux ami, que vous devez écouter plus souvent les conseils de votre bon cœur, et être moins fier de la force et de la dextérité de votre bras impitoyable.

— Je suis convaincu, Catherine, je le suis ; vos paroles seront désormais une loi pour moi. J'en ai fait assez, j'en ai fait beaucoup trop pour prouver ma force et mon courage ; mais c'est de vous seule, Catherine, que je puis apprendre à mieux penser. Souvenez-vous, ma belle Valentine, que mon ambition de me distinguer les armes à la main, mon humeur querelleuse, si l'on peut l'appeler ainsi, ne combattent pas à arme égale contre ma raison et mon caractère plus doux. Elles sont excitées et encouragées par des causes qui me sont étrangères. Qu'il survienne une querelle, et que d'après votre avis je me montre peu disposé à m'en mêler, croyez-vous que je sois libre de choisir entre la paix et la guerre? Non, par sainte Marie! Cent voix s'élèveront autour de moi pour m'animer. — Comment donc, Smith, ta lame est-elle rouillée? dira l'un. — Henry Gow fait la sourde oreille à une querelle ce matin? ajoutera l'autre. — Bats-toi pour l'honneur de Perth, s'écriera milord le prévôt. — Henry contre eux tous, et je gage un noble d'or pour lui, dira peut-être votre père lui-même. Or que peut faire un pauvre homme comme moi, Catherine, quand tout le monde le pousse ainsi au nom du diable, et qu'il ne se trouve pas une ame de l'autre côté qui lui dise un mot pour le retenir?

— Je sais que le démon ne manque pas d'agens pour nous porter à ses œuvres, mais il est de notre devoir de résister à ces vains argumens, quand même ils seraient employés par ceux à qui nous devons amour et respect.

— Il y a ensuite les ménestrels avec leurs romances et leurs ballades, qui font consister tout le mérite d'un homme à recevoir et à rendre de bons coups. Vous ne sauriez croire, Catherine, de combien de mes péchés le ménestrel Harry l'Aveugle doit être responsable. Lorsque je frappe un coup bien appuyé, ce n'est pas, j'en prends saint Jean à témoin, par envie de faire mal à celui à qui je le porte, c'est uniquement pour frapper comme frappait William Wallace.

Smith parlait ainsi avec un sérieux si lamentable, que Catherine ne put s'empêcher de sourire. Cependant elle l'assura que des raisons si futiles ne pouvaient être mises en balance un seul instant contre le danger qu'il faisait courir à sa vie et à celle des autres.

— Sans doute, répliqua Henry enhardi par son sourire ; mais il me semble que la bonne cause de la paix n'en irait que mieux si elle trouvait un avocat. Supposez, par exemple, que lorsqu'on me pousse et qu'on m'excite à mettre la main sur mon arme, je pusse me souvenir que j'ai laissé à la maison un bon ange gardien dont l'image semblerait me dire tout bas :
— Henry, point d'acte de violence ! c'est ma main que vous allez teindre de sang. Henry, ne vous exposez pas à un danger inutile, c'est ma poitrine que vous allez mettre en péril. De telles pensées produiraient sur moi plus d'effet que si tous les moines de Perth me criaient : Arrête, sous peine d'excommunication !

— Si la voix, les avis et l'affection d'une sœur peuvent avoir quelque poids dans ce débat, Henry, dit Catherine, croyez que lorsque vous frappez c'est ma main que vous couvrez de sang, et que lorsque vous recevez une blessure c'est mon cœur qui est percé.

Le ton sincèrement affectueux dont ces paroles furent prononcées donna du courage à l'armurier.

— Et pourquoi, dit-il, ne pas étendre votre intérêt un peu au-delà de ces froides limites ? Pourquoi, puisque vous êtes assez bonne et assez généreuse pour avouer que vous prenez quelque intérêt au pauvre ignorant pécheur qui est devant vous, ne l'adoptez-vous pas sur-le-champ pour votre disciple et votre époux ? Votre père le désire, toute la ville s'y attend ; les gantiers et les forgerons préparent leurs réjouissances ; et vous, vous seule, dont les paroles ont tant de douceur et de bonté, vous y refusez votre consentement !

— Henry, dit Catherine d'une voix basse et tremblante, croyez que je me ferais un devoir d'obéir aux ordres de mon père, s'il n'existait des obstacles invincibles au mariage qu'il me propose.

— Mais réfléchissez — réfléchissez un instant. J'ai peu de chose à dire pour me faire valoir, en comparaison de vous qui savez lire et écrire. Mais j'aime à entendre lire, et jamais je ne me lasserais d'écouter votre douce voix. Vous aimez la musique, j'ai appris à pincer de la harpe et à chanter aussi bien que quelques ménestrels. Votre plaisir est d'être charitable, j'ai le moyen de donner sans risquer de m'appauvrir; je pourrais faire tous les jours des aumônes aussi considérables qu'un diacre[1] sans m'en apercevoir. Votre père devient vieux pour travailler comme il le fait; il demeurerait avec nous, car je le regarderais bien véritablement comme mon père. Je m'abstiendrais de toute querelle frivole aussi bien que de jeter ma main dans ma fournaise; et si quelqu'un s'avisait de nous insulter, je lui ferais voir qu'il n'a pas choisi le marché convenable pour le débit de sa marchandise.

— Puissiez-vous éprouver tout le bonheur domestique que vous pouvez vous figurer, Henry,— mais avec une femme plus heureuse que je ne le suis, dit la Jolie Fille de Perth qui semblait près d'étouffer par les efforts qu'elle faisait pour retenir ses pleurs, et presque ses sanglots.

— Vous me haïssez donc! demanda l'amant après quelques instans de silence.

— Non! le ciel m'en est témoin.

— Ou vous aimez quelqu'un mieux que moi?

— C'est une cruauté de demander ce qu'il ne peut vous être utile de savoir; mais vous vous trompez complètement.

— Ce chat sauvage de Conachar, peut-être? j'ai remarqué ses regards, et....

— Vous profitez de ma situation pénible pour m'insulter, Henry, quoique je ne l'aie pas mérité. Conachar n'est rien pour moi, si ce n'est qu'ayant essayé de dompter son esprit violent par quelque instruction, j'ai pris un peu d'intérêt à un jeune homme abandonné à ses préjugés et à ses passions, et qui par conséquent a une certaine ressemblance avec vous, Henry.

— Il faut donc que ce soit quelque Sir Ver à Soie, quelqu'un de ces courtisans fringans, dit l'armurier dont le dépit irritait son caractère naturellement ardent; quelqu'un de ceux qui

---

[1] Un *diacre* est un dignitaire ecclésiastique, mais on donne ce nom en Écosse aux syndics des corporations, témoin le père du bailli Nicod Jarvie. — ÉD.

s'imaginent devoir tout emporter par la hauteur de leur panache et par l'éclat de leurs éperons dorés. Je voudrais bien savoir quel est celui qui, abandonnant ses compagnes naturelles, les dames fardées et parfumées de la cour, prétend faire sa proie des filles des simples artisans de la ville. Je voudrais connaître son nom et son surnom.

— Henry Smith, dit Catherine surmontant la faiblesse qui avait paru menacer de l'accabler quelques momens auparavant, ce langage est celui de la folie et de l'ingratitude, ou plutôt de la fureur. Je vous ai déjà dit au commencement de cet entretien qu'il n'existait personne dont j'eusse une plus haute opinion que celui qui perd maintenant quelque chose de mon estime à chaque mot qu'il prononce avec un ton de soupçon injuste et de colère sans motif. Vous n'aviez pas même le droit de savoir ce que je vous ai dit, et je vous prie de faire attention que mes discours ne doivent pas vous autoriser à croire que je vous accorde la préférence sur les autres, quoique j'aie avoué que je ne vous préfère personne. Il suffit que vous sachiez qu'il existe un obstacle insurmontable à ce que vous désirez, comme si un enchanteur avait jeté un charme sur ma destinée.

— Les gens courageux savent rompre les charmes, dit Smith; je voudrais n'avoir que cela à craindre. D'Horbion, l'armurier danois, me parla d'un charme qu'il avait pour rendre ses cuirasses impénétrables en chantant une certaine chanson pendant que le fer chauffait. Je lui dis que ses rimes runiques n'étaient pas à l'épreuve contre les armes dont on se servait pour se battre à Luncarty[1]. Il est inutile de dire ce qui en résulta; mais sa cuirasse, celui qui la portait et le chirurgien qui guérit sa blessure savent si Henry Gow peut rompre un charme.

Catherine le regarda comme si elle allait lui répondre de manière à lui prouver qu'elle n'admirait nullement l'exploit

---

(1) Le champ de Luncarty, situé sur la rive occidentale du Tay, à quatre milles de Perth, est fameux par un combat où les *Danois* furent vaincus par les *Ecossais* dans le dixième siècle. — Éd.

dont il venait de se vanter, le brave armurier ne s'étant pas souvenu qu'il était d'un genre à l'exposer encore à sa censure. Mais avant qu'elle eût le temps d'exprimer ses pensées, son père entr'ouvrit la porte et avança la tête dans l'appartement.

— Henry, dit-il, il faut que j'interrompe des affaires plus agréables pour te prier de passer dans mon atelier sans perdre un instant, pour y délibérer sur des affaires de la plus grande importance pour la ville.

Henry, saluant Catherine, quitta sur-le-champ l'appartement. Il fut peut-être heureux pour maintenir entre eux des relations amicales à l'avenir, qu'ils eussent été brusquement séparés de cette manière, d'après la tournure que la conversation semblait devoir prendre, car l'amant, d'après le degré d'encouragement qu'il s'imaginait avoir reçu, commençait à regarder les refus de la Jolie Fille comme l'inexplicable effet d'un caprice; et Catherine d'une autre part le considérait comme voulant abuser de la faveur qu'elle lui avait accordée plutôt que comme un homme que sa délicatesse rendait digne de la recevoir.

Mais leur cœur nourrissait un sentiment d'attachement réciproque qui, une fois la querelle terminée, devait y renaître et faire oublier à la jeune fille la blessure faite à sa délicatesse, et à l'amant la froideur avec laquelle elle avait répondu à son ardente passion.

CHAPITRE VII.

« Cette querelle peut coûter du sang quelque autre jour. »
SHAKSPEARE. *Henry VI*, partie I.

Le conclave de citoyens qui s'étaient donné rendez-vous pour délibérer sur le tumulte de la nuit précédente était alors assemblé. L'atelier de Simon Glover était rempli d'une foule de personnages qui n'étaient pas de peu d'importance, et dont quelques-uns portaient des habits de velours noir et avaient une chaîne d'or autour du cou. C'étaient véritablement les pères conscrits de la ville, et il se trouvait parmi ces honorables bourgeois des baillis et des diacres de corporations. Tous leurs fronts avaient un air de courroux et d'importance offensée, tandis qu'ils causaient à demi-voix avant de se livrer à une discussion en règle. Parmi ces personnages affairés, celui qui semblait encore plus affairé que les autres était le petit bourgeois important qu'on a vu figurer à la fin du tumulte de la nuit précédente, nommé Olivier Proudfute, bonnetier de profession. On le voyait s'agiter et courir çà et là dans la foule, à peu près comme la mouette qui au commencement d'une tempête étend ses ailes, pousse des cris et voltige encore irrégulièrement dans les airs, quand on croirait qu'elle devrait plutôt se réfugier dans son nid et y rester tranquille pendant l'ouragan.

Quoi qu'il en soit, maître Proudfute était au milieu de la foule, accrochant ses doigts au bouton de l'un, approchant ses lèvres de l'oreille de l'autre, accostant ceux qui étaient à peu près de sa taille, et se levant sur la pointe des pieds pour faire part de ses nouvelles à ceux qui étaient plus grands que lui, en saisissant le collet de leur habit pour se soutenir. Se sentant l'avantage d'être mieux informé que les autres, puisqu'il avait été témoin oculaire, il se regardait comme un des héros de l'affaire, et il était disposé à pousser la part qu'il y avait prise au-delà des limites de la modestie et de la vérité. On ne peut dire que les informations qu'il donnait fussent bien curieuses et bien importantes ; elles se bornaient en général à ce qui suit :

— Tout cela est vrai par saint Jean ! j'y étais moi-même et je l'ai vu de mes propres yeux. J'ai été le premier à courir au bruit, et sans moi et un autre vigoureux gaillard qui est arrivé presque au même instant, ils auraient enfoncé la porte de la maison de Simon Glover, lui auraient coupé la gorge et auraient emmené sa fille dans les montagnes. C'est une voie de fait qu'on ne peut souffrir, voisin Crookshank, qu'on ne peut supporter, voisin Glass, qu'on ne peut endurer, voisins Balneaves, Rolloek et Chrysteson. Il est fort heureux que moi et cet autre vigoureux gaillard nous soyons arrivés à temps. N'est-il pas vrai, mon digne voisin, bailli Craigdallie?

Ces discours étaient soufflés d'oreille en oreille par l'affairé bonnetier. Le bailli Craigdallie, le même dignitaire qui avait été d'avis d'ajourner à ce moment et à ce lieu la délibération sur les événemens de la nuit, était un homme grand, gros et de bonne mine, qui se débarrassa de la main du diacre accrochée au collet de son habit à peu près d'aussi bonne grace qu'un vigoureux cheval secoue le taon importun qui l'a assailli pendant dix minutes. — Silence, braves citoyens! s'écria-t-il; voici Simon Glover, de la bouche duquel il n'est jamais sorti que des paroles de vérité. Nous apprendrons de lui quel est l'outrage dont il a à se plaindre.

Simon, interpellé ainsi, s'expliqua avec un embarras manifeste qu'il attribua à la répugnance qu'il avait à ce que la ville se fît une querelle sérieuse avec qui que ce fût à cause de lui. — Après tout, dit-il, ce n'était qu'une fredaine, une plaisanterie de quelques jeunes courtisans, et le pire qu'il en résulterait, c'était qu'il ferait mettre de bonnes barres de fer à la croisée de la chambre de sa fille, pour prévenir la répétition d'une pareille frasque.

— Mais si ce n'était qu'une fredaine et une plaisanterie, dit le bailli Craigdallie, notre concitoyen Henry l'armurier a eu grand tort de couper si légèrement la main d'un homme comme il faut, et la ville pourrait être condamnée à une amende considérable, à moins que nous ne nous assurions de la personne de celui qui a commis cette mutilation.

— A Notre-Dame ne plaise! s'écria le gantier. Si vous saviez ce que je sais, vous craindriez autant de toucher à cette affaire que de porter la main sur un fer rouge. Mais puisque vous voulez vous mettre les doigts dans le feu, il faut vous dire la vérité. Ainsi, quoi qu'il puisse en arriver, je vous dirai que l'affaire aurait pu finir très mal pour moi et les miens, si

Henry Gow, armurier, que vous connaissez tous, n'était arrivé fort à propos à mon secours.

— Ainsi que moi, dit Olivier Proudfute, quoique je ne prétende pas être tout-à-fait aussi habile dans le maniement du sabre que notre voisin Henry Gow. Vous m'avez vu au commencement du tumulte, voisin Glover.

— Je vous ai vu quand il était terminé, voisin, répondit le gantier d'un ton sec.

— C'est vrai, c'est vrai, reprit Proudfute ; j'avais oublié que vous étiez dans votre maison pendant que les coups se donnaient, et que vous ne pouviez voir qui les distribuait.

— Silence ! voisin Proudfute, silence ! s'écria Craigdallie évidemment ennuyé des croassemens peu harmonieux du digne diacre. Il y a ici quelque chose de mystérieux, ajouta-t-il, mais je crois deviner le secret. Notre ami Simon est, comme vous le savez tous, un homme paisible qui souffrira plutôt une injustice que de mettre en danger un ami ou un voisin pour en obtenir réparation. Mais toi, Henry Gow, toi qu'on trouve toujours quand la ville a besoin d'un défenseur, dis-nous tout ce que tu sais de cette affaire.

L'armurier conta l'histoire telle que nous l'avons déjà rapportée ; et l'affairé fabricant de bonnets s'écria encore : — Et tu m'as vu dans la mêlée, honnête Smith, n'est-il pas vrai ?

— Non, sur ma foi, voisin, répondit Henry ; mais vous êtes petit, comme vous le savez, et il peut se faire que je ne vous aie pas aperçu.

Cette réponse fit rire aux dépens d'Olivier, qui rit lui-même comme les autres, mais en ajoutant : — Il n'en est pas moins vrai que je suis arrivé un des premiers au secours du voisin Glover.

— Et où étiez-vous donc, voisin ? demanda Smith, car de bonne foi, je ne vous ai pas vu ; et j'aurais donné la valeur de la meilleure armure qui soit jamais sortie de mes mains, pour avoir à mon côté un gaillard ferme et vigoureux comme vous.

— Je n'étais pourtant pas bien loin de toi, brave Smith, et tandis que tu distribuais les coups comme si tu eusses frappé sur ton enclume, je parais ceux que d'autres coquins voulaient te porter par derrière, et c'est pour cela que tu ne m'as pas vu.

— J'ai entendu parler de forgerons de l'ancien temps qui n'avaient qu'un œil, dit Henry; moi, j'en ai deux; mais comme ils sont tous deux placés sous mon front, je ne pouvais pas voir par derrière, voisin.

— La vérité est pourtant que j'y étais, reprit l'opiniâtre Olivier, et je vais rendre compte à maître Craigdallie de tout ce qui s'est passé, car c'est Henry Gow et moi qui y sommes arrivés les premiers.

— Nous en savons assez pour le présent, dit le bailli en lui faisant signe de se taire. Les déclarations de Simon Glover et de Henry Gow seraient bien suffisantes dans une affaire moins digne de croyance. Maintenant, mes maîtres, la question est de savoir ce que nous devons faire. Tous nos droits de bourgeoisie ont été insultés et outragés, et vous devez bien penser que c'est par quelque homme puissant, car nul autre n'aurait osé agir ainsi. Mes maîtres, il est dur pour la chair et le sang d'avoir à se soumettre à un pareil outrage. Les lois nous ont placés à un rang plus bas que les princes et les nobles, mais il est contre la raison de supposer que nous souffrirons qu'on force nos maisons et qu'on insulte l'honneur de nos femmes, sans en obtenir réparation.

— Cela n'est pas supportable! s'écrièrent unanimement tous les citoyens.

Simon Glover se mit au premier rang, tous ses traits annonçant l'embarras et l'inquiétude. — J'espère encore, mes dignes voisins, dit-il, qu'on n'avait pas d'aussi mauvaises intentions que nous avons pu le croire; et quant à moi, je pardonnerais volontiers le trouble et l'alarme dont ma pauvre maison a été le théâtre cette nuit, pour épargner à notre bonne ville les désagrémens qui peuvent résulter de cette affaire. Réfléchissez, je vous prie; quels seront les juges qui en connaîtront? Je parle entre voisins, entre amis, et par conséquent à cœur ouvert. Le roi (que Dieu le protége!) est tellement affaibli de corps et d'esprit, qu'il nous renverra à un de ses conseillers, à quelque grand seigneur qui sera dans ses bonnes graces pour le moment. Peut-être nous renverra-t-il à son frère le duc d'Albany, qui se fera de notre pétition pour obtenir justice un prétexte pour nous extorquer de l'argent.

— Nous ne voulons pas avoir Albany pour juge! s'écria toute l'assemblée d'une voix aussi unanime.

— Peut-être nous dira-t-il de porter nos plaintes devant le duc de Rothsay, continua Simon, et ce jeune prince débauché regardera cet outrage comme un excellent sujet pour les plaisanteries de ses joyeux compagnons et pour les chants de ses ménestrels.

— Point de Rothsay! il est trop dissipé pour être notre juge! s'écrièrent tous les citoyens.

Simon s'enhardit en voyant qu'il arrivait au but qu'il désirait atteindre; cependant ce ne fut qu'en baissant la voix qu'il prononça le nom redoutable qui va suivre : — Aimeriez-vous mieux avoir affaire à Douglas le Noir?

Une minute se passa sans que personne lui répondît. Les bourgeois se regardaient les uns les autres, pâles et décontenancés. Mais Henry Smith parla hardiment, et d'une voix décidée énonça les sentimens dont chacun était animé, mais qu'aucun n'osait exprimer.

— Douglas le Noir pour juge entre un bourgeois et un gentilhomme, un grand seigneur, à ce qu'on peut croire et ce dont je me soucie peu! autant vaudrait le diable le plus noir de l'enfer! Vous êtes fou, père Simon, de nous faire une pareille question.

Il y eut encore quelques instans de silence causé par la crainte et l'incertitude; le bailli Craigdallie le rompit enfin, et jetant un coup d'œil expressif sur l'armurier : — Voisin Smith, lui dit-il, votre pourpoint de dessous vous donne de la confiance, sans quoi vous ne parleriez pas si hardiment.

— J'ai confiance dans le cœur qui bat sous mon pourpoint, tel qu'il peut être, bailli, répondit l'intrépide Henry, et quoique je ne sois pas grand parleur, jamais un de vos nobles ne me mettra un cadenas sur la bouche.

— Portez un pourpoint bien solide, mon brave Henry, ou ne parlez pas si haut, dit le bailli du même ton expressif. Il y a dans la ville des gens des frontières qui portent le cœur sanglant sur l'épaule[1]. Mais que ferons-nous? car tous ces discours ne vont pas au but.

— Les plus courts sont les meilleurs, s'écria l'armurier. Allons trouver notre prévôt, et demandons-lui son appui et son assistance.

Un murmure approbateur se fit entendre dans l'atelier, et Olivier Proudfute s'écria : — C'est ce que je dis depuis une demi-heure, mais personne de vous ne veut m'écouter. Allons trouver notre prévôt, dis-je. Il est noble lui-même, et il doit intervenir entre la ville et les nobles en toute occasion.

— Paix! voisins! paix! prenez bien garde à ce que vous dites et à ce que vous faites, dit un homme maigre et de petite taille, qui paraissait encore plus semblable à une ombre par les efforts qu'il prenait pour se donner un air d'extrême humilité, afin de faire accorder son extérieur avec ses discours et de se montrer encore plus mince et plus insignifiant que la nature ne l'avait créé.

— Pardon, dit-il, je ne suis qu'un humble apothicaire. Cependant j'ai été élevé à Paris, j'y ai fait mes humanités, et j'y ai suivi mon *Cursus medendi*[2] tout aussi bien que certaines gens qui prennent le titre de doctes médecins : je crois que je puis sonder cette blessure et la traiter avec des émolliens. Voici notre ami Simon Glover qui, comme vous le savez tous, est un homme respectable. Croyez-vous qu'il ne serait pas le plus empressé de nous à adopter des mesures de sévérité dans une affaire qui touche de si près l'honneur de sa famille? et puisqu'il paraît ne pas se soucier de porter une accusation contre ces tapageurs, réfléchissez s'il n'est pas possible qu'il ait quelque bonne raison qu'il ne juge pas à propos de mettre au jour

(1) Armoiries des Douglas. — Éd.
(2) Cours de médecine. — Éd.

pour laisser cette affaire s'assoupir. Ce n'est pas à moi à mettre le doigt sur la plaie; mais, hélas! nous savons tous que les jeunes filles sont ce que j'appelle des essences qui s'évaporent aisément. Or supposez qu'une honnête fille, en toute innocence j'entends, laisse sa fenêtre entr'ouverte le matin de la Saint-Valentin pour que quelque galant cavalier, en tout bien et tout honneur j'entends, puisse devenir son Valentin; supposez ensuite que le galant soit découvert; ne peut-elle pas pousser des cris comme si elle n'eût pas attendu cette visite? et... et... broyez tout cela dans un mortier, et voyez ensuite si ce qui en sortira sera de nature à porter la ville à se faire une querelle avec qui que ce soit.

L'apothicaire prononça son discours du ton le plus insinuant, mais sa petite taille sembla diminuer encore quand il vit le sang monter aux joues du vieux Glover, et la flamme de la colère briller sur le front du redoutable armurier. Celui-ci s'avançant et jetant un regard furieux sur l'apothicaire alarmé, s'écria : — Squelette ambulant! vieil asthmatique! empoisonneur de profession! si je croyais que le souffle pestiféré de tes infâmes paroles pût nuire un instant à la renommée sans tache de Catherine Glover, je te pulvériserais dans ton propre mortier, indigne empirique, et je battrais ta misérable carcasse avec de la fleur de soufre, la seule drogue non falsifiée qui se trouve dans ta boutique, afin d'en faire un onguent pour en frotter les chiens galeux.

— Silence, mon fils Henry, silence! dit le gantier; personne que moi n'a le droit de parler à ce sujet. — Digne bailli Craigdallie, puisque c'est ainsi qu'on interprète ma modération, je suis déterminé à poursuivre cette affaire jusqu'au bout; et quoique le résultat puisse prouver que nous aurions mieux fait de nous tenir tranquilles, on verra du moins que ma fille n'a donné lieu à ce grand scandale ni par folie ni par légèreté.

Le bailli intervint à son tour. — Voisin Henry, dit-il, nous sommes assemblés ici pour délibérer et non pour nous quereller. Comme un des magistrats de notre belle ville, je te commande d'abjurer toute rancune et tout ressentiment contre maître Dwining l'apothicaire.

— C'est un trop pauvre hère pour que je pense à lui, bailli, répondit Smith. Un coup de mon marteau et c'en serait fait de lui et de sa boutique.

— Silence donc et écoutez-moi, dit le dignitaire. Nous croyons tous à l'honneur de la Jolie Fille de Perth comme à celui de Notre-Dame ; — et ici il fit un signe de croix ; — mais quant à l'appel à notre prévôt, êtes-vous tous d'avis, voisins, de lui remettre cette affaire entre les mains, vu qu'il s'agit, comme il est à craindre, de quelque noble puissant ?

— Le prévôt étant lui-même un de nos nobles, dit l'apothicaire dont la terreur avait un peu diminué quand il avait entendu le bailli intervenir en sa faveur, Dieu sait que je n'ai pas intention de dire la moindre chose contre un seigneur dont les ancêtres ont rempli pendant tant d'années la place qu'il occupe aujourd'hui, mais...

— Par le choix libre des citoyens de Perth, dit Smith interrompant l'orateur en faisant entendre le son de sa voix forte.

— Sans doute, reprit l'apothicaire déconcerté, par le suffrage des citoyens. Comment cela pourrait-il être autrement ? Je vous prie de ne pas m'interrompre, ami Smith ; je parle à notre digne bailli Craigdallie, et je lui fais connaître mes pauvres idées. Je dis que quoi qu'il en puisse arriver, sir Patrice Charteris est un noble, et que les faucons n'arrachent pas les yeux aux faucons. Il peut nous soutenir dans une querelle contre les montagnards, et prendre parti contre eux comme notre chef et notre prévôt ; mais la question est de savoir si, lui qui porte de la soie, sera disposé à embrasser notre cause contre des habits brodés et du drap d'or, comme il l'a fait contre le tartan et la frise d'Irlande. Suivez l'avis d'un fou. Nous avons sauvé notre Jolie Fille, dont je n'ai jamais eu dessein de mal parler puisque je ne connais pas de mal à en dire ; ils ont perdu au moins la main d'un homme, grace à Henry Smith.

— Et à moi, dit le petit important marchand bonnetier.

— Et à Olivier Proudfute, comme il nous le dit, ajouta l'apothicaire qui ne contestait la gloire de personne, pourvu qu'on ne le forçât point à marcher sur le sentier périlleux de ceux qui l'avaient acquise. Je dis, voisins, que puisqu'ils nous ont laissé une main comme un gage qu'ils ne reviendront jamais dans Curfew-Street, il me semble, dans la simplicité de mon esprit, que ce que nous avons de mieux à faire, c'est d'adresser nos remerciemens à notre brave concitoyen Henry, et attendu que tout l'honneur a été pour la ville et toute la perte pour ces tapageurs, de laisser l'affaire s'assoupir et de n'en plus parler.

Ce conseil pacifique fit impression sur quelques-uns des bourgeois qui commencèrent à faire des signes de tête d'approbation et à regarder d'un air grave l'avocat de la modération, dont Simon Glover lui-même semblait partager l'opinion, quoiqu'il se fût trouvé offensé un moment auparavant. Mais il n'en fut pas de même de Henry Smith, et voyant que personne ne se disposait à parler, il prit la parole avec sa franchise ordinaire.

— Voisins, dit-il, je ne suis ni le plus âgé ni le plus riche de vous, et je n'en suis pas fâché. Les années viendront à celui qui vivra pour les voir, et je puis gagner et dépenser mon argent comme un autre à la lueur de ma fournaise et au vent de mon soufflet. Mais personne ne m'a jamais vu rester tranquille lorsqu'on a fait tort à notre belle ville en paroles ou en actions, s'il était au pouvoir de la langue et du bras d'un homme d'en faire justice. Je ne supporterai donc pas tranquillement un tel outrage si je puis faire mieux. J'irai trouver le prévôt moi-même, quand je devrais y aller seul. C'est un chevalier, je le sais; c'est un noble de père en fils, comme nous le savons tous, depuis le temps de Wallace qui a établi en ce pays le bisaïeul de sir Patrice. Mais quand il serait le noble le plus fier de tout le pays, il est prévôt de Perth, et il doit veiller à la conservation des priviléges et immunités de la ville. Oui, et je sais qu'il le fera; je lui ai fait une cuirasse en acier, et je puis me douter quelle espèce de cœur elle était destinée à couvrir.

— Certainement, dit le bailli Craigdallie, il ne servirait à rien de nous présenter à la cour sans l'appui de sir Patrice Charteris. La réponse à nous faire serait toute prête : Allez trouver votre prévôt, bourgeois malappris! Ainsi, voisins et concitoyens, si vous êtes de mon avis, l'apothicaire Dwining et moi nous nous rendrons sur-le-champ à Kinfauns, avec Simon Glover, le brave Smith et le vaillant Olivier Proudfute, comme témoins de l'outrage ; et nous parlerons à sir Patrice Charteris au nom de notre belle ville.

— Oh! dit le pacifique vendeur de médecines, laissez-moi en arrière, je vous prie; je n'ai pas assez d'audace pour parler devant un chevalier.

— N'importe, voisin, reprit le bailli, il faut que tu viennes avec nous. Toute la ville me regarde encore comme une tête chaude, malgré mes soixante ans; Simon Glover est la partie offensée ; nous savons tous que Henry Gow détruit plus d'armures avec sa lame qu'il n'en fait avec son marteau, et notre voisin Proudfute, qui d'après lui-même se trouve au commencement et à la fin de toutes les querelles qui ont lieu dans la ville de Perth, est par conséquent un homme prompt à agir. Il nous faut au moins avec nous un avocat de la paix et de la tranquillité, et c'est toi, Dwining, qui dois jouer ce rôle.

— Allons, messieurs, mettez vos bottes, préparez vos chevaux. — A cheval, vous dis-je, et nous nous rejoindrons à la porte de l'Orient! c'est-à-dire, voisins, si c'est votre bon plaisir de nous confier cette mission.

— On ne peut mieux parler! Nous y consentons tous, s'écrièrent tous les bourgeois. Si le prévôt prend fait et cause pour nous, comme la belle ville a droit de s'y attendre, nous pouvons attacher le grelot au cou du chat; le plus fier de ces nobles ne nous fera pas peur.

— Eh bien! voisins, dit le bailli, soit fait comme il vient d'être dit. J'ai convoqué pour cette heure le conseil général de la ville, et comme je vois ici un grand nombre de membres qui ont décidé qu'il fallait avoir recours au prévôt, je ne doute pas que les autres ne partagent la même opinion. Ainsi donc, voisins et braves bourgeois de la belle ville de Perth, à cheval, dis-je encore, et venez me trouver à la porte de l'Orient.

Une acclamation générale termina la séance de cette espèce de conseil privé, et les bourgeois se dispersèrent, les uns pour se préparer à partir, les autres pour aller rendre compte à leurs femmes et à leurs filles impatientes des mesures qu'on venait de prendre pour que leurs chambres fussent désormais à l'abri des entreprises des galans à des heures indues.

Tandis qu'on bride les chevaux, et que le conseil de la ville discute ou plutôt met en forme légale les mesures que les principaux membres de ce corps avaient déjà adoptées, il peut être nécessaire pour l'instruction de quelques lecteurs d'expliquer distinctement certaines choses auxquelles il n'a été fait allusion qu'indirectement dans la discussion qui précède.

A cette époque où la puissance de l'aristocratie féodale méprisait les droits des villes royales d'Écosse et violait souvent leurs priviléges, c'était l'usage que ces villes, quand la chose était praticable, choisissent leur prévôt, c'est-à-dire leur premier magistrat, non parmi les négocians, marchands et citoyens qui habitaient la ville et qui remplissaient les places inférieures de la magistrature, mais parmi les nobles ou barons qui demeuraient dans les environs. On attendait de celui qui était élu à ce poste éminent qu'il fût à la cour le protecteur de la ville dans tout ce qui en concernait les intérêts, qu'il en commandât la milice, soit quand elle servait la couronne dans une guerre, soit quand elle combattait pour quelque querelle particulière de la ville, et qu'il la renforçât de ses propres vassaux. La protection ainsi accordée n'était pas toujours gratuite. Les prévôts profitaient quelquefois de leur dignité jusqu'à en abuser ; ils obtenaient des concessions de terres et de maisons appartenant à la commune, et faisaient ainsi payer fort cher aux citoyens, aux dépens de la propriété publique, les services qu'ils leur rendaient. D'autres se contentaient de recevoir l'assistance des habitans dans leurs propres querelles féodales, avec toute autre marque de respect et de reconnaissance que les villes sur lesquelles ils présidaient étaient disposées à leur accorder pour s'assurer leur coopération active en cas de nécessité. Le baron qui était protecteur régulier d'une ville en recevait sans scrupule ces offrandes volontaires, et en rendait la valeur en défendant les droits de la ville par son éloquence dans le conseil et par ses hauts faits sur le champ de bataille.

Les citoyens de la ville, ou comme ils préféraient la nommer, de la belle ville de Perth, avaient depuis plusieurs générations trouvé un protecteur, un prévôt de cette espèce dans la noble famille des Charteris, seigneurs de Kinfauns, dans le voisinage de la ville. A peine un siècle s'était-il passé (sous le règne de Robert III[1]) depuis que le premier individu de cette famille distinguée s'était établi dans le château-fort qui lui appartenait alors, ainsi que le territoire fertile et pittoresque qui l'entourait. Mais l'histoire de celui qui s'était ainsi fixé le premier dans ce canton avait une couleur chevaleresque et romanesque bien faite pour faciliter l'établissement d'un étranger dans le pays où le destin l'avait conduit. Nous la rapporterons telle que la donne une tradition ancienne et uniforme qui renferme une grande apparence de vérité, et qui est peut-être assez authentique pour mériter de trouver place dans les ouvrages plus graves que celui qui est en ce moment sous les yeux du lecteur.

— Pendant la courte carrière de l'illustre patriote sir William Wallace, et lorsque ses armes eurent pour un temps chassé de son pays natal les Anglais qui l'avaient envahi, on dit qu'il entreprit un voyage en France avec quelques amis sûrs, pour voir si sa présence (car sa prouesse le faisait respecter en tout pays) pourrait déterminer le monarque français à envoyer en Ecosse un corps de troupes auxiliaires ou quel-

(1) Wallace et Bruce dataient du commencement du quatorzième siècle. Robert III régna depuis 1390 jusqu'à 1403. — Éd.

ques autres secours pour aider les Ecossais à reconquérir leur indépendance.

Le champion écossais était à bord d'un petit bâtiment qui se dirigeait vers le port de Dieppe, quand on aperçut dans le lointain une voile que les marins regardèrent d'abord avec doute et inquiétude, puis avec crainte et terreur. Wallace demanda quelle était la cause de leurs alarmes. Le capitaine du navire l'informa que le grand vaisseau qui s'avançait vers eux dans le dessein de prendre à l'abordage celui qu'il commandait appartenait à un célèbre corsaire, également fameux par son courage, sa force de corps, et la faveur constante que lui accordait la fortune. Il était commandé par un gentilhomme français nommé Thomas de Longueville, devenu un de ces pirates qui se proclamaient amis de la mer et ennemis de tous ceux qui faisaient voile sur cet élément. Il attaquait et pillait les bâtimens de toutes les nations; comme un de ces anciens Norses, Rois de la Mer comme on les appelait, et dont le trône était placé sur les montagnes humides des vagues. Le capitaine ajouta qu'aucun navire ne pouvait échapper au corsaire par la fuite, tant le vaisseau qu'il montait était bon voilier, et qu'aucun équipage, quelque brave qu'il fût, ne pouvait espérer de lui résister quand il en venait à l'abordage à la tête de ses gens, ce qui était sa manœuvre ordinaire.

Wallace sourit amèrement tandis que le capitaine, avec un air effrayé et les larmes aux yeux, lui annonçait la certitude qu'ils seraient pris par le Corsaire Rouge, nom qu'on avait donné à Thomas de Longueville, parce qu'il arborait ordinairement le pavillon couleur de sang qu'on voyait déjà déployé.

— Je délivrerai la Manche de ce corsaire! dit Wallace.

Appelant alors près de lui douze des amis qui l'avaient accompagné, Boyd, Kerlie, Seton, et autres pour qui la poussière du combat le plus terrible était comme le souffle de la vie, il leur ordonna de s'armer et de se coucher sur le tillac de manière à ne pouvoir être vus. Il fit descendre tous les marins sous le pont, à l'exception de ceux qui étaient absolument nécessaires à la manœuvre du bâtiment, et commanda au maître sous peine de mort de manœuvrer de manière à avoir l'air de fuir, tout en laissant au Corsaire Rouge la facilité de joindre le bâtiment. Wallace lui-même se coucha alors sur le pont pour qu'on ne pût rien voir qui indiquât des projets de résistance. Au bout d'un quart d'heure le vaisseau de Longueville arriva près de celui du champion écossais. Le corsaire jeta ses grappins pour s'assurer de la prise, et sauta à bord, armé de pied en cap, suivi de ses gens qui poussèrent un cri terrible comme si la victoire leur eût déjà été assurée. Mais les Écossais armés se relevèrent sur-le-champ, et le Corsaire Rouge trouva inopinément qu'il avait à combattre des gens qui regardaient la victoire comme certaine quand chacun d'eux n'avait affaire qu'à deux ou trois adversaires. Wallace se précipita lui-même contre le pirate, et une lutte si terrible commença entre eux que tous les autres cessèrent de se battre pour en être spectateurs, semblant par un commun accord remettre la décision de la querelle aux deux vaillans chefs. Le corsaire combattit aussi bien qu'un homme pouvait le faire, mais Wallace avait plus que la vigueur d'un homme. Il fit sauter l'épée des mains du pirate et le mit en un tel péril, qu'il n'eut d'autre ressource pour éviter la mort que de se jeter sur le champion écossais pour tâcher de le vaincre à la lutte : il échoua encore dans ce dessein. Ils tombèrent tous deux sur le tillac, enlacés dans les bras l'un de l'autre; mais Wallace maintint le dessus, et portant la main sur le hausse-col de son adversaire, il le serra si fortement, quoiqu'il fût fait du meilleur acier, qu'il lui fit jaillir le sang par les yeux, par le nez et par la bouche, et ce ne fut que par signes que le corsaire put demander quartier.... Ses gens jetèrent bas les armes et implorèrent merci, quand ils virent leur chef à la disposition du vainqueur. Wallace leur accorda la vie à tous, mais il les retint prisonniers et s'empara de leur vaisseau.

Quand il fut en vue du port de Dieppe, Wallace alarma cette ville en déployant le pavillon du corsaire, comme si De Longueville arrivait pour mettre la ville au pillage. On sonna le tocsin, le son des cors donna l'alarme, et les citoyens couraient aux armes quand la scène changea. Le lion d'Écosse sur son champ d'or fut arboré au-dessus de la bannière du pirate, et annonça que le champion écossais s'approchait comme un faucon tenant sa proie dans ses serres. Il débarqua avec son prisonnier, le conduisit à la cour de France, où, à sa prière, le roi pardonna à De Longueville toutes les pirateries qu'il avait commises, et lui conféra même les honneurs de la chevalerie en lui offrant de lui donner du service. Mais le corsaire avait contracté une telle amitié pour son généreux vainqueur, qu'il voulut unir sa fortune à celle de Wallace. Il retourna avec lui en Écosse, combattit à son côté dans bien des batailles sanglantes, et donna des preuves d'une prouesse qui ne le cédait à personne si ce n'est au héros écossais. Son destin fut plus heureux que celui de son ami. Distingué par un bel extérieur comme par une force et une valeur à toute épreuve, sir Thomas de Longueville obtint les bonnes graces d'une jeune demoiselle de l'ancienne famille de Charteris, qui le choisit pour époux et lui apporta en mariage le beau château de Kinfauns et tous les domaines dépendans de cette baronnie. Leurs descendans prirent le nom de Charteris comme étant celui de leurs ancêtres maternels, anciens propriétaires de leurs biens, quoique le nom de Thomas de Longueville fût également honoré parmi eux. La grande épée dont il se servait dans les batailles est encore conservée dans la famille. Une autre tradition dit que De Longueville lui-même se nommait Charteris. Ce domaine passa ensuite dans la famille de Blair, et il appartient aujourd'hui à lord Gray.

Ces barons de Kinfauns avaient rempli de père en fils pendant plusieurs générations les fonctions de prévôts de Perth, le voisinage du château et de la ville rendant cet arrangement convenable aux deux parties pour se soutenir mutuellement. Sir Patrice Charteris dont il est question dans cette histoire avait plus d'une fois combattu à la tête des habitans de Perth dans des escarmouches contre les incorrigibles maraudeurs des montagnes, et contre d'autres ennemis étrangers et domestiques. Il est vrai qu'il était souvent fatigué des plaintes légères et frivoles qu'on portait devant lui sans nécessité, en le priant d'y faire droit. C'était ce qui l'avait fait quelquefois accuser d'avoir trop de fierté comme noble, trop d'indolence comme riche et comme adonné aux plaisirs de la chasse et à ceux de l'hospitalité féodale, pour se mettre en avant dans toutes les occasions avec autant d'activité que la belle ville l'aurait désiré. Mais quoiqu'il en résultât quelques murmures, les citoyens, quand ils avaient quelque cause sérieuse d'alarmes, n'en avaient pas moins coutume de se rallier autour de leur prévôt, et celui-ci les soutenait avec chaleur de sa tête et de son bras.

CHAPITRE VIII.

Ayant dans notre dernier chapitre tracé l'esquisse du caractère de sir Patrice Charteris prévôt de Perth, et fait connaître sa qualité, nous allons rejoindre la députation qui devait se réunir à la porte de l'Orient pour se rendre à Kinfauns et porter ses plaintes à ce dignitaire.

Le premier qui arriva au rendez-vous fut Simon Glover, monté sur un palefroi tranquille qui avait quelquefois l'honneur de porter une charge plus belle et moins lourde en la personne de sa charmante fille. Son manteau lui couvrait le bas du visage, soit pour indiquer à ses amis qu'ils ne devaient l'interrompre par aucunes questions pendant qu'il traversait les rues, soit peut-être aussi à cause du froid qu'il faisait. Son front était chargé d'une profonde inquiétude, comme si l'affaire dans laquelle il se trouvait engagé lui eût paru plus difficile et plus dangereuse à mesure qu'il y réfléchissait davantage. Il ne salua ses amis, quand ils arrivèrent au rendez-vous, que par un geste silencieux.

Un vigoureux cheval noir, de l'ancienne race de Galloway[1], de petite taille, n'ayant pas plus de quatorze paumes, mais les

---
(1) Les *Galloways* ou chevaux du comté de Galloway sont, dit-on, d'une race

épaules hautes et les membres robustes, bien découplés et arrondis, amena le brave armurier à la porte de l'Orient. Un connaisseur aurait pu remarquer dans l'œil de cet animal une étincelle de ce caractère vicieux qui accompagne fréquemment la forme la plus vigoureuse et la plus capable de soutenir la fatigue; mais le poids du cavalier, sa main habile et la manière dont il se tenait en selle, ainsi que l'exercice que le coursier avait fait récemment pendant un long voyage, en avaient dompté quant à présent l'opiniâtreté. Il était accompagné de l'honnête bonnetier, qui étant, comme le lecteur en est informé, un petit homme assez chargé d'embonpoint, s'était planté comme une pelote rouge, — car il était enveloppé d'un manteau écarlate sur lequel il avait jeté en bandoulière une gibecière de fauconnerie, — au faîte d'une grande selle sur laquelle on aurait pu dire qu'il était perché plutôt que monté. La selle qui portait le cavalier était attachée par une sangle sur l'épine du dos d'une jument flamande ayant les naseaux en l'air comme un chameau, et dont chaque pied, surmonté d'une énorme touffe de poils, se terminait par un large sabot. Le contraste entre la monture et le cavalier était tellement extraordinaire, que tandis que les passans qui le voyaient par hasard s'étonnaient que celui-ci eût pu monter sur l'autre, ses amis étaient inquiets du danger qu'il courrait pour en descendre; car les pieds du cavalier juché si haut n'atteignaient pas le bas de la garniture de sa selle. Il avait épié le départ de Smith dans le dessein de se joindre à lui, car Olivier Proudfute pensait que les hommes actifs et courageux se montraient avec plus d'avantage quand ils étaient ensemble, et il fut enchanté quand un espiègle de la classe inférieure conserva assez de gravité pour s'écrier sans éclater de rire :
— Voilà l'orgueil de Perth ! — Voilà les deux vaillans bourgeois, le brave armurier Smith et l'intrépide bonnetier !

Il est vrai que le jeune drôle qui faisait entendre ces acclamations poussait sa langue contre sa joue en faisant un signe

---

d'Espagne ou moresque: ce sont de petits chevaux pleins d'ardeur, généralement bruns avec une raie noire sur l'épine du dos. — Éd.

d'intelligence à quelques autres vauriens de son espèce ; mais comme le fabricant de bonnets ne voyait pas cet *à parte*, il lui jeta généreusement un sou d'argent pour l'encourager à montrer du respect pour les hommes d'humeur belliqueuse. Cet acte de munificence les fit suivre d'une foule d'enfans qui riaient en poussant de grands cris ; mais enfin Henry Smith, se retournant, menaça le plus avancé d'entre eux de le châtier de sa houssine, menace dont aucun d'eux ne jugea à propos d'attendre l'exécution.

— Voici les trois témoins réunis, dit le petit homme monté sur le grand cheval en arrivant près de Simon Glover ; mais où sont ceux qui doivent nous soutenir ? Ah ! frère Henry ! l'autorité est un fardeau qui convient mieux à un âne qu'à un coursier plein d'ardeur. Elle ne ferait qu'entraver les mouvemens de jeunes gens tels que vous et moi.

— Je désirerais, digne maître Proudfute, répondit Henry, que vous fussiez chargé de quelque partie de ce poids, quand ce ne serait que pour vous tenir ferme sur votre selle, car vous faites des bonds comme si vous dansiez une gigue sans le secours de vos jambes.

— Oui, oui, je me lève sur mes étriers pour éviter les secousses. Ma jument a le trot cruellement dur ; mais elle m'a porté dans les plaines et dans les forêts ; elle m'a tiré d'affaire dans des occasions qui n'étaient pas sans danger, ainsi Jézabel et moi nous ne nous séparerons pas. Je l'ai nommée Jézabel d'apres la princesse de Castille.

— Je suppose que vous voulez dire Isabelle.

— Oui, oui ; Isabelle, Jézabel, c'est la même chose, comme vous savez. Mais voici enfin le bailli Craigdallie qui arrive avec cette pauvre créature, ce poltron d'apothicaire. Ils ont amené deux gardes de la ville avec leurs pertuisanes pour garder leurs précieuses personnes sans doute. S'il y a quelqu'un au monde que je déteste cordialement, c'est ce varlet rampant de Dwining.

— Prenez garde qu'il ne vous entende parler ainsi, maître bonnetier. Je vous réponds que ce squelette animé est plus dangereux que ne le seraient vingt gaillards déterminés comme vous.

— Bah! bah! Smith, vous voulez rire à mes dépens, dit Olivier, mais en baissant la voix, et en jetant un regard sur l'apothicaire comme pour voir quel était celui de ses membres décharnés, quel était le trait de son visage maigre et blême, qui pouvaient donner à craindre quelque danger de sa part ; et cet examen l'ayant rassuré, il ajouta hardiment : — Sabres et boucliers! une douzaine de drôles comme ce Dwining ne me feraient pas peur. Que pourrait-il faire à un homme ayant du sang dans les veines?

— Il pourrait lui donner une dose de ses drogues, répondit l'armurier d'un ton sec.

Ils n'eurent pas le temps d'en dire davantage, car le bailli Craigdallie arrivant, les invita à se mettre en marche vers Kinfauns et leur en donna lui-même l'exemple. Tandis qu'ils avançaient au pas, la conversation roula sur l'accueil qu'ils devaient attendre de leur prévôt et sur l'intérêt qu'ils pouvaient croire que ce dignitaire prendrait à l'affaire dont ils allaient l'entretenir. Le gantier semblait plongé dans un accablement complet, et il parla plusieurs fois de manière à donner à entendre qu'il aurait voulu qu'on laissât assoupir cette affaire. Il n'exprima pourtant pas très ouvertement ses sentimens à ce sujet, peut-être parce qu'il craignait que s'il montrait des dispositions trop évidentes à couvrir du silence l'entreprise criminelle qui avait eu lieu, on n'en tirât des conséquences injurieuses à la réputation de sa fille. Dwining était du même avis, mais il parla avec plus de circonspection qu'il ne l'avait fait dans la matinée.

—Après tout, dit le bailli, quand je pense à tous les présens qui ont été envoyés par la bonne ville au lord prévôt, je ne puis croire qu'il montre de la lenteur à se mettre en avant en cette occasion. Plus d'une bonne barque chargée de vins de Bordeaux a remonté le Tay pour porter sa cargaison au château de Kinfauns. J'ai quelque droit d'en parler, puisque c'est moi qui en ai fait l'importation.

—Et moi, dit Dwining avec sa voix aigre, je pourrais parler de confitures exquises, de confections délicates, de gâteaux de toute espèce, et même de pains tout entiers de cet assaisonnement rare et délicieux qu'on appelle sucre, qui sont sortis de nos murs pour orner un festin de noces, de baptême, ou quelque autre solennité semblable. Mais, hélas! bailli Craigdallie, le vin est bu, les confitures sont mangées, et le présent est oublié quand la saveur en est disparue. Hélas! voisin, le banquet des dernières fêtes de Noël est sorti de la mémoire, comme les neiges de l'année dernière ont cessé de frapper les yeux.

— Mais on a envoyé aussi des gants remplis de pièces d'or, dit le magistrat.

— Je dois le savoir, moi qui les ai faits, dit Simon Glover qui mêlait toujours les souvenirs de sa profession à toutes les idées qui pouvaient l'occuper. Il s'y trouvait une paire de gants de chasse au faucon pour milady. Je les avais faits un peu larges, mais Sa Seigneurie n'en a pas été mécontente en considération de la doublure qui devait les remplir.

— Eh bien! dit le bailli, ce que je dis n'en est que plus vrai. Si ce dernier présent n'existe plus, c'est la faute du prévôt et non celle de la ville; car sous la forme qu'il a été fait, il n'a pu ni se boire ni se manger.

— Je pourrais aussi parler d'une bonne armure, dit Henry Smith; mais, *cogan na schie!* comme dit Jean le Montagnard. Quant à moi, je crois que sir Patrice Charteris remplira son devoir envers la ville comme en guerre; et il est inutile de compter les présens que lui a faits la ville, jusqu'à ce qu'on voie s'il en a perdu le souvenir.

—C'est ce que je dis, s'écria Proudfute du haut de sa grande jument. Nous autres bonnes lames, nous n'avons pas l'esprit assez bas pour compter le vin et les noix que nous donnons à un ami comme sir Patrice Charteris. Croyez-moi, un bon chasseur comme sir Patrice doit regarder comme un grand privilége le droit de chasser sur les terres de la ville, droit qui, à l'exception de Sa Majesté, n'est jamais accordé à noble ni à roturier, et dont jouit seul notre prévôt.

Tandis que le bonnetier parlait encore, on entendit sur la gauche : — *so!* — *so!* — *waw!* — *waw!* — *haw!* ce qui est le cri du chasseur à son faucon.

— Je crois, dit l'armurier, que voici un drôle qui use du privilége dont vous parlez, et à en juger par l'apparence, il n'est ni roi ni prévôt.

— Oui, sur ma foi ! je le vois, dit le bonnetier qui crut que cette circonstance lui présentait une occasion favorable pour acquérir de l'honneur. Piquons vers lui vous et moi, brave Smith, et demandons-lui de quel droit il chasse sur les terres de la ville.

— Partons donc ! s'écria Henry ; et son compagnon donnant un coup d'éperon à sa jument, partit en avant, ne doutant pas que Smith ne fût sur ses talons.

Mais Craigdallie retint par la bride le cheval de l'armurier. — Reste à la garde de l'étendard, lui dit-il, et voyons quelle fortune aura notre chevau-léger. S'il se fait donner quelque bon horion, il en sera plus tranquille le reste du jour.

— D'après ce que je vois déjà, répondit Henry, c'est ce qui pourra bien lui arriver. Ce drôle s'arrête pour nous regarder impudemment comme s'il avait le meilleur droit du monde de chasser sur ces terres. D'après le cheval qu'il monte, son bonnet de fer rouillé surmonté d'une plume de coq et son long sabre à deux mains, il semble être au service de quelque lord du côté du sud. Il m'a tout l'air d'être un de ces gens qui demeurent si près de l'Angleterre qu'ils ont toujours la cuirasse sur la poitrine, et dont les mains sont aussi libérales de leurs coups que leurs doigts sont crochus pour le pillage.

Tandis qu'ils raisonnaient ainsi sur les suites de cette rencontre, le vaillant bonnetier commença à ralentir le pas de Jézabel, pour que Smith, qu'il supposait toujours derrière lui, pût le rejoindre et s'avancer le premier, ou du moins sur le même rang que lui. Mais quand il le vit à trois cents pas de distance, arrêté avec ses autres compagnons, la chair du champion de Perth, comme celle du vieux général espagnol, commença à frissonner de crainte des dangers auxquels son esprit aventureux pouvait l'exposer. Cependant se rassurant par l'idée du voisinage de ses amis, espérant que leur nombre intimiderait un braconnier qui se trouvait seul, et honteux de renoncer à une entreprise dont il s'était volontairement chargé, il résista à la forte tentation qui le portait à faire faire volteface à Jézabel et à retourner de toute la vitesse de sa monture vers les amis sous la protection desquels il aurait voulu être encore. Il continua donc à marcher vers l'étranger, et son alarme augmenta considérablement en le voyant mettre son bidet au grand trot pour avancer à sa rencontre. En observant ce mouvement en apparence offensif, notre héros regarda plus d'une fois par-dessus son épaule gauche, comme s'il eût voulu reconnaître le terrain pour battre en retraite, et en attendant, il fit halte. Mais le Philistin arriva près de lui avant que le fabricant de bonnets eût pu se décider à fuir ou à combattre, et c'était un Philistin à mine de mauvais augure. Il était de grande taille ; son visage était balafré par deux ou trois grandes cicatrices ; et tout son extérieur lui donnait l'air d'un homme habitué à dire aux passans : — La bourse ou la vie !

Cet individu commença la conversation en s'écriant d'un ton aussi sinistre que ses regards : — Le diable vous emporte, coucou que vous êtes ! Pourquoi venez-vous à travers le marécage pour me troubler dans ma chasse ?

— Digne étranger, répondit notre ami sur le ton d'une remontrance pacifique, je me nomme Olivier Proudfute, bourgeois de Perth et homme respectable ; et vous voyez à peu de distance l'honorable Adam Craigdallie, doyen des baillis de la même ville, avec le brave armurier Smith et trois ou quatre autres hommes armés, qui désirent savoir quel est votre nom, et par quel hasard vous chassez sur les terres de la ville. Je puis néanmoins vous répondre pour eux qu'ils n'ont aucune envie de chercher querelle à un gentilhomme ou à un étranger pour une transgression accidentelle. Seulement leur usage est de ne pas accorder cette permission, à moins qu'elle ne leur soit dûment demandée, et... et... C'est pourquoi, digne étranger, je désire savoir quel est votre nom.

L'air méprisant et farouche avec lequel le chasseur avait regardé Olivier Proudfute pendant sa harangue l'avait grandement déconcerté, et avait complètement changé le caractère de son discours qui, s'il avait eu Henry Gow à son côté, aurait été probablement d'une tout autre nature.

Quelque modifiée qu'eût été sa question, l'étranger y répondit par un froncement de sourcils que les cicatrices de sa figure firent paraître encore plus farouche. — Vous voulez savoir mon nom? lui dit-il; je me nomme Dik du Diable, de Hellgart, bien connu dans l'Annandale comme un noble Johnstone[1]. Je suis à la suite du brave laird de Wamphray, qui accompagne son parent le redoutable lord de Johnstone, qui marche avec le puissant comte de Douglas; et le comte, le lord, le laird, et moi son écuyer, nous donnons le vol à nos faucons partout où nous trouvons du gibier, sans en demander la permission à personne.

— Je m'acquitterai de votre message, monsieur, répondit Olivier Proudfute d'un ton assez doux, car il commençait à désirer de se débarrasser de l'ambassade dont il s'était si témérairement chargé; et il détournait la tête de sa jument, quand l'homme d'Annandale ajouta :

— Et recevez ceci en même temps pour vous souvenir que vous avez rencontré Dick du Diable, et pour vous apprendre à ne pas vous mêler une autre fois de déranger dans sa chasse un homme qui porte l'éperon ailé sur l'épaule.

En parlant ainsi, il fit pleuvoir sur la tête et sur le corps du malencontreux bonnetier une grêle de coups de houssine bien appliqués. Quelques-uns tombèrent sur Jézabel qui, se cabrant sur-le-champ, renversa son cavalier, et courut au galop vers le groupe des bourgeois de Perth.

Proudfute, étendu par terre, commença à crier au secours d'une voix dont les accens n'avaient rien de bien mâle, et à

---

(1) C'est-à-dire un membre de la famille des Johnstones. — Ép.

implorer merci sur un ton plus bas; car son antagoniste mettant pied à terre dès qu'il le vit renversé, lui appuya sur la gorge la pointe d'un petit couteau de chasse, tandis que de l'autre main il vidait les poches du malheureux bonnetier. Il examina ensuite la gibecière qu'il portait, jurant qu'il en aurait le contenu pour se dédommager de l'interruption apportée à sa chasse. Il en tira la bandoulière avec tant de violence, au lieu de détacher la boucle qui la retenait, qu'il en rompit la courroie, violence qui ajouta encore à la terreur de l'infortuné citoyen de Perth. N'ayant apparemment trouvé dans la gibecière rien qui tentât sa cupidité, il la rejeta avec dédain, et laissant le cavalier démonté se relever, il remonta lui-même sur son bidet, et jeta un coup d'œil sur les compagnons du bonnetier qui étaient alors en marche pour avancer vers lui.

Quand leur délégué tomba de cheval ils avaient commencé par en rire, les fanfaronnades de Proudfute les ayant disposés à s'égayer en voyant, comme le dit Henry Smith, leur Olivier trouver un Roland[1]. Mais quand ils virent l'adversaire du bonnetier se pencher sur lui et le traiter de la manière que nous venons de décrire, l'armurier ne put y tenir plus longtemps. — Maître bailli, s'écria-t-il, sauf votre bon plaisir, je ne puis endurer de voir un de nos concitoyens battu, volé, et peut-être assassiné devant nos yeux. C'est un malheur pour notre voisin Proudfute, mais c'est une honte pour notre bonne ville et pour nous. Il faut que j'aille à son secours.

— Nous y marcherons tous, répondit Craigdallie; mais que personne ne frappe un seul coup sans que j'en donne l'ordre. Nous avons déjà, comme cela est à craindre, plus de querelles sur les bras que nous n'en pouvons porter. C'est pourquoi je vous ordonne à tous, et particulièrement à vous, Henry Gow, au nom de la belle ville, de ne vous servir de vos armes que pour vous défendre. Ils s'avancèrent donc tous

---

(1) Roland et Olivier étaient deux chevaliers de renom. « Trouver un Roland pour un Olivier, » est un proverbe anglais signifiant trouver à qui parler. *A bon chat bon rat.* — Tr.

en corps, et la vue d'un tel nombre d'hommes armés éloigna le pillard de sa proie. Il s'arrêta pourtant à quelque distance pour les regarder, comme le loup qui, quoiqu'il fasse retraite devant les chiens, ne peut pourtant se décider à une fuite complète.

Henry, voyant cet état de choses, donna un coup d'éperon à son cheval et se porta en avant de ses compagnons vers la scène du désastre d'Olivier Proudfute. Son premier soin fut d'arrêter Jézabel par la bride; son second de la reconduire vers son maître qui s'avançait vers lui, ses habits couverts de boue et ses yeux pleins de larmes arrachées par la douleur et la mortification. Il offrait un aspect si différent de son air d'importance, de jactance et d'ostentation, que l'honnête armurier ne put s'empêcher d'éprouver de la compassion pour le petit homme, et quelques remords pour l'avoir laissé exposé à cet accident. Il n'est personne, je crois, qui ne trouve quelque plaisir à une mauvaise plaisanterie; la différence c'est qu'un homme méchant goûte sans remords l'amusement qu'il y trouve, tandis que celui qui est doué d'un meilleur naturel oublie bientôt le côté ridicule de la chose pour ne songer qu'à la peine de celui qui souffre.

— Que je vous aide à vous remettre en selle, voisin, dit Smith en descendant de cheval pour aider Olivier à grimper sur sa jument à peu près comme aurait pu le faire un singe.

— Que Dieu vous pardonne de ne pas m'avoir soutenu, voisin Smith! Je ne l'aurais jamais cru, quand cinquante témoins dignes de foi me l'auraient attesté sous serment.

Telles furent les premières paroles, prononcées avec plus de chagrin que de colère, par lesquelles Olivier déconcerté exhala ses plaintes.

— Le bailli retenait mon cheval par la bride. Et d'ailleurs, dit Henry avec un sourire qui lui échappa en dépit de sa compassion, je croyais que vous m'auriez reproché de vouloir vous dérober une partie de votre honneur, si j'étais venu vous aider contre un homme seul. Mais consolez-vous, le brigand a profité de ce que votre cheval s'est montré rétif.

— C'est la vérité ! c'est la vérité ! dit Olivier, saisissant avec empressement cette excuse.

— Et voilà ce malfaiteur qui se réjouit du mal qu'il a fait et qui triomphe de votre chute, comme le roi du roman, qui jouait du violon pendant qu'une ville était en flammes[1]. Viens avec moi, et tu verras comme nous l'arrangerons. Viens, viens! Ne crains pas que je t'abandonne pour cette fois.

A ces mots il saisit la bride de Jézabel, et la faisant galoper à côté de son cheval sans donner à Olivier le temps de lui dire que cette poursuite n'était pas de son goût, il courut vers Dick du Diable, qui s'était arrêté sur une petite hauteur à quelque distance. Cependant le noble Johnstone, soit qu'il jugeât que le combat serait inégal, soit qu'il crût en avoir assez fait pour un jour, fit claquer ses doigts et étendit le bras avec un air de bravade; après quoi il fit entrer son cheval dans le marécage voisin, dans lequel il semblait se diriger avec l'instinct d'un canard sauvage, faisant voltiger son leurre autour de sa tête et sifflant son faucon, quoique tout autre cheval et tout autre cavalier eussent couru le risque de s'enfoncer dans quelque fondrière de manière à ne pouvoir s'en tirer.

— Voilà un vrai maraudeur de marécage, s'écria l'armurier. Le drôle combattra ou fuira suivant son bon plaisir, et il est aussi inutile de le poursuivre que si c'était une oie sauvage. Il vous a pris votre bourse sans doute, car ces brigands ne s'en vont jamais que les mains pleines?

— Oui... oui, dit Proudfute d'un ton mélancolique; il m'a pris ma bourse, mais ce n'est que demi-mal, puisqu'il m'a laissé ma gibecière.

— Sans doute, la gibecière eût été pour lui un emblème de victoire, un trophée, comme disent les ménestrels.

— Il s'y trouve quelque chose de plus important, l'ami, dit Olivier d'un ton expressif.

— Oui? tant mieux, voisin. J'aime à vous entendre reprendre votre ton magistral. Allons, consolez-vous; vous avez

---

[1] On avait mis en roman toute l'histoire ancienne, car il est ici question de Néron. — Éd.

vu fuir le coquin, et vous avez regagné les trophées que vous aviez perdus quand vous vous trouviez sans défense.

— Ah! Henry Gow!... Henry Gow! s'écria le bonnetier. Et il s'interrompit en poussant un profond soupir, qui aurait pu passer pour un gémissement.

— Qu'y a-t-il donc? qu'avez-vous encore qui vous tourmente?

— J'ai quelque soupçon, mon cher Henry Smith, que le misérable s'est enfui parce qu'il a eu peur de vous et non de moi.

— N'en croyez rien. Il a vu deux hommes et il s'est enfui. Qui peut dire si sa fuite a été causée par l'un ou par l'autre? D'ailleurs il connaît par l'expérience combien vous êtes vigoureux et agile. Nous avons tous vu comme vous vous êtes escrimé des pieds et des jambes pendant que vous étiez étendu par terre.

— Vraiment? dit le pauvre Proudfute, je ne m'en souviens pas; mais je sais que c'est mon côté fort. Je suis un fier homme quant aux reins. Mais l'ont-ils vu tous?

— Aussi bien que moi, répondit Smith, étouffant avec peine une envie de rire.

— Et vous le leur rappellerez?

— Bien certainement, ainsi que la poursuite désespérée que vous venez de faire. Écoutez bien ce que je dirai au bailli Craigdallie, et faites-en votre profit.

— Ce n'est pas que j'aie besoin d'aucun témoignage en ma faveur, car je suis naturellement aussi brave que la plupart des bourgeois de Perth; seulement.... L'homme brave n'acheva pas sa phrase.

— Seulement quoi? demanda Henry.

— Seulement je crains d'être tué. Vous sentez, Smith, qu'il serait fâcheux de laisser au dépourvu une jolie femme et une jeune famille. Vous le sentirez encore mieux quand vous serez dans le même cas. Vous verrez que le feu de votre courage s'amortira.

— Cela n'est pas impossible, dit l'armurier d'un ton pensif.

— Ensuite, je suis tellement habitué au maniement des armes, et j'ai la respiration si libre, que peu de gens peuvent jouter contre moi. Voyez, ajouta le petit homme en poussant en avant sa poitrine comme celle d'un poulet prêt à mettre à la broche, et en y passant la main, il y a place ici pour tout le mécanisme du souffle.

— J'ose dire que vous avez l'haleine longue. Du moins vos discours le prouvent.

— Mes discours! vous voulez gouailler. Mais j'ai fait venir de Dundee le tableau de couronnement d'un *dromond*, et...

— Le tableau de couronnement d'un Drummond! s'écria l'armurier. En conscience, maître Olivier, cela vous fera tomber sur les bras tout le clan ; et ce n'est pas le moins vindicatif des montagnes, à ce que j'ai entendu dire.

— Par saint André! Henry, vous ne me comprenez pas. Je vous parle d'un dromond, qui est un grand navire. J'ai fait tailler et reprendre ce tableau de couronnement, de manière à lui donner à peu près la forme d'un soudan ou d'un Sarrasin. Je l'ai fait placer et sceller bien solidement dans ma cour, et je m'évertue contre lui des heures entières, en lui portant des coups de taille et d'estoc avec mon épée à deux mains.

— Cela doit vous rendre familier l'usage de cette arme.

— Sans contredit ; et quelquefois je place un bonnet, — un vieux bonnet, bien entendu, — sur la tête de mon soudan, et je le fends d'un coup si bien appliqué qu'il ne lui restera bientôt plus de crâne.

— Cela est malheureux, car vous perdrez votre pratique. Mais qu'en direz-vous, maître bonnetier? Je mettrai un jour mon casque et ma cuirasse, et vous me traiterez comme votre soudan, pourvu que vous m'accordiez l'usage de mon épée pour parer vos coups et vous les rendre. Cela vous convient-il?

— Nullement, mon cher ami ; je ne voudrais pas vous faire tant de mal. D'ailleurs, pour vous dire la vérité, je frappe avec plus de certitude sur un casque ou un bonnet quand il est placé sur la tête de mon soudan. — Oh! alors je suis sûr de l'abattre. Mais quand je le vois surmonté d'un panache qui brandille, que deux yeux pleins de feu brillent sous l'ombre de la visière, enfin que j'ai devant moi un adversaire qui se meut en avant et en arrière, de droite et de gauche, comme s'il dansait, j'avoue que cela me rend la main moins sûre.

— Mais si quelqu'un voulait se tenir immobile devant vous comme votre soudan, vous joueriez le rôle de tyran avec lui, maître Proudfute?

— Avec le temps et la pratique, je crois que je le pourrais. Mais nous voici près de nos compagnons. Le bailli Craigdallie a l'air d'avoir de l'humeur, mais ce n'est pas son genre de colère qui m'effraie.

Il est bon que vous sachiez, ami lecteur, qu'aussitôt que le bailli et ceux qui l'accompagnaient virent que l'armurier avait rejoint le bonnetier désarçonné, et que l'étranger avait battu en retraite, ils ne se donnèrent pas la peine d'avancer plus loin pour secourir Olivier, jugeant que la présence du redoutable Henry Gow le mettait en toute sûreté. Ils reprirent donc le chemin direct de Kinfauns, désirant que rien ne retardât l'exécution de leur mission. Comme il s'était passé quelque temps avant que le marchand de bonnets et le fabricant d'armures les eussent rejoints, le bailli leur demanda, en s'adressant particulièrement à Henry, pourquoi ils avaient perdu un temps précieux en poursuivant le braconnier jusque sur la hauteur.

— Sur ma foi! ce n'est pas ma faute, maître bailli, répondit Smith. Si vous accouplez un lévrier ordinaire des basses-terres avec un chien-loup des montagnes, vous ne devez pas blâmer le premier s'il court du côté par où l'autre l'entraîne. C'est littéralement ce qui m'est arrivé avec mon voisin Olivier Proudfute. Dès qu'il se fut relevé il monta sur sa jument avec la rapidité de l'éclair, et enragé du lâche avantage que ce brigand avait pris de sa chute de cheval, il courut après lui comme un dromadaire. Il fallait bien que je le suivisse, tant pour prévenir une seconde chute que pour défendre notre champion, notre vaillant ami, en cas qu'il lui fût dressé quelque embûche sur le sommet de cette hauteur. Mais le coquin, qui est à la suite de quelque lord des frontières, et qui porte sur l'épaule un éperon ailé pour marque de reconnaissance, a fui notre voisin comme le feu s'échappe du caillou.

Le doyen des baillis de Perth écouta avec surprise la légende qu'il plaisait à Smith de faire circuler; car quoiqu'il se souciât fort peu de connaître la vérité à cet égard, il avait toujours douté des récits romanesques que faisait le bonnetier de ses propres exploits; et d'après ce qu'il venait d'entendre, il devait les regarder jusqu'à un certain point comme orthodoxes. Le vieux et malin gantier vit plus clair dans cette affaire.

— Tu rendras fou le pauvre bonnetier, dit-il tout bas à Henry. Il fera claquer son fouet comme s'il sonnait la cloche de la ville pour une réjouissance, quand par égard pour l'ordre et le décorum il vaudrait mieux qu'il gardât le silence.

— Par Notre-Dame! père Glover, répondit l'armurier, j'aime ce petit fanfaron, et je ne pouvais supporter l'idée qu'il resterait honteux et en silence dans un coin de la salle du prévôt, tandis que les autres, et notamment cet empoisonneur d'apothicaire, diraient tout ce qui leur passerait par l'esprit.

— Tu es trop bon, Henry, répliqua Simon. Mais remarque la différence entre ces deux hommes. Ce petit bonnetier, qui ne fait de mal à personne, se donne les airs d'un dragon pour cacher sa poltronnerie naturelle; tandis que l'apothicaire se montre humble, timide et circonspect, pour voiler son caractère dangereux. La vipère qui se tapit sous une pierre n'en a pas moins un venin mortel. Je te dis, mon fils Henry, qu'avec son air rampant et ses manières craintives, ce squelette ambulant aime à faire le mal plus qu'il ne craint le danger. — Mais nous voici en face du château du prévôt, et il faut convenir que Kinfauns est une habitation digne d'un lord. C'est un honneur pour la ville d'avoir pour premier magistrat le propriétaire d'un si beau château.

— C'est vraiment une bonne forteresse, dit l'armurier en

regardant le large Tay coulant au pied de la hauteur sur laquelle s'élevait le château, comme s'élève le château plus moderne qui lui a succédé et qui semblait le roi de la vallée, quoique de l'autre côté du fleuve les fortes murailles d'Elcho semblassent lui disputer la prééminence. Elcho était pourtant à cette époque un paisible couvent, et les murs qui l'entouraient servaient de barrière à des vestales isolées du monde, et n'étaient pas les boulevards d'une garnison armée.—C'est un excellent château-fort, dit encore Henry en levant les yeux sur les tours de Kinfauns; c'est le bouclier et la cuirasse du cours du Tay. Il faudrait ébrécher plus d'une bonne lame avant de pouvoir y pénétrer de force.

Le portier de Kinfauns, ayant reconnu de loin les personnages qui se présentaient et leur qualité, avait déjà ouvert la porte de la cour pour les faire entrer, après avoir envoyé quelqu'un pour avertir sir Patrice Charteris que le doyen des baillis de Perth, avec quelques autres bons citoyens de cette ville, approchaient du château. Le bon chevalier, qui se préparait à sortir pour chasser au faucon, apprit cette nouvelle à peu près comme le moderne représentant d'un bourg apprend qu'il est menacé de la visite d'une partie de ses mandataires dans un moment où il ne lui convient pas de les recevoir, c'est-à-dire qu'il envoya tout bas les intrus au diable, tandis qu'il donnait tout haut des ordres pour qu'on les reçût avec tout le décorum et toute la civilité convenables. Il commanda à ses écuyers tranchans de servir sur-le-champ dans la grande salle des tranches de venaison grillées et des viandes froides, et à son sommelier de percer des tonneaux et de faire son devoir; car si la belle ville de Perth remplissait quelquefois sa cave, les citoyens étaient de leur côté toujours prêts à vider ses flacons.

On introduisit respectueusement les bons bourgeois dans la grande salle, où le chevalier qui était en habit de chasse avec des bottes qui lui montaient à mi-cuisses les reçut avec un mélange de politesse et de condescendance protectrice, désirant intérieurement qu'ils fussent tous au fond du Tay au lieu de venir interrompre l'amusement auquel il se proposait de consacrer la matinée. Il s'avança vers eux jusqu'au milieu de la salle, la tête nue et la toque à la main, et les salua à peu près en ces termes :

— Ah ! maître bailli Craigdallie, digne Simon Glover, pères de la belle ville ;... et vous, brave Smith, et mon docte apothicaire... et vous aussi, mon fringant bonnetier, qui fendez plus de têtes que vous n'en couvrez, comment se fait-il que j'aie le plaisir de voir tant d'amis de si bonne heure? J'avais dessein de donner le vol à mes faucons, et votre compagnie rendra ce divertissement encore plus agréable (fasse Notre-Dame, pensa-t-il, qu'ils se rompent le cou !), c'est-à-dire à moins que la ville n'ait quelques ordres à me donner. — Sommelier Gilbert, dépêche-toi, drôle. — Mais j'espère que votre arrivée n'a pas de motif plus sérieux que de voir si le malvoisie conserve encore son bouquet.

Les délégués de la villle répondirent aux civilités de leur prévôt par des inclinations de tête plus ou moins caractéristiques. Celle de l'apothicaire fut la plus basse, et celle de l'armurier la moins cérémonieuse. Probablement ce dernier connaissait sa propre valeur. Le bailli Craigdallie se chargea de répondre pour toute la députation.

— Sir Patrice Charteris, notre lord prévôt, dit-il d'un ton grave, si nous n'avions eu d'autre but que de jouir de l'hospitalité avec laquelle vous nous avez si souvent accueillis, notre savoir-vivre nous aurait appris à attendre une invitation comme en d'autres occasions. Quant à la chasse au vol, nous en avons eu assez pour une matinée, car chemin faisant nous avons rencontré un drôle qui chassait avec son faucon sur les marécages de la ville, et qui a désarçonné et maltraité notre ami Olivier le bonnetier, ou Proudfute comme on le surnomme, uniquement parce qu'il lui demandait, en votre nom et en celui de la ville, qui il était pour se permettre une pareille licence.

— Et quel compte a-t-il rendu de lui-même? demanda le

prévôt. Par saint Jean! j'apprendrai à ce drôle à chasser sur mes brisées!

— Votre Seigneurie voudra bien faire attention, dit le fabricant de bonnets, qu'il a profité d'une chute que j'avais faite de cheval. Mais je me suis remis en selle, et je l'ai vigoureusement poursuivi. Il dit qu'il se nomme Richard-le-Diable.

— Comment! dit le prévôt; celui dont il est parlé dans tant de ballades et de romances? Je croyais que ce preux se nommait Robert.

— Je crois que ce n'est pas le même, milord, répondit Olivier; j'ai seulement fait l'honneur à ce drôle de lui donner son nom tout entier, car dans le fait, il s'est donné celui de Dick du Diable[1], ajoutant qu'il était un Johnstone et à la suite du lord du même nom. Mais je l'ai fait fuir dans le marécage, et j'ai recouvré ma gibecière qu'il m'avait prise quand je ne pouvais me défendre.

Sir Patrice réfléchit un instant. — Nous avons entendu parler du lord de Johnstone et de ceux qui le suivent, dit-il; il y a peu de chose à gagner à se mêler de leurs affaires. — Et dites-moi, Smith, vous avez enduré cela patiemment?

— Sur ma foi, sir Patrice, il l'a bien fallu, ayant reçu ordre de mes supérieurs de rester tranquille.

— Eh bien! si tu es resté tranquille, je ne vois pas pourquoi je n'en ferais pas autant; d'autant plus que maître Olivier Proudfute, quoiqu'il ait eu d'abord le dessous, a recouvré son honneur et celui de la ville, comme il vient de nous le dire. Mais voici le vin qui arrive, remplissez des coupes jusqu'à ce qu'elles débordent et présentez-les à mes hôtes. Prospérité à Saint-Johnstoun, et bienvenue à vous tous, mes honnêtes amis! Maintenant prenez place à table, car le soleil est déjà avancé dans sa course, et il doit y avoir long-temps que vous avez déjeuné, vous autres gens occupés.

— Avant tout, milord prévôt, dit le bailli, permettez-nous de vous expliquer la cause pressante qui nous a amenés

---

(1) Dick est une abréviation familière du nom Richard. — Tr.

devant vous, car nous ne vous en avons pas encore parlé.

— Remettez cela jusqu'à ce que vous ayez pris quelques rafraîchissemens, bailli. — Quelques plaintes contre les coquins de jackmen de quelque noble, pour avoir joué au ballon dans les rues de la ville, ou quelque autre affaire de même importance?

— Non, milord, répondit Craigdallie avec force et fermeté ; c'est des maîtres de ces jackmen que nous venons nous plaindre. Ce sont eux qui jouent au ballon avec l'honneur de nos familles, et qui font aussi peu de cérémonie avec les chambres à coucher de nos filles que s'il s'agissait d'un mauvais lieu de Paris. Une troupe de coureurs de nuit, des courtisans, des hommes de rang, comme il n'y a que trop lieu de le croire, ont essayé la nuit dernière d'escalader une fenêtre de Simon Glover. Ils se sont défendus les armes à la main quand l'arrivée de Henry Smith a déconcerté leur entreprise, et ils ont combattu jusqu'au moment où le rassemblement des citoyens les a forcés à prendre la fuite.

— Comment! s'écria le prévôt en remettant sur la table la coupe qu'il avait levée pour la porter à sa bouche. Mort de ma vie! prouvez-moi cela, et par l'ame de Thomas de Longueville! j'emploierai tout mon pouvoir pour vous faire rendre justice, dût-il m'en coûter ma vie et mes biens : — Qui atteste ce fait? Simon Glover, vous passez pour un homme honnête et prudent : prenez-vous sur votre conscience la vérité de cette accusation?

— Milord, répondit Simon, comprenez bien que je ne suis pas plaignant volontaire dans cette affaire importante. Il n'est arrivé malheur qu'à ceux qui avaient troublé la tranquillité publique. Je crains qu'un grand pouvoir ait pu seul encourager une telle audace, un pareil mépris des lois ; et je ne voudrais pas être cause d'une querelle dangereuse entre ma ville natale et un noble puissant. Mais on a prétendu que si je me montrais peu disposé à former cette plainte, ce serait en quelque sorte reconnaître que ma fille attendait une pareille visite, ce qui est de toute fausseté. En conséquence, milord[1], je dirai à Votre Seigneurie tout ce qui est arrivé, autant que j'en suis informé, et je laisserai à votre sagesse le soin de décider ce qu'il convient de faire. — Il lui raconta alors de point en point tout ce qu'il avait vu de ce qui s'était passé la nuit précédente.

Sir Patrice Charteris, l'ayant écouté avec beaucoup d'attention, parut particulièrement frappé de la circonstance que l'homme qui avait été fait prisonnier eût réussi à s'échapper. — Il est étrange, dit-il au gantier, que vous ne vous en soyez pas assuré quand il était entre vos mains. Ne l'avez-vous pas regardé de manière à le reconnaître?

— Je n'avais que la faible clarté d'une lampe, milord, répondit Simon ; et quant à sa fuite, j'étais seul, et je suis vieux. Cependant j'aurais pu l'empêcher de s'échapper, si je n'eusse entendu ma fille pousser des cris dans sa chambre. J'y courus sur-le-champ, et lorsque j'en revins, il s'était enfui par le jardin.

— Maintenant, armurier, dit sir Patrice, dites-moi en homme franc et en bon soldat tout ce que vous savez de cette affaire.

Henry Gow, dans son style décidé, fit avec précision et clarté le récit de tout ce qui s'était passé.

L'honnête Proudfute, ayant été interpellé ensuite, commença sa relation avec un air de plus d'importance. — Relativement à cet étrange et terrible tumulte qui a eu lieu dans la ville, je ne puis il est vrai dire, comme Henry Gow, que j'en aie vu précisément le commencement, mais personne ne peut nier que je n'aie été témoin de la fin, du moins en grande partie, et particulièrement que je n'aie procuré la pièce de conviction la plus importante pour découvrir les coupables.

— Et quelle est cette pièce? demanda sir Patrice Charteris; ne perdez pas le temps en paroles : quelle est cette pièce de conviction?

— J'ai apporté à Votre Seigneurie dans cette gibecière, répondit le petit homme, quelque chose qu'un de ces coquins a laissé sur le champ de bataille. C'est un trophée qui, je l'avoue de bonne foi, n'est pas dû à la lame de mon sabre; mais je réclame l'honneur de m'en être emparé avec cette présence d'esprit que peu de gens possèdent au milieu du cliquetis des armes et de la lueur des torches. Je m'en suis emparé, milord, et voici cette pièce de conviction.

A ces mots, il tira de sa gibecière la main qu'il avait trouvée par terre sur le lieu qui avait été le théâtre de l'escarmouche.

— Sur ma foi, bonnetier, dit le prévôt, je garantis que tu as assez de cœur pour t'emparer de la main d'un homme quand elle est séparée de son corps; mais que cherches-tu encore dans ton sac?

— Il y avait, milord... il devrait y avoir... une bague qui était passée au doigt de ce coquin. Il faut que je l'aie oubliée et que je l'aie laissée chez moi. Je l'avais prise pour la montrer à ma femme, attendu qu'elle ne se souciait pas de voir la main, de pareils spectacles n'étant pas agréables aux yeux des femmes. Je croyais pourtant l'avoir remise au doigt, mais il faut que je l'aie laissée chez moi : je vais l'aller chercher, et Henry Smith m'accompagnera.

— Nous t'accompagnerons tous, dit sir Patrice Charteris, car je vais moi-même me rendre à Perth. — Écoutez-moi, honnêtes bourgeois et braves voisins. Lorsque vous m'avez fait des plaintes de la violation de vos priviléges sur des matières frivoles et triviales, comme lorsqu'on braconnait sur vos terres, ou que les gens de quelque baron jouaient au ballon dans vos rues, vous avez pu m'y croire indifférent; mais par l'ame de Thomas de Longueville! vous n'aurez pas sujet d'accuser de négligence Patrice Charteris dans une affaire de cette importance. Cette main, continua-t-il en la levant en l'air pour la montrer, est celle d'un homme qui n'est pas habitué à des travaux journaliers. Nous la ferons placer en un lieu où elle ne pourra manquer d'être reconnue et réclamée, s'il reste une seule étincelle d'honneur aux compagnons de celui qui l'a perdue. — Écoute, Gérard! — Fais-moi monter sur-le-champ à cheval une douzaine de braves gens, et qu'ils prennent la cuirasse. — Cependant, voisins, s'il en résulte quelque querelle, comme la chose est assez probable, nous devons nous soutenir mutuellement. Combien d'hommes amènerez-vous à mon secours, si mon pauvre château est attaqué?

Les bourgeois jetèrent les yeux sur Henry Gow, vers lequel ils se tournaient comme par instinct, lorsqu'il était question d'affaires de cette nature.

— Je réponds, dit-il, que cinquante braves gens seront prêts à marcher avant que la cloche de la ville ait sonné dix minutes, et un millier dans l'espace d'une heure.

— C'est bien, répliqua l'intrépide prévôt; et en cas de besoin, je marcherai à l'aide de la belle ville avec tous les soldats dont je peux disposer. Et maintenant, mes amis, montons à cheval.

CHAPITRE IX.

Le jour de Saint-Valentin, vers midi, le prieur des dominicains était occupé à remplir au confessionnal les devoirs de son ministère, et son pénitent n'était pas un personnage de peu d'importance. C'était un homme de bonne mine; les couleurs de la santé brillaient sur ses joues fleuries, dont le bas était ombragé par une barbe blanche vénérable qui lui descendait sur la poitrine. Ses grands yeux d'un bleu pâle et son front large et élevé exprimaient la dignité, mais cette dignité semblait plus propre à recevoir les honneurs qu'on lui rendait volontairement qu'à forcer à les lui rendre ceux qui pouvaient s'y refuser. L'expression de sa physionomie était si pleine de bonté qu'elle semblait presque annoncer une simplicité qui le laissait sans défense, ou une faiblesse de caractère incapable de repousser l'importunité ou de maîtriser la résistance. Sur les cheveux gris de ce personnage était placé un petit cercle d'or, ou couronne, sur un bandeau bleu. Son chapelet était composé de gros grains d'or assez grossièrement travaillés, mais orné de perles d'Écosse remarquables par leur grosseur et leur beauté. Il n'avait pas d'autres bijoux, et ses vêtemens ne consistaient qu'en une longue robe de soie cramoisie attachée par une ceinture de même couleur. Lorsqu'il eut fini sa confession il se leva avec quelque peine du coussin brodé sur lequel il était à genoux, et à l'aide d'une canne d'ébène à bec de corbin il s'approcha en boitant avec une difficulté visible et sans aucune grace, d'un fauteuil d'apparat surmonté par un dais qui lui avait été préparé près de la cheminée dans l'appartement vaste et élevé où il se trouvait.

C'était Robert, troisième de ce nom et le second de la race infortunée des Stuarts, qui occupait le trône d'Écosse. Il avait des vertus et ne manquait pas de talens ; mais son grand malheur, comme celui de plusieurs autres princes de cette race réservée à tant de calamités, était que les qualités qui le distinguaient n'étaient pas celles qui auraient pu le mettre en état de jouer le rôle auquel sa naissance l'avait appelé. Le roi d'un peuple aussi belliqueux que les Écossais l'étaient alors, aurait eu besoin d'être un guerrier prompt et actif, libéral à récompenser les services, sévère à punir les crimes, et dont toute la conduite aurait inspiré la crainte aussi bien que l'affection. Robert III offrait en sa personne précisément le revers de ce portrait. A la vérité il avait assisté à plusieurs batailles dans sa jeunesse ; mais quoiqu'il ne s'y fût pas conduit de manière à se couvrir de honte, il n'avait jamais montré cet amour chevaleresque pour la guerre et les périls, et le désir ardent de se signaler par des exploits dangereux qu'on attendait dans ce siècle de tous ceux qui étaient de noble naissance et qui avaient des droits à l'autorité.

D'ailleurs sa carrière militaire avait été fort courte. Au milieu du tumulte d'un tournoi le jeune comte de Carrick, car tel était alors son titre, avait reçu du cheval de sir James Douglas de Dalkeith un coup de pied qui l'avait rendu boiteux pour le reste de sa vie, et qui par conséquent l'avait mis hors d'état de prendre part soit à la guerre, soit aux tournois et aux autres divertissemens militaires qui en étaient l'image. Comme Robert n'avait jamais montré beaucoup de prédilection pour les exercices violens, il ne regretta probablement pas beaucoup l'impossibilité où il se trouvait de jouer un rôle dans ces scènes actives. Mais cet accident, ou pour mieux dire les suites de cet accident, l'abaissèrent aux yeux d'une noblesse fière et d'un peuple belliqueux. Il fut obligé de confier les principaux soins des affaires de son royaume, tantôt à un membre de sa famille, tantôt à un autre, quelquefois avec le titre de lieutenant-général du royaume, et toujours avec le pouvoir attaché à ce rang. Son affection paternelle l'aurait porté à recourir à l'assistance de son fils aîné, jeune homme plein de vivacité et de talens, que sa tendresse avait créé duc de Rothsay pour lui donner un rang le plus voisin possible du trône; mais ce jeune prince avait la tête trop légère et la main trop faible pour pouvoir porter avec dignité le sceptre qui lui aurait été délégué. Quoiqu'il aimât l'autorité, le plaisir était le goût favori du prince; et la cour était troublée, comme le pays était scandalisé par le nombre d'intrigues passagères et de folies amoureuses que se permettait celui dont la conduite aurait dû offrir à la jeunesse du royaume un exemple d'ordre et de régularité.

Les mœurs licencieuses du duc de Rothsay étaient d'autant plus répréhensibles aux yeux du public, qu'il était marié, mais quelques personnes dont sa jeunesse, sa gaîté, ses graces et son bon caractère avaient obtenu l'indulgence, pensaient que les circonstances mêmes de son mariage pouvaient servir d'excuse à son libertinage. Ils rappelaient que ses noces avaient été entièrement l'ouvrage de son oncle le duc d'Albany, d'après les conseils duquel le roi infirme et timide se conduisait en grande partie, et qui passait pour chercher à donner à l'esprit de son frère et de son souverain une tendance nuisible aux intérêts et à l'attente du jeune héritier du trône. Par les intrigues d'Albany la main du jeune prince fut pour ainsi dire mise à l'encan, car il donna publiquement à entendre que le seigneur d'Écosse qui donnerait à sa fille la dot la plus considérable pourrait aspirer à la placer dans la couche du duc de Rothsay.

Dans la contestation qui s'ensuivit pour obtenir la préférence, George de Dunbar et de March, qui possédait par lui ou par ses vassaux la plus grande partie de la frontière d'Angleterre, l'emporta sur les autres compétiteurs, et sa fille, avec le consentement du jeune couple, fut fiancée au duc de Rothsay.

Mais il restait un tiers à consulter, et ce tiers n'était rien moins que le redoutable Archibald comte de Douglas, également à craindre par l'étendue de ses domaines, par les places et les emplois dont il était investi, et par ses qualités personnelles de prudence et de valeur, jointes à un orgueil indomptable et à une soif de vengeance plus que féodale. Le comte était aussi allié de très près du trône, ayant épousé la fille aînée du monarque régnant.

Après les fiançailles du duc de Rothsay avec la fille du comte de March, Douglas, comme s'il eût tardé à prendre part à la négociation pour prouver qu'elle ne pouvait se conclure qu'avec lui, se présenta dans la lice pour faire rompre le contrat. Il offrit sa fille Marjory avec une dot plus considérable que celle qu'avait promise le comte de March ; et Albany, dominé par sa cupidité et par la crainte que lui inspirait Douglas, fit agir son influence sur le timide monarque, et le décida à manquer de parole au comte de March et à donner à son fils Marjory Douglas, femme que celui-ci ne pouvait aimer. La seule excuse qu'on fit au comte de March fut de lui dire que les fiançailles du prince avec Élisabeth de Dunbar n'avaient pas été revêtues de l'approbation du parlement, et que tant que cette ratification n'avait pas eu lieu, de pareils contrats n'étaient pas obligatoires. Le comte fut profondément irrité de l'insulte qui lui était faite ainsi qu'à sa fille, et l'on croyait généralement qu'il songeait à s'en venger, ce dont la grande influence dont il jouissait sur les frontières d'Angleterre paraissait devoir lui faciliter les moyens.

De son côté le duc de Rothsay, mécontent d'avoir vu sacrifier sa main et ses inclinations à une intrigue d'état, en montra son déplaisir par tous les moyens qui étaient en son pouvoir, négligeant sa femme, méprisant son formidable et dangereux beau-père, montrant peu de respect pour l'autorité du roi lui-même, et ne faisant aucun cas des remontrances du duc d'Albany son oncle, qu'il regardait comme son ennemi déclaré.

Au milieu de ces dissensions intestines dans le sein de sa famille, dissensions qui se propageaient dans ses conseils et dans son administration et qui introduisaient partout les funestes effets de l'incertitude et de la désunion, le faible monarque avait été soutenu quelque temps par les conseils de son épouse la reine Annabella, issue de la noble maison de Drummond. Douée d'une sagacité profonde et d'une grande fermeté d'esprit, elle imposait quelque contrainte aux légèretés d'un fils qui la respectait, et les mêmes qualités soutenaient quelquefois la résolution chancelante de son royal époux. Mais après sa mort le faible souverain fut semblable à un vaisseau qui a perdu ses ancres, et qui est ballotté par des courans opposés les uns aux autres. On pouvait dire que Robert était passionné pour son fils, — qu'il avait un respect timide pour le caractère de son frère Albany, bien plus décidé que le sien, — que Douglas lui inspirait une terreur qui était presque d'instinct, — et qu'il doutait de la fidélité du hardi mais inconstant comte de March. Les sentimens qu'il nourrissait pour ces divers individus se mêlaient et se compliquaient tellement, qu'ils se montraient de temps en temps tout autres de ce qu'ils étaient réellement. Cédant au dernier ascendant qui avait été exercé sur son esprit flexible, le roi, après avoir été un père indulgent, devenait sévère et même cruel, — sa confiance en son frère se changeait en méfiance, — et le monarque plein de douceur et de bonté se montrait un tyran jaloux et intéressé. Comme le caméléon, son esprit faible réfléchissait la couleur de l'ame plus ferme dont il suivait les conseils pour le moment, et dont il recevait l'assistance. Quand il cessait d'écouter les avis d'un membre de sa famille pour ouvrir l'oreille à ceux d'un autre, il n'était pas extraordinaire de voir un changement total de mesures, instabilité qui ne faisait pas honneur au caractère du roi et qui mettait en danger la sûreté de l'état.

Il en résulta naturellement que le clergé de l'église catholique obtint une grande influence sur un homme dont les intentions étaient excellentes, mais dont les résolutions étaient si chancelantes. Non-seulement Robert était tourmenté par le sentiment intime des erreurs qu'il avait réellement commises, mais il était déchiré par les craintes qui assiégent une ame superstitieuse et timide. Il est donc à peine nécessaire d'ajouter que les membres du clergé régulier ou séculier n'avaient pas peu d'influence sur un prince si facile, quoique à la vérité ce fût une influence à laquelle un petit nombre de personnes savaient se soustraire dans ce siècle, quelque fermeté et quelque résolution qu'elles eussent dans leurs affaires temporelles. — Nous terminerons ici cette longue digression, sans laquelle nos lecteurs n'auraient pas pu bien comprendre ce que nous avons à rapporter.

Le roi s'était avancé avec peine, et d'un pas qui n'avait rien de gracieux, vers le fauteuil bien rembourré et placé sous un dais qui lui avait été préparé. Il s'y laissa tomber avec l'air charmé d'un homme indolent qui a été retenu quelque temps dans une position gênante. Lorsqu'il fut assis, l'air doux et les traits vénérables du bon vieillard n'annonçaient que la bienveillance. Le prieur, debout en face du fauteuil du roi, dans une attitude de profond respect qui voilait son air naturellement hautain, était un homme qui pouvait avoir entre quarante et cinquante ans; mais pas un seul de ses cheveux n'avait pas encore perdu sa couleur noire. Des traits intelligens et un regard vif attestaient les talens grace auxquels le vénérable père s'était élevé au poste éminent qu'il occupait dans sa communauté, et nous pouvons ajouter dans les conseils du royaume où il les avait employés souvent. Les principaux objets que l'éducation et l'habitude lui avaient appris à avoir en vue étaient l'augmentation des domaines et des richesses de l'église et la suppression de l'hérésie ; il s'efforçait d'arriver à ce double but par tous les moyens que lui procurait sa situation. Mais il faisait honneur à sa religion par la sincérité de sa croyance et par sa fidélité aux règles de morale qui guidaient sa conduite dans toutes les occasions ordinaires. Les défauts qui entraînaient le père Anselme dans des erreurs funestes, et même jusqu'à la cruauté, doivent peut-être s'attribuer à son siècle et à sa profession ; ses vertus lui appartenaient en propre.

— Cela une fois fait, dit le roi, et les terres dont je viens de parler étant assurées par une charte à ce monastère, vous croyez, mon père, que je serai assez dans les bonnes graces de notre sainte mère l'Église pour me nommer son fils respectueux ?

— Sans doute, sire, répondit le prieur ; plût au ciel que tous ses enfans apportassent au sacrement de la pénitence un sentiment aussi vif de leurs erreurs, et autant de bonne volonté pour les réparer ! Mais j'adresse ces paroles de consolation, sire, non à Robert roi d'Écosse, mais à mon humble et dévot pénitent Robert Stuart de Carrick.

— Vous me surprenez, mon père. Ma conscience me fait bien peu de reproches sur ce que j'ai fait comme roi ; car j'ai moins consulté mon opinion pour agir que l'avis de mes plus sages conseillers.

— Et c'est en cela qu'est le danger, sire. Le saint père reconnaît dans chacune de vos pensées, de vos paroles, de vos actions, un vassal obéissant de la sainte Église. Mais il existe des conseillers pervers qui suivent l'instinct de leurs cœurs corrompus, qui abusent de la bonté et de la facilité de leur souverain, et qui sous prétexte de servir ses intérêts temporels, prennent des mesures qui peuvent préjudicier à son bonheur pour toute l'éternité.

Le roi Robert se leva, et prit un air d'autorité qui lui convenait parfaitement, mais qui ne lui était pas habituel.

— Prieur Anselme, lui dit-il, si vous avez découvert dans ma conduite, soit comme roi soit comme particulier, quelque chose qui mérite une censure semblable à celle que contiennent vos paroles, il est de votre devoir de vous expliquer clairement, et je vous l'ordonne.

— Vous serez obéi, sire, répondit le prieur en s'inclinant humblement. Se relevant alors et prenant l'air de dignité convenable au rang qu'il occupait dans l'église, il lui dit : — Ecoutez sortir de ma bouche les paroles de notre saint père, successeur de saint Pierre, à qui les clefs ont été transmises avec le pouvoir de lier et délier. Pourquoi, ô Robert d'Ecosse, n'as-tu pas installé dans le siége de Saint-André Robert de Wardlaw, que le pontife t'a recommandé pour le remplir? Pourquoi tes lèvres font-elles profession de soumission respectueuse à l'Église, quand tes actions proclament la désobéissance et l'opiniâtreté de ton ame? L'obéissance vaut mieux qu'un sacrifice.

— Sire prieur, dit le monarque d'un air convenable à son rang élevé, nous pouvons nous dispenser de vous répondre à ce sujet, car c'est une affaire qui nous concerne nous et les états de notre royaume, mais qui n'intéresse en rien notre conscience.

— Hélas! reprit le prieur, et quelle conscience intéressera-t-elle au dernier jour? Lequel de vos puissans lords ou de vos riches bourgeois viendra se placer entre leur roi et le châtiment qu'il aura encouru en suivant leur politique séculière en matière ecclésiastique? Apprends, roi puissant, que quand toute la chevalerie de ton royaume serait rangée en bataille devant toi pour opposer ses boucliers à la foudre, elle serait consumée comme un morceau de parchemin sec jeté dans une fournaise ardente.

— Bon père prieur, dit le roi sur la conscience timorée duquel ce genre de langage manquait rarement de faire impression, vous parlez de cette affaire un peu trop sévèrement. Ce fut pendant ma dernière indisposition, tandis que le comte de Douglas exerçait comme lieutenant-général l'autorité royale en Ecosse, que s'éleva malheureusement l'obstacle à l'installation du prélat. Ne m'accusez donc pas de ce qui s'est passé pendant que j'étais hors d'état de gouverner les affaires de mon royaume, et que j'avais été obligé de déléguer mon pouvoir à un autre.

— Vous en avez dit assez à votre sujet, sire. Mais si l'obstacle s'est élevé sous la lieutenance du comte de Douglas, le légat de Sa Sainteté vous demandera pourquoi cet obstacle n'a pas disparu sur-le-champ quand le roi a repris en ses mains les rênes de l'autorité ? Douglas-le-Noir a une grande puissance, plus grande peut-être que celle qu'un sujet devrait posséder dans le royaume de son souverain; mais il ne peut se placer entre Votre Majesté et votre conscience; il ne peut vous dégager des obligations que votre qualité de roi vous impose envers la sainte Eglise.

— Mon père, dit Robert avec un peu d'impatience, vous parlez sévèrement dans cette affaire ; vous devriez du moins attendre un temps raisonnable, jusqu'à ce que nous ayons eu le loisir d'y remédier. De semblables contestations ont eu lieu à plusieurs reprises sous les règnes de nos prédécesseurs ; et l'un de nos ancêtres, saint David de bienheureuse mémoire, ne renonça pas à ses priviléges comme monarque sans les avoir vigoureusement défendus, quoique aux dépens d'une querelle avec le saint père lui-même.

— Et c'est en quoi ce grand et bon roi n'agit ni prudemment ni saintement ; et c'est pourquoi il fut abandonné à ses ennemis, qui le défirent et remportèrent sur lui des dépouilles quand il leva le glaive contre les bannières de saint Pierre, de saint Paul et de saint Jean de Beverley dans la guerre de l'Etendard, comme on l'appelle encore aujourd'hui. Il fut heureux pour lui que de même que le roi dont il portait le nom, le fils de Jessé, son péché ait été puni sur la terre au lieu d'être enregistré pour déposer contre lui au dernier jour.

— Fort bien, bon prieur, fort bien ; mais en voilà assez sur ce sujet quant à présent. Le saint siége, Dieu aidant, n'aura pas à se plaindre de moi. Je prends à témoin Notre-Dame que je ne voudrais pas pour la couronne que je porte me charger du péché de faire le moindre tort à notre mère l'Eglise. Nous avons toujours craint que le comte de Douglas n'ait les yeux trop attachés sur la renommée et les biens temporels de cette vie frêle et passagère, pour envisager comme il le devrait ce qui a rapport à un monde à venir.

— Tout récemment encore, sire, il s'est logé de vive force dans le couvent d'Aberbrothock avec une suite de mille hommes, et l'abbé est forcé de lui fournir tout ce qui est nécessaire pour ses cavaliers et pour ses chevaux. C'est ce que le comte appelle une hospitalité à laquelle il a droit à cause des donations faites à ce monastère par ses ancêtres. Certes il vaudrait mieux rendre aux Douglas leurs terres que de se soumettre à des exactions qui ressemblent à la licence effrénée des sauvages brigands montagnards, plutôt qu'à la conduite d'un baron chrétien.

— Douglas-le-Noir, dit le roi en soupirant, descend d'une race qui ne peut souffrir qu'on lui dise non. Mais, père prieur, je suis peut-être moi-même un intrus de semblable espèce, car mon séjour chez vous a été bien long, et ma suite, quoique bien moins nombreuse que celle de Douglas, doit vous être à charge par sa consommation journalière. J'ai pourtant donné ordre à mes pourvoyeurs d'alléger vos dépenses le plus qu'il serait possible ; mais si notre présence vous occasionnait quelque inconvénient, il serait temps de songer à notre départ.

— A Notre-Dame ne plaise ! s'écria le prieur, qui tout en désirant l'autorité n'avait rien de bas et de sordide dans le caractère, et dont la générosité allait même jusqu'à la magnificence. Bien certainement le couvent des dominicains peut offrir à son souverain l'hospitalité qu'il accorde aux voyageurs de toute condition, qui la reçoivent des mains des pauvres serviteurs de notre saint patron. Non, sire ; venez avec dix fois votre suite actuelle, et il ne lui manquera ni un grain d'avoine, ni une botte de paille, ni un morceau de pain, ni une once de viande. Autre chose est d'employer les revenus de l'Église qui sont plus considérables que des moines ne doivent le désirer ou en avoir besoin, à recevoir avec le respect convenable Votre Majesté royale, ou de se les voir arracher par les mains d'hommes grossiers et violens dont l'amour pour la rapine ne connaît d'autres bornes que l'étendue de leur pouvoir.

— Fort bien, bon prieur. Et maintenant pour détourner un instant nos pensées des affaires d'état, votre révérence peut-elle nous informer comment les bons citoyens de Perth ont commencé leur jour de Saint-Valentin? — Galamment, gaîment et paisiblement, j'espère.

— Je me connais un peu en galanterie et en gaîté, sire. Mais pour ce qui est *paisiblement*, trois à quatre hommes, dont deux cruellement blessés, sont venus ce matin avant le jour réclamer le privilége du sanctuaire, poursuivis par une foule de gens en chemise, armés de gourdins, de piques, de haches et d'épées, criant : — Tuez et massacrez — plus haut les uns que les autres. Ils n'ont pas même été satisfaits quand notre portier et notre garde leur ont dit que ceux qu'ils poursuivaient avaient trouvé un refuge dans la Galilée de l'église; mais ils ont continué quelques minutes à pousser des cris en frappant à la poterne, et en demandant que les hommes qui les avaient offensés leur fussent livrés. — Je craignais que le bruit qu'ils ont fait n'eût interrompu le sommeil de Votre Majesté, et ne lui eût causé quelque surprise.

— Mon sommeil aurait pu être interrompu; mais que des clameurs m'eussent surpris..... Hélas! révérend père, il n'existe en Ecosse qu'un seul endroit où les cris de la victime et les menaces de l'oppresseur ne puissent s'entendre, — et cet endroit, mon père, c'est la tombe.

Le prieur garda un silence respectueux, partageant les sentimens d'un monarque dont la bonté du cœur était si peu d'accord avec les mœurs et le caractère de son peuple.

— Et que sont devenus les fugitifs? demanda Robert après un moment de silence.

— On leur a ouvert la porte avant le jour, comme ils l'ont désiré, sire, après avoir fait visiter avec soin tous les environs pour acquérir la certitude que leurs ennemis ne leur avaient pas préparé quelque embuscade, et ils se sont retirés en paix.

— Et vous ne savez ni qui étaient ces hommes, ni pourquoi ils avaient cherché un refuge chez vous?

— Une querelle avec les bourgeois de la ville en a été la cause, sire; mais nous ignorons ce qui l'a occasionnée. La coutume de notre maison est d'accorder vingt-quatre heures de refuge sans interruption dans le sanctuaire de saint Dominique, avant de faire aucune question aux infortunés qui y ont cherché un abri. S'ils désirent y rester plus long-temps, le motif qui les a engagés à se réfugier dans le sanctuaire doit être inscrit sur les registres du couvent, et — graces en soient rendues à notre bienheureux saint! — cette protection temporaire sauve de la rigueur des lois bien des gens que nous pourrions nous croire obligés de livrer à leurs ennemis et à leurs persécuteurs si nous connaissions le caractère de leurs crimes.

Tandis que le prieur parlait ainsi, une idée un peu vague à la vérité se présenta à l'esprit du monarque, que le privilége du sanctuaire accordé si aveuglément devait être une interruption sérieuse au cours de la justice dans son royaume. Mais il la repoussa comme si c'eût été une suggestion de Satan, et il eut soin de ne pas laisser échapper un seul mot qui pût faire connaître au prieur qu'une pensée si profane l'avait occupé un instant. Au contraire, il se hâta de changer le sujet de la conversation.

— Le soleil marche bien lentement, dit-il. Après la fâcheuse nouvelle que vous venez de m'apprendre, je me serais attendu que les seigneurs composant mon conseil se seraient plus empressés de venir prendre mes ordres relativement à cette affaire mystérieuse. Ce fut un malheureux sort qui me donna à gouverner un peuple parmi lequel il me semble que je suis la seule personne qui désire le repos et la tranquillité.

— L'Eglise désire toujours la paix et la tranquillité, répliqua le prieur, ne voulant pas même qu'une observation si générale échappât à l'esprit accablé du pauvre monarque sans insister sur une exception en faveur de l'Eglise.

— Nous ne voulons pas dire autre chose, père prieur, dit Robert; mais vous conviendrez que l'Eglise en apaisant ainsi les querelles comme elle en a certainement l'intention, ressemble à la ménagère affairée qui met en mouvement la poussière tandis qu'elle veut la balayer.

Le prieur aurait fait quelque réplique à cette remarque; mais la porte de l'appartement s'ouvrit, et un chambellan annonça le duc d'Albany.

CHAPITRE X.

> « Vraiment, si je sais comment arranger ces
> « affaires qui me tombent ainsi en désordre sur
> « les bras, je veux qu'on ne me croie plus. »
> SHAKSPEARE. *Richard III.*

Le duc d'Albany, ainsi que le roi son frère, portait le nom de Robert. Le nom de baptême du dernier avait été Jean jusqu'à l'instant où il monta sur le trône; mais les superstitieux du temps ayant observé que le malheur avait constamment accompagné ce nom pendant la vie et les règnes de Jean d'Angleterre, Jean de France et Jean Baliol d'Écosse, il fut convenu que pour détourner le mauvais présage le nouveau roi prendrait le nom de Robert, rendu cher à l'Ecosse par le souvenir de Robert Bruce. Nous mentionnons ceci pour expliquer la singularité de deux frères portant le même nom de baptême dans une famille, ce qui à cette époque n'était certainement pas plus commun qu'aujourd'hui.

Le duc d'Albany, avancé en âge comme le roi, n'était pas plus porté que lui aux entreprises guerrières. Mais s'il ne brillait point par le courage, il ne manquait pas de prudence pour le cacher adroitement, certain que ce défaut, s'il était seulement soupçonné, renverserait tous les plans formés par son ambition. Il avait aussi assez de fierté pour suppléer en cas d'extrémité à la valeur qu'il ne possédait pas réellement, et assez d'empire sur ses esprits pour en dissimuler l'agitation. Sous d'autres rapports c'était un politique habile : il était calme, plein de sang-froid et artificieux; arrêtant ses regards sur le but qu'il désirait atteindre, tandis qu'il était encore éloigné; ne le perdant jamais de vue, quoique les détours de la route qu'il suivait parussent souvent devoir le conduire vers une tout autre direction. Dans sa personne il ressemblait au roi, car sa taille et ses manières étaient également nobles et majestueuses; mais il avait sur son frère aîné l'avantage d'être exempt d'infirmités et d'avoir un esprit plus actif. Son costume était riche et sévère ainsi qu'il convenait à son âge et à son rang. Comme le roi son frère, il ne portait d'armes d'aucune espèce : une gaîne de petits couteaux occupait à sa ceinture la place d'un poignard ou d'une épée.

Au moment où le duc entra, le prieur après s'être incliné devant lui se retira respectueusement dans un renfoncement de la salle, afin que la conversation des deux frères ne fût point gênée par la présence d'un tiers. Il est nécessaire de dire que c'était dans une embrasure de fenêtre placée dans la façade intérieure des bâtimens du monastère appelés le Palais à cause des fréquens séjours qu'y faisaient les rois d'Écosse, mais qui ordinairement était la résidence du prieur ou de l'abbé. La fenêtre ouverte au-dessus de l'entrée principale des appartemens royaux présentait à la vue la cour intérieure du couvent, bornée à droite par la longueur de la magnifique église, à gauche par un bâtiment contenant les cellules, le réfectoire, la *chapter-house* ou salle du chapitre, et d'autres appartemens qui s'élevaient au-dessus. Toute cette partie était indépendante de l'espace occupé par le roi Robert et sa suite. Un quatrième rang de bâtimens dont la noble façade extérieure était située au levant, consistait dans un vaste *hospice* pour la réception des étrangers ou des pèlerins, et dans des offices et des magasins pour les amples provisions nécessaires à l'hospitalité fastueuse des pères dominicains. Une voûte élevée conduisait à la cour intérieure par la façade orientale; elle se trouvait précisément opposée à la fenêtre où le prieur Anselme s'était placé ; ses regards pouvaient pénétrer sous la voûte sombre, et observer les rayons de lumière qu'elle recevait du portail de l'est qui était ouvert ; mais en raison de la hauteur à laquelle il était élevé, et de la profondeur de la voûte, son œil ne distinguait qu'imparfaitement le portail opposé. Il est nécessaire de faire attention à ces localités : nous revenons maintenant à la conversation qui eut lieu entre les deux princes.

— Mon cher frère, dit le roi en arrêtant le duc d'Albany comme il s'inclinait pour lui baiser la main ; mon cher frère, pourquoi ce cérémonial ? ne sommes-nous pas l'un et l'autre fils du même Stuart d'Écosse et de la même Élisabeth More ?

— Je ne l'ai point oublié, répondit le duc d'Albany en se levant, mais je ne dois pas oublier, même dans l'intimité de mon frère, le respect qui est dû au roi.

— Oh ! cela est vrai, trop vrai, Robin ! dit le roi ; le trône est comme un roc élevé et stérile sur lequel ni fleur ni verdure ne peuvent jamais prendre racine. Les affections les plus tendres, les sentimens les plus doux sont interdits à un souverain. Un roi ne doit pas serrer son frère contre son cœur, il n'ose pas montrer son amour à un fils.

— Tel est en effet, sous quelque rapport, le destin de la grandeur, sire ; mais le ciel qui a écarté un peu de la sphère de Votre Majesté les membres de sa propre famille, lui a donné tout un peuple pour enfans.

— Hélas ! Robert, votre cœur eût rempli mieux que le mien les devoirs de la royauté. Je vois de la hauteur où le sort m'a placé cette foule que vous appelez mes enfans : je les aime, je les voudrais voir heureux, mais ils sont nombreux et trop loin de moi. Hélas ! le plus pauvre d'entre eux a quelque être chéri qu'il peut presser sur son sein et sur lequel il répand toute la tendresse d'un père ! Tout ce qu'un roi peut donner à son peuple est un sourire, un sourire semblable à ces inutiles rayons que le soleil jette de loin sur la cime glacée des monts Grampiens. Robert ! notre père nous caressait, ses réprimandes étaient mêlées d'affection ; cependant c'était un monarque comme moi. Pourquoi ne me serait-il pas permis comme lui de ramener mon pauvre enfant prodigue par la tendresse autant que par la sévérité?

— La tendresse n'a-t-elle pas déjà été essayée, sire? reprit le duc d'Albany avec le ton d'un homme affligé des vérités qu'il se croit obligé de dire; les moyens de douceur sont assurément les premiers dont on devait faire usage. Votre Grace est le meilleur juge pour décider s'il n'y a pas assez longtemps que ces moyens sont employés, et si la sévérité ne serait pas plus efficace. Il est exclusivement en votre pouvoir royal de prendre avec le duc Rothsay les mesures que vous jugerez les plus convenables pour son bonheur et celui du royaume.

— Ceci est cruel, mon frère; vous m'indiquez la pénible carrière dans laquelle vous voulez que j'entre, et vous ne m'offrez point votre appui pour la parcourir.

— Mon appui est aux ordres de Votre Grace; mais de tous les hommes je dois être le dernier à conseiller à Votre Majesté des mesures sévères contre votre fils et votre héritier, le ciel m'en préserve! moi à qui, en cas d'extinction de votre famille, cette fatale couronne doit appartenir. Ne serait-il pas dit et pensé par le violent March, par l'orgueilleux Douglas, qu'Albany a semé la discorde entre le roi son frère et l'héritier du trône d'Ecosse, afin d'en aplanir la route à sa propre famille? Non, sire! Je puis sacrifier ma vie à votre service; mais mon honneur doit se conserver intact.

— Vous dites vrai, Robert, vous dites très vrai, reprit le roi en se hâtant d'interpréter suivant ses désirs les paroles de son frère; nous ne devons pas souffrir que ces lords puissans et dangereux s'aperçoivent qu'il y a quelque chose qui ressemble à la discorde dans la famille royale. Cela doit être évité par-dessus tout; ainsi nous allons encore essayer l'indulgence, dans l'espoir de corriger les folies de Rothsay. J'aperçois en lui de temps en temps des étincelles de raison qui le rendent digne d'être aimé. Il est jeune, bien jeune; il est prince et dans toute la fougue de son âge. Nous aurons avec lui de la patience comme un bon cavalier avec un coursier indocile. Laissez passer cette humeur légère, et personne plus que vous ne sera satisfait de sa conduite. Vous m'avez quelquefois reproché avec tendresse d'être trop retiré, trop doux: Rothsay n'a point ces défauts.

— Je gagerais ma vie qu'il ne les a pas, reprit le duc sèchement.

— Il ne manque pas plus de jugement que de vivacité, continua le pauvre roi plaidant la cause de son fils contre son frère; je l'ai envoyé chercher pour assister au conseil aujourd'hui, et nous verrons comment il s'acquittera de son devoir. Vous convenez vous-même, Robert, que le prince ne manque ni de finesse ni de capacité pour les affaires, quand il est disposé à les traiter sérieusement.

— Sans aucun doute, sire, quand IL EST disposé à les traiter sérieusement.

— C'est ce que je dis, et mon cœur est satisfait que vous soyez d'accord avec moi, Robert, dans le dessein que j'ai d'essayer encore l'indulgence envers ce pauvre jeune homme. Il n'a plus de mère pour plaider sa cause auprès d'un père irrité. Il faut se le rappeler, Albany.

— Je désire que les moyens les plus agréables aux sentimens paternels de Votre Majesté soient aussi les plus sages et les meilleurs.

Le duc s'aperçut de l'innocent stratagème par lequel le roi essayait d'échapper à la conséquence de ses raisonnemens, désirant adopter sous le prétexte d'avoir obtenu la sanction de son frère une manière de procéder à l'égard de son fils entièrement opposée à ce qu'il venait de lui recommander. Mais quoiqu'il vît qu'il ne pouvait l'entraîner à suivre la conduite qu'il lui avait indiquée, il ne voulut point abandonner tout espoir, résolu de saisir une meilleure occasion pour obtenir les tristes avantages que de nouvelles querelles entre le roi et le prince lui donneraient bientôt.

Pendant ce temps le roi Robert craignant que son frère ne reprît le sujet pénible auquel il venait d'échapper, appela le prieur des dominicains. — J'entends le trot d'un cheval, lui dit-il ; de l'endroit où vous êtes placé, vous pouvez voir dans la cour, révérend père ; regardez par la fenêtre, et dites-nous qui arrive. — Rothsay, n'est-ce pas?

— Le noble comte de March avec sa suite, répondit le prieur.

— Cette suite est-elle nombreuse? dit le roi. Ses gens entrent-ils dans la cour intérieure?

Au même moment, Albany dit au roi, à voix basse : — Ne craignez rien, les Brandanes[1] de votre maison sont sous les armes.

Le roi le remercia par un signe de tête, tandis que le prieur répondait ainsi à la question qui lui avait été faite.

— Le comte est accompagné par deux pages, deux gentilshommes et quatre varlets. Un page le suit dans le grand escalier, portant l'épée de Sa Seigneurie. Le reste de la suite s'est arrêté dans la cour, et... — Bon Dieu, qu'est-ce que cela signifie? j'aperçois une chanteuse avec sa viole, se préparant à chanter sous les fenêtres de l'appartement royal, et dans le cloître des dominicains, comme elle pourrait le faire dans la cour d'une hôtellerie! Je vais ordonner qu'on la chasse immédiatement.

— Ne le faites pas, mon père, dit le roi. Laissez-moi implorer la grace de la pauvre voyageuse. La gaie science qu'elle professe se trouve tristement associée à la misère à laquelle est condamnée cette race errante de ménestrels. En cela elle ressemble aux rois qui trouvent partout des acclamations sur leur passage, et qui soupirent en vain après le bonheur paisible que le plus pauvre paysan goûte au milieu de sa famille. Que la chanteuse errante ne soit point chassée, mon père ; laissez-la chanter si cela lui plaît devant les officiers et les cavaliers qui sont dans la cour. Peut-être cela les empêchera-t-il de se quereller les uns les autres ; ils appartiennent à des maîtres si fougueux, si indomptables!

---

(1) Les habitans de l'île de Bute étaient appelés Brandanes ; l'étymologie de ce nom est incertaine. L'île de Bute était le patrimoine du roi, et les naturels du pays composaient sa suite personnelle (*). (*Note de l'auteur.*)

(*) L'île de Bute est une des Hébrides dans le Frith de la Clyde ; Rothsay en est la capitale. — Éd.

Ainsi s'exprima le monarque bien intentionné, mais faible, et le prieur s'inclina en signe d'obéissance. Tandis qu'il parlait le comte de March entra dans la salle d'audience, dans le costume des cavaliers du temps, et le poignard au côté.

Il avait laissé dans l'antichambre le page d'honneur qui portait son épée. Le comte était beau et bien fait, son teint animé, ses cheveux touffus et blonds, et ses brillans yeux bleus étincelaient comme ceux d'un aigle ; il trahissait dans ses manières, qui étaient cependant agréables, un caractère irritable et prompt, et sa position dans le monde comme haut et puissant seigneur féodal ne lui donnait que trop de liberté pour satisfaire ses passions.

— Je suis bien aise de vous voir, comte de March, dit le roi en s'inclinant gracieusement, vous avez été pendant longtemps absent de notre conseil.

— Sire, répondit March en saluant profondément le roi, et n'adressant au duc d'Albany qu'un salut hautain et cérémonieux, si j'ai été absent des conseils de Votre Majesté, c'est parce que ma place était remplie par des conseillers plus *agréables*, et je n'en doute pas, plus habiles. Maintenant je viens seulement pour dire à Votre Grace que les nouvelles reçues des frontières d'Angleterre rendent nécessaire que je retourne sans délai dans mes propres domaines. Votre Majesté a son frère, le sage, le politique duc d'Albany, avec lequel elle peut prendre des décisions, et le puissant et valeureux comte de Douglas pour les exécuter. Je ne suis utile que dans mon pays, et je me propose d'y retourner incessamment avec la permission de Votre Majesté, pour y remplir ma charge de gardien des frontières de l'est.

— Vous n'agirez pas si cruellement avec nous, cousin, répondit le bon monarque. Il y a de mauvaises nouvelles ici. Ces malheureux clans des Highlands commencent à se révolter ouvertement, et la tranquillité de notre propre cour requiert les meilleurs de nos conseillers et les plus braves de nos barons pour exécuter ce que nous aurons résolu. Le descendant de Thomas Randolph n'abandonnera sûrement pas le petit-fils de Robert Bruce dans une telle circonstance.

— Je laisse avec lui le descendant de James Douglas, plus célèbre encore. Sa Seigneurie se vante qu'elle ne met jamais le pied dans l'étrier sans avoir mille hommes à sa suite comme garde ordinaire; et c'est, je suppose, ce que les moines d'Aberbrothock attesteront volontiers. Certainement, tous les chevaliers de Douglas sont plus capables de réprimer un essaim révolté de soldats des hautes-terres que je ne le suis de résister aux archers d'Angleterre et au pouvoir de Henry Hotspur. Et de plus voilà Sa Grace le duc d'Albany, si zélé dans ses soins pour la sûreté de Votre Majesté, qu'il fait prendre les armes à vos Brandanes quand un sujet soumis s'approche de la résidence de son roi avec une pauvre demi-douzaine de chevaux, le cortége du plus mince baron qui possède une tour et mille acres de bruyère. Puisqu'on prend de telles précautions lorsqu'il n'y a pas la plus légère apparence de péril, — car je suppose qu'on n'en redoutait aucun de moi, — Votre Majesté sera certainement bien convenablement gardée dans un danger réel.

— Milord de March, dit le duc d'Albany, les plus minces barons dont vous venez de parler mettent leur suite sous les armes quand ils reçoivent leurs plus chers et leurs plus proches amis en-deçà de la grille de fer de leur château; et s'il plaît à Notre-Dame, je n'apporterai pas moins de soins pour la sûreté de la personne du roi qu'ils n'en apportent pour la leur. Les Brandanes composent le cortége immédiat de Sa Majesté, ils appartiennent à sa maison, et cent d'entre eux sont une faible garde autour d'un roi quand vous-même, milord, aussi bien que le comte de Douglas, avez souvent à votre suite un nombre d'hommes dix fois plus considérable.

— Milord duc, répondit March, lorsque le service du roi l'exigera, je pourrai me mettre en campagne avec dix fois le nombre de cavaliers que vous venez de nommer; mais je ne l'ai jamais fait avec des intentions hostiles contre Sa Majesté, non plus que par orgueil pour surpasser les autres nobles.

— Frère Robert, dit le roi remplissant encore son rôle de pacificateur, vous avez tort d'élever un soupçon contre milord de March. Et vous, cousin de March, vous vous méprenez sur la prudence de mon frère ; mais écoutez : pour faire diversion à cette violente conférence, j'entends les sons d'une musique qui n'est pas sans agrément ; vous connaissez cette joyeuse science, milord, et vous l'aimez ; allez à cette fenêtre qui est là-bas, à côté du saint prieur, auquel nous ne voulons adresser aucune question touchant les plaisirs mondains ; vous nous direz si la musique et le lai sont dignes d'être écoutés. Les paroles sont françaises, je crois. Le jugement de mon frère d'Albany ne vaut pas celui d'une huître sur de pareilles matières ; ainsi c'est vous, cousin, qui nous direz si la pauvre chanteuse mérite une récompense. Notre fils et lord Douglas arriveront bientôt, et alors, lorsque notre conseil sera assemblé, nous traiterons des sujets plus importans.

Quelque chose de semblable à un sourire dédaigneux se montra sur les lèvres et sur les fiers sourcils du comte de March, tandis qu'il se rendait dans l'embrasure de la fenêtre. Il se plaça en silence à côté du prieur. Tout en obéissant aux ordres du roi, il devinait et méprisait la timide précaution employée par le monarque pour prévenir une querelle. L'air qui était joué sur une viole fut d'abord vif et gai ; on y reconnaissait une teinte de la simple musique des troubadours. Mais peu à peu la voix de femme et les sons de l'instrument qui l'accompagnait devinrent plaintifs et interrompus comme s'ils eussent exprimé les sentimens pénibles de la chanteuse.

Le comte offensé, quel que fût d'ailleurs son goût pour les talens sur lequel le roi l'avait complimenté, donna comme on doit le supposer peu d'attention à la voix de l'étrangère. Son cœur orgueilleux était combattu par la fidélité qu'il devait à son souverain, aussi bien que par l'amour qu'il conservait encore pour le bon monarque, et un désir de vengeance né d'une ambition trompée et de l'injure qui lui avait été faite par la substitution de Marjory Douglas, devenue la femme de l'héritier du trône à la place de sa propre fille déjà fiancée à ce jeune prince. March avait les vices et les vertus des caractères irrésolus ; et même alors qu'il venait adresser ses adieux au roi, avec l'intention de renoncer à la fidélité qu'il lui avait jurée aussitôt qu'il serait rendu dans ses propres domaines féodaux, il restait indécis sur un projet si criminel et rempli de tant de périls. Il fut occupé de ces réflexions pendant la première partie du lai de la jeune fille. Mais de nouveaux objets attirèrent plus puissamment son attention, détournèrent le cours de ses pensées et les fixèrent sur ce qui se passait dans la cour du monastère. La romance était dans le dialecte provençal, langage de la poésie dans toutes les cours de l'Europe et particulièrement en Écosse. Les vers en étaient plus simples cependant que ne l'étaient en général les *sirventes*, et ressemblaient plutôt au lai d'un ménestrel du nord. On peut les traduire ainsi :

LE LAI DE LA PAUVRE LOUISE.

Pauvre Louise! ta douce voix
Dans les manoirs, dans les chaumières,
Répète aux timides bergères :
Gardez-vous bien d'aller au bois.
 Pauvre Louise!

Pauvre Louise! déjà le jour
Dardait ses feux sur ton visage :
L'air était frais dans le bocage,
Les oiseaux y chantaient l'amour!
 Pauvre Louise!

Pauvre Louise! de ces beaux lieux
Jamais ne vint un loup terrible
Menacer le hameau paisible....
Pour toi le loup eût valu mieux!
 Pauvre Louise!

Pauvre Louise! dans le sentier
Un chasseur paraît devant elle,
Et lui dit qu'il la trouve belle ;
L'or brillait sur son baudrier.
 Pauvre Louise!

> Pauvre Louise! pour ton bonheur
> Combien l'or était peu de chose!
> Ta bouche semblait une rose!
> L'innocence était dans ton cœur.
>   Pauvre Louise!
>
> Pauvre Louise! qu'est devenu
> Ce qui devait te rendre fière?
> Le chasseur fût-il téméraire?
> Dis-moi, ton cœur, l'as-tu perdu?
>   Pauvre Louise!
>
> Pauvre Louise! son triste chant
> Ne vous invoquera plus guère;
> Son tombeau s'ouvre sur la terre;
> Mais là-haut est un Dieu clément.
>   Pauvre Louise!

La romance ne fut pas plus tôt achevée que le roi, craignant que la dispute ne se renouvelât entre son frère et le comte de March, appela ce dernier. — Que pensez-vous de la musique, milord? lui dit-il; il me semble, à la distance à laquelle je l'ai entendue, qu'elle était vive et agréable.

— Mon jugement ne fait pas loi, sire, répondit March, mais la chanteuse peut se passer de mon approbation, puisqu'elle semble avoir reçu celle de Sa Grace le duc de Rothsay, le premier juge d'Écosse.

— Comment! dit le souverain alarmé, mon fils est-il en bas?

— Il est sur son cheval près de la chanteuse, reprit March avec un malicieux sourire, et il semble autant intéressé par sa conversation que par sa musique.

— Qu'est-ce que cela signifie, père prieur, dit le roi; mais le prieur se retira de la fenêtre.

— Je ne veux pas voir, sire, répondit-il, des choses qu'il me serait pénible de répéter.

— Qu'est-ce que tout cela signifie? dit une seconde fois le roi dont la rougeur couvrit le visage, et qui sembla vouloir se lever de son siége; mais il changea de pensée, craignant d'être comme témoin de quelque folie du jeune prince qu'il n'aurait peut-être pas le courage de punir avec la sévérité nécessaire. Le comte de March paraissait prendre du plaisir à instruire le monarque de ce que sans contredit il ne désirait pas savoir.

— Sire, s'écria-t-il, cela va de mieux en mieux. La chanteuse n'a pas seulement attiré l'attention du prince d'Écosse, ainsi que celle de tous les varlets et soldats qui sont dans la cour, mais elle a captivé celle de Douglas-le-Noir, que nous n'avions point reconnu jusqu'à présent pour un admirateur si passionné de la gaie science. Mais en vérité je conçois sa surprise, car le prince vient d'honorer le joli professeur de chant et de viole d'un baiser d'approbation.

— Comment! dit le roi, Rothsay joue avec une chanteuse, et cela en présence de son beau-père? Allez, mon bon père prieur, envoyez-moi le prince ici immédiatement; allez, mon cher frère. — Et lorsqu'ils eurent l'un et l'autre quitté l'appartement, le roi continua : — Allez, bon cousin de March, tout cela finira mal, j'en suis sûr ; je vous en prie, allez, cousin, et ajoutez mes ordres aux prières de l'abbé.

— Votre Majesté oublie, dit le comte de March avec l'accent d'une personne profondément offensée, que le père d'Élisabeth de Dunbar ne serait point un intercesseur convenable entre Douglas et son royal gendre.

— J'implore votre pardon, répondit le bon vieillard, je conviens qu'on a eu tort envers vous ; — mais mon fils sera assassiné ; il faut que j'y aille moi-même.

Le pauvre roi, en quittant précipitamment son siége, manqua une marche, trébucha, et tomba lourdement sur le carreau. Sa tête heurta l'angle du fauteuil, et pendant une minute il perdit l'usage de ses sens. La vue de cet accident calma subitement le ressentiment de March et attendrit son cœur. Il courut vers le monarque, le replaça sur son siége, employant avec autant de tendresse que de respect les moyens qui lui semblaient les plus convenables pour le rappeler à la vie. Robert ouvrit les yeux et regarda autour de lui d'un air égaré.

— Qu'est-il arrivé?... Sommes-nous seuls?... Qui est avec nous?

— Votre sujet soumis, March, répondit le comte.

— Seul avec le comte de March! répéta le roi, qui dans son trouble ne pouvait entendre sans alarmes le nom d'un chef puissant qu'il savait avoir mortellement offensé.

— Oui, mon gracieux souverain, avec le pauvre George de Dunbar qu'on a voulu perdre dans l'esprit de Votre Majesté, et qui dans le moment du danger serait peut-être plus fidèle à votre royale personne que ses accusateurs.

— En vérité, cousin, on a eu de trop grands torts envers vous; mais, croyez-moi, nous tâcherons de les réparer.

— Si Votre Majesté le désire, interrompit le comte, ils peuvent l'être en effet; le prince et Marjory Douglas sont proches parens; — la dispense de Rome fut accordée sans les formalités nécessaires; — leur mariage ne peut être valide. — Le pape disposé à tout faire pour un monarque si religieux rompra cette union peu chrétienne, en raison du premier contrat. Réfléchissez bien, sire, continua le comte enflammé par les pensées ambitieuses auxquelles cette occasion imprévue de plaider lui-même sa propre cause avait donné lieu, réfléchissez à votre choix entre Douglas et moi. Il est grand et puissant, j'en conviens; mais George de Dunbar porte les clefs d'Écosse à sa ceinture, et pourrait amener une armée aux portes d'Édimbourg avant que Douglas pût quitter les limites de Cairntable pour s'y opposer. Votre royal fils aime ma pauvre fille abandonnée, il hait l'orgueilleuse Marjory de Douglas. Votre Majesté peut juger du respect qu'il lui porte par sa conduite avec une chanteuse errante, même en la présence de son beau-père.

Le roi avait écouté les raisonnemens du comte avec l'attention troublée d'un timide cavalier emporté par un cheval impétueux dont il ne peut ni arrêter ni diriger la course. Mais les derniers mots éveillèrent dans son esprit la pensée du danger que courait son fils. Il dit d'une voix troublée : — O Dieu! cela est trop vrai. — Mon fils! — Douglas! — Ah! mon cher cousin, évitez que le sang ne soit répandu, et tout sera comme vous le désirez. — Ecoutez, j'entends du bruit, c'est le choc des armes.

— Par ma couronne de comte! par ma foi de chevalier! dit March regardant à la fenêtre qui donnait sur la cour intérieure du couvent, alors pleine de gens armés brandissant leurs sabres, et dont les échos répétaient le bruit du choc des armures. L'entrée voûtée et profonde était remplie de guerriers aussi bien que son extrémité ; on pouvait prévoir qu'un combat allait s'engager entre ceux qui essayaient de fermer la porte et ceux qui se pressaient pour la franchir.

— Je vais me rendre dans la cour, continua le comte de March, et réprimer promptement cette querelle subite, suppliant humblement Votre Majesté de réfléchir à ce que j'ai eu la hardiesse de lui proposer.

— Je le ferai, je le ferai, beau cousin, dit le roi, songeant à peine à quoi il s'engageait. Allez, prévenez le tumulte, et empêchez que le sang ne soit répandu.

CHAPITRE XI.

Nous devons raconter maintenant plus en détail les événemens qui avaient été vus d'une manière peu distincte de la fenêtre des appartemens royaux, et peut-être racontés plus inexactement encore par ceux qui en avaient été les témoins. La jeune fille dont nous avons déjà parlé s'était placée dans un lieu où deux larges marches donnant accès au grand escalier lui avaient offert l'avantage d'être d'un pied et demi plus élevée que ceux qui étaient dans la cour, et qu'elle espérait de voir composer son auditoire. Elle portait l'habillement de son état ; il était plus fastueux que riche, et dessinait les formes de sa personne plus que ne le faisaient alors les vêtemens des autres femmes. Elle avait posé près d'elle son manteau et un petit panier qui contenait sa mince garderobe; un jeune chien de la race des épagneuls était couché près de son bagage et semblait le garder. Une jaquette d'un bleu d'azur ouverte par-devant, brodée d'argent, et serrant la taille de la chanteuse, laissait voir plusieurs camisoles de soie de différentes couleurs, dont la coupe dessinait les contours des épaules et de la poitrine. Une petite chaîne d'argent autour du cou se perdait parmi les camisoles, et reparaissait de nouveau pour montrer une médaille du même métal qui indiquait dans quelle cour ou société de ménestrels la jeune fille avait pris ses degrés dans la *gaie* ou *joyeuse* science. Une petite mallette ou sachet de cuir suspendue par-dessus ses épaules au moyen d'un ruban de soie bleue pendait sur son côté gauche.

Son teint brun, ses dents blanches comme la neige, ses brillans yeux noirs, sa coiffure, disaient que son pays natal était la partie la plus méridionale de la France; le sourire malin de sa bouche et son menton à fossette portaient le même caractère. Ses beaux cheveux tressés autour d'une petite aiguille d'or étaient retenus par un filet de soie mélangé d'or. Un court jupon bordé d'argent correspondant à la jaquette, des bas rouges qui se voyaient jusqu'au milieu de la jambe, et des bottines de peau espagnoles complétaient son ajustement, qui sans être neuf était cependant celui des jours de fête, et dont un grand soin avait conservé la propreté. Elle semblait avoir vingt-cinq ans, mais peut-être la fatigue d'une vie errante avait anticipé sur la main du temps pour détruire la fraîcheur de sa première jeunesse.

Nous avons dit que les manières de la jeune chanteuse étaient vives, nous devons ajouter que ses reparties étaient promptes. Il y avait dans sa gaîté une certaine affectation, parce que cette gaîté était chez elle une des obligations d'un état qui au nombre de ses désagrémens comptait celui de forcer fréquemment à cacher les chagrins du cœur sous un sourire. On pouvait deviner que tel était le sort de Louise qui, soit qu'elle fût réellement l'héroïne de sa propre romance, soit par quelque autre cause de tristesse, révélait souvent malgré elle une suite de pensées profondément mélancoliques qui tempéraient la vivacité d'esprit que la pratique de la science joyeuse exigeait; Louise manquait aussi, même dans ses saillies les plus gaies, de la hardiesse et de l'effronterie des femmes de son état qui n'étaient jamais embarrassées pour répondre à un geste insolent, et mettre les rieurs contre ceux qui les interrompaient ou se moquaient d'elles.

Il était impossible que cette classe de femmes, nombreuse à cette époque, eût un caractère généralement respecté. Elles étaient néanmoins protégées par les idées du temps, et surtout par les lois de la chevalerie; rien n'était plus rare que d'entendre ces damoiselles errantes se plaindre d'injures ou de torts commis à leur égard. Elles passaient et repassaient sans danger dans des lieux où des hommes armés auraient probablement rencontré une sanglante opposition. Mais quoique soufferts et protégés en honneur de leur art, les ménestrels des deux sexes, semblables aux musiciens et aux comédiens ambulans de nos jours, menaient une vie trop irrégulière et trop misérable pour être une partie respectable de la société. Parmi les plus scrupuleux catholiques cette profession était même regardée comme un crime.

Telle était la jeune fille qui, placée sur l'espèce d'élévation dont nous avons parlé, s'avança vers les spectateurs, et s'annonça comme ayant reçu ses titres dans la gaie science par un bref d'une cour d'amour et de musique[1] tenue à Aix en Provence sous les auspices de la fleur de la chevalerie, le galant comte Aymer. Elle venait demander aux chevaliers d'Ecosse connus dans tout le vaste monde par leur bravoure et leur courtoisie, de permettre à une pauvre étrangère d'essayer de leur procurer quelque amusement par son art. L'amour du chant était à cette époque, comme l'amour de la gloire, une passion générale que chacun affectait, soit qu'il la possédât

(1) Il y a eu plusieurs cours d'amour en Provence. Les pièces de poésie des troubadours se divisaient en *sonts* (sonnets), *cansouns* (chansons), *sirventes*, poèmes généralement satiriques; *madrigales* (madrigaux), *tensons*, ou dialogues rimés, etc. — Éd.

ou non : ainsi la proposition de Louise fut universellement acceptée. Dans ce moment un vieux moine qui se trouvait parmi les spectateurs crut nécessaire de rappeler à la jeune fille que puisqu'elle était soufferte dans des murs où l'on n'avait point l'habitude de recevoir les personnes de son état, il espérait que rien ne serait dit ni chanté qui pût souiller le saint caractère du lieu.

La jeune chanteuse courba profondément la tête, secoua les boucles de ses cheveux, et se signa dévotement, comme si elle reconnaissait l'impossibilité d'une telle transgression; elle commença ensuite la chanson de la pauvre Louise que nous avons rapportée à la fin du dernier chapitre.

Ce fut à cet instant que sa voix fut couverte par le cri de — Place, place au duc de Rothsay !

— Ne dérangez personne à mon sujet, dit un jeune et galant cavalier qui entra monté sur un coursier d'Arabie qu'il conduisait avec grace. Ce cavalier tenait si légèrement les rênes, et lorsqu'il pressait les flancs de son cheval ses mouvemens étaient si peu visibles, que l'animal semblait avancer par sa propre volonté et porter un cavalier trop indolent pour le conduire.

Le prince était couvert de vêtemens fort riches, mais il régnait dans toute sa toilette une extrême négligence. Quoique sa taille fût petite et ses membres délicats, sa tournure était élégante et ses traits étaient beaux. Mais un air de souffrance répandu sur son visage paraissait produit par les soucis ou la dissipation, ou peut-être par ces deux causes réunies. Ses yeux étaient ternes et cernés par les veilles et les débauches de la nuit précédente, tandis que ses joues, d'un rouge enflammé, attestaient ou la fatigue de l'orgie nocturne ou le secours que le prince avait cherché dans des liqueurs spiritueuses pour en détruire l'effet.

Tel était le duc de Rothsay, l'héritier de la couronne d'Écosse, objet d'intérêt autant que de compassion. Chacun se découvrit et lui ouvrit un passage, tandis qu'il répétait négligemment : — Ne vous pressez pas, ne vous pressez pas; j'arriverai toujours assez tôt dans le lieu où je me rends. — Mais que vois-je? Une damoiselle de la gaie science! par saint Giles! et une jolie fille encore! — Ne vous dérangez pas, vous dis-je; jamais musique ne fut troublée par moi. Une jolie voix, par la messe! Recommencez encore ce couplet, jeune fille.

Louise ne connaissait pas le jeune homme qui lui parlait. Mais le respect général que chacun lui portait, et l'aisance avec laquelle il recevait les marques de déférence, disaient assez que c'était un homme du plus haut rang. Elle recommença, et chanta de son mieux. Le jeune duc devint pensif vers la fin de la romance. Mais il n'avait pas l'habitude de conserver long-temps une impression mélancolique.

— Voilà des couplets bien tristes, ma jolie brune, dit-il en caressant la jeune chanteuse sous le menton et la retenant par le collet de son habit, ce qui n'était pas difficile, ayant arrêté son cheval près de la marche sur laquelle la jeune fille était placée. — Mais je gagerais que vous savez des chansons plus gaies, *ma bella tenebrosa*, et que vous pouvez chanter sous un abri de verdure comme au milieu d'une plaine, et la nuit tout aussi bien que le jour.

— Je ne suis point un rossignol, milord, répondit Louise essayant d'échapper à un genre de galanterie qui ne convenait pas aux lieux où elle se trouvait, circonstance à laquelle celui qui lui parlait ne semblait pas faire la moindre attention.

— Qu'avez-vous là, mon enfant? ajouta le prince en lâchant le collet de l'habit de Louise pour saisir la mallette qu'elle portait.

Louise défit adroitement le nœud du ruban, et laissant le petit sac entre les mains du prince, elle s'éloigna en disant : — Ce sont des noisettes, milord, des noisettes du dernier printemps.

Le prince en prit sa main pleine, et s'écria : — Des noisettes, jeune fille! elles briseront tes dents d'ivoire, elles gâteront ta jolie voix; en prononçant ces mots il en cassa une entre ses dents, comme un écolier de village.

— Ce ne sont pas des moisettes de mon beau pays, dit

Louise; mais l'arbre était peu élevé, et les fruits à la portée de la main du pauvre.

— Vous aurez quelque chose qui vous procurera une meilleure nourriture, dit le duc d'un accent où il y avait plus de bonté que dans sa galanterie dédaigneuse et affectée.

Au moment où il se détournait pour demander sa bourse à quelqu'un de sa suite, le prince rencontra le regard sévère et perçant d'un grand homme noir monté sur un cheval gris de fer, qui était entré avec ses gens tandis que le duc de Rothsay causait avec Louise, et qui restait pétrifié par la colère et la surprise que lui occasionnait un spectacle si inconvenant. Celui qui n'eût point encore vu Douglas-le-Noir l'aurait reconnu à son teint basané, à sa taille gigantesque, à son buffetin ou justaucorps de peau de taureau, à son air calme, courageux et réfléchi, mêlé à une fierté indomptable. Il avait perdu un œil à la guerre, et quoique ce malheur ne fût pas visible au premier abord, la prunelle étant restée intacte, sa physionomie en conservait une expression morne et immobile.

La rencontre du gendre royal et de son terrible beau-père dans de telles circonstances captiva l'attention de tous ceux qui étaient présens. Chacun en attendait l'issue en silence, et retenait sa respiration comme pour mieux entendre et voir ce qui allait se passer.

Lorsque le duc de Rothsay comprit à l'expression des traits ordinaires et mornes de Douglas que le comte ne semblait disposé à lui accorder ni le respect qui était dû à son rang ni même le salut de la simple politesse, il prit la résolution de lui montrer combien il attachait peu d'importance à ses regards désapprobateurs. Prenant sa bourse des mains de son chambellan :

— Tiens, jolie fille, dit-il, je te donne une pièce d'or pour ces couplets que tu m'as chantés, une autre pour les noisettes que je t'ai volées, et une troisième pour le baiser que tu vas me donner; car apprends, ma jolie chanteuse, que lorsqu'une belle bouche (et la tienne, faute de mieux, peut être appelée ainsi) fait entendre pour mon bon plaisir une douce musique, j'ai juré à saint Valentin de la presser contre la mienne.

— Mes chants sont noblement récompensés, dit Louise en reculant, mes noisettes ont été vendues à un bon prix; tout autre marché, milord, ne serait pas digne de vous et ne saurait me convenir.

— Quoi! vous faites la réservée, nymphe des grands chemins, dit le prince avec mépris. Sachez, damoiselle, que celui qui vous demande une grace n'est point habitué aux refus.

— C'est le prince d'Écosse, le duc de Rothsay, dirent les courtisans à la pauvre fille effrayée, en se pressant autour d'elle; ne contrariez point ses caprices.

— Mais je ne puis m'élever jusqu'à Votre Seigneurie, dit Louise; vous êtes si haut sur votre cheval.

— S'il faut que je descende de cheval, l'amende sera plus forte encore, dit le duc de Rothsay. Eh bien! pourquoi donc cette fille tremble-t-elle? Place ton pied sur le bout de ma botte, maintenant donne-moi ta main. — Bien, c'est cela. Et il l'embrassa tandis qu'elle était ainsi suspendue en l'air, perchée sur son pied et soutenue par sa main. Voici ton baiser et voici ma bourse, lui dit-il, et pour t'honorer davantage, Rothsay portera ta mallette pendant le reste du jour. Alors il permit à la jeune fille de sauter à terre, et tourna ses regards dédaigneux sur le comte de Douglas, comme s'il eût dit : — Tout cela est en dépit de vos droits et de ceux de votre fille.

— Par sainte Brigite de Douglas, dit le comte, c'en est trop, grossier jeune homme, aussi dépourvu de sens que d'honneur! Vous savez quelles sont les considérations qui retiennent la main de Douglas, ou vous n'auriez pas osé...

— Savez-vous jouer aux billes, milord? dit le prince en plaçant une noisette sur la seconde articulation de son index, et la chassant par un mouvement du pouce. La noisette alla frapper la poitrine large de Douglas, qui fit entendre une exclamation horrible causée par une fureur dont les sons inarticulés ressemblaient au mugissement d'un lion.

— Je vous demande pardon, puissant seigneur, dit le duc

de Rothsay tranquillement, tandis que chacun tremblait autour de lui, je n'aurais pas cru qu'une noisette pût vous blesser en voyant votre buffetin ; j'espère qu'elle n'a point touché votre œil ?

Le prieur envoyé par le roi, comme nous l'avons vu dans le chapitre précédent, était enfin parvenu à se frayer un chemin à travers la foule ; et retenant les rênes du cheval de Douglas de manière à l'empêcher d'avancer, il lui rappela que le prince était le fils de son souverain et le mari de sa fille.

— Ne craignez rien, père prieur, répondit Douglas ; je méprise trop cet enfant pour lever un doigt contre lui. Mais je rendrai insulte pour insulte. — Ici, quelqu'un de ceux qui aiment Douglas ! — Chassez-moi à coups de pied cette gourgandine hors du monastère, et qu'elle soit fustigée de manière à se ressouvenir jusqu'au dernier jour de sa vie qu'elle a donné lieu à un jeune étourdi d'insulter Douglas.

Plusieurs hommes s'avancèrent pour exécuter des ordres qui étaient rarement donnés en vain ; et la pauvre Louise eût expié cruellement une offense dont elle avait été la cause innocente et involontaire, si le duc de Rothsay ne l'eût prise sous sa protection.

— Chasser à coups de pied la pauvre chanteuse ! dit-il avec indignation, la fouetter parce qu'elle m'a obéi ! chasse à coups de pied tes malheureux vassaux opprimés, farouche comte ; fouette tes lévriers en défaut ! mais prends garde de porter la main ne fût-ce que sur un chien que la main de Rothsay aurait caressé, et moins encore sur une femme dont les lèvres ont pressé les siennes.

Avant que Douglas pût faire entendre sa réponse qui eût certainement été un défi, il s'éleva un grand tumulte à la porte extérieure du monastère, et des hommes, les uns à cheval, les autres à pied, se culbutèrent pour entrer dans la cour. Ils ne se battaient pas, cependant ils semblaient avoir des intentions hostiles les uns envers les autres.

Quelques-uns furent reconnus pour être des partisans des Douglas, au cœur sanglant qu'ils portaient brodé sur l'épaule ;

les autres étaient des bourgeois de la ville de Perth. Il paraît qu'ils s'étaient battus jusqu'aux portes du couvent ; mais par respect pour un lieu sanctifié, ils baissèrent leurs armes en entrant dans le monastère, et réduisirent leur querelle à une guerre de mots et d'injures.

Ce tumulte eut le bon effet de séparer le prince et Douglas au moment où la légèreté de l'un et l'orgueil de l'autre les poussaient aux plus violentes extrémités. Mais des pacificateurs se présentèrent de tous côtés. Le prieur et les moines se jetèrent parmi la foule, commandant la paix au nom du ciel et au nom du respect dû aux lieux saints, sous peine d'excommunication. On écouta leurs prières ; le duc d'Albany, qui avait été envoyé par son frère au commencement de cette querelle, arriva dans ce moment. Il s'adressa sur-le-champ à Douglas, le conjurant à voix basse de modérer sa colère.

— Par sainte Brigite de Douglas ! je me vengerai, répondit le comte ; lorsque Douglas a reçu un affront, malheur à l'homme qui a osé le provoquer !

— Vous pouvez vous venger lorsqu'il sera temps de combattre, dit Albany ; mais qu'il ne soit pas dit que le grand Douglas, comme une femme hargneuse, ne sait choisir ni le lieu ni le temps de la vengeance. Considérez que tout ce que nous avons fait est au moment d'être détruit par une fatale circonstance. George de Dunbar vient d'avoir une conversation particulière avec le bonhomme, et quoiqu'elle n'ait duré que cinq minutes, je crains qu'il n'ait engagé le roi à dissoudre une alliance que nous avons formée avec tant de peine. La sanction de Rome n'a point encore été obtenue.

— Bagatelle, répondit Douglas avec hauteur ; ils n'oseront pas la dissoudre.

— Non, tant que Douglas sera en liberté, répondit le duc, et en possession de son pouvoir. Mais, noble comte, venez avec moi, et je vais vous montrer la position désavantageuse dans laquelle vous vous êtes placé.

Douglas descendit de cheval et suivit en silence son rusé compagnon. Ils virent dans une salle basse les **Brandanes** qui avaient pris les armes ; ils étaient couverts de leur casque d'acier et de leur cotte de mailles. Leur capitaine salua le duc d'Albany, et parut désirer lui parler.

— Qu'est-ce, Mac Louis? dit le duc.

— Nous savons que le duc de Rothsay a été insulté, dit le capitaine, et je puis à peine retenir les Brandanes dans cette salle.

— Brave Mac Louis, dit le duc, et vous, fidèles Brandanes, le prince mon neveu, le duc de Rothsay, est aussi bien qu'aucun gentilhomme peut l'être. Il y a eu quelque désordre, mais tout est tranquille maintenant.

Albany conduisit le comte plus loin et lui dit à voix basse :
— Vous voyez, milord, que si le mot d'*arrestation* était une fois prononcé, on serait promptement obéi, et vous conviendrez que votre suite est peu nombreuse pour employer la résistance.

Douglas se soumit à la nécessité d'attendre patiemment une autre occasion. — Dussé-je, se dit-il, me mordre les lèvres jusqu'au sang, je garderai le silence tant qu'il ne sera pas l'heure de parler.

Pendant ce temps, George de March avait entrepris la tâche plus facile d'apaiser le prince. — Milord de Rothsay, dit-il en s'avançant d'un air grave et cérémonieux, je n'ai pas besoin de vous dire que vous me devez quelque réparation, quoique je ne vous blâme pas personnellement de l'injure qui a détruit la paix de ma famille. Laissez-moi conjurer Votre Grace, par les égards qu'on doit aux prières d'un homme qui oublie sa propre offense, de laisser là pour l'instant cette scandaleuse querelle.

— Milord, je dois beaucoup d'égards à vos prières, répondit Rothsay, mais ce censeur farouche, cet orgueilleux lord a blessé mon honneur.

— Milord, je n'ai rien à ajouter, sinon que votre père est malade ; il a perdu connaissance en pensant au danger que vous couriez.

— Malade ! mon père ! ce bon vieillard ! il s'est évanoui, dites-vous, milord de March ? Je vole près de lui.

Le duc de Rothsay descendit précipitamment de cheval, et il courait vers le palais comme un jeune lévrier lorsqu'une faible main saisit son manteau, et une femme à genoux s'écria d'un voix tremblante :— Protection, mon noble prince, protection pour une malheureuse étrangère.

— Lâchez ce manteau, vagabonde, dit le comte de March repoussant la suppliante chanteuse.

Mais le jeune prince s'arrêta. — Il n'est que trop vrai, dit-il, j'ai appelé sur la tête de cette pauvre créature la vengeance d'un démon qui ne pardonna jamais. O ciel ! quelle destinée que la mienne, fatale même à ceux qui m'approchent !.... Que faire dans cette circonstance ?.... Elle ne doit point entrer dans mes appartemens, et tous mes gens sont de tels réprouvés !..... Ah ! te voilà près de moi, honnête Henry Smith ? que fais-tu ici ?

— Il y a eu quelque chose de semblable à un coup de main, milord, répondit notre connaissance l'armurier, entre les habitans de la ville et ces vauriens partisans des Douglas ; nous les avons étrillés jusqu'aux portes de l'abbaye.

— J'en suis bien aise, j'en suis bien aise ; j'espère que vous avez battu les drôles dans les règles.

— Dans les règles, dit Votre Altesse ? reprit Henry, mais oui ! Nous avions, il est vrai, l'avantage du nombre ; mais aussi il n'est pas de cavaliers mieux armés que ceux du Cœur sanglant : ainsi dans un sens nous les avons battus dans les règles ; car comme Votre Altesse le sait, c'est le forgeron qui fait les hommes d'armes, et des hommes bien armés ne craignent pas le nombre.

Tandis qu'ils parlaient ainsi le comte de March, qui s'était adressé à quelqu'un près de la porte du palais, revint précipitamment et s'écria :— Milord duc, milord duc, votre père est rétabli, et si vous ne vous hâtez pas, le duc d'Albany et Douglas auront le temps de le prévenir contre vous.

— Si mon père est rétabli, dit le prince léger, et s'il tient ou va tenir conseil avec mon gracieux oncle et le comte de Douglas, il ne convient ni à Votre Seigneurie ni à moi de paraître sans être appelé. Ainsi j'ai le temps de causer de mes affaires avec cet honnête armurier.

— Si cela est ainsi, dit le comte dont les espérances d'une nouvelle faveur à la cour naissaient et s'évanouissaient avec la même promptitude; s'il en est ainsi, ne comptez plus sur George de Dunbar.

Il se glissa dans la foule d'un air sombre et mécontent. Ainsi, à une époque où l'aristocratie était si dangereuse pour le trône, l'héritier de la couronne se fit deux ennemis des deux plus puissans seigneurs d'Écosse; il offensa l'un par un méprisant défi, et l'autre par une coupable légèreté. Le duc de Rothsay s'aperçut à peine du départ du comte, ou pour mieux dire il s'applaudit d'avoir échappé à ses importunités.

Le prince continua pendant quelque temps une conversation insignifiante avec notre armurier, qui, grace à son adresse dans son art, était connu des plus grands seigneurs de la cour.

— J'avais quelque chose à te demander, Smith, dit le prince; pourrais-tu reprendre un anneau rompu dans mon haubert de Milan?

— Aussi bien, sous le bon plaisir de Votre Grace, que ma mère reprenait les nœuds de son filet : le Milanais qui l'a fait ne pourra reconnaître son ouvrage du mien.

— Très bien! mais ce n'est pas cela que je désirais de toi tout à l'heure, dit le prince; il faut conduire en un lieu de sûreté cette pauvre chanteuse, mon brave Smith. Tu es un homme capable de servir de champion à une femme : je remets celle-ci sous ta protection.

Henry Smith, comme nous l'avons vu, était hardi et entreprenant lorsqu'il était question de querelles ou d'armes; mais il avait aussi la fierté d'un bourgeois, et ne désirait nullement se mettre dans des circonstances équivoques qui pourraient lui attirer le blâme de la classe scrupuleuse de ses concitoyens.

— Sous le bon plaisir de Votre Grace, dit-il, je ne suis qu'un pauvre artisan; mais quoique mon bras et mon épée soient au service du roi et de Votre Grace, je ne suis point, sauf votre respect, l'écuyer des dames. Votre Grace trouvera parmi ses courtisans des chevaliers et des lords d'assez bonne volonté pour jouer le rôle de sir Pandarus de Troyes[1] : c'est un rôle trop chevaleresque pour le pauvre Henry du Wynd.

— Ah! ah! dit le prince, ma bourse, Edgar.... mais j'oubliais que je l'ai donnée à cette pauvre fille. Je vous connais assez vous autres artisans en général, pour m'être aperçu qu'on ne prend point les faucons les mains vides; mais je suppose que ma parole répondra pour le prix d'une bonne armure, et je te la paierai en y ajoutant des remercîmens pour ce léger service.

— Votre Altesse peut connaître d'autres ouvriers, répondit l'armurier; mais sauf votre respect, elle ne connaît point Henry Gow. Il vous obéira toutes les fois que vous lui commanderez de fabriquer des armes ou d'en raccommoder, mais il ne se mêle point de rendre service à des princes quand il y a quelques jupons sous jeu.

— Écoute, mulet de Perth, dit le prince en souriant de l'opiniâtre point d'honneur du bourgeois, cette fille ne m'est rien, pas plus qu'à toi; mais dans un moment d'étourderie, comme tu as dû l'entendre dire si tu ne l'as pas vu toi-même, je lui ai accordé une faveur en passant, qui peut-être lui coûtera la vie. Il n'y a personne ici à qui je puisse me fier pour la protéger contre les courroies des ceinturons et les cordes d'arc avec lesquelles les brutes qui sont à la suite de Douglas la fustigeront, puisque tel est le bon plaisir du comte.

— Si cela est ainsi, monseigneur, cette femme a des droits à la protection de tout honnête homme, et puisqu'elle porte un cotillon, quoique je voudrais qu'il fût moins court et d'une

---

[1] Sir Pandarus de Troyes était à cette époque un *entremetteur* selon les chroniques. Shakspeare s'en empara et lui fit jouer le même rôle dans *Troïlus et Cressida*. — Éd.

mode moins singulière, je réponds de sa sûreté autant que le peut un seul homme. Mais où faut-il que je la conduise?

— Par ma foi, je ne puis pas vous le dire; menez-la chez sir John Ramorny... Mais non, non, il ne se porte pas bien, et en outre il y a des raisons... Menez-la au diable si vous voulez, mais qu'elle soit en sûreté, et vous obligerez Robin de Rothsay.

— Mon noble prince, dit l'armurier, je pense, toujours sauf le respect que je vous dois, que j'aimerais autant confier une femme sans défense aux soins du diable qu'à ceux de sir John Ramorny. Mais quoique le diable travaille au milieu du feu ainsi que moi, je ne connais point sa demeure, et j'espère avec l'aide de la sainte Église le tenir toujours à une distance respectueuse de la mienne. Mais comment m'y prendre pour conduire cette femme hors de la foule et à travers les rues avec son habit de comédienne? Voilà une nouvelle question

— Quant à sortir du couvent, ce bon moine, dit le prince en saisissant par le capuchon le premier moine qui tomba sous sa main, père Nicolas ou Boniface...

— Le pauvre frère Cyprien, aux ordres de Votre Altesse, dit le religieux.

— Eh bien! le frère Cyprien, continua le prince, vous conduira par quelque passage secret qu'il doit connaître, et je le reverrai pour lui offrir les remerciemens d'un prince. Le religieux salua en signe de consentement, et la pauvre Louise, dont les regards pendant ce débat s'étaient arrêtés alternativement tantôt sur le prince tantôt sur Henry Smith, dit avec vivacité : — Je ne scandaliserai pas davantage ce brave homme par mon fol ajustement; j'ai un mantelet dont je me sers ordinairement.

— Eh bien! Smith, dit le prince en riant, tu as le capuchon d'un religieux et le mantelet d'une femme pour t'abriter : je voudrais bien que mes folies fussent cachées aussi saintement! Adieu, honnête garçon; nous nous reverrons bientôt.

Alors, comme s'il craignait quelque nouvelle objection de

la part de l'armurier, il entra précipitamment dans le palais.

Henry Gow resta stupéfait après le départ du prince. Il se voyait engagé dans une affaire non-seulement dangereuse; mais bien capable d'occasionner du scandale ; ce qui, joint à la part qu'il avait prise dans la dispute avec son impétuosité ordinaire, pourrait renverser d'un seul coup toutes ses espérances. Cependant laisser une créature sans défense exposée à la barbarie des Galwégians[1] et à la licence des partisans de Douglas, c'était une pensée que l'ame noble de Henry ne pouvait supporter un seul instant.

Il fut tiré de cette rêverie par la voix du moine qui, avec l'accent de cette indifférence que les religieux éprouvent ou affectent pour les affaires temporelles, le pria de le suivre. L'armurier se mit en marche avec un soupir qui ressemblait à un gémissement, et sans donner une grande attention au chemin qu'il parcourait, il fut précédé par le moine dans un cloître et à travers une poterne que le religieux laissa ouverte après avoir regardé derrière lui. Venait ensuite Louise, qui avait pris à la hâte son petit paquet, avait appelé le fidèle animal compagnon de ses courses lointaines, et fuyait toute troublée un lieu où elle avait couru de si terribles dangers.

CHAPITRE XII.

Le moine les conduisit par un secret passage dans l'église du couvent, dont les portes intérieures ordinairement ouvertes avaient été fermées pendant le tumulte qui venait d'avoir lieu lorsque les séditieux des deux partis essayèrent d'y pénétrer avec d'autres motifs que ceux de la dévotion.

Ils traversèrent les bas-côtés de l'église, dont les sombres voûtes résonnant sous le pas pesant de l'armurier, restaient

---

[1] Habitans du comté de Galloway. — Éd.

muettes sous la sandale du moine et le pas plus léger encore de Louise, qui tremblait autant de crainte que de froid. Elle s'apercevait que ni l'un ni l'autre de ses deux conducteurs n'avait pour elle la moindre considération. Le moine était un homme austère, dont les regards annonçaient qu'il éprouvait pour la pauvre fille errante autant d'horreur que de mépris.

L'armurier, quoique le meilleur homme du monde, comme nous l'avons déjà vu, était mécontent de jouer un rôle qui ne lui convenait pas ; il sentait l'impossibilité d'y renoncer, et cette pénible contrariété répandait sur son visage un air grave qui allait jusqu'à la sévérité.

Sa mauvaise humeur retombait naturellement sur la pauvre fille confiée à sa garde ; il se disait intérieurement en regardant la chanteuse avec mépris : — Moi ! un honnête bourgeois ! traverser les rues de Perth avec cette reine des mendians ! Cette jolie comédienne peut aussi bien détruire une réputation que tout le reste de sa confrérie, et me voilà bien avancé si ma galanterie chevaleresque arrive jusqu'aux oreilles de Catherine. Ce sera pis que si j'avais tué un homme, fût-ce le meilleur de Perth ; et par le marteau et les clous ! j'aurais mieux aimé le faire, si j'avais été provoqué par lui, que de conduire cette vagabonde à travers la ville.

Peut-être Louise devina-t-elle la cause de l'inquiétude de Henry, car elle lui dit avec hésitation et timidité : — Digne sire, ne ferais-je pas bien de m'arrêter un instant dans cette chapelle pour mettre mon mantelet ?

— Oh bien ! jeune fille, vous avez raison, répondit Smith. Mais le moine se détourna, levant en même temps la main, comme pour faire un signe d'interdiction.

— La chapelle de saint Madox, dit-il, n'est point un cabinet de toilette pour de vils jongleurs et des vagabonds ; je vais te montrer tout à l'heure un lieu plus convenable aux gens de ton état.

La pauvre fille courba la tête avec humilité, et quitta la porte de la chapelle avec un sentiment profond de sa propre dégradation. Le petit épagneul semblait deviner dans les regards et dans les manières de sa maîtresse qu'ils étaient des intrus dans ce saint lieu. Il baissait les oreilles et balayait les dalles de pierre avec sa queue, en marchant doucement presque sur les talons de Louise.

Le moine ne s'arrêta pas un instant. Ils descendirent quelques marches et traversèrent un labyrinthe de passages souterrains mal éclairés. Comme ils passaient sous la voûte d'une porte basse, le moine se détourna, et dit à Louise d'une voix sévère :

— Ici, fille de la folie, est le cabinet de toilette où beaucoup d'autres avant vous ont déposés leurs vêtemens.

Obéissant au moindre signal avec humilité, Louise poussa la porte pour l'ouvrir, et recula au même instant avec horreur : c'était un charnier moitié rempli d'os et de crânes.

— Je n'ose rester seule en ce lieu, dit-elle; cependant si vous le commandez, mon père, je dois vous obéir.

— Enfant de la vanité, répondit le moine, ce qui t'effraie ce sont les dépouilles mortelles de ceux qui pendant leur vie ont poursuivi les plaisirs du monde. Et telle tu seras un jour, après toute ta légèreté, tes courses vagabondes, ta coquetterie et tes chansons; toi et tous les ministres des frivoles plaisirs serez privés de sépulture comme ces os qui répugnent à ta délicatesse, et sur lesquels tu n'oses arrêter tes regards.

— Ne dites point qu'ils répugnent à ma délicatesse, révérend père, reprit Louise. Le ciel est témoin que j'envie le repos de ces restes blanchis sous ces voûtes. Si je pouvais sans crime en les tenant embrassés obtenir leur immobilité, je choisirais ce monceau d'ossemens pour ma couche, de préférence au lit le plus beau de l'Écosse.

— Prends patience et suis-moi, dit le moine d'un ton plus doux ; — le moissonneur ne doit point quitter l'ouvrage avant que le coucher du soleil lui en ait donné le signal.

Ils avancèrent de nouveau. A l'extrémité d'une longue galerie le frère Cyprien ouvrit la porte d'un petit appartement ou peut-être d'une chapelle, car on y voyait un crucifix autour duquel brûlaient quatre lampes.

Tous trois se signèrent et s'agenouillèrent un instant. — Que dit celui dont voilà le signe? demanda le moine à la jeune chanteuse en montrant le crucifix.

— Il dit au pécheur aussi bien qu'au juste : Venez tous à moi.

— Oui, répondit le moine, lorsque le pécheur fait pénitence. Jeune fille, prépare-toi ici pour ton voyage.

Louise resta quelques instans dans la chapelle, et reparut couverte d'un manteau de gros drap gris dans lequel elle s'était entièrement enveloppée, ayant remis les ornemens qu'elle avait eu le temps d'ôter dans le petit panier qui contenait auparavant ses vêtemens de chaque jour.

Le moine ouvrit une porte, et ils se trouvèrent dans un jardin qui entourait le monastère des dominicains. La grille du sud n'est fermée qu'au loquet, dit le moine, et vous pouvez suivre ce chemin sans être aperçus. — Que Dieu te bénisse, mon fils ! — et toi aussi, malheureuse enfant. Souviens-toi du lieu où tu as quitté tes frivoles habits, et puisses-tu ne les reprendre jamais !

— Hélas ! mon père, dit Louise, si la pauvre étrangère pouvait subvenir aux besoins bien modérés de son existence par une occupation plus respectable, elle renoncerait sans regret à professer son art. Mais le moine n'était plus là; la porte même par laquelle ils venaient de passer paraissait aussi avoir disparu, tant elle était artistement cachée sous un pilier mobile et par les ornemens multipliés de l'architecture gothique.

— Voilà une femme qui vient de sortir par cette poterne secrète, pensa Henry; plaise au ciel que les bons pères n'en fassent jamais entrer aucune par là! Ce lieu est tout-à-fait convenable pour jouer à cache-cache. — Mais bon Dieu ! que faire maintenant? Il faut que je me débarrasse de cette fille aussi vite que je le pourrai, et cependant que je la conduise dans un lieu sûr; car qu'elle soit ce qu'on voudra, elle a l'air trop modeste maintenant qu'elle est décemment habillée, pour mériter la correction dont les barbares du Galloway et la légion diabolique du Liddel la gratifieraient.

Louise s'était arrêtée, comme si elle attendait que Henry choisît un chemin. Son petit chien ranimé par un air pur s'élançait en sautant sur la route, s'attachait à sa maîtresse, et même, quoique avec plus de timidité, il tournait autour de Smith tant pour exprimer sa satisfaction que pour se concilier ses bonnes graces.

— A bas! Charlot, à bas! dit Louise, vous êtes content de revoir la clarté du soleil; mais où nous reposerons-nous cette nuit, mon pauvre Charlot?

— Maintenant, mistress, dit l'armurier, — non pas d'un ton grossier, car ce n'était pas dans son caractère, mais avec un accent assez brusque comme un homme qui désire être débarrassé d'un rôle désagréable, — quel chemin prenez-vous?

Louise baissa les yeux et garda le silence. Henry lui demanda une seconde fois où elle voulait être conduite; elle baissa encore les yeux et répondit qu'elle ne pouvait le dire.

— Venez, venez, dit l'armurier, je comprends; j'ai été un gaillard, un débauché dans mon temps, mais il vaut mieux être sage. Dans les circonstances où je me trouve, je suis un homme corrigé pour long-temps. Ainsi, la belle, nous nous séparerons peut-être plus tôt qu'une fille comme vous ne voudrait quitter un garçon de bone mine.

Louise pleura en silence, les regards toujours fixés sur la terre, comme si elle ressentait profondément une insulte dont elle n'avait pas le droit de se plaindre. Enfin s'apercevant que son conducteur commençait à s'impatienter, elle dit d'une voix faible : — Noble sire...

— *Sire* est bon pour un chevalier, dit le brusque bourgeois, et *noble* convient à un baron. Je suis Henry Gow, un honnête artisan, et membre de la corporation libre des armuriers.

— Bon artisan, alors, dit la jeune chanteuse, vous me jugez sévèrement, mais non sans cause apparente. Je vous délivrerais à l'instant de ma société qui, je le crois bien, ne fait point honneur à un homme sage, si je savais seulement quelle route suivre.

— Il faut suivre celle qui vous conduira à une fête ou à une foire, cela est certain, dit Henry avec rudesse, ne doutant point que cette tristesse ne fût affectée pour captiver son intérêt, et peut-être craignant aussi de se laisser aller à la tentation. C'est la fête de saint Madox, à Auchterarder. Je gage que vous trouverez bien le chemin jusque là.

— Aftr—, Auchter—, répéta la chanteuse du midi, dont les lèvres essayaient en vain la prononciation celtique. On m'a dit que mon langage ne serait point compris si j'allais plus près de vos effrayantes montagnes.

— Voulez-vous rester à Perth?

— Mais où loger? dit la fille errante.

— Eh mais! où avez-vous couché cette nuit? Vous savez d'où vous venez, je suppose, quoique vous sembliez ne pas savoir où vous allez?

— J'ai couché dans l'hospice du couvent; mais je n'y ai été admise qu'à force de prières, et on m'a défendu de revenir.

— Certainement ils vous y recevraient moins encore aujourd'hui avec le glaive des Douglas sur votre tête; cela n'est que trop vrai. Mais le prince a parlé de sir John Ramorny; je puis vous conduire chez lui à travers les rues, quoique ce soit un rôle indigne d'un honnête bourgeois, et que je sois pressé.

— J'irai n'importe où : je sais que je suis un sujet de scandale et d'embarras. Il fut un temps où il en était autrement... Mais ce Ramorny, qui est-il?

— Un galant chevalier qui mène une joyeuse vie de garçon, l'écuyer et le *privado* du jeune prince, comme on dit.

— Quoi! de cet étourdi et dédaigneux jeune homme qui a donné occasion à tant de scandale dans le monastère? Brave homme, ne me conduisez pas chez lui. N'y a-t-il pas quelque femme chrétienne qui puisse donner asile à une pauvre créature dans une étable ou dans une grange, pour une nuit seulement? Je partirai avant l'aurore; je la paierai richement. J'ai de l'or, et je vous récompenserai aussi si vous voulez me conduire dans un lieu où je n'aurai rien à craindre de ce jeune débauché et des gens de ce sombre baron qui portait la mort dans ses yeux.

— Gardez votre or pour ceux qui en ont besoin, mistress, dit Henry, et n'offrez point à des mains honnêtes un argent qui a été gagné en jouant de la viole ou du tambourin, en dansant, ou peut-être en faisant un métier pire encore. Je vous dis simplement, mistress, que je ne suis point assez sot pour ajouter foi à vos discours. Je suis tout prêt à vous conduire dans le lieu que vous m'indiquerez, car ma parole est aussi solide qu'une boucle de fer. Mais vous ne me persuaderez pas que vous ne savez où aller. Vous n'êtes pas assez novice dans votre métier pour ignorer quelles sont dans chaque ville, et à plus forte raison dans une ville comme Perth, les hôtelleries où les filles comme vous peuvent être reçues pour leur argent lorsqu'elles n'ont pas trouvé quelque dupe pour payer leur écot. Si vous avez de l'argent, mistress, mes inquiétudes à votre égard en sont moins grandes. Et réellement je ne vois qu'un prétexte dans cet excessif chagrin et dans cette crainte d'être laissée seule en exerçant vos talens.

Ayant ainsi signifié à Louise qu'il ne pouvait être trompé par l'adresse ordinaire aux femmes de son espèce, Henry marcha seul pendant quelques pas, essayant de se persuader qu'il avait pris le parti le plus sage et le plus prudent. Cependant il ne put s'empêcher de regarder derrière lui pour examiner ce que devenait Louise; il fut surpris de voir qu'elle était tombée sur un banc les bras appuyés sur ses genoux et la tête cachée dans ses mains, dans une attitude enfin qui exprimait la plus grande désolation.

L'armurier tâcha d'endurcir son cœur à un pareil spectacle. — C'est un rôle qu'elle joue, se dit-il; la fille connaît son métier; je le jurerais par saint Ringan.

Au même instant quelque chose toucha le bord de son manteau; il regarda autour de lui, et vit le petit épagneul qui, comme s'il voulait plaider la cause de sa maîtresse, se dressa sur ses pattes de derrière, et commença à danser, gémissant en même temps et regardant Louise : on eût dit qu'il sollicitait sa compassion pour la jeune fille abandonnée.

— Pauvre bête ! dit l'armurier ; c'est peut-être un rôle que tu joues aussi, car tu répètes ce que l'on t'a appris ; mais enfin puisque j'ai promis de protéger cette créature, je ne dois pas la laisser ainsi évanouie, si elle l'est réellement, ne fût-ce que par humanité.

Henry retourna sur ses pas et s'approcha de Louise. Il fut promptement convaincu par le changement de son visage qu'elle était réellement malade, ou qu'elle poussait le talent de la dissimulation au-delà de l'intelligence d'un homme, et même au-delà de celle d'une femme.

— Jeune fille, dit-il d'une voix plus douce, je vais vous dire franchement la position dans laquelle je me trouve. C'est le jour de Saint-Valentin, et suivant l'usage, je devais le passer avec ma belle Valentine. Mais des coups et des querelles m'ont occupé pendant la matinée, excepté une pauvre demi-heure. Il vous est facile de comprendre où sont mes pensées et mon cœur maintenant, et où je devrais être moi-même, ne fût-ce que par politesse.

La chanteuse l'écouta et parut le comprendre.

— Si vous êtes un amant sincère, lui dit-elle, et si vous avez une chaste Valentine, Dieu préserve qu'un être tel que je suis élève un différent entre vous ! Ne songez plus à moi. Cette grande rivière sera mon guide jusqu'à l'endroit où elle se jette dans l'Océan, et où l'on dit qu'il y a un port de mer. De là je m'embarquerai pour la France, et je reverrai encore une fois ce beau pays, où le plus grossier des paysans ne voudrait pas insulter la plus pauvre des femmes.

—Vous ne pouvez pas aller à Dundee aujourd'hui, dit l'armurier. Les gens de Douglas sont en mouvement des deux côtés de la rivière, car ils connaissent sans doute maintenant la querelle qui a eu lieu ce matin. Aujourd'hui, cette nuit, demain, ils se rassembleront autour de l'étendard de leur chef, comme ceux des hautes-terres autour de la Croix de Feu. Voyez-vous d'ici cinq ou six hommes galopant de l'autre côté de la rivière? Ce sont des gens d'Annandale; je les reconnais à la longueur de leurs lances et à la manière dont ils les tiennent. Un Annandale n'incline jamais sa lance en arrière, la pointe en est toujours droite ou dirigée en avant.

— Que puis-je craindre d'eux? Ce sont des hommes d'armes et des soldats; ils respecteront ma viole et ma faiblesse.

— Je ne veux point les calomnier. Si vous étiez dans leurs vallées, ils vous accorderaient l'hospitalité et vous n'auriez rien à craindre; mais ils sont maintenant en campagne, et tout ce qui tombe dans leurs filets est du poisson. Il y en a parmi eux qui attenteraient à votre vie pour la valeur de vos boucles d'oreilles. Leur ame entière est dans leurs yeux lorsqu'ils cherchent une proie, et dans leurs mains quand il faut la saisir. Ils n'ont point d'oreille pour écouter les chants d'une jeune fille, ni les prières de leur victime. Outre cela, ils ont reçu de leur chef un ordre qui vous concerne, et cet ordre est propre à être exécuté. Les grands seigneurs sont obéis plus promptement lorsqu'ils disent : — Brûlez cette église, que lorsqu'ils ordonnent d'en bâtir une.

— Eh bien! répondit la chanteuse, il vaut mieux que je reste ici pour y mourir.

— Ne parlez point ainsi, reprit l'armurier. Si je peux seulement vous trouver un logement pour cette nuit, je vous conduirai demain aux Escaliers de Notre-Dame, d'où les bateaux descendent la rivière jusqu'à Dundee; je vous confierai à quelqu'un qui suivra le même chemin, et qui vous trouvera un logement où vous serez bien reçue.

— Homme excellent et généreux, faites ce que vous venez de me dire, et si les prières et les bénédictions d'une infortunée peuvent atteindre jusqu'au ciel, elles s'y éleveront en votre faveur. Nous nous retrouverons à la poterne qui est là-bas, à l'heure où les bateaux quittent le rivage.

— C'est à six heures du matin, le jour est à peine levé.

— Partez donc, retournez près de votre Valentine, et si elle vous aime, oh! ne la trompez pas.

— Hélas! pauvre damoiselle, je crains que ce ne soit l'ingratitude d'un amant qui vous ait réduite à embrasser ce misérable état. Mais je ne veux point vous quitter avant de savoir où vous passerez la nuit.

— Ne vous en inquiétez pas. Le ciel est pur ; il y a des buissons et des taillis sur le rivage ; Charlot et moi nous pouvons nous contenter pour une nuit d'un abri de feuillage ; et demain avec votre aide je serai hors de danger Oh! la nuit passe bien vite quand il y a de l'espérance pour le lendemain ! Eh bien! vous hésitez encore, et votre Valentine vous attend ! Prenez garde, je vous tiendrai pour un amant déloyal, et vous savez de quelle importance sont les reproches d'un ménestrel.

— Je ne puis vous quitter, damoiselle, répondit l'armurier très radouci. Ce serait un meurtre de vous laisser coucher en plein air, exposée à la froidure d'une nuit d'Écosse au mois de février. Non, non, ma parole ne sera point tenue de cette manière ; et si je cours le risque d'être blâmé, c'est une juste punition pour vous avoir mal jugée et chagrinée par une conduite que vous ne méritiez pas, j'en suis convaincu maintenant. Viens avec moi, damoiselle. — Tu auras pour cette nuit un logement sûr et honnête, quelle qu'en soit la conséquence. Ce serait faire un mauvais compliment à ma Catherine que de laisser une pauvre créature mourir de froid, afin de jouir de sa société une heure plus tôt.

En disant ces mots Henry chassa avec effort toutes les inquiétudes occasionnées par la décision hardie qu'il venait de prendre. Son ame courageuse résolut de défier la médisance, et de donner à la pauvre vagabonde un asile dans sa propre maison. On doit cependant ajouter qu'il ne prit cette résolution qu'avec une extrême répugnance, mais cédant à l'enthousiasme de bienveillance qui s'était emparé de lui depuis un instant.

Avant l'époque à laquelle le robuste fils de Vulcain avait donné toute sa tendresse à la Jolie Fille de Perth, des passions impétueuses l'avaient placé sous l'influence de Vénus aussi bien que sous celle de Mars. Mais un sincère attachement le corrigeait momentanément de ses faiblesses; il était donc justement jaloux de sa nouvelle réputation de sagesse, que sa conduite avec la pauvre vagabonde pourrait exposer au soupçon; il doutait peut-être aussi un peu de ses propres forces en s'exposant aussi témérairement à la tentation. Il était plus encore désespéré de perdre ainsi la fête de Saint-Valentin, dont le titre lui donnait le droit et lui enjoignait même de passer entièrement la journée près de celle qui devenait sa compagne pour toute la saison. Le voyage à Kinfauns et les différens accidens qui le suivirent avaient employé une partie du jour, et l'heure des complies était près de sonner.

Comme s'il pouvait racheter par un pas rapide le temps qu'il était obligé de sacrifier à un objet si différent de celui vers lequel il portait son cœur, il traversa le jardin des dominicains, entra dans la ville, levant son manteau jusque sur son visage et enfonçant son bonnet sur ses yeux; alors il continua de marcher avec la même célérité à travers les rues et les allées, espérant atteindre sa maison sans avoir été remarqué. Cette course dura peut-être six minutes avant qu'il lui vînt dans la pensée qu'elle était peut-être trop rapide pour que la jeune fille pût le suivre. Il se retourna, regardant derrière lui d'un air impatient dont il se repentit bientôt lorsqu'il s'aperçut que Louise était presque épuisée de fatigue.

— Je mériterais d'être pendu pour ma brutalité, se dit Henry intérieurement. Quand je serais encore plus pressé, cela pourrait-il donner des ailes à la pauvre fille, et aussi chargée qu'elle l'est par son bagage? Je suis un mauvais chien, cela est sûr, un maladroit toutes les fois qu'il est question de femmes; et je suis certain d'avoir toujours tort, même avec la meilleure intention de bien faire. — Ecoute, damoiselle, laisse-moi porter ce fardeau, nous n'en marcherons que plus vite.

Louise aurait voulu s'y opposer, mais elle respirait avec peine et ne put même répondre; elle laissa donc son brave conducteur prendre le petit panier. Lorsque l'épagneul s'en aperçut il vint se placer devant Henry, se tint debout sur ses pattes de derrière, secouant celles de devant et se plaignant doucement comme s'il désirait être porté.

— Eh bien! faut-il aussi que je me charge de toi? dit l'armurier qui voyait que la pauvre petite bête était fatiguée.

— Fi! Charlot, dit Louise, tu sais bien que je te porterai moi-même.

Elle essaya de prendre l'épagneul, mais il se sauva de ses mains, et passant de l'autre côté de Henry il renouvela ses supplications.

— Charlot a raison, dit l'armurier; il devine quel est le plus fort de nous deux. Ceci m'apprend, ma jolie fille, que vous n'avez pas toujours été seule pour porter vos effets; Charlot est un indiscret.

Une pâleur mortelle couvrit les joues de la chanteuse tandis que Henry parlait; il fut obligé de la soutenir, car elle serait tombée par terre. Peu à peu elle revint à elle, et d'une voix faible elle exprima le désir de continuer à marcher.

— Tenez mon manteau, lui dit Henry, ou plutôt prenez mon bras, il vous soutiendra mieux encore. Nous devons avoir bonne mine, pensa l'armurier; et si j'avais seulement un mauvais violon ou une guitare sur le dos, nous ressemblerions au plus joyeux couple de vagabonds qui ait jamais pincé la corde à la grille d'un château. — Par les clous! si quelque voisin me rencontrait avec ce paquet de guenilles sur le dos, un chien sous mon bras et une fille de cette espèce pendue à mon manteau, que penserait-il, sinon que je suis devenu comédien à mon tour? Je ne voudrais pas, pour la meilleure armure sur laquelle j'aie jamais levé le marteau, être rencontré par quelques-uns des bavards de notre ville; ils en feraient une plaisanterie qui durerait depuis la Saint-Valentin jusqu'à la Chandeleur.

Tourmenté par ces pensées, Henry, au risque d'allonger sa route, prit un chemin détourné afin d'éviter les principales rues toujours remplies de monde à l'occasion de la scène qui avait eu lieu. Mais malheureusement sa prudence ne lui servit à rien, car au détour d'une allée il rencontra un homme enveloppé dans son manteau et qui semblait aussi désirer de n'être point reconnu. Sa maigre tournure, ses jambes de fuseau qui se montraient sous le manteau, et les petits yeux noirs qui clignotaient en-dessus de la partie supérieure de ce vêtement annonçaient l'apothicaire aussi distinctement que s'il avait porté son nom écrit sur son bonnet. Cette rencontre imprévue et désagréable remplit l'armurier de confusion. La fuite ne convenait pas à son caractère hardi et entreprenant. Il connaissait cet homme pour être aussi médisant que curieux, et surtout pour être fort mal disposé à son égard. Il ne restait donc qu'un moyen de sortir d'embarras, et Henry espéra que le digne apothicaire dui donnerait quelque prétexte pour lui tordre le cou et assurer ainsi son silence et sa discrétion.

Mais loin de dire ou de faire aucune chose qui pût justifier une pareille conduite, l'apothicaire se voyant serré de si près par son robuste compatriote, et pensant que la reconnaissance était inévitable, résolut de la rendre aussi courte que possible. Sans paraître faire une grande attention à la compagne de Smith, il laissa échapper ces mots en passant et sans ajouter un regard après le premier instant de leur rencontre : — Un joyeux jour de fête pour vous, brave Smith ; eh quoi ! tu amènes avec toi ta cousine, la jolie mistress John Litham ! tu portes sa malle. Elle arrive tout fraîchement de Dundee, je gage ? Je savais qu'elle était attendue chez le vieux cordonnier.

En parlant ainsi, il ne regarda ni à droite ni à gauche, ajouta un salut en disant : — Dieu vous bénisse ! et disparut comme une ombre.

L'armurier murmura les mêmes mots en réponse, plutôt qu'il ne les prononça, et se dit en lui-même : — Que le démon m'étrangle si je puis avaler cette pilule, quelque bien dorée qu'elle soit. Le fripon a de bons yeux quand il s'agit de femmes, et sait distinguer un canard sauvage de celui qui est apprivoisé, aussi bien qu'aucun homme de Perth. Il serait le dernier dans la belle ville à prendre des prunes aigres pour des poires, ou ma grosse cousine John pour la pièce curieuse que je traîne après moi. C'est comme s'il m'avait dit : — Je ne veux pas voir ce que vous désirez me cacher ; et il a raison de se conduire ainsi, car sa tête courrait de grands risques d'être cassée s'il se mêlait de mes affaires. Il gardera le silence pour sa propre sûreté. Mais qui vient encore ? Par saint Dunstan ! le bavard, le fanfaron, le lâche drôle, Olivier Proudfute.

C'était en effet le hardi bonnetier qui s'avançait vers eux en chantant le couplet de

> Thomas, mon ami Thomas,
> Tu tiens trop long-temps la pinte.

Cette gaîté donnait à entendre que son repas n'avait pas été sec.

— Ah ! mon brave Smith, dit-il, je vous y prends ! Mais le véritable acier peut-il ployer ? et Vulcain, comme le disent les ménestrels, peut-il payer de la même monnaie que Vénus ? Par ma foi ! vous serez un joli Valentin pendant toute l'année si vous commencez le premier jour si joyeusement.

— Écoute, Olivier, dit l'armurier mécontent, ferme les yeux et passe ton chemin, vieil ami. Écoute encore, retiens ta langue sur ce qui ne te concerne pas, si tu désires avoir toutes tes dents dans la bouche.

— Moi, trahir un secret ! moi, médire ! et de mon frère d'armes encore ! Je méprise une telle conduite, et je ne voudrais pas parler de ce que j'ai vu, même à mon soudan de bois. Eh ! bon Dieu ! quand je suis dans un coin, je puis être un gaillard aussi bien que toi, mon homme. Et maintenant que j'y pense, je vais aller quelque part avec toi, nous ferons ribote ensemble, et ta Dalila nous chantera des chansons. Eh bien ! n'ai-je pas raison ?

— Parfaitement, dit Henry qui mourait d'envie de renverser son frère d'armes par un bon coup de poing ; mais trouvant ensuite un moyen plus pacifique de se débarrasser de sa présence, — parfaitement bien ! ajouta-t-il ; j'aurai besoin de ton secours aussi, car il y a cinq ou six des Douglas devant nous. Ils ne manqueront pas de vouloir ôter cette fille à un pauvre bourgeois comme Henry Smith, et je serai trop heureux d'avoir l'assistance d'un brave tel que toi.

— Je te remercie, je te remercie, répondit le bonnetier. Mais ne vaut-il pas mieux aller d'abord chercher ma grande épée et avertir qu'on sonne le tocsin?

— Oui, oui, cours chez toi le plus vite que tu pourras, et ne dis rien de ce que tu as vu.

— Qui? moi! ne crains rien; fi! je méprise trop un médisant.

— Sauve-toi alors, j'entends le choc des armes.

Ces mots redonnèrent de la vie et de la force aux talons du marchand de bonnets; et tournant le dos au danger supposé, il prit sa course d'un pas qui dut l'amener promptement à sa propre maison. — Voici une autre pie bavarde que j'aurai à craindre, pensa l'armurier; mais je sais aussi comment le réduire au silence. Les ménestrels ont un fabliau sur un oiseau qui s'est paré des plumes d'un autre. Ce fanfaron d'Olivier est cet oiseau-là, et par saint Dunstan! si sa langue babillarde s'amuse à mes dépens, je le plumerai comme jamais faucon ne pluma une perdrix. Il le sait d'avance.

Tandis que ces réflexions tourmentaient son esprit, Henry touchait au terme de son voyage, et il arriva enfin avec la jeune femme qui tenait toujours son manteau dans le milieu du Wynd[1] qui avait l'honneur de renfermer son habitation, et d'après lequel, suivant l'incertitude qui régnait alors dans l'application des surnoms, on le nommait souvent Henry du Wynd. Là, les jours ordinaires, un fourneau était allumé, et quatre drôles à moitié nus étourdissaient le voisinage par le bruit du marteau et de l'enclume. Mais le jour de la fête de Saint-Valentin aucun ouvrier n'était à l'ouvrage, et les cyclopes avaient fermé la boutique pour vaquer soit à leurs propres affaires soit à leurs plaisirs. Henry était le propriétaire de la maison qui touchait à la forge. Elle était petite, et située dans une rue étroite; mais un grand jardin rempli d'arbres fruitiers lui donnait un aspect agréable. L'armurier au lieu d'appeler ou de frapper, ce qui aurait attiré des voisins aux portes et aux fenêtres, tira de sa poche un passe-partout de sa propre fa-

---

(1) Wynd, en écossais, signifie une cour, une allée, un passage. — Éd.

brication, ce qui était alors un objet de curiosité et d'envie, et ouvrant la porte, introduisit sa compagne dans sa maison.

L'appartement dans lequel ils entrèrent était la cuisine; parmi les bourgeois de la classe de Henry elle servait de chambre principale, quoique quelques individus, dont Simon Glover faisait partie, eussent une salle à manger séparée de celle où les repas étaient préparés. Dans le coin de cet appartement d'une propreté extrême, une vieille femme était assise; ses vêtemens soignés et la symétrie avec laquelle son plaid écarlate était posé sur sa tête de manière à descendre des deux côtés de ses épaules, indiquaient un rang plus élevé que celui de la mère Shoolbred, la femme de charge de l'armurier : cependant elle n'avait point d'autre titre.

N'ayant pas assisté à la messe du matin, elle se reposait tranquillement auprès du feu; son chapelet moitié dit pendait à son bras gauche; ses prières à moitié prononcées s'arrêtaient souvent sur ses lèvres, et ses yeux à moitié fermés sommeillaient tandis qu'elle attendait celui qu'elle avait nourri, sans pouvoir deviner l'heure à laquelle il reviendrait. Elle se leva au bruit qu'il fit en entrant, et jeta sur sa compagne un regard de surprise qui changea bientôt pour exprimer le plus profond mécontentement.

— Que tous les saints protégent ma vue, Henry Smith! s'écria-t-elle dévotement.

— *Amen*, de tout mon cœur. Apprêtez quelque chose à manger, bonne nourrice, car je crains bien que cette pauvre voyageuse n'ait fait qu'un maigre dîner.

— Et je prie encore Notre-Dame de préserver ma vue de toutes dangereuses illusions envoyées par Satan!

— Qu'il en soit ainsi, vous dis-je, bonne femme. Mais pourquoi toutes ces patenôtres et ces prières? Ne m'entendez-vous pas, ou ne voulez-vous pas faire ce que je vous demande?

— Il faut que ce soit lui-même, malgré tout! Mais grand Dieu! on le prendrait plutôt pour un démon avec cette drôlesse pendue à son manteau. O Henry Smith! les hommes vous appellent un jeune débauché pour de pareilles choses!

Mais qui aurait cru que Henry pût amener une femme de mauvaise vie sous le toit qui abrita sa mère, et où sa propre nourrice demeura pendant trente ans!

— Taisez-vous, vieille femme, et soyez raisonnable, dit l'armurier; cette chanteuse n'est ni ma maîtresse, ni celle de personne que je connaisse; mais elle doit partir demain pour Dundee par les bateaux, et il faut que nous la logions pour cette nuit.

— La loger! Vous pouvez donner un abri à un pareil bétail si cela vous convient, Henry du Wynd. Mais la même maison ne contiendra pas cette vagabonde et moi, vous pouvez en être certain.

— Votre mère est mécontente, dit Louise se méprenant sur les relations qui existaient entre Henry et sa nourrice; je ne resterai pas si cela l'offense. S'il y a un coin vide dans une écurie ou une étable, il suffira pour Charlot et moi.

— C'est sans doute le logement auquel vous êtes le plus habituée, reprit la dame Shoolbred.

— Écoutez, nourrice, dit l'armurier, vous savez que je vous aime pour votre propre compte et pour celui de ma mère; mais par saint Dunstan qui était un saint du même état que moi! je veux être le maître dans ma propre maison, et si vous me quittez sans me donner d'autres raisons que vos soupçons injustes, vous aviserez aux moyens d'ouvrir la porte vous-même quand vous rentrerez, car certainement je ne vous aiderai pas.

— Enfant, cette crainte ne me fera point déshonorer le nom que je porte depuis soixante ans. Ce ne fut jamais l'habitude de votre mère, et ce ne sera jamais la mienne de me lier avec des jongleurs, des danseuses et des chanteuses; et je ne suis pas assez en peine de trouver un logement, pour souffrir que le même toit couvre en même temps la mère Shoolbred et une princesse de cette espèce.

En disant ces mots la sévère gouvernante se prépara à sortir en ajustant à la hâte son mantelet de tartan, de manière à cacher sa coiffe de linon blanc, dont les bords entouraient un visage ridé, mais annonçant la santé. Cela fait elle saisit un bâton, fidèle compagnon de ses courses, et elle se dirigeait vers la porte lorsque l'armurier se plaça entre elle et le passage.

— Reste au moins, vieille femme, lui dit-il, jusqu'à ce que nous ayons réglé nos comptes; je te dois des gages échus.

— Et voici un nouveau rêve de votre tête folle : quels gages dois-je recevoir du fils de votre mère, qui me nourrit, m'habilla et me traita comme si j'avais été sa sœur?

— C'est ainsi que vous êtes reconnaissante, nourrice; vous laissez son fils unique au moment du plus grand embarras.

La vieille obstinée sembla se repentir un instant. Elle s'arrêta, et ses regards se portèrent alternativement sur son maître et sur la jeune chanteuse. Mais elle secoua la tête et s'avança de nouveau vers la porte.

— Je n'ai reçu cette pauvre fille dans ma maison, dit l'armurier, que pour la sauver de la prison et du fouet.

— Et pourquoi vouloir la sauver? répondit l'inexorable dame Shoolbred; je gagerais qu'elle mérite l'un et l'autre aussi bien que jamais voleur mérita un collier de chanvre.

— Que cela soit ou non, elle ne mérite pas du moins d'être fustigée jusqu'au sang, ou prisonnière jusqu'à ce qu'elle meure de faim, et c'est ce qui attend tous ceux que Douglas-le-Noir a condamnés.

— Ainsi vous allez offenser Douglas-le-Noir pour l'amour d'une chanteuse? Ceci deviendra la plus terrible de vos querelles. O Henry Gow! il y a autant de fer dans votre tête que dans votre enclume!

— Je l'ai quelquefois pensé moi-même, mistress Shoolbred; mais si j'attrape quelque bonne blessure à cette occasion, je ne sais trop qui pourra me soigner si vous prenez la fuite comme une oie sauvage effarouchée. Oh! qui recevra donc ma belle fiancée que j'espère amener ici un de ces jours?

— Ah! Henry! Henry! reprit la vieille femme en secouant la tête, ce n'est point ainsi qu'on prépare la maison d'un honnête homme pour recevoir une jeune fiancée. Vous devriez être guidé par la modestie et la prudence, et non par le libertinage et l'impudicité.

— Je vous dis encore une fois que cette pauvre créature ne m'est rien. Je désire seulement qu'elle soit en sûreté, et j'espère que le plus hardi des habitans des frontières respectera la serrure de ma porte comme celle de la grille du château de Carlisle. Je vais me rendre chez Simon Glover. J'y resterai toute la nuit, car l'apprenti s'est sauvé dans ses montagnes comme un louveteau qu'il est ; ainsi il y a un lit de libre, et le père Simon sera bien aise que j'en profite. Vous resterez avec cette pauvre fille, vous lui donnerez des alimens et la protégerez pendant la nuit. Je viendrai la reprendre avant le jour ; vous pourrez la conduire avec moi au bateau, nourrice, et là nous la verrons vous et moi pour la dernière fois.

— Il y a de la raison dans tout cela, dit dame Shoolbred ; mais pourquoi courir le risque de perdre votre réputation pour une fille qui trouverait un logement pour une pièce de deux sous, et peut-être moins ? C'est un mystère que je ne puis deviner.

— Fiez-vous à moi, nourrice, et soyez charitable envers la jeune fille.

— Plus charitable qu'elle ne le mérite, je vous l'assure, mais enfin, quoique je n'aime point la compagnie d'un tel bétail, je pense que sa société me sera moins nuisible qu'à vous. A moins cependant que ce ne soit une sorcière, ce qui serait fort possible, car la plupart de ces vagabonds se sont donnés au diable.

— Elle n'est pas plus sorcière que je ne suis magicien, dit l'honnête armurier ; une pauvre créature dont le cœur semble brisé, et qui, si elle a commis des fautes, a plutôt été entraînée elle-même par quelque sorcier. Soyez bonne envers elle, et vous, musicale damoiselle, je vous reverrai demain matin pour vous conduire sur la côte. Cette vieille femme vous traitera avec douceur si vous ne dites rien qui puisse offenser de chastes oreilles.

La jeune chanteuse avait écouté ce dialogue, n'en comprenant guère que le sens. Elle parlait bien anglais, mais elle avait appris cette langue en Angleterre, et le dialecte du nord était alors comme il l'est aujourd'hui plus rude et plus grossier. Elle voyait néanmoins qu'elle allait rester avec la vieille dame, et croisant modestement ses bras sur sa poitrine, elle pencha la tête avec humilité. Elle regarda ensuite l'armurier avec une vive expression de reconnaissance, puis levant les yeux au ciel, prit la main robuste qu'il lui abandonna, et elle allait y déposer un baiser lorsque dame Shoolbred, qui n'approuvait point ce mode d'exprimer sa gratitude, se jeta entre eux et dit en poussant Louise de côté : — Non, non, je ne veux rien de semblable ici; allez dans le coin de cette cheminée, mistress; et quand Henry sera parti, s'il vous faut des mains à baiser vous pourrez baiser les miennes aussi souvent que cela vous fera plaisir. Et vous, Henry, rendez-vous chez Simon Glover ; car si la jolie mistress Catherine apprend quelle société vous avez amenée chez vous, elle ne l'approuvera pas plus que moi.— Mais qu'est-ce que cela signifie? êtes-vous devenu fou? allez-vous sortir sans votre bouclier quand toute la ville est dans le tumulte?

—Vous avez raison, dame, répondit l'armurier ; et passant son bouclier par-dessus ses larges épaules, il sortit sans écouter de nouvelles questions.

CHAPITRE XIII.

Il faut que nous laissions maintenant les personnages secondaires de notre drame historique pour nous occuper des incidens qui eurent lieu parmi ceux d'un rang plus élevé et d'une plus grande importance.

Nous passons de la simple maison d'un armurier à la salle du conseil d'un monarque, et nous reprenons notre histoire au moment où le tumulte étant apaisé, les chefs hautains reçurent l'ordre de paraître en la présence du roi. Ils entrèrent mécontens les uns des autres et se mesurant d'un air sombre ; chacun d'eux, exclusivement occupé des injures qu'il croyait avoir reçues, était également peu disposé à écouter la raison. Albany seul, calme et plus dissimulé, semblait préparé à se servir du mécontentement de tous, à profiter des incidens qui pourraient en résulter et à en tirer avantage pour ses vues secrètes et ses désirs particuliers.

L'irrésolution du roi qui allait jusqu'à la timidité ne l'empêcha pas cependant de prendre le maintien digne et noble qui convenait à son rang. C'était seulement lorsqu'il était poussé à bout comme dans la scène précédente qu'il perdait son apparente tranquillité. En général il était souvent obligé de renoncer à ses desseins, mais il perdait rarement sa dignité naturelle. Il reçut Albany, Douglas, March et le prieur (membres mal assortis d'un conseil désuni) avec un mélange de politesse et de grandeur qui rappela à chaque seigneur orgueilleux qu'il était en présence de son souverain, et leur imposa à tous une réserve respectueuse.

Après avoir reçu leur salut, le roi les pria de s'asseoir ; ils obéissaient à ses ordres lorsque Rothsay entra. Il s'avança gracieusement près de son père, et s'agenouillant devant lui il lui demanda sa bénédiction. Robert, dont les regards déguisaient mal sa tendresse et son chagrin, essaya de prendre un ton de reproche tandis qu'il posait la main sur la tête de son fils et disait avec un soupir : — Que Dieu te bénisse, enfant léger, et qu'il te rende un homme dans l'avenir. — *Amen*, mon père, répondit Rothsay avec une expression de sensibilité qu'il montrait quelquefois dans ses bons momens ; alors il baisa la main royale avec le respect d'un fils et d'un sujet. Au lieu de prendre place à la table du conseil, il resta appuyé sur le siége du roi, et dans une position à pouvoir lorsqu'il le désirerait parler à l'oreille de son père.

Le roi fit signe au prieur de Saint-Dominique de prendre place au bureau, sur lequel il y avait différens écrits que parmi tous les personnages présens, Albany excepté, l'homme d'église était seul capable de lire. Le roi alors annonça le motif de leur assemblée en disant avec une grande dignité :

— Les affaires que nous désirons traiter, milords, ont rapport à ces malheureuses révoltes des hautes-terres dont nous avons eu connaissance par nos derniers messagers, et qui sont sur le point d'occasionner la ruine et la destruction du pays, même à peu de milles de notre royal séjour. Mais quelque près de nous que soit cette révolte, grace à notre malheureuse destinée, des hommes coupables en ont élevé une plus rapprochée encore, en jetant les torches de la discorde entre les citoyens de Perth et les gens de la suite de Vos Seigneuries, avec d'autres chevaliers et nobles. Je m'adresserai d'abord à vous, milords, pour apprendre pourquoi notre cour est troublée par ces querelles inconvenantes, et pour vous demander ensuite par quels moyens elles peuvent être réprimées ? — Mon frère Albany, faites-nous connaître le premier vos sentimens à cet égard.

— Sire et royal frère, répondit le duc, étant près de votre personne lorsque la querelle commença, je n'en connais point l'origine.

— Pour moi, dit le jeune prince, je n'ai entendu d'autre cri de guerre que la ballade d'un ménestrel, et je n'ai point vu voler de balles plus dangereuses que des noisettes.

— Pour moi, dit le comte de March, j'ai aperçu les braves citoyens de Perth donnant la chasse à quelques drôles portant il est vrai le cœur sanglant sur leurs épaules ; mais ils fuyaient trop vite pour appartenir au comte de Douglas.

Douglas comprit la raillerie, et n'y répondit que par un de ces regards sombres qui exprimaient ordinairement son ressentiment.

— Sire, dit-il avec calme et hauteur, je dois sans doute répondre à cette attaque, par la raison qu'il n'y a jamais eu de querelle ni de sang répandu en Écosse sans que des langues calomniatrices n'aient assuré que c'était un Douglas ou un partisan des Douglas qui en était la cause. Nous avons ici de bons témoins. Je ne parle pas de milord d'Albany, qui s'est contenté de dire qu'il était, suivant son devoir, auprès de Votre Majesté. Je ne dirai rien de milord de Rothsay qui, suivant aussi sans doute ce qu'il doit à son rang, à son âge, à lui-même, cassait pendant ce temps des noisettes avec une chanteuse ambulante : il sourit, il peut dire ici ce qui lui plaira ; je n'oublierai pas que je suis dans un lieu dont il semble avoir oublié lui-même la majesté. Mais voilà le comte de March qui a vu mes gens fuir devant les rustres de Perth ! Je puis dire à ce seigneur que ceux qui suivent le cœur sanglant avancent ou se retirent quand leur chef l'ordonne ou que le bien de l'Écosse l'exige.

— Et moi je puis répondre.... s'écria le fier comte de March dont tout le sang sembla se porter à son visage ; — mais le roi l'interrompit.

— Paix ! seigneurs vindicatifs, dit le monarque ; souvenez-vous devant qui vous êtes. Et vous, milord de Douglas, dites-nous, si vous le pouvez, la cause de cette mutinerie, et pourquoi vos gens, dont nous reconnaissons en général les bons services, prenaient à la querelle une part si active.

— J'obéis, milord, répondit Douglas inclinant légèrement une tête qui se courbait bien rarement. Je me rendais de ma maison au couvent des chartreux, en traversant la principale rue de Perth avec quelques personnes de ma suite ordinaire, lorsque j'aperçus des gens de la plus basse classe se pressant autour de la croix contre laquelle on avait cloué ce placard et ceci qui était à côté.

Le comte tira d'une poche de son buffetin une main humaine et un morceau de parchemin. Le roi parut surpris et agité.

— Lisez, dit-il, bon père prieur, et qu'on ôte de devant mes yeux cet horrible spectacle.

Le prieur lut le placard qui était ainsi conçu :

« Attendu que la maison d'un citoyen de Perth a été attaquée la nuit dernière, veille de Saint-Valentin, par des vagabonds nocturnes appartenant à quelque compagnie des étrangers qui résident maintenant dans la belle ville, et vu que cette main a été coupée dans la querelle qui s'ensuivit à un de ceux qui étaient en contravention avec la loi, le prévôt et les magistrats ont ordonné que ladite main serait clouée à la croix de la ville, en défi et comme une marque de mépris envers ceux qui ont occasionné cette émeute. Et si quelqu'un, noble de naissance, prétend que nous avons eu tort d'agir ainsi, moi, Patrice Charteris de Kinfauns, chevalier, je justifierai ce cartel avec les armes des chevaliers, en champ clos ; ou si quelqu'un d'une naissance moins distinguée donne un démenti à ce qui est déjà mentionné, il trouvera pour lui répondre un citoyen de la belle ville d'une naissance proportionnée à la sienne. Sur ce, que Dieu et saint Jean protégent la belle ville ! »

— Vous apprendrez sans surprise, milord, ajouta Douglas, que lorsque mon aumônier m'eut fait connaître le contenu de cet insolent parchemin, j'ordonnai à un de mes écuyers d'arracher un trophée si injurieux à la chevalerie et à la noblesse d'Écosse. Il paraît qu'à ce sujet quelques-uns de ces impertinens bourgeois ont hué et insulté le reste de ma suite, qui les a chargés avec ses chevaux, et aurait bientôt terminé la querelle sans l'ordre positif que je leur donnai de me suivre aussi paisiblement que ces vilains voudraient le permettre. Ainsi ils arrivèrent jusqu'ici, ayant l'air de fuir, au lieu que si je leur avais ordonné de repousser la force par la force, ils auraient pu mettre le feu aux quatre coins de cette maudite ville et asphyxier ces bourgeois arrogans comme de jeunes renards dans des genêts enflammés.

Lorsque Douglas eut fini de parler il y eut un moment de silence, jusqu'à ce que le duc de Rothsay répondit en s'adressant à son père :

— Puisque le comte de Douglas a le droit de brûler la ville où Votre Grace tient sa cour, parce que le prévôt et lui ont quelques différens relativement à une débauche de nuit ou sur les termes d'un cartel, nous lui devons tous une grande reconnaissance de ce qu'il s'en est abstenu.

— Le duc de Rothsay, dit Douglas qui semblait avoir pris

la résolution de se contenir; le duc de Rothsay pourrait avoir raison de remercier le ciel d'un ton plus sérieux de ce que Douglas est aussi fidèle qu'il est puissant. Nous sommes dans un temps où les sujets dans tous les pays se révoltent contre la loi; nous avons entendu parler de l'insurrection de la Jaquerie en France, et de Jack Straw, de Hob Miller et de Parson Ball parmi les Anglais; or nous pouvons être assurés qu'il y a assez de matières combustibles qui s'enflammeraient en Ecosse si un pareil incendie gagnait nos frontières. Lorsque je vois des paysans envoyer des cartels à des nobles, ou clouer la main d'un chevalier peut-être à la croix de leur ville, je ne dirai point que je crains la révolte, car cela serait faux, mais je dis que je la prévois et que je me tiens préparé à la combattre.

— Et pourquoi, répondit le comte de March, milord Douglas dit-il que le cartel a été envoyé par des paysans? J'y vois le nom de sir Patrice Charteris; il me semble qu'il est d'un sang noble. Le comte de Douglas lui-même, puisqu'il prend un intérêt si vif à cette affaire, pourrait relever le gant de sir Patrice sans craindre de se déshonorer.

— Milord de March, répliqua Douglas, ne devrait parler que de ce qu'il comprend. Je ne suis point injuste envers le descendant du Corsaire rouge, quand je dis qu'il est trop léger pour être pesé dans la même balance qu'un Douglas. L'héritier de Thomas Randolph aurait de meilleurs titres à présenter.

— Par mon honneur! je ne veux point manquer l'occasion de demander cette grace, dit le comte de March en ôtant son gant.

— Arrêtez, milord, dit le roi; ne nous faites point l'injure de vous défier à mort en notre présence et dans ces murs; mais offrez plutôt votre main dégantée au noble comte, et embrassez-vous comme preuve d'une mutuelle fidélité à la couronne d'Écosse.

— Il n'en sera point ainsi, milord, répondit March; vous pouvez m'ordonner de remettre mon gantelet, car il est, ainsi que l'armure à laquelle il appartient, aux ordres de Votre Majesté, tant que je tiendrai mon comté de la couronne d'Écosse; mais lorsque mon bras s'approchera de Douglas, ce sera avec une main armée. Adieu, sire : mes conseils sont inutiles ici, et ceux des autres si favorablement reçus, que peut-être un plus long séjour dans cette salle ne serait pas sans danger pour moi. Que Dieu protége Votre Altesse royale contre les ennemis qui se déclarent ouvertement et les amis qui cachent leur perfidie ! Je pars pour mon château de Dunbar, dont vous aurez peut-être bientôt des nouvelles. Adieu, milords d'Albany et de Douglas ; vous jouez un jeu hardi, tâchez de le jouer honnêtement. Adieu, pauvre jeune prince si léger, qui jouez comme un jeune faon sous la griffe d'un tigre. Adieu, tous ! George de Dunbar voit le mal auquel il ne peut remédier. Adieu !

Le roi allait parler, mais les paroles expirèrent sur ses lèvres lorsqu'il reçut du duc d'Albany un regard qui lui enjoignait le silence. Le comte de March quitta l'appartement, recevant les saluts muets des différens membres du conseil auxquels il s'était adressé, excepté de Douglas seul, qui répondit à son adieu par un regard de mépris.

— Le traître part pour nous vendre aux Anglais, dit-il ; toute sa fierté repose sur la possession de ce fort miné par la mer, et qui peut introduire nos ennemis dans le Lothian. Ne craignez rien, sire, je réponds pour ce que je dis. Cependant il en est temps encore, prononcez un mot, dites seulement :
— Arrêtez-le, et le comte de March ne traversera point l'Earn pour continuer son perfide voyage.

— Brave comte, dit Albany qui préférait voir ces deux puissans seigneurs contenus l'un par l'autre que de laisser accorder une supériorité décisive à l'un des deux, c'est un conseil trop hardi. Le comte de March est venu ici se reposant sur la promesse authentique du roi, qui lui sert de sauf-conduit; il ne convient pas à l'honneur de mon royal frère d'oublier cette promesse. Cependant si Votre Seigneurie peut donner des preuves détaillées...

Ici ils furent interrompus par des fanfares de trompettes.

— Sa Grace le duc d'Albany est scrupuleux aujourd'hui d'une manière qui lui est peu ordinaire, répondit Douglas. Mais il est inutile de parler en vain, il n'est plus temps, voici les trompettes de March, et je réponds qu'il galopera rapidement jusqu'à ce qu'il ait passé le pont du Sud. Nous entendrons parler de lui, et s'il en est ainsi que je le crois, nous ne le reverrons qu'avec toute l'Angleterre à sa suite.

— Qu'il nous soit permis de juger mieux le noble comte de March, dit le roi ; son caractère est impétueux, mais non pas vindicatif dans de certaines choses. Il a été, je ne dirai pas trompé, mais désappointé, et l'on doit lui pardonner plus qu'à un autre dans les circonstances présentes. Mais grace au ciel ! tous ceux qui sont ici maintenant sont de la même opinion et de la même famille ; ainsi notre conseil ne peut plus être troublé par la désunion. — Père prieur, prenez, je vous prie, ces écritures, car il faut que vous soyez notre clerc comme à l'ordinaire. — Maintenant aux affaires, milords, et nos premières délibérations doivent rouler sur cette révolte des hautes-terres.

— Le clan de Chattan et le clan de Quhele ou Kay, dit le prieur, sont sur le point de se déclarer une guerre plus formidable que jamais, suivant les derniers avis que nous avons reçus de nos frères de Dunkeld. Ces fils de Bélial ne parlent de rien moins que de s'entre-détruire les uns les autres. Leurs forces s'assemblent des deux côtés, et tous les parens jusqu'au dixième degré doivent se réunir au Brattach[1] de leur tribu, ou encourir la punition du feu et de l'épée. La Croix de Feu s'est montrée partout comme un météore ; elle a éveillé des tribus étrangères et inconnues au-delà des rivages du frith de Murray. Que le ciel et saint Dominique nous protégent ! Mais si Vos Seigneuries ne trouvent aucun remède à ce mal, il s'étendra de tous côtés, et le patrimoine de l'Eglise sera exposé à la rage de ces Amalécites qui n'ont pas plus d'amour pour le ciel que de pitié pour leurs voisins. Puisse Notre-

---

(1) Étendard, littéralement *cloth*, linge. — Éd.

Dame nous garder d'eux! On nous écrit que quelques-uns sont de véritables païens; qu'ils adorent Mahomet et Termagant.

— Milords et parens, dit Robert, nous avons entendu combien ce cas est urgent, et vous pouvez désirer connaître mes sentimens avant de m'instruire de ce que votre propre sagesse vous suggère. En vérité je ne vois point d'autre remède que d'envoyer deux plénipotentiaires avec le pouvoir nécessaire pour pacifier leurs querelles, et les engager à mettre bas les armes et à se garder de toute violence les uns envers les autres, sous peine d'être responsables devant la loi.

— J'approuve le projet de Votre Grace, dit Rothsay, et je certifie que le bon prieur ne refusera pas l'honorable mission de pacificateur. Son révérend frère, l'abbé des chartreux, enviera aussi un honneur qui ajoutera certainement deux éminentes recrues à l'immense armée des martyrs, puisque les montagnards font une bien faible différence entre les clercs et les laïques dans les ambassadeurs qu'on leur envoie.

— Royal lord de Rothsay, dit le prieur, si je suis destiné à la couronne du martyre, la Providence me conduira sans aucun doute sur la route où je dois l'obtenir. En attendant, si vous plaisantez en parlant de la sorte, je prie le ciel de vous pardonner et de vous donner assez de lumières pour voir qu'il serait plus honorable de consacrer vos armes à la défense de l'Église, maintenant dans un si grand danger, que d'employer votre esprit à railler ses ministres et ses serviteurs.

— Je ne raille personne, dit le jeune prince en bâillant, comme s'il était déjà ennuyé de ce sermon, ni ne refuse de prendre les armes. Cependant dans ce mois de février un manteau fourré convient mieux qu'un corselet d'acier; et il me coûte tellement de revêtir ce froid attirail dans une saison si froide, que je voudrais que l'Église envoyât un détachement de saints montagnards pour terminer cette querelle. Il y en a quelques-uns des hautes-terres bien connus dans ce district, et par conséquent habitués au climat; ils se battraient à la manière du joyeux saint George d'Angleterre.

Mais je ne sais trop comment cela se fait, on nous parle de leurs miracles lorsque nous venons les invoquer, de leur vengeance si nous violons le territoire de l'Église, tout cela pour nous exciter à des largesses; et cependant s'il arrive une bande d'une vingtaine de montagnards, les cloches, les livres, les cierges ne sont d'aucun usage, et le baron cuirassé est contraint de maintenir l'Église en possession des terres qu'il lui a données, tout comme s'il en recueillait encore les fruits.

— Fils Robert, dit le roi, vous donnez trop de licence à votre langue.

— Je me tais, répondit le prince; je n'avais pas le dessein de troubler Votre Altesse ni d'offenser le père prieur, qui avec tant de miracles à son service n'oserait tenir tête à une poignée de montagnards.

— Nous savons, dit le prieur avec une indignation contenue, de quelle source proviennent ces odieuses doctrines qui nous font horreur dans la bouche de Votre Altesse. Quand les princes conversent avec les hérétiques, leur esprit et leurs manières se corrompent également; alors ils se montrent dans les rues en compagnie avec des masques et des femmes de mauvaise vie, et dans le conseil comme les dépréciateurs de l'Église et des saintes croyances.

— Paix! bon père, dit le roi; Rothsay s'amendera pour avoir parlé légèrement. Hélas! laissez-nous tenir conseil d'une manière amicale, plutôt que de ressembler à une bande mutinée de marins dans un vaisseau qui fait naufrage, où chacun est plus occupé à quereller son camarade qu'à joindre ses efforts à ceux du capitaine pour la sûreté du bâtiment. — Milord Douglas, votre maison s'est toujours bien montrée quand la couronne d'Écosse exigeait ou de sages avis ou de prompts secours; j'espère que vous nous aiderez dans cette détresse.

— Je m'étonne, je l'avoue, de ce que cette détresse existe, répondit l'orgueilleux Douglas. Quand je fus institué lieutenant du royaume, quelques-uns de ces vils clans descendirent des monts Grampians. Je ne fatiguai point le conseil de cette affaire, mais j'ordonnai au shériff lord Ruthven de monter à cheval avec toutes les forces du carse[1], les Hays, les Lindsays, les Ogilvies, et d'autres gentilshommes. Par sainte Brigite! quand les cuirasses frisèrent le plaid, les fripons apprirent à quoi les lances étaient bonnes, et si les épées avaient un côté tranchant. Il y resta à peu près trois cents de leurs meilleures têtes, outre celle de leur chef Donald Cormac[2], dans le marais de Thorn et dans le bois de Rochinroy; un nombre égal fut pendu à la montée de Houghman[3], qui a conservé depuis cette journée le nom qu'elle porte aujourd'hui. C'est ainsi que dans mon pays on se conduit avec des drôles; et si de plus doux moyens peuvent mieux réussir avec ces coquins, qu'on ne blâme point Douglas d'avoir exprimé sa pensée. Vous souriez encore, milord de Rothsay. Puis-je vous demander comment j'ai pu une seconde fois exciter votre gaîté, avant que je réponde à votre première plaisanterie?

— Ne vous mettez point en colère, bon lord de Douglas, dit le prince, je souriais en pensant combien votre nombreux cortége diminuerait si l'on se conduisait avec tous les drôles comme avec ces pauvres montagnards à la montée de Houghman.

Le roi prit la parole pour prévenir la réponse de Douglas.

— Votre Seigneurie, dit-il, nous conseille avec beaucoup de sagesse de prendre les armes lorsque ces montagnards marcheront contre nos sujets en rase campagne; mais la difficulté est d'arrêter leurs désordres tandis qu'ils se tiennent cachés dans leurs montagnes. Je n'ai pas besoin de vous dire que le clan de Chattan et le clan de Kay sont de véritables confédérations, composées chacune de différentes tribus qui se sont réunies pour prendre part à la querelle générale. Il n'y a pas long-temps leurs dissensions ont couvert de sang tous les lieux où elles se sont rencontrées, soit en corps, soit individuellement. Le pays entier est ruiné par leurs révoltes continuelles.

(1) On appelle *carse* ou *kerss* une plaine basse, mais fertile, située généralement près d'une rivière, comme le carse de Gowrie, le carse de Stirling, etc., etc. — Éd.
(2) Quelques auteurs placent cette rencontre en 1443. — Éd.
(3) Houghman ou *haugman*, le bourreau. — Éd.

— Je ne vois point de mal, répondit Douglas, que les coquins se détruisent entre eux. Le gibier des hautes-terres augmentera en proportion que les hommes diminueront ; nous gagnerons comme chasseurs ce que nous perdrons comme guerriers.

— Dites plutôt que les loups augmenteront et remplaceront les hommes, répondit le roi.

— Je préférerais les loups affamés aux sauvages montagnards, reprit Douglas. Envoyez des forces suffisantes vers les frontières des montagnes, pour séparer un pays tranquille de celui qui est révolté ; renfermez le feu de la guerre civile dans les hautes-terres ; laissez-le s'étendre sans obstacle, et bientôt il s'éteindra de lui-même faute d'aliment. Les enfans seront plus humbles et obéiront plus promptement à un signe de Votre Majesté, que leurs pères, que les drôles qui existent aujourd'hui n'obéissent à vos ordres les plus sévères.

— C'est un conseil prudent mais irréligieux, répondit le prieur en secouant la tête. Ma conscience me défend de l'approuver. C'est de la prudence, mais c'est la prudence d'Achitophel, de la ruse mêlée de cruauté.

— Mon cœur me le dit aussi, reprit Robert en posant la main sur son sein ; mon cœur me dit que cette question me sera adressée au jour terrible : — Robert Stuart, où sont les sujets que je t'avais donnés ? Il me dit que je dois répondre d'eux tous, Saxons et Gaëls, habitans des montagnes, des plaines et des frontières ; qu'on ne me demandera pas seulement compte de ceux qui possédaient des biens et du savoir, mais encore de ceux qui volaient parce qu'ils étaient pauvres, et qui se révoltaient parce qu'ils étaient ignorans.

— Votre Grâce parle comme un roi chrétien, dit le prieur ; mais vous portez une épée aussi bien qu'un sceptre, et l'épée seule peut apporter un remède au mal présent.

— Ecoutez, milords, dit le jeune prince en relevant la tête comme s'il allait ouvrir un avis lumineux ; supposez que nous donnions à ces sauvages une leçon de chevalerie : il ne serait pas difficile d'amener ces deux grands commandans, le capitaine du clan de Chattan et le chef de la non moins noble race du clan de Quhele, à se défier l'un et l'autre à un combat à mort. Ils pourraient combattre ici à Perth. Nous leur prêterions des chevaux et des armures : ainsi leur querelle serait éteinte par la mort de l'un, ou probablement par celle des deux traîtres (car je suppose que l'un et l'autre se casseraient le cou dès la première charge); le désir religieux de mon père d'épargner le sang serait rempli, et nous aurions le plaisir d'assister au combat de deux chevaliers sauvages portant des hauts-de-chausses pour la première fois de leur vie, et montés sur des chevaux, ce qui ne s'est pas vu depuis le temps du roi Arthur.

— Fi, Robert! dit le roi, faites-vous du malheur de votre propre pays et de l'embarras de notre conseil un sujet de bouffonnerie?

— Je vous demande pardon, mon royal frère, dit Albany, mais quoique le prince mon neveu ait énoncé son avis d'une manière trop leste, je pense qu'on pourrait en extraire quelque chose qui serait d'un grand avantage dans ces malheureuses circonstances.

— Mon frère, reprit le roi, ce n'est pas bien de montrer toute la folie de Rothsay en répétant ses plaisanteries inconvenantes. Vous savez que les chefs de clans ne comprennent rien ni à la chevalerie, ni au costume, ni à la manière de combattre des chevaliers.

— Cela est vrai, royal frère, reprit Albany, cependant je parle sérieusement. Il est certain que les montagnards n'ont point comme nous l'usage de se battre en champ clos, mais ils en ont d'autres dont les résultats sont les mêmes. Ils courent les mêmes risques que nous en perdant ou en gagnant la partie. Qu'importe qu'ils se battent comme les Gaulois avec l'épée et la lance ainsi qu'il convient à des chevaliers, ou avec des sacs de sable comme les paysans d'Angleterre, ou qu'ils s'égorgent les uns les autres avec des couteaux et des poignards comme c'est leur barbare coutume? Leur usage ainsi que le nôtre confie toute dispute ou contestation de droits à la décision d'une bataille. Ils sont aussi vains qu'ils sont hardis, et l'idée d'être admis à combattre en présence de Votre Majesté et de celle de la cour les décidera promptement à s'en remettre de leur différent au sort d'une bataille, même en leur imposant des lois contraires à leurs usages ou en fixant le nombre des combattans. Nous prendrons garde de ne point les laisser approcher de la cour, excepté lorsqu'ils seront désarmés et en trop petit nombre pour oser nous inquiéter. Et lorsque nous serons sur nos gardes, plus le nombre des combattans sera grand, plus le carnage parmi les plus braves et les plus mutins sera considérable. Les montagnes alors seront tranquilles pour long-temps.

— Il y a bien du sang dans ce projet, mon frère, dit le roi, et je suis encore obligé de vous dire qu'il répugnerait à ma conscience de contempler le massacre de ces hommes grossiers qui ne sont pas plus éclairés que la plupart des païens.

— Leurs vies sont-elles plus précieuses, demanda le duc d'Albany, que celles de tant de seigneurs et de gentilshommes qui avec la permission de Votre Majesté combattent si souvent en champ clos, soit pour se faire justice eux-mêmes, soit pour acquérir de la gloire?

Le roi ainsi pressé avait peu de chose à répondre contre cette coutume de l'épreuve par le combat, coutume tolérée par les lois du royaume et approuvée par celles de la chevalerie. Il dit cependant : — Dieu sait que je n'ai jamais accordé les permissions dont vous me parlez qu'avec la plus grande répugnance, et que je n'ai jamais vu de gentilshommes verser leur sang dans leurs querelles sans avoir désiré pouvoir les apaiser au prix du mien.

— Mais, gracieux souverain, dit le prieur, si nous ne suivons pas les projets adroits de milord d'Albany, il me semble que nous devons avoir recours aux moyens du comte de Douglas, et au risque du succès douteux du combat et avec la certitude de perdre de fidèles sujets, se servir de l'épée de l'habitant des plaines pour l'œuvre que les féroces montagnards ne manqueront pas d'accomplir eux-mêmes dans leur propre pays. — Que dit milord de Douglas des plans politiques de Sa Grace le duc d'Albany?

— Douglas, dit l'orgueilleux seigneur, ne conseille jamais d'user d'adresse lorsque l'on peut employer la force ouverte. Il conserve son opinion et son désir de marcher à la tête de ses vassaux et de ceux des barons de Perthshire. Il mettra les montagnards à la raison ou les forcera à la soumission; et s'il n'y réussit pas, il laissera le corps d'un Douglas dans leurs déserts sauvages.

— C'est noblement pensé, milord de Douglas, dit Albany, et le roi a bien raison de compter sur ton cœur valeureux et sur le courage de ceux qui suivent tes étendards. Mais ne voyez-vous pas que bientôt vous pourrez être appelé dans d'autres lieux où votre présence et vos services pourront être plus utiles à votre roi et à l'Ecosse? N'avez-vous pas remarqué l'air sombre avec lequel l'impétueux comte de March assura notre souverain de sa foi et de sa fidélité tant qu'il serait vassal de la couronne d'Ecosse? et n'avez-vous pas craint vous-même qu'il ne formât le projet de se donner à l'Angleterre? D'autres chefs moins puissans et d'un nom moins illustre peuvent se mesurer avec des montagnards. Mais si March introduit les Percys et leurs Anglais dans le royaume, qui les chassera si Douglas est ailleurs?

— Mon épée, répondit Douglas, est également au service de Sa Majesté sur les frontières ou dans les plus profondes retraites des montagnes; j'ai vu déjà le fier Percy et George de Dunbar tourner le dos, et je puis les revoir encore, si le bon plaisir du roi veut que je me dispose à prévenir l'alliance probable de l'étranger et du traître; mais plutôt que de confier à une main inférieure ou plus faible la tâche importante de pacifier les montagnes, j'adopte le projet de milord d'Albany de laisser ces sauvages s'égorger les uns et les autres, sans importuner les barons et les chevaliers du soin de leur donner la chasse.

— Milord de Douglas, dit le jeune prince qui semblait déterminé à n'omettre aucune occasion d'humilier son orgueilleux beau-père, ne veut pas nous laisser à nous autres pauvres habitans des plaines, même la pauvre gloire que nous pourrions recueillir aux dépens des bandits des hautes-terres, tandis que lui recueille déjà en idée une moisson de victoires aux dépens des Anglais; mais Percy a vu le dos de certains hommes aussi bien que Douglas, et j'ai entendu dire que souvent ceux qui partaient pour tondre la laine revenaient tondus.

— Manière de parler, reprit Douglas, bien digne d'un prince qui parle d'honneur avec la mallette d'une femme de mauvaise vie à sa toque, comme une faveur précieuse.

— Pardonnez-moi, milord, dit Rothsay, mais ceux qui sont mariés d'une manière qui ne leur convient pas sont peu difficiles sur le choix de nouvelles amours. Le chien enchaîné doit se contenter de l'os qui est le plus près de lui.

— Rothsay! malheureux enfant! s'écria Robert, devenez-vous fou? ou voulez-vous attirer sur votre tête toute la colère d'un roi et d'un père?

— Je deviens muet dès que Votre Grace l'ordonne, répondit le prince.

— Maintenant, milord Albany, reprit le roi, puisque tel est votre avis et que le sang écossais doit couler, comment pourrons-nous engager ces hommes grossiers à consentir au combat que vous proposez?

— Avant de répondre à Votre Grace, dit Albany, il faut de plus mûres délibérations. Mais la tâche ne sera pas difficile : avec de l'or on pourra séduire quelques-uns de leurs bardes, de leurs principaux conseillers et de leurs orateurs, et il sera nécessaire de faire entendre aux chefs de ces deux ligues que s'ils ne consentent pas à cet arrangement amiable...

— Amiable! dit le roi avec expression.

— Oui, amiable, sire, reprit Albany, car il vaut mieux que le pays achète la paix aux dépens de quelques vingtaines de montagnards que de continuer la guerre jusqu'à ce qu'autant de milliers d'hommes soient détruits par l'épée, le feu, la famine et tous les maux de la guerre civile. Pour revenir à notre dessein, je pense que le premier parti auquel cet accommodement sera proposé y consentira avec joie; que l'autre aurait honte alors de refuser de confier sa cause à la valeur des plus braves. La haine et la vanité les empêcheront de deviner nos motifs, et ils seront plus ardens à se tailler en pièces que nous à les encourager. Maintenant que j'ai rempli ma tâche autant que mes conseils pouvaient être utiles, je me retire.

— Restez encore un instant, dit le prieur. Et moi aussi j'ai un secret à révéler, et d'une nature si noire, si horrible, que le cœur religieux de Votre Grace pourra à peine le comprendre; et je le découvre avec chagrin, parce que je suis persuadé (comme il est certain que je suis un indigne serviteur de saint Dominique) qu'il est la cause de la colère du ciel contre ce malheureux pays; colère par laquelle nos victoires sont changées en défaites, notre joie en deuil, nos conseils troublés par la désunion, et l'Écosse dévorée par la guerre civile.

— Parlez, révérend père, dit le roi; assurément si la cause de ce mal est en moi ou dans ma famille, je me charge d'y apporter remède.

Il prononça ces mots d'une voix faible et attendit avec anxiété la réponse du prieur, craignant sans doute qu'il ne dévoilât quelques nouveaux vices ou quelque nouvelle folie du duc de Rothsay. Son appréhension le trahit peut-être quand il crut voir les yeux du moine s'arrêter un instant sur le prince avant de dire d'un ton solennel : — L'hérésie, mon noble et gracieux souverain, l'hérésie est parmi nous. Elle ravit les ames à la congrégation, les unes après les autres, comme les loups ravissent les agneaux dans la bergerie.

— Il y a cependant assez de bergers pour garder les moutons, dit le duc de Rothsay. Quatre couvens de moines réguliers seulement, sans compter le clergé séculier. Il me semble que lorsqu'une aussi bonne garnison est dans une ville, on ne doit pas craindre l'ennemi.

— Un traître dans une garnison, répondit le prieur, pourrait détruire à lui seul la sécurité d'une ville, fût-elle gardée par des légions ; et si ce traître est, soit par légèreté, soit par amour de la nouveauté ou n'importe quel autre motif, protégé et nourri par ceux qui devraient être les plus empressés à le chasser de la forteresse, chaque jour il trouvera de nouvelles occasions de faire le mal.

— Vous semblez vouloir désigner quelqu'un ici présent, père prieur, dit Douglas. Si c'est moi, vous m'injuriez à tort. Je sais que l'abbé d'Aberbrothock s'est plaint de moi, parce que je ne souffrais pas que son bétail devînt trop nombreux pour ses pâturages, ni que des monceaux de grains fissent écrouler les greniers du monastère, tandis que nos gens manquent de bœufs et leurs chevaux d'avoine. Mais il me semble que ces pâturages et ces champs si productifs ne furent point donnés par mes ancêtres au couvent d'Aberbrothock avec l'idée que leurs descendans mourraient de faim au milieu de cette abondance. Et cela ne sera pas, par sainte Brigite ! Mais quant à l'hérésie et aux fausses doctrines, ajouta le comte en frappant lourdement avec sa large main sur la table du conseil, où est-il celui qui ose en accuser Douglas? Je ne voudrais pas voir de pauvres gens brûlés pour des pensées légères, mais mon bras et mon épée seront toujours prêts à soutenir la foi chrétienne.

— Je n'en doute pas, milord, repartit le prieur, cela fut toujours ainsi dans votre noble maison. Quant aux plaintes de l'abbé, nous nous en occuperons une autre fois ; ce que je désire maintenant c'est une commission donnée à un des principaux seigneurs de l'état, qui s'adjoindrait aux membres de la sainte Église pour soutenir par la force, si cela était nécessaire, les perquisitions que le révérend official des limites et d'autres prélats au nombre desquels, moi indigne, je me compterai, ont l'intention de faire touchant la cause des nouvelles doctrines qui corrompent la pureté de la foi, trompent le simple et méprisent le saint père et ses révérends prédécesseurs.

— Que le comte de Douglas reçoive une commission royale à cet effet, dit Albany, et qu'aucun ne soit à l'abri de sa juridiction, excepté la personne du roi. Pour ma part, quoique je sois certain de n'avoir jamais, soit en action soit en pensée, reçu ou encouragé une doctrine que la sainte Église n'a pas sanctionnée, cependant je rougirais de réclamer une immunité comme appartenant au sang royal d'Écosse, dans la crainte de paraître chercher un refuge contre un crime aussi horrible.

— Je ne veux rien avoir à démêler dans ces questions, répondit Douglas ; marcher contre les Anglais et le traître Dunbar est une tâche assez forte pour moi. De plus je suis un véritable Écossais, et je ne désire pas que l'église d'Écosse s'humilie davantage encore sous le joug de Rome, ni que la couronne d'un baron s'abaisse devant la mitre et le capuchon. Ainsi, noble duc d'Albany, placez votre nom sur la commission, et je prie Votre Grace de mitiger le zèle des membres de la sainte Église qui seront associés avec vous, afin qu'on ne passe point les bornes ; car l'odeur d'un fagot sur le Tay ramènerait Douglas, fût-il sous les murs d'York.

Le duc se hâta d'assurer que la commission serait exercée avec prudence et modération.

— Sans aucun doute, dit le roi Robert. La commission doit avoir de grands droits, et si cela était convenable à la dignité de notre couronne, nous ne dédaignerions pas sa juridiction ; mais nous espérons que tandis que les foudres de l'Église seront dirigées contre les vils auteurs de ces détestables hérésies, on n'agira qu'avec douceur et compassion envers les malheureuses victimes de leurs perfides séductions.

— C'est ainsi que se conduit toujours la sainte Église, milord, dit le prieur de Saint-Dominique.

— Ainsi, que la commission soit expédiée suivant les règles au nom de notre frère d'Albany et de ceux qui seront trouvés propres à ces fonctions, dit le roi. Notre conseil est levé. Rothsay, viens avec moi ; prête-moi ton bras, je veux te parler en particulier.

— Ho, là ! s'écria le prince du même ton avec lequel il se serait adressé à son cheval.

— Que veut dire ce grossier jargon? dit le roi. Rothsay, n'auras-tu jamais ni raison ni courtoisie?

— Ne pensez pas que j'aie voulu offenser Votre Grace, répondit Rothsay ; mais nous nous séparons sans avoir délibéré sur l'aventure de cette main morte que Douglas a si galamment tirée de sa poche. Nous ne serons pas à notre aise ici et à Perth, si nous sommes en guerre avec les citoyens.

— Laissez-moi cette affaire, dit Albany. Avec quelques faibles dons de terre et d'argent, et beaucoup de belles paroles, les bourgeois s'apaiseront pour cette fois ; mais il serait bien de recommander aux barons que leur devoir retient à la cour, ainsi qu'à leurs gens, de respecter la paix de la ville.

— Certainement cela doit être ainsi, dit le roi ; que des ordres sévères soient donnés à cet égard.

— C'est accorder trop de faveur à ces vilains, reprit Douglas ; mais que cela soit suivant les désirs de Votre Altesse. Je prends la permission de me retirer.

— Mais non pas avant que vous ayez goûté d'un flacon de vin de Gascogne, milord, dit le roi.

— Pardonnez-moi, répliqua le comte : je ne suis point altéré, et je ne bois jamais par mode, mais seulement par amitié ou par besoin. En parlant ainsi il s'éloigna.

Le roi, comme s'il se trouvait heureux d'être débarrassé de sa présence, se tourna vers Albany et dit : — Maintenant, milord, nous devrions gronder ce jeune drôle de Rothsay. Cependant il nous a si bien servi dans notre conseil, que ce mérite nous rendra un peu plus indulgent pour ses folies.

— Je suis heureux de l'apprendre, dit Albany avec un air de pitié et d'incrédulité, comme s'il ne devinait pas ce service supposé.

— Mon frère, vous comprenez difficilement, répondit le roi, car je ne veux pas penser que vous êtes jaloux. N'avez-vous pas remarqué que c'est Rothsay qui a donné le premier l'idée d'un combat entre les montagnards? Votre expérience, il est vrai, a revêtu le projet d'une forme plus convenable et il a été généralement approuvé. Encore tout à l'heure nous allions nous séparer, oubliant de délibérer sur une affaire sérieuse, et c'est lui qui nous a fait souvenir de la querelle avec les citoyens de Perth.

— Je ne doute pas, sire, dit le duc d'Albany avec le ton d'approbation qu'il savait devoir plaire au roi, que mon royal neveu ne possède un jour la sagesse de son père.

— Ou bien, répondit le duc de Rothsay, je trouverai peut-être plus aisé d'emprunter d'un autre membre de ma famille cet heureux et commode manteau d'hypocrisie qui couvre tous les vices et grace auquel peu importe qu'ils existent ou qu'ils n'existent pas.

— Milord prieur, dit le duc s'adressant au dominicain, nous vous demandons de vous retirer pour un moment : le roi et moi nous avons plusieurs choses à dire au prince qui ne peuvent être entendues même de vous.

Le prieur s'inclina et quitta l'appartement.

Lorsque les deux frères et le prince furent seuls, le roi parut chagrin et embarrassé, Albany morne et pensif, tandis que Rothsay lui-même essayait de cacher l'anxiété de son esprit sous son air habituel de légèreté. Il y eut un silence d'une minute, et Albany prit la parole.

— Mon royal frère, dit-il, le prince mon neveu reçoit avec tant de méfiance toutes les représentations qui viennent de ma bouche, que je prie Votre Majesté de prendre la peine de lui dire ce qu'il est nécessaire qu'il sache.

— Ce doit être une communication bien désagréable en vérité, dit le prince, puisque milord d'Albany ne peut en envelopper le sens dans des paroles mielleuses.

— Paix, effronté jeune homme, dit le roi en colère. Vous avez parlé tout à l'heure de la querelle avec les citoyens : qui a été cause de cette querelle, Robert ? quels sont les hommes qui ont brisé les fenêtres d'un habitant paisible notre vassal ? quels sont-ils ceux qui ont troublé la tranquillité de la nuit par la lumière des torches et par le bruit de la débauche, et qui ont exposé nos sujets au danger et à l'effroi ?

— Plutôt à la crainte qu'au danger, j'imagine, répondit le

prince. Mais comment puis-je vous apprendre quels sont les hommes qui ont occasionné ce trouble nocturne?

— Il y avait parmi eux un personnage de ta suite, reprit le roi ; un homme de Bélial, que je condamnerai à une punition sévère.

— Je n'ai point de serviteurs, à ma connaissance, capables d'encourir le déplaisir de Votre Altesse.

— Je veux de la franchise, jeune homme. Où étais-tu la veille de la Saint-Valentin?

— Il est à supposer que j'étais à servir le bon saint comme un homme religieux doit le faire, répondit le prince négligemment.

— Le prince mon neveu voudra-t-il nous apprendre où était son écuyer la veille de cette bonne fête? dit le duc d'Albany.

— Parle, Robert, je t'ordonne de parler, dit le roi.

— Ramorny était employé à mon service. Je crois que cette réponse peut satisfaire mon oncle.

— Mais elle ne me satisfait pas, moi, dit le père mécontent. Dieu sait que je n'ai jamais désiré de faire couler le sang, mais j'aurai la tête de ce Ramorny si la loi peut me la donner. Il a été le compagnon et le conseiller de tes vices et de tes folies ; je m'arrangerai de manière à ce qu'il ne le soit plus. Appelle Mac Louis avec un garde.

— Ne condamnez point un homme innocent, dit le prince résolu à tous les sacrifices pour préserver son favori du danger qui le menaçait. Je vous donne ma parole que Ramorny était employé à mon service, et par conséquent ne pouvait être mêlé dans cette querelle.

— Tu prétends m'en imposer par une fausse équivoque, dit le roi en présentant une bague au prince. Regarde le cachet de Ramorny, perdu dans cette infâme querelle. Il tomba dans les mains d'un des gens de Douglas et fut remis à mon frère par le comte. N'intercède point pour Ramorny, c'est un homme mort. Fuis de ma présence et repens-toi d'avoir osé, dans ta vicieuse assurance, affronter la colère d'un roi avec un mensonge sur tes lèvres. Honte à vous, Robin! honte!

Comme fils, vous avez trompé votre père ; comme chevalier, vous avez menti au chef de votre ordre.

Le prince était muet devant le roi, la conscience troublée, et convaincu qu'il avait eu tort. Il donna carrière alors aux sentimens honorables qui étaient toujours au fond de son cœur, et se jeta aux pieds de son père.

— Le chevalier qui s'est permis un mensonge, dit-il, mérite d'être dégradé ; le sujet déloyal mérite la mort. Mais permettez à un fils de supplier son père d'accorder le pardon d'un serviteur qui ne l'a point conduit dans le mal, mais qui s'y est plongé lui-même avec répugnance, pour obéir aux ordres de son maître. Laissez-moi porter tout le poids de la juste punition de mes folies, mais épargnez ceux qui en ont été les instrumens plutôt que les complices. Souvenez-vous que ce fut ma sainte mère qui plaça elle-même Ramorny à mon service.

— Ne la nommez pas, Robin, je vous le défends, dit le roi ; elle est heureuse de ne point avoir vu le fils de son amour déshonoré par ses vices et coupable de mensonge.

— Je suis en effet indigne de la nommer, répondit le prince ; cependant, mon cher père, c'est en son nom que je demande la grace de Ramorny.

— Si je puis offrir mes conseils, dit le duc d'Albany qui s'apercevait qu'une réconciliation aurait bientôt lieu entre le père et le fils, je conseillerais que Ramorny fût congédié de la maison du prince et de sa société, avec la punition que son imprudence mérite. Le public sera satisfait de sa disgrace, et l'affaire s'arrangera facilement si Son Altesse n'essaie point de dérober son serviteur à la justice.

— Consentez-vous, Robin, dit le roi d'une voix tremblante et les yeux remplis de larmes, à chasser cet homme dangereux ? y consentez-vous pour moi, qui vous sacrifierais ma vie avec joie ?

— Je le ferai, mon père ; je vais le faire à l'instant, répondit le prince ; et saisissant la plume il écrivit le congé de Ramorny et le remit entre les mains du duc d'Albany. Je voudrais pouvoir remplir tous vos désirs aussi facilement, mon père, ajouta le prince, et il se jeta une seconde fois aux pieds du roi, qui le releva aussitôt et le serra dans ses bras avec tendresse.

Albany contemplait cette scène d'un air sombre, et gardait le silence ; quelques minutes s'écoulèrent ainsi, et il dit : — Ce différent s'étant si heureusement terminé, qu'il me soit permis de demander à Sa Majesté si elle assistera aux complies dans la chapelle.

— Certainement, dit le roi ; n'ai-je pas des remerciemens à adresser à Dieu qui a rétabli l'union dans ma famille? Vous viendrez avec nous, mon frère.

— Si Votre Grace m'accorde la permission de m'absenter, répondit le duc, je vais aller me concerter avec Douglas et quelques autres seigneurs sur la meilleure manière d'attirer ces vautours de montagnards dans notre piége.

Albany quitta l'appartement pour songer à ses ambitieux projets, tandis que le roi et son fils assistèrent au service divin et remercièrent Dieu de leur heureuse réconciliation.

CHAPITRE XIV.

Dans un des premiers chapitres nous nous sommes trouvés près du confessionnal du roi d'Écosse. Maintenant nous allons reproduire devant nos lecteurs une situation à peu près semblable, quoique le lieu de la scène et les personnages soient entièrement différens. Au lieu de l'appartement simple et gothique d'un monastère, nous avons devant les yeux un des plus beaux points de vue de l'Écosse, s'étendant au-dessous de la montagne de Kinnoul. Au pied d'un roc qui commandait cette perspective dans chaque direction, la Jolie Fille de Perth était assise, écoutant avec une dévote attention les instructions d'un moine chartreux, couvert de sa robe blanche et de son scapulaire. Il venait de terminer un discours auquel il ajoutait une prière, et sa prosélyte se joignait dévotement à lui.

Quand leurs dévotions furent finies le prêtre s'assit, et resta pendant quelques minutes les yeux fixés sur ce magnifique tableau, qui conservait toutes ses beautés malgré une saison encore froide. Enfin il s'adressa à sa compagne.

— Quand je contemple, dit-il, cette terre variée, avec ses châteaux, ses églises, ses couvens et ses places fortes, ces champs fertiles, ces hautes forêts et cette noble rivière, je ne sais pas, ma fille, ce qui doit le plus m'étonner de la bonté de Dieu ou de l'ingratitude des hommes. Il nous a donné une terre belle et fertile, et nous avons fait de cette terre un cimetière et un champ de bataille. Il nous a donné le pouvoir sur les élémens, l'adresse d'élever des maisons pour notre bien-être et notre défense, et nous en avons fait des cavernes de voleurs et des lieux de débauches.

— Et cependant, mon père, dit Catherine, il y a sur la terre bien des lieux où l'on pourrait vivre tranquille, même dans la belle contrée qui est devant nos yeux. Là-bas quatre couvens, avec leurs églises et leurs tours, qui semblent dire d'une voix éclatante aux citoyens de la ville de songer à leurs devoirs de religion. Les habitans de ces demeures se sont séparés du monde, de son ambition, de ses plaisirs, pour se dévouer entièrement au service du ciel ; et tout, autour de nous, témoigne que si l'Écosse est une terre de sang et de crimes, elle est cependant convaincue des devoirs que la religion exige des hommes.

— Ce que vous dites, ma fille, a l'apparence de la vérité ; néanmoins lorsqu'on peut en juger de plus près, on trouve malheureusement moins de bonheur dans les lieux dont vous venez de parler. Il est vrai qu'il fut une époque du monde chrétien où des hommes respectables existant du travail de leurs mains s'étaient rassemblés, non pour vivre dans l'aisance ni reposer sur des lits moelleux, mais pour s'affermir les uns les autres dans la foi chrétienne, et enseigner au peuple la parole de Dieu. Sans doute il existe encore des hommes semblables à ceux-là, dans les saints édifices sur lesquels nous arrêtons nos regards; — mais il est à craindre que la charité se soit refroidie dans le plus grand nombre. Les hommes d'église sont devenus riches, tant par les dons des personnes pieuses que par ceux des méchans qui les ont offerts dans leur ignorance, s'imaginant obtenir en dotant les églises un pardon que le ciel n'accorde qu'au pénitent sincère. A mesure que l'Eglise devint riche, ses doctrines devinrent plus indulgentes et plus obscures, comme une lumière paraîtrait moins brillante placée dans une lampe enchâssée d'or qu'elle ne le serait sous un simple verre. Dieu sait que si je vois toutes ces choses et si je les remarque, ce n'est point pour me singulariser ni pour devenir un docteur dans Israël; mais parce que le feu qui brûle dans mon sein ne me permet plus de garder le silence. J'obéis aux règles de mon ordre, et ne m'écarte point de ses austérités; qu'elles soient essentielles à notre salut, ou de simples formalités adoptées pour suppléer au manque de pénitence et d'une sincère dévotion, n'importe : j'ai promis, j'ai fait plus, j'ai juré de les observer; elles seront respectées par moi, d'autant plus qu'en m'élevant contre elles on pourrait croire que je désire les commodités de la vie. Le ciel m'est témoin que j'attacherais une bien légère importance à ce que mon corps pourrait souffrir, si l'Église recouvrait sa pureté première et la discipline religieuse son ancienne simplicité.

— Mais, mon père, pour ces opinions seules on vous appelle un Lollard et un disciple de Wicleff[1]. On dit que vous voulez détruire les églises et les couvens et rétablir la religion des païens.

— C'est pour cela, ma fille, que je suis forcé de chercher un refuge au milieu des montagnes et des rochers, et de vivre parmi les habitans des hautes-terres, qui malgré leurs mœurs

---

(1) Walter Lollard, chef de la secte des Lollards, était né en Angleterre vers la fin du troisième siècle : il prêcha contre la discipline et les cérémonies de l'Église, fut arrêté en Allemagne, et périt sur un bûcher.

John Wicleff, hérésiarque des mêmes opinions que Lollard, et chef des Wicléfites, était son contemporain : il a été appelé l'Étoile du matin de la réforme, etc. — Éd.

sauvages approchent plus de l'état de grace que ceux que je laisse derrière moi. Leurs crimes sont ceux de l'ignorance et non de la présomption. Je n'omettrai aucun des moyens que le ciel me suggérera pour échapper à leur cruauté ; car tant que la bonté de Dieu me retiendra sur la terre, je croirai que c'est un signe qu'il me reste encore un devoir à remplir ; mais quand la volonté de mon maître en décidera, il sait avec quel plaisir Clément Blair, animé d'une divine espérance, changera cette misérable vie contre celle qui nous est promise dans un monde plus heureux. Mais pourquoi regardes-tu si attentivement vers le nord, ma fille? Tes jeunes yeux sont plus prompts que les miens. Vois-tu quelqu'un venir de notre côté?

— Je regarde, mon père, si le jeune montagnard ne paraît pas... Conachar, celui qui doit être votre guide à travers les montagnes, et dont le père peut vous offrir une retraite grossière mais sûre. Il me l'a souvent promis lorsque nous parlions ensemble de vous et de vos leçons; je crains qu'il ne soit maintenant avec des gens qui le lui feront promptement oublier.

— Le jeune homme a en lui des étincelles de la grace, dit le père Clément, quoiqu'il soit d'une race trop fidèle à ses mœurs féroces et sauvages pour supporter avec patience les contraintes imposées par la religion ou les lois de la société. Tu ne m'as jamais dit, ma fille, comment ce jeune homme est venu habiter la maison de ton père ; c'est une chose également contraire aux usages des montagnes et à ceux de la ville.

— Tout ce que je sais, répondit Catherine, c'est que le père de Conachar est un homme d'importance parmi les montagnards, et qu'il demanda comme une faveur que mon père qui avait eu quelques relations avec lui à cause de son commerce gardât son fils chez lui pendant quelque temps. Il y a deux jours ils se séparèrent, et il retourna dans ses montagnes.

— Et comment, ma fille, avez-vous pu conserver de tels rapports avec lui, et savoir dans quels lieux l'envoyer chercher pour lui demander de me rendre service? Certainement j'ai lieu d'être surpris qu'une fille possède autant d'influence sur un jeune sauvage comme ce montagnard.

Catherine rougit, et répondit en hésitant :

— Si j'ai quelque influence sur Conachar, Dieu est témoin que je ne l'ai employée que pour modérer son caractère altier et le faire plier devant les lois de la civilisation. Il est vrai aussi, mon père, que je supposais depuis long-temps que vous seriez obligé de prendre la fuite, et que j'étais convenue avec lui que nous nous rencontrerions dans ce lieu aussitôt qu'il aurait reçu de moi un messager et un gage que je lui envoyai hier. Le messager était un garçon agile de son propre clan, qu'il envoyait souvent en commission dans les hautes-terres.

— Et dois-je comprendre, ma fille, que ce jeune homme si beau ne vous intéressait que par le désir que vous éprouviez d'éclairer son esprit et de réformer ses manières ?

— Il en est ainsi, mon père, et point autrement, répondit Catherine. Peut-être ai-je eu tort d'entretenir une telle intimité avec lui, même pour son bien et son instruction ; mais nos conversations n'ont jamais eu un autre but.

— Alors je me suis trompé, ma fille ; mais je croyais avoir aperçu depuis quelque temps un changement dans vos desseins, et quelques regards d'envie jetés sur le monde que vous vouliez abandonner autrefois.

Catherine pencha la tête, rougit vivement encore, et dit :

— Vous-même, mon père, vous me conseilliez de ne point prendre le voile.

— Je n'approuverais pas davantage ce projet aujourd'hui, mon enfant ; le mariage est un état honorable, ordonné par le ciel pour perpétuer la race humaine. Et je n'ai point lu dans l'Ecriture, comme les inventions de l'homme l'ont affirmé depuis, que le célibat est un état supérieur et privilégié, mais je suis aussi jaloux de ta gloire, mon enfant, qu'un père peut l'être de sa fille unique, et je ne voudrais pas que tu sacrifiasses ta destinée à quelque homme indigne de toi. Ton père, moins difficile que je ne le serais à ton égard, approuve les prétentions de ce vaillant batailleur qu'on appelle

Henry du Wynd. Il est riche, cela peut être ; mais celui qui fréquente une société légère et débauchée, mais un batailleur qui verse le sang humain aussi facilement que de l'eau, peut-il être un mari convenable pour Catherine Glover? et cependant chacun parle de leur union prochaine.

Les joues de la Jolie Fille de Perth devinrent alternativement rouges et pâles, tandis qu'elle se hâta de répondre :

— Je ne pense point à lui ; quoiqu'il soit vrai que depuis long-temps quelques politesses aient été échangées entre nous parce qu'il est l'ami de mon père, et que suivant l'usage du temps il est mon Valentin.

— Votre Valentin, mon enfant ! et comment votre prudence et votre modestie naturelles, jointes à la délicatesse de votre sexe, ont-elles pu supporter de telles relations avec un homme semblable à cet armurier? Croyez-vous que saint Valentin qui était un homme pieux, un évêque chrétien, inventa jamais une coutume aussi légère, aussi inconvenante? Elle prit plutôt son origine dans le culte que les païens rendaient à Flore et à Vénus, lorsque les mortels déifiaient leurs passions et s'étudiaient à les exciter plutôt qu'à leur imposer un frein.

— Mon père, dit Catherine d'un ton plus mécontent que celui qu'elle avait l'habitude de prendre en parlant au chartreux, je ne comprends pas pourquoi vous me reprochez aussi sévèrement de me soumettre à un usage général autorisé par l'habitude et sanctionné par l'approbation de mon père; je ne puis qu'éprouver de la peine de ce que vous interprétez si mal mes plus simples actions.

— Pardonnez-moi, ma fille, reprit le religieux avec douceur, si je vous ai offensée. Mais cet Henry Smith est un homme hardi, licencieux, auquel vous ne pouvez accorder aucune intimité sans vous exposer à voir interpréter votre conduite d'une manière plus cruelle encore, à moins cependant que votre dessein ne soit de l'épouser, et cela le plus tôt possible.

— N'en parlez plus, mon père, dit Catherine ; vous me

faites plus de mal que vous ne pensez m'en faire, et peut-être me laisserais-je aller à vous répondre d'une manière qui ne me convient pas. J'ai déjà trop de sujet de me repentir de m'être soumise à un usage si frivole. En tout cas croyez que Henry Smith ne m'est rien, et que même l'intimité qui était résultée de la fête de Saint-Valentin ne peut plus avoir de suites.

— Je suis heureux de vous entendre parler ainsi, ma fille, et je dois maintenant traiter un autre sujet qui me cause encore plus d'inquiétudes à votre égard. Vous ne pouvez pas l'ignorer, mais je souhaiterais qu'il ne fût pas nécessaire de parler d'une chose si dangereuse, même entourés comme nous le sommes de ces rochers, de ces collines et de ces pierres.

— Mais il faut que cela soit. — Catherine, vous avez un amant du plus haut rang parmi les fils des plus illustres familles d'Écosse.

— Je le sais, mon père, répondit Catherine avec tranquillité, et je souhaiterais que cela ne fût pas.

— Je le voudrais aussi si je voyais seulement dans Catherine un enfant de la folie comme le sont la plupart des jeunes femmes à son âge, surtout lorsqu'elles possèdent le don fatal de la beauté; mais puisque tes charmes, pour parler le langage d'un monde frivole, ont captivé un amant d'un tel rang, tes vertus et ta sagesse conserveront sur l'esprit du prince l'influence acquise par ta beauté.

— Mon père, reprit Catherine, le prince est un amant dont l'amour ne tend qu'à ma perte. Vous étiez effrayé dans l'instant de l'imprudence avec laquelle j'avais accepté les soins d'un homme dont le rang est égal au mien, et vous parlez maintenant avec complaisance de la scandaleuse affection que l'héritier de la couronne d'Écosse ose déclarer pour moi; vous savez qu'il y a deux nuits, escorté des compagnons de ses débauches, il m'eût enlevée de la maison de mon père si je n'avais point été sauvée par ce hardi Henry Smith qui, s'il est trop prompt à affronter le danger dans la plus légère occasion, est toujours prêt à exposer sa vie pour secourir l'innocence ou résister à l'oppression. Il est de mon devoir de lui rendre cette justice.

— Je dois le savoir en effet puisque c'est ma voix qui l'appela à votre secours. J'avais vu en passant près de votre porte ceux qui voulaient attaquer votre maison, et je me hâtais d'aller chercher l'assistance du pouvoir civil lorsque j'aperçus un homme qui venait lentement devant moi. Craignant que ce ne fût quelqu'un placé en embuscade, je me cachai derrière un des piliers de la chapelle de Saint-Jean, et regardant avec plus d'attention, je reconnus Henry Smith. Il me fut facile de deviner où il allait ; je l'appelai, je lui appris ce que j'avais vu, d'une manière qui lui fit doubler le pas.

— Je vous en suis reconnaissante, mon père ; mais toutes ces choses et le langage du duc de Rothsay lorsqu'il s'adressa à moi montrent que le prince est un jeune homme livré au libertinage, qui se porterait à toutes les extrémités pour satisfaire une passion d'un moment, sans calculer les malheurs qui en résulteraient pour moi. Son émissaire Ramorny a même eu l'insolence de me dire que mon père en souffrirait le premier si je préférais devenir la femme d'un honnête homme plutôt que l'indigne maîtresse d'un prince marié. Je ne vois point d'autre remède que de prendre le voile, ou de courir le risque de ma propre perte et de celle de mon pauvre père. Quand même il n'y aurait pas d'autres raisons, la terreur que m'inspirent les menaces d'un homme malheureusement si capable de tenir sa parole serait suffisante pour m'empêcher de devenir la femme d'aucun honnête homme : ce serait comme si j'ouvrais sa porte pour y admettre des assassins. O bon Dieu ! quel partage est le mien ! suis-je donc destinée à causer le malheur de mon père et de celui au sort de qui je pourrais unir mon malheureux sort !

— Ne te plains pas, ma fille, répondit le moine ; il y aura encore du bonheur pour toi, même dans cette détresse apparente. Ramorny est un traître qui abuse de la confiance de son maître. Le prince est il est vrai frivole et dissipé ; mais ou bien on en impose à mes cheveux gris, ou son caractère va bientôt changer. On lui a montré la bassesse de son favori, et il regrette profondément d'avoir suivi ses mauvais conseils. Je crois, ou plutôt je suis convaincu, que sa passion pour vous en deviendra plus pure et plus noble, et que les leçons qu'il a reçues de moi sur la corruption de l'Eglise et sur celle du siècle vont pénétrer dans son cœur, et y produiront des fruits qui étonneront et réjouiront le monde. Si vos lèvres lui répètent les mêmes leçons, d'anciennes prophéties ont dit que Rome serait renversée par la parole d'une femme.

— Ce sont des rêves, mon père, répondit Catherine; des visions d'un esprit trop occupé des choses d'en-haut pour juger sainement des choses de la terre. Quand nous avons regardé trop long-temps le soleil, nous ne voyons plus distinctement les autres objets qui se présentent à nos yeux.

— Vous jugez trop promptement, ma fille, et vous serez bientôt convaincue de ce que je viens de vous dire. La carrière que je vais ouvrir devant toi ne pourrait être montrée à une femme d'une vertu moins ferme et d'un caractère plus ambitieux. Peut-être ne devrais-je pas, même à vous, confier mes espérances; mais ma confiance est forte dans ta sagesse et dans tes principes. Apprends donc qu'il est possible que l'église de Rome brise les liens qu'elle a formés elle-même, et dégage le duc de Rothsay de son union avec Marjory de Douglas.

Après avoir prononcé ces mots le père Clément s'arrêta.

— Et si l'Eglise a le pouvoir et la volonté de briser ces liens, dit Catherine, quelle influence peut avoir le divorce du duc de Rothsay sur la fortune de Catherine Glover?

Elle regarda le religieux avec inquiétude, tandis qu'elle parlait : il parut éprouver quelque embarras pour lui répondre, car il baissa les yeux en disant :

— A quoi servit la beauté de Catherine Logie? à moins que nos pères nous aient fait un mensonge, elle lui fit partager le trône de David Brucc.

— Vécut-elle heureuse et mourut-elle regrettée, mon père?

demanda Catherine toujours avec le même calme et la même fermeté.

— Elle forma cette alliance poussée par une ambition criminelle, et trouva sa récompense dans la vanité et les troubles d'esprit; mais si elle se fût mariée dans le dessein de convertir son époux ou de l'affermir dans sa foi, quelle eût été sa récompense? l'amour et les honneurs sur la terre et dans le ciel, une part à l'héritage de la reine Marguerite et de ces héroïnes qui ont été les mères de l'Église.

Jusque là Catherine était restée assise sur une pierre qui se trouvait placée à côté des pieds du religieux : elle levait les yeux vers lui quand elle lui adressait la parole ou lorsqu'elle l'écoutait, mais dans ce moment, comme animée par le sentiment d'une désapprobation ferme quoique calme, elle se leva et elle étendit sa main vers le moine, en lui adressant la parole : elle ressemblait alors à un ange envoyé pour réprimer les erreurs d'un mortel, et qui le plaint en le condamnant.

— Ai-je bien entendu, dit-elle? et les désirs, les espérances, les honneurs de ce monde méprisable peuvent-ils occuper à ce point celui qui peut-être demain sera appelé à donner sa vie pour s'être opposé aux corruptions du siècle et avoir accusé un clergé dégénéré? Est-ce bien le vertueux, le sévère père Clément qui conseille à son enfant d'aspirer à un trône et à un lit qui ne peuvent devenir vacans que par une indigne injustice envers celle qui les possède maintenant? est-ce le sage réformateur de l'Eglise qui appuie ses projets sur des fondemens si précaires? Depuis quel temps, bon père, le prince libertin a-t-il changé de morale, et a-t-il montré le désir de courtiser honorablement la fille d'un artisan de Perth? Deux jours ont dû produire ce changement; car ce court espace de temps est à peine écoulé depuis qu'il attaqua la maison de mon père, au milieu de la nuit et avec des desseins plus coupables que ceux d'un misérable voleur. Et pensez-vous que si le cœur de Rothsay pouvait lui inspirer l'idée d'un mariage si peu digne de sa naissance, croyez-vous qu'il pût y réussir sans exposer en même temps sa succession et sa vie? car ce serait insulter à la fois et la maison du comte de March et celle de Douglas. O père Clément! où étaient vos principes, où était votre prudence quand ils laissèrent votre esprit s'égarer dans ce singulier rêve, et donnèrent le droit à la plus humble de vos prosélytes de vous adresser des reproches?

Les yeux du vieillard se remplirent de larmes, et Catherine, visiblement émue par ce qu'elle venait de dire, garda le silence.

— C'est par la bouche des jeunes enfans, dit le moine, que Dieu a donné des leçons à ceux qui se disaient les sages de leur génération; je remercie le ciel de m'avoir fait suggérer des pensées plus justes que celles qui m'étaient inspirées par une voix si douce, par ma propre vanité. Oui, Catherine, je ne m'étonnerai plus lorsque ceux que j'ai déjà jugés si sévèrement ambitionneront un pouvoir temporel, et tiendront en même temps le langage d'un zèle religieux. Je te remercie, ma fille, de tes salutaires réprimandes, et je remercie le ciel de l'avoir fait sortir de tes lèvres plutôt que de celles d'un sévère censeur.

Catherine avait levé la tête et allait répondre pour consoler le vieillard dont l'humiliation affligeait son cœur, quand ses yeux s'arrêtèrent sur un objet placé près d'elle. Parmi les fragmens de granit qui entouraient ce lieu solitaire, il y en avait deux tellement rapprochés qu'ils semblaient avoir été une portion du même roc et séparés par un violent orage ou par un tremblement de terre. On voyait entre eux une ouverture d'environ quatre pieds de largeur entre des masses de pierres. Un chêne avait crû dans cette ouverture et présentait les formes les plus fantastiques.

Les racines de l'arbre s'étaient élancées dans mille directions différentes, et cherchaient dans les crevasses du rocher l'aliment nécessaire à leur subsistance; leurs courbures, inégales et noueuses, offraient l'aspect de ces immenses serpens de l'archipel des Indes. Au moment où les regards de Catherine tombèrent sur cette curieuse complication de branches et de racines mêlées ensemble, elle remarqua tout à coup deux grands yeux brillans comme ceux d'un animal sauvage. Elle frémit, et sans parler montra du doigt cet objet à son compagnon. Regardant encore avec plus d'attention, Catherine découvrit une barbe touffue et des cheveux roux, qui jusqu'alors avaient été cachés derrière les branches.

Quand il se vit surpris, le montagnard, car c'en était un, sortit de son embuscade et s'avança. C'était un homme d'une taille colossale, couvert d'un plaid d'une étoffe à carreaux rouges, verts et violets, et sous lequel on voyait une jaquette de peau de taureau; son arc et ses flèches étaient sur ses épaules; sa tête était découverte, et une chevelure touffue dont les mèches mêlées ressemblaient aux tresses des Irlandais servait à lui couvrir la tête au lieu de toque. Il avait à sa ceinture une épée et un poignard, et tenait à sa main une hache d'armes danoise, qu'on appela depuis hache du Lochaber[1]. Il sortit ensuite par cette espèce de portique sauvage quatre hommes d'une taille non moins grande, habillés et armés de la même manière, et qui passèrent l'un après l'autre.

Catherine était trop habituée à voir des montagnards près de Perth pour être aussi alarmée qu'une autre jeune fille des plaines aurait pu l'être dans une semblable occasion. Elle vit avec assez de tranquillité ces hommes à taille gigantesque former un demi-cercle autour d'elle et du moine; ils fixaient sur eux leurs grands yeux, qui exprimaient, autant qu'elle en pouvait juger, une sauvage admiration de sa beauté. Elle leur adressa une inclination de tête et prononça imparfaitement les mots usités dans la salutation des montagnards. Le plus âgé et celui qui conduisait la bande répondit au salut, et redevint silencieux et immobile. Le moine prit son chapelet, et Catherine elle-même conçut d'étranges frayeurs pour sa sûreté personnelle, et désirant savoir sans plus tarder si elle et le moine seraient libres de quitter ces lieux, elle s'avança comme si elle avait l'intention de descendre la montagne;

---

(1) Hache au bout d'une pique, et d'une forme toute particulière. — Éd.

mais lorsqu'elle essaya de passer la ligne que les montagnards avaient tracée, chacun d'eux étendit sa hache d'armes et remplit ainsi tous les espaces par lesquels elle aurait pu passer.

Un peu troublée, mais non pas découragée, car elle ne pouvait concevoir que les montagnards eussent des intentions coupables à leur égard, elle s'assit sur un des fragmens du rocher, et rassura le moine qui était à côté d'elle.

— Si je crains, dit le père Clément, ce n'est pas pour moi-même ; que ma tête soit abattue par la hache de ces hommes sauvages, ou que mes mains soient liées avec les cordes de leurs arcs pour être livré à de plus cruelles tortures, je ne regretterai point la vie, ma fille, si tu peux échapper sans danger.

— Nous n'avons ni l'un ni l'autre occasion de craindre aucun mal, répondit la Jolie Fille de Perth ; voici Conachar qui nous l'assurera lui-même.

Tandis qu'elle parlait ainsi ses yeux doutaient encore, tant les manières et les vêtemens de Conachar étaient changés ; il s'élança d'un roc élevé et tomba légèrement devant Catherine. Son habit était de la même étoffe que celui des montagnards dont nous avons déjà parlé, mais assujéti au col et aux coudes par un collier et des bracelets d'or. Son haubert avait le poli de l'argent. Ses bras étaient chargés d'ornemens ; sa toque, outre la plume d'aigle qui indiquait la qualité de chef, était décorée d'une chaîne d'or qui l'entourait plusieurs fois, et attachée par une agrafe ornée de perles. La boucle qui servait à assujétir sur l'épaule le manteau de tartan, ou le plaid comme ce manteau est appelé maintenant, était d'or aussi et artistement travaillée. Il n'avait d'autres armes à la main qu'une petite baguette de sapin dont la tête était recourbée. Son maintien et sa démarche, qui exprimaient autrefois l'humeur et le chagrin que lui causait sa dégradation, indiquaient alors la hardiesse, la présomption et la fierté. Il s'arrêta devant Catherine avec un sourire de confiance sur les lèvres, comme s'il voulait lui laisser le temps de le reconnaître.

— Conachar, dit Catherine désirant terminer cet état d'inquiétude, sont-ce là les gens de votre père?

— Non, belle Catherine, répondit le jeune homme; Conachar n'est plus, et cependant les injures qu'il a reçues seront vengées. Je suis Ian Eachin Maclan, fils du chef du clan de Quhele; j'ai changé de plumage, comme vous le voyez, en changeant de nom. Ces hommes ne sont point les gens de mon père, mais les miens. Vous en voyez seulement la moitié; ils forment une bande composée de mon père nourricier et de ses huit garçons; ce sont mes gardes du corps et les enfans de mon baudrier [1], qui ne respirent que pour accomplir ma volonté. Mais Conachar, ajouta-t-il d'une voix plus douce, existe encore si Catherine désire le voir; il est le jeune chef du clan de Quhele aux yeux de tous, mais près d'elle aussi humble, aussi soumis que lorsqu'il était l'apprenti de Simon Glover. Voyez, voici la baguette que j'ai reçue de vous le jour où nous allâmes chercher des noisettes ensemble sur les coteaux de Lednoch, au commencement de l'automne de l'année qui vient de s'écouler. Je ne voudrais pas la donner, Catherine, même pour le bâton de commandement de ma tribu.

Tandis qu'Eachin parlait, Catherine réfléchissait qu'elle avait peut-être agi imprudemment en demandant le secours d'un jeune présomptueux, enorgueilli sans doute de ce changement subit d'un état de servitude à une puissance qui lui donnait une autorité sans bornes sur des espèces de sauvages.

— Vous ne me craignez pas, belle Catherine? dit le montagnard en prenant la main de la jeune fille. J'ai ordonné à mes gens de paraître quelques minutes avant moi, afin de voir comment vous supporteriez leur présence; il me semble que vous les regardez comme si vous étiez destinée à devenir la femme d'un chef de clan.

— Je n'ai aucune raison de craindre les habitans des hautes-

---

(1) *The children of my belt,* c'est-à-dire ceux qui sont toujours à mes côtés, comme le baudrier qui m'entoure le corps; locution toute gaëlique, déjà employée par Douglas. — Éd.

terres, répondit Catherine avec fermeté, surtout quand je pense que Conachar est avec eux; Conachar, qui a bu dans notre coupe et mangé de notre pain; mon père a souvent trafiqué avec les montagnards, et il n'y eut jamais de querelle entre eux et lui.

— Réellement? reprit Hector (car tel est le nom saxon qui équivaut à Eachin). Quoi! pas même lorsqu'il prit le parti du Gow Chrom, l'armurier bancal[1], contre Eachin Mac Ian? — Ne dites rien pour l'excuser, et croyez que ce sera votre propre faute si jamais je fais encore allusion à cette querelle. — Mais vous aviez quelques ordres à me donner; parlez, vous serez obéie.

Catherine se hâta de répondre; car il y avait dans les manières et le langage du jeune chef quelque chose qui lui inspirait le désir de terminer cette entrevue.

— Eachin, dit-elle, puisque Conachar n'est plus votre nom, vous pensez qu'en vous demandant un service je croyais m'adresser à mon égal et non pas à un homme d'un rang supérieur au mien. Vous et moi, nous avons des obligations à ce bon religieux pour les instructions qu'il nous a données. Il court maintenant de grands dangers; des hommes méchans l'accusent de fautes qu'il n'a point commises, il désire rester dans une retraite sûre, jusqu'à ce que l'orage soit passé.

— Ah! le bon père Clément! Le digne homme fit beaucoup pour moi, et mon caractère impétueux n'était guère capable de profiter de ses avis. Je voudrais bien voir quelqu'un de la ville persécuter un homme qui aurait touché le manteau de Mac Ian!

— Il serait imprudent de se fier trop à cette parole, répondit Catherine. Je ne doute point de la puissance de votre tribu, mais lorsque Douglas-le-Noir se mêle d'une querelle, il ne recule point devant le plaid d'un montagnard.

L'habitant des hautes-terres cacha son mécontentement sous un sourire forcé.

(1) Les traditions peignent *Henry of the Wynd* avec les jambes un peu torses; et les montagnards l'appelaient à cause de cela *le Gow Chrom*. — Éd.

— Le moineau qui est près de nous, dit-il, semble plus grand que l'aigle qui se tient perché sur le Bengoïle. Vous craignez davantage les Douglas parce qu'ils sont plus près de vous. Mais vous ne savez pas jusqu'où s'étendent nos vallons et nos forêts, au-delà de ces sombres montagnes que vous apercevez dans le lointain. Vous croyez que le monde entier est sur les rives du Tay. Ce bon moine verra des rocs qui pourraient le protéger contre toute une armée de Douglas; il verra aussi des hommes capables de les faire reculer encore une fois au sud des Grampians. — Mais pourquoi ne serions-nous pas tous réunis? Je puis envoyer une bande à Perth qui amènera ici votre père en sûreté. Il pourra exercer son commerce au-delà du lac Tay. — Seulement je ne ferai plus de gants; je fournirai des peaux à votre père, mais pour ma part je n'en taillerai que lorsqu'elles seront sur le dos des hommes.

— Mon père viendra un jour vous voir dans votre maison, Conachar : je veux dire Hector. Mais il faut que les temps soient plus tranquilles. Il y a des querelles entre les habitans de la ville et les gens des nobles, et l'on parle aussi de guerre avec les montagnards.

— Oui, de par Notre-Dame, Catherine! et sans cette guerre, votre visite dans les montagnes serait plus longue, ma jolie maîtresse. Mais les habitans des hautes-terres ne seront pas plus long-temps divisés en deux nations. Ils se battront pour la suprématie, et celui qui l'emportera traitera avec le roi d'Écosse comme avec un égal et non comme avec son supérieur. Priez que la victoire favorise Mac Ian, ma pieuse Catherine, et vous prierez pour quelqu'un qui vous aime tendrement.

— Je prierai pour la bonne cause, répondit Catherine, ou plutôt je prierai pour la paix. — Adieu, bon et excellent père Clément. Croyez que je n'oublierai jamais vos leçons, et souvenez-vous de moi dans vos prières. — Mais comment serez-vous capable de supporter un voyage si pénible[1]?

---

(1) Ce fut en 1408 que la persécution religieuse alluma ses premiers bûchers en Écosse. Jacques Resby, prêtre de la secte de Wicleff, fut condamné à être brûlé vif comme hérétique par un conseil ecclésiastique sous la présidence de Lawrence de Lindores. — Éd.

—On le portera si cela est nécessaire, reprit Hector, et si nous allons loin avant de lui trouver un cheval. Mais vous, Catherine, il y a loin d'ici à Perth. Laissez-moi vous accompagner, comme j'en avais l'habitude autrefois.

— Si vous étiez maintenant comme autrefois, je ne refuserais pas votre escorte. Mais les agrafes d'or et les bracelets sont une dangereuse compagnie, quand les lanciers de Liddesdale et d'Annandale sont aussi nombreux sur les grandes routes que les feuilles à la messe des Rameaux; la rencontre d'un plaid montagnard et d'une cotte de mailles ne se passerait pas tranquillement.

Elle hasarda cette remarque parce qu'elle crut observer dans les regards du jeune Eachin qu'il n'avait point encore surmonté les habitudes qu'il avait prises dans son humble état, et que malgré ses paroles hardies, il ne serait point assez téméraire pour braver l'inégalité du nombre, ce qui lui serait arrivé s'il était descendu jusque dans les environs de la ville. Il paraît que Catherine avait jugé sainement; car après un adieu où elle obtint que sa main serait baisée au lieu de ses lèvres, elle prit seule la route de Perth, et regardant derrière elle, elle aperçut les montagnards qui, s'engageant dans une route difficile et escarpée, disparaissaient quelquefois et reparaissaient de nouveau en dirigeant leurs pas vers le nord.

A mesure que la distance augmentait entre elle et ces hommes à moitié sauvages, elle sentait diminuer son inquiétude. Elle savait que leurs actions seraient gouvernées par la volonté de leur chef, et ce chef était un jeune homme impétueux et léger! En revenant à Perth seule elle ne craignait aucune insulte des soldats des divers partis qu'elle pourrait rencontrer, car les statuts de la chevalerie étaient à cette époque une protection plus sûre pour une fille d'un maintien décent qu'une escorte d'hommes armés; mais des dangers plus éloignés effrayaient son esprit. Les poursuites du jeune prince avaient pris un caractère plus redoutable depuis les menaces que son indigne favori avait osé lui faire si elle persévérait dans ce qu'il appelait sa pruderie. De telles menaces dans ce siècle, et sorties d'une telle bouche, étaient un vrai sujet d'alarmes. Les prétentions de Conachar à son amour, prétentions qu'il avait à peine réprimées durant son état de servitude, et qu'il avouait maintenant hautement, devenaient un nouveau surcroît d'inquiétude. Les habitans des hautes-terres avaient déjà fait plus d'une incursion dans la ville de Perth; plusieurs citoyens enlevés de leurs propres maisons avaient été faits prisonniers ou étaient tombés sous la claymore dans les rues mêmes de la ville. Elle craignait encore les importunités de son père en faveur de l'armurier, dont la conduite indigne le jour de Saint-Valentin lui avait été rapportée. N'eût-il point été coupable, elle n'eût pas davantage osé l'écouter, car elle entendait encore à ses oreilles les affreuses menaces de Ramorny. Ces dangers, ces craintes lui inspiraient plus que jamais le désir de prendre le voile, mais elle ne voyait aucune possibilité d'obtenir le consentement de son père.

Au milieu de ces réflexions nous ne pouvons découvrir si Catherine regretta profondément que ces périls fussent causés par sa beauté. Le titre de *la Jolie Fille de Perth* flattait sans doute sa vanité : cette faiblesse annonçait qu'elle n'était pas tout-à-fait un ange. Peut-être y avait-il encore une autre faiblesse dans son cœur, en dépit des fautes réelles ou supposées de Henry Smith, car un soupir s'échappait de son sein toutes les fois qu'elle songeait au jour de Saint-Valentin.

CHAPITRE XV.

Nous avons découvert les secrets du confessionnal; ceux de la chambre du malade ne nous sont pas plus cachés. Dans un sombre appartement où des onguens et des fioles annonçaient que l'apothicaire n'avait point épargné les remèdes, un grand et maigre jeune homme était couché sur un lit, vêtu d'une robe de nuit attachée autour de sa taille; la pâleur était répandue sur son visage, et mille passions tumultueuses s'agitaient dans son sein.

Tout dans l'appartement annonçait l'opulence. Henbane Dwining, l'apothicaire qui soignait le patient, se glissait d'un coin de la chambre à l'autre avec l'adresse et l'agilité d'un chat, en s'occupant à mélanger les drogues et à préparer les appareils. Le malade fit entendre un ou deux gémissemens, et le médecin s'approchant de son lit lui demanda si ces plaintes étaient un effet des souffrances de sa blessure ou de ses peines morales.

— Des deux, valet empoisonneur, répondit sir John Ramorny; elles sont aussi causées par le chagrin d'être obligé de supporter ta maudite compagnie.

— Si cela est ainsi, je puis au moins remédier à un des maux de Votre Seigneurie, dit l'apothicaire, en quittant ces lieux pour me rendre dans ceux où d'autres affaires m'appellent. Grace aux querelles de ces temps orageux, si j'avais vingt mains au lieu de deux pour m'assister dans mon art (et l'apothicaire montrait ses mains décharnées), il y aurait assez d'ouvrage pour les occuper, et de l'ouvrage bien récompensé encore, où l'argent et les remerciemens se disputent à qui paiera le mieux mes services; tandis que vous, sir John, vous reportez sur votre chirurgien la colère que vous devriez seulement éprouver pour l'auteur de votre blessure.

— Il est au-dessous de moi de te répondre, vilain, dit sir John; mais chaque mot de ta malicieuse langue est un poignard qui ouvre des plaies que tous les baumes de l'Arabie ne pourraient fermer.

— Sir John, je ne vous comprends pas; mais si vous donnez ainsi carrière à vos accès de rage, il est impossible qu'il n'en résulte pas de la fièvre et de l'inflammation.

— Alors pourquoi parles-tu de manière à m'échauffer le sang? pourquoi dire que toi, indigne, tu aurais besoin de plus de mains que la nature ne t'en a donné, quand moi, un chevalier, un gentilhomme, quand je suis mutilé comme un invalide?

— Sir John, reprit l'apothicaire, je ne suis pas un théologien ni un croyant bien ferme de ce que les théologiens nous enseignent. Cependant je dois vous rappeler que la Providence aurait pu vous traiter plus cruellement encore ; car si le coup qui vous a fait cette blessure avait atteint le haut de vos épaules auxquelles il était destiné, il aurait abattu votre tête au lieu d'amputer un membre d'une moindre importance.

— Je souhaiterais que cela eût été ainsi, Dwining, je souhaiterais que le coup eût été porté plus haut ; je n'aurais point vu alors des plans combinés avec tant d'adresse renversés tout à coup par la force brutale d'un paysan ivre. Je ne serais point réservé à voir des coursiers que je ne puis monter, des lices où je ne puis entrer, des grandeurs dont je ne puis plus jouir, des batailles où je ne puis plus combattre. Je ne serais pas réservé, avec les passions impétueuses et l'ambition d'un homme, à mener désormais la vie tranquille des femmes, méprisé par elles aussi comme un misérable impotent indigne d'obtenir les faveurs du beau sexe.

— Supposons qu'il en soit ainsi, je vous prierai cependant de faire attention, répondit Dwining toujours occupé à préparer l'appareil des blessures, que vos yeux que vous auriez perdus avec votre tête, peuvent vous présenter encore un plaisir aussi grand que ceux de l'ambition, que ceux de la victoire dans les lices ou sur les champs de bataille, que ceux de l'amour même.

— Mes facultés intellectuelles sont trop faibles pour vous comprendre, répondit Ramorny ; quel est le magnifique spectacle qui m'est réservé dans mon malheur?

— Le plaisir le plus vif qu'un homme puisse connaître, reprit Dwining. Alors, avec l'accent d'un amant qui prononce le nom d'une maîtresse adorée et dont la passion se devine jusque dans le son de sa voix, il ajouta le mot : VENGEANCE !

Le malade s'était soulevé sur son lit pour écouter la solution de l'énigme de l'apothicaire. Il se recoucha lorsqu'il l'eut entendue, et après un moment de silence il dit : — Dans quel collége chrétien avez-vous puisé cette morale, maître Dwining?

— Ce n'est point dans un collége chrétien, car quoiqu'elle soit secrètement approuvée dans la plupart, elle n'est ouvertement adoptée dans aucun. Mais j'ai étudié parmi les sages de Grenade, où le Maure courageux montre hautement le poignard qu'il vient de retirer sanglant du cœur de son ennemi, et fait gloire de la doctrine que le timide chrétien pratique sans oser l'avouer.

— Tu es un vilain dont l'ame a plus d'énergie que je ne le croyais.

— Les eaux les plus tranquilles sont aussi les plus profondes, et l'ennemi qui est le plus à craindre est celui qui ne menace point avant de frapper. Vous autres chevaliers et hommes d'armes vous allez droit à votre but, l'épée à la main ; nous autres clercs nous gagnons tout à force d'adresse ; et sans bruit, par des routes détournées, nous arrivons non moins sûrement à nos desseins.

— Et moi, dit le chevalier avec dédain, dont jusqu'ici le pied armé, en marchant à la vengeance, faisait retentir les échos, faut-il être obligé de me servir d'une chaussure comme la tienne?

— Celui qui manque de force doit user d'adresse, répondit le médecin.

— Et dis-moi franchement dans quelle intention tu veux m'apprendre les leçons du diable. Pourquoi veux-tu m'engager plus vite et plus loin dans ma vengeance que je ne semble le désirer? Je suis vieux dans l'expérience des hommes, et je sais que ceux de ton espèce ne laissent point échapper de semblables mots sans projets, ni ne se hasardent à recevoir les dangereuses confidences d'hommes tels que moi sans avoir l'espoir d'arriver par ce moyen à un but particulier. Quel intérêt peux-tu avoir sur la route ou paisible ou sanglante que je parcourrai dans ces circonstances?

— Pour parler franchement, sire chevalier, ce qui ne m'arrive pas ordinairement, je vous dirai que le chemin que je suivrai pour ma vengeance est le même que le vôtre.

— Que le mien? dit Ramorny avec un ton de surprise et de mépris; je pensais que je visais trop haut pour que tu pusses y atteindre. Tu as la même vengeance à poursuivre que Ramorny?

— C'est la vérité, reprit Dwining, car le rustre de forgeron dont est parti le coup qui vous a blessé m'a souvent accablé de mépris et d'injures. Sa valeur brutale et déterminée est un reproche vivant de ma subtilité naturelle; je le crains, et par conséquent je le hais.

— Et vous espérez trouver en moi un actif coadjuteur? dit Ramorny toujours avec un ton méprisant. Mais apprenez que l'artisan est d'un degré trop bas pour m'inspirer ni haine ni crainte. Cependant il sera puni. Nous ne haïssons pas le reptile qui nous a piqué, quoique nous puissions le renverser et le fouler aux pieds. Je connais le coquin depuis long-temps : je sais qu'il est adroit à manier les armes, et de plus un des prétendans de cette dédaigneuse poupée dont les charmes ont inspiré notre sage et prudente entreprise. Démons qui dirigez ce monde de ténèbres, par quel excès de malice avez-vous décidé que la main qui a pointé la lance contre le cœur d'un prince serait coupée comme un jeune arbre par le bras d'un vilain, et pendant une débauche de nuit! Bien, médecin; jusqu'ici notre route est la même, et tu peux croire que j'écraserai cette vipère puisque cela te convient. Mais ne pense pas m'échapper lorsque ce premier point de ma vengeance sera accompli, ce qui ne demandera ni beaucoup de temps ni beaucoup d'adresse.

— Cela ne sera pas aussi aisé que vous le supposez, dit l'apothicaire; car si Votre Seigneurie veut me croire, il ne serait ni sûr ni prudent de se mesurer avec lui. C'est l'homme le plus fort, le plus hardi, le plus habile à manier l'épée qu'il y ait dans la ville de Perth et dans les environs.

— Ne crains rien, on lui trouvera son pareil, eût-il la force de Samson. Mais écoute-moi bien; n'espère pas toi-même échapper à ma vengeance si tu ne consens à devenir mon agent passif dans la scène qui suivra. Écoute-moi bien ; je te le répète encore, je n'ai point fait mes études dans un collége mauresque, j'ai peut-être moins d'appétit que toi pour la vengeance, cependant je veux en avoir ma part. Attention, médecin, tandis que je vais me découvrir à toi. Mais prends garde de me trahir, car quelque puissante que soit ta science diabolique, tu as pris des leçons d'un démon inférieur au mien. Écoute. Le maître dont j'ai servi les vertus et les vices avec trop de zèle pour ma propre réputation peut-être, mais enfin avec une fidélité inviolable ; cet homme dont j'ai flatté les folies et pour lequel j'ai supporté la perte irréparable que j'ai faite est, pour obéir aux prières d'un père presque en enfance, à la veille de me sacrifier, de m'ôter sa faveur, et de m'abandonner à la merci d'un parent hypocrite avec lequel il essaie de se raccommoder à mes dépens : s'il persévère dans ce dessein ingrat, tes Maures vindicatifs dont le teint est plus sombre que la fumée de l'enfer rougiront de voir leur vengeance surpassée ; mais je veux encore lui donner une chance pour son honneur et sa sûreté avant de m'abandonner à toute ma rage. — Ma confiance n'ira pas plus loin. — Prends ma main en signe de consentement ; prends ma main, dis-je ! Où est la main qui devrait être le gage de la parole de Ramorny ? elle est clouée au pilori ou jetée avec dégoût aux chiens vagabonds qui la dévorent peut-être en cet instant. Pose donc seulement tes doigts sur ce tronc mutilé, et jure de me servir dans ma vengeance comme je jure de te servir dans la tienne. Hé bien ! seigneur médecin, vous devenez pâle ! — Celui qui dit à la mort, « Avance ou recule, » peut-il trembler en pensant à elle ou en l'entendant nommer ? je n'ai point mentionné votre récompense, car celui qui aime la vengeance pour elle-même ne doit rien exiger de plus. Cependant si des terres et des sommes d'or peuvent augmenter ton zèle dans cette cause, crois-moi, tu n'en manqueras pas.

—Elles conviennent en quelque chose à mes humbles désirs, répondit Dwining ; l'homme pauvre dans cette cohue qu'on appelle le monde est renversé comme un nain au milieu d'une foule, et bientôt écrasé sous les pieds : le riche et le puissant se lèvent comme des géans au-dessus des autres, et sont à leur aise tandis que tout est tumulte autour d'eux.

— Eh bien ! médecin, place-toi au-dessus de la foule aussi haut que l'or pourra t'élever. Cette bourse est pesante, et ce n'est qu'une faible partie de ta récompense.

— Et cet armurier ? mon noble bienfaiteur, dit l'apothicaire en mettant la bourse dans la poche ; cet Henry du Wynd ou n'importe comment on l'appelle ? — La nouvelle qu'il a été puni de son crime n'adoucirait-elle pas la douleur de votre blessure plus efficacement que les baumes de la Mecque ?

— C'est une chose au-dessous des pensées de Ramorny; et je n'éprouve pas plus de ressentiment contre lui que je n'en ai contre l'arme insensible dont il a fait usage. Mais il est juste que ta haine soit satisfaite. Où le trouve-t-on ordinairement ?

— J'y ai souvent réfléchi, répondit Dwining. Mais attenter à sa vie en plein jour et dans sa propre maison, cela serait imprudent et dangereux, car il a cinq ouvriers qui travaillent avec lui dans sa forge ; quatre d'entre eux sont de robustes coquins, et tous chérissent leur maître. La nuit ce serait presque aussi difficile, car sa porte est fortement assujétie par des barres de bois de chêne et de fer, et si on pouvait la forcer tout le voisinage accourrait à son secours, surtout dans ce moment où l'on est encore alarmé par le souvenir de la veille de Saint-Valentin.

— Cela est vrai, répondit Ramorny ; cependant il est dans ta nature de tromper, même avec moi. — Tu connaissais ma main et mon cachet, comme tu le dis, quand cette main fut trouvée dans la rue, semblable aux restes dégoûtans d'une boucherie. — Pourquoi, puisque tu la reconnaissais, suivis-tu ces lourdauds de citoyens qui allaient consulter ce Patrice Charteris, auquel on devrait enlever les éperons pour lui apprendre à embrasser la défense de mauvais bourgeois ? tu les suivis encore lorsqu'ils déshonorèrent cette main insensible que sir Patrice (si elle était encore à sa place) ne serait pas digne de toucher pendant la paix ou d'en éprouver la force pendant la guerre.

— Mon noble patron, aussitôt que j'eus des motifs de croire que c'était vous qui aviez été blessé, j'employai tous mes moyens de persuasion pour apaiser le tumulte; mais ce fanfaron de Smith et quelques autres têtes chaudes crièrent qu'il fallait se venger. Votre Seigneurie sait peut-être que ce garçon se qualifie le chevalier de la Jolie Fille de Perth, et croit qu'il est de son honneur de poursuivre toutes les querelles de son père; mais j'ai brouillé ses affaires de ce côté, et c'est déjà un avant-goût de vengeance.

— Que voulez-vous dire? demanda le malade.

— Votre Seigneurie saura, répondit le médecin, que cet armurier est un gaillard qui n'a pas des mœurs fort régulières. Je l'ai rencontré le jour de Saint-Valentin, quelque temps après le combat entre les gens de la ville et la suite de Douglas; oui, je l'ai rencontré se glissant à travers les allées et les passages avec une chanteuse, portant le paquet et la viole de cette fille sous le bras. Que pense de cela Votre Seigneurie? n'est-ce pas là un joli écuyer? être le rival d'un prince dans ses amours avec la plus jolie fille de Perth, couper la main à un chevalier, à un baron, et devenir le cavalier d'une vagabonde, tout cela dans vingt-quatre heures?

— Eh! mais, je l'estime davantage depuis que je lui connais cette humeur de gentilhomme, tout vilain qu'il est. Je voudrais qu'il fût un dévot scrupuleux au lieu d'un gaillard, et je t'aurais aidé de meilleur cœur dans ta vengeance. Et quelle vengeance! se venger sur un armurier! embrasser la querelle d'un misérable fabricant de chanfreins! Cependant cela sera; tu l'as déjà commencée par tes propres manœuvres.

— Bien faiblement encore, dit l'apothicaire. Je pris soin que deux ou trois personnes et les plus bavardes de Curfew-Street, qui n'aiment point à entendre appeler Catherine « la Jolie Fille de Perth », eussent connaissance de l'histoire de son fidèle Valentin. Elles ont mordu à l'hameçon avec tant de promptitude qu'au lieu de douter de l'histoire elles jureraient plutôt maintenant qu'elles en ont été les témoins de leurs propres yeux. L'amant arriva chez le père une heure plus tard, et vous pouvez deviner la réception qu'il reçut de Glover, car la jeune fille ne voulut pas même le regarder. Votre Seigneurie voit maintenant comment je me suis procuré un avant-goût de vengeance; j'espère obtenir le reste, puisque nous venons de former une ligue de frères.

— De frères! dit le chevalier avec mépris. Mais n'importe, les prêtres disent que nous sommes tous pétris du même limon. Je n'en sais rien. — Il me semble qu'il existe quelque différence. Enfin celui qui a été formé dans un moule plus parfait tiendra sa parole à son inférieur. Tu seras satisfait; appelle mon page.

Le médecin appela, et un jeune homme parut.

— Eviot, dit le chevalier, Bonthron n'est pas sorti; est-il ivre?

— Non, grace au sommeil qu'il a pris après avoir bu, répondit le page.

— Alors dites-lui de venir ici, et fermez la porte.

On entendit bientôt après un pas lourd qui s'approchait de l'appartement; un homme entra dont la courte taille semblait être compensée par la largeur de ses épaules et la force de ses bras.

— Il y a un homme auquel tu auras affaire, Bonthron, dit le chevalier.

Les traits grossiers de Bonthron s'adoucirent un peu, et sa bouche fit une contorsion en essayant de sourire.

— Ce médecin te montrera l'homme en question, reprit le chevalier. Calcule bien le temps, le lieu et les circonstances qui pourront assurer ton succès, et prends garde de te tromper; car l'homme dont je te parle est le batailleur Smith du Wynd.

— Il faudra user d'adresse, répondit l'assassin, car si je manque mon coup, je puis me regarder comme mort. Toute la ville de Perth parle de la valeur et de la force de cet armurier.

— Prenez deux autres personnes pour vous aider, dit le chevalier.

— Non pas, répondit Bonthron ; si quelque chose doit être double que ce soit la récompense.

— Compte qu'elle le sera si tu t'acquittes parfaitement de ta commission.

— Fiez-vous à moi, sire chevalier, j'ai rarement manqué mon coup.

— Suis les avis de cet homme prudent, dit sir John en montrant le médecin ; attends que Smith se présente, et ne bois pas jusqu'à ce que ta tâche soit remplie.

— Soyez-en certain, répondit le sombre sicaire ; ma vie dépend d'un coup dirigé par une main sûre. Je connais celui auquel j'ai affaire.

— Sors, jusqu'à ce que le médecin te commande de le suivre ; apprête ta hache et ton poignard.

Bonthron salua et sortit.

— Votre Seigneurie confie cette affaire à un seul homme, dit le médecin lorsque l'assassin eut quitté la chambre. Je vous prierai cependant de vous souvenir qu'il y a deux nuits Smith renversa six hommes armés.

— Un homme comme Bonthron, lorsqu'il a bien choisi son moment, vaut mieux qu'une douzaine de jeunes débauchés à demi troublés par le vin. Appelle Eviot ; tu vas exercer d'abord ton talent de guérir, et il n'y a point de doute que tu réussiras. Dans la seconde affaire, tu seras aidé par un homme qui te vaut dans l'art d'envoyer promptement et adroitement les gens dans l'autre monde.

Le page Eviot parut une seconde fois, et obéissant à un signe de son maître, aida le chirurgien à changer l'appareil de la blessure de sir John. Dwining regardait le bras nu avec une espèce de plaisir qui tenait à sa profession, et qui était augmenté encore par la méchanceté de son cœur. C'était une jouissance pour lui que de contempler la souffrance. Le chevalier arrêta un instant ses yeux sur l'horrible spectacle, et succombant sous le poids de sa douleur, il fit entendre malgré ses efforts pour cacher son mal un profond gémissement.

— Vous gémissez, dit le médecin d'une voix douce et insinuante, mais avec un sourire de joie et de dédain qui se montra malgré lui sur ses lèvres et que sa dissimulation habituelle ne put entièrement déguiser; vous gémissez, mais rassurez-vous : cet Henry Smith connaît son affaire, son épée atteint le but aussi bien que son marteau l'enclume. Si un homme moins habile eût frappé ce coup fatal, il eût endommagé seulement l'os et lacéré les muscles : tout mon art eût été inutile; mais les blessures que fait Henry Smith sont nettes. Ce sont des amputations aussi faciles à guérir que celles que pourrait faire mon propre scalpel. Dans quelques jours, en suivant avec attention les ordonnances de votre médecin, vous serez capable de sortir.

— Mais ma main? la perte de ma main?

— Cette perte peut être cachée pendant quelque temps, dit le médecin; j'ai confié à quelques bavards sous le plus grand secret, que la main qui fut trouvée était celle de votre valet Black Quentin, et Votre Seigneurie sait qu'il est parti pour le comté de Fife d'une manière à le faire croire généralement.

— Je sais, dit Ramorny, que ce conte peut cacher la vérité pour quelques jours; mais ensuite que deviendrai-je?

— Cela peut être caché jusqu'à ce que Votre Seigneurie se retire de la cour. Alors quand de nouveaux événemens auront fait perdre le souvenir du dernier tumulte, on pourra dire que votre blessure vient de l'éclat d'une lance ou du trait d'une arbalète. Votre esclave trouvera des moyens convenables pour le faire croire, et assurera que c'est la vérité.

— Cette pensée me rend fou, dit Ramorny avec un nouveau gémissement causé autant par ses peines morales que par ses souffrances : cependant je ne vois pas de meilleur remède.

— Il n'y en a point d'autre, répondit le médecin pour qui les tourmens du chevalier étaient un spectacle délicieux; maintenant on sait que vous êtes retenu dans votre chambre en conséquence de quelques contusions, et chagriné par la résolution que le prince a prise de vous retirer sa faveur et de vous congédier de sa maison, d'après les avis du duc d'Albany : cela est connu publiquement.

— Vilain, tu te plais à me tourmenter, dit le malade.

— Toute cette affaire bien considérée, dit Dwining, Votre Seigneurie s'en est encore assez bien tirée. Il vous manque une main, il est vrai, et c'est un mal sans remède; mais au moins elle est bien coupée, et il n'y a point en France ou en Angleterre de chirurgien — barbier qui eût pu faire cette opération aussi adroitement que Smith.

— Je comprends tout ce que je lui dois, répondit le chevalier essayant de cacher sa colère sous un maintien composé; et si Bonthron ne le paie par un coup appliqué aussi adroitement, et s'il ne rend pas l'assistance du chirurgien inutile, vous direz que sir John Ramorny ne sait pas s'acquitter d'une obligation.

— C'est une pensée noble comme vous-même, sire chevalier, répondit le médecin; mais laissez-moi ajouter que l'adresse de l'opérateur aurait été vaine, et que l'hémorrhagie eût épuisé vos veines sans les bandages, le cautère et les styptiques appliqués par les bons moines et par les services de votre humble vassal Henbane Dwining.

— Paix! s'écria le malade, avec ta voix de mauvais augure et ton nom de plus mauvais présage encore[1]. Il me semble, tandis que tu parles des tortures que j'ai endurées, que je sens les nerfs de la main que j'ai perdue frémir, s'étendre, se contracter, comme s'ils faisaient encore agir les doigts qui ne peuvent plus saisir un poignard.

— Ceci explique, n'en déplaise à Votre Seigneurie, un phénomène bien connu dans notre profession. Parmi les anciens sages, il y en a qui ont pensé qu'il existe encore de la sympathie entre les nerfs d'un membre amputé et la partie qui en a été retranchée, et que dans un cas semblable au vôtre, par exemple, les doigts que vous n'avez plus peuvent encore fré-

---

[1] Henbane (poison aux poules); c'est une espèce de *jusquiame*, plante vénéneuse qui a aussi en français le nom d'*hannebane*. — Éd.

mir et se contracter, comme répondant à l'impulsion qui provient de leur sympathie avec les forces vitales du membre auquel ils ont appartenu. Si nous pouvions recouvrer la main qui est maintenant attachée à la croix de la ville ou sous la garde de Douglas-le-Noir, j'aimerais à observer cet étonnant phénomène, mais je suppose qu'on pourrait avec autant de sûreté essayer de ravir la proie d'un aigle affamé.

— Et tu pourrais avec autant de sûreté te jouer de la colère d'un lion blessé que de celle de sir John de Ramorny! dit le chevalier, agité d'une indignation qu'il ne pouvait plus maîtriser. Misérable! fais ton devoir, et souviens-toi que s'il me manque une main pour saisir un poignard, j'en ai plus de cent à mes ordres.

— La vue d'un seul levé avec colère serait suffisant, dit Dwining, pour éteindre les facultés vitales de votre chirurgien; mais alors, ajouta-t-il d'un ton moitié insinuant moitié moqueur, qui pourrait apaiser les douleurs cuisantes que mon patron souffre en ce moment et qui l'exaspèrent même contre son pauvre serviteur, parce qu'il cite les règles de l'art de guérir? bien peu de chose sans doute comparé au pouvoir d'infliger des blessures.

N'osant pas jouer davantage avec l'humeur du dangereux malade, le chirurgien s'appliqua sérieusement à panser la blessure; il y appliqua un baume parfumé dont l'odeur se répandit dans l'appartement, tandis qu'il changeait en une douce fraîcheur le feu de la blessure. Le bien qu'en éprouva le malade fut d'un effet si prompt, qu'au lieu d'un gémissement il fit entendre une exclamation de plaisir, et se laissa retomber sur son lit pour jouir du calme et du bien-être qu'il venait d'éprouver.

— Votre Seigneurie sait maintenant où sont ses amis, dit Dwining. Si vous aviez donné carrière à votre rage et dit : — Tuez-moi cet indigne charlatan, en quel lieu, dans l'enceinte des quatre mers de la Grande-Bretagne, auriez-vous pu trouver un homme qui vous eût fait autant de bien?

— Oubliez mes menaces, bon médecin, dit Ramorny, mais

faites attention à la manière dont vous vous comporterez envers moi. Les gens de ma sorte ne supportent guère les plaisanteries sur leurs souffrances. Allez, et gardez vos brocards pour les misérables[1] qui sont couchés dans les hôpitaux.

Dwining n'essaya pas d'en dire davantage, mais versa dans une petite coupe remplie d'eau quelques gouttes d'une fiole qu'il tira de sa poche.

— Ce breuvage, dit-il, est un médicament qui produira un sommeil non interrompu.

— Combien durera-t-il? demanda le chevalier.

— Cela est incertain, répondit le médecin, et dépend de la manière dont le médicament opérera. Peut-être jusqu'à demain matin.

— Peut-être jusqu'à l'éternité, dit le malade; seigneur médecin, goûtez-moi cette liqueur sur-le-champ, ou elle ne touchera pas mes lèvres.

L'apothicaire obéit avec un sourire dédaigneux.

— Je boirais le tout volontiers, dit Dwining; mais le jus de cette gomme des Indes donne le sommeil à l'homme bien portant comme au malade, et mes occupations me commandent de me tenir éveillé.

— Je vous demande pardon, Dwining, dit Ramorny en baissant les yeux, comme s'il était honteux d'avoir manifesté son soupçon.

— Il est inutile de demander pardon, reprit le médecin, à celui qui ne peut s'offenser. L'insecte doit remercier le géant de ce qu'il ne l'écrase pas sous ses pieds. Cependant, noble chevalier, les insectes ont le pouvoir de faire du mal aussi bien que les médecins. Que m'aurait-il coûté d'empoisonner le baume que j'ai mis sur votre blessure, et de faire par ce moyen gangréner votre bras jusqu'à l'épaule, en figeant votre sang dans vos veines comme une gelée corrompue? Qui m'aurait empêché d'employer des secrets plus subtils encore,

---

(1) *Misers*. Ce mot est employé par Spencer et autres auteurs de son temps dans le sens de *misérables*; mais il n'exprime plus aujourd'hui que le sens d'*avare*. (*Note de l'auteur*.)

et d'infecter votre chambre avec des essences qui eussent affaibli peu à peu les sources de votre vie, jusqu'à ce qu'elles se fussent éteintes comme une lumière au milieu des vapeurs d'un caveau souterrain? Vous estimez peu mon pouvoir, si vous ne savez pas que mon art me procure des moyens de destruction plus profonds encore. Mais le médecin ne tue point le malade dont la générosité le fait vivre, et surtout celui par lequel il espère être vengé. Encore un mot. S'il était nécessaire de vous réveiller, car qui dans l'Écosse peut espérer de dormir huit heures sans être troublé? l'odeur de cette forte essence contenue dans cette petite boîte serait suffisante. Adieu, sir chevalier; si vous ne pensez point que j'aie une conscience très délicate, accordez-moi au moins de la raison et du jugement.

En parlant ainsi le médecin quitta l'appartement : sa contenance naturellement basse et rampante avait quelque chose de plus assuré par la victoire qu'il venait de remporter sur son impérieux malade.

John Ramorny resta plongé dans de tristes réflexions jusqu'au moment où il sentit l'influence du breuvage narcotique. Il se réveilla pour un instant et appela son page.

— Eviot! — J'ai eu tort, ajouta-t-il, de me découvrir ainsi à cet empoisonneur de charlatan. — Eviot!

Le page entra dans l'appartement.

— Le médecin est-il parti? demanda sir John.

— Oui, seigneur, répondit le page.

— Seul ou accompagné?

— Bonthron a parlé avec lui en particulier et l'a suivi presque aussitôt, d'après les ordres de Votre Seigneurie, m'a-t-il dit.

— Grand Dieu! Oui, cela est vrai; il est allé chercher quelques médicamens. Il reviendra bientôt. S'il est ivre, empêche-le d'entrer dans ma chambre, et ne lui permets de causer avec personne. Il déraisonne lorsqu'il a bu. C'était un brave garçon avant qu'un Anglais lui eût fracassé le crâne. Mais depuis ce temps il parle un mauvais jargon toutes les fois qu'une coupe a touché ses lèvres. Qu'est-ce que le médecin vous a dit, Eviot?

— Rien, sinon qu'il m'a recommandé que Votre Seigneurie ne soit point dérangée.

— Vous devez lui obéir ponctuellement en cela, dit le chevalier. Je sens le sommeil qui me gagne; j'en ai été privé depuis cette blessure, ou du moins si j'ai dormi, c'était pour bien peu de temps. Aidez-moi à ôter ma robe de chambre, Eviot.

— Que Dieu et les saints vous envoient un repos tranquille, milord, dit le page en se retirant après avoir rendu à son maître le service qu'il lui demandait.

Comme Eviot quittait la chambre, le chevalier, dont les idées devenaient de plus en plus confuses, murmura en faisant allusion au souhait du page :

— Dieu, les saints! J'ai dormi autrefois bien tranquille sous une pareille protection. Mais maintenant je pense, si je ne puis parvenir à voir l'accomplissement de mes espérances ambitieuses ou de ma vengeance, que le meilleur souhait qu'on puisse me faire est que le profond sommeil qui va m'accabler dans l'instant soit l'avant-coureur de celui qui me rendra pour toujours au néant. Mais je ne puis raisonner plus longtemps.

En parlant ainsi il s'endormit profondément.

CHAPITRE XVI.

La nuit qui obscurcissait peu à peu l'appartement du malade, et qui s'étendait en même temps sur le reste de la terre, n'était point destinée à être tranquille. Le couvre-feu avait sonné depuis deux heures, et il en était neuf. Vers ce temps à peu près chacun se retirait pour dormir, excepté ceux que la dévotion, les devoirs ou les plaisirs tenaient éveillés. C'était le soir du mardi gras, ou ce qu'on appelle en Écosse veille de jeûne; et les lieux de plaisirs étaient plus remplis que les églises.

Pendant la journée le peuple se fatigua au jeu de ballon; les nobles et les gentillâtres employèrent leur temps à des combats de coqs, ou bien à écouter les couplets licencieux du ménestrel, tandis que les citoyens se gorgeaient de gâteaux frits dans du lard, et de pain trempé de bouillon gras dans lequel on avait fait bouillir du bœuf salé, et qu'on avait saupoudré de gruau grillé, plat qui aujourd'hui même n'est point indifférent aux anciens Écossais. Ces exercices et ces mets étaient particuliers à ce jour de fête; il était aussi de rigueur que le soir tout bon catholique bût autant d'ale et de vin qu'il pourrait s'en procurer, et que s'il était jeune et agile il dansât au bal ou figurât parmi les danseurs moresques dont, à Perth comme partout ailleurs, le costume était d'une forme particulière, et qui se distinguaient par l'adresse et l'activité. Toute cette gaîté avait cours sous le prévoyant prétexte que le long carême approchait avec tous ses jeûnes, toutes ses privations: il était donc sage de prendre autant de plaisir que possible, et de s'accorder toutes les indulgences imaginables avant le temps de pénitence.

Ces réjouissances accoutumées avaient eu lieu, et dans la plupart des quartiers de la ville chacun s'était livré au repos. La noblesse avait eu soin de prévenir toutes les querelles qui auraient pu survenir entre les gens armés et les citoyens de la ville. La fête s'était passée avec moins d'accidens que de coutume: on n'eut à déplorer que trois morts et quelques membres cassés; mais ces événemens arrivèrent à des gens de si peu d'importance qu'on ne se donna pas même la peine de rechercher quelle en avait été la cause. Le carnaval se terminait donc tranquillement, quoique dans certains lieux on n'eût pas encore renoncé aux amusemens de la journée.

Une bande de danseurs qu'on avait particulièrement applaudie et remarquée semblait vouloir prolonger ses plaisirs jusqu'au milieu de la nuit. L'*entrée*, comme on l'appelait, était composée de treize personnes habillées de la même manière, ayant des pourpoints de peau de chamois taillés, coupés et brodés d'une manière bizarre. Elles portaient des toques vertes avec des glands d'argent, des rubans rouges, des souliers blancs, de petites sonnettes attachées à leurs genoux et autour de leurs talons, et un glaive nu à la main. Cette élégante troupe avait dansé devant le roi la danse de l'épée, qui consistait dans le choc des armes et dans une suite de poses singulières; elle alla galamment offrir une seconde représentation de son adresse à la porte de Simon Glover, fit ensuite servir du vin tant pour elle que pour les spectateurs, et but avec acclamation à la santé de la Jolie Fille de Perth. Le vieux Simon parut à la porte de son habitation pour reconnaître la politesse de ses compatriotes, et à son tour fit apporter du vin en honneur des joyeux danseurs moresques de Perth.

— Nous te remercions, père Simon, dit une voix déguisée mais qui cachait mal l'accent fanfaron d'Olivier Proudfute; mais la vue de ta charmante fille serait plus douce à nos yeux que celle d'un tonneau de malvoisie.

— Je vous remercie aussi, voisins, répondit Glover. Ma fille n'est pas bien portante, et ne peut sortir par le froid de la nuit. Mais si ce galant dont il me semble reconnaître la voix veut entrer dans ma pauvre maison, elle le chargera de complimens pour le reste de la compagnie.

— Alors tu nous les apporteras à l'hôtel du Griffon, s'écrièrent les autres à leur compagnon favorisé, car c'est là où nous enterrerons le carnaval, et où nous boirons encore à la santé de la belle Catherine.

— Je suis à vous dans une demi-heure, dit Olivier, et nous verrons qui videra le plus large flacon ou chantera le plus haut. Je veux être gai pendant le reste du carnaval, comme si je devais avoir demain la bouche fermée pour toujours.

— Adieu donc, cria son partner dans le ballet moresque. Adieu, joyeux marchand de bonnets, jusqu'au plaisir de te revoir.

Les danseurs se rendirent alors à leur destination, sautant et chantant tout le long des rues accompagnés par quatre musiciens qui menaient la bande, tandis que Simon Glover introduisait leur coryphée dans sa maison, et lui offrait une chaise au coin de son feu.

— Mais où est votre fille, dit Olivier ; c'est l'aimant qui nous attire nous autres braves lames.

— Réellement elle garde sa chambre, voisin Olivier, répondit Glover; et même, pour vous parler franchement, elle garde le lit.

— Eh bien ! je vais aller en haut la consoler de son chagrin. Vous m'avez detourné de mon chemin, père Glover, vous devez une amende à une bonne lame comme moi ; je ne veux pas perdre en même temps et la fille et la partie d'auberge. Elle garde le lit, n'est-ce pas ?

> Mon chien et moi, près de fille jolie
> Notre métier fut toujours d'accourir ;
> Quand une fille est triste et veut mourir,
> Mon chien et moi venons de compagnie !
>
> Si je mourais, il faut, mes bons amis,
> Sous un tonneau que du moins je repose ;
> Les bras croisés, je veux qu'on m'y dépose,
> Mon chien et moi côte à côte endormis.

— Ne pouvez-vous pas être sérieux pour un moment, voisin Proudfute ? dit Glover ; je désire un moment de conversation avec vous.

— Sérieux ! répondit le visiteur ; j'ai été sérieux toute la journée : je pouvais à peine ouvrir la bouche sans parler de mort, d'enterrement, ou de quelque chose de semblable, les sujets les plus tristes qu'on puisse trouver.

— Par saint Jean ! voisin, dit Glover, êtes-vous *fey*[1] ?

— Point du tout : ce n'est point ma propre mort que ces sombres idées m'annoncent. J'ai un bon horoscope, et je vi-

---

[1] Quand une personne agit ou parle d'une manière extravagante, on dit encore en Écosse qu'elle est *fey*, c'est-à-dire qu'elle est frappée d'un sort et que c'est un signe de sa mort prochaine. — Éd.

vrai cinquante ans encore. Mais c'est le sort de ce pauvre garçon, l'homme de Douglas, que j'ai renversé à la querelle de Saint-Valentin; il est mort la nuit dernière : c'est là le poids que j'ai sur la conscience, et qui éveille en moi de tristes réflexions. Ah! père Simon, nous autres gens de guerre qui versons le sang dans notre colère, nous avons des idées noires quelquefois. J'ai souvent désiré de n'avoir coupé que des bonnets de laine.

— Et je souhaiterais, dit Simon, n'avoir jamais coupé que mes gants; mais je me suis souvent coupé les doigts. Cependant vous pouvez vous épargner des remords; il n'y eut qu'un homme dangereusement blessé dans cette affaire, et ce fut celui auquel Henry Smith coupa la main; on le dit parfaitement rétabli. Son nom est Black Quentin, un des gens de sir John Ramorny. On l'a renvoyé secrètement dans son pays.

— Quoi! Black Quentin? Bon Dieu! c'est le même homme que Henry et moi, car nous sommes toujours à côté l'un de l'autre, avons frappé en même temps; seulement mon coup tomba un peu plus tôt que le sien. Je crains qu'il n'en résulte quelque trouble dans la ville, et le prévôt le craint aussi. Mais vous dites qu'il se porte bien; allons, je vais reprendre ma gaîté, et puisque vous ne voulez pas me laisser voir comment un déshabillé de nuit sied à la jolie Catherine, je vais au Griffon retrouver mes danseurs moresques.

— Restez un instant; vous êtes le compagnon de Henry du Wynd; vous lui avez souvent rendu le service de raconter ses actions comme vous venez de le faire : je voudrais que vous puissiez le blanchir à mes yeux d'un autre tort dont on l'accuse.

— Je suis prêt à jurer par la poignée de mon épée que cette accusation est aussi fausse que l'enfer, père Simon. Quoi! par les lames et les boucliers! les hommes d'épée ne doivent-ils pas se soutenir entre eux?

— Soyez calme, voisin bonnetier. Vous pouvez rendre service à l'armurier, si vous voyez juste dans cette affaire. Je vous ai choisi pour vous consulter, non pas parce que je vous considère comme la tête la plus sage de Perth, car si je le disais je ferais un mensonge.

— Bien! bien! répondit Proudfute d'un ton satisfait; je sais ce que vous me reprochez. Vous autres têtes froides, vous pensez que nous sommes des fous nous autres têtes chaudes. Plus de vingt fois j'ai entendu appeler ainsi Henry du Wynd.

— Peu importe que vous soyez brave ou que vous ne le soyez pas, dit Glover; mais je crois que vous êtes naturellement bon et que vous aimez Henry. Nous sommes un peu brouillés maintenant avec lui. Vous savez qu'on a parlé de mariage entre ma fille et l'armurier?

— J'ai entendu en effet quelques contes de ce genre depuis la Saint-Valentin. Ah! celui qui possédera la Jolie Fille de Perth sera un homme heureux. Cependant le mariage gâte les jeunes gens; moi-même je regrette quelquefois....

— Laisse-là tes regrets pour le moment, dit Glover en l'interrompant un peu brusquement. Il faut que vous sachiez, Olivier, que quelques-unes des commères de la ville qui s'occupent des affaires de tout le monde ont accusé Henry de fréquenter des chanteuses et d'autres femmes de cette espèce. Catherine en a été blessée, et j'ai cru ma fille insultée parce que Henry ne s'est point conduit comme un Valentin devait le faire, mais avait préféré une société inconvenante le jour même où suivant une ancienne coutume il aurait eu la meilleure occasion de parler de son amour à Catherine. — Aussi lorsque le soir il vint fort tard chez moi, je lui refusai ma porte, et comme un vieux fou, je le priai de retourner chez lui rejoindre la compagnie qu'il venait de quitter. Je ne l'ai pas revu depuis, et je commence à croire que j'ai été trop prompt à me mettre en colère. Catherine est ma fille unique, mais j'aimerais mieux la voir mourir que de la donner à un débauché. Cependant je connais Henry Gow comme mon propre fils, je ne puis penser qu'il ait voulu nous offenser, et il y a sans doute moyen d'expliquer à son avantage la faute dont on l'accuse. On m'avait conseillé de m'adresser à Dwining qui a rencontré Smith tandis qu'il se promenait avec sa belle. Si je dois croire l'apothicaire, cette fille était la cousine de l'armurier. Vous savez que Dwining parle un langage avec ses yeux et un autre avec ses lèvres; mais toi, Olivier, tu as trop peu de malice, je veux dire trop d'honnêteté pour altérer la vérité; et comme Dwining ajoute que tu as aussi vu cette fille....

— Que je l'ai vue, Simon Glover! Dwining dit-il que je l'ai vue?

— Non pas précisément, mais il prétend que vous lui avez raconté que vous aviez rencontré Smith ainsi accompagné.

— Il ment, et je l'écraserai dans un mortier.

— Comment! ne lui avez-vous jamais parlé de cette rencontre?

— Quand même je l'aurais fait, n'avait-il pas juré qu'il ne répéterait à aucun être vivant ce que je lui avais communiqué? Ainsi en vous racontant la chose il est donc devenu un menteur.

— Enfin vous n'avez point rencontré Henry Smith avec une fille perdue, comme on le rapporte?

— Oh! bon dieu, je n'en sais rien; peut-être oui, peut-être non. Croyez-vous qu'un homme marié depuis quatre ans puisse se ressouvenir de la tournure du talon d'une chanteuse, du bout de son pied, de la bordure de son jupon, et d'autres bagatelles semblables? Non; je laisse cela au joyeux Henry.

— La conclusion de tout cela, dit Glover perdant patience, est que vous avez rencontré Smith se promenant publiquement dans les rues....?

— Oh! non, voisin; je le rencontrai dans les allées les plus sombres et les plus détournées de la ville, se dirigeant droit vers sa maison avec armes et bagage, et les deux bras occupés comme il convient à un galant garçon, le petit chien soutenu par un et la fille par l'autre. A mon avis elle était fort jolie.

— Par saint Jean! dit Glover, cette infamie ferait renoncer un chrétien à sa foi pour adorer Mahomet dans sa colère! Mais il ne reverra plus ma fille; j'aimerais mieux qu'elle partît pour les Highlands avec son chartreux à jambes nues que de lui voir épouser un homme qui oublie à ce point l'honneur et la décence. N'en parlons plus.

— Père Simon, dit l'indulgent bonnetier, vous ne savez plus ce que c'est que la jeunesse. Du reste leurs relations n'ont pas été de longue durée ; car pour dire la vérité, je les ai un peu surveillés :— j'ai rencontré Smith conduisant sa damoiselle errante aux escaliers de Notre-Dame afin qu'elle s'embarquât sur le Tay ; je sais encore, car je m'en suis informé, qu'elle s'est rendue à Dundee. Ainsi vous voyez que ce n'était qu'une folie de jeune homme.

— Et il vint ici, dit Simon avec amertume, rechercher l'affection de ma fille, tandis qu'une maîtresse l'attendait chez lui ! J'aimerais mieux qu'il eût tué une douzaine d'hommes, faute qui serait encore moindre à tes yeux, Olivier Proudfute ; car si tu n'es pas aussi brave que Smith, tu veux au moins le faire croire ; mais....

— Ne prenez pas la chose aussi sérieusement, dit Olivier qui commençait à réfléchir au tort que son bavardage pourrait faire à son ami et aux conséquences du mécontentement de Henry lorsqu'il apprendrait une indiscrétion faite plutôt par sottise que par mauvaise intention.— Considérez, ajouta-t-il, que c'est une folie qui tient à la jeunesse ; l'occasion est souvent la cause de ces péchés-là, et la confession effacera tout. Je vous avouerai, quoique ma femme soit aussi bonne qu'aucune autre dans la ville, que cependant moi-même....

— Paix, indigne fanfaron ! dit le gantier dans la plus violente colère, tes amours et tes batailles sont d'une égale fausseté. Si tu as besoin de mentir, ce qui, je crois, est dans ta nature, ne peux-tu au moins inventer quelque mensonge qui te fasse honneur ? Crois-tu que je ne voie pas dans ton cœur comme je pourrais voir à travers la corne d'une vile lanterne[1] ? Crois-tu que je ne sais pas, fileur de laine, que tu n'oserais pas plus passer l'entrée de ta propre porte si ta femme avait entendu ce dont tu viens de te vanter, que tu n'oserais croiser ton fer avec un enfant de douze ans qui tirerait le sien pour la première fois de sa vie ? Par saint Jean ! je devrais pour te récom-

---

(1) Il existe encore pour les écuries des lanternes dans lesquelles une lame de corne transparente est substituée au verre. — Éd.

penser d'augmenter le trouble d'une famille, faire connaître à ta Madeleine ce que tu viens de dire.

A cette menace le bonnetier recula, comme si le trait d'une arbalète eût sifflé à ses oreilles au moment où il s'y attendait le moins. Il répondit d'une voix tremblante : — Bon père Simon, vous prenez trop de licence pour un homme à cheveux gris; pensez donc, voisin, que vous êtes trop vieux pour vous mesurer avec un jeune guerrier comme moi. Quant à ce qui regarde Madeleine, je puis me fier à vous, car je ne connais personne qui soit moins capable de troubler la paix des familles.

— Que ta sottise ne se fie pas plus long-temps à moi, dit le gantier hors de lui; sors d'ici à l'instant même, ou j'emprunte pendant cinq minutes les forces de ma jeunesse pour te donner une leçon.

— Vous avez peut-être un peu bu en ce jour de fête, dit le bonnetier : je vous souhaite un sommeil tranquille; nous serons meilleurs amis demain.

— Sors d'ici, je te le répète encore! Je suis honteux qu'un être aussi nul que toi ait le pouvoir de me mettre en colère.

— Idiot! imbécile! mauvaise langue! ajouta Glover en se jetant sur une chaise au moment où le bonnetier disparut. Est-il possible qu'un homme qui ne fait que des mensonges n'en ait point trouvé un lorsqu'il s'agissait de cacher la honte d'un ami? Et moi,... moi, qui suis-je, puisque je souhaitais que la grossière injure que j'ai reçue ainsi que ma fille fût excusée? Et cependant telle était mon opinion sur Henry que j'étais prêt à croire toutes les faussetés que cet âne aurait inventées. Mais il est inutile de s'en occuper davantage. Notre nom honorable résistera à toutes les injures qu'on pourra lui faire.

Tandis que le gantier moralisait ainsi sur la confirmation mal reçue du conte que jusqu'alors il n'avait osé croire, le danseur du ballet moresque avait le temps, en traversant les rues de Perth par une nuit froide et sombre du mois de février, de méditer sur les conséquences de la colère du gantier.

— Mais ce n'était rien, se disait-il en lui-même, comparée à celle de Henry du Wind qui avait tué un homme pour une moindre chose que celle de semer la brouille entre lui et Catherine.

— Certainement, ajoutait-il, j'aurais mieux fait de nier le tout; mais j'ai été subjugué par l'idée de paraître moi-même un vert galant, comme en effet je le suis. J'aurais mieux fait d'aller finir la fête au Griffon; mais Madeleine fera du tapage si je reviens trop tard. Cependant c'est le dernier jour du carnaval, et je puis demander un privilége. Il me vient une bonne idée : je n'irai point au Griffon, je vais me rendre chez l'armurier; il doit être chez lui, puisque personne ne l'a vu aujourd'hui. Je tâcherai de faire ma paix avec lui, et je lui offrirai mon intercession auprès du gantier. Henry est un garçon simple et droit, et quoique je sois obligé de convenir qu'il vaut mieux que moi dans une émeute, dans une discussion je puis en faire ce que je veux. Les rues sont paisibles maintenant, la nuit est sombre, et je me cacherai facilement si je rencontre quelqu'un. Oui, je vais me rendre chez Smith, et si je le persuade je me moquerai du vieux Simon. Que saint Ringan me protége cette nuit, et j'avalerai plutôt ma langue que de me laisser exposer par elle à de nouveaux périls. Ce vieux fou-là, quand son sang était échauffé, ressemblait plutôt à un homme disposé à tailleder des buffetins qu'à un découpeur de peau de chevreau.

En faisant toutes ces réflexions Olivier marchait vite, mais avec le moins de bruit possible, et se dirigeant vers le Wynd ou ruelle dans laquelle l'armurier, ainsi que nos lecteurs le savent déjà, avait sa demeure. Mais le malheur n'avait point encore cessé de le poursuivre. Comme il tournait dans la rue principale, il entendit un bruit de musique fort près de lui; ce bruit fut suivi de bruyantes acclamations.

— Ce sont mes compagnons les danseurs moresques, pensa-t-il; je reconnaîtrais le vieux joueur de violon Jérémie parmi cent autres. Je vais traverser la rue avant qu'ils ne passent : si je suis vu, on pourra croire que je suis à la recherche de quelque aventure, et cela fera honneur à ma bravoure.

Ce désir d'être distingué parmi les plus vaillans et les plus heureux en amour était combattu par quelques prudentes considérations; cependant le marchand de bonnets essaya de traverser la rue. Mais la bande joyeuse était éclairée par des torches dont la lumière découvrit Olivier; son habit, d'une couleur claire se voyait de fort loin. Il s'éleva un cri général:
— Une prise! une prise! s'écria-t-on de toutes parts. Ce bruit couvrit celui de la musique, et avant que le bonnetier eût le temps de se décider à rester ou à fuir, deux jeunes gens robustes, vêtus d'habits bizarres avec des masques de sauvages, et portant dans la main une énorme massue, le saisirent en s'écriant d'un ton tragique:— Rends-toi, homme aux sonnettes, rends-toi sans te défendre, ou tu es un danseur mort.

— A qui dois-je me rendre? dit le bonnetier d'une voix tremblante; car quoiqu'il vît qu'il avait affaire à des masques qui parcouraient la ville pour leur plaisir, cependant il avait remarqué qu'ils étaient fort au-dessus de sa classe, et il ne trouvait point d'audace pour partager un jeu où l'inférieur serait sans doute sacrifié.

— Voudrais-tu parlementer, esclave? répondit un des masques, et faut-il que je te montre que tu es notre captif en te faisant donner à l'instant la bastonnade?

— En aucune manière, puissant Indien, dit le bonnetier; je ferai tout ce que vous désirerez.

— Viens ici alors, dit un de ceux qui l'avaient arrêté; viens et rends hommage à l'empereur des Mimes, roi des Cabrioles et grand-duc des Sombres-Heures; expliquez en vertu de quels droits vous êtes assez hardi pour chanter et danser, et porter des souliers de peau dans ses domaines, sans lui payer de tribut. Ne savez-vous pas que vous avez encouru la peine de haute trahison?

— Ce serait bien dur, je pense, répondit le pauvre Olivier, puisque je ne savais pas que Sa Grace eût ce soir les rênes du gouvernement; mais je suis prêt à racheter ce délit, si la bourse d'un pauvre fabricant de bonnets le peut, en payant l'amende de quelques pintes de vin ou autre chose semblable.

— Conduisez-le devant l'empereur, fut la réponse universelle. Le danseur moresque fut amené devant un jeune homme mince, mais plein d'aisance et de grace ; il était magnifiquement vêtu, ayant une ceinture et une tiare de plumes de paon, qu'à cette époque on apportait des Indes comme de rares merveilles. Une courte jaquette posée sur une peau de léopard serrait sa taille ; le reste de sa personne était couvert d'une étoffe de soie couleur de chair, et donnait une idée exacte d'un prince indien ; il portait des sandales attachées avec des rubans écarlates, et tenait à la main une espèce d'éventail comme celui dont les dames se servaient alors, et qui était composé des mêmes plumes de paon réunies en aigrette.

— Quel personnage m'amenez-vous ici? dit le chef indien ; qui a osé attacher les sonnettes d'un danseur moresque à un âne aussi triste que celui-là? Écoutez ici, l'ami ; votre habit vous rend un de nos sujets, puisque notre empire s'étend dans tout le monde joyeux, y compris les Mimes et les Ménestrels de tout genre. Eh quoi ! tu ne sais pas répondre? Il a besoin de boire ; administrez-lui notre coque de noix pleine de vin d'Espagne.

Une immense calebasse remplie de vin fut présentée aux lèvres du suppliant, tandis que le prince et sa suite l'exhortaient à boire.

— Casse-moi cette noisette, et fais-le avec grace et sans grimace, dit le chef.

Olivier n'aurait pas dédaigné de boire modérément du même vin, mais il était épouvanté de la quantité qu'on exigeait qu'il avalât. Il but un coup, et demanda grace.

— Plaise à Votre Seigneurie, dit-il, j'ai encore beaucoup de chemin à parcourir, et si j'étais obligé de faire complètement honneur à votre générosité pour laquelle je vous prie d'accepter mes remerciemens, je ne serais pas capable d'enjamber un ruisseau.

— Voyons si tu es capable au moins de te comporter comme un gaillard. Fais-moi une cabriole. Ah ! une, deux, trois. Admirable! Encore. Donnez-lui de l'éperon. (Alors un satellite du chef indien toucha légèrement Olivier avec son épée.) Ah! cette cabriole vaut mieux que toutes les autres ; il saute comme un chat dans une gouttière! Présentez-lui encore la coque de noix. Allons, plus de violence, il a payé pour son forfait, et mérite non-seulement sa liberté, mais une récompense. A genoux, à genoux ; maintenant relevez-vous, sire chevalier de la Calebasse! Quel est ton nom? et qu'un de vous me prête une rapière.

— Olivier, plaise à Votre Honneur, je veux dire à Votre Principauté.

— Olivier, dis-tu? Non, tu es maintenant un des douze pairs, et le hasard a anticipé sur la promotion que nous avions l'intention de faire. Relève-toi, sire Olivier-tête-de-Paille, chevalier de l'ordre du Potiron. Relève-toi, au nom de la Folie, et retourne, au nom du diable, à tes affaires.

En prononçant ces mots le prince indien donna du plat de son épée un coup vigoureux sur les épaules du bonnetier, qui se retrouva sur ses pieds avec plus d'agilité qu'il n'en avait encore montré. Excité par les éclats de rire et le bruit moqueur qu'il entendait derrière lui, il arriva devant la maison de Smith sans s'être arrêté un seul instant, et avec la même rapidité qu'un renard poursuivi cherche sa tanière.

Après avoir frappé à la porte, le fabricant de bonnets pensa qu'il aurait dû réfléchir plus tôt à la manière dont il se présenterait devant Smith, et à celle qu'il devait employer pour lui communiquer l'indiscrétion qu'il avait commise. On ne répondit point à son premier appel, et peut-être au moment où toutes ces réflexions s'élevèrent dans son esprit effrayé, le bonnetier eût abandonné son dessein s'il n'eût entendu dans le lointain le bruit de la musique. Craignant de tomber une seconde fois entre les mains de ces masques brillans auxquels il venait d'échapper, il frappa une seconde fois, et il entendit aussitôt la voix forte et cependant agréable de Henry Gow, qui répondit de l'intérieur de la maison :

— Qui frappe aussi tard? et que demande-t-on?

— C'est moi, Olivier Proudfute, dit le bonnetier; j'ai une bonne plaisanterie à te raconter, compère Henry.

— Va porter tes folies à un autre marché, répondit Smith; je ne veux voir personne ce soir.

— Mais, compère, bon compère, je suis environné de coquins, et je demande un refuge sous ton toit.

— Sot que tu es, répliqua Henry, le plus lâche des coqs de basse-cour qui se sont battus pendant ces fêtes dédaignerait de mesurer ses forces contre une poule mouillée comme toi.

Dans ce moment un second bruit de musique se fit entendre. Il semblait approcher, et le fabricant de bonnets ne pouvant déguiser ses craintes, s'écria :

— Au nom de notre ancienne amitié, et pour l'amour de Notre-Dame, Henry, accordez-moi un asile, ou demain vous trouverez à votre porte mon cadavre mutilé par les sanguinaires Douglas.

— Ce serait une honte pour moi, pensa le bon Henry, et peut-être son péril est réel. Il y a des faucons qui s'abattraient plutôt sur un moineau que sur un héron. En faisant ces réflexions moitié haut, moitié bas, Henry ouvrit sa porte bien fermée, se proposant de reconnaître la réalité du danger avant de permettre au bonnetier d'entrer chez lui. Mais tandis qu'il regardait dans la rue, Olivier s'élança dans la maison comme un cerf effarouché s'élance dans un hallier, et il était déjà établi près de la cheminée avant que l'armurier qui regardait de tous côtés autour de lui pût se convaincre qu'il n'y avait aucun ennemi à la poursuite du fugitif. Il referma la porte et revint dans la cuisine, mécontent de ce que sa profonde solitude avait été troublée, et sa bonté trompée par des craintes aussi faciles à exciter que celles de son timide voisin.

— Qu'est-ce que cela signifie? dit-il assez froidement lorsqu'il vit le bonnetier assis près de son foyer; quelle est cette farce de carnaval, maître Olivier? je ne vois personne à votre poursuite.

— Donnez-moi à boire, compère, répondit Olivier; je suis étouffé par la rapidité avec laquelle je suis venu ici.

— J'ai juré qu'il n'y aurait point d'orgie cette nuit dans ma maison. Je suis dans mes habits de travail, comme vous voyez. C'est pour moi un jour de jeûne, au lieu d'un jour de fête, et j'ai de bonnes raisons pour cela. Vous avez bu assez ce soir, car vous pouvez à peine parler ; si vous désirez encore du vin ou de l'ale, vous pouvez aller ailleurs.

— J'ai déjà assez fait bombance en effet, dit le pauvre Olivier, et je puis ajouter que j'ai été noyé dans la boisson. Cette maudite calebasse ! Une goutte d'eau, compère, c'est tout ce que je désire, et j'espère que je ne vous la demanderai pas en vain, ou si vous voulez, un verre de petite bière.

— Si c'est là tout ce que vous désirez, dit Henry, vous n'en manquerez pas. Mais il faut que ce soit l'excès du vin qui vous porte à demander de l'eau.

En disant ces mots il remplit un demi-flacon d'une barrique qui était auprès de lui, et l'offrit à son hôte ; Olivier l'accepta, et le porta à ses lèvres, tremblant de l'émotion qu'il avait éprouvée ; et quoique la dose fût faible, il se trouvait tellement épuisé par les fatigues, l'inquiétude, la frayeur et les débauches de la journée, qu'après avoir placé le flacon vide sur la table de chêne, il fit entendre un soupir de satisfaction et garda le silence pendant quelques minutes.

— Maintenant que vous avez bu, compère, dit l'armurier, apprenez-moi ce que vous désirez ; quels sont ceux qui vous menaçaient ? Je n'ai pu voir personne.

— Non, mais ils étaient au moins vingt qui me poursuivaient dans le Wynd. Cependant quand ils nous ont vus tous les deux ensemble, ils ont perdu le courage qu'ils auraient conservé si l'un de nous eût été seul.

— Ne riez point, l'ami, dit l'armurier, je ne suis point en humeur de plaisanter.

— Par saint Jean de Perth ! je ne plaisante point ; j'ai été arrêté et outragé d'une manière dégoûtante, répondit Olivier en posant sa main sur la partie affectée, par ce fou de Robin de Rothsay, par le vagabond Ramorny et le reste de leur suite. Ils m'ont fait boire un quartaut de malvoisie.

— Vous ne savez ce que vous dites, Olivier; Ramorny est à la mort, l'apothicaire le dit partout : ce ne sont sûrement point eux qui font de semblables folies au milieu de la nuit.

— Je ne puis l'assurer, mais je puis prêter serment que j'ai reconnu les bonnets que je leur ai faits depuis le jour des Innocens. Ils sont assez singuliers, et d'ailleurs je dois reconnaître mon propre ouvrage.

— On a pu avoir des torts envers vous, reprit Henry; si vous courez un danger réel, je vais vous faire un lit ici, mais vous vous coucherez à l'instant même, car je ne suis point en humeur de causer.

— Je le désirerais de tout mon cœur, mais Madeleine se fâcherait, c'est-à-dire qu'elle ne se fâcherait pas; elle sait que cela m'inquiéterait fort peu, mais elle craindrait qu'il ne me fût arrivé quelque accident dans une nuit aussi tumultueuse; elle connaît mon humeur qui est impétueuse comme la tienne, et toujours disposée à répondre à un mot par un coup.

— Alors retourne chez toi; qu'elle voie que son trésor est en sûreté. Maître Olivier, les rues sont tranquilles, et pour te parler franchement, je désirerais être seul.

— Encore un moment, reprit Olivier qui craignait de rester et qui en même temps redoutait de partir. Il y a eu du bruit dans le conseil de la ville touchant l'affaire de la veille de Saint-Valentin. Le prévôt m'a dit il n'y a pas quatre heures qu'il était convenu avec les Douglas que les différens seraient décidés par un combat singulier. Notre vieille connaissance Dick le Diable renonce à sa qualité, et défend la cause de Douglas et des gentilshommes; il est dit que vous ou moi soutiendrons la cause de la Belle Ville. Quoique je sois le plus ancien dans le conseil, cependant, par l'amitié que nous nous portons l'un à l'autre, je veux bien te céder la préséance et me contenter de l'humble office de bâtonnier [1].

---

(1) *Stickler.* A cette époque ceux qui servaient de seconds dans les combats singuliers étaient appelés ainsi, parce qu'ils portaient des bâtons comme un emblème des soins qu'ils devaient apporter à ce que la justice fût observée des deux côtés. — Éd.

Henry Smith, malgré son chagrin, ne put s'empêcher de sourire.

— Si c'est cela qui t'inquiète, lui dit-il, et te retient hors de chez toi au milieu de la nuit, je vais facilement arranger cette affaire. Tu ne perdras point l'avantage qui t'est offert. J'ai soutenu plus de vingt duels, — trop, beaucoup trop. Toi, tu n'as combattu qu'avec ton soudan de bois. — Il serait injuste, malhonnête, cruel, d'abuser ainsi de l'offre que me fait ton amitié. Ainsi rentre chez toi, brave garçon, et que la crainte de perdre cet honneur ne trouble pas ton repos. Sois assuré que tu répondras au cartel, tu en as le droit, puisque tu as été insulté par ce rude écuyer.

— Grand merci de tout mon cœur, dit Olivier embarrassé de cette déférence inattendue. Tu es un aussi bon ami que je l'avais toujours pensé. Mais j'ai autant d'affection pour Henry Smith qu'il en a pour Olivier Proudfute. Je jure par saint Jean que je ne me battrai point à ton préjudice. Maintenant je suis certain de ne plus céder à la tentation ; car tu ne voudrais pas me voir manquer à mon serment, eussé-je vingt duels sur les bras.

— Écoute, répondit Smith : conviens que tu as peur, dis une honnête vérité une fois dans ta vie, ou bien je te laisse terminer cette querelle.

— Eh! compère, tu sais bien que je n'ai jamais peur; mais en vérité, c'est un coquin si déterminé ; et j'ai une femme, — la pauvre Madeleine, comme tu le sais, — j'ai des enfans ; et toi...

— Et moi, interrompit Henry brusquement, je n'en ai point, je n'en aurai jamais.

— Comment? réellement? — Puisqu'il en est ainsi, j'aimerais mieux te voir combattre que moi.

— De par Notre-Dame! compère, répondit l'armurier, on se joue facilement de toi. Apprends, sot que tu es, que sir Patrice Charteris qui aime à rire s'est amusé à tes dépens. Crois-tu qu'il voudrait hasarder l'honneur de la ville, et compter sur une tête comme la tienne, ou que je voudrais te céder la préséance dans une affaire de ce genre-là? Eh! bon Dieu, retourne chez toi. Que ta Madeleine fixe un bonnet de nuit bien chaud autour de ton front, fais un bon déjeuner, bois de l'eau distillée, et demain tu seras capable de combattre ton *Dromond* ou soudan de bois, comme tu l'appelles, la seule chose sur laquelle tes coups aient jamais tombé d'aplomb.

— Ah! il en est ainsi, répondit Proudfute rassuré, mais croyant nécessaire de paraître offensé. Je me moque de ta mauvaise humeur; tu sais bien que tu ne peux jamais lasser ma patience au point de nous brouiller entièrement. C'en est assez; mais nous sommes frères d'armes, cette maison est la tienne. Les deux meilleures lames de Perth ne doivent point se mesurer ensemble; je suis habitué à ton humeur, et j'oublie tout. Mais est-il bien vrai que les deux partis soient unis?

— Aussi complètement qu'un marteau peut fixer un clou, dit l'armurier. La ville a donné au Johnston une bourse pleine d'or pour ne pas les avoir débarrassés d'un importun appelé Olivier Proudfute, lorsqu'il l'avait en son pouvoir; cette bourse doit acheter pour le prévôt l'île de Sleepless que le roi lui accorde, car le roi paie tout à la longue. De cette manière sir Patrice obtient l'Inch qui est en face de sa maison. L'honneur est à couvert des deux côtés, car vous comprenez que ce qui est donné au prévôt est donné à la ville. Ce qui vaut le mieux, c'est que les Douglas ont quitté Perth pour marcher contre les Anglais; on dit que ces derniers sont appelés sur les frontières par le perfide comte de March. Ainsi la Belle Ville est délivrée de Douglas et de sa suite.

— Mais au nom de saint Jean! comment tout cela s'est-il fait? dit Olivier; personne n'en a parlé.

— On dit que celui dont je coupai la main est un serviteur de sir John Ramorny, et qu'il s'est sauvé dans le comté de Fife sa patrie, où sir John lui-même doit être exilé du consentement de tout honnête homme. Mais tout ce qui regarde sir John touche aussi un personnage bien plus important. — Du moins Simon Glover l'assura à sir Patrice Charteris. Je crois deviner la vérité, et je remercie le ciel et tous les saints de ne point avoir tué sur l'échelle celui que je fis prisonnier.

— Il faut aussi que je remercie le ciel et tous les saints, et le plus dévotement possible, dit Olivier, car j'étais près de toi comme tu sais, et....

— Ne parle plus de cela, si tu veux être prudent. Il y a des lois contre ceux qui frappent les princes ; il ne faut point toucher le fer du cheval avant qu'il ne soit refroidi, mais tout est raccommodé maintenant.

— Si cela est ainsi, dit Olivier un peu embarrassé, mais plus rassuré encore par les nouvelles qu'il venait de recevoir d'une personne mieux informée que lui, j'ai raison de me plaindre de sir Patrice Charteris qui, bien que prévôt de la ville, se joue avec l'honneur d'un honnête bourgeois.

— Je te conseille, Olivier, de l'appeler dans la lice, et il ordonnera à ses gens de lâcher ses chiens après toi. Mais la nuit avance tandis que tu bavardes ainsi.

— Je n'ai plus qu'un mot à te dire, compère. Mais donne-moi d'abord un second verre de bière.

— Que la peste t'étouffe ! Je te voudrais dans un lieu où les liqueurs froides sont plus rares. Tiens, vide toi-même le baril à ta volonté.

Olivier prit un second flacon, mais il but, ou du moins sembla boire très lentement, afin de gagner du temps et de réfléchir tout à son aise à la manière dont il devait s'y prendre pour entamer un second sujet de conversation qui lui paraissait une matière bien délicate quand il songeait à l'humeur irritable de l'armurier. A la fin il ne trouva rien de mieux que d'aborder tout d'un coup la question.

— J'ai vu Simon Glover aujourd'hui, dit-il.

— Eh bien ! dit l'armurier d'une voix sombre et mélancolique, si tu l'as vu qu'est-ce que cela peut me faire ?

— Rien, rien, répondit le bonnetier en pâlissant. Seulement je pensais que vous seriez peut-être bien aise d'apprendre qu'il m'a demandé si je vous avais vu le jour de Saint-

Valentin, après l'émeute qu'il y eut aux dominicains, et dans quelle compagnie vous étiez?

— Je gagerais que vous lui avez répondu que vous m'avez rencontré avec une chanteuse dans la sombre allée qui est là-bas.

— Tu sais bien, Henry, que je n'ai point le don de mentir ; mais j'ai arrangé cette affaire avec lui.

— Et comment, je vous prie?

— Eh, bon Dieu! voici. Père Simon, ai-je dit, vous êtes un vieillard, et vous ne savez pas que dans les veines de la jeunesse le sang est comme du vif-argent. Vous pensez, j'en suis sûr, ai-je dit, qu'il se soucie de cette fille, et que maintenant il la tient cachée dans quelque coin de Perth? Point du tout, ai-je dit ; je sais, et j'en ferais serment, qu'elle a quitté sa maison et qu'elle est partie pour Dundee le lendemain matin. Ah! je t'ai joliment aidé dans cette circonstance critique.

— En vérité je le pense aussi, et si quelque chose peut ajouter à mon chagrin et à l'humeur que j'éprouve en ce moment, c'est de voir un âne comme toi placer son lourd sabot sur ma tête pour m'enfoncer plus profondément dans la vase, lorsque je n'étais qu'à demi noyé. Sors d'ici, et puisses-tu avoir le sort que ton bavardage mérite ! alors on te trouvera bientôt le cou tordu dans le premier ruisseau. — Sors, te dis-je, ou je te mets à la porte par les épaules.

— Ah! ah! s'écria Olivier en s'efforçant de rire, tu le prends ainsi. — Mais, compère Henry, accompagne-moi jusqu'à ma maison dans le Meal Vennal[1], cela te distraira.

— Malédiction sur toi, non !

— Je t'offrirai du vin en abondance si tu veux venir, dit Olivier.

— Je te donnerai des coups de bâton si tu restes, répondit Henry.

— Eh bien ! je pars ; je vais revêtir ton buffetin et ton casque d'acier, marcher avec ton pas bruyant et siffler ton pibroch

---

(1) Le marché à la farine. — Éd.

favori, « Les os cassés à Loncarty » ; si l'on me prend pour toi, quatre hommes réunis n'oseront m'approcher.

— Prends tout ce que tu voudras, au nom du diable ! mais débarrasse-moi de ta présence.

— Bien, bien, Henry, nous nous reverrons quand tu seras de meilleure humeur, dit Olivier en s'habillant.

— Pars, et puissé-je ne jamais revoir ton sot visage !

Olivier sortit enfin, imitant aussi bien que cela lui était possible le pas hardi et le maintien ouvert de son redoutable compagnon, et sifflant un pibroch composé sur la déroute des Danois à Loncarty, qu'il avait appris parce que c'était un air favori de l'armurier, qu'il se faisait une règle d'imiter en tout. Mais lorsque l'honnête Olivier, assez bonhomme malgré sa vanité ridicule, quittait le Wynd pour entrer dans High-Street, il reçut un coup par derrière au défaut du casque, et tomba mort sur la place ; il essaya de murmurer le nom de Henry, auquel il s'adressait toujours pour obtenir protection, mais ce nom s'arrêta sur ses lèvres mourantes.

CHAPITRE XVII.

> « Oh ! je vous en ferai voir long pour un jeune prince. »
> SHAKSPEARE. *Henry IV*, partie 1.

Nous retournons maintenant à la bande joyeuse qui, une demi-heure auparavant, avait applaudi d'une manière si bruyante les exploits d'agilité qui devaient être les derniers du pauvre fabricant de bonnets, et dont les cris moqueurs avaient animé la course d'Olivier lorsqu'il se réfugia chez son ami. Après avoir ri à gorge déployée, les jeunes acteurs de cette scène continuèrent leur folle promenade, arrêtant et effrayant tous ceux qui se trouvaient sur leur chemin, mais il faut l'avouer, sans les injurier d'une manière trop grossière, soit dans leur personne, soit dans leurs sentimens. Enfin fatigué de cette orgie, le chef ordonna à tous ses joyeux compagnons de se réunir autour de lui.

— Mes braves et sages conseillers, dit-il, nous, roi de tout ce qui vaut la peine d'être prisé en Écosse, nous oublions les heures qui s'écoulent lorsque la coupe circule, lorsque la beauté s'attendrit, lorsque la folie s'éveille et que la raison dort sur son grabat. Nous laissons à notre vice-régent le roi Robert la tâche ennuyeuse de retenir sous son pouvoir des nobles ambitieux, de satisfaire l'avidité du clergé, de subjuguer de sauvages montagnards et d'apaiser les querelles sanglantes. Et puisque notre empire est celui de la paix et des plaisirs, il est à propos que nous réunissions toutes nos forces pour secourir ceux de nos sujets qui par une malheureuse destinée deviennent prisonniers des soucis et de la maladie. Je veux parler principalement de sir John que le vulgaire appelle Ramorny. Nous ne l'avons point vu depuis le tumulte de Curfew-Street; et quoique nous sachions qu'il a tant soit peu souffert dans cette affaire, nous ne pouvons concevoir pour quelle raison il n'est point venu rendre hommage, comme un sujet loyal et soumis. — Venez ici, notre héros d'armes de la Calebasse ; avez-vous légalement invité sir John à prendre part à la fête?

— Je l'ai fait, milord.

— Et lui avez-vous fait connaître que pour cette nuit nous suspendions sa sentence d'exil? Car si de plus hauts pouvoirs ont arrangé cette affaire, nous pouvons nous donner la liberté de prendre un joyeux congé de notre vieil ami.

— C'est ainsi que je me suis expliqué, milord, répondit le comique héraut d'armes.

— Il n'a point envoyé un mot d'écrit, lui qui se pique d'être un si grand clerc?

— Il était couché, milord, et je ne l'ai point vu. J'ai entendu dire qu'il vivait très retiré, tant à cause des contusions qu'il avait reçues que par le chagrin qu'il éprouvait de sa disgrâce. Il redoutait d'être insulté dans les rues, car ce fut avec peine qu'il se tira des mains des bourgeois lorsqu'il fut poursuivi par ces vilains, ainsi que deux de ses serviteurs, jusque dans le couvent des dominicains. Ses domestiques mêmes ont été envoyés dans le comté de Fife dans la crainte qu'ils ne fussent indiscrets.

— C'est sagement fait, dit le prince, qui (et nous n'avons pas besoin d'en informer le lecteur intelligent) avait un meilleur titre pour être appelé ainsi que celui qu'il empruntait aux plaisirs de la soirée. Il agit prudemment en écartant les indiscrets. Mais l'absence de sir John dans cette fête solennelle décrétée depuis long-temps est une mutinerie et une renonciation à l'obéissance. Ou si le chevalier est réellement le prisonnier de l'indisposition et de la mélancolie, nous devons le favoriser d'une visite, croyant qu'il n'y a point de meilleur remède pour de semblables maladies que notre présence et un doux baiser de la Calebasse. — En avant, écuyers, musiciens, gardes et courtisans! Montrez le grand emblème de notre dignité. — Elevez la calebasse, vous dis-je! et que ceux qui se chargeront de porter les quartauts destinés à remplir notre coupe soient choisis parmi les plus sobres. Le fardeau est lourd et précieux, et si notre vue n'est pas trouble ils nous semblent pencher et vaciller plus que nous ne le désirerions. Maintenant partons, sires, et que nos musiciens nous jouent leurs airs les plus gais et les plus bruyans.

Ils se mirent en route à moitié ivres de joie et de vin; les nombreuses torches réflétaient leurs rouges lumières sur les petites fenêtres et les rues étroites où des hommes en bonnet de nuit, et même quelquefois leurs femmes, regardaient en cachette pour découvrir quels étaient les turbulens qui troublaient la tranquillité publique à une heure si avancée. Enfin la bande joyeuse s'arrêta devant la maison de sir John Ramorny, qui n'était séparée de la rue que par une petite cour.

Ils frappèrent avec violence, et menacèrent de leur vengeance celui qui refuserait d'ouvrir la grille, en parlant de l'emprisonner dans un muid vide, dans le Massamore ou cachot du palais féodal du prince de Passe-temps, c'est-à-dire dans le cellier à l'ale. Mais Éviot le page de Ramorny entendait le bruit, et connaissait bien ceux qui frappaient avec tant de hardiesse. Considérant la position dans laquelle se trouvait son maître, il jugea plus prudent de ne faire aucune réponse, espérant que ces jeunes fous passeraient leur chemin, et sachant dans tous les cas qu'il serait inutile d'essayer de leur faire changer de dessein. La chambre de son maître donnant sur un petit jardin, le page supposait qu'il ne serait point éveillé par le bruit. Il se fiait à la force de la porte extérieure, et il résolut de les laisser frapper jusqu'à ce qu'ils fussent fatigués eux-mêmes, ou jusqu'au moment où leur ivresse serait passée. Les jeunes débauchés paraissaient en effet devoir bientôt être épuisés par le bruit et les efforts qu'ils faisaient en frappant à la porte, lorsque leur prince supposé, ou plutôt celui qui n'était malheureusement que trop leur maître, les déclara de tristes et paresseux adorateurs du dieu du vin et de la gaîté.

— Apportez-nous notre clef qui est là-bas, dit-il, et appliquez-la à cette porte rebelle.

La clef qu'il montrait du doigt était une large solive qu'on avait laissée au milieu de la rue, avec la négligence qui régnait à cette époque dans toutes les villes d'Écosse.

Les chasseurs indiens la saisirent à l'instant, la soulevèrent avec leurs forces réunies, et la lancèrent contre la porte avec une telle violence que les verrous et les gonds menaçaient de céder, lorsque Éviot, qui ne voulut pas attendre la fin de ce siége, descendit dans la cour, et après avoir fait quelques questions pour la forme ordonna au portier d'ouvrir, comme s'il ne faisait que de reconnaître les visiteurs de nuit.

— Esclave d'un maître infidèle, dit le prince, où est notre déloyal sir John Ramorny, qui n'a point obéi à nos ordres?

— Milord, répondit Eviot s'inclinant devant la dignité réelle et supposée du chef, mon maître est dans ce moment ci très souffrant; il a pris un soporifique. Votre Grace voudra bien m'excuser si je remplis mon devoir en disant que personne ne peut entrer dans la chambre de mon maître sans un grand danger pour sa vie.

— Ne me parle point de danger, maître Teviot, Cheviot, Eviot.... comment t'appelle-t-on? Mais introduis-moi dans la chambre de ton maître, ou plutôt ouvre-moi la porte de son appartement et j'irai bien le trouver moi-même. — Élevez plus haut la calebasse, mes braves serviteurs, et prenez garde de répandre une seule goutte de cette liqueur que Bacchus nous envoya pour guérir toutes les maladies du corps et les soucis de l'esprit. Avancez, dis-je, et laissez-moi voir le vase béni qui contient ce precieux liquide.

Le prince entra dans la maison, dont il connaissait l'intérieur; il monta en courant, suivi par Eviot qui recommandait en vain le silence, et s'élança avec toute sa suite dans la chambre du blessé.

Celui qui par expérience connaît le sommeil qui s'empare des sens après une forte dose d'opium et en dépit des plus horribles douleurs; celui dont le réveil dans cet état d'insensibilité fut causé par le bruit et la violence, est capable d'imaginer l'alarme et le trouble de sir John Ramorny et ses souffrances physiques qui agissaient et réagissaient les unes sur les autres. Si nous ajoutons à ces sensations la conscience de l'ordre criminel qu'il avait donné et qui probablement devait être exécuté, nous pouvons nous faire une idée d'un réveil auquel le sommeil éternel eût été préférable. Le gémissement que Ramorny fit entendre au premier sentiment de la douleur qui revenait l'accabler, eut quelque chose de si horrible que les jeunes débauchés eux-mêmes gardèrent pendant quelques minutes le silence. Sans changer la position qu'il avait eue sur son lit pendant son sommeil, le malade regarda d'un air sombre autour de la chambre remplie de figures fantastiques, et n'ayant point encore recouvré ses esprits, il se dit à lui-même.

— Il en est ainsi, après tout, et la légende est vraie! Voilà les démons, et je suis condamné pour jamais! Le feu n'est point apparent, mais je le sens, je le sens dans mon cœur qui brûle comme s'il était consumé par la fournaise sept fois chauffée.

Tandis qu'il jetait des regards pleins d'horreur autour de lui et qu'il s'efforçait de recouvrer ses esprits, Eviot s'approcha du prince, et tombant à genoux, lui demanda en grace d'ordonner à sa suite de quitter l'appartement.

— Cette scène, dit-il, peut donner la mort à mon maître.

— Ne crains rien, dit le duc de Rothsay ; fût-il aux portes de la mort, il y a ici quelque chose qui pourrait forcer les démons à relâcher leur proie. Approchez la calebasse.

— Il est perdu s'il y touche, dit Eviot ; s'il boit du vin c'est un homme mort!

— Quelqu'un doit boire pour lui, répondit le prince, et ton maître sera guéri par procuration ; notre puissant dieu Bacchus rendra au malade la tranquillité du cœur, lubréfiera ses poumons, lui donnera la légèreté d'imagination, qui sont ses plus beaux attributs; tandis que le fidèle serviteur qui boira à sa place aura les nausées, le malaise, l'irritation des nerfs, la tristesse du regard, les palpitations du cerveau et autres incommodités auxquelles la nature est sujette, et sans lesquelles nous serions trop semblables aux dieux. Qu'en dites-vous, Eviot? voulez-vous être le serviteur fidèle et boire comme le représentant de votre seigneur? — Faites-le, et nous quitterons cette chambre, car il me semble que les regards de notre sujet ont quelque chose d'effrayant.

— Je ferai tout ce qui est en mon pouvoir pour sauver mon maître, dit Eviot, et pour épargner à Votre Grace le remords d'avoir causé sa perte. Mais il y a ici quelqu'un qui s'acquittera de cet exploit avec une bonne volonté, et qui remerciera Votre Altesse par-dessus le marché.

— Mais quel est cet homme? Un boucher, et qui revient fraîchement de l'ouvrage. Les bouchers jouent-ils un rôle le mardi-gras? Fi! quelle odeur de sang!

Le prince parlait de Bonthron qui, surpris du bruit qu'il entendait dans la maison où il avait espéré rentrer au milieu des ténèbres et du silence, et rendu stupide par la quantité de vin qu'il avait bu, s'était arrêté sur le seuil de la porte, et regardait la scène qui était devant ses yeux avec son buffetin taché de sang et une hache sanglante à la main, offrant un horrible spectacle aux jeunes débauchés qui éprouvaient, sans pouvoir s'en rendre compte, autant de frayeur que de dégoût.

Au moment où on approcha la calebasse de son odieuse figure, et lorsqu'il tendit sa main souillée pour la saisir, le prince s'écria :

—Qu'il descende ! Que le misérable ne boive point en notre présence; qu'on lui trouve un autre vase que notre digne calebasse, l'emblème de nos folies. Une auge à cochon serait ce qu'il y a de plus convenable pour lui, si on pouvait s'en procurer une. Qu'il sorte, et qu'il soit noyé dans le vin en punition de la sobriété de son maître. Laissez-moi seul avec sir John Ramorny et son page. Sur mon honneur! ses regards sont effrayans.

La suite du prince quitta l'appartement, et Éviot seul resta.

— Je crains, dit le prince en s'approchant du lit avec des manières bien différentes de celles qu'il avait eues jusqu'alors, je crains, mon cher sir John, que cette visite ne soit point reçue avec plaisir; mais c'est votre faute. Vous connaissez nos vieux usages; vous deviez être acteur dans les réjouissances de cette soirée, et vous n'êtes pas venu nous voir depuis le jour de Saint-Valentin. C'est aujourd'hui le mardi-gras, et cette désertion est une désobéissance, une trahison envers notre royaume de joie et les statuts de la Calebasse.

Ramorny leva la tête et fixa sur le prince des yeux égarés; ensuite il fit signe à Éviot de lui apporter à boire. Le page lui présenta une grande tasse de tisane, et le malade y posa ses lèvres tremblantes avec précipitation. Pendant quelques instans il fit un fréquent usage de l'essence stimulante laissée à dessein par l'apothicaire, et parut recouvrer ses sens.

— Laissez-moi tâter votre pouls, cher Ramorny, dit le prince ; je sais quelque chose de ce métier-là. Comment ! vous m'offrez la main gauche, sir John? C'est blesser en même temps les lois de la médecine et celles de la politesse.

— La droite a rempli sa dernière tâche au service de Votre Altesse, murmura le malade d'une voix basse et agitée.

— Que voulez-vous dire? reprit le prince; je sais que votre serviteur Black Quentin a perdu une main; mais il peut voler avec l'autre autant qu'il en faut pour être pendu; ainsi il n'y a rien de bien changé dans sa destinée.

— Ce n'est point cet homme qui a perdu sa main au service de Votre Grace; c'est moi John de Ramorny.

— Vous! dit le prince; c'est une plaisanterie, ou bien vous n'avez point encore recouvré votre raison.

— Si le suc de tous les pavots d'Egypte était exprimé dans une coupe, il perdrait son influence sur moi lorsque je contemple ce spectacle, reprit Ramorny; et au même instant il tira son bras droit de dessous les couvertures de son lit et l'étendit vers le prince, enveloppé dans des appareils. — Si ces linges étaient enlevés, ajouta-t-il, vous verriez qu'un tronc sanglant est tout ce qui reste d'une main naguère toujours prête à tirer l'épée au moindre signal de Votre Altesse.

Le duc de Rothsay recula d'horreur. — Nous en tirerons vengeance, dit-il.

— Je suis déjà vengé en partie; car il me semble que j'ai vu Bonthron il y a quelques minutes, ou bien sa figure infernale aurait-elle paru au milieu des démons, dans ce rêve affreux qui tourmentait mon esprit au moment où je me suis éveillé? Eviot, appelle ce mécréant. Qu'il vienne, s'il est capable de se soutenir.

Eviot sortit, et revint au bout d'un instant avec Bonthron, qu'il venait de sauver de la punition d'une seconde calebasse pleine de vin, ce misérable ayant avalé la première sans qu'on pût apercevoir une grande altération dans son maintien.

— Eviot, dit le prince, que cette brute ne m'approche pas. Mon ame semble reculer devant lui de crainte et de dégoût; il y a quelque chose dans ses regards qui n'appartient point à la nature humaine, je frissonne devant lui comme devant un odieux serpent qu'un pressentiment m'avertirait de redouter.

— Écoutez-le, milord, répondit Ramorny; à moins qu'une

outre de vin ne parlât, qui pourrait employer moins de mots dans une conversation? Avez-vous eu affaire à lui, Bonthron?

Le misérable éleva la hache qu'il tenait encore à la main, et la baissa en montrant le côté du tranchant.

— Bien; comment avez-vous reconnu votre homme? On dit que la nuit est sombre.

— Par ses vêtemens, sa tournure et sa voix.

— C'est assez, sors! Eviot, qu'il ait de l'or et du vin pour apaiser sa soif brutale. Sors, te dis-je! Eviot, suivez-le.

— Et quelle destinée est accomplie? dit le prince, soulagé des sentimens d'horreur et de dégoût qu'il avait éprouvés en présence de l'assassin. J'espère que ce n'est qu'un jeu, ou bien je serais obligé d'avouer que c'est une action épouvantable. Quel est le malheureux qui a été livré à cet horrible boucher?

— Un homme qui valait seulement un peu mieux que lui, répondit le malade, un misérable artisan, auquel néanmoins le sort avait donné la puissance de réduire Ramorny à l'état d'un estropié. Que la malédiction accompagne son vil esprit! Sa mort n'est à ma vengeance qu'une goutte d'eau dans une fournaise. Je vais être bref, car mes idées se troublent de nouveau; c'est la nécessité qui les retient ensemble, comme une courroie contient une poignée de flèches. — Votre vie est en danger, milord; j'en parle avec certitude. Vous avez bravé Douglas, offensé votre oncle, mécontenté votre père; mais cette dernière chose ne serait qu'une bagatelle sans les deux premières.

— Je suis fâché d'avoir mécontenté mon père, dit le prince (entièrement distrait d'un événement aussi insignifiant que le meurtre d'un artisan par les sujets plus importans dont il était question); mais si je vis, le pouvoir de Douglas sera renversé et la politique d'Albany ne lui sera d'aucun secours.

— *Si, si,* milord! répondit Ramorny; avec de semblables adversaires il ne faut point se fier à des *si*, à des *mais*. Il faut vous décider tout d'un coup à détruire ou à être détruit.

— Que voulez-vous dire, Ramorny? Votre fièvre vous donne le délire.

— Non, milord. Ma rage fût-elle au plus haut degré, les pensées qui occupent maintenant mon esprit la justifieraient. Il se peut que le regret d'un malheur irréparable me rende désespéré, et que les craintes que je conçois pour Votre Altesse m'aient fait concevoir de hardis desseins; mais j'ai tout le jugement que le ciel m'a donné lorsque je vous dis que si vous désirez jamais porter la couronne d'Écosse, plus encore si vous désirez jamais voir un autre jour de Saint-Valentin, il faut...

— Que dois-je faire, Ramorny? dit le prince avec dignité; rien d'indigne de moi, je suppose?

— Non, rien en effet d'indigne d'un prince d'Écosse, si les annales sanglantes de notre patrie nous apprennent la vérité; mais ce qui peut effrayer sans doute le prince des mimes et des bouffons.

— Vous êtes sévère, sir John Ramorny, dit le duc de Rothsay d'un air mécontent; mais vous avez acheté chèrement le droit de nous censurer, par la perte que vous avez faite dans notre cause.

— Milord de Rothsay, le chirurgien qui soigne ce bras mutilé m'a dit que plus je ressentais la douleur que ses instrumens occasionnent, plus la chance de guérison était probable. Je n'hésiterai donc pas à blesser votre délicatesse, si je puis par ce moyen vous amener à entreprendre ce qui est nécessaire à votre sûreté. Votre Grace fut trop long-temps le fils de la joie et de la folie; il faut montrer maintenant la prudence d'un homme, ou vous laisser écraser comme un papillon parmi les fleurs sur lesquelles vous folâtrez.

— Je devine le but de votre morale, sir John; vous êtes las des douces erreurs que les hommes d'église appellent vices; vous aspirez à des crimes plus sérieux. Un assassinat ou un massacre rehausserait la saveur de la débauche, comme le goût des olives relève celle du vin. Pour moi, mes plus coupables actions ne sont que de joyeuses folies; je n'ai aucun goût pour le sang, et j'abhorre le crime; je ne puis ni le voir ni en supporter le récit, eût-il été commis sur le plus chétif des esclaves. Si jamais je monte sur le trône, on verra les jeunes Écossais un flacon sous un bras et l'autre passé autour de la taille de leurs maîtresses. Les hommes seront conduits par les caresses et les verres pleins, non par les poignards et les chaînes; on écrira sur ma tombe: « Ici repose Robert, le quatrième du nom; il ne gagna point de bataille comme Robert Ier; de comte il ne devint pas roi comme Robert II; il ne fonda point d'églises comme Robert III : toute son ambition fut de vivre et de mourir roi des joyeux garçons. » Dans mes deux générations d'ancêtres, il n'y a qu'une seule gloire que j'envie, celle de...

> Coul le bon vieux roi,
> Qui de Bacchus suivit toujours la loi.

— Mon gracieux seigneur, dit Ramorny, laissez-moi vous rappeler que vos joyeuses débauches occasionnent de grands maux; si j'avais perdu cette main en combattant pour obtenir en faveur de Votre Grace quelque inportant avantage sur vos deux puissans ennemis, ce malheur eût été moins pénible. Mais pour une folle entreprise être réduit à porter le béguin et les jupons, quand on a revêtu le casque et la cotte de mailles!

— Eh bien, encore! sir John, répondit le prince imprudent; comment pouvez-vous avoir le cœur de me mettre sans cesse votre main sanglante sous les yeux, comme le fantôme de Gask-Hall jetait sa tête à sir William Wallace! Vous êtes plus déraisonnable que ne l'était Fawdyon lui-même; car Wallace lui avait coupé la tête dans un moment de colère, au lieu que moi je donnerais tout pour vous rendre la main que vous avez perdue. Puisque cela ne peut pas être, je t'en ferai avoir une autre à la place, semblable à la main d'acier du vieux chevalier de Carselogie, avec laquelle il pouvait saluer ses amis, caresser le menton de sa femme, braver ses antagonistes et faire ce qui peut être fait par une main de chair et de sang. Soyez certain, John Ramorny, que nous avons en nous bien des choses superflues : l'homme pourrait voir avec un œil, entendre avec une oreille, toucher avec une main, sentir avec une narine; et pourquoi aurions-nous ces choses-là doubles (si ce n'est pour que l'une supplée à l'autre au besoin)? Je ne le conçois pas.

Sir John détourna ses yeux du prince en laissant entendre un sourd gémissement.

— En vérité, Ramorny, dit le duc, je parle sérieusement; vous connaissez la légende de la main d'acier de Carselogie mieux que moi, puisque ce seigneur était votre voisin. Dans son temps une si curieuse machine ne pouvait être faite qu'à Rome; mais je parierais cent marcs d'argent avec vous que si l'armurier de Perth Henry du Wynd l'avait pour modèle, il en fabriquerait une aussi parfaite imitation que le meilleur armurier de Rome, ce dernier fît-il même bénir son ouvrage par tous les cardinaux d'Italie.

— Je pourrais hasarder d'accepter votre gageure, milord, répondit Ramorny avec amertume; mais ce n'est plus le temps de la folie: vous m'avez congédié de votre service d'après les ordres de votre oncle.

— D'après les ordres de mon père, répondit le prince.

— Sur lequel votre oncle a le pouvoir le plus absolu, reprit Ramorny. Je suis un homme disgracié; jeté à l'écart comme un être inutile et semblable au gant vide de ma main droite. Cependant ma tête pourrait vous aider encore, quoique ma main soit perdue. Votre Grace est-elle disposée à écouter un mot d'une importance réelle? car je suis épuisé, et je sens que mes forces m'abandonnent.

— Parle, dit le prince; ta blessure m'ordonne de t'entendre, ton bras sanglant me poursuit comme un spectre qui m'adresserait des reproches. Parle, mais par pitié n'abuse point de ce privilége.

— Je serai bref dans mes discours, pour mon propre compte autant que pour le vôtre; j'ai peu de chose à dire. Douglas s'est mis à la tête de ses vassaux; il assemble au nom du roi trente mille habitans des frontières, qu'il conduira bientôt dans l'intérieur du royaume pour exiger que le duc de Rothsay reçoive ou du moins rétablisse sa fille dans ses droits de duchesse et d'épouse. — Le roi Robert souscrira à toutes les conditions qui assureront la paix. — Que fera le duc de Rothsay?

— Le duc de Rothsay aime la paix, dit le prince avec hauteur, mais il ne craindra jamais la guerre; et avant qu'il rétablisse à sa table et dans son lit l'orgueilleuse Majory pour obéir aux ordres de son père, Douglas sera roi d'Écosse.

— Que cela soit ainsi. — Mais c'est le péril le moins pressant, car Douglas ne travaille point en secret, il menace ouvertement.

— Quel est donc cet important secret qui nous tient éveillés à cette heure indue? Je suis fatigué, vous êtes blessé, et les flambeaux même semblent s'éteindre comme las de notre conférence.

— Dites-moi donc quel est celui qui gouverne le royaume d'Écosse? demanda Ramorny.

— Robert troisième du nom, dit le prince en ôtant sa toque au moment où il prononçait ces mots; et puisse-t-il long-temps porter le sceptre!

— Cela est vrai, *amen*, répondit Ramorny. Mais qui gouverne le roi Robert, et qui dicte toutes les mesures que le bon roi est obligé de prendre?

— Milord Albany, avez-vous l'intention de dire, reprit le prince. Oui, c'est la vérité, mon père se laisse presque entièrement guider par les conseils de son frère; au fond de notre conscience, Ramorny, nous ne pouvons le blâmer, il est si peu aidé par son fils.

— Aidons-le maintenant, milord, dit Ramorny. — Je suis dépositaire d'un horrible secret; Albany m'a proposé de me joindre à lui pour attenter aux jours de Votre Altesse. Il me promet un pardon sans réserve pour le présent, une haute faveur dans l'avenir.

— Attenter à mes jours? — Je pense que vous voulez dire me ravir mon royaume? Ce serait une horrible impiété! c'est le frère de mon père. Ils se sont assis l'un et l'autre sur les genoux du même père; ils ont reposé sur le sein de la même mère. — Tais-toi, malheureux! Quelles folies on peut faire croire à un malade!

— Croire! en effet, dit Ramorny, c'est une chose nouvelle pour moi que d'être appelé crédule. Mais l'homme dont Albany s'est servi pour être l'interprète de ses tentations est un de ceux que chacun comprendra aussitôt qu'il parlera de crimes. — Les médecines même préparées par ses mains ont un goût de poison.

— Fi! un pareil homme calomnierait un saint. Vous êtes dupe pour cette fois, Ramorny; il est sûr que vous l'êtes. Mon oncle d'Albany est ambitieux, et voudrait assurer à lui et à sa maison plus de pouvoir et de biens qu'il ne devrait raisonnablement en désirer; mais supposer qu'il voudrait assassiner ou détrôner le fils de son frère! Ah! Ramorny, ne me faites point citer le vieil adage, que — celui qui fait le mal craint le mal. — Vos soupçons vous égarent, et vous ne pouvez rien avoir appris de semblable.

— Votre Grace s'abuse d'une manière fatale; mais je vais achever ce que j'avais à vous dire. Le duc d'Albany est généralement détesté pour son avidité et son avarice. — Votre Altesse, il est vrai, est plus aimée que....

Ramorny se tut, et le prince reprit avec calme: — Plus aimée que respectée; c'est ce que je désire, Ramorny.

— C'est-à-dire, répondit Ramorny, que vous êtes plus aimé que craint, et ce n'est point une position sûre pour un prince. Mais engagez-moi votre honneur et votre parole de chevalier que vous approuverez tout ce que j'entreprendrai en votre faveur; prêtez-moi votre sceau pour rassembler des amis en votre nom, et le duc d'Albany perdra son autorité sur cette cour pour ne la recouvrer que lorsque la main qui était jointe autrefois à ce bras mutilé y reprendra sa place pour obéir encore à l'impulsion de ma volonté.

— Vous ne voudriez point hasarder de plonger votre poignard dans le sang royal? demanda le prince d'un air sombre.

— Non, milord; dans aucun cas le sang n'a besoin d'être

versé; la vie peut s'éteindre d'elle-même. La lumière qui n'est point alimentée par l'huile ou qui n'est point abritée contre le souffle du vent tremblera dans la lampe et finira par s'éteindre. Laisser un homme mourir, ce n'est point le tuer.

— Cela est vrai; j'avais oublié cette politique. Eh bien! supposons alors que mon oncle d'Albany ne continue point à vivre (il me semble que c'est cela que vous voulez dire), qui gouvernera la cour d'Écosse?

— Robert III, du consentement, de l'avis, de l'autorité du haut et puissant seigneur Robert duc de Rothsay, lieutenant du royaume et l'*alter ego* du monarque; en la faveur duquel le bon roi, las des fatigues et des chagrins de la royauté, sera, j'en suis sûr, disposé à abdiquer. Ainsi, vive notre jeune monarque le roi Robert IV!

Ille, manu fortis,
Anglis ludet in hortis (1).

— Et notre père et prédécesseur, dit Rothsay, continuera-t-il à vivre pour prier pour nous comme notre chapelain, et à ce titre obtiendra-t-il la faveur de ne point poser sa tête grise dans le cercueil plus tôt que la nature ne l'ordonnera? ou bien aura-t-il à supporter aussi quelques-unes de ces négligences en raison desquelles les hommes discontinuent de vivre? et changera-t-il les limites d'une prison ou d'un couvent, ce qui est à peu près la même chose, pour cette froide et tranquille demeure où les prêtres nous disent que les méchans cessent de faire le mal, et où ceux qui sont fatigués se reposent?

— Vous ne parlez pas sérieusement, milord, répondit Ramorny; attenter à la vie du vieux et bon roi serait un acte aussi dénaturé qu'impolitique.

— Pourquoi, répondit le prince avec un sombre mécontentement, reculer lorsque tout ton plan est une leçon de crimes contre nature mêlés d'une ambition peu clairvoyante? Si le roi d'Écosse peut à peine tenir tête à la noblesse mainte-

(1) Ce prince valeureux ira jouer dans les jardins de l'Angleterre. — Éd.

nant qu'il leur oppose une bannière honorable et sans tache, qui voudrait suivre un prince souillé de la mort d'un oncle et de l'emprisonnement d'un père? Une telle politique révolterait un divan de païens, pour ne rien dire d'un conseil de chrétiens. — Tu étais mon mentor, Ramorny, et peut-être je pourrais avec justice m'appuyer de tes leçons et de tes exemples dans la plupart des folies que les hommes m'ont reprochées. Peut-être sans toi je ne serais point ici, au milieu de la nuit, sous ce déguisement de la folie (et le prince regarda ses vêtemens), à écouter un libertin ambitieux qui me propose d'assassiner un oncle et de détrôner le meilleur des pères. Puisque c'est ma faute autant que la tienne si je suis plongé dans cet abîme, il serait injuste que tu en souffrisses seul; mais ne renouvelle pas ces odieuses propositions au péril de ta vie! ou je te dénonce à mon père, au duc d'Albany, à l'Écosse entière! Chaque croix qui se trouve dans les marchés des différentes villes aura un morceau du cadavre du traître qui osa conseiller de pareilles horreurs à l'héritier de la couronne d'Ecosse! J'espère pour ton honneur que la fièvre de ta blessure et l'influence enivrante du cordial qui agit sur ton cerveau malade a opéré cette nuit sur toi au-delà des bornes ordinaires.

— En vérité, milord, répondit Ramorny, si j'ai dit quelque chose qui ait pu aussi profondément offenser Votre Altesse, la cause en est un excès de zèle mêlé à la faiblesse présente de mon esprit. De tous les hommes je suis le moins capable de proposer des projets ambitieux avec l'intention d'en retirer pour moi quelque avantage. Hélas! tous mes vœux maintenant doivent se borner à changer la lance et la selle contre un bréviaire et un confessionnal. Le couvent de Lindores recevra le pauvre estropié chevalier de Ramorny, qui dans ce lieu paisible aura tout le loisir de méditer sur ce texte: « Ne mettez point votre confiance dans les princes. »

— C'est un sage dessein, répondit le duc de Rothsay, et nous ne manquerons point de le favoriser. Notre séparation, je l'espérais, n'eût été que pour un temps; maintenant elle doit être éternelle. Après la conversation que nous avons eue ensemble, il est convenable que nous vivions séparés. Mais le couvent de Lindores, ou n'importe quelle autre retraite qui vous recevra, sera richement doté et hautement protégé par nous. — Adieu, sir John de Ramorny; dormez, dormez, et oubliez cette conversation de mauvais présage, où peut-être la fièvre de votre côté et l'ivresse du mien se mêlaient à notre conférence. — Eviot, reconduisez-moi.

Eviot appela les gens du prince, qui s'étaient endormis sur l'escalier et dans le vestibule, fatigués des débauches de la soirée.

— Y a-t-il quelqu'un parmi vous qui ne soit point ivre? dit le duc de Rothsay dégoûté à la vue de ses courtisans.

— Personne! personne! s'écria-t-on de toutes parts. Aucun de nous n'est traître à l'empereur de la joie.

— Etes-vous tous devenus des brutes? demanda le prince.

— Pour obéir à Votre Grace et pour l'imiter, répondit un jeune homme de la suite; ou si vous nous avez laissés en arrière, une goutte de la calebasse suffira pour.....

— Paix! dit le duc de Rothsay avec hauteur, je demande s'il n'y a personne ici qui ne soit point ivre?

— Oui, mon noble maître, lui répondit-on; il y a ici un faux frère, Watkins l'Anglais.

— Viens ici, Watkins, et prends une torche pour m'éclairer. Donne-moi un manteau, un autre bonnet; emporte toute cette friperie. En disant ces mots il jeta par terre sa couronne de fleurs, et ajouta : — Que ne puis-je ainsi me débarrasser de mes folies! — Wat l'Anglais, tu me serviras seul; et vous autres mettez un terme à vos sottises, quittez vos habits de masques : le carnaval est fini et le carême a commencé.

— Notre monarque abdique cette nuit plus tôt qu'à l'ordinaire, dit un des personnages de cette comédie; mais le prince ne donna aucun encouragement à cette plaisanterie, et la troupe ivre essaya autant qu'il lui était possible de prendre l'apparence de ces personnes décentes qui ayant été surprises lorsque leur tête était un peu animée par le vin, essaient de cacher cet état par une double dose de raideur dans le maintien et dans les manières. Pendant ce temps le prince ayant changé promptement ses habits, fut éclairé jusqu'à la porte par le seul homme de la bande qui ne fût point ivre. En continuant son chemin il trébucha sur le corps endormi du sanguinaire Bonthron.

— Eh bien! dit-il avec colère et dégoût, cette vile brute est encore une fois sur notre chemin? Ici, quelqu'un de vous; jetez-moi ce coquin dans l'auge des chevaux, et qu'il devienne propre pour la première fois de sa vie.

Tandis qu'on exécutait cet ordre au moyen d'une fontaine qui se trouvait dans une cour intérieure, et que Bonthron essuyait une punition à laquelle il lui était impossible de résister autrement que par des gémissemens inarticulés et par des murmures qui ressemblaient aux plaintes d'un sanglier mourant, le prince se rendait dans ses appartemens situés dans un bâtiment appelé le Logement du Connétable, cette maison appartenant aux comtes d'Errol[1]. Pendant la route, pour distraire son esprit de ses tristes pensées, le prince demanda à son compagnon comment il se faisait qu'il n'était point ivre, tandis que le reste de la société avait fait un si grand abus de liqueurs.

— Plaise à Votre Grace, répondit Wat l'Anglais, je vous avoue que c'est mon habitude ordinaire toutes les fois qu'il plaît à Votre Grace que sa suite s'enivre. Sous votre respect, ils sont tous Écossais, excepté moi; et je pense qu'il ne serait pas prudent de m'enivrer dans leur compagnie. Ils peuvent à peine me supporter quand nous sommes tous de sang-froid; si je me joignais à eux je pourrais pendant mon ivresse leur faire quelques contes qui leur déplairaient, et en être payé par autant de coups de poignard qu'il y aurait d'hommes dans la compagnie.

— Ainsi c'est votre projet de ne jamais vous joindre à aucune des débauches qui se font dans notre maison?

— Oui, à moins qu'il ne plaise à Votre Grace que le reste

(1) Encore aujourd'hui connétable héréditaire d'Écosse. — Éd.

de ses gens passe un jour sans s'enivrer, afin de permettre à Will Watkins de boire sans craindre pour sa vie.

— Cela peut arriver un jour. Où servez-vous, Watkins?

— Dans les écuries, plaise à Votre Grace.

— Notre chambellan te recevra dans notre maison comme yeoman du guet[1]. J'aime ton service. C'est quelque chose que d'avoir un garçon sobre dans une maison, quoique sa sobriété ne soit que la crainte de la mort. Tu serviras près de notre personne, et tu trouveras que la frugalité est une heureuse vertu.

Dans le même temps un nouveau fardeau de soucis et de craintes se joignait aux souffrances de sir John Ramorny. Son esprit déjà troublé par l'opium tomba dans une grande confusion lorsque le prince, devant lequel il avait réuni tous ses efforts pour en cacher les effets, eut quitté l'appartement. Son jugement, qu'il avait parfaitement possédé pendant l'entrevue, l'abandonna tout-à-fait. Il songeait confusément qu'il venait de courir un grand danger, que le prince était devenu son ennemi, et qu'il lui avait confié involontairement un secret qui pourrait lui coûter la vie. Dans cette situation d'esprit et de corps, il n'est point étonnant que ses rêves fussent effrayans, ou plutôt qu'à son esprit malade apparût cette espèce de fantasmagorie qui est souvent excitée par l'usage fréquent de l'opium. Il crut voir l'ombre de la reine Annabella debout près de son lit, lui demandant le jeune homme simple, vertueux, innocent, qu'elle avait confié à ses soins.

— Tu l'as rendu inconsidéré, dissolu et vicieux, lui disait l'ombre pâle de sa souveraine. Cependant je te remercie, John de Ramorny, ingrat envers moi, parjure à ta parole, traître à ton pays. Ta haine remédiera au mal que ton amitié a fait, et j'espère, maintenant que tu n'es plus sa créature, qu'une amère pénitence sur cette terre achètera pour mon malheureux fils le pardon d'un meilleur monde.

Ramorny étendit les bras vers sa bienfaitrice, et voulut exprimer sa contrition et ses regrets; mais l'apparition devint

(1) Soldat du guet. — Éd.

de plus en plus terne, et bientôt, au lieu des formes de la reine, elle lui offrit la figure hautaine et sombre de Douglas-le-Noir. — Il vit ensuite le visage doux et mélancolique du roi Robert, qui semblait déplorer la ruine prochaine de la maison royale. Enfin cette apparition se changea tout à coup en un groupe de figures fantastiques, quelques-unes hideuses, d'autres grotesques. Il se peignait souvent sur leurs visages des grimaces horribles, et leurs lèvres faisaient entendre un babil fatigant. Elles s'enlaçaient entre elles sous des formes extravagantes et ridicules, et semblaient se jouer des efforts que faisait Ramorny pour obtenir une idée exacte de leurs traits.

CHAPITRE XVIII.

Le mercredi des Cendres l'aurore se leva pâle et glacée, comme c'est l'ordinaire en Écosse, où la rigueur de la saison se fait sentir presque toujours dans les premiers mois du printemps. C'était un jour de forte gelée, et les bourgeois de Perth cherchaient à réparer par un long sommeil les suites des débauches et des excès de la veille. Il y avait une heure que le soleil avait paru sur l'horizon sans qu'aucun habitant de la ville eût donné signe de vie, et ce ne fut que quelque temps après la pointe du jour qu'un citoyen matinal en allant à la messe vit le corps du malheureux Olivier Proudfute, étendu la face contre terre au milieu du ruisseau, dans la même position où il était tombé sous les coups, comme le lecteur le présume aisément, d'Antony Bonthron, l'enfant du baudrier, — c'est-à-dire l'exécuteur des volontés de John Ramorny.

Le vigilant citoyen était Allan-Griffon, ainsi nommé parce qu'il était maître de l'auberge du Griffon, et le cri d'alarme qu'il poussa eut bientôt rassemblé d'abord les voisins réveillés en sursaut, et successivement un grand nombre d'habitans.

Dans le premier moment, à la vue du justaucorps de buffle et de la plume cramoisie sur ce casque si bien connu, le bruit se répandit que c'était le brave Smith qui avait été assassiné. Cette fausse rumeur se soutint quelque temps, car l'hôte du Griffon, qui lui-même avait été magistrat, ne voulut pas permettre qu'on touchât au corps avant l'arrivée du bailli Craigdallie, de sorte que la figure ne fut pas vue.

— Voilà qui intéresse la belle ville, mes amis, dit-il ; et si c'est le brave Smith que nous voyons ici, il n'y a pas dans Perth un homme qui ne soit prêt à risquer sa vie et sa fortune pour le venger. Regardez ! les scélérats l'ont frappé par derrière, car on ne trouverait pas un homme à dix milles de Perth, noble ou roturier, de la plaine ou des montagnes, qui eût osé l'attaquer en face ! O mes bons compatriotes ! la fleur de vos braves a été moissonnée, et c'est par une main lâche et perfide !

Un cri de fureur frénétique partit du milieu de la foule, qui grossissait de plus en plus.

— Nous le prendrons sur nos épaules, dit un gros boucher; nous le porterons jusqu'en présence du roi au couvent des dominicains.

— Oui, oui, répondit un forgeron, ni portes ni barrières ne nous empêcheront de voir le roi; ni moines ni messes ne nous feront reculer. Jamais meilleur armurier ne frappa du marteau sur l'enclume.

— Aux dominicains ! aux dominicains ! cria le peuple assemblé.

— Écoutez, bourgeois, dit un autre citoyen, notre roi est un bon roi, et il nous aime comme ses enfans. Ce sont les Douglas et le duc d'Albany qui ne veulent pas que le bon roi Robert entende les doléances de son peuple.

— Faut-il que nous nous laissions massacrer dans nos propres rues, parce que le roi a un bon cœur ? s'écria le boucher. Le grand Bruce agissait autrement. Si le roi ne veut pas nous garder, nous nous garderons bien nous-mêmes. Sonnez les cloches à rebours, sonnez jusqu'à la dernière cloche qui est faite de métal. Sonnez et ne ménagez rien, — la chasse de Saint-Johnstoun est commencée !

— Oui, s'écria un autre citoyen, courons à la maison d'Albany, à celles des Douglas, et réduisons-les en cendres. Que la lueur de l'incendie apprenne partout que Perth a su venger son brave Henry Gow ! Il s'est battu vingt fois pour l'honneur de la belle ville ; sachons nous battre une fois pour le venger. Holà ! ho ! braves citoyens, — la chasse de Saint-Johnstoun est commencée !

Le cri de ralliement bien connu des habitans de Perth, et qu'on n'entendait presque jamais que dans des momens de tumulte général, fut répété de bouche en bouche, et un ou deux clochers voisins dont les citoyens furieux s'emparèrent, soit du consentement des prêtres, soit malgré eux, commencèrent à faire entendre le signal d'alarme, dans lequel, comme l'ordre régulier du carillon ordinaire n'était pas observé, on disait que les cloches étaient sonnées *à rebours*.

Mais quoique la foule augmentât et que les clameurs devinssent de plus en plus violentes, Allan Griffon, gros homme qui avait une voix retentissante et qui était respecté des grands comme des petits, n'en resta pas moins ferme à son poste, un pied posé sur le cadavre, et criant à la foule de se tenir en arrière et d'attendre l'arrivée des magistrats.

— Il faut procéder avec ordre dans cette affaire, mes maîtres ; il faut que nous ayons nos magistrats à notre tête. Ils sont bien et dûment élus dans notre hôtel-de-ville ; ce sont de braves gens sur lesquels on peut compter. Nous ne voulons pas qu'on nous traite de séditieux et de perturbateurs de la paix du roi. Mais faites place et tenez-vous tranquilles ; car voici le bailli Craigdallie qui vient avec l'honnête Simon Glover, celui à qui la Belle Ville doit tout. Hélas ! hélas ! mes dignes compatriotes ! sa fille était une heureuse fiancée hier soir, ce matin la Jolie Fille de Perth est veuve avant d'avoir été femme !

Ce nouveau sujet de pitié ne fit qu'accroître la rage et la fureur de la foule, d'autant plus que beaucoup de femmes s'en mêlaient alors, et que d'une voix énergique elles répétèrent aux hommes le cri d'alarme.

— Oui! oui! la chasse de Saint-Johnstoun est commencée! En avant, tous tant que vous êtes, pour la Jolie Fille de Perth et pour le brave Henry Gow! En avant! ne soyez pas avares de vos coups! aux écuries! aux écuries! Lorsque le cheval est parti, l'homme d'armes n'est plus bon à rien! Expédiez les valets et les domestiques! Blessez, estropiez, massacrez les chevaux! tuez les vils écuyers et les pages! Que ces fiers chevaliers nous attaquent pied à pied, s'ils l'osent!

— Ils ne l'oseront pas! ils ne l'oseront pas! répondirent les hommes; leur force est dans leurs chevaux et dans leurs armures; et cependant ces coquins ingrats ont tué un homme qui, comme armurier, n'avait point son pareil, ni à Milan ni à Venise. — Aux armes! aux armes! braves concitoyens! — la chasse de Saint-Johnstoun est commencée!

Au milieu de ces clameurs les magistrats et les habitans les plus notables parvinrent avec peine à se faire jour pour examiner le cadavre, ayant avec eux le greffier de la ville, à l'effet de dresser un acte officiel, ou comme on l'appelle encore, une reconnaissance de l'état dans lequel il se trouvait. La foule se soumit à ces délais avec une patience et une docilité qui formaient le trait distinctif du caractère d'un peuple dont le ressentiment a toujours été d'autant plus dangereux, que sans se relâcher en rien de ses projets de vengeance, il sait supporter avec un calme parfait tous les délais qui sont nécessaires pour en assurer l'exécution. La populace reçut donc ses magistrats avec de grands cris de joie, au milieu desquels se manifestait le désir de la vengeance, et en même temps avec une déférence respectueuse pour les protecteurs à l'aide desquels ils comptaient l'obtenir par des voies légales et régulières.

Tandis que ces acclamations résonnaient encore au-dessus de la foule qui remplissait alors toutes les rues adjacentes, et qui recevait et propageait continuellement mille bruits divers, les magistrats faisant relever le corps pour l'examiner de plus près, reconnurent à l'instant et annoncèrent aussitôt que ce n'était pas le cadavre de l'armurier Henry Gow, si généralement et d'après les qualités les plus estimées alors si justement aimé, mais celui d'un homme d'une réputation beaucoup moins grande, quoiqu'il ne fût pas non plus sans son mérite dans la société, le joyeux bonnetier Olivier Proudfute. Le ressentiment du peuple s'était tellement concentré sur l'idée que son brave et intrépide défenseur Henry Gow était la victime, que la réfutation de ce bruit suffit pour calmer la fureur générale, tandis que, si le pauvre Olivier eût été reconnu dans le premier moment, il est probable que le cri de vengeance serait parti de toutes les bouches pour lui comme pour Henry Wynd. L'annonce de cette nouvelle inattendue excita même d'abord un sourire parmi le peuple, tant le ridicule est voisin du terrible.

— Les assassins l'ont pris sans doute pour Henry Smith, dit Griffon, ce qui doit avoir été pour lui une grande consolation dans cette circonstance.

Mais l'arrivée d'autres personnages rendit bientôt à cette scène tout son caractère tragique.

CHAPITRE XIX.

« Qui diable sonne les cloches ? la ville va se soulever.... »
SHAKSPEARE. *Othello.*

Le bruit effrayant qu'on entendait dans la ville et auquel se joignit bientôt le son du tocsin, fit naître une consternation générale. Les nobles et chevaliers se rassemblèrent avec leur suite dans différens lieux de rendez-vous, choisissant les endroits où ils pourraient le mieux se fortifier. L'alarme se répandit jusqu'aux portes de la résidence royale, où le jeune prince fut un des premiers à paraître pour défendre, s'il le fallait, le vieux roi. Il se rappelait la scène dont il avait été témoin la nuit précédente; il voyait encore les traces de sang dont Bonthron était couvert, et il avait un soupçon vague que l'action qu'il avait commise avait quelque rapport avec ce tumulte. L'entretien plus intéressant qu'il avait eu ensuite avec sir John Ramorny avait cependant fait une impression trop profonde sur son esprit pour ne pas en effacer ce qu'il avait appris indistinctement de l'acte sanglant commis par l'assassin, quoiqu'il eût un souvenir confus que quelqu'un avait été tué. C'était surtout pour son père qu'il avait pris les armes avec les officiers de sa maison qui, revêtus de brillantes armures et portant des lances à la main, avaient alors un aspect bien différent de celui de la veille lorsqu'on eût pu les prendre pour autant de satyres dans l'ivresse. Le bon vieux roi fut touché de cette marque d'attachement de son fils, et versant des larmes d'attendrissement il le présenta avec orgueil à son frère Albany, qui entra bientôt après, et les prenant l'un et l'autre par la main :

— Nous voilà trois Robins Stewarts, leur dit-il, inséparables comme le saint trèfle; et de même qu'on dit que celui qui porte cette herbe sacrée brave les déceptions de la magie, ainsi tant que nous nous serons fidèles l'un à l'autre, nous pouvons braver la haine et la méchanceté.

Le frère et le fils baisèrent la main affectueuse qui pressait la leur, pendant que Robert III exprimait la confiance qu'il mettait dans leur affection. Le baiser du jeune homme était alors sincère; celui du frère était le baiser perfide de Judas.

Pendant ce temps, la cloche de l'église de Saint-Jean alarmait les habitans de Curfew-Street comme les autres. Dans la maison de Simon Glover, la vieille Dorothée Glover, comme on l'appelait (car elle empruntait aussi son nom du métier qu'elle pratiquait sous les auspices de son maître), fut la première à l'entendre. Quoiqu'un peu sourde dans les occasions ordinaires, lorsqu'il s'agissait d'une mauvaise nouvelle son oreille était aussi prompte à la saisir qu'un milan à fondre sur sa proie; car Dorothée, qui du reste était une bonne créature, fidèle et même affectionnée, avait pour recueillir et pour répéter les bruits sinistres une espèce de passion qu'on remarque souvent dans les gens du peuple : peu accoutumés à être écoutés, ils aiment l'attention que le récit d'un événement tragique assure à celui qui le fait, et trouvent peut-être une sorte de jouissance dans l'égalité à laquelle le malheur réduit momentanément ceux qui sont regardés ordinairement comme leurs supérieurs. Dorothée n'eut pas plus tôt fait une petite provision des bruits qui circulaient dans la ville, qu'elle entra précipitamment dans la chambre de son maître, qui avait profité du privilége de l'âge et de la fête pour dormir plus longtemps qu'à l'ordinaire.

— Le voilà étendu bien tranquillement dans son lit, le cher homme ! dit Dorothée d'un ton moitié criard moitié plaintif; le voilà ! son meilleur ami a été assassiné, et il ne s'en doute pas plus que l'enfant qui vient de naître ne sait distinguer la vie de la mort.

— Hem ! qu'y a-t-il ? dit Glover en sautant à bas de son lit ; qu'est-ce, vieille femme ? comment va ma fille ?

— Vieille femme ! dit Dorothée qui, tenant son poisson au bout de l'hameçon, aimait à le laisser jouer un peu ; je ne suis pas assez vieille, s'écria-t-elle en sortant précipitamment de la chambre, pour voir sortir un homme de son lit. Et l'instant d'après on l'entendit dans le parloir, chantant mélodieusement en poussant son balai.

— Dorothée ! vieille femme ! démon ! Dites-moi seulement comment va ma fille.

— Très bien, mon père, répondit la Jolie Fille de Perth dans sa chambre à coucher ; parfaitement bien. Mais, bon Dieu ! que se passe-t-il donc ? les cloches sonnent à *rebours*, et l'on entend des cris affreux dans les rues.

— Je vais le savoir tout à l'heure. Hé ! Conachar, venez vite attacher mes lacets... J'oubliais que le butor est bien plus loin que Fortingall. Patience, ma fille, tout à l'heure je vous apporterai des nouvelles.

—Vous n'avez pas besoin de vous presser pour cela, dit la vieille femme opiniâtre; on peut tout vous conter d'un bout à l'autre avant que vous ayez pu vous traîner jusqu'à la porte; j'ai appris toute l'histoire en sortant; car, me disais-je, notre maître veut tellement en faire à sa tête, qu'il va falloir qu'il coure à la bagarre, quelle qu'en soit la cause; par ainsi, c'est à moi de remuer les jambes et d'aller apprendre ce que tout cela veut dire : autrement il voudra aller fourrer son nez là-dedans, et il se fera pincer sans savoir seulement pourquoi.

— Eh bien! que se passe-t-il donc, vieille femme? dit l'impatient Glover toujours occupé à nouer les cent lacets qui servaient à attacher son pourpoint à sa culotte.

Dorothée le laissa continuer sa besogne jusqu'à ce qu'elle pût croire qu'il avait à peu près fini. Alors prévoyant que si elle ne lui disait pas elle-même le secret, son maître sortirait pour aller savoir la cause de tout ce bruit, elle lui cria de loin :
— Eh bien! eh bien! vous ne pourrez pas dire que c'est ma faute si vous apprenez une mauvaise nouvelle avant d'avoir été à la messe. J'aurais voulu ne vous le dire qu'après que vous auriez entendu la parole du prêtre ; mais puisqu'il faut que vous le sachiez, vous avez perdu, voyez-vous, l'ami le plus fidèle qui ait jamais donné la main à un autre, et Perth a perdu le plus brave citoyen qui ait jamais manié une lame.

— Henry Smith! Henry Smith! s'écrièrent à la fois le père et la fille.

— Ah! vous y voilà à la fin, dit Dorothée; et à qui la faute si ce n'est à vous? Vous avez fait tant de tapage sur ce qu'il avait accompagné une femme de joie, comme s'il eût fréquenté une juive!

Dorothée en aurait dit beaucoup plus long; mais son maître cria à sa fille qui était encore dans sa chambre : — C'est un conte, Catherine; ce n'est que du radotage de vieille folle. Rien de semblable n'est arrivé, je vais venir vous dire la vérité dans un moment. Et saisissant sa canne, le vieillard passa précipitamment devant Dorothée, et sortit dans la rue où les flots du peuple se portaient vers High-Street. Pendant ce temps Dorothée continua à murmurer entre ses dents : —Oui, va, ton père a une bonne tête ; fie-toi à lui. Il va revenir bientôt avec quelque bonne balafre qu'il aura reçue dans la bagarre ; et alors ce sera : — Dorothée, apporte de la charpie ; et, — Dorothée, prépare un emplâtre : mais à présent Dorothée n'est qu'une vieille fille radoteuse qui ne sait ce qu'elle dit, et qui invente des contes. Des contes ! Est-ce que le vieux Simon croit que la tête de Henry Smith était aussi dure que son enclume ? et avec cela, que tout un clan de Highlanders était à ses trousses !

Dans ce moment elle fut interrompue par l'arrivée d'un être d'un aspect angélique, dont l'œil fixe, les joues pâles, les cheveux en désordre et l'air d'égarement effrayèrent la bonne femme et lui firent oublier son humeur.

— Notre-Dame bénisse mon enfant ! dit-elle ; d'où vient donc l'état où je vous vois ?

— N'avez-vous pas dit que quelqu'un était mort ? demanda Catherine d'une voix à peine articulée et d'un air incertain, comme si ses yeux et son oreille ne la servaient qu'imparfaitement.

— Oui, oui, mort et bien mort ! Nous ne le verrons plus nous jeter de sombres regards.

— Mort ! répéta Catherine avec une sorte de distraction effrayante, mort !... assassiné... et par des Highlanders ?

— Sans doute, par des Highlanders, les infâmes brigands ! Et quels autres tuent presque tout le monde, si ce n'est par-ci par-là lorsque les bourgeois se prennent de querelle et se tuent l'un l'autre, ou bien encore lorsque les nobles et les chevaliers sont à ferrailler ? Mais je parierais que ce sont les Highlanders cette fois-ci, car il n'y a pas un homme à Perth, laird ou paysan, qui eût osé attaquer Henry Smith face à face. Il y a eu de terribles machinations contre lui, allez. C'est ce que vous verrez quand on examinera la chose.

— Les Highlanders ! répéta Catherine, comme si elle était poursuivie par quelque idée qui troublait ses sens. — Highlanders ! O Conachar ! Conachar !

— Oui, oui, et j'ose dire que vous avez mis le doigt sur l'homme, Catherine. Ils se sont querellés, comme vous l'avez vu, la veille de Saint-Valentin, et ils se sont battus. Un Highlander a la mémoire longue pour ces sortes de choses. Donnez-lui un soufflet à la Saint-Martin, et sa joue lui démangera encore à la Pentecôte. Mais qui a pu engager ces maudits montagnards à descendre dans la ville pour y faire leur coup ?"

— Hélas ! c'est moi, dit Catherine ; c'est moi qui ai fait descendre les Highlanders de leurs montagnes, moi qui envoyai chercher Conachar... Oui, ils se seront mis en embuscade ; mais c'est moi qui les ai amenés à portée de leur proie... Il faut que je voie de mes propres yeux... et ensuite... je sais ce que je ferai : dites à mon père que je serai de retour dans un instant.

— Avez-vous perdu la tête, mon enfant ? cria Dorothée au moment où Catherine s'élançait vers la porte. Vous ne voudriez pas aller courir la ville avec vos cheveux qui tombent sur vos joues, vous qui êtes connue pour la Jolie Fille de Perth. Bah ! la voilà déjà dans la rue ; arrive ce qui pourra : et le vieux Glover va faire un joli train, comme si je pouvais la retenir bon gré mal gré. Voilà une belle matinée pour un mercredi des Cendres !... Que faire ?... aller chercher mon maître pour me faire écraser sous leurs pieds, sans que personne plaigne beaucoup la vieille femme ?... courir après Catherine, qui est déjà trop loin d'ici et qui a de bien meilleures jambes que les miennes ? non, le mieux est de me rendre chez Nicol Barber et de lui conter tout cela.

Pendant que la prudente Dorothée exécutait cette judicieuse résolution, Catherine courait dans les rues de Perth d'une manière qui en tout autre moment aurait attiré sur elle l'attention de tous ceux qui la voyaient précipiter ses pas avec une impétuosité irréfléchie, bien différente de sa démarche ordinairement si calme et si modeste, et sans le plaid, l'écharpe ou le manteau que — les femmes de bien, — d'une réputation intacte et d'un certain rang, ne manquaient jamais de prendre toutes les fois qu'elles sortaient. Mais occupé comme on l'était, les uns à demander, les autres à dire la cause du tumulte, chacun la racontant à sa manière, le désordre de sa toilette et son air effaré ne frappèrent personne, et elle put continuer librement la route qu'elle avait prise sans être plus remarquée que les autres femmes qui, attirées par la curiosité ou poussées par la terreur, étaient sorties pour s'informer du motif d'une alarme si générale, et peut-être bien pour chercher des amis à la sûreté desquels elles s'intéressaient.

En passant dans les rues Catherine éprouva l'influence irrésistible de la scène d'agitation qui l'entourait, et elle eut peine à ne point répéter les cris de lamentation et d'alarme qui retentissaient à ses côtés. Elle courait toujours, tourmentée, comme une personne qui rêve, d'un sentiment vague de malheur terrible dont elle ne pouvait définir la nature, mais d'où sortait l'affreuse conviction que l'homme qui l'aimait si tendrement, dont elle estimait tant les bonnes qualités, et qu'elle sentait alors lui être plus cher qu'elle n'eût voulu peut-être auparavant se l'avouer à elle-même, était assassiné, et que très probablement elle en était la cause. Le rapport que dans le premier moment de son extrême agitation elle avait trouvé entre la mort supposée de Henry et la descente de Conachar et de ses compagnons était en effet assez vraisemblable pour avoir dû la frapper, quand même sa raison lui eût permis de l'examiner froidement. Sans savoir ce qu'elle cherchait, sans autre idée qu'un vague désir d'acquérir la certitude de son malheur, elle se précipita vers le quartier de la ville que, de tous les autres, le souvenir de ce qui s'était passé la veille aurait dû lui faire le plus soigneusement éviter.

Qui aurait pu croire le mardi soir que Catherine Glover, elle qui était si fière, si timide, si réservée, si rigide sur les convenances; que cette même Catherine, le mercredi des Cendres, avant l'heure de la messe, courrait à travers les rues de Perth, au milieu du bruit et de la confusion, les cheveux flottans, les vêtemens en désordre, pour chercher la maison de ce même amant qui, comme elle avait raison de le croire, l'avait si bassement trahie, si grossièrement outragée en se livrant à de viles et brutales amours! Cependant c'était ce qui arrivait. Suivant comme par instinct la route qui était la plus libre, elle évita High-Street où la foule se pressait, et prit les ruelles étroites qui bordaient la ville du côté du nord, et à travers lesquelles Henry Smith avait escorté Louise précédemment. Mais ces ruelles même, comparativement désertes, étaient alors remplies de passans, tant l'alarme était générale. Cependant Catherine Glover se glissa rapidement à travers la foule, tandis que ceux qui l'observaient se regardaient l'un l'autre et secouaient la tête d'un air de compassion pour son infortune. Enfin, sans savoir précisément ce qu'elle voulait faire, elle arriva devant la porte de son amant, et frappa à coups redoublés.

Le silence qui succéda au bruit qu'elle venait de faire redoubla les alarmes qui lui avaient fait prendre cette mesure désespérée.

— Ouvrez! ouvrez, Henry! s'écria-t-elle. Ouvrez, si vous vivez encore! Ouvrez, si vous ne voulez pas voir Catherine Glover expirer à votre porte!

Comme elle poussait ces cris frénétiques destinés à des oreilles qu'elle croyait que la mort avait fermées pour jamais, l'amant qu'elle appelait ouvrit lui-même la porte juste à temps pour l'empêcher de tomber contre terre. L'excès de sa joie dans une circonstance si inattendue ne put être égalée que par la surprise qui l'empêchait d'en croire ses yeux, et par l'inquiétude qui le saisit en voyant les yeux fermés, les lèvres décolorées et entr'ouvertes, la pâleur effrayante et l'état d'insensibilité complète de Catherine.

Malgré les cris d'alarme qui depuis long-temps avaient retenti jusqu'à ses oreilles, Henry était resté chez lui, bien résolu de ne se mettre d'aucune querelle qu'il pourrait éviter; et ce n'était que pour obéir à un ordre des magistrats, auquel comme citoyen il était obligé de se rendre, que prenant son épée et son bouclier suspendus à la muraille, il était sur le point de sortir pour accomplir le service auquel il était astreint.

— Il est dur, se disait-il, d'être mis en avant dans toutes les bagarres de la ville, lorsque les bagarres sont une chose que Catherine déteste tant. Il y a tant de filles de Perth qui disent à leurs galans : — Va, fais bravement ton devoir et mérite les bonnes graces de ta maîtresse. — Que n'envoient-ils chercher ceux-là et que ne me laissent-ils tranquille, moi qui ne puis remplir ni les devoirs d'un homme en protégeant une femme de joie, ni ceux d'un citoyen qui combat pour l'honneur de sa ville, sans que cette mijaurée de Catherine me traite comme si j'étais un tapageur et un libertin!

Telles étaient les pensées qui l'occupaient, lorsqu'en ouvrant sa porte pour sortir, la personne la plus chère à son cœur, mais celle sans contredit qu'il s'attendait le moins à trouver, s'offrit inopinément à sa vue et tomba sans connaissance entre ses bras.

La joie, la surprise, l'inquiétude qui l'agitaient en même temps ne lui ôtèrent pas la présence d'esprit qui lui était nécessaire dans cette occasion. Il fallait placer Catherine Glover en lieu sûr, et chercher à la tirer de son évanouissement avant qu'il pût songer à se rendre à l'appel des magistrats, quelque hâte qu'on lui eût recommandé de faire. Il porta son divin fardeau, qui lui parut aussi léger qu'une plume, et qui pourtant était plus précieux à ses yeux que le même poids de l'or le plus pur, dans une petite chambre à coucher qui avait été celle de sa mère : elle convenait parfaitement à une personne souffrante, parce que donnant sur le jardin elle était éloignée du bruit et du tumulte.

— Hé! nourrice! nourrice Shoolbred! venez vite, venez morte ou vivante; il y a ici quelqu'un qui a besoin de vos secours.

La bonne vieille accourut tout en marmottant : — Si cette personne-là pouvait l'empêcher d'aller se fourrer dans cette bagarre! Mais quel fut son étonnement lorsqu'elle vit étendue sur le lit de sa défunte maîtresse, et soutenue par le bras vigoureux de son cher enfant, la Jolie Fille de Perth, dont les traits semblaient couverts du voile de la mort ! — Catherine Glover ! s'écria-t-elle ; et sainte Mère de Dieu, dans quel état ! elle est morte, à ce qu'on dirait.

— Non, non, ma bonne, dit Henry, le tendre cœur bat encore ; la respiration va et revient. Allons, mets-toi à ma place, tu sauras t'y prendre plus doucement que moi ; apporte de l'eau, des essences, tout ce que ta vieille expérience pourra inventer. Le ciel ne l'a pas conduite dans mes bras pour mourir, mais afin qu'elle vive pour elle et pour moi.

Avec une activité qu'on n'eût pas attendue de son âge, la nourrice Shoolbred alla chercher ce qui était nécessaire pour faire revenir d'un évanouissement ; car elle était parfaitement au fait de ce qu'il fallait en pareil cas. Ses connaissances même allaient plus loin, et elle savait fort bien guérir les blessures ordinaires, talent que l'humeur guerrière de son cher Henry lui donnait assez souvent occasion d'exercer.

— Allons, allons, mon fils, dit-elle, ôtez vos bras d'autour de mon malade, quoique je conçoive sans peine le plaisir que vous avez à les y laisser, et préparez-vous à me donner ce dont j'aurai besoin. Allons, je veux bien ne pas exiger que vous quittiez sa main, à condition que vous frapperez légèrement sur la paume, à mesure que les doigts se desserreront.

— Moi frapper dans sa main si jolie, si délicate, avec mes doigts durs comme la corne ! dit Henry ; autant vaudrait me dire de frapper sur du verre avec un marteau d'enclume. Mais laissez-moi faire, nous trouverons un meilleur moyen ; et il appliqua ses lèvres sur la jolie main dont le mouvement annonçait un retour de connaissance : un ou deux profonds soupirs succédèrent, et la Jolie Fille de Perth ouvrit les yeux, les fixa sur son amant à genoux au chevet de son lit, et retomba sur l'oreiller. Comme elle ne retira point sa main, nous devons charitablement supposer qu'elle n'avait pas encore recouvré assez complètement l'usage de ses sens pour s'apercevoir que Henry abusait de l'avantage de sa position pour la presser tour à tour contre ses lèvres et sur son cœur.

En même temps nous sommes forcés de convenir que le sang colorait ses joues, et que sa respiration était libre et régulière pendant les premières minutes qui suivirent cette rechute.

Le bruit qui se faisait entendre à la porte depuis quelque temps devint alors beaucoup plus marqué, et Henry fut appelé par tous ses différens noms, de Smith, de Gow, de Henry Wynd, comme les païens avaient coutume d'appeler leurs divinités par différentes épithètes. Enfin comme les catholiques portugais lorsqu'ils ont épuisé toutes les autres formules pour prier leurs saints, la foule qui était dehors eut recours aux reproches et aux invectives.

— Fi! Henry, vous êtes un homme perdu d'honneur, parjure à vos sermens comme citoyen, et traître envers la Belle Ville si vous ne sortez à l'instant.

Il paraîtrait qu'alors les soins de dame Shoolbred avaient réussi sur les sens de Catherine, car tournant sa figure du côté de Henry plus que sa première position ne le permettait, elle laissa tomber sa main droite sur l'épaule de son amant, et loin de retirer la gauche qu'il tenait toujours, elle semblait le retenir légèrement, tandis qu'elle disait à voix basse :

— Ne sortez pas, Henry; restez avec moi! Ils vous tueront, ces hommes altérés de sang.

Il paraît que cette tendre invocation provenant de ce qu'elle avait retrouvé vivant celui qu'elle avait cru déjà couvert des ombres de la mort, quoique prononcée d'un ton si bas qu'on pouvait à peine l'entendre, eut plus d'effet pour retenir Henry Wynd immobile à sa place que toutes les vociférations du dehors n'en eurent pour le faire descendre.

— De par la messe! mes amis, cria un brave citoyen à ses compagnons, l'arrogant armurier se moque de nous. Entrons dans la maison, et tirons-le dehors par les pieds ou par la tête.

— Prenez garde à ce que vous allez faire, dit un assaillant plus circonspect. L'homme qui relance Henry Gow dans sa retraite peut entrer chez lui avec les os intacts, mais n'en sortira pas sans rapporter de la besogne pour le chirurgien. Mais voici quelqu'un qui pourra très bien se charger de notre message et qui saura lui faire entendre raison des deux côtés de sa tête.

Ce quelqu'un-là n'était ni plus ni moins que Simon Glover en personne. Il était arrivé à l'endroit fatal où était étendu le corps du malheureux bonnetier, juste à temps pour découvrir à son grand soulagement que lorsque par l'ordre du bailli Craigdallie on l'avait retourné du côté de la figure, la foule avait reconnu les traits du pauvre Proudfute au lieu de son champion favori Henry Smith. Un sourire, ou quelque chose d'approchant, se trahit sur la figure de ceux qui se rappelaient combien Proudfute s'était donné de peine pour passer pour un ferrailleur, quoique ses inclinations fussent essentiellement pacifiques ; on remarquait alors qu'il avait rencontré un genre de mort beaucoup plus conforme à ses prétentions qu'à son caractère. Mais cette tendance à une gaîté déplacée, qui tenait à la grossièreté du temps, fut réprimée tout à coup par la voix et par les exclamations d'une femme qui fendit la presse en s'écriant : — O mon mari ! mon mari !

On fit place à la veuve infortunée, qui était suivie de deux ou trois femmes de ses amies. Madeleine Proudfute n'avait été remarquée jusqu'alors que comme une brune de bonne mine, qui passait pour être fière et dédaigneuse à l'égard de ceux qu'elle croyait au-dessous d'elle pour le rang et pour la fortune ; elle menait aussi, disait-on, feu son mari par le nez ; mais dans ce moment, sous l'influence de passions puissantes, elle prit un caractère beaucoup plus imposant.

— Vous riez, s'écria-t-elle, indignes bourgeois de Perth ! Est-ce parce que l'un de vos concitoyens a versé son sang dans le ruisseau ? ou bien parce que c'est mon mari qui est la victime ? Comment a-t-il mérité cet horrible sort ? Ne menait-il pas une existence honorable qu'il devait à son industrie ? A-t-il jamais refusé un pauvre, repoussé un malade ? Sa maison n'était-elle pas ouverte aux malheureux ? Ne prêtait-il pas son argent à ceux qui en avaient besoin ? Ne vivait-il pas en bonne intelligence avec ses voisins ? N'était-il pas toujours prêt à donner des conseils et à rendre la justice comme magistrat ?

— C'est vrai! c'est vrai! s'écria la foule assemblée; son sang est notre sang comme si c'était celui de Henry Gow.

— Vous avez raison, voisins, dit le bailli Craigdallie, et cette affaire ne doit pas se passer comme la dernière; il ne faut pas que le sang des citoyens coule impunément dans nos rues, comme si c'était de l'eau bourbeuse, ou bientôt nous verrons le Tay en être rougi. Mais le coup n'était pas destiné au pauvre homme sur qui il est tombé. Tout le monde savait ce qu'Olivier Proudfute était au fond, et que s'il était fort en paroles il ne l'était nullement en action. Il a le justaucorps de buffle, le bouclier et le casque de Henry Smith; toute la ville les connaît aussi bien que moi : il n'y a pas l'ombre d'un doute à ce sujet. Il avait la manie, comme vous savez, d'imiter l'armurier en toutes choses; quelqu'un aveuglé par la rage ou peut-être par l'ivresse a frappé l'innocent bonnetier, que personne ne haïssait ni ne craignait, et dont à vrai dire personne ne s'occupait beaucoup ni en bien ni en mal, au lieu du redoutable armurier qui avait vingt querelles sur les bras.

— Que faut-il donc faire, bailli? cria le peuple.

— C'est, mes amis, ce que décideront vos magistrats qui vont se réunir dès que sir Patrice Charteris sera arrivé, et cela ne saurait tarder. Pendant ce temps, que le chirurgien Dwining examine ce corps sans vie, afin de pouvoir nous dire ce qui a causé sa mort, et qu'ensuite il soit enveloppé décemment dans un linceul propre, comme il convient à la dépouille d'un honnête citoyen, et qu'il soit placé devant le maître-autel de l'église de Saint-Jean, patron de la Belle Ville. Cessez tout bruit et toutes clameurs, et tous tant que vous êtes qui portez intérêt à la Belle Ville, préparez vos armes et tenez-vous prêts à vous assembler dans High-Street lorsque vous entendrez le beffroi de l'hôtel-de-ville. Nous vengerons la mort de notre concitoyen, ou bien nous accepterons le sort qu'il plaira au ciel de nous envoyer. En attendant, évitez toutes querelles avec les chevaliers et les gens de leur suite, jusqu'à ce que nous ayons distingué les innocens d'avec les coupables. Mais pourquoi cet enragé de Smith ne vient-il pas? lui qui est toujours le premier dans un tumulte lorsqu'on n'a pas besoin de lui, il reste en arrière dans un moment où sa présence pourrait être utile à la Belle Ville? Quelle mouche l'a piqué? Quelqu'un le sait-il? Est-ce qu'il a fait des siennes et qu'il s'est mis en goguette pendant la fête?

— Je pense plutôt qu'il est malade ou qu'il a de l'humeur, monsieur le bailli, dit un des sergens ou huissiers de la ville; car quoiqu'il soit chez lui, à ce que disent ces drôles, il ne veut ni nous répondre ni nous recevoir.

— Si Votre Honneur veut bien le permettre, monsieur le bailli, dit Simon Glover, j'irai moi-même chercher Henry Smith. J'ai quelques petites affaires à régler avec lui, et bénie soit la Sainte Vierge qui permet que je le retrouve vivant, lorsqu'il y a un quart d'heure je croyais ne le revoir jamais!

—Amenez le brave armurier au conseil, dit le bailli à qui un yeoman à cheval, accouru précipitamment, venait de parler à l'oreille; voici un camarade qui dit que le chevalier de Kinfauns arrive.

Tel fut le motif pour lequel Simon Glover se présenta à la porte de Henry Gow, comme nous l'avons déjà vu.

N'étant pas retenu par les considérations suggérées par le doute ou par la crainte qui agissaient sur les autres, il se rendit au parloir, et entendant au-dessus de lui la voix de dame Shoolbred qui semblait très affairée, il profita du privilége de l'intimité pour monter dans la chambre à coucher, et se contentant de dire pour excuse :— Pardon, mon cher voisin, il ouvrit la porte et entra dans l'appartement, où il aperçut un spectacle aussi singulier qu'inattendu. Le son de sa voix parut ranimer Catherine beaucoup plus efficacement que tous les cordiaux de dame Shoolbred, et la pâleur de ses joues se dissipa pour faire place aux plus belles et aux plus vives couleurs. Elle repoussa son amant avec ses deux mains que jusqu'à cet instant sa faiblesse ou son affection, éveillée par les événemens de la matinée, avait presque abandonnées à ses caresses. Henry Smith, timide comme nous le connaissons, manqua de tomber en se relevant; et tous avaient leur part de confusion, à l'exception pourtant de dame Shoolbred qui saisit un prétexte pour se détourner, afin de se procurer la jouissance de satisfaire à leurs dépens une envie de rire qu'il lui était absolument impossible de contenir, et à laquelle le gantier, dont la surprise quoique grande fut de courte durée, prit sincèrement part.

— Et de par saint Jean! dit-il, je croyais que le spectacle que j'ai vu ce matin me guérirait de l'envie de rire, au moins jusqu'à ce que le carême fût passé; mais voici qui dériderait mon front quand je serais à la mort. Ah! ah! ah!.... Je vois là l'honnête Henry Smith, qu'on pleurait comme mort et qu'on carillonnait du haut de tous les clochers de la ville, qui me paraît se porter à merveille si j'en juge d'après son teint rubicond, frais et animé; il ne songe pas plus à mourir que le plus vigoureux gaillard de l'endroit. Et voilà ma chère fille qui hier ne parlait que de la perversité des mauvais sujets qui fréquentent les lieux profanes et protégent les filles de joie, oui, ma fille, qui défiait tout à la fois saint Valentin et saint Cupidon, la voilà transformée elle-même en fille de joie, autant que j'en puis juger. Parbleu! je suis charmé de voir, ma bonne dame Soolbred, que vous qui ne prêtez la main à aucun désordre, vous soyez de cette partie d'amourette.

— Vous me faites injure, mon très cher père, dit Catherine comme si elle était prête à pleurer. Je suis venue ici dans des intentions bien différentes de celles que vous supposez. Je suis venue parce que.... parce que....

— Parce que vous vous attendiez à trouver un amant mort, dit son père; et vous en avez trouvé un en bonne santé qui peut vous rendre vos caresses. Parbleu! si ce n'était pas un péché, je crois que je remercierais le ciel du fond du cœur de ce que ma fille a été amenée enfin à convenir qu'elle était femme. Simon Glover n'était pas digne non plus d'avoir une sainte pour sa fille. Allons, allons, ne me jetez pas des regards si piteux et n'attendez pas de moi des condoléances. Seulement je tâcherai de modérer mes transports si vous voulez avoir la bonté de sécher vos larmes, ou d'avouer que ce sont des larmes de joie.

— Dût ma vie dépendre d'un pareil aveu, dit la pauvre Catherine, je ne saurais quel nom leur donner. Tout ce que je vous demande, mon cher père, et ce que je demande à Henry, c'est de bien croire que je ne serais jamais venue ici, si.... si je....

— Si vous n'aviez cru que Henry ne pouvait venir chez vous, dit son père. Et à présent donnez-vous la main en signe de paix et de bonne intelligence, et soyez ensemble comme de véritables Valentins. C'était hier le mardi-gras, Henry. Nous tiendrons pour certain que tu as fait l'aveu de tes folies, que tu as obtenu l'absolution, et que tu es déchargé de tous les crimes qui t'étaient imputés.

— Quant à cela, mon père, dit l'armurier, maintenant que vous êtes assez de sang-froid pour pouvoir m'entendre, je vous jure sur l'Évangile et je prends ma nourrice Shoolbred à témoin, que....

— Allons! allons! dit le gantier, à quoi bon réveiller des querelles qui doivent être toutes oubliées?

— Holà! Simon! Simon Glover! crièrent d'en bas plusieurs voix.

— En effet, mon fils Smith, dit le gantier d'un ton sérieux, nous avons à nous occuper d'autre chose. Il faut que vous et moi nous nous rendions sur-le-champ au conseil. Catherine restera ici avec dame Shoolbred qui en prendra soin jusqu'à notre retour; et alors, comme la ville est sens dessus dessous, nous la porterons à nous deux chez moi, Henry, et ils seront hardis ceux qui voudront nous barrer le passage.

— Savez-vous, mon cher père, dit Catherine en souriant, que vous usurpez les fonctions d'Olivier Proudfute, ce vaillant citadin, le frère d'armes de Henry?

La figure de son père se rembrunit.

— Vous avez dit une parole qui me perce le cœur, ma fille; mais vous ne savez pas ce qui est arrivé. Allons, embrassez-le en signe de pardon.

— Non, non, dit Catherine, je ne lui ai déjà fait que trop de grace. Lorsqu'il aura reconduit la demoiselle errante chez son père, il sera bien assez temps qu'il réclame sa récompense.

— En attendant, dit Henry, je demanderai, comme votre hôte, ce que vous ne voulez pas m'accorder à d'autre titre.

Il pressa la Jolie Fille dans ses bras, et on lui permit de prendre le baiser qu'on avait refusé de lui accorder.

En descendant l'escalier avec Smith le vieillard lui mit la main sur l'épaule et lui dit : — Henry, nos plus chers désirs sont remplis; mais il a plu aux saints que ce fût dans une heure de troubles et de dangers.

— Il est vrai, dit l'armurier; mais vous savez, mon père, que si nos émeutes sont fréquentes à Perth, il est rare du moins qu'elles durent long-temps.

Alors ouvrant une porte qui conduisait de la maison dans la forge : — Hé ! camarades, cria-t-il; Antoine, Cuthbert, Dingwell et Ringan ! qu'aucun de vous ne bouge d'ici jusqu'à mon retour. Soyez fermes au poste, autant que les épées que je vous ai appris à forger. Un écu de France et un régal écossais pour vous si vous exécutez mes ordres ; je vous confie un grand trésor, gardez bien les portes. Que le petit Jankin fasse sentinelle dans l'allée, et ayez vos armes toutes prêtes dans le cas où quelqu'un viendrait à approcher de la maison ; n'ouvrez à qui que ce soit avant mon retour ou celui de mon père, il y va de ma vie et de mon bonheur.

Les Vulcains basanés auxquels il s'adressait répondirent :
— Mort à quiconque tenterait d'entrer !

— A présent, dit-il à Glover, ma Catherine est aussi en sûreté que si vingt soldats la gardaient dans un château-fort. Nous pourrons nous rendre tranquillement au conseil en passant par le jardin.

Il le conduisit dans un petit verger où les oiseaux que le bon artisan avait abrités et nourris pendant l'hiver saluaient déjà les sourires précaires d'un soleil de février par quelques chants faibles et souvent interrompus.

— Écoutez ce concert, mon père, dit l'armurier ; je me

moquais d'eux ce matin dans l'amertume de mon cœur en les entendant chanter, lorsqu'ils ont encore tant de jours d'hiver devant eux. Mais il me semble à présent que je prends goût à leur musique ; car j'ai ma Valentine comme ils ont les leurs, et quelques malheurs qui puissent m'attendre demain, je suis aujourd'hui l'homme le plus heureux de Perth, ville ou comté, bourg ou province.

— Hélas ! il faut que je tempère votre joie, dit le vieux gantier, quoique le ciel sache que je la partage. Le pauvre Olivier Proudfute, ce fou bien innocent que vous et moi nous connaissions si bien, a été trouvé mort ce matin dans la rue.

— Rien qu'ivre-mort, j'espère, dit l'armurier. Alors un bon chaudeau et une forte dose de remontrances conjugales lui auront bientôt rendu la vie.

— Non, Henry, non. Il a été tué d'un coup de hache ou de quelque autre arme.

— Impossible ! repondit l'armurier ; il avait d'excellentes jambes, et il n'était pas homme à faire usage de ses mains lorsqu'il pouvait faire usage de ses talons.

— Il n'a pas eu le choix ; le coup lui fut asséné sur le derrière de la tête ; il a dû être donné par un homme plus petit que lui, et avec une hache d'armes de cavalier ou quelque chose de semblable ; car une hache de Lochaber aurait fendu le haut de la tête. Mais il est bien mort, et jamais blessure plus terrible n'a étendu quelqu'un sur le carreau.

— C'est inconcevable, s'écria Henry ; il était chez moi à minuit, en costume de danseur moresque ; il me parut avoir bu, quoique non pas à en perdre la tête. Il me conta une histoire de tapageurs qui l'avaient poursuivi, et des dangers qu'il courait ; mais hélas ! vous connaissez l'homme ; je crus que c'était un de ces excès de forfanterie, comme il lui en prenait quelquefois quand il avait un doigt de vin ; et, que la sainte Vierge me le pardonne ! je le laissai partir seul, ce que j'eus grand tort de faire. Moi qui aurais accompagné tout être sans secours qui aurait eu besoin de protection ! à plus forte raison lui, avec lequel j'ai si souvent pris place à la même table et bu dans le même verre ! Mais aussi, qui aurait pu croire qu'il y aurait sur la terre quelqu'un qui songeât à faire du mal à un pauvre diable si simple, si pacifique, qui n'en avait jamais fait à personne, et qui n'avait d'autre tort que de se vanter à tout propos !

— Henry, il portait ton casque, ton justaucorps de buffle et ton bouclier. — Comment se trouvait-il les avoir ?

— Ma foi, il m'a demandé de les lui prêter pour la nuit ; j'étais mal à mon aise, et il me tardait de le voir partir, n'ayant pas chômé la fête, et étant déterminé à ne point la chômer à cause de notre mésintelligence.

— C'est l'opinion du bailli Craigdallie et des meilleures têtes du conseil que le coup vous était destiné, et que c'est à vous à venger notre compatriote qui a reçu la mort à votre place.

L'armurier garda un instant le silence. Ils étaient alors sortis du jardin, et ils traversaient une ruelle solitaire par laquelle ils comptaient arriver au conseil de la commune sans être vus et sans être exposés à de vaines questions.

— Vous vous taisez, mon fils, dit Simon Glover ; et nous avons beaucoup de choses à nous dire l'un à l'autre. Songez que la pauvre veuve Madeleine, si elle trouve sujet d'intenter à quelqu'un une accusation pour le malheur qu'elle éprouve ainsi que ses enfans, devra la faire soutenir par un champion, d'après la loi et la coutume ; car quel que soit le meurtrier, nous connaissons assez ces nobles et leurs dépendans pour savoir que le coupable demandera l'épreuve du combat, pour narguer peut-être ceux qu'ils appellent les lâches bourgeois. Non, tant qu'il coulera une goutte de sang dans nos veines cela ne doit pas être, Henry Smith.

— Je vois où vous voulez en venir, mon père, répondit Henry d'un air abattu ; et saint Jean sait que jamais cheval de bataille n'a entendu avec plus de plaisir le son de la trompette que je n'avais coutume d'entendre un appel aux armes. Mais vous voyez, mon père, que c'est pour avoir toujours été trop prompt à faire usage de mes mains que j'ai perdu si souvent l'amitié de Catherine, et que j'ai bien cru que je ne la regagnerais jamais ; maintenant que toutes nos querelles sont arrangées, et que l'espoir qui ce matin semblait m'avoir abandonné pour toujours brille plus que jamais à mes yeux, faut-il lorsque j'ai encore sur les lèvres le baiser de pardon de ma chère Catherine, faut-il que j'aille me jeter dans de nouvelles affaires, ce qui, vous le savez, serait l'offenser de la manière la plus sensible ?

— Il est pénible pour moi de vous conseiller, Henry, dit Simon ; mais dites-moi : avez-vous ou n'avez-vous pas raison de croire que ce pauvre Olivier a été pris pour vous ?

— Je ne le crains que trop, dit Henry. On trouvait qu'il me ressemblait un peu, et le pauvre diable s'étudiait à imiter mes gestes, ma démarche, et jusqu'aux airs que j'ai coutume de siffler, afin d'ajouter à une ressemblance qui devait lui coûter si cher. Il ne manque pas de gens, tant dans la ville que dans le comté, qui me gardent rancune et qui me doivent quelque revanche ; lui, le cher homme, personne, je crois, ne lui devait rien.

— Écoutez, Henry ; je ne puis vous promettre que ma fille ne sera point offensée. Elle a vu souvent le père Clément, et elle en a reçu, au sujet de la paix et du pardon des injures, des idées qui me semblent convenir fort mal à un pays dans lequel la loi ne peut nous protéger, à moins que nous n'ayons le courage de nous protéger nous-mêmes. Si vous vous décidez pour le combat, je ferai mon possible pour la déterminer à voir la chose du même œil que toutes les autres femmes de la ville la verront ; et si vous préférez laisser dormir l'affaire, si vous voulez que l'homme qui est mort pour vous reste sans vengeance, que la veuve et les enfans n'obtiennent point réparation pour le malheur qui les a frappés, alors je vous rendrai la justice de ne point oublier que moi du moins je ne dois pas penser plus mal de vous à cause de votre patience, puisqu'elle ne vous aura été commandée que par votre amour pour ma fille. Mais dans ce cas, Henry, il faudra que nous

nous éloignions de notre cher Saint-Johnstoun, car nous n'y serions plus qu'une famille perdue d'honneur.

Henry poussa un profond soupir, garda un instant le silence, puis il répondit : — Plutôt mourir que d'être perdu d'honneur, dussé-je ne la revoir jamais ! Ah ! si c'eût été hier au soir, j'aurais couru me mesurer avec la meilleure lame de tous ces hommes d'armes, aussi gaîment que je dansai jamais autour d'un mai. Mais aujourd'hui, lorsque pour la première fois c'est comme si elle m'avait dit : — Henry Smith, je t'aime, — ah ! mon père Glover, c'est bien pénible ! Après tout, c'est ma faute ! c'est uniquement ma faute ! J'aurais dû lui prêter l'abri de mon toit, lorsqu'il m'en suppliait dans l'excès de sa frayeur ; ou si j'étais sorti avec lui je l'aurais sauvé ou j'aurais partagé son sort. Mais je me moquai de lui, je l'accablai de reproches et de malédictions : cependant les saints savent que je ne les proférai que par humeur et dans un mouvement d'impatience. Je le mis à ma porte, lui qui était sans défense, l'envoyant au-devant de la mort qui m'était peut-être destinée. Il faut que je le venge, ou je suis déshonoré pour toujours. Voyez, mon père ; on a dit que j'étais aussi dur que le fer que je travaille ; le fer verse-t-il jamais des larmes comme celles-ci ? Honte à moi qui les répands !

— Il n'y a point de honte, mon cher fils ; tu es aussi bon que tu es brave, et je t'ai toujours connu tel. Il est possible qu'on ne découvre personne sur qui puissent planer les soupçons ; et dans ce cas, le combat ne saurait avoir lieu. Il est bien dur de souhaiter que le sang innocent ne soit pas vengé. Mais si l'auteur de ce lâche assassinat reste caché pour le moment, tu seras affranchi de l'obligation d'en tirer cette vengeance dont le ciel, n'en doute pas, se chargera lorsqu'il en sera temps.

En parlant ainsi, ils arrivèrent à l'endroit de High-Stréet où était située la maison du conseil. Lorsqu'ils approchèrent de la porte, en se frayant un passage à travers la foule qui remplissait encore la rue, ils trouvèrent les avenues gardées par une troupe choisie de bourgeois armés, et par environ cinquante lances appartenant au chevalier de Kinfauns, qui, avec ses alliés les Grays, les Blairs, les Moncrieffs et autres, avait amené à Perth un corps considérable de cavalerie, dont ce détachement faisait partie. Dès que Glover et Smith se présentèrent, ils furent introduits dans la salle où les magistrats étaient assemblés.

CHAPITRE XX.

La salle de conseil de Perth présentait un singulier spectacle. Dans un sombre appartement, mal éclairé par deux fenêtres de formes différentes et de grandeur inégale, étaient assemblés autour d'une grande table de chêne un groupe d'hommes, dont ceux qui occupaient les siéges les plus élevés étaient des marchands membres de corporations ou de confréries, habillés convenablement suivant leur état, mais portant presque tous comme le régent York[1],

Signs of war around their aged necks.

— des signes de guerre autour de leurs cous vieillis, — c'est-à-dire des hausses-cols et des baudriers qui soutenaient leurs armes. Les places inférieures étaient remplies par des ouvriers et des artisans, syndics ou diacres, comme on les appelait, de leurs corps respectifs, portant leurs vêtemens ordinaires qu'ils avaient seulement arrangés avec un peu plus de soin que de coutume. Ils avaient aussi des armures de différens genres : les uns avaient la jaquette (ou pourpoint) couverte de petites plaques de fer en losanges qui, attachées par le haut, pendaient l'une sur l'autre, et qui, cédant à tous les mouvemens du corps, formaient une excellente cuirasse ; d'autres avaient des justaucorps de buffle qui, comme nous l'avons déjà dit,

[1] Le *Richard III* de Shakspeare. — Éd.

pouvaient résister au tranchant d'une épée ou même à la pointe d'une lance, à moins qu'elle ne fût poussée avec une force extraordinaire. Au bas bout de la table, entourée comme elle l'était de cette assemblée bizarre, se trouvait assis sir Louis Lundin, personnage qui n'était nullement belliqueux, mais prêtre et curé de Saint-Jean, portant le costume ecclésiastique, et qui avait devant lui une plume et de l'encre. Il était greffier du bourg, et comme tous les prêtres d'alors qui d'après cette circonstance étaient appelés les chevaliers du pape, il recevait le titre honorable de *Dominus*, dont on faisait par contraction Dom ou Dan, ou qu'on traduisait par SIR, titre de distinction accordé à la chevalerie séculière.

Sur un siége élevé au haut bout de la table du conseil était placé sir Patrice Charteris, couvert d'une armure étincelante formant un contraste singulier avec l'accoutrement moitié guerrier moitié pacifique des bourgeois qui n'étaient appelés aux armes que de loin en loin. Les manières du prévôt, sans démentir en rien les relations intimes que des intérêts mutuels avaient établies entre les bourgeois, les magistrats et lui, étaient en même temps de nature à faire sentir la supériorité qu'en vertu de son rang et de sa noble naissance l'opinion du siècle lui donnait sur les membres de l'assemblée qu'il présidait. Deux écuyers, debout derrière lui, portaient, l'un le pennon du chevalier, l'autre son bouclier où l'on voyait ses armes qui étaient une main tenant un poignard ou une courte épée avec cette fière devise : *Voilà ma charte*. Un joli page tenait la longue épée de son maître ; un autre portait sa lance ; tous ces emblèmes chevaleresques étaient déployés avec d'autant plus de soin que le personnage auquel ils appartenaient était occupé à remplir les fonctions de magistrat. Le chevalier de Kinfauns semblait même affecter un air raide et guindé qui ne lui était point naturel, et qui n'était nullement d'accord avec son caractère franc et jovial.

— Ainsi donc, vous voici à la fin, Henry Smith et Simon Glover, dit le prévôt. Sachez que voilà long-temps que nous vous attendons. Si la même chose arrive encore pendant l'exercice de nos fonctions, nous vous imposerons une amende telle que vous ne serez pas très charmés de la payer. Assez; ne faites point d'excuses, on ne vous en demande point à présent; et une autre fois elles ne seront point admises. Apprenez, messieurs, que notre révérend greffier a mis par écrit tout au long ce que je vais vous dire brièvement, afin que vous sachiez ce qu'on doit attendre de vous en particulier, Henry Smith. Feu notre concitoyen Olivier Proudfute a été trouvé mort dans High-Street, près de l'entrée du Wynd, dans lequel vous demeurez. Il paraît qu'il a été tué d'un coup de hache courte, qui lui a été asséné par derrière à l'improviste; et la manière dont il a été assassiné ne peut être considérée que comme un meurtre infâme et prémédité : voilà pour le crime. Quant au criminel, il ne peut être indiqué que par les circonstances. D'après le protocole du révérend sir Louis Lundin, il appert que divers témoins dignes de foi ont vu le défunt Olivier Proudfute à une heure assez avancée, qui accompagnait la troupe de danseurs moresques dont il faisait partie, jusqu'à la maison de Simon Glover dans Curfew-Street, où ils donnèrent une nouvelle représentation de leur ballet. Il est également prouvé qu'en cet endroit il se sépara du reste de la bande après avoir causé un instant avec Simon Glover, et qu'il convint de rejoindre ses amis à l'enseigne du Griffon pour y terminer la fête. — A présent, Simon, je vous demande si ces faits sont vrais, en ce qui est à votre connaissance; et en outre quel fut le sujet de la conversation que feu Olivier Proudfute eut avec vous.

— Milord prévôt, et très honorable sir Patrice, répondit Simon Glover, vous saurez, vous et la respectable assemblée, que d'après certains bruits qui m'étaient venus de la conduite de Henry Smith, il s'était élevé quelque querelle entre moi et une autre personne de ma famille d'un côté, et le pétulant Smith de l'autre. Or comme notre pauvre concitoyen Olivier Proudfute avait été très empressé à répandre ces bruits, car il était dans son élément lorsqu'il pouvait faire des commérages, nous échangeâmes quelques mots ensemble à ce sujet;

et autant que je puis croire, il me quitta pour aller voir Henry Smith; car il prit un autre chemin que les danseurs, après leur avoir promis à ce qu'il paraîtrait de les rejoindre, comme disait Votre Honneur, à l'enseigne du Griffon pour y terminer la soirée. Mais je ne saurais dire s'il l'a fait ou non, attendu que je ne l'ai plus revu depuis ce moment.

— Il suffit, dit sir Patrice, et voilà qui se rapporte avec tout ce que nous avons entendu. — Qu'arrive-t-il ensuite, dignes citoyens? nous trouvons notre pauvre compatriote environné d'une bande de masques et de gens en goguette qui le traitent de la manière la plus indigne, le forçant de se mettre à genoux au milieu de la rue et d'avaler malgré lui une immense quantité de vin, jusqu'à ce qu'enfin il réussit à s'échapper. Ce fut l'épée à la main qu'ils accomplirent ces actes de violence, et ils poussaient des cris et des imprécations si terribles qu'ils attirèrent l'attention de plusieurs personnes qui alarmées par le tumulte se mirent à leurs fenêtres; un ou deux passans qui n'osèrent s'approcher de l'endroit où ils voyaient des torches de peur d'être aussi outragés, furent témoins du traitement que notre concitoyen reçut au milieu de la grande rue de la ville. Et quoique ces scélérats fussent déguisés et qu'ils portassent des masques, cependant leurs déguisemens sont bien connus, attendu que ce sont de superbes costumes, préparés il y a quelques semaines par ordre de sir John Ramorny, grand écuyer de son Altesse Royale le duc de Rothsay prince royal d'Écosse!

Une sorte de gémissement plaintif se fit entendre dans l'assemblée.

— Oui, c'est la vérité, braves bourgeois, ajouta sir Patrice, nos recherches nous ont conduits à des conclusions aussi tristes que terribles; mais personne ne saurait regretter plus que moi le point auquel elles semblent devoir aboutir, personne non plus ne peut en redouter moins les conséquences. — Oui, ce que je vous dis est de toute certitude. Plusieurs ouvriers employés à ce travail ont décrit les costumes préparés pour sir John Ramorny, et ils sont exactement semblables à ceux des hommes qu'on a vu maltraiter Olivier Proudfute. Un artisan, Wingfield le plumassier, qui vit les scélérats lorsqu'ils tenaient notre concitoyen en leur pouvoir, remarqua qu'ils portaient les ceintures et les couronnes de plumes peintes qu'il avait faites lui-même par ordre du grand écuyer du prince. — A partir du moment où il parvint à s'échapper d'entre leurs mains, nous perdons toute trace d'Olivier; mais nous pouvons prouver que les masques prirent le chemin de la maison de sir John Ramorny où ils furent reçus après un instant de délai. — On dit, Henry Smith, que tu as vu notre compatriote après qu'il avait été arrêté par ces misérables, apprends-nous ce qu'il en est.

— Il vint chez moi, dit Henry, une demi-heure avant minuit, et je lui ouvris un peu à contre-cœur, attendu qu'il avait fait le carnaval, tandis que moi j'étais resté à la maison; et la conversation va mal, dit le proverbe, entre un homme à jeun et un homme qui a dîné.

— Et dans quel état paraissait-il être lorsqu'il entra chez toi? dit le prévôt.

— Il semblait tout hors d'haleine, répondit l'armurier, et il ne cessait de répéter qu'il avait été attaqué par une troupe de tapageurs. Je fis peu d'attention à ses discours, car quoique bonhomme au fond, il était connu pour un poltron de première force, et je croyais que son imagination faisait tous les frais de son récit. Mais je ne me pardonnerai jamais de ne l'avoir pas accompagné, comme il me le demandait; et si je vis je ferai dire des messes pour son ame, en expiation de ma faute.

— A-t-il dépeint ceux qui l'avaient insulté? dit le prévôt.

— Il m'a dit que c'étaient des tapageurs qui étaient masqués, répondit Henry.

— Et paraissait-il craindre d'avoir encore affaire à eux en s'en retournant? demanda de nouveau sir Patrice.

— Il me dit plusieurs fois qu'on l'attendait au passage, ce que je traitai de chimère n'ayant aperçu personne dans le Wynd.

— Ainsi donc il n'a reçu de toi aucun secours de quelque espèce que ce soit? dit le prévôt.

— Pardonnez-moi, répondit l'armurier; il a quitté ses habits de danseur pour prendre mon justaucorps de buffle, mon casque et mon bouclier, qu'on a trouvés sur son corps, à ce que j'apprends, et j'ai chez moi son bonnet et ses grelots moresques ainsi que la jaquette et le reste du costume. Il devait me renvoyer ce matin mes armes et reprendre son déguisement si les saints l'eussent permis.

— Le revîtes-vous ensuite?

— Jamais, milord.

— Encore un mot; avez-vous raison de croire que le coup qui a tué Olivier Proudfute était destiné à un autre?

— Oui, répondit l'armurier; mais ce ne sont que des conjectures, de simples suppositions, auxquelles il peut être dangereux de s'arrêter.

— Parlez toujours, et dites tout ce que vous croyez, comme votre devoir et votre serment vous y obligent. Qui pensez-vous qu'on voulait frapper?

— S'il faut parler, reprit Henry, je crois que c'était à moi qu'était destiné le coup qu'Olivier Proudfute a reçu, d'autant plus que dans sa folie Olivier parlait sans cesse de chercher à imiter mes démarches aussi bien que mon habillement.

— Avez-vous quelque querelle avec quelqu'un pour penser de la sorte? dit sir Patrice Charteris.

— Je dois le dire à ma honte, et comme un grand péché, j'en ai de tous les côtés, dans les montagnes comme dans les plaines, en Angleterre comme en Écosse, dans le Perthshire comme dans l'Angusshire; tandis que le pauvre Olivier n'avait pas plus d'ennemis que le poulet qui vient de naître. Hélas! il n'en était que moins préparé à répondre à un si brusque appel!

— Écoutez, Smith, dit le prévôt; répondez-moi clairement, y a-t-il quelque sujet d'animosité entre la maison de sir John Ramorny et vous?

— Oui, milord, rien n'est plus certain. On dit partout à

présent que c'est à Quentin-le-Noir, qui passa le Tay il y a quelques jours pour aller dans le comté de Fife, qu'appartenait la main qui a été trouvée dans Curfew-Street la veille de Saint-Valentin : c'est moi qui abattis cette main d'un coup de ma large épée. Comme ce Quentin-le-Noir est valet de chambre de sir John, qui a une grande confiance en lui, il est assez probable que les gens de cette maison et moi nous ne devons pas être très bien ensemble.

— Très probable en effet, Smith, dit sir Patrice Charteris ; et maintenant, très dignes confrères et très judicieux magistrats, il se présente naturellement deux suppositions qui conduisent l'une et l'autre à la même conclusion. Il est possible que les masques qui saisirent notre concitoyen et qui lui firent essuyer un traitement dont son corps conserve de légères marques, aient rencontré leur prisonnier fugitif comme il s'en retournait chez lui, et qu'ils aient mis le comble à leurs indignes procédés en lui ôtant la vie. Il exprima lui-même à Henry Gow la crainte qu'il en fût ainsi. Dans ce cas, et si les choses se sont passées de cette manière, un ou plusieurs des gens de sir John Ramorny ont dû être les assassins. Mais je crois plus vraisemblable qu'un ou deux des masques sont restés dans la rue ou y sont revenus peut-être après avoir changé de déguisement, et que ces hommes voyant Olivier Proudfute s'avancer sous les habits et avec la démarche de Henry Smith qu'il cherchait à imiter ; car sous ses vêtemens ordinaires, il n'aurait été pour eux qu'un sujet d'amusement ; il est vraisemblable, dis-je, qu'ils sentirent leur animosité s'éveiller, et que le voyant seul ils prirent, à ce qu'ils pensaient, le moyen le plus sûr et le plus prompt de se délivrer d'un ennemi aussi dangereux que Henry Smith passe pour l'être, comme on le sait fort bien, auprès de tous ceux qui ne sont pas ses amis. Le même raisonnement nous conduit encore à dire que ce sont les gens de sir John Ramorny qui ont commis le crime. Qu'en pensez-vous, messieurs ? ne sommes-nous pas en droit de les en accuser ?

Les magistrats parlèrent tout bas entre eux pendant quelques minutes, et ils répondirent ensuite par l'organe du bailli Craigdallie. — Noble chevalier, et très digne prévôt, nous sommes entièrement de votre avis sur cette affaire sanglante et mystérieuse ; et nous ne doutons pas que vous n'ayez parfaitement raison d'attribuer aux compagnons et aux gens de ce John Ramorny l'action atroce dont a été victime feu notre concitoyen, soit pour son propre compte et en son propre nom, soit pour avoir été pris pour notre brave compatriote Henry Smith. Mais sir John, et pour lui-même et en sa qualité de grand-écuyer du prince, a une nombreuse maison, et comme nous devons nous attendre que l'accusation sera repoussée par un démenti formel, nous nous permettrons de demander comment nous procéderons dans ce cas. Il est vrai que si nous pouvions trouver une loi qui nous autorisât à mettre le feu à sa demeure et à passer au fil de l'épée tous ceux qui s'y trouvent, le vieux proverbe de courte et bonne pourrait recevoir son application ; car jamais on n'a vu réunis plus de contempteurs de Dieu, de destructeurs d'hommes et de séducteurs de femmes, que dans la bande de Ramorny. Mais je doute que cet acte de justice sommaire fût parfaitement légal ; et d'un autre côté je ne vois rien dans tout ce que nous avons entendu qui puisse nous aider à découvrir les vrais coupables.

Avant que le prévôt pût répondre le greffier de la ville se leva, et caressant sa barbe vénérable, il demanda la parole, qui lui fut accordée sur-le-champ. — Mes frères, dit-il du temps de nos pères aussi bien que du nôtre, Dieu, lorsqu'il a été dûment consulté, a bien voulu faire éclater d'une manière évidente les crimes des coupables et l'innocence de ceux qui avaient pu être injustement accusés. Demandons au roi Robert notre souverain, qui, lorsque les méchans n'interviennent pas pour dénaturer ses bonnes intentions, est un prince aussi juste et aussi clément qu'aucun de ceux que pourrait offrir la longue série de nos annales [1] ; demandons-lui, au

---

(1) Suivant les chroniques, l'Écosse comptait cent un rois depuis Fergus Ier jusqu'à Robert III. — Éd.

nom de la Belle Ville et de toutes les communes de l'Écosse, de nous permettre, d'après la coutume de nos ancêtres, de nous adresser au ciel pour qu'il nous éclaire sur ce mystérieux attentat. Demandons l'épreuve par *droit de cercueil*[1], qui a été approuvée par des bulles et des décrets, que les ancêtres de notre souverain ont souvent accordée, et à laquelle ont eu plus d'une fois recours et le grand empereur Charlemagne en France, et le roi Arthur en Angleterre, et Grégoire-le-Grand, et le puissant Achaïus[2] dans notre terre d'Écosse.

— J'ai entendu parler de ce *droit de cercueil*, sir Louis, dit le prévôt; et je sais qu'il est consigné dans les chartes et priviléges de la Belle Ville; mais je ne suis pas trop au fait des anciennes lois, et je vous serais très obligé de nous expliquer plus clairement en quoi il consistait.

— Nous demanderons au roi, dit sir Louis Lundin, si l'on en croit mon avis, que le corps de notre concitoyen assassiné soit transporté dans la cathédrale de Saint-Jean, et que des messes soient dites pour le repos de son ame et pour la découverte de son infame meurtrier. En même temps nous requerrons qu'il soit enjoint à sir John Ramorny de donner la liste des gens de sa maison qui étaient dans Perth pendant la nuit du mardi-gras au mercredi des Cendres, et de s'engager à les représenter au jour et à l'heure qui lui seront assignés pour qu'étant appelés nominativement dans la cathédrale de Saint-Jean, chacun d'eux passe l'un après l'autre devant le cercueil de notre malheureux concitoyen, et que dans la forme prescrite il prenne Dieu et ses saints à témoin qu'il est innocent, et qu'il n'a pris part ni directement ni indirectement au meurtre dont il s'agit. Et croyez, comme l'ont prouvé une foule d'exemples, que si le meurtrier tente de se mettre à couvert en faisant cet appel à Dieu, l'antipathie qui existe entre le corps mort et la main fatale par laquelle a été porté le coup qui l'a séparé d'avec l'ame réveille quelque signe imparfait de vie, et que l'on voit le sang, glacé depuis si long-temps

[1] *Bier-right.*
[2] Roi d'Écosse, contemporain de Charlemagne, selon les chroniques. — Éd.

dans les veines de la victime, reparaître à l'endroit de la blessure ; ou pour parler avec plus de certitude, il plaît au ciel, par quelque intervention mystérieuse que nous ne pouvons comprendre, de montrer aussi à découvert la perversité de celui qui a défiguré l'image de son créateur.

— J'ai entendu parler de cette loi, dit sir Patrice, et elle fut mise à exécution du temps de Bruce. C'est assurément une occasion convenable de chercher par cette enquête mystérieuse la vérité qu'il est impossible de découvrir par les moyens ordinaires, puisque si nous accusions en masse les gens de sir John, ils ne manqueraient pas de répondre par des protestations générales d'innocence. Cependant qu'il me soit permis de faire encore une question à notre révérend greffier sir Louis : comment empêcherons-nous que le coupable ne s'échappe en attendant ?

— Les bourgeois feront une garde vigilante sur les remparts ; les ponts-levis seront levés et les herses abattues depuis le coucher jusqu'au lever du soleil, et de fortes patrouilles parcourront les rues pendant la nuit. Les bourgeois feront volontiers ce service pour empêcher l'évasion du meurtrier de leur concitoyen.

Le reste des conseillers témoigna par signes, par gestes et par paroles, qu'ils acquiesçaient à cette proposition.

— Encore un mot, dit le prévôt. Et si une des personnes justement suspectes refuse de se soumettre à l'épreuve du *droit de cercueil ?*

— Elle peut demander celle du combat, dit le révérend greffier, contre un adversaire d'un rang égal au sien ; parce que dans l'appel au jugement de Dieu l'accusé doit avoir le choix de l'épreuve pour laquelle il sera jugé. Mais s'il refuse l'une et l'autre, il doit être regardé comme coupable et puni comme tel.

Les sages du conseil furent unanimement de l'avis de leur prévôt et de leur greffier, et ils résolurent de présenter dans toutes les formes une pétition au roi pour que l'enquête sur le meurtre de leur concitoyen eût lieu conformément à cet ancien usage adopté pour faire ressortir la vérité, et qui était encore en vigueur vers la fin du dix-septième siècle; mais avant que l'assemblée se séparât, le bailli Craigdallie crut à propos de demander quel serait le champion de Maudie ou Madeleine Proudfute et de ses deux enfans.

— Il ne faut pas de longues réflexions pour cela, dit sir Patrice Charteris; nous sommes des hommes et nous avons une épée. S'il en était un parmi nous qui ne fût pas prêt à la tirer pour défendre la veuve et les enfans de notre compatriote et pour venger sa mort, il faudrait la lui briser sur la tête. Dans le cas où sir John Ramorny accepterait lui-même le défi, Patrice Charteris de Kinfauns se battra contre lui à outrance, tant que cheval et cavalier resteront sur leurs jambes ou que lame et poignée tiendront ensemble; mais si le combattant est d'un rang inférieur, eh bien! que Madeleine Proudfute choisisse elle-même son champion parmi les plus braves citoyens de Perth; et ce serait une honte et un déshonneur éternel pour la Belle Ville si celui qu'elle désignera était assez lâche pour dire non : qu'on l'amène ici afin qu'elle fasse son choix.

Henry Smith entendit ces paroles avec un triste pressentiment que le choix de la pauvre femme tomberait sur lui, et qu'à peine réconcilié avec sa maîtresse il allait encore une fois se brouiller avec elle en se trouvant engagé dans une nouvelle querelle dont il ne voyait aucun moyen honorable de se tirer, et qui dans toute autre circonstance l'eût comblé de joie en lui offrant une occasion glorieuse de se distinguer sous les yeux de la ville et de la cour. Il savait qu'instruite par les leçons du père Clément, Catherine regardait l'épreuve du combat plutôt comme une insulte à la religion que comme un appel à la Divinité, et qu'il ne lui semblait pas raisonnable que la force du corps ou l'adresse à manier les armes servît à prouver l'innocence ou la culpabilité d'un accusé. Il avait donc beaucoup à craindre des idées particulières qu'elle avait sur ce sujet, et qui étaient plus épurées que celles du siècle où elle vivait.

Pendant qu'il était en proie à ce conflit de sensations contraires, la veuve de la victime entra dans la cour, couverte d'un grand voile noir et soutenue par cinq ou six femmes respectables qui portaient le même emblème de deuil. Une de ses compagnes avait un enfant dans ses bras, dernier gage de l'affection conjugale du pauvre Olivier. Une autre tenait par la main une jolie petite créature de deux ans ou environ, qui trottait à pas inégaux, et qui regardait avec étonnement et d'un air de crainte, tantôt le voile lugubre dont on l'avait affublée, et tantôt la scène extraordinaire qui se passait autour d'elle.

L'assemblée se leva pour recevoir le triste cortége et les salua avec l'expression de la plus profonde compassion. Madeleine rendit ce salut avec un air de dignité qu'on n'eût pas attendu de la compagne du pauvre Olivier, et qu'elle emprunta peut-être de l'excès même de son malheur. Sir Patrice Charteris s'avança alors au-devant d'elle, et avec la courtoisie d'un chevalier pour une femme et d'un protecteur pour une triste veuve, il prit la main de l'infortunée et lui expliqua en peu de mots la marche que le conseil avait résolu de suivre pour obtenir vengeance du meurtre de son mari.

S'étant assuré avec une douceur et une affabilité qui ne caractérisaient pas ses manières en général que la pauvre veuve comprenait parfaitement ce dont il s'agissait, il dit à haute voix en s'adressant à l'assemblée : — Bons citoyens de Perth, membres nés libres de corps de métiers, faites bien attention à ce qui va se passer; car ceci intéresse vos droits et vos priviléges. Vous voyez devant vous Madeleine Proudfute qui demande vengeance pour la mort de son mari, méchamment assassiné, dit-elle, par sir John Ramorny, chevalier de Ramorny, ce qu'elle offre de prouver par le témoignage du *droit de cercueil* ou par le corps d'un homme. En conséquence, moi, Patrice Charteris, chevalier ceint du baudrier, né libre et gentilhomme, je m'offre pour combattre dans sa juste querelle tant qu'homme et cheval pourront se tenir sur pieds, si quelqu'un d'un rang égal au mien ramasse le gant. Dites, Madeleine Proudfute, voulez-vous m'accepter pour votre champion?

La veuve répondit en faisant un effort sur elle-même : — Je ne puis en désirer un plus noble.

Sir Patrice prit alors sa main droite dans la sienne, et baisant Madeleine sur le front comme le voulait la cérémonie, il dit d'un ton solennel : — Que Dieu et saint Jean me soient en aide à l'heure du besoin ; je ferai mon devoir comme votre champion, en homme, en brave, en chevalier. A présent, Madeleine, choisissez vous-même parmi tous les bourgeois de la Belle Ville, absens ou présens, celui que vous désirez charger de soutenir votre défi, dans le cas où celui contre qui vous portez plainte se trouverait être au-dessous de mon rang.

Tous les yeux se tournèrent sur Henry Smith, que la voix générale avait déjà désigné comme le plus digne sous tous les rapports de servir de champion dans cette circonstance ; mais la veuve n'attendit pas pour prendre sa décision qu'elle eût pu consulter les regards. A peine sir Patrice eut-il fini de parler, que traversant la salle et se dirigeant vers l'endroit où l'armurier était debout, elle le prit par la main et lui dit :

— Henry Gow, ou Smith, bon citoyen et bon artisan, mon...

Mari, était le mot qu'elle voulait prononcer ; mais il ne put sortir de ses lèvres, et elle fut obligée de prendre une autre tournure.

— Celui qui n'est plus vous aimait et vous estimait pardessus tous les autres hommes ; il est donc juste que ce soit vous qui embrassiez la défense de sa veuve et de ses enfans.

S'il eût été possible, et ce ne pouvait l'être dans ce siècle, qu'Henry songeât à rejeter la mission que tout le monde semblait lui destiner, ou du moins pensât à s'y soustraire, tout désir, toute idée de retraite se serait évanouie du moment que la veuve commença à lui adresser la parole, et un ordre descendu du ciel même n'aurait guère pu faire sur lui une impression plus vive que cet appel de la malheureuse Madeleine. L'allusion qu'elle avait faite à ses liaisons intimes avec le défunt l'avait ému jusqu'au fond de l'ame. Sans doute du vivant d'Olivier il y avait eu quelque chose d'absurde et de ridicule dans cette prédilection excessive qu'il manifestait pour Henry, surtout si l'on considère combien leurs caractères se ressemblaient peu; mais tout cela était oublié à présent, et Henry s'abandonnant à son ardeur naturelle, se rappelait seulement qu'Olivier avait été son ami, qu'il l'avait aimé et honoré autant qu'il était capable d'aimer et d'honorer quelqu'un, et par-dessus tout, qu'il n'était que trop probable que le défunt avait été victime d'un attentat qui était dirigé contre Henry lui-même.

Ce fut donc avec un empressement que la minute d'auparavant il se serait à peine cru capable de manifester, et qui était alors l'effet d'une volonté forte et invariable, qu'après avoir imprimé ses lèvres sur le front glacé de l'infortunée Madeleine l'armurier répondit :

— Moi, Henry Smith, bon et fidèle citoyen, né libre, j'accepte le titre de champion de cette veuve Madeleine et de ces orphelins, et pour soutenir leur querelle je me battrai à toute outrance contre quelque homme que ce soit de ma condition, et cela tant qu'il me restera un souffle de vie. Ainsi me soit en aide à l'heure du besoin Dieu et le bon saint Jean !

Il se fit dans l'auditoire un mouvement soudain qui prouvait l'intérêt que tous ceux qui étaient présens prenaient à la poursuite de cette affaire et la confiance avec laquelle ils en attendaient le résultat.

Sir Patrice Charteris songea alors à se rendre auprès du roi pour lui demander la permission de procéder à une enquête sur le meurtre d'Olivier Proudfute, conformément à l'usage du droit de cercueil, et s'il était nécessaire, par l'épreuve du combat.

Il remplit ce devoir aussitôt après la séparation du conseil, dans une audience particulière qu'il eut du roi, qui éprouva une vive contrariété en apprenant cette nouvelle catastrophe, et qui dit à sir Patrice de venir le lendemain matin après la messe avec les parties intéressées le trouver dans son conseil où il leur donnerait réponse. En attendant, un poursuivant du roi fut envoyé au logement du connétable pour demander la liste des gens de sir John Ramorny, et pour lui enjoindre à lui et à toute sa suite, sous des peines sévères, de rester dans Perth jusqu'à ce que le roi leur eût fait connaître sa volonté.

CHAPITRE XXI.

« Au nom du ciel, faites préparer la lice et tout ce qu'il
« faut; et qu'ils vident leur querelle. — Dieu défende la
« bonne cause! »

SHAKSPEARE. *Henry IV*, partie II.

Dans la même chambre de conseil du palais des dominicains, le roi Robert était assis avec son frère Albany, dont l'austérité affectée et l'artificieuse dissimulation exerçaient une si puissante influence sur le faible monarque. Il était naturel en effet qu'un prince qui voyait rarement les choses sous leurs couleurs réelles, les envisageât d'après le jour sous lequel elles lui étaient présentées par un homme hardi et astucieux revêtu des droits que donne une si proche parenté.

Toujours tremblant pour son malheureux fils qui était égaré par de perfides conseils, le roi s'efforçait alors de faire partager à Albany son opinion que Rothsay n'était pour rien dans la mort du bonnetier, événement dont sir Patrice Charteris avait laissé le procès-verbal entre les mains de Sa Majesté pour qu'elle pût l'examiner.

— C'est une malheureuse affaire, mon frère Robin, dit-il, très malheureuse en vérité; et elle ne tend à rien moins qu'à mettre le trouble et le désordre ici entre le peuple et la noblesse, comme cela est advenu dans tant de provinces éloignées. Je ne vois dans tout ceci qu'un sujet de consolation, et c'est que sir John Ramorny ayant été renvoyé de la maison du duc de Rothsay, on ne pourra point dire que lui ou ceux de ses gens qui ont commis ce meurtre (s'il est vrai qu'il ait été commis par eux) y aient été excités ou autorisés par mon pauvre Robin. Assurément, mon frère, nous pouvons attester l'un et l'autre avec quelle facilité il consentit sur ma demande à renvoyer Ramorny de son service, à cause de cette échauffourée de Curfew-Street.

— Je m'en souviens en effet, dit Albany, et j'espère vivement que les liaisons qui existaient entre le prince et Ramorny n'ont pas été renouées depuis qu'il a paru accéder aux désirs de Votre Grace.

— A paru accéder? — Liaisons renouées? dit le roi; que voulez-vous faire entendre par ces expressions, mon frère? Certes, lorsque Robin me promit que si cette malheureuse affaire de Curfew-Street était étouffée il se séparerait de Ramorny, puisqu'on croyait que ses conseils pourraient l'entraîner dans de pareilles folies, et qu'il consentirait à ce qu'il fût envoyé en exil ou qu'il subît telle autre punition qu'il nous plairait de lui infliger; certes vous ne sauriez douter que ses protestations ne fussent sincères, et qu'il ne voulût garder sa parole. Ne vous souvenez-vous pas que lorsque vous conseillâtes, au lieu de bannir Ramorny, de lever une forte amende sur ses domaines du comté de Fife, le prince lui-même parut dire que l'exil vaudrait mieux pour Ramorny ainsi que pour lui-même?

— Je m'en souviens parfaitement, mon auguste frère; non certes je n'aurais pu croire que Ramorny eût tant d'influence sur l'esprit du prince, après avoir contribué à le mettre dans une situation critique; lorsque mon noble neveu lui-même fit cet aveu dont Votre Majesté vient de parler, en disant que si Ramorny était toléré à la cour il pourrait bien encore diriger sa conduite. Je regrettai alors d'avoir conseillé de commuer le bannissement en une amende. Mais ce temps est passé, et maintenant il est arrivé une catastrophe qui met en péril Votre Majesté, son auguste héritier et tout le royaume.

— Que voulez-vous dire, Robin? s'écria le faible monarque. — Par la tombe de mon père, par l'ame de Bruce, notre immortel aïeul, je vous conjure, mon très cher frère, de prendre pitié de moi! Dites-moi quels malheurs menacent mon fils ou mon royaume.

Les traits du roi tremblant d'inquiétude, et ses yeux remplis de larmes, étaient fixés sur son frère, qui parut réfléchir quelques instans avant de répondre.

— Milord, je vais vous le dire; Votre Grace croit que le prince n'est pour rien dans ce second attentat contre les citoyens de Perth, dans le meurtre de ce bonnetier pour lequel ils crient autant qu'une bande de mouettes lorsqu'un de ces oiseaux braillards est abattu par la flèche d'un enfant.

— Leurs vies leur sont chères, à eux et à leurs amis, Robin, dit le roi.

— Oui, oui, milord; et ils savent aussi nous les rendre chères lorsqu'il nous faut entrer en arrangement avec ces drôles pour la moindre égratignure. Mais comme je disais, Votre Majesté croit que le prince n'a aucune part à ce dernier meurtre. Je ne chercherai pas à ébranler sa conviction sur ce point délicat, mais je m'efforcerai de croire comme elle; ce qu'elle fait est une règle pour moi. Robin d'Albany n'aura jamais d'autre opinion que Robin d'Écosse.

— Merci, merci, mon frère, dit le roi en lui serrant la main. Je savais que je pouvais compter que votre affection rendrait justice à cet étourdi de Rothsay qui s'expose par sa conduite à tant de fausses interprétations, qu'il mérite à peine les sentimens que vous avez pour lui.

Albany avait un sang-froid et une fermeté si imperturbables qu'il put serrer affectueusement à son tour la main du roi, pendant qu'il cherchait à détruire les espérances du bon et indulgent vieillard.

— Mais, hélas! ajouta le duc en soupirant, cet ours intraitable le chevalier de Kinfauns, et toute sa bande de bourgeois criards, ne verront pas l'affaire comme nous. Ils ont le front de dire que ce drôle qui est mort avait été maltraité par Rothsay et ses compagnons qui couraient les rues en habits de masques, arrêtant les hommes et les femmes, les forçant à danser ou à boire une énorme quantité de vin, et mille autres folies qu'il est inutile de raconter ; et ils disent que toute la troupe se dirigea vers la maison de sir John Ramorny, où elle se précipita en désordre pour y compléter ses orgies ; donnant ainsi tout lieu de croire que le renvoi de sir John du service du prince n'était qu'un stratagème inventé pour tromper le public. Et de là ils concluent que s'il y a eu quelque dessein de nuire cette nuit par sir John Ramorny ou par ses gens, il est fort à croire que le duc de Rothsay en a eu tout au moins connaissance, s'il ne l'a pas autorisé.

— Albany, c'est affreux, dit le roi. Voudraient-ils faire un assassin de mon enfant ? prétendraient-ils que mon fils a pu tremper ses mains dans le sang écossais, sans provocation, sans motif? Non, non, ils ne sauraient inventer des calomnies aussi palpables, aussi grossières ; car personne n'y ajouterait foi.

— Pardon, sire, répondit le duc d'Albany ; ils disent que le sujet de la querelle qui occasionna l'émeute de Curfew-Street et les conséquences qu'elle eut concernaient plus le prince que sir John ; puisque personne ne soupçonne, et à plus forte raison, ne croit que cette belle équipée n'eut lieu que pour le plaisir du chevalier de Ramorny.

— Tu me rendras fou, Robin, s'écria le roi.

— Je me tairai, répondit son frère ; je n'ai fait qu'exprimer mon humble avis comme Votre Majesté me l'avait ordonné.

— Tes intentions sont bonnes, je le sais, dit le roi ; mais au lieu de me déchirer le cœur en me montrant des malheurs effroyables, ne serait-il pas mieux à toi, Robin, de m'indiquer quelque moyen de les éviter?

— Il est vrai, sire ; mais comme la seule chose qui se présente est pénible et difficile, il est nécessaire qu'avant tout Votre Grâce soit bien pénétrée de l'indispensable nécessité d'y avoir recours, avant que je croie devoir vous la décrire. Le chirurgien doit commencer par convaincre son patient qu'il n'a aucun moyen de guérir un membre gangrené avant de se hasarder à conseiller l'amputation, quoique ce soit le seul remède.

Robert à ces paroles manifesta un degré d'alarme et d'indignation dont son frère ne l'avait pas cru susceptible.

— Membre gangrené! lord d'Albany? L'amputation, le seul remède! Ce sont des paroles que je ne comprends pas, milord. Si tu les appliques à notre fils Rothsay, il faut que tu les justifies de la manière la plus satisfaisante ; autrement tu pourrais te repentir cruellement de les avoir proférées.

— Vous prenez ce que je disais trop au pied de la lettre, mon auguste maître, dit Albany. Ce n'était pas du prince que j'aurais voulu parler en des termes si inconvenans ; car je prends le ciel à témoin qu'il m'est plus cher, comme le fils d'un frère bien-aimé, que s'il eût été mon propre fils : mais je voulais parler de la nécessité de l'éloigner des folies et des vanités de la vie, que les saints hommes comparent à des membres gangrenés qu'il faut avoir la force de trancher et de jeter loin de nous, comme des obstacles qui nous empêchent d'avancer dans la vertu...

— Je comprends, dit le monarque un peu rassuré. — Tu voudrais que ce Ramorny qu'on regarde comme l'instrument des folies de mon fils, fût exilé de la cour jusqu'à ce que ces malheureuses affaires soient assoupies, et nos sujets disposés à regarder mon fils d'un autre œil et avec plus de confiance?

— Ce serait sans doute très bien vu, sire ; mais je pensais qu'il faudrait quelque chose, bien peu de chose de plus ; oui, il faudrait ce me semble que le prince lui-même s'éloignât pour un peu de temps de la cour.

— Comment, Albany! que je me sépare de mon enfant, de mon premier-né, de la lumière de mes yeux, et tout extravagant qu'il est, du bien-aimé de mon cœur! — Oh! Robin, je ne le puis, je ne le pourrai jamais.

— Sire, ce n'était qu'une simple suggestion. Je sens tout ce qu'un père doit souffrir d'en être réduit à une pareille mesure, car ne suis-je point père aussi ? et il laissa tomber sa tête dans un morne accablement.

— Je n'y survivrai point, Albany. Quand je pense que l'influence que nous avons sur lui, influence qui quoique parfois oubliée dans notre absence est toujours efficace lorsqu'il est avec nous, se trouverait entièrement détruite par votre projet, à quels périls ne serait-il pas exposé? Je ne saurais fermer l'œil lorsqu'il ne serait plus près de moi; je croirais que chaque brise m'apporte son dernier soupir; et vous, Albany, quoique vous sachiez même le cacher, vous seriez presque aussi inquiet que moi.

Ainsi parla le facile monarque, cherchant à se concilier son frère et à se tromper lui-même en ne paraissant point douter qu'il ne régnât entre l'oncle et le neveu une affection dont il n'y avait aucune trace.

— Votre sollicitude paternelle s'alarme aisément, sire, dit Albany. Je ne propose point de laisser au caractère fougueux du jeune prince la libre disposition de ses mouvemens. Je comprends que mon neveu soit soumis pendant un court espace de temps à quelque contrainte salutaire, qu'il soit confié aux soins de quelque grave conseiller qui répondra de sa conduite et de ses jours, et qui veillera sur lui comme un tuteur sur son pupille.

— Comment! un tuteur? à l'âge de Rothsay? s'écria le roi. Il a dépassé de deux ans le terme que nos lois assignent à la minorité.

— Les Romains, plus sages, dit Albany, le prolongeaient de quatre ans plus que nous; et si l'on consulte la raison, le droit de contrôle doit être exercé jusqu'à ce qu'il ne soit plus nécessaire, de sorte que la durée doit en varier suivant le caractère. Voilà le jeune Lindsay, le comte de Crawford, qui, dit-on, prête son appui à Ramorny pour ce défi. — Il n'a que quinze ans, et déjà il a les passions fougueuses et la détermination fixe d'un homme de trente; tandis que mon auguste neveu, doué de qualités beaucoup plus aimables et beaucoup plus nobles, montre quelquefois à l'âge de vingt-trois ans les bouillans caprices d'un enfant pour lequel un peu de contrainte n'est que bienveillance. — Et ne regrettez pas qu'il en soit ainsi, milord, et ne vous fâchez point contre votre frère s'il vous dit la vérité, puisque les meilleurs fruits sont ceux qui sont les plus lents à mûrir, et les meilleurs chevaux ceux qui donnent le plus de peine aux écuyers qui les dressent pour la lice ou pour les combats.

Le duc s'arrêta, et après avoir laissé pendant deux ou trois minutes le roi Robert se livrer à une rêverie qu'il n'essaya point d'interrompre, il ajouta d'un ton plus enjoué : — Mais rassurez-vous, sire; peut-être cette affaire pourra-t-elle s'arranger sans tant de difficultés et sans de nouveaux combats. La veuve est pauvre, car son mari, quoiqu'il eût beaucoup de pratiques, aimait à s'amuser et dépensait beaucoup d'argent; il se peut qu'avec de l'argent on parvienne à la contenter, et l'*assythment*[1] sera payé par Ramorny.

— Non, nous le paierons nous-même, dit le roi Robert, saisissant avidement l'espoir de voir se terminer à l'amiable ce pénible débat. Ramorny se trouvera assez puni par son renvoi de la cour et par la perte de sa place dans la maison de Rothsay; il serait peu généreux d'accabler un homme qui est tombé. Mais voici le prieur, notre secrétaire, qui vient nous dire que l'heure du conseil approche. Bonjour, mon digne père.

— Que le Seigneur soit avec vous, mon digne maître ! répondit l'abbé.

— Eh bien! dit le roi, sans attendre l'arrivée de Rothsay qui, nous le garantissons d'avance, approuvera ce que nous aurons décidé, nous allons nous occuper des affaires de notre royaume. Quelles nouvelles avons-nous de Douglas ?

— Il est arrivé à son château de Tantallon, et il a envoyé un courrier dire que quoique le comte de March dans son humeur sombre se tienne à l'écart dans sa forteresse de Dunbar, ses amis et ses partisans se rassemblent et forment un camp près de Coldingham, où l'on suppose qu'ils comptent attendre l'arrivée d'un corps nombreux d'Anglais qu'Hotspur

[1] Amende en expiation du sang versé, due aux plus proches parens de la victime. — Éd.

et sir Ralph Percy réunissent sur les frontières d'Angleterre.

— Voilà d'assez tristes nouvelles, dit le roi, et que Dieu pardonne à George Dunbar! Le prince entra comme il parlait, et il continua : — Ah! te voilà enfin, Rothsay ; je ne t'ai pas vu à la messe.

— J'ai été paresseux ce matin, dit le prince ; j'ai passé une nuit si agitée, avec la fièvre...

— Ah! fou que tu es! répondit le roi, si tu ne t'étais pas tant agité le mardi-gras tu n'aurais pas eu la fièvre la nuit du mercredi des Cendres.

— Que je n'interrompe pas vos oraisons, sire, dit le prince d'un ton léger ; Votre Grace invoquait le ciel pour quelqu'un, un ennemi sans doute, car ce sont ceux qui ont le plus souvent part à vos prières.

— Allons, asseyez-vous et taisez-vous, tête folle! dit son père, tandis que son regard s'arrêtait en même temps sur la belle figure et le maintien gracieux de son fils. Rothsay tira un coussin près des pieds de son père, et il s'y jeta nonchalamment pendant que le roi reprenait:

— Je regrettais que le comte de March, qui me quitta en faisant de si grandes protestations de dévouement lorsque je lui promis qu'il recevrait satisfaction sur tous les points dont il se plaignait, eût été capable de comploter avec Northumberland contre son propre pays. Est-il possible qu'il ait douté de notre intention de tenir notre parole?

— Je répondrai pour lui, dit le prince : — Non, March n'a jamais douté de la parole de Votre Grace ; mais il a bien pu douter que vos doctes conseillers vous permissent de la tenir.

Robert III avait adopté et poussait très loin le système prudent et timide de ne point paraître entendre des expressions qui auraient exigé, même à ses yeux, qu'il manifestât quelque mécontentement. Il continua donc son discours, sans faire attention à l'interruption de son fils ; mais au fond la témérité de Rothsay augmentait le mécontentement que son père commençait à nourrir contre lui.

— Je suis bien aise que Douglas soit sur les frontières, dit le roi ; son corps, comme celui de ses ancêtres, a toujours été le meilleur boulevard de l'Écosse.

— Alors malheur à nous s'il vient à tourner le dos! dit l'incorrigible Rothsay.

— Osez-vous mettre en doute le courage de Douglas? dit le roi exaspéré.

— Personne ne peut mettre en doute le courage du comte, dit Rothsay, il est incontestable comme son orgueil ; mais il est permis de douter de son bonheur, ou bien c'est à tort que les annales de sa maison lui ont donné le surnom de malencontreux.

— Par saint André! Robin! s'écria son père, tu es comme un chat-huant, tu ne dis pas un mot qui ne soit un présage de malheurs.

— Je reste muet, mon père, répondit le jeune homme.

— Et quelles nouvelles de nos troubles des Highlands? continua le roi en s'adressant au prieur.

— Je me flatte qu'elles ont pris un aspect favorable, répondit le prêtre. Le feu qui menaçait de consumer tout le pays va probablement être éteint par le sang de quarante à cinquante de ces montagnards ; car les deux grands clans sont convenus solennellement de vider leurs querelles avec telles armes qu'il plaira à Votre Grace de désigner, et en votre présence royale, dans tel lieu qu'il leur sera indiqué, le 30 mars prochain, qui est le dimanche des Rameaux ; le nombre des combattans devant être limité à trente de chaque côté, et le combat devant être à toute outrance; attendu qu'ils supplient humblement Votre Majesté de vouloir bien consentir avec cette bonté qui le caractérise à suspendre pour ce jour-là son privilége royal d'interrompre le combat en jetant son sceptre ou en criant : — Assez! jusqu'à ce que le combat soit entièrement terminé.

— Les barbares! s'écria le roi; veulent-ils restreindre notre plus beau, notre plus noble privilége, celui d'arrêter l'effusion du sang et de mettre fin à un combat? veulent-ils détruire le seul motif qui pourrait me décider à être témoin de leur affreuse boucherie? veulent-ils se battre en hommes, ou bien comme les loups de leurs montagnes?

— Milord, dit Albany, le comte de Crawford et moi nous avions pris sur nous avant d'avoir pu vous consulter d'accorder cette demande, et de faire une concession que des raisons impérieuses semblaient commander.

— Comment! le comte de Crawford! dit le roi ; il me semble que c'est un conseiller bien jeune pour d'aussi graves circonstances.

— Malgré son âge, répondit Albany, il jouit d'une telle estime parmi ses voisins des Highlands, que sans son aide et son influence toutes mes démarches auprès d'eux auraient été sans succès.

— Entendez-vous, jeune Rothsay? dit le roi à son fils d'un ton de reproche.

— Je plains Crawford, sire, répondit le prince ; il a perdu trop tôt un père dont les conseils auraient pu lui être utiles.

Le roi jeta sur Albany un regard de triomphe en entendant cette réponse où se manifestait l'affection d'un fils.

Albany reprit sans montrer d'émotion : — Ce n'est pas la vie de ces montagnards, c'est leur mort qui importe à la tranquillité de l'Écosse, et voilà pourquoi il nous semblait à désirer, au comte de Crawford et à moi, que le combat fût un combat d'extermination.

— Certes, dit le prince, si telle est à présent la politique du jeune Lindsay, ce sera un chef bien compatissant dans une douzaine d'années! Fi d'un enfant qui a le cœur endurci avant d'avoir du poil au menton! Il ferait mieux de se contenter de faire battre des coqs le mardi-gras, que de se creuser la tête pour faire massacrer des hommes le dimanche des Rameaux, comme s'il était intéressé dans un combat d'animaux où il faut que tous se battent jusqu'à la mort.

— Robin a raison, Albany, dit le roi ; il serait indigne d'un monarque chrétien de céder sur ce point. Je ne saurais consentir à voir des hommes se battre jusqu'à ce qu'ils soient tous assommés l'un après l'autre, comme des agneaux à la boucherie. Ce spectacle me ferait mal, et le sceptre tomberait de mes mains privées de leur force.

— Mais il tomberait sans qu'on y prît garde, dit Albany; permettez-moi de faire observer à Votre Grace qu'elle ne fait que renoncer à un privilége qui, si elle l'exerçait, ne lui attirerait aucun repos puisqu'il ne commanderait pas l'obéissance. Si Votre Majesté jetait son sceptre dans le fort du combat lorsque le sang de ces montagnards fermente et bouillonne, il ne produirait pas plus d'effet que si un moineau laissait tomber au milieu d'une troupe de loups qui se déchirent le brin de paille qu'il portait à son nid. Ils ne s'arrêteront que lorsqu'il n'y aura plus de sang à répandre; et ne vaut-il pas mieux que ce sang soit versé par les mains les uns des autres que par les troupes qui d'après vos ordres pourraient essayer de les séparer? S'ils voyaient employer la force pour rétablir la paix parmi eux, ils soupçonneraient que quelque embuscade a été préparée contre eux; les deux partis se réuniraient pour se défendre : le carnage serait le même, mais l'espoir fondé de voir enfin la tranquillité renaître dans les Highlands serait détruit pour jamais.

— Ce que vous dites n'est que trop vrai, mon frère, dit le facile monarque; il sert à peu de chose de donner un ordre que je ne puis faire exécuter : et quoique malheureusement ce soit ce qui m'arrive chaque jour de ma vie, il serait inutile de donner à la foule qui s'assemblera pour contempler ce spectacle un exemple aussi public de l'impuissance de son roi. Que ces sauvages s'entre-déchirent donc tant qu'ils le voudront, je ne tenterai point d'arrêter ce que je ne saurais les empêcher d'accomplir. Le ciel prenne pitié de la malheureuse Écosse! Je vais me retirer dans mon oratoire et prier pour elle, puisqu'il ne m'est point permis de l'aider autrement. Digne prieur, je réclame l'appui de votre bras.

— Un instant, mon frère, dit Albany; permettez-moi de vous rappeler que nous avons une affaire à juger entre les citoyens de Perth et Ramorny au sujet de la mort d'un bourgeois.

— Il est vrai, il est vrai, dit le monarque en se laissant retomber sur son siège; — encore de la violence, encore des combats! — O Écosse! Écosse! si le sang le plus pur de tes braves enfans pouvait féconder ton sol aride, quelle terre dans le monde serait plus fertile que toi! Quand donc verra-t-on blanchir la barbe d'un Ecossais, à moins que ce ne soit celle de quelque misérable comme ton souverain, que sa faiblesse ne protége contre le meurtre que pour qu'il soit témoin des scènes de carnage auxquelles il n'a pas le pouvoir de mettre fin? — Qu'ils entrent : ne les faites point attendre; il leur tarde de verser du sang, de se disputer l'un à l'autre chaque souffle d'air que leur dispense la bonté de leur Créateur. Le démon du carnage est déchaîné sur tout le pays!

A peine ce faible mais bon monarque s'était-il assis d'un air d'impatience et de mécontentement qui ne lui était pas très ordinaire, que la porte qui était au fond de la salle s'ouvrit, et l'on vit s'avancer de la galerie sur laquelle elle donnait et où se montrait en perspective un détachement de *Brandanes* sous les armes, la veuve du pauvre Olivier, à laquelle sir Patrice Charteris donnait la main avec autant de respect que si c'eût été une dame de la première distinction. Derrière elle venaient deux matrones respectables, femmes de magistrats de la ville, toutes deux vêtues de robes de deuil, l'une portant l'enfant qui n'était point encore sevré, l'autre conduisant celui qui marchait à peine. L'armurier suivait, paré de ses plus beaux habits, et portant par-dessus son justaucorps de buffle une écharpe de crêpe noir. Le bailli Craigdallie et un magistrat son confrère, portant également des emblèmes de deuil, fermaient le cortége.

L'accès d'humeur du bon roi se dissipa du moment qu'il eut jeté les yeux sur les traits pâles de la pauvre veuve et sur les innocens orphelins, trop jeunes pour sentir la perte qu'ils avaient faite. Lorsque sir Patrice Charteris eut aidé Madeleine Proudfute à s'agenouiller, et que sans quitter sa main il eut lui-même mis un genou en terre, ce fut d'un ton de compassion que le roi Robert demanda à la triste veuve son nom et ce qui l'amenait. Elle ne répondit point, mais murmura quelques mots en regardant son conducteur.

— Parlez pour cette pauvre femme, sir Robert Charteris, dit le roi, et apprenez-nous le motif qui l'amène devant nous.

— Sous votre bon plaisir, milord, répondit sir Patrice en se levant, cette femme et ces malheureux orphelins viennent porter plainte devant Votre Majesté contre sir John de Ramorny, chevalier, parce que, soit par lui-même ou par quelqu'un des siens, son mari Olivier Proudfute, homme libre et bourgeois de Perth, a été tué dans les rues de la ville le soir du mardi-gras ou le matin du mercredi des Cendres.

— Femme, répondit le roi du ton le plus affable, la douceur est de ton sexe, et ton malheur doit t'apprendre la pitié ; car nos infortunes nous rendent compatissans, et les plus malheureux sont souvent les plus indulgens pour les autres. Ton mari n'a fait que franchir le passage qu'il nous faut tous affronter.

— Votre Majesté voudra bien se rappeler, sire, dit la veuve, que pour lui ce passage a été court et sanglant.

— Je conviens qu'il n'a pas été bien partagé. Mais puisque je n'ai pu le protéger comme j'avoue que c'était mon devoir, je suis prêt en expiation à pourvoir à vos besoins et à ceux de ces orphelins aussi bien et mieux que votre mari ne pouvait le faire. Seulement désistez-vous de cette accusation, et ne soyez pas cause qu'il y ait encore du sang répandu. Rappelez-vous que je vous donne à choisir entre écouter la pitié et poursuivre la vengeance, et en même temps entre l'abondance et la pauvreté.

— Il est vrai, sire, nous sommes pauvres, répondit la veuve avec une fermeté inébranlable ; mais mes enfans et moi nous chercherons plutôt notre nourriture comme les plus vils animaux que de vivre du sang de mon mari. Je demande le combat par mon champion, comme vous êtes chevalier ceint du baudrier et roi couronné.

— Je savais qu'il en serait ainsi ! dit le roi à l'oreille d'Albany; en Écosse les premiers mots que l'enfant bégaie, les derniers que prononce le vieillard mourant, sont : Combat, sang, vengeance! il serait inutile d'insister davantage; faites entrer les défendans.

Sir John Ramorny entra dans l'appartement. Il était revêtu d'une longue robe fourrée, telle que les gens de qualité en portaient lorsqu'ils étaient sans armes. Son bras blessé, caché par des plis adroitement ménagés, était soutenu par une écharpe de soie cramoisie, et de l'autre il s'appuyait sur un jeune homme qui à peine sorti de l'enfance portait déjà sur son front l'empreinte précoce de pensées profondes et de passions fougueuses : c'était ce célèbre Lindsay, comte de Crawford, qui par la suite mérita d'être surnommé le Comte tigre, et qui exerça dans la grande et riche vallée de Strathmore le pouvoir absolu et les cruautés sanglantes du plus farouche tyran. Deux ou trois gentilshommes, amis du comte ou les siens, étaient venus prêter dans cette occasion l'appui de leur présence à sir John Ramorny. L'accusation fut reproduite, et repoussée par un désaveu formel de la part de l'accusé; et en réplique, les demandeurs offrirent de prouver leur assertion pour l'épreuve du *droit de cercueil*.

— Je ne suis pas tenu de me soumettre à cette épreuve, répondit sir John Ramorny, puisque je puis prouver par le témoignage du prince mon ancien maître qu'au moment où le prévôt et les baillis prétendent que je commettais un crime où rien ne me portait, et auquel je ne songeais nullement, j'étais chez moi, malade et dans mon lit. Aucun soupçon ne peut donc s'attacher à moi.

— Je puis attester, dit le prince, que je vis sir John Ramorny, et je causai avec lui de quelques affaires concernant ma maison, la nuit même où ce meurtre se commettait. Aussi sais-je qu'il était effectivement malade, et qu'il n'a pu commettre en personne le crime en question. Mais je ne sais point ce que faisaient ses gens, et je ne prendrai pas sur moi de dire qu'il ne se peut pas que l'un d'eux soit l'auteur du crime dont ils sont accusés.

Pendant les premières paroles de ce discours sir John Ramorny avait promené autour de lui un regard de triomphe et d'arrogance; mais les derniers mots le déconcertèrent un peu. — Je remercie Votre Altesse, dit-il avec un sourire, du témoignage restreint et circonspect qu'elle rend en ma faveur. Il était sage celui qui a écrit : — Ne comptez pas sur les princes.

— Si vous n'avez d'autre preuve à fournir de votre innocence, sir John Ramorny, dit le roi, nous ne pouvons pas en ce qui concerne vos gens refuser à la veuve et aux orphelins ici plaignans l'épreuve du droit de cercueil, à moins que l'un d'eux ne préfère le combat. Quant à vous personnellement, vous êtes, d'après le témoignage du prince, affranchi de tout soupçon.

— Sire, répondit sir John, je puis me porter caution de l'innocence de mes gens et de tout ce qui dépend de moi.

— Voilà ce que pourrait dire au moins une femme, repartit sir Patrice. Mais pour parler en chevalier, veux-tu, sir John Ramorny, te battre contre moi pour défendre tes gens?

— Le prévôt de Perth n'aurait pas eu le temps de prononcer le mot combat, dit Ramorny, avant que je l'eusse accepté; mais je ne suis pas à présent en état de tenir une lance.

— Excusez-moi, sir John, si je dis que j'en suis bien aise, dit le roi. Ce sera toujours un peu de sang qui coulera de moins. Il faudra donc que tous les gens de votre maison, conformément aux registres de votre intendant, se présentent dans la grande église de Saint-Jean, afin qu'en présence de toutes les personnes intéressées ils se disculpent de cette accusation. Ayez soin qu'ils comparaissent à l'heure de la grand'messe; autrement ce serait une tache ineffaçable pour votre honneur.

— Ils se présenteront tous jusqu'au dernier, dit sir John Ramorny. A ces mots il s'inclina respectueusement devant le roi, et se tournant vers le jeune duc de Rothsay, il lui fit un profond salut, et lui dit de manière à n'être entendu que de lui seul : —Vous m'avez traité généreusement, milord! Un seul mot de votre bouche aurait pu terminer cette affaire, et vous avez refusé de le prononcer !

— Sur ma vie, répondit le prince du même ton, j'en ai dit autant que le permettaient les limites les plus larges de la vérité et de la conscience. Je pense que tu ne t'attendais pas que j'inventerais pour toi des mensonges ; et après tout, John, dans le souvenir confus qui me reste de cette nuit-là, je me rappelle certain muet, vraie figure de bourreau, avec une hache courte à la main, qui avait tout l'air d'un homme qui aurait bien pu avoir fait le coup en question. Ah ! aurais-je touché juste, sire chevalier ?

Ramorny ne répondit rien ; mais il se détourna précipitamment comme si quelqu'un lui eût pressé tout à coup son bras endolori, et il regagna sa maison avec le comte de Crawford auquel, quelque peu disposé qu'il fût à figurer dans un festin, il se vit obligé d'offrir une collation splendide pour le remercier de l'appui que le jeune seigneur lui avait prêté par sa présence.

CHAPITRE XXII.

Lorsqu'après un banquet dont la durée parut éternelle au chevalier blessé, le comte de Crawford remonta enfin à cheval pour retourner à son gîte éloigné dans le château de Dupplin où il résidait à titre d'hôte, le chevalier se retira dans son appartement, tourmenté à la fois par de vives souffrances et de cuisans soucis ; il y trouva Henbane Dwining, et son triste destin le faisait dépendre de lui pour les secours et les consolations dont il avait besoin sous un double rapport. Le médecin, en affectant son humilité ordinaire, témoigna l'espoir qu'il voyait son noble patient heureux et content.

— Heureux comme un chien enragé ! dit Ramorny ; content comme le misérable que la bête a mordu et qui commence à sentir les approches du mal qui doit le dévorer! Ce jeune garnement voyait ma souffrance et il n'a voulu rien faire pour me soulager. Il faudra que je lui rende justice. Si je la lui avais rendue, à lui et à tout le monde, je l'aurais précipité par la fenêtre et j'aurais mis fin à une existence qui, s'il continue comme il a commencé, deviendra une source de malheurs pour toute l'Écosse, mais surtout pour cette rive-ci du Tay.

— Prenez garde en ôtant la ligature, chirurgien; une mouche qui toucherait de son aile cette plaie enflammée me donnerait comme mille coups de poignard.

— Ne craignez rien, mon noble patron, dit l'apothicaire avec un ricanement qu'il chercha en vain à déguiser sous un ton de sensibilité affectée; nous allons appliquer un nouveau baume adoucissant, et... eh! eh! eh! nous ferons cesser l'irritation que Votre Honneur supporte avec tant de courage.

— Avec tant de courage, drôle! dit Ramorny à qui la douleur faisait grincer les dents, je la supporte comme je supporterais les flammes du purgatoire; on dirait que l'os est un fer brûlant; ton onguent huileux va siffler en tombant sur la blessure... Et cependant c'est de la glace de décembre auprès de la fièvre dont mon esprit est dévoré.

— Nous essaierons d'abord l'efficacité de nos émolliens sur le corps, mon noble patron, dit Dwining; et ensuite si voulez bien le permettre, votre serviteur verra si son art peut quelque chose sur l'esprit agité, quoique j'aie tout lieu d'espérer que la peine mentale tient aussi en partie à l'irritation de la blessure; et du moment que les souffrances seront adoucies, ce qui je m'en flatte ne sera pas long, peut-être les orages de l'ame se calmeront d'eux-mêmes.

— Henbane Dwining, dit le patient lorsqu'il sentit en effet diminuer la douleur que lui causait sa blessure, tu es un docteur précieux, un docteur inappréciable, mais il est des choses au-dessus de ton art. Tu peux rendre mon corps insensible à cette agonie déchirante; mais tu ne saurais m'apprendre à supporter le mépris de l'enfant que j'ai élevé, que j'aimais, Dwining! car je l'aimais!... oui, je l'aimais tendrement! C'est pour flatter ses vues que j'ai commis mes plus infâmes actions, et il me refuse un mot de sa bouche lorsqu'un seul mot eût pu tout arranger ; et il a souri, oui, j'ai vu un sourire sur ses lèvres lorsque ce maudit prévôt, le compagnon et le protecteur de misérables bourgeois, m'a défié, moi que ce prince sans pitié savait être hors d'état de porter les armes. Avant que je l'oublie ou que je le lui pardonne, tu prêcheras toi-même le pardon des injures. Mais songeons à demain : crois-tu, Henbane Dwining, que les blessures de l'homme assassiné s'ouvriront réellement et qu'elles verseront des larmes de sang à l'approche du meurtrier?

— Je ne saurais, milord, vous l'assurer autrement que par le bruit public qui garantit le fait, répondit Dwining.

— Cette brute de Bonthron, dit Ramorny, s'effraie à cette idée et dit qu'il préférerait le combat. — Qu'en penses-tu? Il manie bien le fer.

— C'est le métier de l'armurier de le manier toute la journée, répondit Dwining.

— Quand même Bonthron succomberait, je saurais m'en consoler, dit Ramorny, bien que je perdisse en lui une main qui m'est utile.

— Je crois sans peine que Votre Seigneurie s'en consolera plus vite que de celle qu'elle a perdue dans la dernière bagarre... eh! eh! eh! Excusez ma plaisanterie! — Mais quelles sont les qualités de ce Bonthron?

— Celles d'un boule-dogue, répondit le chevalier ; il déchire sans aboyer!

— Vous ne craignez point qu'il fasse d'aveux? demanda le médecin.

— Qui pourrait dire ce que peut faire la crainte de la mort? reprit Ramorny. Il a déjà montré une pusillanimité tout-à-fait contraire à la fermeté habituelle de son caractère ; lui qui voulait à peine se laver les mains après avoir tué un homme, craint à présent de voir saigner un corps mort.

— Eh bien! dit le docteur, il faut que je fasse quelque chose pour lui, s'il est possible, puisqu'après tout ce fut pour servir ma vengeance qu'il frappa ce coup vigoureux, quoique par malheur il ne l'ait pas porté à celui auquel il était destiné.

— Et à qui la faute, timide coquin, dit Ramorny, si ce n'est à toi, qui indique un méchant daim pour un cerf dix-cors?

— Bon dieu! noble chevalier, dit le médecin, voulez-vous que moi qui ne connais presque rien hors de mon art, je me connaisse en bois comme Votre Seigneurie, et que je sache distinguer un cerf d'un daim, une biche d'un chevreuil, dans une rue sombre, à minuit? J'eus bien quelques doutes lorsque je vis l'individu passer rapidement devant nous en costume de danseur, et se diriger vers la demeure de l'armurier ; je n'étais pas bien sûr que ce fût notre homme, il me paraissait moins grand. Mais lorsque je le vis sortir après autant de temps qu'il lui en avait fallu pour changer d'accoutrement, et qu'il s'avança casque en tête et affublé du justaucorps de buffle, en sifflant comme c'est l'usage de l'armurier, j'avoue que j'y fus pris, et que je lâchai sur lui le boule-dogue de Votre Seigneurie, qui a fait son devoir en conscience, quoiqu'il se soit trompé de proie. Aussi, à moins que ce maudit Smith n'étende notre pauvre ami raide mort sur la place, je suis déterminé, si l'art y peut quelque chose, à tirer Bonthron de ce mauvais pas.

— Il faudra tout ton art en effet, savant docteur, dit Ramorny, et je crois que ce sera pour lui une rude épreuve ; car apprends que si notre champion est vaincu, en supposant qu'il ne reçoive pas le coup de grace dans la lice, il en sera tiré par les talons, et sera sans plus de cérémonie hissé à la potence comme convaincu de meurtre ; et quand il y sera resté suspendu une heure ou deux comme un gland de rideau, je doute que tu veuilles te charger de lui remettre le cou.

— Je suis d'un avis différent, n'en déplaise à Votre Seigneurie, répondit Dwining avec douceur. Je saurai bien le transporter du pied même de la potence dans le pays de la féerie, comme le roi Arthur, ou sir Huon de Bordeaux, ou

Ogier-le-Danois; ou bien, si je le préfère, je le laisserai pendre au gibet un certain nombre d'heures ou de minutes, et alors je l'escamoterai aux yeux de tous aussi facilement que le vent emporte la feuille desséchée.

— Ce sont de vaines fanfaronnades, sire docteur, reprit Ramorny. Toute la populace de Perth sera sur le lieu de l'exécution; tous plus avides les uns que les autres de voir mourir un homme attaché au service d'un seigneur pour avoir tué un misérable bourgeois. Ils seront plus de mille autour de la potence.

— Et fussent-ils dix mille, s'écria Dwining, ne saurai-je pas, moi qui suis passé maître, moi qui ai étudié en Espagne et même en Arabie; ne saurai-je pas tromper les yeux d'une foule ignare et stupide, lorsque le plus mince jongleur qui ait jamais fait des tours de passe-passe réussit à tromper même les regards malins de votre très clairvoyante noblesse? Je vous dis que je leur donnerai le change, comme si je possédais l'anneau de Keddie [1].

— Si tu dis vrai, répondit le chevalier, et je ne pense pas que tu osasses te jouer de moi sur un pareil sujet, il faut que tu aies des intelligences avec Satan, et je ne veux rien avoir à démêler avec lui; — je le repousse et je le défie.

Dwining se livra à son gros rire étouffé lorsqu'il entendit son patron défier ainsi l'esprit malin, et qu'il le vit en même temps faire le signe de la croix. Il se contint cependant en voyant le front de Ramorny se rembrunir extrêmement, et il dit avec une gravité passable, quoique interrompue de temps en temps par les efforts qu'il lui fallait faire pour réprimer son humeur joyeuse:

— Les compères, très noble chevalier, les compères sont l'ame de la jonglerie. Mais... eh! eh! eh! — Je n'ai pas l'honneur d'être... eh! eh!... l'allié du gentilhomme dont vous parlez, et à l'existence duquel je n'ajoute pas une foi extrême-

(1) Talisman romantique qui avait les mêmes vertus que l'anneau classique de Gygès. — ÉD.

ment vive... eh! eh! quoique assurément Votre Seigneurie doive savoir mieux que moi à quoi s'en tenir.

— Achève, drôle, et dispense-toi de ces ricanemens qui autrement pourraient te coûter cher.

— Très volontiers, intrépide chevalier, reprit Dwining. Apprenez donc que j'ai aussi mon compère; sans quoi tout mon art me servirait à peu de chose.

— Et quel est-il, je vous prie?

— Etienne Smotherwell[1], s'il plaît à Votre Honneur, *lockman*[2] de cette Belle Ville. Je m'étonne que Votre Seigneurie ne le connaisse pas.

— Et moi je ne m'étonne pas que tu le connaisses. Un drôle comme toi a dû avoir plus d'un rapport avec lui dans l'exercice de ses fonctions, reprit Ramorny; pourtant ton nez est encore à sa place, tes oreilles ne sont point déchirées, et si tu as quelque marque sur les épaules, tu as le bon esprit de porter un collet montant.

— Eh! eh! eh! Votre Honneur plaisante, dit le médecin; ce n'est point par suite de circonstance personnelle que j'ai fait la connaissance d'Étienne Smotherwell, mais à cause de certain trafic entre nous dans lequel, ne vous déplaise, j'échange certaines sommes d'argent contre les corps, les têtes et les membres de ceux qui meurent par l'entremise de l'ami Étienne.

— Misérable! s'écria le chevalier avec horreur, c'est pour composer des charmes et préparer d'infâmes sortiléges que tu trafiques de ces tristes débris de l'humanité.

— Eh! eh! eh! non, non, s'il vous plaît, répondit le docteur que l'ignorance de son patron amusait beaucoup; mais nous qui sommes chevalier du scalpel, nous sommes dans l'usage de découper avec soin les membres des personnes défuntes, ce que nous appelons disséquer, afin de découvrir par

---

(1) *Smotherwell*, qui étouffe bien. — Tr.

(2) On donnait ce nom au bourreau, parce qu'un de ses priviléges consistait à prendre une petite poignée (en écossais, *lock*) de farine dans chaque boisseau exposé au marché. — Tr.

l'examen du membre mort comment il faut traiter celui qui a encore un principe de vie, mais qu'un accident ou une maladie a presque mis hors de service. Ah! si Votre Honneur voyait mon pauvre laboratoire, je pourrais lui montrer des têtes et des mains, des pieds et des poumons qu'on croit depuis long-temps tombés en pourriture; le crâne de Wallace dérobé sur le pont de Londres; le cœur de sir Simon Fraser qui n'a jamais craint ame qui vive; le joli crâne de la belle Jeanne Logie. Oh! que n'ai-je eu le bonheur de pouvoir conserver également la main chevaleresque de mon très honoré patron!

— Brisons là, insolent valet! veux-tu me dégoûter avec ton catalogue d'horreurs?— Dis-moi tout de suite où tu en veux venir; comment ton trafic avec un pendard de bourreau peut-il t'aider à me servir ou à secourir Bonthron?

— C'est un expédient que je ne propose à Votre Seigneurie qu'en cas d'absolue nécessité, répondit Dwining. Supposons donc le combat fini, et notre coq battu. Le point essentiel est de le bien convaincre d'avance que s'il a le dessous nous le sauverons du moins de la potence, pourvu qu'il ne fasse aucun aveu qui puisse compromettre Votre Honneur.

—Ah! et parbleu il me vient une idée, dit Ramorny. — Oui, nous pouvons faire mieux encore; nous pouvons placer dans la bouche de Bonthron un mot qui ne mettra pas dans un médiocre embarras celui que j'ai tout lieu de maudire pour avoir été la cause de mon infortune. Rendons-nous au chenil du boule-dogue, et expliquons-lui ce qu'il doit faire en prévoyant tous les cas. Si nous pouvons le décider à subir l'épreuve du droit de cercueil, ce n'est peut-être qu'une pure simagrée, alors nous sommes en sûreté. S'il préfère le combat, il est farouche comme l'ours que les chiens relancent, et il est possible qu'il triomphe de son adversaire; dans ce cas nous sommes plus qu'en sûreté, nous sommes vengés. Si Bonthron lui-même est vaincu, nous aurons recours à ton expédient; et si tu t'y prends avec adresse, nous pourrons dicter ses aveux, nous en prévaloir, comme je te l'expliquerai tout à l'heure, et faire un pas de géant dans la carrière si douce de la vengeance. — Cependant il reste encore un risque à courir. Supposons notre mâtin mortellement blessé dans la lice, qui empêchera qu'il ne grommèle quelque espèce de confession différente de celle que nous lui aurions dictée?

— Qui? — Eh! mais, son médecin, dit Dwining. Que je puisse le soigner et mettre seulement un doigt sur sa blessure, et je vous réponds qu'il ne trahira pas vos secrets.

— Parbleu, voilà un coquin qui ne se fait pas prier pour rendre service! dit Ramorny.

— Comme le maître ne se fera pas prier pour accorder la récompense, ajouta Dwining.

— Allons faire la leçon à notre agent, reprit le chevalier; nous le trouverons très docile, car tout limier qu'il est, il sait distinguer la main qui le nourrit de celle qui le maltraite, et il garde une profonde rancune à un mien maître, ou qui le fut du moins, pour quelque traitement injurieux et quelques expressions de mépris qu'il a sur le cœur. Il faut aussi que j'apprenne de toi comment tu t'y prendrais pour sauver notre boule-dogue des mains de cette canaille de bourgeois.

Nous laisserons ce digne couple concerter leurs intrigues secrètes, dont nous verrons plus tard les résultats. Quoique composés d'élémens différens, ils étaient aussi bien accouplés pour imaginer et mettre à exécution de sinistres complots, que des chiens de chasse dont les uns sont habiles à découvrir le gibier et à le faire lever, les autres à se jeter sur lui pour le détruire. L'orgueil et l'égoïsme les caractérisaient l'un et l'autre; seulement par suite de la différence de rang, d'éducation et de talens, ces vices se manifestaient chez eux de la manière la plus opposée.

Rien ne pouvait moins ressembler à la haute ambition du courtisan favori, du galant privilégié, du guerrier intrépide, que le petit apothicaire soumis et rampant qui semblait rechercher les outrages et se faire un plaisir des affronts, tandis qu'au fond de l'ame il sentait que son esprit et ses connaissances lui assuraient une supériorité qui l'élevait bien au-dessus des seigneurs grossiers de ce temps. Henbane Dwining le savait si bien que, comme un gardien de bêtes sauvages, il se hasardait quelquefois pour son propre amusement à exciter les passions fougueuses d'hommes tels que Ramorny, certain, avec son air d'humilité, d'éluder la tempête qu'il avait soulevée, comme un jeune Indien lance sans crainte son léger canot que sa fragilité même garantit sur des brisans redoutables où un bâtiment plus solide serait infailliblement mis en pièces. Que le baron féodal méprisât l'humble apothicaire, c'était une chose toute simple ; mais Ramorny n'en éprouvait pas moins l'influence que Dwining exerçait sur lui, et s'ils en venaient aux prises, il était presque toujours maté par lui, de même que les écarts les plus furibonds d'un cheval fougueux sont arrêtés par un enfant de douze ans, s'il entend l'art du manége. Dwining ne méprisait pas moins Ramorny, mais son mépris était bien moins équivoque. Il regardait le chevalier, en comparaison avec lui, comme s'élevant à peine au-dessus de la brute, en état sans doute d'opérer la destruction comme le taureau avec ses cornes ou le loup avec ses griffes, mais dominé par de vils préjugés et sous l'empire des fraudes sacerdotales, nom sous lequel Dwining comprenait toute espèce de religion. En somme Ramorny à ses yeux était une créature que la nature lui avait assignée à titre de serf pour travailler à lui procurer l'or qui était son idole, et dont la passion était son plus grand faible, quoiqu'il s'en fallût que ce fût son plus grand vice. Il excusait ce penchant sordide à ses propres yeux en se persuadant qu'il prenait sa source dans l'amour du pouvoir.

— Henbane Dwining, se disait-il en regardant avec délices le trésor qu'il avait secrètement amassé, et qu'il visitait de temps en temps ; Henbane Dwining n'est pas un stupide avare qui n'admire dans ces pièces d'or que leur lustre et leur éclat; c'est le pouvoir dont elles investissent celui qui les possède qui le fait les adorer ainsi. Qu'existe-t-il que leur influence magique ne puisse mettre à votre disposition? Aimez-vous les belles, et êtes-vous laid, difforme, vieux et infirme : voilà un hameçon auquel la plus fière beauté se prendra. Êtes-vous faible, sans appui, exposé à l'oppression : voilà qui armera pour vous des défenseurs plus puissans que le petit tyran que vous craignez. Êtes-vous magnifique dans vos désirs, et voulez-vous étaler tout le luxe extérieur de l'opulence : cette petite cassette contient bien des collines et des prairies fertiles, bien des forêts remplies de gibier et des milliers de vassaux. Désirez-vous la faveur des cours, temporelles ou spirituelles, les sourires de monarques, le pardon de papes et de prêtres pour d'anciens crimes, et l'indulgence qui encourage à en commettre de nouveaux : tous ces pieux stimulans qui poussent au vice peuvent s'obtenir pour de l'or. La vengeance elle-même que les dieux, dit-on, se réservent parce qu'ils envient aux hommes un si friand morceau, la vengeance peut s'acheter l'or à la main. Mais on peut aussi se la procurer par la ruse et l'adresse, et c'est le plus noble moyen de l'obtenir. Je réserverai donc mon trésor pour d'autres usages, et j'accomplirai gratuitement ma vengeance, ou plutôt je joindrai le plaisir d'augmenter mes richesses à la douceur de me venger.

Telles étaient les pensées de Dwining, lorsqu'à son retour de chez sir John Ramorny il ajouta à la masse l'or qu'il avait reçu pour ses différens services. Après avoir contemplé le tout pendant une ou deux minutes, il ferma soigneusement à clef son coffre-fort, et sortit pour aller faire ses visites à ses malades, cédant le côté du mur à tous ceux qu'il rencontrait, saluant en ôtant son bonnet le plus mince bourgeois qui tenait une petite boutique, et même le plus simple artisan qui ne gagnait son pain précaire qu'à la sueur de son front.

— Misérables, pensait-il au fond de son cœur en faisant ces saluts, êtres vils et bornés, si vous saviez ce que cette clef peut montrer à vos regards, quelle est la tempête du ciel qui pourrait vous empêcher de vous découvrir devant moi ? Il n'est pas dans votre affreux taudis un chenil assez dégoûtant pour que vous hésitassiez à y tomber à genoux afin d'adorer le possesseur de tant de richesses. Mais je vous ferai sentir ma puissance, quoiqu'il me plaise de la cacher. Je serai comme un incube pour votre ville, puisque vous n'avez pas voulu de moi pour magistrat. Comme le cauchemar, je pèserai sur vous sans cesser d'être invisible. Ce misérable Ramorny aussi, lui qui, en perdant sa main, a comme le pauvre artisan perdu la seule partie précieuse de son être, il accumule sur moi les propos outrageans, comme si rien de ce qu'il peut dire était capable d'intimider un esprit aussi ferme que le mien ! Ah ! lorsqu'il me traite de fripon, de scélérat, d'esclave, il agit aussi prudemment que s'il s'amusait à me tirer des cheveux de la tête, tandis que ma main tient les fibres de son cœur. Je puis me payer au moment même de chaque insulte en lui infligeant quelque bonne peine physique et morale, et.... eh ! eh ! eh !... Il faut convenir que je ne reste pas beaucoup en arrière avec Sa Seigneurie.

Pendant que le médecin se livrait ainsi à ses réflexions diaboliques, et qu'il se glissait à sa manière le long de la rue, plusieurs voix de femmes se firent entendre derrière lui.

—Ah! le voilà, la sainte Vierge en soit bénie !—Voilà l'homme le plus secourable de Perth, dit une voix.

—Qu'on parle tant qu'on voudra de chevaliers et de rois pour redresser les torts, comme ils le disent ; moi, qu'on me parle de notre digne apothicaire maître Dwining, reprit une autre.

Au même moment le docteur fut entouré et entraîné par les commères, bonnes femmes de la Belle Ville.

—Eh bien ! qu'y a-t-il, demanda Dwining ; quelle vache vient de vêler !

—Il ne s'agit point de vache, dit une des femmes, mais d'un pauvre enfant sans père qui se meurt ; ainsi donc venez vite, car nous avons toute confiance en vous, comme disait Bruce à Donald des Iles.

—*Opiferque per orbem dicor*, dit Henbane Dwining. Quelle est la maladie de l'enfant?

—Le croup ! le croup ! s'écria une des commères; le pauvre petit croasse comme un corbeau.

—*Cinanche trachealis*. C'est un mal qui va vite en besogne.

Conduisez-moi à l'instant auprès de lui, dit le docteur, qui était dans l'habitude d'exercer sa profession libéralement malgré son avarice innée, et humainement malgré sa malignité non moins naturelle. Son motif, puisque nous ne pouvons lui en supposer de meilleur, était sans doute la vanité et l'amour de son art.

Il eût néanmoins trouvé quelque prétexte pour ne pas aller donner ses soins dans le cas actuel, s'il avait su où les bonnes femmes le conduisaient, assez à temps pour préparer une excuse; mais avant qu'il soupçonnât où il allait, il fut entraîné précipitamment vers la maison d'Olivier Proudfute, d'où l'on entendait le chant des femmes qui ensevelissaient le corps du défunt bonnetier pour la cérémonie du lendemain matin, chant dont les strophes suivantes peuvent être regardées comme une imitation moderne :

> Esprit pur, invisible essence,
> Qui, près de t'envoler dans les airs pour jamais,
> Sembles avec regret priver de ta présence
> Le corps que toi seule animais,
>
> Afin de démasquer le crime,
> Avant de te venger, ah! suspends ton essor;
> Avant de t'élancer au ciel ou dans l'abîme,
> Jusqu'à demain attends encor.
>
> A l'aspect de la main perfide
> Qui si cruellement s'appesantit sur toi,
> Quand tu reconnaîtras les pas de l'homicide,
> Dont le bruit te glaça d'effroi,
>
> On verra, grace à ton empire,
> La blessure s'ouvrir et tous les nerfs trembler,
> Et le sang, jaillissant, prendre une voix pour dire :
> Le sang, pour le sang doit couler!

Tout endurci qu'il était, le docteur éprouva une certaine répugnance à franchir le seuil de la maison de l'homme dont il avait causé la mort, quoique par l'effet d'une méprise.

— Laissez-moi passer, femmes, dit-il; mon art ne peut soulager que les vivans : nous ne pouvons rien sur les morts.

— Oui, mais c'est en haut qu'est le pauvre petit.... Venez, venez.

Et Dwining fut forcé de les suivre. Mais il fut surpris, du moment où il eut mis le pied dans le passage, d'entendre les bonnes vieilles qui étaient occupées à ensevelir le corps suspendre tout à coup leur chant, et l'une d'elles dire à l'autre :

— Au nom de Dieu, qui est entré? Je viens de voir une grosse goutte de sang.

— Non, non, dit une autre voix; c'est une goutte de baume.

— Non, commère, c'était du sang. Je le demande encore, qui vient d'entrer dans la maison?

L'une d'elles ouvrit la porte qui donnait sur le passage où Dwining, sous prétexte de ne pas bien voir l'échelle par laquelle il devait monter dans la partie supérieure de cette maison de lamentation, s'était arrêté, déconcerté par le peu de mots qu'il venait d'entendre.

— Eh! ce n'est que maître Henbane Dwining, dit une des sibylles.

— Ce n'est que maître Dwining, reprit celle qui avait parlé la première d'un ton de satisfaction, notre meilleur consolateur dans nos afflictions : alors c'était une goutte de baume, à coup sûr.

— Non, dit l'autre; il se peut encore que ce fût une goutte de sang; car le docteur, voyez-vous, lorsque le corps fut trouvé, reçut l'ordre des magistrats de sonder la blessure avec ses instrumens, et comment le pauvre cadavre pouvait-il savoir qu'il le faisait dans de bonnes intentions?

— Oh! vous avez raison, commère; et comme le voisin Olivier, le cher homme, prenait souvent ses amis pour ses ennemis lorsqu'il était en vie, on ne peut penser que son jugement soit beaucoup plus sain maintenant qu'il est mort.

Dwining n'en entendit pas davantage, ayant été entraîné jusqu'au pied de l'échelle, et de là porté presque dans une espèce de grenier où Madeleine était assise sur son lit solitaire, serrant contre son sein son enfant dont la figure déjà noire et la respiration pénible et entrecoupée semblait annoncer qu'il était au moment de terminer sa courte existence. Un dominicain était assis près du lit, tenant l'autre enfant dans ses bras et paraissant de temps en temps adresser un mot ou deux de consolations spirituelles, ou faire quelque remarque sur la maladie de l'enfant.

Le médecin jeta sur le bon père un seul regard, rempli de ce dédain profond que les hommes de la science éprouvent pour ceux qui leur semblent se mêler de ce qui ne les regarde pas. Les secours qu'il administra furent aussi prompts qu'efficaces. Il arracha l'enfant des mains de sa mère, lui découvrit la gorge, ouvrit une veine, et le sang en coulant avec abondance soulagea à l'instant le petit malade. Déjà tout symptôme dangereux avait disparu, et Dwining ayant bandé la blessure remit l'enfant entre les bras de sa mère éperdue.

Tant que la vie de son fils avait été en danger, la douleur de la veuve avait été suspendue pour faire place à l'angoisse déchirante de la mère ; mais lorsqu'elle sut qu'il était sauvé, le sentiment de la perte qu'elle avait faite revint l'assaillir de nouveau avec la force d'un torrent qui a brisé l'écluse qui pendant un moment l'avait comprimé.

— Hélas ! très savant docteur, dit-elle, vous retrouvez bien pauvre celle que vous avez connue plus riche autrefois ; mais les mains qui ont rendu ce cher enfant à ma tendresse ne doivent pas s'en aller vides. Généreux, excellent maître Dwining, acceptez son chapelet.... les grains en sont d'ivoire et d'argent.... Il aimait toujours à avoir tout aussi beau qu'un gentilhomme, et dans toute sa manière d'être il ressemblait plus à un gentilhomme que pas un de nous, et voilà ce qui lui en est advenu.

En disant ces mots dans un muet accès de douleur, elle pressa sur son cœur et contre ses lèvres le chapelet de son défunt mari et le mit entre les mains de Dwining.

— Prenez-le, dit-elle, pour l'amour de quelqu'un qui vous aimait bien. Ah ! il avait coutume de dire que si jamais un homme pouvait être ramené des bords du tombeau, ce devait être par maître Dwining, et son enfant en est revenu aujourd'hui tandis que lui il est étendu là, raide et glacé, sans se douter que son fils a été malade ni qu'il est guéri. Ah! malheureuse! malheureuse! Mais prenez le chapelet, et pensez à sa pauvre ame quand vous le tiendrez entre les doigts. Il n'en sortira que plus vite du purgatoire si les bonnes personnes comme vous veulent prier pour lui.

— Reprenez vos grains, femme; je n'entends rien aux sortiléges ni aux jongleries, dit le médecin qui, plus ému peut-être qu'il n'eût cru son cœur endurci susceptible de l'être, s'efforçait de repousser le don de sinistre présage; mais les derniers mots qu'il avait prononcés offensèrent le moine, auquel il ne songeait plus et qu'il croyait bien loin.

— Qu'est-ce à dire, monsieur le docteur? dit le dominicain; appelez-vous les prières pour les morts des jongleries? Je sais que Chaucer, l'auteur anglais, dit de vous autres médecins que la Bible n'est pas ce que vous étudiez beaucoup. Notre sainte mère l'Église a sommeillé quelque temps, mais à présent ses yeux sont ouverts pour distinguer ses amis de ses ennemis, et soyez bien convaincu....

— Eh mais! très révérend père, dit Dwining, vous ne m'avez pas laissé finir ma phrase. Je disais que je ne pouvais point faire de miracles, et j'allais ajouter que comme l'Église pouvait assurément en opérer, c'était entre vos mains qu'il fallait remettre ce riche chapelet pour que vous en fissiez l'usage le plus convenable pour le soulagement de l'ame du défunt.

En disant ces mots il laissa tomber le chapelet dans les mains du dominicain, et sortit précipitamment de cette maison de deuil.

— Voilà une singulière visite, se dit-il à lui-même dès qu'il se vit dans la rue. Je ne sais par quelle sotte idée, moi qui ne tiens pas beaucoup à ces misères-là, je ne suis pas fâché d'avoir sauvé la vie de ce criard d'enfant; mais rendons-nous vite chez mon ami Smotherwell, qu'il ne me sera pas difficile de faire entrer dans mes projets au sujet de Bonthron; et ainsi je sauverai deux vies, tandis que je n'en ai détruit qu'une, après tout.

CHAPITRE XXIII.

L'église de Saint-Jean à Perth étant celle du saint patron de la ville, avait été choisie par les magistrats comme la plus convenable et la mieux disposée pour la cérémonie. Les églises et couvens des dominicains, des chartreux, et autres du clergé régulier, avaient été richement dotées par le roi et les nobles ; aussi le conseil de ville fut-il unanimement d'avis que leur bon vieux saint Jean, dont ils étaient sûrs d'avoir les bonnes graces et sur lequel ils pouvaient compter entièrement, devait être préféré aux nouveaux patrons pour lesquels les dominicains, les chartreux, les carmélites et autres avaient fondé de nouvelles demeures autour de la Belle Ville. La mésintelligence qui régnait entre le clergé régulier et le clergé séculier augmenta encore l'espèce de jalousie qui dicta le choix du lieu où le ciel devait opérer une sorte de miracle, en vertu de l'appel direct qui allait être fait à la décision divine dans un cas de meurtre douteux ; et le greffier de la ville désirait aussi vivement que l'église de Saint-Jean fût préférée, que s'il y avait eu dans le corps des saints un parti pour et un parti contre les intérêts de la noble cité.

Aussi ne saurait-on croire combien de petites intrigues se tramèrent au sujet du choix de l'église. Mais les magistrats considérant que c'était une affaire qui touchait de très près l'honneur de Perth, décidèrent par un sentiment judicieux de confiance en la justice et en l'impartialité de leur patron qu'ils en remettraient la décision à l'influence de saint Jean.

Ce fut donc après que la grand'messe eut été célébrée avec toute la solennité que les circonstances pouvaient donner à la cérémonie, et après que la nombreuse assemblée des fidèles eut adressé au ciel les plus ferventes prières, que les préparatifs furent faits pour en appeler au jugement direct du ciel, au sujet du meurtre mystérieux du pauvre bonnetier.

Le spectacle avait ce caractère imposant et solennel que les rites catholiques sont si propres à donner. La fenêtre de l'est dont les vitraux étaient richement peints répandait un jour tout à la fois vif et doux sur le maître-autel, devant lequel étaient étendus sur un cercueil les restes mortels de l'homme assassiné, les bras croisés sur la poitrine et les mains appliquées l'une contre l'autre avec les doigts levés en l'air, comme si l'argile insensible en appelait elle-même au ciel pour obtenir vengeance de ceux qui avaient séparé violemment l'ame immortelle de son enveloppe mutilée.

Près du cercueil s'élevait le trône où étaient assis Robert d'Écosse et son frère Albany. Le prince était sur un tabouret plus bas à côté de son père, arrangement qui occasionna quelques remarques, le siége d'Albany ne différant guère de celui du roi, tandis que l'héritier présomptif, quoique ayant atteint l'âge de majorité, semblait être ravalé au-dessous de son oncle en présence de tout le peuple assemblé. Le cercueil était placé de manière à ce qu'on pût voir de toutes les parties de l'église le corps qu'il contenait.

A la tête du cercueil se tenait debout le chevalier de Kinfauns, le poursuivant, et au pied était le jeune comte de Crawford, comme représentant le défendant. Le témoignage du duc de Rothsay, en purgeant, c'était l'expression, sir John Ramorny, l'avait exempté de la nécessité de comparaître comme partie soumise à l'épreuve, et sa maladie lui servit de motif pour ne point sortir de chez lui. Toute sa maison, en y comprenant ceux qui quoique au service immédiat de sir John étaient regardés comme les domestiques du prince, et qui n'avaient pas encore reçu leur congé, se composait de dix ou douze hommes, la plupart connus pour être de mauvais sujets, et que par conséquent on pouvait très bien croire capables d'avoir à la suite de quelque débauche commis le meurtre en question. Ils étaient rangés sur une seule ligne le long du côté gauche de l'église, et portaient une espèce de casaque blanche assez semblable au costume d'un pénitent. Tous les regards étant fixés sur eux, quelques-uns semblaient si déconcertés que les spectateurs pouvaient en tirer de fortes présomptions de leur culpabilité. Le véritable assassin faisait seul bonne contenance; il avait une de ces figures sombres et graves que jamais l'influence du vin ni de la bonne chère n'avait déridée, et sur laquelle ni la crainte, ni la mort, ni le danger d'être dénoncé ne pouvaient faire impression.

Nous avons déjà indiqué la position du cadavre. La figure était découverte ainsi que les bras et la poitrine. Le reste du corps était enveloppé dans un linceul de toile de la plus grande finesse, afin que si le sang venait à couler de quelque endroit couvert, on ne pût manquer de s'en apercevoir à l'instant.

Après la célébration de la grand'messe, qui fut suivie d'une invocation solennelle à Dieu pour qu'il lui plût de protéger l'innocent et de faire connaître le coupable, Eviot, page de sir Ramorny, fut appelé pour subir l'épreuve. Il s'avança d'un pas mal assuré. Peut-être pensait-il que la conviction où il était intérieurement que Bonthron était l'assassin suffirait pour l'impliquer dans le crime sans qu'il y eût pris directement part. Il s'arrêta devant le cercueil, et sa voix trembla lorsqu'il jura par ce qui avait été créé en sept jours et en sept nuits, par le ciel, par l'enfer, par sa part du paradis, et par le Dieu et l'auteur de toutes choses, qu'il était innocent de l'attentat sanglant commis sur le corps devant lequel il était debout, et sur la poitrine duquel il fit le signe de la croix, comme pour attester qu'il disait la vérité. Le corps resta aussi raide qu'auparavant; le sang ne sortit par aucune blessure.

Les bourgeois de Perth se regardèrent l'un l'autre d'un air de morne désappointement. Ils s'étaient persuadés qu'Eviot était coupable, et leurs soupçons avaient été confirmés par sa démarche incertaine et par sa voix tremblante; aussi leur surprise de le voir échapper fut-elle extrême. Les autres domestiques de Ramorny prirent courage, et s'avancèrent pour prêter le serment avec une hardiesse qui augmenta à mesure qu'ils subissaient l'épreuve l'un après l'autre, et qu'ils étaient déclarés par la voix des juges lavés de tous les soupçons qui pouvaient planer sur eux relativement au meurtre d'Olivier Proudfute.

Mais il y eut un individu qui n'éprouva point ce redoublement de confiance. Trois fois le nom de Bonthron retentit sous la voûte de l'église sans que celui qui le portait répondît à l'appel autrement que par une sorte de mouvement convulsif avec son pied, comme s'il eût été tout à coup frappé de paralysie.

— Parle, chien, lui dit tout bas Eviot, ou prépare-toi à mourir comme un chien!

Mais le meurtrier était tellement troublé par le spectacle qu'il avait devant les yeux, que les juges voyant son embarras hésitaient s'ils le feraient traîner de force devant le cercueil, ou s'ils prononceraient un jugement par défaut; et ce ne fut que lorsqu'on lui demanda pour la dernière fois s'il voulait se soumettre à l'épreuve, qu'il répondit avec sa brièveté ordinaire :

— Non, je ne veux point. Sais-je, moi, à quelles jongleries on peut avoir recours pour perdre un pauvre homme? J'offre le combat à quiconque prétend que j'ai fait le moindre mal à ce corps.

Et suivant l'usage il jeta son gant sur le pavé de l'église.

Henry Smith s'avança aussitôt au milieu d'un murmure général d'approbation que la présence même du roi ne put entièrement comprimer, et ramassant le gant du scélérat qu'il mit à sa toque, il jeta le sien selon la forme ordinaire, en signe qu'il acceptait le combat; mais Bonthron ne le releva point.

— Il n'est pas mon égal, murmura le sauvage, et il n'a point qualité pour relever mon gant. Je suis attaché à la maison du prince d'Écosse en servant son grand-écuyer. Ce drôle est un misérable artisan.

Le prince l'interrompit. — Tu es attaché à ma maison, malheureux! eh bien! je te chasse à l'instant. Prends-le,

Smith, et frappe sur lui comme tu n'as jamais frappé sur ton enclume ! — C'est un coquin et un lâche coquin, qui n'a pas même le courage de soutenir son crime. Je ne puis le regarder sans dégoût, et si mon auguste père veut bien m'en croire, il donnera à l'un et à l'autre une bonne hache écossaise, et nous verrons avant une demi-heure d'ici lequel des deux l'emportera.

Le comte de Crawford et sir Patrice Charteris, parrains des deux parties, y consentirent volontiers, et comme les champions étaient d'un rang inférieur, ils décidèrent qu'ils combattraient le casque en tête, vêtus du justaucorps de buffle, et avec des haches, dès qu'ils auraient pu se préparer au combat.

Il ne restait plus qu'à désigner la lice. On choisit la place des Fourreurs, grand emplacement voisin occupé par la corporation qui lui donnait son nom, et où l'on eut bientôt disposé pour les combattans un espace d'environ trente pieds de long sur vingt-cinq de large. Nobles, prêtres et vilains, tous s'y portèrent en foule, à l'exception du vieux roi qui, détestant ces scènes sanglantes, se retira dans son palais, et nomma pour présider au combat le comte d'Errol lord grand-connétable, à qui sa place en faisait un devoir particulier. Le duc d'Albany examinait attentivement tout ce qui se passait, mais en même temps avec beaucoup de circonspection ; son neveu regarda la scène avec l'irréflexion et l'imprudence qui caractérisaient toutes ses actions.

Lorsque les combattans parurent dans l'arène, rien n'eût pu offrir un contraste plus frappant que la physionomie mâle et ouverte de l'armurier dont l'œil étincelant semblait déjà briller de l'espoir de la victoire, et le regard morne et abattu de Bonthron qui avait l'air de quelque oiseau de nuit chassé de sa sombre retraite et forcé de paraître au grand jour. Ils jurèrent l'un après l'autre que la cause qu'ils défendaient était juste, formalité que Henry Gow remplit avec une noble confiance, et Bonthron d'un air sombre mais résolu, qui fit dire au duc de Rothsay qui était auprès du grand-connétable :

— Examinez bien la figure de ce drôle ; avez-vous jamais vu, mon cher Errol, un pareil mélange de malignité, de cruauté et en même temps de crainte?

— Il n'est pas beau, dit le comte, mais c'est un redoutable coquin, à ce que j'ai vu.

— Je gagerais un muid de vin contre vous, mon cher lord, qu'il aura le dessous. Henry l'armurier est aussi robuste que lui, et il est bien plus leste ; et puis regardez son air d'assurance. Il y a dans la figure de l'autre drôle quelque chose qui répugne et qui révolte. Donnez vite le signal, mon cher connétable, car en vérité il fait mal à voir.

Le grand-connétable s'adressa alors à la veuve, qui, en grand deuil et ayant toujours ses enfans à côté d'elle, occupait un siége dans l'enceinte de la lice. — Femme, acceptez-vous cet homme, Henry l'armurier, pour votre champion dans cette affaire?

— Oui, je l'accepte, je l'accepte avec le plus grand plaisir, répondit Madeleine Proudfute ; et puisse la bénédiction du ciel et de saint Jean lui donner aide et protection, puisqu'il combat pour la veuve et pour les orphelins !

— Je déclare donc que ceci est un champ clos, dit le connétable à haute voix. Que personne, sous peine de mort, ne se permette d'interrompre ce combat par parole, par signal ou par regard. — Sonnez, trompettes ; champions, combattez!

Les trompettes retentirent, et les combattans s'avançant des deux extrémités de la carrière d'un pas ferme et égal, se regardèrent attentivement, habiles à juger d'après le mouvement de l'œil la direction dans laquelle le premier coup allait être porté. Ils s'arrêtèrent en face à portée l'un de l'autre, et ils firent tour à tour plus d'une feinte, chacun pour éprouver l'activité et la vigilance de son antagoniste. A la fin, soit qu'il fût las de ses manœuvres, ou soit qu'il craignît qu'en continuant de la sorte il ne perdît l'avantage que lui donnait sa force gigantesque et qu'il ne fût harcelé avec succès par l'armurier plus agile, Bonthron leva sa hache redoutable, et pesant sur son arme de toute la force de ses bras vigoureux, il voulut en décharger un coup terrible sur la tête de son adversaire; mais celui-ci l'esquiva en se jetant de côté; car il eût fait de vains efforts pour chercher à le parer. Avant que Bonthron pût se remettre sur ses gardes, Henry lui asséna à travers son casque un coup qui l'étendit à terre.

— Avoue ton crime ou meurs, dit le vainqueur en posant le pied sur le corps de son adversaire, et en lui mettant sur la gorge la pointe de la hache qui formait une sorte de poignard.

— J'avouerai tout, dit l'assassin en jetant un regard sauvage vers le ciel; laisse-moi relever.

— Quand tu te seras rendu, dit Henry Smith.

— Je me rends, murmura de nouveau Bonthron, et Henry proclama à haute voix que son antagoniste était vaincu.

Les ducs de Rothsay et d'Albany, le grand-connétable et le prieur du couvent des dominicains entrèrent alors dans la lice, et s'adressant à Bonthron, ils lui demandèrent s'il s'avouait vaincu.

— Oui, répondit le mécréant.

— Et coupable du meurtre d'Olivier Proudfute?

— Je le suis, mais je l'ai pris pour un autre.

— Et qui donc croyais-tu frapper? demanda le prieur. Parle, mon fils, et par un aveu sincère mérite un pardon dans un autre monde, car tu n'as pas grand chose à attendre de celui-ci.

— Je croyais, répondit Bonthron, frapper celui dont la main vient de me renverser, dont le pied presse à présent ma poitrine.

— Bénis soient les saints! dit le prieur; à présent tous ceux qui douteraient encore de la vertu de cette épreuve sacrée peuvent reconnaître leur erreur. Il est pris lui-même dans le piége qu'il avait tendu à l'innocent.

— C'est à peine si je connais cet homme, dit l'armurier; jamais je ne lui fait aucun mal, ni à lui ni aux siens. Votre révérence voudrait-elle bien lui demander pourquoi il aurait eu l'idée de m'assassiner lâchement?

— C'est une question convenable, répondit le prieur. Rendez gloire à qui elle est due, mon fils, quand même ce devrait être à votre honte. Pour quelle raison vouliez-vous tuer cet armurier, qui dit qu'il ne vous a jamais fait aucun mal?

— Il en avait fait à celui que je servais, répondit Bonthron, et ce fut par son ordre que je méditai ce coup.

— Par l'ordre de qui? demanda le prieur.

Bonthron garda un moment le silence, puis il dit : — Il est trop puissant pour que je puisse le nommer.

— Ecoutez, mon fils, dit le prêtre : encore quelques instans, et les grands comme les petits de la terre ne seront pour vous que de vaines ombres. On prépare dans ce moment même la charrette qui doit vous conduire au lieu de l'exécution. Encore une fois, mon fils, je vous conjure d'avoir égard au salut de votre ame en glorifiant le ciel et en disant la vérité. Est-ce votre maître, sir John Ramorny, qui vous a poussé à une action aussi infâme?

— Non, répondit l'assassin toujours étendu contre terre, c'était un plus puissant que lui; et en même temps il montra du doigt le prince.

— Misérable! dit le duc de Rothsay étonné, osez-vous faire entendre que je fus votre instigateur?

— Vous-même, milord, répondit le traître sans se déconcerter.

— Meurs dans ton imposture, vil esclave! s'écria le prince; et tirant son épée, il en aurait percé le calomniateur, si le lord grand-connétable n'eût interposé son autorité.

— Votre Grace voudra bien m'excuser si je remplis mon devoir. Il faut que ce malheureux soit remis entre les mains du bourreau. Il n'est pas digne de périr de la main d'un autre, encore moins de celle de Votre Altesse.

— Eh quoi! noble comte, dit Albany à haute voix et avec une émotion véritable ou affectée, voulez-vous que ce scélérat aille remplir les oreilles du peuple de fausses accusations contre le prince d'Ecosse? Qu'il soit mis en mille pièces sur la place!

— Votre Altesse me pardonnera, dit le comte d'Errol ; mais il faut que la sentence soit exécutée.

— Eh bien donc! qu'il soit bâillonné à l'instant même, dit Albany. — Et vous, mon royal neveu, pourquoi rester ainsi pétrifié d'étonnement?.... Rappelez votre courage... Parlez au prisonnier.... Jurez, protestez par tout ce qu'il y a de sacré, que vous n'aviez aucune connaissance de cet acte de félonie.... Voyez comme on se regarde, comme on chuchote autour de nous.... Je gagerais ma vie que cette imposture se répandra plus vite que si c'était une vérité de l'Evangile... Parlez-leur, mon royal parent ; peu importe ce que vous direz, pourvu que vous répondiez par un démenti formel.

— Comment, monsieur! dit Rothsay en sortant tout à coup de sa stupeur, et en se retournant fièrement vers son oncle, voudriez-vous que j'engageasse ma parole royale contre celle de cet être abject ? Que ceux qui peuvent croire le fils de leur souverain, le descendant de Bruce, capable de dresser une embûche contre les jours d'un pauvre artisan, jouissent du plaisir de se figurer que ce scélérat dit la vérité.

— Ce ne sera pas moi du moins, dit l'armurier avec assurance. Je n'ai jamais rien fait à Sa Grace le duc de Rothsay ; jamais il n'a manifesté aucune aigreur contre moi, ni en paroles, ni par regard, ni en actions ; et je ne puis croire qu'il eût autorisé une semblable trahison.

— N'était-ce rien que de jeter Son Altesse du haut d'une échelle dans Curfew-Street, dans la nuit du lundi-gras, dit Bonthron ; et pensez-vous que ce soit une faveur dont on puisse savoir beaucoup de gré ?

Ces paroles furent prononcées d'un ton si décidé, et l'accusation semblait si plausible, que la conviction où avait été l'armurier de l'innocence du prince en fut ébranlée.

— Hélas! milord, dit-il en regardant Rothsay d'un air douloureux, serait-il possible que Votre Altesse eût voulu attenter aux jours d'un innocent pour avoir défendu, comme c'était son devoir, une pauvre fille? — Plût au ciel que j'eusse péri dans ce combat, plutôt que de vivre pour entendre parler ainsi de l'héritier du grand Bruce !

— Tu es un brave garçon, Smith, dit le prince ; mais je ne puis m'attendre à ce que tu juges plus sagement que les autres. — Qu'on mène ce scélérat à la potence ; qu'on l'y expose vivant, si cela vous fait plaisir, afin qu'il puisse mentir impudemment, et débiter ses calomnies contre nous jusqu'au dernier moment de son existence.

En disant ces mots le prince s'éloigna, dédaignant de remarquer les sombres regards qu'on jetait sur lui à mesure que la foule s'écartait lentement et avec répugnance pour le laisser passer, et n'exprimant ni surprise ni mécontentement d'un murmure ou plutôt d'une sorte de gémissement sourd et prolongé qui accompagna son départ. Il n'y eut qu'un petit nombre des personnes de sa suite qui se retirèrent avec lui, quoique plusieurs seigneurs eussent grossi son cortége à son arrivée. Les citoyens de la classe inférieure cessèrent même de suivre le malheureux prince, que sa réputation équivoque avait déjà exposé à tant de reproches d'inconséquence et de légèreté, et autour duquel semblaient planer alors les soupçons les plus odieux.

Il se dirigea lentement et d'un air pensif vers l'église des dominicains ; mais les nouvelles sinistres qui volent avec une vitesse passée en proverbe étaient arrivées jusqu'à la retraite de son père avant qu'il parût lui-même. Lorsqu'il entra dans le palais et qu'il demanda après le roi, le duc de Rothsay fut surpris d'apprendre qu'il était en grande consultation avec le duc d'Albany qui, montant à cheval au moment où le prince s'était éloigné du lieu du combat, était arrivé au couvent avant lui. Il allait user du privilége que lui donnaient son rang et sa naissance pour entrer dans l'appartement du roi, lorsque Mac Louis, le commandant des Brandanes, lui fit entendre dans les termes les plus respectueux qu'il avait l'ordre exprès de ne point l'introduire.

— Entrez du moins, Mac Louis, et qu'ils n'ignorent pas que j'attends leur bon plaisir, dit le prince. Si mon oncle désire qu'on apprenne qu'il a eu le pouvoir de faire refuser au fils la porte de son père, ce sera un plaisir pour lui de savoir que j'attends dans l'antichambre comme un laquais.

— Ne vous déplaise, dit Mac Louis avec quelque hésitation, si Votre Altesse voulait consentir à se retirer pour quelques instans et à attendre avec patience, je l'enverrais prévenir dès que le duc d'Albany serait parti; et je ne doute point qu'alors Sa Majesté n'admette Votre Altesse en sa présence. A présent Votre Altesse me pardonnera, mais il m'est impossible de le laisser entrer.

— Je vous entends, Mac Louis; mais allez néanmoins, et exécutez mes ordres.

L'officier obéit, et il revint dire que le roi était indisposé, et qu'il allait se retirer dans ses appartemens particuliers; mais que le duc d'Albany allait se rendre auprès du prince d'Écosse.

Il s'écoula cependant une grande demi-heure avant que le duc d'Albany parût, espace de temps que Rothsay passa tantôt dans un morne silence, et tantôt en propos futiles avec Mac Louis et les Brandanes, suivant que la légèreté ou l'irritation de son caractère prenait le dessus.

Enfin le duc arriva; il était accompagné du lord grand-connétable, qui avait un air triste et embarrassé.

— Beau neveu, dit le duc d'Albany, je suis fâché d'avoir à vous annoncer que mon auguste frère est d'avis qu'il sera bon, pour l'honneur de la famille royale, que vous vous astreigniez pendant quelque temps à ne point sortir de la maison du grand-connétable, et que vous consentiez à n'avoir, sinon pour seule, du moins pour principale compagnie, que le noble comte ici présent, jusqu'à ce que les propos affligeans qui se sont répandus aujourd'hui aient été réfutés ou oubliés.

— Qu'est-ce à dire, lord Errol? dit le prince stupéfait; votre maison doit-elle devenir ma prison, et Votre Seigneurie est-elle mon geôlier?

— Les saints m'en préservent, milord! dit le comte d'Errol; mais mon devoir m'oblige malheureusement à exécuter les ordres de votre père, en regardant pendant quelque temps Votre Altesse royale comme placée sous ma tutelle.

— Le prince, l'héritier de l'Écosse sous la tutelle du grand-connétable ! Et quelle raison allègue-t-on pour cela ? la langue envenimée d'un indigne scélérat a-t-elle le pouvoir de ternir mon écusson royal ?

— Tant que de telles accusations ne sont ni réfutées ni contredites, mon neveu, dit le duc d'Albany, elles souilleraient celui d'un monarque.

— Contredites, milord ! s'écria le prince, par qui sont-elles avancées, si ce n'est par un misérable trop infâme, même de son propre aveu, pour mériter d'être cru un seul instant, quand même ce ne serait pas l'honneur d'un prince, mais celui du dernier mendiant, qu'il tenterait de flétrir ? Faites-le venir, qu'on lui montre des instrumens de torture, et vous l'entendrez bientôt rétracter les calomnies qu'il a eu le front d'inventer.

— Le gibet a trop bien fait son devoir pour laisser Bonthron sensible à la torture, dit le duc d'Albany ; il y a une heure qu'il a été exécuté.

— Et pourquoi cette hâte, milord ? dit le prince ; savez-vous bien qu'on pourrait dire qu'on ne l'a fait que pour flétrir mon nom ?

— La loi est positive. Le combattant qui succombe dans l'épreuve du combat doit être mené immédiatement du champ-clos à la potence ; et cependant, beau neveu, ajouta le duc d'Albany, si vous aviez repoussé fortement et hardiment l'imputation, j'aurais cru devoir laisser vivre ce misérable jusqu'à plus ample informé ; mais comme Votre Altesse a gardé le silence, j'ai cru que le mieux était d'étouffer le scandale dans la bouche de celui qui l'avait préparé.

— Par sainte Marie, milord, c'est par trop insultant ! Vous, mon oncle, me supposez-vous capable de conseiller un attentat aussi indigne que celui dont le vil esclave s'est avoué coupable ?

— Il ne m'appartient pas d'échanger des questions avec

Son Altesse, autrement je lui demanderais à mon tour si elle compte nier aussi l'attaque à peine moins indigne, quoique moins sanglante, dont la maison de Curfew-Street fut l'objet! Ne vous fâchez pas, mon neveu, mais en vérité il est absolument nécessaire que vous vous séquestriez pour quelque temps de la cour, ne fût-ce que pendant le séjour du roi dans cette ville, qui a eu tant de sujets de plaintes.

Rothsay s'arrêta lorsqu'il entendit cette exhortation, et jetant sur le duc un regard très expressif, il répondit :

— Mon oncle, vous êtes un excellent chasseur ; vous avez tendu vos toiles avec beaucoup d'adresse : néanmoins tous vos efforts auraient été inutiles, si le cerf n'était venu se précipiter de lui-même au milieu de vos filets. Dieu vous exauce, et puissiez-vous retirer de cette affaire tout le fruit que vos mesures méritent! Dites à mon père que j'obéis à ses volontés. Lord Errol, je suis à vos ordres, et prêt à vous suivre quand vous le voudrez. Puisque je dois avoir un tuteur, on ne pouvait du moins m'en donner un qui me fût plus agréable.

L'entrevue entre l'oncle et le neveu étant ainsi terminée, celui-ci se retira avec le comte d'Errol ; les citoyens qu'ils rencontraient dans les rues se détournaient dès qu'ils apercevaient le duc de Rothsay, pour ne pas être dans l'obligation de saluer un prince qu'ils avaient appris à regarder comme un libertin aussi cruel que licencieux. Le duc et son hôte entrèrent dans la maison du connétable, également charmés de quitter les rues, et cependant éprouvant tous deux un malaise évident de se trouver seuls, dans la position où ils étaient vis-à-vis l'un de l'autre.

Il faut maintenant que nous retournions sur la place où le combat s'était livré, et que nous nous reportions au moment où les nobles venaient de se retirer ; la foule se sépara alors en deux troupes distinctes. La moins nombreuse, qui était en même temps la mieux composée, offrait la réunion des habitans les plus respectables de Perth, qui félicitaient le vainqueur et se félicitaient les uns les autres de l'issue glorieuse qu'avaient eue leurs démêlés avec les courtisans. Les magistrats étaient si transportés de joie dans cette circonstance, qu'ils prièrent sir Patrice Charteris d'accepter une collation dans la grande salle de l'hôtel-de-ville. On pense bien que le héros de la journée, Henry, y fut invité, et avec des instances telles qu'elles équivalaient à un ordre. Il reçut l'invitation avec un grand embarras, car son cœur était déjà auprès de Catherine Glover. Mais les amis de Simon Glover le décidèrent. Ce vieux bourgeois avait une déférence naturelle et convenable pour la magistrature de la Belle Ville, et il attachait un grand prix à tous les honneurs qui découlaient de cette source.

— Tu ne dois pas songer à t'absenter dans une circonstance aussi solennelle, mon fils Henry, lui dit-il. Sir Patrice Charteris y sera lui-même, et ce sera, ce me semble, une excellente occasion pour toi de gagner ses bonnes graces. Il est possible qu'il te commande une nouvelle armure; et j'ai moi-même entendu dire au bailli Craigdallie qu'il était question de refourbir le magasin d'armes de la Cité. Il ne faut pas négliger tes intérêts à présent que tu vas avoir une nombreuse famille.

— Taisez-vous, mon père Glover, répondit le vainqueur incertain de ce qu'il devait faire, je ne manque point de pratiques, et vous savez que Catherine sera surprise de mon absence; on va encore aller lui rabattre les oreilles de contes de filles de joie, et c'est ce que je ne veux pas.

— Ne t'inquiète pas de cela, dit le gantier, mais va, en bourgeois obéissant, où tes supérieurs t'appellent. Je n'en disconviens pas, tu auras quelque peine à faire ta paix avec Catherine au sujet de ce duel; car elle croit en savoir plus long dans ces sortes d'affaires que le roi et son conseil, l'Église et ses canons, le prévôt et ses baillis. Mais je me charge d'arranger ta querelle avec elle, et je travaillerai si bien pour toi que, quoiqu'il se puisse qu'elle te reçoive demain matin avec quelque chose qui ressemble à des reproches, je te réponds que son humeur se fondra en larmes et en sourires, comme une matinée d'avril qui commence par une pluie douce. Ainsi donc, mon fils, adieu, et viens nous voir demain matin aussitôt après la messe.

L'armurier fut obligé, quoique avec une extrême répugnance, de se rendre aux raisons de son futur beau-père ; et une fois décidé à accepter l'honneur que lui faisaient les notables de la ville, il sortit de la foule, courut chez lui pour mettre ses plus beaux habits ; et bientôt après il se rendit à l'hôtel-de-ville, où la table de chêne massive semblait succomber sous le poids d'énormes plats de superbes saumons du Tay et de délicieux poissons de mer de Dundee, qui étaient les mets les plus délicats que permît le saint temps de carême, tandis que ni le vin, ni l'ale, ni l'hydromel ne manquaient pour les arroser. Les *Waits* ou musiciens du bourg jouèrent pendant le repas ; et dans les intervalles de la musique, l'un des ménestrels déclama avec beaucoup d'emphase une longue description poétique de la bataille de Blackearnside, livrée par sir William Wallace et son redoutable capitaine et ami Thomas de Longueville au général anglais Seward : récit que tous les hôtes savaient par cœur, mais que néanmoins, plus tolérans que leurs descendans, ils écoutaient avec le même intérêt que s'il avait eu tout le charme de la nouveauté. Plusieurs passages qui comme de raison faisaient allusion au courage déployé par l'aïeul du chevalier de Kinfauns et par les ancêtres d'autres familles de Perth furent couverts d'applaudissemens, tandis que les convives se versaient mutuellement de fortes rasades à la mémoire des héros qui combattaient à côté du champion d'Écosse. La santé de Henry Smith fut ensuite portée au milieu d'acclamations prolongées, et le prévôt annonça publiquement que les magistrats avisaient au moyen de lui accorder quelque privilége éclatant ou quelque récompense honorifique, pour montrer quel cas ses concitoyens faisaient de son noble courage.

— Allons donc, n'allez pas faire une chose semblable, n'en déplaise à Vos Honneurs, dit l'armurier avec la brusque franchise qui lui était ordinaire ; qu'on ne puisse pas dire que la valeur doit être rare dans la ville de Perth, puisqu'on récompense un homme parce qu'il a pris la défense d'une malheureuse veuve. Je suis sûr qu'il y a une foule de bourgeois à Perth qui auraient fait cette besogne aussi bien ou mieux que moi; car en bonne conscience, j'aurais dû briser ce casque comme un pot de terre; oui, et je n'y aurais pas manqué non plus si ce n'était pas moi-même qui en avais trempé l'acier pour sir John Ramorny. Mais si la Belle Ville pense que mes services vaillent quelque chose, je m'en croirai plus que payé si vous pouvez sur les fonds de la commune accorder quelques secours à la veuve Madeleine et à ses pauvres enfans.

— C'est ce qui pourra très bien se faire, dit sir Patrice Charteris, et la Belle Ville sera encore assez riche pour payer sa dette envers Henry Smith; c'est d'ailleurs ce dont nous jugerons tous beaucoup mieux que lui, qui est aveuglé par une vaine délicatesse qu'on appelle modestie; et si le bourg est trop pauvre pour cela, eh bien! le prévôt en supportera sa part. Les angelots d'or du corsaire n'ont pas encore tous pris la fuite.

Les flacons circulèrent alors sous le nom de coup de consolation pour la veuve, et une autre rasade fut ensuite vidée à l'heureuse mémoire du défunt Olivier si bravement vengé. En un mot, ce fut un banquet si joyeux que tout le monde convint qu'il ne manquait pour le rendre parfait que la présence du bonnetier lui-même, dont le malheur avait occasionné cette réunion; Proudfute était ordinairement le boute-en-train de ces sortes de fêtes, et le point de mire de toutes les plaisanteries. S'il eût pu se faire qu'il parût au milieu d'eux, suivant la malicieuse remarque du bailli Craigdallie, il n'aurait pas manqué de revendiquer l'honneur de la journée, et il aurait été prêt à jurer que c'était lui-même qui avait vengé sa mort.

Au son de la cloche qui appelait aux vêpres, la compagnie se sépara; les uns, les plus graves de la société, se rendant pour les prières du soir à l'église où, les yeux à demi fermés et la figure animée, ils se joignirent en membres très orthodoxes et très édifians à une sainte congrégation; d'autres prenant le chemin de leur maison pour raconter à leur famille tous les incidens du combat et du banquet ; et quelques-uns sans doute se dirigeant vers quelque taverne privilégiée dont le carême ne tenait pas les portes aussi rigoureusement fermées que l'exigeaient les réglemens de l'Église. Henry retourna chez lui la tête exaltée par le bon vin et les applaudissemens de ses concitoyens, et il s'endormit pour rêver de bonheur parfait et de Catherine Glover.

Nous avons dit qu'après le combat les spectateurs s'étaient divisés en deux troupes. Pendant que la portion la plus respectable des habitans formait un joyeux cortége pour accompagner le vainqueur, l'autre troupe beaucoup plus nombreuse, composée de ce qu'on pourrait appeler la canaille, suivait le vaincu qui se retirait dans une direction différente et pour un tout autre motif. Quelle que puisse être l'attraction relative d'une scène de deuil ou d'une scène de joie dans d'autres circonstances, il n'est pas difficile de juger laquelle attirera le plus grand nombre de spectateurs lorsqu'il s'agira d'être témoins de misères que nous ne devons point partager ou de plaisirs que nous ne devons point goûter. Aussi le tombereau qui conduisait le criminel au lieu de l'exécution fut-il accompagné de la plus grande partie de la population de Perth.

Sur la même charrette que le meurtrier était assis un moine auquel Bonthron n'hésita pas à répéter, sous le sceau de la confession, les calomnies qu'il avait déjà proférées sur le lieu du combat, et par lesquelles il accusait le duc de Rothsay d'avoir dirigé l'embuscade dont le malheureux bonnetier avait été victime. Sur la route il sema les mêmes impostures parmi la foule, assurant avec la plus grande effronterie à ceux qui étaient les plus près de la charrette, qu'il ne mourait que parce qu'il avait consenti à servir d'instrument au duc de Rothsay. Pendant quelque temps il répéta ces paroles d'un air morne et sur le même ton, comme quelqu'un qui récite une leçon ou comme un menteur qui s'efforce en revenant plusieurs fois à la charge d'obtenir pour ses paroles un crédit qu'il sent intérieurement qu'elles ne méritent point. Mais lorsqu'il leva les yeux et qu'il aperçut dans l'éloignement l'instrument de son supplice qui avait au moins quarante pieds de hauteur, lorsqu'il vit la potence avec son échelle et la corde fatale se dessiner sur l'horizon, il devint tout à coup silencieux, et le moine put remarquer qu'il tremblait beaucoup.

— Prenez courage, mon fils, dit le bon prêtre ; vous avez confessé la vérité et reçu l'absolution ; votre repentir sera accepté en raison de votre sincérité ; et quoique votre cœur ait conçu des pensées criminelles et que vos mains se soient couvertes de sang, vous n'en serez pas moins, grace aux prières de l'Église, délivré en temps convenable des feux vengeurs du purgatoire.

Ces assurances étaient de nature à augmenter plutôt qu'à diminuer les terreurs du coupable, qui doutait si l'expédient projeté pour le soustraire à la mort serait efficace, et même s'il existait un désir sincère de l'employer en sa faveur ; car il connaissait assez bien son maître pour savoir qu'il ne se ferait aucun scrupule de sacrifier un être qui pourrait par la suite devenir un témoin dangereux contre lui.

Cependant son sort était irrévocable et il n'y avait nul moyen de s'y soustraire. La charrette approchait lentement de l'arbre fatal qui était dressé sur une éminence au bord de la rivière, à environ un demi-mille des murs de la ville ; emplacement choisi pour que le corps du misérable qui devait rester afin de servir de nourriture aux corbeaux pût être vu de loin dans toutes les directions. Le prêtre remit alors Bonthron entre les mains du bourreau, qui l'aida à monter à l'échelle et qui le dépêcha, suivant toutes les apparences, dans les formes ordinaires de la loi. Le malheureux parut lutter une minute contre la mort, mais bientôt après on vit pendre son corps raide et inanimé. L'exécuteur des hautes-œuvres, après être resté à son poste une demi-heure de plus comme pour attendre que la dernière étincelle de vie fût éteinte, annonça aux admirateurs de pareils spectacles, que les fers pour la suspension permanente du cadavre n'étant pas encore prêts, la cérémonie de vider le corps et de l'attacher au gibet serait différée jusqu'au lendemain matin après le lever du soleil.

Malgré l'heure peu commode qui avait été indiquée, maître Smotherwell vit un rassemblement assez nombreux se former sur le lieu de l'exécution pour y être témoin des dernières opérations de la justice par rapport à sa victime. Mais quelle fut la surprise et l'indignation de ces amateurs en voyant que le corps avait disparu ! Ils ne furent pas long-temps à en deviner la cause. Bonthron avait été au service d'un baron dont les domaines étaient situés dans le comté de Fife, et qui était lui-même natif de cette province. Il était tout naturel que quelques habitans de Fife dont les barques traversaient continuellement la rivière, eussent enlevé clandestinement le corps de leur compatriote pour le soustraire à la honte d'une exposition publique. La populace exhala sa rage contre Smotherwell pour n'avoir point achevé l'expédition la veille au soir, et s'il ne s'était pas jeté dans une barque avec son valet et qu'il ne se fût pas sauvé sur le Tay, ils couraient grand risque d'être assommés. Cependant cet événement était trop dans l'esprit du temps pour exciter une grande surprise. Nous verrons dans le chapitre suivant quelle en était la véritable cause.

CHAPITRE XXIV.

Les incidens d'une histoire comme celle-ci doivent être adaptés les uns aux autres aussi exactement que les dents d'une clef doivent répondre aux gardes de la serrure. Le lecteur, quelque courtois qu'il puisse être, ne se croira donc pas obligé de se contenter du simple fait que tels et tels événemens ont eu lieu, ce qui pourtant en général et dans le cours de la vie est tout ce qu'il peut savoir de ce qui se passe autour de lui. Tout en lisant pour s'amuser, il désire en outre connaître les ressorts intérieurs qui font marcher les événemens. Cette curiosité est légitime et raisonnable ; car chacun a droit d'ouvrir la montre qui a été faite pour son propre usage et d'en examiner le mécanisme, quoiqu'il ne lui soit pas permis d'inspecter de même l'intérieur de l'horloge placée au haut du clocher de la ville pour l'utilité générale.

Il serait donc impoli de laisser quelques doutes à nos lecteurs sur les moyens qui furent employés pour enlever de l'échafaud le corps de l'assassin Bonthron ; événement que quelques citoyens de Perth attribuèrent au diable lui-même, tandis que d'autres se contentèrent d'en accuser les habitans du comté de Fife, à qui il répugnait assez naturellement de voir un de leurs concitoyens pendu sur le bord de la rivière, spectacle qu'ils regardaient comme déshonorant pour leur province.

Le jour où l'exécution avait eu lieu, à minuit environ, quand les habitans de Perth étaient ensevelis dans un profond sommeil, trois hommes enveloppés dans leurs manteaux et portant une lanterne sourde descendirent les allées d'un jardin qui conduisait de la maison occupée par sir John Ramorny aux bords du Tay, où une barque était amarrée à une petite jetée qui servait de lieu de débarquement. Le vent faisait entendre un sifflement mélancolique à travers les arbrisseaux et les buissons dépouillés de feuilles ; et une lune pâle nageait, comme on le dit en Écosse, au milieu des nuages chassés rapidement, et qui semblaient menacer de pluie. Ces trois individus entrèrent dans la barque en prenant de grandes précautions pour ne pas être vus. L'un d'eux était grand et vigoureux ; le second, petit et courbé ; le troisième, de moyenne taille, et paraissant agile et actif : c'était tout ce qu'une clarté fort imparfaite permettait de distinguer. Ils s'assirent dans la barque et détachèrent la corde qui la retenait au rivage.

— Il faut la laisser suivre le courant jusqu'à ce que nous ayons passé le pont, car les bourgeois y montent la garde, et vous savez le proverbe — Flèche de Perth vole toujours droit au but, — dit le plus jeune de la compagnie, qui se chargea des fonctions de pilote et qui repoussa la barque du rivage, tandis que les deux autres prenaient les rames qui étaient entourées de linge et qu'ils firent mouvoir avec beaucoup de précaution jusqu'à ce qu'ils eussent atteint le milieu du fleuve. Alors ils cessèrent leur travail, s'appuyèrent sur leurs rames et se reposèrent sur leur pilote du soin de maintenir la barque au milieu du courant.

Ils passèrent ainsi sans qu'on les vît ou sans qu'on fît attention à eux sous les arches gothiques de l'ancien pont, construit par la munificence libérale de Robert Bruce en 1329, et emporté par une inondation en 1621. Quoiqu'ils entendissent les voix de la garde civique qui depuis le commencement de ces troubles veillait toutes les nuits à ce poste important, on n'interrompit pas leur course, et quand ils furent assez éloignés pour ne plus craindre d'être entendus par ces gardiens nocturnes, ils commencèrent à ramer, mais avec précaution, et se mirent à causer à voix basse.

— Vous avez trouvé un nouveau métier, camarade, depuis que je vous ai vu, dit un des rameurs à l'autre. Je vous ai laissé occupé à donner des soins à un chevalier blessé, et maintenant je vous vois employé à voler un corps mort à l'échafaud.

— Un corps vivant, s'il vous plaît, maître écuyer, sans quoi ma science m'aurait bien mal servi.

— A ce que vous dites, maître apothicaire; mais n'en déplaise à Votre Science, à moins que vous ne me disiez quels sont les moyens qu'elle a employés, je prendrai la liberté de douter du succès.

— Un moyen bien simple, maître Buncle; probablement trop simple pour plaire à un génie aussi délié que celui de Votre Vaillance. Voici ce que c'est : cette suspension du corps humain, que le vulgaire appelle pendaison, cause la mort par apoplexie; c'est-à-dire que la compression des veines empêchant le sang de retourner au cœur, il se porte au cerveau, et l'homme meurt. De plus, et comme une cause additionnelle de dissolution, les poumons ne recevant plus la provision d'air vital qui leur est indispensable, attendu la ligature de la corde autour du thorax, le patient périt nécessairement.

— Je comprends assez bien tout cela, sire médecin; mais comment l'empêcher? demanda le troisième personnage, qui était Eviot, page de Ramorny.

— Parbleu, répondit Dwining, pendez-moi le patient de manière que les artères carotides ne soient pas comprimées, le sang ne se portera pas au cerveau, et il n'y aura pas d'apoplexie; ensuite s'il n'y a pas de ligature autour du thorax, l'air continuera à arriver dans les poumons, que l'homme soit suspendu au haut d'une corde, ou qu'il ait les pieds sur la terre ferme.

— Je comprends encore tout cela, dit Eviot; mais comment ces précautions peuvent se concilier avec l'exécution de la sentence de pendaison, c'est ce que mon esprit borné ne peut comprendre.

— Ah! bon jeune homme, ta vaillance a gâté un esprit qui avait de belles dispositions. Si tu avais étudié avec moi, tu aurais appris des choses bien plus difficiles. Mais voici les moyens que j'emploie : je me procure certains bandages faits de la même substance que vos sangles de chevaux, ayant un soin tout particulier qu'ils soient fabriqués de manière à ne pouvoir s'allonger, quelque fortement qu'ils soient tendus, car cela fait manquer mon expérience. Chaque pied du patient est placé dans un nœud de ce bandage, qui remonte ensuite de chaque côté des jambes jusqu'à une ceinture de même matière à laquelle il est attaché. De cette ceinture partent d'autres bandages qui remontent le long de la poitrine et du dos pour diviser le poids et mettre le pendu plus à son aise, et qui s'attachent (c'est là l'expédient le plus essentiel) à un large collier en acier, ayant un rebord recourbé en dehors, et garni de quelques crochets pour empêcher d'autant mieux le glissement de la corde, que l'exécuteur bien intentionné place autour de cette machine au lieu de l'appliquer sur le cou nu du patient. Par ce moyen, quand on le jette en bas de l'échelle, il se trouve suspendu, s'il vous plaît, non par le cou, mais par un cercle d'acier qui soutient les nœuds dans lesquels ses pieds sont placés, et qui supportent réellement le poids de son corps; poids qui est encore diminué par de semblables bandages passés sous ses aisselles et également attachés au collier. Ainsi, ni les veines ni la trachée-artère ne se trouvant comprimées, le pendu respirera aussi librement, et son sang, sauf la frayeur que lui cause la nouveauté de la situation, et malgré cette situation même, coulera aussi tranquillement que le vôtre quand vous êtes à cheval, les pieds appuyés sur vos étriers, un jour de bataille.

— Sur ma foi, c'est une étrange et rare invention, dit Buncle.

— N'est-il pas vrai? reprit Dwining, et digne d'être connue de deux esprits aussi entreprenans que les vôtres; car on ne peut savoir à quelle hauteur peuvent s'élever les gens attachés au service de sir John Ramorny; et s'il devenait jamais nécessaire de vous faire figurer au bout d'une corde, vous trouveriez ma manière plus commode que celle qui est ordinairement usitée; mais morbleu! il faut avoir un pourpoint à haut collet pour cacher le collier d'acier, et par-dessus tout, il faut trouver un aussi bon compagnon que Smotherwel pour ajuster la corde.

— Vil marchand de poison! dit Eviot, les hommes de notre profession meurent sur le champ de bataille.

— Quoi qu'il en soit, ajouta Buncle, je me souviendrai de la leçon en cas de quelque occasion urgente. Mais quelle nuit doit avoir passée ce chien pendu, ce coquin de Bonthron, dansant un branle en plein air à la musique de ses chaînes, et faisant des coulées à droite et à gauche, suivant que le vent le pousse!

— Ce serait une bonne œuvre que de le laisser accroché au gibet, dit Eviot, car le sauver ce ne sera que l'encourager à commettre de nouveaux meurtres; il ne connaît que deux élémens, le vin et le sang.

— Sir John Ramorny aurait peut-être partagé votre opinion, dit Dwining; mais il aurait fallu d'abord couper la langue du maraud, de peur qu'il ne racontât d'étranges histoires; et il y a d'autres raisons qu'il ne vous importe pas de connaître. En vérité j'ai fait moi-même un trait de générosité en le servant; car le drôle est bâti aussi fortement que le château d'Édimbourg, et son squelette aurait valu tous ceux qui se trouvent dans la salle de chirurgie de Padoue. Mais dites-moi, maître Buncle, quelles nouvelles avez-vous apportées du fier Douglas?

— Demandez-le à ceux qui le savent, répondit Buncle; je suis l'âne qui porte les paniers et qui ne sait pas ce qu'ils renferment : cela n'est peut-être que plus sûr pour moi. J'ai porté des lettres du duc d'Albany et de sir John Ramorny à Douglas, et en les ouvrant il avait l'air aussi sombre qu'une tempête du nord. Je leur ai rapporté des réponses du comte, et ils ont souri comme le soleil quand il reparaît à la fin d'un orage d'été. Allez consulter vos éphémérides, docteur, et tâchez de deviner ce que cela signifie.

— Il me semble que je pourrais le faire sans qu'il m'en coûtât beaucoup de pénétration, répondit Dwining. Mais je vois là-bas au clair de la lune notre mort vivant. S'il avait crié pour appeler quelque passant, c'eût été une singulière interruption pour un voyageur de nuit que de s'entendre appeler du haut d'un gibet comme celui-ci. Écoutez! il me semble que j'entends ses gémissemens au milieu du sifflement du vent et du cliquetis de ses chaînes. Allons doucement et sans bruit : amarrez la barque à l'aide du grappin, apportez la cassette et tout ce qu'il me faut. Un peu de feu ne nous ferait pas mal, mais la lumière pourrait nous exposer aux observations. Allons, mes braves, marchez avec circonspection, car nous marchons au gibet. Suivez-moi avec la lanterne. J'espère qu'on aura laissé l'échelle.

En approchant du gibet ils entendirent distinctement des gémissemens qui étaient cependant étouffés. Dwining se hasarda à tousser une ou deux fois à voix basse par forme de signal, mais ne recevant pas de réponse : — Il faut nous hâter, dit-il à ses compagnons ; notre ami doit être à l'extrémité puisqu'il ne répond pas au signal qui lui annonce l'arrivée du secours qu'il attend. Allons, mettons-nous en besogne ; je vais monter le premier sur l'échelle pour couper la corde. Suivez-moi tous deux l'un après l'autre, et tenez bien le corps de manière qu'il ne tombe pas quand le licou sera coupé. Ayez la main bien ferme et saisissez les bandages ; ils vous aideront à le soutenir. Songez que quoiqu'il joue cette nuit le rôle d'un hibou il n'en a pas les ailes, et tomber du haut d'une potence peut être aussi dangereux que d'y monter.

Tout en parlant ainsi il montait sur l'échelle, et s'étant assuré que ses compagnons soutenaient le corps du pendu, il coupa la corde et les aida à descendre le meurtrier, à qui l'on n'aurait pu assurer que l'existence fût conservée.

En employant heureusement la force et l'adresse, ils placèrent à terre le corps de Bonthron, et s'étant assurés qu'il donnait des signes de vie, bien faibles mais certains, ils le portèrent sur les bords du Tay, où, cachés par la hauteur des rives, ils étaient moins exposés à être découverts, tandis que Dwining s'occupait à lui rendre le sentiment, à l'aide des secours dont il s'était pourvu.

Son premier soin fut de le débarrasser de ses fers que l'exécuteur avait pris la précaution de ne pas fermer pour faciliter cette opération. Il le débarrassa ensuite des bandages compliqués par lesquels il avait été suspendu ; il se passa pourtant quelque temps avant que les efforts de Dwining réussissent ; car en dépit de l'adresse avec laquelle son appareil avait été construit, les sangles destinées à soutenir le corps avaient cédé au poids et à la tension au point de produire presque la strangulation. Cependant l'adresse du chirurgien triompha de tous les obstacles, et après une ou deux courtes convulsions, après avoir éternué et s'être étendu, Bonthron donna une preuve manifeste de son retour à la vie en saisissant la main de l'opérateur qui lui versait une liqueur spiritueuse sur la poitrine et sur le cou, et dirigeant sur sa bouche la fiole qui la contenait, il en avala, presque par force, une dose assez considérable.

— C'est une essence spiritueuse deux fois distillée, dit le pharmacien étonné : elle cautériserait le gosier et brûlerait l'estomac de tout autre ; mais cet animal extraordinaire ressemble si peu aux autres créatures humaines, que je ne serais pas surpris qu'elle ne fît que lui rendre l'usage de toutes ses facultés.

Bonthron se mit sur son séant, promena autour de lui quelques regards égarés, et donna des signes de connaissance.

— Du vin ! du vin ! furent les premiers mots qu'il prononça.

Dwining lui offrit un verre d'eau et de vin, mêlé de quelque drogue médicinale ; mais Bonthron le rejeta en lui donnant l'épithète peu honorable de lavage de ruisseau, et il répéta :
— Du vin ! du vin !

— Prends-en donc, au nom du diable ! s'écria Dwining, car lui seul peut juger de la force de ta constitution.

Bonthron porta le flacon à ses lèvres, et un coup assez copieux pour déranger le cerveau de toute autre personne ne fit que rétablir l'équilibre du sien. Il ne parut pourtant pas se rappeler sur-le-champ où il était et ce qui lui était arrivé, et il demanda avec un ton bref et son air bourru pourquoi on l'avait amené sur le bord de la rivière à une pareille heure de la nuit.

— Quelque autre folie de cet enragé de prince, dit-il, pour me faire faire le plongeon, comme cela lui est déjà arrivé. Sang et ongles ! je voudrais...

— Tais-toi, dit Eviot, et s'il existe en toi quelque reconnaissance, remercie-nous d'avoir empêché que ta carcasse ne soit la pâture des corbeaux, et que ton ame ne se trouve dans un lieu où l'eau est trop rare pour qu'elle y fasse le plongeon.

— Je commence à me rappeler... dit le scélérat, qui s'interrompit pour porter une seconde fois à sa bouche le flacon de vin, auquel il donna une accolade cordiale. Le jetant par terre après l'avoir vidé, il baissa la tête sur sa poitrine et sembla s'occuper à mettre de l'ordre dans ses souvenirs confus.

— Nous ne pouvons attendre plus long-temps le résultat de ses méditations, dit Dwining; il se trouvera mieux quand il aura dormi. Allons, Bonthron, levez-vous; vous avez passé quelques heures à voyager en l'air; essayez si un voyage par eau ne vous paraîtra pas plus commode. Allons, vous autres, prêtez-moi la main; je ne puis pas plus remuer cette masse de chair que je ne pourrais soulever un bœuf qu'un boucher viendrait d'abattre.

— Soutiens-toi donc sur tes jambes, Bonthron, à présent que nous t'avons mis sur tes pieds, dit Eviot.

— Impossible! chaque goutte de sang qui coule dans mes veines semble être armée d'une pointe d'épingle, et mes genoux refusent de soutenir leur fardeau. Que veut dire tout cela? C'est quelque chose de ta façon, chien d'apothicaire!

— Oui, sans doute, oui, honnête Bonthron, et c'est un tour dont tu me remercieras quand le souvenir te reviendra. En attendant couche-toi sur la proue de cette barque, et laisse-moi te couvrir de ce manteau.

Ils portèrent Bonthron dans la barque, et l'y placèrent aussi commodément que la circonstance le permettait. Il répondit à leurs attentions par quelques murmures semblables au grognement du sanglier lorsqu'il trouve une nourriture qui lui est particulièrement agréable.

— Et maintenant, vaillant écuyer, dit Dwining à Buncle, vous savez ce que vous avez à faire. Vous allez conduire par eau cette cargaison vivante à Newburgh, et là vous en disposerez suivant les ordres que vous avez reçus. En attendant voici ses fers et ses bandages, marques de sa détention et de sa libération; faites-en un paquet et jetez-les dans l'endroit le plus profond de la rivière, car si on les trouvait en votre possession, ils pourraient déposer contre nous tous. Ce léger souffle de vent qui vient de l'ouest vous permettra de vous servir d'une voile dès qu'il fera jour, si vous êtes fatigué de ramer. Quant à vous, maître page Eviot, il faut que votre vaillance se contente de retourner à pied à Perth; car c'est ici que notre belle compagnie doit se séparer. Prenez la lanterne avec vous, Buncle, car elle peut vous être plus nécessaire qu'à nous, et ayez soin de me renvoyer ma cassette.

Tandis que les deux piétons retournaient à Perth, Eviot exprima sa conviction que l'intelligence de Bonthron ne reviendrait jamais du choc dont la terreur l'avait frappée, et qui paraissait avoir complètement dérangé toutes les facultés de son esprit et notamment sa mémoire.

— C'est ce qui vous trompe, maître page, répondit Dwining. L'intelligence de Bonthron, telle qu'elle est, a un caractère solide. Elle vacillera de côté et d'autre, comme un pendule qu'on a mis en mouvement, et ensuite elle reprendra son centre de gravité. De toutes les facultés de notre esprit, la mémoire est celle dont l'exercice est le plus sujet à se trouver suspendu. L'ivresse et le sommeil la font également perdre, et pourtant l'ivrogne la retrouve quand les fumées du vin se dissipent, et le dormeur quand il s'éveille. La terreur produit quelquefois les mêmes effets. J'ai connu à Paris un criminel condamné à la potence, et dont la sentence fut exécutée. Quand il fut sur l'échafaud il ne montra pas un degré extraordinaire de crainte, et il agit et parla comme le font en général ceux qui se trouvent dans cette situation. Le hasard fit pour lui ce qu'un petit artifice ingénieux a fait pour l'aimable ami que nous venons de quitter. Quand on rendit son corps à ses parens le principe de la vie n'était pas encore entièrement éteint en lui, et j'eus la bonne fortune de la rallumer. Mais quoiqu'il eût recouvré toutes ses facultés physiques, à peine se souvenait-il de son procès et de sa sentence. Il n'avait pas la moindre idée... hé! hé! hé! de s'être confessé le matin de son exécution. Mon revenant n'avait pas le plus léger souvenir d'être sorti de sa prison, d'avoir été conduit sur la Grève, où il avait été pendu; d'avoir... hé! hé! hé! édifié par un discours dévot un si grand nombre de bons chrétiens, ni d'avoir monté l'échelle, ni d'avoir fait le saut fatal. Cependant... Mais voici l'endroit où nous devons nous séparer, car il ne serait pas à propos qu'on nous trouvât ensemble, si nous venions à rencontrer la garde ; et il serait même prudent de ne pas rentrer dans la ville par la même porte. Ma profession m'offre une excuse pour aller et venir de nuit comme de jour ; et je suppose que s'il en est besoin vous trouverez aussi quelque prétexte pour justifier votre course nocturne.

— Ma volonté sera une justification que je rendrai suffisante si je suis interrogé, répondit le jeune homme avec hauteur ; cependant j'éviterai toute rencontre si la chose est possible. La lune est couverte de nuages, et la route est aussi noire que la gueule d'un loup

— Bien ! bien ! dit Dwining, ne vous en inquiétez pas, nous aurons à marcher avant qu'il soit peu dans des chemins encore plus noirs.

Sans demander l'explication de cette phrase de mauvais augure, et presque sans l'avoir écoutée, attendu son caractère hautain et insouciant, le page de Ramorny se sépara de son subtil mais dangereux compagnon, et chacun d'eux se mit en marche d'un côté différent.

CHAPITRE XXV.

« L'amour véritable est un fleuve dont le cours
« n'est jamais tranquille. »

Les pressentimens fâcheux de notre armurier ne l'avaient pas trompé. Lorsque le bon Glover, après que l'événement du combat judiciaire eut été décidé, se fut séparé de celui dont il voulait faire son gendre, il reconnut, comme à la vérité il s'y était attendu, que sa fille n'était pas dans des dispositions favorables à son amant. Mais quoiqu'il s'aperçût que Catherine était froide, réservée, sérieuse ; qu'elle avait l'air d'avoir banni de son sein toutes les passions humaines et qu'elle écoutait avec une tiédeur qui allait jusqu'au mépris la relation la plus brillante qu'il pût faire du combat qui avait eu lieu dans Skinners' Yards, il résolut de ne point paraître faire attention au changement survenu dans ses manières, mais de lui parler de son mariage avec Henry comme d'un événement qui devait nécessairement arriver. Enfin quand elle commença, comme dans une première occasion, à lui déclarer que son attachement pour Henry Smith n'excédait pas les bornes de l'amitié; qu'elle était bien déterminée à ne jamais se marier; que le prétendu combat judiciaire était une insulte à la volonté divine et aux lois humaines, le gantier prit assez naturellement de l'humeur.

— Je ne puis lire dans tes pensées, ma fille, lui dit-il, et je ne saurais deviner d'après quelle illusion inconcevable tu embrasses un amant déclaré, tu lui permets de t'embrasser, tu cours chez lui quand le bruit de sa mort se répand, et tu te jettes dans ses bras quand tu l'y trouves seul. Tout cela est fort bien dans une fille disposée à obéir à ses parens et à contracter un mariage qui a obtenu la sanction de son père; mais de tels gages d'intimité accordés à un homme qu'elle ne peut aimer et qu'elle est résolue à ne pas épouser, sont contraires aux convenances et même à la bienséance. Tu as déjà été plus prodigue de tes faveurs pour Henry Smith que ta mère, à qui Dieu fasse paix! ne l'a jamais été pour moi avant que je l'épousasse. Je te dis, Catherine, que se jouer ainsi de l'amour d'un honnête homme, c'est une conduite que je ne puis, ni ne veux, ni ne dois endurer. J'ai donné mon consentement à ce mariage, et j'insiste pour qu'il ait lieu sans délai et que tu reçoives Henry Smith demain matin comme un homme dont tu dois être la femme sans attendre plus long-temps.

— Un pouvoir plus puissant que le vôtre s'y oppose, mon père.

— C'est ce que nous verrons. Mon pouvoir est légitime; c'est celui d'un père sur sa fille et sur une fille qui s'est fourvoyée. Les lois divines et humaines m'accordent l'autorité.

— En ce cas, que le ciel nous protége! car si vous vous opiniâtrez dans votre résolution, nous sommes tous perdus.

— Nous n'avons pas à attendre de secours du ciel, Catherine, quand nous agissons avec indiscrétion. Je suis assez clerc pour savoir cela, et il n'y a pas un prêtre qui ne vous informe que votre résistance sans motif à ma volonté est un péché. Mais il y a quelque chose de plus encore : vous avez parlé en termes de mépris de l'appel au jugement de Dieu par l'épreuve du combat judiciaire. Prenez-y garde, la sainte Église a pris l'éveil ; elle garde son bercail, et elle est disposée à employer le fer et le feu pour extirper l'hérésie ; je vous en avertis.

Catherine fit entendre une exclamation qu'elle retint à demi, et faisant un effort sur elle-même pour prendre un air calme, elle promit à son père que s'il voulait remettre au lendemain matin la discussion de ce sujet, elle aurait le temps de se préparer à lui faire l'aveu complet de tous ses sentimens.

Simon Glover fut obligé de se contenter de cette promesse, quoique le retard apporté à cette explication le laissât plongé dans une extrême inquiétude. Ce ne pouvait être ni légèreté ni inconstance qui portât sa fille à agir avec une inconséquence en apparence si manifeste à l'égard de l'homme qu'il lui avait choisi pour époux, et qu'elle avait tout récemment et d'une manière si peu équivoque reconnu comme étant aussi l'objet de son propre choix. Quelle force étrangère pouvait-il donc exister, et assez puissante pour changer la résolution qu'elle avait décidément exprimée moins de vingt-quatre heures auparavant? C'était là un mystère inexplicable pour lui.

— Mais je serai aussi opiniâtre qu'elle peut l'être, pensa le gantier, et elle épousera Henry Gow sans plus de délai, ou elle donnera au vieux Simon Glover une excellente raison pour s'en dispenser.

Cette conversation ne se renouvela point dans le cours de la soirée; mais le lendemain matin, à l'instant où le soleil se levait, Catherine vint s'agenouiller près du lit sur lequel son père dormait encore. Son cœur battait comme s'il eût voulu briser sa poitrine, et ses larmes tombèrent sur le visage de Simon. Le bon vieillard s'éveilla, leva les yeux sur elle, lui traça sur le front le signe de la croix, et l'embrassa avec affection.

— Je t'entends, Kate, lui dit-il; tu viens à confesse, et je me flatte que c'est avec le dessein d'éviter une forte pénitence par ta sincérité.

Catherine garda le silence un instant.

— Je n'ai pas besoin de vous demander, mon père, si vous vous rappelez le père Clément. Vous avez assisté si souvent à ses sermons et à ses instructions, qu'on disait, comme vous ne pouvez l'ignorer, que vous étiez un de ceux qu'il avait convertis. On en disait souvent autant de moi, et c'était avec plus de justice.

— Je sais tout cela, dit le vieillard en s'appuyant sur le coude; mais je défie la mauvaise renommée de prouver que j'aie jamais approuvé une proposition hérétique, quoique j'aimasse à l'entendre parler de la corruption du clergé, du mauvais gouvernement de la noblesse et de l'ignorance du bas peuple, parce qu'il me semblait que c'était démontrer que la vertu, la force et les qualités dignes d'estime se trouvaient dans la première classe de la bourgeoisie, ce que je regarde comme une doctrine saine et honorable pour la ville. Mais s'il prêchait une autre doctrine que la bonne, pourquoi les supérieurs de son couvent le souffraient-ils? Si les bergers jettent au milieu de leur troupeau un loup revêtu de la peau d'un mouton, ils ne doivent pas reprocher aux brebis de se laisser dévorer.

— Ils souffrirent ses prédications, dit Catherine; ils les encouragèrent même tant que les vices des laïques, les querelles des nobles et les actes d'oppression des puissans furent les objets de sa censure; et ils se réjouirent de voir la foule abandonner les églises des autres couvens pour se porter dans la leur; mais les hypocrites, car ce sont des hypocrites, se joignirent aux autres moines pour accuser d'hérésie leur prédicateur Clément lorsque, après avoir déclamé contre les crimes des grands, il commença à reprocher aux hommes d'église eux-mêmes leur orgueil, leur ignorance, leur luxure, leur ambition, l'empire qu'ils usurpent sur la conscience de leurs semblables, et leur soif insatiable pour acquérir les richesses du monde.

— Pour l'amour de Dieu! Catherine, parlez plus bas; vous élevez la voix de plus en plus; vos discours prennent un ton d'amertume; vos yeux étincellent; c'est grace à ce zèle pour ce qui ne vous regarde pas plus que les autres, que des malveillans vous donnent le nom odieux et dangereux d'hérétique.

— Vous savez que je ne dis que la vérité, mon père, et vous en avez dit autant vous-même plus d'une fois.

— Non, de par l'aiguille et la peau de chamois! s'écria vivement le gantier. Voudrais-tu que j'avouasse ce qui peut me coûter la vie et les membres, ma maison et mon argent? car une commission a été nommée pour arrêter et juger les hérétiques à qui l'on attribue tous les tumultes, tous les désordres qui ont eu lieu depuis quelque temps; c'est pourquoi, moins on parle, plus on est sage. J'ai toujours approuvé l'avis de l'ancien ménestrel qui disait:

> Pensez tout ce que vous voudrez,
> Mais songez bien à ce que vous direz.

— Cet avis vient trop tard, mon père, dit Catherine en se laissant tomber sur une chaise près du lit de Glover; vous avez parlé, vous avez été entendu, et Simon Glover, bourgeois de Perth, est accusé de s'être exprimé avec irrévérence en parlant des doctrines de la sainte Église, et...

— Aussi vrai que je vis de l'aiguille et du découpoir, c'est un mensonge. Je n'ai jamais parlé de ce qui est au-dessus de la portée de mon entendement.

— Et d'avoir calomnié les membres du clergé, tant séculier que régulier.

— A cet égard je ne nierai jamais ce qui est vrai. Je puis en avoir parlé un peu légèrement en vidant une pinte de bière ou un flacon de vin; mais toujours en compagnie sûre, car ma langue est trop prudente pour mettre ma tête en danger.

— Vous le croyez ainsi, mon père ; mais vos moindres mots ont été rapportés, vos discours les plus innocens ont été envenimés, et vous êtes accusé d'avoir pris l'Église et les hommes d'église pour l'objet de vos railleries grossières, et de vous être égayé à leurs dépens avec des gens déréglés et dissolus, tels que feu Olivier Proudfute, Henry l'armurier et autres, qu'on représente comme adoptant les doctrines du père Clément, qui est accusé de sept chefs d'hérésie, et qu'on cherche partout pour le condamner à mort. Mais, ajouta-t-elle en levant les yeux vers le ciel dans l'attitude d'une de ces belles saintes que la religion catholique a donnée aux beaux-arts, ils n'y réussiront jamais ! Il a échappé aux filets de l'oiseleur, et graces en soient rendues au ciel, c'est moi qui lui en ai procuré les moyens.

— Toi ! s'écria le gantier avec surprise ; as-tu perdu l'esprit, Catherine ?

— Je ne nierai jamais ce qui fait ma gloire. C'est moi qui ai engagé Conachar à venir ici avec quelques-uns de ses compagnons pour emmener ce vieillard, et il est maintenant en sûreté bien loin dans les montagnes.

— Fille téméraire ! fille mal avisée ! as-tu osé faciliter la fuite d'un homme accusé d'hérésie ; appeler des montagnards dans la ville ; les exciter à intervenir dans l'administration de la justice ? Hélas ! tu as violé les lois du royaume comme celles de l'Église ! Que deviendrions-nous si cela était connu ?

— Cela est connu, mon père, dit Catherine d'un ton ferme, connu de ceux qui montreront le plus d'empressement à punir cette bonne action.

— Tu te trompes, ma fille, tu te trompes ; c'est quelque sotte idée que t'ont mise dans la tête ces moines rusés ou ces cajoleuses de nonnes. Cela ne s'accorde pas avec la disposition où tu paraissais être tout récemment d'épouser Henry Smith.

— Hélas ! mon père, rappelez-vous la consternation cruelle dans laquelle m'avait jetée le bruit de sa mort ; la surprise, la joie dont j'ai été transportée en le voyant vivant, et vous ne serez pas étonné que je me sois permis, sous votre protection, d'aller plus loin que mes réflexions plus calmes ne l'ont approuvé. Mais alors je ne savais pas encore tout, et je croyais que je m'exagérais le danger; hélas! j'ai été cruellement détrompée. Hier, l'abbesse vint ici elle-même accompagnée du dominicain. Ils me montrèrent la commission revêtue du grand sceau d'Écosse pour informer contre l'hérésie et pour la punir; ils me firent voir votre nom et le mien sur une liste de personnes suspectes, et ce fut avec des larmes, avec des larmes véritables que l'abbesse me conjura de me soustraire à un destin épouvantable en entrant sans délai dans le cloître; et le moine me donna sa parole que si j'y consentais vous ne seriez pas inquiété.

— Les crocodiles! s'écria le gantier; que le diable les emporte tous deux!

— Hélas! mon père, les plaintes et les emportemens ne peuvent guère nous servir! Mais vous voyez que je n'ai eu que trop de raisons pour me livrer aux alarmes.

— Aux alarmes! c'est une ruine complète! Hélas! ma pauvre enfant, où était votre prudence quand vous vous êtes jetée la tête la première dans un pareil piége!

— Écoutez-moi, mon père, il nous reste encore un moyen de sûreté; et souvenez-vous que c'est un parti que j'ai souvent eu dessein de prendre, ce dont je vous ai inutilement demandé la permission.

— J'entends fort bien; le couvent. Mais quelle abbesse ou quelle prieure oserait...

— Je vais vous l'expliquer, mon père; et vous apprendrez en même temps quelles sont les causes qui m'ont fait paraître chancelante dans mes résolutions, au point de m'attirer vos reproches et ceux des autres. Le vieux père Francis, le dominicain que j'ai pris pour confesseur par votre ordre....

— Sans doute, et je l'ai conseillé et ordonné pour faire tomber le bruit qui courait que ta conscience était entièrement sous la direction du père Clément.

— Eh bien ! ce père Francis m'engagea différentes fois à converser avec lui de différens objets sur lesquels il regardait comme probable que le père Clément m'aurait donné quelques instructions. Que le ciel me pardonne mon aveuglement ! Je tombai dans le piége, je lui parlai librement, et comme il me répondait avec douceur et en homme qui semblait désirer d'être convaincu par de bons raisonnemens, je m'exprimai avec chaleur pour défendre les points de ma croyance. Le père Francis ne se montra sous ses traits véritables et ne me laissa voir ses secrets desseins que lorsqu'il eut tiré de moi tout ce que j'avais à lui dire. Alors il me menaça d'une punition temporelle et des peines de l'éternité. Si ses menaces n'eussent été dirigées que contre moi, j'y aurais opposé de la fermeté, car j'aurais su endurer la cruauté des persécuteurs sur la terre, et je ne crois pas à leur pouvoir sur nous au-delà de cette vie.

— Pour l'amour du ciel ! dit le gantier qui était presque hors de lui en voyant augmenter le danger que courait sa fille à chaque mot qu'elle prononçait, prends bien garde de blasphémer contre la sainte Église, dont le bras est aussi prompt à frapper que ses oreilles sont habiles à entendre.

— La terreur des châtimens dont j'étais menacée, continua Catherine en levant encore les yeux vers le ciel, n'aurait eu guère d'influence sur moi. Mais quand ils parlèrent de vous impliquer dans la même accusation, j'avoue que je tremblai et que je désirai accepter le compromis qu'on m'offrait. La mère Marthe, abbesse du couvent d'Elcho, étant parente de ma mère, je lui contai ma détresse, et elle me promit de me recevoir dans son monastère, si renonçant à tout amour mondain, à toute pensée de mariage, je voulais y prendre le voile. Je ne doute pas qu'elle n'eût eu une conversation à ce sujet avec le père Francis, car tous deux me chantèrent la même chanson : — Reste dans le monde, et ton père et toi vous serez mis en jugement comme hérétiques. Prends le voile, et les erreurs de l'un et de l'autre seront pardonnées et oubliées. Ils ne me parlèrent même pas d'abjurer des erreurs de doctrine ; une paix complète doit être la suite de mon entrée dans le couvent.

— Je n'en doute pas, je le crois sans peine. Le vieux Glover passe pour riche, et sa fortune suivrait sa fille au couvent d'Elcho, sauf ce que les dominicains pourraient en réclamer pour leur part. Et voilà quelle est ta vocation au cloître! voilà quelles sont tes objections contre Henry Smith!

— Véritablement, mon père, tout s'est réuni pour m'engager à prendre ce parti, et je n'y avais moi-même aucune répugnance. Sir John Ramorny m'a menacée d'une vengeance terrible de la part du jeune prince, si je résistais plus longtemps à ses sollicitations criminelles. Et quant au pauvre Henry, ce n'est que tout récemment que j'ai découvert que l'amour que m'inspirent ses bonnes qualités est plus fort que l'éloignement que font naître en moi ses défauts. Hélas! je n'ai fait cette découverte que pour quitter le monde avec plus de regret que je n'aurais cru pouvoir en éprouver.

Elle appuya sa tête sur sa main et pleura amèrement:

— Tout cela n'est que de la folie, dit Glover. Jamais un homme sage ne s'est trouvé dans une extrémité assez désespérée pour ne pouvoir trouver un bon parti à prendre, si la hardiesse ne lui manque pas. Nous ne sommes pas ici dans un pays et parmi un peuple que les prêtres puissent gouverner au nom de Rome sans qu'on mette des bornes à leurs usurpations. S'ils doivent faire pendre tout honnête bourgeois qui dit que les moines aiment l'or, et qu'il s'en trouve parmi eux quelques-uns dont la vie fait honte à la doctrine qu'ils prêchent, sur ma foi, Smotherwell ne manquera pas de besogne. Et s'il faut séquestrer du monde toutes les jeunes folles qui se laissent égarer par les sermons d'un prédicateur qui a la vogue, il faut agrandir les couvens et y recevoir les novices à meilleur marché. Nos bons monarques autrefois ont souvent défendu nos priviléges contre le pape même; et quand il prétendit intervenir dans le gouvernement temporel du royaume, il se trouva un parlement écossais qui lui rappela ses devoirs dans une lettre qui aurait dû être écrite en caractères d'or. J'ai vu moi-même cettre épître, et quoique je ne pusse pas la lire, la vue des sceaux des révérends prélats et des nobles et fidèles barons qui y étaient attachés a fait tressaillir mon cœur de joie. Tu n'aurais pas dû me cacher ce secret si long-temps, ma fille; mais ce n'est pas le moment de te reprocher ta faute. Va me préparer à déjeuner : je monterai à cheval sur-le-champ, j'irai trouver notre lord-prévôt, je lui demanderai son avis et sa protection, que j'obtiendrai, j'espère, ainsi que celle des autres braves nobles écossais qui ne souffriront pas qu'on opprime un bon bourgeois pour quelques mots prononcés à la légère.

— Hélas! mon père, c'était cette impétuosité même que je redoutais. Je savais que si je vous adressais mes plaintes vous prendriez feu sur-le-champ, et vous seriez prêt à susciter quelque querelle, comme si la religion que nous devons au Père de la paix ne nous avait été donnée que pour devenir une Mère de discorde. Plutôt que d'en venir là je pourrais, même encore à présent, renoncer au monde et me retirer avec mon chagrin dans le couvent d'Elcho, si vous vouliez consentir à ce sacrifice. Seulement, mon père, consolez le pauvre Henry quand nous serons séparés pour toujours. Qu'il ne pense pas à moi avec trop de mécontentement. Dites-lui que Catherine ne l'importunera plus par ses remontrances, mais qu'elle ne l'oubliera jamais dans ses prières.

— Cette fille a une langue qui ferait pleurer un Sarrasin, dit Simon, dont les yeux étaient aussi humides que ceux de sa fille. Mais je ne céderai pas à ce complot tramé entre une nonne et un moine pour me dérober ma seule enfant. Descends, te dis-je, laisse-moi m'habiller, et prépare-toi à m'obéir en tout ce que j'aurai à t'ordonner pour ta sûreté. Fais un paquet de quelques vêtemens et de ce que tu as de plus précieux. Tiens, voici les clefs de la caisse de fer dont le pauvre Henry Smith m'a fait présent; fais deux portions égales de l'or que tu y trouveras, mets-en l'une dans une bourse que tu garderas et place l'autre dans la ceinture rembourrée que je me suis faite pour la porter dans mes voyages. Par ce moyen nous ne serons au dépourvu ni l'un ni l'autre si le destin venait à nous séparer ; et en ce cas fasse le ciel que l'ouragan souffle sur la feuille desséchée et épargne celle qui est encore verte ! Fais seller mon cheval sur-le-champ ainsi que le genet blanc que je t'ai acheté il n'y a que vingt-quatre heures, espérant te le voir monter bientôt pour te rendre à l'église de Saint-Jean au milieu des filles et des femmes de la ville, mariée aussi joyeuse qu'on en ait jamais vu passer sur le seuil de la porte de ce saint édifice. Mais à quoi bon tant parler? dépêche-toi, et n'oublie pas que les saints aident ceux qui sont disposés à s'aider eux-mêmes. Pas un mot de réponse ! obéis-moi ; ce n'est pas le moment d'avoir des volontés. Pendant le calme le pilote souffre qu'un mousse s'amuse avec le gouvernail ; mais, sur mon ame ! quand le vent siffle et que les vagues s'élèvent, il tient la barre lui-même. Retire-toi donc, et point de réplique.

Catherine sortit de la chambre pour exécuter aussi bien qu'elle le put les ordres de son père : car quoique naturellement doux, et aimant passionnément sa fille ; quoiqu'il souffrît souvent, à ce qu'il paraît, qu'elle fût maîtresse de ses volontés et qu'elle influât même sur les siennes, cependant elle savait qu'il avait coutume d'exiger l'obéissance filiale, et de faire valoir les droits de l'autorité paternelle assez strictement lorsque l'occasion lui semblait demander de maintenir la rigueur de la discipline domestique.

Tandis que la belle Catherine s'occupait à exécuter les ordres de son père et que le bon Glover s'habillait à la hâte, en homme pressé de se mettre en voyaye, on entendit dans la rue étroite le bruit de la marche d'un cheval. Le cavalier était enveloppé d'un grand manteau, dont un des pans croisé sur l'autre était relevé de manière à lui couvrir le bas du visage, tandis que sa toque enfoncée sur ses sourcils et un large panache retombant sur ses yeux en cachaient la partie supérieure. Il sauta à bas de cheval, et Dorothée avait à peine eu le temps de lui répondre que son maître était dans sa chambre à coucher, que l'étranger, montant rapidement l'escalier, entra dans l'appartement de Glover. Simon, surpris et alarmé d'une visite faite de si grand matin, était disposé à voir dans cet inconnu un huissier ou un appariteur arrivant pour l'arrêter lui et sa fille. Il se trouva donc fort soulagé quand l'étranger, ôtant sa toque et baissant le manteau qui lui cachait le bas du visage, lui montra les traits du digne chevalier prévôt de la Belle Ville, visite qui dans tous les temps était une faveur peu ordinaire, mais qui à une telle heure, et dans les circonstances du moment, avait quelque chose de merveilleux ou plutôt d'alarmant.

— Sir Patrice Charteris, s'écria le gantier ; cet honneur accordé à votre humble serviteur...

— Paix, dit le chevalier; ce n'est pas l'instant de songer à des civilités puériles. Je suis venu, parce que dans les occasions difficiles on ne peut trouver un page plus sûr que soi-même, et je ne puis rester que le temps nécessaire pour vous avertir, bon Simon Glover, qu'il faut que vous preniez la fuite sur-le-champ ; car le conseil doit délivrer aujourd'hui des mandats d'arrêt contre vous et votre fille, comme accusés d'hérésie, et le moindre délai vous coûterait certainement la liberté et peut-être la vie.

— J'en ai entendu dire quelque chose, répondit le gantier, et j'allais partir pour Kinfauns pour vous assurer que cette accusation scandaleuse tombe sur un innocent, demander les avis de Votre Seigneurie et implorer sa protection.

— Votre innocence ne vous sera pas de grande utilité devant des juges prévenus, ami Simon ; mon avis est donc que vous preniez la fuite et que vous attendiez des temps plus heureux. Quant à ma protection, il faut attendre que le vent change avant qu'elle puisse vous être utile. Le clergé en se liguant avec le duc d'Albany dans une intrigue de cour, et en représentant la décadence de la pureté de la foi catholique comme la seule cause de toutes nos infortunes nationales, a obtenu sur le roi un ascendant qui est irrésistible, du moins dans le moment actuel ; mais si vous pouvez rester caché quelques jours, peut-être quelques semaines, je ne doute guère que pendant cet intervalle ce parti ne reçoive un échec. En attendant cependant, sachez que le roi Robert non-seulement a donné l'ordre général de faire une enquête contre l'hérésie, mais qu'il a confirmé la nomination faite par le pape de Robert de Wardlaw comme archevêque de Saint-André et primat d'Écosse, cédant ainsi à Rome ces libertés et ces priviléges de l'église écossaise que ses ancêtres depuis le temps de Malcolm Canmore avaient si courageusement défendues, eux qui auraient souscrit un concordat avec le diable plutôt que de céder aux prétentions de Rome dans une pareille affaire.

— Hélas! et quel remède à ce mal?

— Aucun, si ce n'est quelque changement soudain à la cour. Le roi n'est guère qu'un miroir qui, n'ayant pas de lumière par lui-même, réfléchit indifféremment celle que le moment présente devant sa surface. Or, quoique Douglas soit uni à Albany, cependant le comte ne voit pas de bon œil les prétentions excessives de ces moines impérieux, et il a eu une querelle avec eux relativement aux exactions commises par sa suite dans l'abbaye d'Arbroath. Il reviendra bientôt plus puissant que jamais, car le bruit court que le comte de March a pris la fuite devant lui. Quand il sera de retour, la face des choses changera, et sa présence contiendra Albany d'autant plus qu'un grand nombre de nobles et moi, je vous le dis en confidence, nous avons résolu de nous liguer avec le comte pour défendre les droits du royaume. Votre exil finira donc avec son retour à la cour, et vous n'avez besoin que de chercher un asile temporaire.

— Quant à cela, milord prévôt, je ne suis point embarrassé, car j'ai de justes droits à la protection d'un puissant montagnard, de Gilchrist Mac Ian, chef du clan de Quhele.

— Si vous pouvez tenir le bout de son manteau, vous n'avez plus besoin de l'aide de personne. Ni laïque ni membre du clergé ne se hasarderait à aller mettre à exécution un mandat d'arrêt dans l'intérieur des montagnes.

— Mais ma fille, milord prévôt! ma Catherine!

— Emmenez-la avec vous. Le pain de graddan[1] entretien-

---

(1) Farine de grain grillé. — Tr.

dra la blancheur de ses dents ; le lait de chèvre fera reparaître sur ses joues les couleurs que toutes ces alarmes commençaient à en bannir, et la Jolie Fille de Perth elle-même peut trouver un coucher assez doux sur un lit de fougère des montagnes.

— Ce ne sont point de semblables bagatelles qui me font hésiter, sir Patrice. Catherine est fille d'un simple bourgeois, et elle ne connaît la recherche ni dans sa nourriture ni dans son coucher. Mais le fils de Mac Ian a passé plusieurs années dans ma maison, et je suis obligé de dire qu'il regardait ma fille (qui est en quelque sorte fiancée) d'une manière qui, quoiqu'elle m'inquiétât peu dans Curfew-Street, ne me laisserait pas sans crainte dans une vallée des montagnes où je n'ai pas d'ami et où Conachar en a un grand nombre.

Le prévôt répondit par un sifflement prolongé.

— Whew! whew! ! En ce cas, je vous conseille de l'envoyer au couvent d'Elcho. Vous avez quelque relation de parenté avec l'abbesse, si je ne me trompe; oui, elle me l'a dit elle-même, en ajoutant qu'elle aimait beaucoup sa jeune parente et tout ce qui vous appartient, Simon.

— Sur ma foi, milord, je crois véritablement que l'abbesse a tant d'égards pour moi qu'elle recevrait bien volontiers dans son couvent ma fille et tous les biens qui m'appartiennent : mais son affection a quelque chose de tenace, et elle aurait de la peine à se décider à en laisser sortir ni ma fille ni mon argent.

— Whew! whew! siffla encore le prévôt. Par la Croix de Thane! Simon, voilà un écheveau difficile à dévider. Mais il ne sera jamais dit que la plus jolie fille de la Belle Ville ait été enfermée dans un couvent comme une poule dans une mue, et quand elle est à la veille d'épouser le brave bourgeois Henri Smith. Non, il n'en sera rien tant que je porterai le baudrier et les éperons, et qu'on m'appellera prévôt de Perth.

— Mais quel remède, milord?

(1) Véritable onomatopée anglaise pour imiter le son qu'on produit en sifflant. — Éᴅ.

— Il faut que nous prenions tous notre part du risque. Montez à cheval, vous et votre fille, et venez avec moi. Nous verrons qui sera assez hardi pour vous regarder de travers. Le mandat ne vous a pas encore été signifié, et si l'on envoie un appariteur à Kinfauns sans un ordre signé de la propre main du roi, par l'ame du Corsaire Rouge! je lui ferai avaler le parchemin et le sceau. A cheval! à cheval! — Et vous aussi, ma jolie fille, dit-il à Catherine qui entrait en ce moment, à cheval, et partons sur-le-champ!

En une minute ou deux le père et la fille furent à cheval. Ils partirent, et par le conseil du prévôt, ils se tinrent toujours à une portée de flèche en avant de lui pour ne pas avoir l'air d'être en sa compagnie. Ils franchirent avec quelque hâte la porte de l'Orient, et ils continuèrent à marcher du même train jusqu'à ce qu'ils fussent hors de vue. Sir Patrice les suivait plus lentement; mais quand les gardes de la ville ne purent plus l'apercevoir, il donna un coup d'éperon à son coursier, et il eut bientôt rejoint Glover et sa fille. La conversation qui s'ensuivit alors jetera du jour sur quelques passages précédens de cette histoire.

CHAPITRE XXVI.

— J'ai imaginé un moyen, dit le prevôt bien intentionné, par lequel je puis vous mettre à l'abri de la méchanceté de vos ennemis pendant une semaine ou deux, car je ne doute guère que d'ici à cette époque il ne survienne de grands changemens à la cour. Mais pour que je puisse mieux juger de ce qu'il convient de faire, dites-moi franchement, Simon, quelle est la nature de vos liaisons avec Gilchrist Mac Ian, et quel motif vous avez pour lui accorder une si entière confiance. Vous observez exactement les ordonnances de la ville, et vous savez qu'elles prononcent des peines très sévères contre les bourgeois qui auraient des relations et des correspondances avec les clans des montagnes.

— C'est la vérité, milord ; mais vous savez aussi que notre profession ne pouvant rien faire sans peaux de daims, de chevreuils, et cuirs de toute espèce, il existe une exception en faveur de ceux qui l'exercent, et qu'il leur a été permis de trafiquer avec ces montagnards, parce que ce sont eux qui peuvent nous fournir le plus aisément les matières premières du commerce que nous faisons, au grand avantage de la ville. C'est ainsi que j'ai conclu avec eux de grandes affaires ; et je puis dire sur mon salut qu'on ne trouverait nulle part des gens exerçant le commerce d'une manière plus juste et plus honorable, ou avec qui il soit plus facile de faire un marché avantageux. J'ai entrepris de mon temps plusieurs voyages bien loin dans leurs montagnes, comptant sur la bonne foi de leurs chefs, et je n'ai jamais vu personne qui tînt mieux sa parole, si vous pouvez obtenir qu'ils vous la donnent. Quant au chef du clan de Quhele, Gilchrist Mac Ian, si ce n'est qu'il est un peu trop prompt à employer le fer et le feu contre ceux avec qui il est en querelle, je ne connais pas un homme qui ait plus de justice et de droiture.

— C'est plus que je n'en ai jamais entendu dire, Simon ; et cependant je connais un peu aussi ces bandits montagnards.

— Ils agissent d'une manière différente, et fort différente à l'égard de leurs ennemis, milord, comme Votre Seigneurie doit le comprendre. Quoi qu'il en soit, il m'est arrivé de rendre service à Gilchrist Mac Ian dans une affaire importante. Il y a environ dix-huit ans, le clan de Quhele et celui de Chattan étant en guerre, — et il est rare qu'ils soient en paix, — le premier subit une telle défaite que la famille de son chef Mac Ian fut presque détruite. Sept de ses fils furent tués, soit les armes à la main, soit après le combat ; il fut lui-même obligé de prendre la fuite, et son château fut pris et livré aux flammes. Sa femme alors sur le point d'accoucher s'enfuit dans les bois avec sa fille et un fidèle serviteur. Là, au milieu d'assez de chagrins et d'inquiétudes, elle donna le jour à un fils, mais comme sa malheureuse situation la mettait hors d'état de l'allaiter, il fut nourri du lait d'une biche que le serviteur qui l'avait accompagnée réussit à prendre vivante dans un piége. Quelques mois après, dans un autre combat entre ces deux clans belliqueux, Mac Ian défit ses ennemis à son tour, et il se remit en possession du canton qu'il avait perdu. Ce fut avec un transport de joie qu'il apprit que sa femme et son fils vivaient encore, ne s'étant jamais attendu à en revoir que les ossemens abandonnés par les loups et les chats sauvages.

Mais un préjugé général et fortement enraciné, tel qu'en conçoivent souvent ces hommes à demi barbares, empêcha leur chef de jouir pleinement du bonheur qu'il avait de voir en sûreté le seul fils qui lui restât. Une ancienne prophétie annonçait que leur clan verrait tomber son pouvoir par le moyen d'un enfant qui naîtrait sous un buisson de houx et qui boirait le lait d'une biche blanche. Or, malheureusement pour Gilchrist, cette double circonstance avait marqué la naissance de son fils, et les anciens du clan demandèrent que l'enfant fût mis à mort, ou que du moins il fût éloigné du pays et élevé dans l'obscurité. Gilchrist Mac Ian fut obligé de consentir à cette demande, et ayant choisi la dernière alternative, il me confia ensuite l'enfant, sous le nom de Conachar, pour l'élever dans ma famille, dans le dessein du moins alors de lui laisser ignorer qui il était et les droits qu'il avait à l'autorité sur un peuple nombreux et guerrier. Mais les années s'écoulant, les anciens du clan qui avaient forcé en quelque sorte Gilchrist à adopter cette mesure moururent ou devinrent incapables, attendu leur vieillesse, d'intervenir dans les affaires publiques. D'une autre part l'influence de Mac Ian sur sa tribu augmenta par suite des victoires qu'il remporta sur le clan de Chattan, et qui rétablirent entre les deux confédérations ennemies l'égalité qui avait existé entre elles avant la défaite sanglante dont j'ai parlé à Votre Honneur. Voyant donc son autorité raffermie, il commença naturellement à désirer de rappeler son fils unique près de lui, et de lui rendre sa place dans sa famille. Dans ce dessein il fit venir plusieurs fois dans ses montagnes son fils Conachar, comme on l'appelait. C'était un jeune homme dont la taille et la bonne mine étaient faites pour gagner le cœur d'un père; et je suppose qu'enfin il devina le secret de sa naissance, ou qu'on lui en apprit quelque chose; car le dégoût que ce fier montagnard avait toujours montré pour mon honnête métier devint plus manifeste que jamais, de sorte que je n'osais secouer son pourpoint avec mon bâton, de crainte de recevoir de lui un coup de poignard, comme une réponse en sa langue à une observation faite en écossais. Ce fut alors que je désirai être débarrassé de lui, d'autant plus qu'il avait trop d'attention pour Catherine, qui s'était mise à laver la tête d'un nègre en donnant à un montagnard sauvage des leçons de morale et de merci. Elle sait elle-même le profit qu'il a en tiré.

— Mais, mon père, dit Catherine, c'était sûrement un acte de charité que de vouloir retirer un tison du feu.

— Ce n'en était pas un de grande sagesse que de risquer de vous y brûler les doigts pour cela. — Qu'en dit Votre Seigneurie?

— Ma Seigneurie ne voudrait pas offenser la Jolie Fille de Perth, répondit sir Patrice. Je connais parfaitement la candeur et la pureté de son ame; et cependant il faut que je dise que si ce nourrisson d'une biche avait eu la peau basanée, les yeux hagards, les cheveux roux et la tournure gauche de quelques montagnards que j'ai connus, je doute que la Jolie Fille de Perth eût montré autant de zèle pour sa conversion : et si Catherine eût été aussi vieille, aussi ridée et aussi voûtée que la femme qui m'a ouvert votre porte ce matin, je gagerais mes éperons d'or contre une paire de brodequins de montagnard que ce daim sauvage n'aurait pas écouté deux fois ses instructions. — Vous riez, Glover, et Catherine rougit de ressentiment; — n'importe, c'est la marche ordinaire des choses de ce monde.

— C'est du moins la manière dont les hommes du monde

jugent leurs semblables, milord, dit Catherine avec quelque chaleur.

— Allons, belle sainte, pardonnez une plaisanterie, dit sir Patrice; et vous, Simon, dites-nous comment finit cette histoire. — Conachar vous quitta, et s'enfuit dans ses montagnes, je suppose?

— Il retourna dans son pays, répondit le gantier. Depuis deux ou trois ans je voyais rôder dans les environs de Perth un drôle, une espèce de messager qui allait et venait sans cesse sous différens prétextes, mais qui dans le fait était l'agent de relations entretenues par Gilchrist Mac Ian avec son fils le jeune Conachar, ou Hector, comme on l'appelle aujourd'hui. J'appris de ce vagabond en termes généraux que la sentence de bannissement du Dault an Neigh Dheil, c'est-à-dire du fils de lait de la biche blanche, avait été remise en délibération. Son père de lait Torquil du Chêne, ancien forestier, parut dans l'assemblée avec ses huit fils, les plus beaux hommes de tout le clan, et demanda que cette sentence fût révoquée. Il obtint d'autant plus de crédit qu'il était lui même Taishatar, c'est-à-dire qu'il avait la seconde vue, et qu'on le supposait en communication avec le monde invisible. Il affirma qu'il avait fait une cérémonie magique nommée Tin-Egan, par le moyen de laquelle il avait évoqué un esprit dont il avait tiré l'aveu que Conachar, maintenant appelé Eachin (c'est-à-dire Hector) Mac Ian, était le seul homme qui sortirait sans blessure et sans tache du combat qui allait avoir lieu entre les deux clans ennemis. Torquil du Chêne en conclut que la présence de l'individu indiqué par le destin était indispensable pour assurer la victoire. — J'en suis si bien convaincu, ajouta-t-il, qu'à moins qu'Eachin ne combatte à sa place dans les rangs du clan de Quhele, ni moi son père de lait, ni aucun de mes huit enfans, nous ne lèverons un bras dans cette querelle.

On n'entendit pas ce discours sans alarme, car la défection de neuf hommes les plus vigoureux du clan serait un coup sérieux, surtout si le combat, comme on commence à en parler, se décidait par un petit nombre de chaque côté. Les anciennes idées superstitieuses relativement au fils nourricier de la biche blanche furent contrebalancées par de nouveaux préjugés. Le père saisit cette occasion pour présenter à son clan ce fils long-temps caché, dont la jeunesse, la beauté, les traits animés, l'air fier et les membres agiles attirèrent l'admiration générale. Il fut accueilli avec joie comme fils du chef, et comme devant lui succéder malgré les présages fâcheux qui avaient accompagné et suivi sa naissance.

— D'après ce récit, milord, Votre Seigneurie doit aisément concevoir pourquoi je dois être sûr d'être bien accueilli dans le clan de Quhele, et vous pouvez aussi y trouver des raisons de juger qu'il serait fort imprudent à moi d'y conduire Catherine ; et c'est là, noble lord, la plus pesante de mes inquiétudes.

— Nous tâcherons de l'alléger, bon Glover, répondit sir Patrice Charteris, et je prendrai sur moi quelque risque pour vous et pour votre fille. Mon alliance avec Douglas me donne quelque crédit auprès de sa fille Marjory, duchesse de Rothsay, épouse délaissée de notre prince inconsidéré. Soyez bien certain, bon Glover, que votre fille sera en sûreté auprès d'elle comme si elle était dans un château-fort. La duchesse tient maintenant sa maison à Falkland, château appartenant au duc d'Albany, qui le lui a prêté pour y faire sa résidence. Je ne puis vous y promettre beaucoup de plaisir, Catherine, car la duchesse de Rothsay est malheureuse, ce qui la rend atrabilaire, hautaine et impérieuse. Elle n'a pas les attraits qui procurent le don de plaire, et par conséquent elle est jalouse des femmes qui les ont en partage. Mais sa parole est inviolable, son ame est pleine de noblesse, et si quelque prélat, si le pape lui-même se présentait chez elle pour arrêter une personne qu'elle aurait prise sous sa protection, elle le ferait jeter sans cérémonie dans les fossés de son château. Vous y serez donc en parfaite sûreté, quoique sans beaucoup d'agrément.

— Je n'ai pas le droit d'en demander davantage, dit Catherine, et je suis pénétrée de reconnaissance pour la bonté qui me procure une protection si honorable. Si elle est hautaine, je me souviendrai qu'elle est née Douglas et qu'elle a le droit d'avoir autant de fierté qu'il peut convenir à la nature humaine d'en concevoir; si elle a de l'humeur, je me souviendrai qu'elle est infortunée; si elle me fait des reproches sans raison, je n'oublierai pas qu'elle est ma protectrice. — Ne craignez rien pour moi, milord, quand vous m'aurez placée sous la protection de cette noble dame. — Mais mon pauvre père! le savoir exposé au milieu de ces hommes sauvages et dangereux!

— Ne pense pas à cela, Catherine, dit le gantier; je suis aussi familier avec les brodequins et les jupons de ces montagnards que si je les avais portés moi-même. Ma seule crainte c'est que le combat, qui doit être décisif, n'ait lieu avant mon départ d'ici; et si le clan de Quhele avait le dessous, la ruine de mes protecteurs pourrait m'être funeste.

— C'est à quoi nous prendrons garde, répartit sir Patrice; comptez que je veillerai à votre sûreté. — Mais auquel des deux partis croyez-vous que restera la victoire?

— Franchement, milord prévôt, je crois que le clan de Chattan sera battu. Ces neuf enfans de la forêt ne font guère que le tiers de la troupe d'élite qui entoure le chef du clan de Quhele, et ce sont de redoutables champions.

— Et votre apprenti, croyez-vous qu'il se comportera bien?

— Il est chaud comme le feu, sir Patrice, mais il n'a pas plus de solidité que l'eau. Cependant si la vie lui est laissée, ce sera un jour un homme brave.

— Mais quant à présent, son cœur nage encore dans le lait de la biche blanche; n'est-il pas vrai, Simon?

— Il lui manque de l'expérience, milord, et je n'ai pas besoin de dire à un honorable guerrier tel que vous qu'il faut qu'on se soit familiarisé avec le danger avant de pouvoir l'accueillir comme une maîtresse.

Cette conversation les conduisit jusqu'au château de Kinfauns, où après qu'ils eurent pris quelques rafraîchissemens il était nécessaire que le père et la fille se séparassent pour chercher chacun de leur côté leur lieu de refuge. Ce fut alors que Catherine, voyant que les inquiétudes de son père pour elle avaient effacé de son esprit tout souvenir de son ami, laissa échapper comme dans un songe le nom de Henry Gow.

— C'est vrai, c'est vrai, s'écria son père, il faut l'informer de nos projets.

— Laissez-moi ce soin, dit sir Patrice. Je ne me fierai pas à un messager; je ne lui enverrai pas une lettre, parce que quand je pourrais l'écrire il ne serait pas en état de la lire. Il aura quelque inquiétude en attendant, mais demain matin de bonne heure j'irai moi-même à Perth, et je lui apprendrai quels sont vos desseins.

Vint enfin le moment de la séparation; il était cruel, mais il fut adouci plus qu'on n'aurait pu l'espérer par le caractère mâle du vieux gantier et par la pieuse résignation de Catherine à la volonté de la Providence. Le bon chevalier pressa le départ du bourgeois, mais de la manière la plus affectueuse; il alla même jusqu'à lui offrir de lui prêter quelques pièces d'or, ce qui dans un temps où les espèces étaient si rares pouvait être regardé comme le *nec plus ultra* de l'affection. Glover le remercia en l'assurant qu'il en était amplement pourvu, et se mit en route en se dirigeant vers le nord-ouest. La protection hospitalière de sir Patrice Charteris ne se manifesta pas moins à l'égard de la Jolie Fille de Perth. Elle fut confiée aux soins d'une duègne qui avait la surintendance de la maison du chevalier, et elle fut obligée de passer plusieurs jours à Kinfauns, attendu les obstacles et les délais d'un batelier du Tay nommé Kitt Henshaw qui devait être chargé de la conduire, et en qui le prévôt avait une grande confiance.

Ainsi se séparèrent le père et la fille, dans un moment difficile et très dangereux, et dont le péril était encore augmenté par des circonstances qu'ils ne connaissaient pas alors et qui semblaient diminuer considérablement les chances de sûreté qui leur restaient.

CHAPITRE XXVII.

« Austin le fit. — Le fit-il ? sur ma foi,
« Austin peut donc le faire aussi pour moi. »
POPE.

Nous ne pouvons mieux suivre le cours de notre histoire qu'en accompagnant Simon Glover. Notre dessein n'est pas d'indiquer exactement les limites qui séparaient les deux clans ennemis, d'autant plus qu'elles n'ont pas été très clairement désignées par les historiens qui nous ont transmis les détails de cette mémorable guerre intestine. Il nous suffira de dire que le territoire du clan de Chattan s'étendait fort loin et comprenait le Caithness et le Sutherland, et qu'il avait pour principal chef le puissant comte qui portait le nom de ce dernier comté et qu'on appelait pour cette raison Mohr ar Chat. Dans ce sens général, les Keith, les Sinclair, les Gun et d'autres familles possédant un grand pouvoir, étaient de la confédération. Mais elles n'étaient point parties dans la querelle dont il s'agit, qui regardait spécialement le clan de Chattan établi dans les montagnes nord-est de Perth et d'Inverness. On sait que deux clans nombreux qui faisaient incontestablement partie du clan de Clattan, les Mac Pherson et les Mac Intosh, se disputent encore sur la question de savoir lequel de leurs chefs respectifs était à la tête de la branche de Badenoch de cette grande confédération, et tous deux dans des temps plus modernes ont pris le titre de chef du clan de Chattan.

Non nostrum est tantas componere lites (1).

Mais dans tous les cas Badenoch doit avoir été le centre de

(1) Ce n'est pas à nous de juger un si grand procès. — TR.

la confédération, en ce qui concernait les diverses tribus intéressées dans la querelle dont nous parlons.

Des raisons dont il sera rendu compte par la suite font que nous n'avons que des détails encore moins précis sur la ligue des tribus rivales composant le clan de Quhele, ou le clan de Kay, comme l'appellent des autorités postérieures. Buchanan et d'autres auteurs plus récens ont identifié le clan de Quhele avec la tribu nombreuse et puissante de Mac Kay. S'ils ont eu de bonnes autorités pour penser ainsi, ce qui est douteux, il faut que cette dernière tribu se soit bien éloignée de son ancien domicile depuis le règne de Robert III, puisqu'on ne la trouve aujourd'hui comme clan qu'à l'extrémité du nord de l'Ecosse, dans les comtés de Ross et de Sutherland. Nous ne pouvons donc être aussi précis que nous le désirerions dans la géographie de notre histoire. Nous nous bornerons à dire que, se dirigeant vers le nord-ouest, le gantier marcha une journée entière pour gagner la contrée de Breadalbane, d'où il comptait se rendre au château où Gilchrist Mac Ian, père de son apprenti Conachar, faisait ordinairement sa résidence avec une pompe barbare, une suite et un cérémonial répondant à ses hautes prétentions.

Nous ne nous arrêterons pas à décrire les fatigues et les dangers d'un tel voyage, où Simon avait à parcourir des terrains incultes et des montagnes, tantôt gravissant des ravins escarpés, tantôt traversant des marécages remplis de fondrières, ou coupés de larges ruisseaux et même de rivières. Mais Simon Glover avait déjà bravé tous ces périls par amour pour un gain honnête, et il n'était pas vraisemblable qu'il s'en trouvât effrayé ou qu'il cherchât à les éviter dans un moment où il s'agissait de sa liberté et peut-être de sa vie.

La rencontre des habitans belliqueux et barbares de ce pays sauvage aurait paru à tout autre au moins aussi formidable que les périls du voyage ; mais la connaissance que Simon avait acquise des mœurs et de la langue de ce peuple le rassurait aussi sur ce point. Un appel à l'hospitalité du Celte le plus sauvage n'était jamais sans succès, et le montagnard, qui en d'autres circonstances aurait ôté la vie à un homme pour s'emparer du bouton d'argent qui attachait son manteau, se serait privé de son repas pour soulager les besoins du voyageur qui demandait l'hospitalité à la porte de sa chaumière. L'art de voyager en sûreté était de paraître aussi confiant qu'il était possible; aussi notre gantier n'avait-il pris aucune arme; il voyageait sans aucune apparence de précaution; et il avait soin de ne rien laisser apercevoir qui pût tenter la cupidité. Une autre règle qu'il jugea prudent d'observer fut d'éviter toute communication avec les passans que le hasard lui faisait rencontrer, si ce n'était pour répondre avec politesse à leur salut, cérémonie dont les montagnards se dispensent rarement. Il eut même peu d'occasions de donner cette légère marque de civilité. Le pays, ordinairement solitaire, semblait en ce moment entièrement dépeuplé, et même dans les petites vallées qu'il eut à traverser, les hameaux étaient abandonnés et les habitans s'étaient réfugiés dans les bois et les cavernes. Cette conduite était facile à expliquer dans un moment où l'on était à la veille de voir éclater une guerre intestine qui serait, comme chacun s'y attendait, le signal du pillage général et d'une dévastation telle qu'on n'en avait pas encore vu dans ce malheureux pays.

Simon commença à être alarmé de cet état de désolation. Il avait fait une halte depuis son départ de Kinfauns pour donner quelque repos à son cheval; mais la question de savoir où il passerait la nuit commença à l'inquiéter. Il avait compté la passer dans la chaumière d'une ancienne connaissance qu'on nommait Niel Booshalloch, c'est-à-dire le bouvier, parce qu'il était chargé de la garde des troupeaux nombreux appartenant au capitaine du clan de Quhele. C'était pour cela qu'il avait son habitation sur les bords du Tay, à peu de distance de l'endroit où ce fleuve sort du lac qui porte le même nom. C'était de son ancien ami, qui avait déjà été son hôte, et de qui il avait plusieurs fois acheté des peaux et des fourrures, que le vieux Glover espérait apprendre quel était l'état actuel du pays, si l'on devait s'attendre à la paix ou à la guerre, et quelles étaient les meilleures mesures pour pourvoir à sa sûreté personnelle. On doit se rappeler que la nouvelle de la signature des conditions du combat qui devait décider la querelle par un moindre nombre de combattans n'avait été communiquée au roi Robert que la veille du jour où Glover était parti de Perth, et elle ne se répandit dans le public que quelque temps après.

— Si Niel Booshalloch a quitté sa demeure comme les autres, pensa Glover, je me trouverai dans de beaux draps, puisque j'ai besoin non-seulement de ses bons avis, mais de son crédit près de Gilchrist Mac Ian, et qu'il me faut en outre un lit et un souper.

Tout en faisant ces réflexions il arrivait sur le sommet d'une montagne couverte de verdure, d'où s'offrit à lui la perspective magnifique du lac de Tay, semblable à un immense plateau d'argent poli, entouré de montagnes noires ornées de bruyères et de chênes alors dépouillés de leurs feuilles, formant en quelque sorte le cadre arabesque d'un magnifique miroir.

Peu sensible en tout temps aux beautés de la nature, Simon Glover l'était encore moins en ce moment, et la seule partie de ce superbe paysage qui attira ses regards fut l'angle d'une prairie, d'où le Tay sortant avec dignité du lac dans lequel il prend naissance, serpente dans une belle vallée d'environ un mille de largeur, et dirige ensuite sa course vers le sud-est, comme un conquérant et un législateur, pour subjuguer et enrichir des contrées lointaines. En ce lieu si magnifiquement situé entre un lac, un fleuve et une montagne, s'élevait le château féodal de Ballough, qui a été remplacé de notre temps par le palais splendide du comte de Breadalbane.

Mais les Campbell, quoiqu'ils eussent déjà atteint un grand pouvoir dans le comté d'Argyle, ne s'étaient pas encore étendus vers l'est jusqu'au lac de Tay, dont les bords, de droit ou de fait, étaient occupés par le clan de Quhele, qui paissaient leurs troupeaux d'élite sur ses rives. C'était donc dans cette vallée, entre le fleuve et le lac, au milieu des grandes forêts de chênes, de bouleaux, de coudriers et de sorbiers, qu'était située l'humble chaumière de l'Eumée montagnard Niel Booshalloch, des cheminées hospitalières de laquelle Simon Glover vit sortir une colonne épaisse de fumée, à sa grande satisfaction, car il craignait d'avoir le désagrément d'être obligé de passer la nuit en plein air.

Il arriva à la porte de la chaumière, siffla, cria, et fit ainsi connaître son arrivée. Des chiens de berger et des chiens de chasse lui répondirent en aboyant, et leur maître ne tarda pas à se présenter lui-même. Il avait le front soucieux, et il sembla surpris de voir Simon Glover, en dépit des efforts qu'il faisait pour cacher son étonnement; car rien n'est regardé comme plus incivil en ce pays que de laisser échapper un regard ou un geste qui puisse faire croire à l'hôte qui arrive que sa visite est un incident désagréable ou même inattendu. Le cheval du voyageur fut mené dans une écurie dont la porte était presque trop basse pour qu'il y pût entrer, et Glover lui-même fut introduit dans la maison de Booshalloch, qui suivant la coutume du pays plaça devant le voyageur du pain et du fromage, en attendant qu'on lui préparât une nourriture plus substantielle. Simon, qui connaissait parfaitement les mœurs et les habitudes des montagnards, n'eut pas l'air de s'apercevoir des marques évidentes de tristesse de son hôte ainsi que de celle des membres de sa famille, et après avoir pris pour la forme une bouchée de pain, il demanda en termes généraux : — Quelles nouvelles dans le pays?

— D'aussi mauvaises qu'on ait jamais pu en apprendre, répondit Niel; notre père n'existe plus.

— Comment! s'écria Simon fort alarmé; le chef du clan de Quhele est mort?

— Le chef du clan de Quhele ne meurt jamais, dit Booshalloch, mais Gilchrist Mac Ian est mort il y a vingt heures, et c'est maintenant son fils Eachin Mac Ian qui est notre chef.

— Quoi! Eachin : c'est-à-dire Conachar, mon apprenti!

— Parlez de cela le moins que vous pourrez, frère Simon.

Il est bon de remarquer, l'ami, que votre métier, qui peut être fort bon pour vous faire vivre dans la ville paisible de Perth, est quelque chose de trop mécanique pour être fort estimé au pied de Ben Lawers et sur les bords du lac Tay. Nous n'avons pas même dans notre langue un mot qui puisse exprimer un faiseur de gants.

— Il serait fort étrange que vous en eussiez un, l'ami Niel, dit Simon d'un ton sec, puisque vous avez si peu de gants à porter. Je crois qu'on n'en trouverait pas une paire dans tout le clan de Quhele, si ce n'est celle que j'ai donnée moi-même à Gilchrist Mac Ian, à qui Dieu fasse paix, et qui la regarda comme un très beau présent. Je regrette bien vivement sa mort, car j'étais venu tout exprès pour lui parler d'affaires.

— Vous feriez mieux de tourner la tête de votre cheval du côté du sud demain matin. Les funérailles vont avoir lieu, et elles se feront avec peu de cérémonie; car il doit y avoir un combat entre le clan de Quhele et le clan de Chattan, trente champions de chaque côté, le dimanche des Rameaux; or nous n'avons que bien peu de temps pour pleurer le chef mort et rendre honneur au vivant.

— Mes affaires sont si pressantes qu'il faut pourtant que je voie le jeune chef, ne fût-ce que pour un quart d'heure.

— Ecoutez, l'ami; je suppose que vos affaires sont de toucher de l'argent ou d'acheter quelques marchandises. Or si notre chef vous doit de l'argent pour l'avoir élevé ou pour toute autre chose, ce n'est pas le moment de le lui demander quand tous les trésors du clan suffiront à peine pour préparer les armes et l'équipement des combattans, afin que nous puissions nous présenter en face de ces orgueilleux chats de montagnes de manière à leur montrer notre supériorité; et si vous venez dans l'intention de trafiquer avec nous, l'instant est encore plus mal choisi. Vous savez que vous avez excité la jalousie de bien des gens parmi nous pour avoir été chargé d'élever notre jeune chef, honneur qui n'est jamais accordé qu'au plus brave du clan.

— Mais, par sainte Marie! Niel, on devrait se souvenir que

cet honneur ne m'a pas été accordé comme une faveur que je sollicitais, et que je ne l'ai accepté qu'à force de prières et d'importunités, et à mon grand préjudice : car ce Conachar, cet Hector, ou quel que soit le nom que vous lui donniez, m'a gâté des peaux de daim pour je ne saurais dire combien de livres d'Écosse.

— Nous y voilà encore ! Il y a dans ce que vous venez de dire de quoi vous coûter la vie. Toute allusion aux peaux, aux cuirs, aux daims et aux chevreuils ne peut que vous porter malheur. Notre chef est jeune et jaloux de son rang. Personne n'en connaît la raison mieux que vous, l'ami Glover. Il est naturel qu'il désire que tout ce qui peut avoir rapport aux obstacles qui ont failli l'empêcher de succéder à son père et à l'exil qu'il a subi soit entièrement oublié ; il ne verra pas de très bon œil quiconque rappellera à son souvenir et à celui de son peuple ce qu'on ne peut se rappeler qu'avec peine. Pensez comment sera regardé en ce moment le vieux Glover de Perth, dont notre chef a été si long-temps l'apprenti ! Allez, allez, mon ancien ami, vous avez mal calculé en venant ici. Vous vous êtes trop pressé d'adorer le soleil levant quand ses rayons sont encore de niveau avec l'horizon. Venez quand il se sera élevé plus haut dans le ciel, et alors vous recevrez votre part de la chaleur qu'il répandra.

— Niel Booshalloch, nous sommes d'anciens amis, comme vous le dites ; et comme je vous crois un véritable ami, je vous parlerai franchement, quoique ce que je vais vous dire pût être dangereux pour moi si je le disais à tout autre individu de votre clan. Vous croyez que je viens ici pour tâcher de tirer quelque profit de votre jeune chef, et il est naturel que vous pensiez ainsi ; mais je ne voudrais pas, à mon âge, quitter le coin de mon feu dans Curfew-Street pour venir me chauffer aux rayons du soleil le plus brillant qui a jamais lui sur les bruyères de vos montagnes. La vérité est que je suis venu ici parce que je ne pouvais mieux faire. Mes ennemis ont l'avantage sur moi, et ils m'ont accusé de choses dont je suis incapable, même en pensée. Et cependant ma vie était en danger, et il fallait me décider à fuir ou à rester pour périr. Je viens donc vers votre jeune chef, comme vers un homme qui a trouvé un lieu de refuge chez moi quand il était dans la détresse ; qui a mangé de mon pain et bu dans ma coupe. Je lui demande un asile, et j'espère que je n'en aurai pas besoin bien long-temps.

— Le cas est bien différent, si différent que si vous arriviez à minuit à la porte de Mac Ian, ayant en main la tête du roi d'Écosse et mille hommes à votre poursuite pour tirer vengeance de sa mort, je ne crois pas que son honneur lui permît de vous refuser sa protection. Quant à la question de savoir si vous êtes innocent ou coupable, cela ne change rien à l'affaire ; ou pour mieux dire, si vous étiez coupable, il n'en serait que plus obligé à vous accorder un asile, puisqu'en ce cas vous n'en seriez qu'en plus grand danger. Mais il faut que j'aille le trouver sur-le-champ, de peur que quelque langue trop empressée ne lui apprenne votre arrivée sans lui en faire connaître la cause.

— Je suis fâché de vous donner ce souci ; — mais où est le chef en ce moment ?

— A environ dix milles d'ici, occupé des affaires des funérailles et des apprêts du combat, — songeant à placer le mort dans la tombe et à préparer les vivans à se battre.

— C'est bien loin ; il vous faudra toute la nuit pour y aller et en revenir ; je suis sûr que Conachar, quand il saura que c'est moi qui...

— Oubliez Conachar, dit le garde des bestiaux en plaçant un doigt sur ses lèvres. Quant aux dix milles, ce n'est qu'un saut pour un montagnard qui porte un message à son chef de la part d'un ami.

A ces mots et après avoir recommandé le voyageur aux soins de son fils aîné et de sa fille, l'actif Niel Booshalloch partit de sa maison deux heures avant minuit, et il y était de retour long-temps avant le lever du soleil ; il ne voulut pas troubler le repos de son hôte fatigué ; mais dès qu'il le vit levé, il l'informa que les funérailles du feu chef devaient avoir lieu dans la matinée, et que quoique Eachin Mac Ian ne pût inviter un Saxon à une cérémonie funèbre, il le verrait avec plaisir au festin qui devait la suivre.

— Il faut se conformer à sa volonté, dit le gantier, souriant à demi du changement qui venait de s'opérer dans les relations entre lui et son ci-devant apprenti; il est le maître aujourd'hui; mais j'espère qu'il se souviendra que dans le temps je n'ai usé de mon autorité qu'avec modération.

—Tout bas, l'ami, tout bas, s'écria Booshalloch; moins vous parlerez de cela, et mieux vaudra. Vous vous trouverez bien accueilli par Eachin; du diable si quelqu'un ose vous inquiéter sur ses domaines. — Mais adieu, car il convient que j'aille aux funérailles du meilleur chef que le clan ait jamais eu, du plus vaillant capitaine qui ait jamais placé sur sa toque une branche de myrte sauvage. Adieu donc jusqu'au revoir; et si vous voulez monter sur le haut du Tom-an-Lonach, derrière la maison, vous verrez un beau spectacle, et vous entendrez un *coronach*[1] dont le bruit arrivera jusqu'au sommet du Ben Lawers. Dans trois heures une barque vous attendra dans une petite crique du lac, à un demi-mille du Tay, du côté de l'ouest.

A ces mots il partit, suivi de ses trois fils qui devaient conduire à la rame la barque sur laquelle il allait joindre le cortége funéraire, et de ses deux filles dont les voix étaient indispensables pour compléter le chœur des chants funèbres, ou plutôt de cris lamentables qui étaient d'usage dans les occasions de deuil général.

Simon Glover se trouvant seul, entra dans l'écurie pour voir si rien ne manquait à son cheval. Il vit qu'on lui avait donné une ration de *graddan*, ou de pain fait avec de l'orge brûlée. Il fut sensible à cette attention, car il savait que la famille en avait peu de reste pour elle-même. La chair des animaux ne manquait pas à ses hôtes; le lac leur fournissait du poisson en abondance pour le carême qu'ils n'observaient pas strictement; mais le pain était une friandise très rare chez les

---

[1] Chant funèbre. — Éd.

montagnards. Les marécages produisaient une espèce de foin qui certainement n'était pas la meilleure possible, mais les chevaux écossais de même que leurs cavaliers étaient alors habitués à une nourriture peu recherchée. Gantelet — car tel était le nom du palefroi de Glover, avait pour litière de la fougère sèche, et au total, ne manquait de rien de ce que l'hospitalité montagnarde avait pu faire pour lui.

Simon Glover, abandonné ainsi à ses réflexions pénibles, ne vit rien de mieux à faire, après s'être assuré que tous les besoins du compagnon muet de son voyage avaient été satisfaits, que de suivre l'avis de Niel Booshalloch, et de monter sur l'éminence nommée Tom-an-Lonach, c'est-à-dire la montagne des Ifs. Après une demi-heure de marche, il arriva sur le sommet, d'où il put voir la belle nappe d'eau du noble lac dont cette hauteur commandait toute l'étendue. Quelques vieux ifs épars çà et là justifiaient encore le nom qu'on avait donné à cette montagne, toute couverte de verdure. Mais la plupart avaient été sacrifiés au besoin qu'on avait généralement de bois d'arcs dans ce siècle belliqueux, car c'était une arme dont les montagnards faisaient grand usage, quoique ceux dont ils se servaient, de même que leurs flèches, fussent pour la forme et la bonté bien au-dessous de ceux dont les archers anglais étaient armés. Le petit nombre de ces arbres qui restaient encore étaient comme les vétérans d'une armée mise en déroute, occupant en désordre quelque poste avantageux, et bien déterminés à s'y défendre jusqu'à la dernière extrémité. Derrière cette éminence s'élevait une haute montagne qui en était entièrement détachée. Elle était couverte en partie de buissons et en partie de pâturages assez maigres où les bestiaux cherchaient leur pâture dans le voisinage des sources, tondant l'herbe naissante des endroits marécageux.

Les rives opposées du lac, c'est-à-dire ses côtes septentrionales, offraient un aspect plus montueux que le côté du midi où Glover se trouvait. Des bois et des buissons garnissaient les flancs des montagnes, et disparaissaient parmi les sinuosités formées par les ravins qui les séparaient les unes des autres.

Mais dans le lointain, et bien au-dessus de ces échantillons d'un sol naturel encore passable, s'élevaient des montagnes noires et arides qui offraient aux yeux toute la désolation de la saison où l'on était alors.

Parmi toutes ces montagnes, les unes se terminaient en pic, les autres en table rase ; on en voyait qui étaient escarpées et hérissées de rochers, tandis que plusieurs offraient des formes plus adoucies et plus agréables à l'œil. Ce clan de Titans semblait être commandé par des chefs dignes d'eux ; — la montagne imposante de Ben Lawers et celle de Ben Mohr qui s'élève bien au-dessus de toutes les autres, dont les pics conservent un brillant casque de neige bien avant dans l'été, et quelquefois même toute l'année. Les confins de cette région sauvage, dans les endroits où les montagnes descendaient vers le lac, offraient pourtant même à cette époque reculée des traces d'habitation humaine. Surtout sur les bords septentrionaux du lac on voyait des hameaux à demi cachés dans ces petites vallées arrosées par des ruisseaux qui versaient leurs eaux tributaires dans le lac de Tay. Ces hameaux, de même que la plupart des choses terrestres, paraissaient avec avantage quand on les voyait de loin ; mais quand on s'en approchait les yeux s'en détournaient avec dégoût à cause de leur malpropreté, et ils n'étaient pas même comparables aux wigwams des Indiens ; ils étaient habités par une race qui cultivait à peine la terre, et qui n'avait de goût pour aucune des jouissances que procure l'industrie. Les femmes, quoique sous d'autres rapports traitées avec affection et même avec des égards respectueux, étaient chargées de tous les ouvrages domestiques absolument indispensables. Les hommes, après s'être occupés fort à contre-cœur de quelques travaux d'agriculture, à l'aide d'une mauvaise charrue ou plus fréquemment d'une bêche, tâche qu'ils regardaient comme infiniment au-dessous d'eux, ne songeaient plus qu'à la garde de leur bétail à poil noir. Dans d'autres temps ils chassaient et pêchaient par forme d'amusement ; et dans les courts intervalles de paix ils allaient à la maraude. En temps de guerre ils pillaient avec une licence encore plus hardie, et combattaient avec une animosité sans bornes, que la querelle fût publique ou privée, que la guerre s'étendît sur un théâtre plus ou moins grand : c'était l'affaire principale de leur vie, la seule qu'ils regardassent comme digne d'eux.

Le sein magnifique du lac lui-même offrait une scène qu'on ne pouvait voir qu'avec transport ; son étendue et le grand et beau fleuve qui en sortait offraient une perspective que rendait encore plus pittoresque une de ces îles qui sont souvent si heureusement situées sur les lacs d'Écosse. Les ruines presque méconnaissables qu'on trouve encore sur cette île et qui sont cachées dans les bois formaient, à l'époque dont nous parlons, les tours et les murailles d'un prieuré où étaient ensevelis les restes de Sibille, fille de Henry Ier roi d'Angleterre, et épouse d'Alexandre Ier roi d'Écosse. Ce lieu saint avait été regardé comme digne de recevoir momentanément les dépouilles mortelles du chef du clan de Quhele, qui venait de mourir, jusqu'à ce que l'instant d'un danger alors si imminent étant passé, on pût transporter son corps dans un célèbre couvent du nord, où il devait définitivement être placé à côté de ses ancêtres.

Un grand nombre de barques partaient de différens points du rivage : les unes déployaient une bannière noire ; d'autres avaient sur leur proue des joueurs de cornemuse qui faisaient entendre de temps en temps des sons aigus d'un caractère plaintif et mélancolique, annonçant au gantier que la cérémonie allait commencer. Ces sons lugubres n'étaient pourtant en quelque sorte que le prélude du concert de lamentation générale qui devait bientôt s'élever.

Un bruit, éloigné d'abord, parcourut toute la surface du lac, en partant de ces vallées où serpentent le Dochart et le Lochy avant d'apporter leurs eaux au lac Tay. C'était dans cet endroit sauvage et inaccessible, où les Campbells construisirent depuis leur forteresse de Finlayrigg, que le chef naguère redouté du clan de Quhele avait rendu le dernier soupir ; et pour donner la pompe convenable à ses obsèques, un nombreux cortége devait accompagner ses restes sur le lac, jusqu'à l'île où ils devaient être provisoirement déposés. La flotte funéraire, précédée par la barge du chef, sur laquelle était arboré un grand pavillon noir, avait fait plus des deux tiers de la traversée avant qu'elle fût visible du haut de l'éminence sur laquelle Glover s'était placé. Dès qu'on put entendre les sons du coronach s'élever de la barge funéraire, le bruit des lamentations particulières cessa tout à coup, comme le corbeau cesse de croasser et le faucon de siffler quand retentit le cri de l'aigle. Les barques qui jusqu'alors avaient flotté çà et là sur le lac, comme une troupe d'oiseaux aquatiques dispersés sur sa surface, se rangèrent alors avec une espèce d'ordre pour laisser passer la flotille de deuil, à la suite de laquelle elles se placèrent. Les sons des cornemuses devenaient de plus en plus distincts et perçans, ainsi que les cris de douleur qu'on poussait à bord des barques innombrables du cortége; concert sauvage dont le bruit s'élevait jusqu'au sommet du Tom-an-Lonach. La barge qui voguait en tête avait sur sa poupe une espèce de plate-forme élevée sur laquelle était placé le corps du chef, enveloppé d'un drap blanc, mais le visage découvert. Son fils et ses plus proches parens montaient le même esquif, qui était suivi par un nombre immense de barques de toute espèce, parmi lesquelles il s'en trouvait d'une construction très fragile. Toutes celles du lac Tay faisaient partie du cortége, et l'on y en avait même transporté par terre du lac d'Earn et de plusieurs autres. On y voyait des *curraghs*, espèce de canot composé de cuirs de bœuf étendus sur des cerceaux de saule, à la manière des anciens Bretons; et jusqu'à des radeaux formés des premiers morceaux de bois qui s'étaient présentés sous la main et attachés ensemble d'une manière si précaire, qu'il paraissait probable qu'avant la fin du voyage quelques-uns des membres du clan du défunt suivraient leur chef dans le pays des esprits.

Quand la principale flottille fut en vue du groupe moins considérable de barques rassemblées vers l'extrémité du lac et qui se dirigeait vers la petite île, tous ceux qui se trouvaient des deux côtés se saluèrent les uns les autres par un cri si perçant, si général, et terminé par une cadence si sauvage, que non-seulement les daims, à plusieurs milles à la ronde, s'enfuirent de leurs retraites pour chercher les endroits les plus déserts des montagnes, mais encore que les animaux domestiques eux-mêmes, quoique habitués à la voix humaine, éprouvèrent la même terreur qu'elle inspire à ceux qui vivent dans l'état sauvage, et quittèrent précipitamment leurs pâturages pour se réfugier dans les bois et dans les marécages.

Avertis par ces cris bruyans, les moines qui habitaient la petite île commencèrent à se montrer, sortant par la porte basse de leur couvent, précédés par la croix et la bannière, et avec toute la pompe ecclésiastique qu'il leur était possible de déployer. Leurs cloches, au nombre de trois, faisaient entendre en même temps leurs sons funèbres, qui arrivaient ainsi aux oreilles de cette multitude alors silencieuse, mêlés au chant solennel des prières de l'église catholique, que les moines entonnaient en marchant processionnellement. Diverses cérémonies furent observées pendant que les parens du défunt portaient le corps sur le rivage, où ils le déposèrent sur une petite élévation depuis long-temps consacrée à cet usage, après quoi ils firent le deasil[1] autour du défunt. Quand on leva le corps pour le transporter dans l'église, la multitude rassemblée poussa un autre cri général dans lequel la voix mâle des guerriers se mêlait aux accens aigus des femmes, aux sons tremblans de celle des vieillards et au bruit perçant de celle des enfans. Le coronach se fit entendre pour la dernière fois, lorsque le corps entra dans l'intérieur de l'église, où les plus proches parens du défunt et les chefs les plus distingués du clan eurent seuls la permission de le suivre. Ce dernier hurlement de douleur fut si bruyant, et fut répété par tant d'échos, que le bourgeois de Perth appuya irrévoca-

(1) Coutume très ancienne, qui consiste à tourner trois fois autour d'une personne morte ou vivante, en lui souhaitant toute sorte de prospérité. Le deasil doit se faire en suivant le cours du soleil, c'est-à-dire de droite à gauche. Si cette cérémonie a pour but de se souhaiter du malheur, on la fait en sens contraire, c'est-à-dire de gauche à droite. (*Note de l'Auteur.*)

blement les mains sur ses oreilles pour ne pas l'entendre, ou du moins pour en amortir le son perçant. Il conserva cette attitude jusqu'à ce que les faucons, les hiboux et les autres oiseaux épouvantés par ce bruit eussent commencé à se rassurer dans leurs retraites ; et comme il retirait ses mains, une voix à son côté lui dit :

— Croyez-vous, Simon Glover, que ce soit là l'hymne de pénitence et de louanges dont l'homme doit être accompagné lorsque, abandonnant sa prison d'argile, il s'élève vers son Créateur?

Le gantier se retourna, et dans les traits bienveillans et les yeux pleins de douceur du vieillard à longue barbe blanche qui était derrière lui, il n'eut pas de peine à reconnaître le père Clément, quoiqu'il ne portât plus ses vêtemens monastiques, et qu'il eût sur la tête une toque de montagnard.

On peut se rappeler que Glover n'aimait pas cet homme, quoiqu'il eût pour lui un sentiment de respect. Son jugement ne pouvait refuser ce respect au caractère et aux qualités du vieux moine ; mais la doctrine professée par le père Clément était la cause de l'exil de sa fille et de l'état de détresse dans lequel il se trouvait lui-même. Ce ne fut donc pas avec une satisfaction sans mélange qu'il rendit son salut au vieux moine, et celui-ci fut obligé de lui demander une seconde fois ce qu'il pensait des rites funèbres célébrés avec des cérémonies si étranges.

— Je ne sais trop qu'en dire, mon père, répondit-il enfin ; mais ces gens rendent les derniers devoirs à leur chef à la manière de leurs ancêtres ; leur intention est d'exprimer le regret que leur inspire la perte d'un ami, et d'offrir au ciel leurs prières pour lui. Ce qui est fait de bonne foi doit, à mon avis, se prendre de bonne part. S'il en est autrement, il me semble qu'il y a long-temps qu'ils auraient été éclairés, et ils agiraient différemment.

— Vous vous trompez, Simon Glover. Dieu nous a envoyé sa lumière à tous, quoique en proportions différentes ; mais l'homme ferme volontairement les yeux, et préfère les ténèbres. Ce peuple égaré mêle au rituel de l'Église romaine les anciennes cérémonies de ses ancêtres païens, unissant ainsi aux abominations d'une Église corrompue par la richesse et le pouvoir, les rites cruels et sanglans d'idolâtres sauvages.

— Mon père, répliqua Simon d'un ton un peu sec, il me semble que vous pourriez vous occuper plus utilement en allant dans cette chapelle aider vos frères à s'acquitter de leurs devoirs, au lieu de chercher à ébranler les principes de croyance d'un humble chrétien comme moi, tout ignorant que je suis.

— Et pourquoi dire, mon bon frère, que je cherche à ébranler les principes de votre croyance? Je prends le ciel à témoin que si mon sang était nécessaire pour cimenter dans l'esprit d'un homme la sainte religion qu'il professe, je le répandrais bien volontiers pour une pareille cause.

— Vos paroles sont belles, mon père, j'en conviens; mais si je dois juger de la doctrine par les fruits, le ciel m'a déjà puni par la main de l'Église pour les avoir déjà écoutées précédemment. Avant que je vous connusse, mon confesseur ne me faisait pas un grand crime d'avoir raconté un conte joyeux en vidant un pot d'ale, quand même un moine ou une nonne en auraient été le sujet. S'il m'arrivait de dire que le père Hubert aimait mieux chasser les lièvres que les ames, je m'en confessais à père Vinesauf qui ne faisait qu'en rire, et qui me faisait payer un écot pour pénitence; ou si je disais que le père Vinesauf était plus constant à son flacon qu'à son bréviaire, j'allais m'en confesser au père Hubert, et une paire de gants pour la chasse au faucon me rendait blanc comme la neige. Mais depuis que je vous ai écouté, père Clément, je n'entends plus corner à mes oreilles que le purgatoire dans l'autre monde, le feu et les fagots dans celui-ci. Retirez-vous donc, père Clément, et adressez-vous à ceux qui comprennent votre doctrine. Je n'ai nulle envie d'être martyr. Dans toute ma vie, je n'ai jamais eu une seule fois le courage de moucher une chandelle avec mes doigts; et pour vous dire la vérité, je suis fortement tenté de retourner à Perth, de solliciter mon pardon de la cour spirituelle, de porter mon fagot au pied du gibet, par forme de rétractation, et de racheter la renommée de bon catholique, fût-ce au prix de tout ce que je possède au monde.

— Vous êtes en colère, mon très cher frère, et parce que vous courez un faible risque en ce monde, parce que vous pouvez perdre des richesses terrestres, vous vous repentez des bonnes pensées que vous aviez conçues.

— Vous en parlez fort à votre aise, père Clément, vous qui, je crois, avez renoncé depuis long-temps aux biens et aux richesses du monde, et qui êtes préparé à donner votre vie quand on vous la demandera, en échange de la doctrine que vous prêchez et que vous croyez. Vous êtes aussi disposé à vous mettre sur le corps une chemise enduite de poix et un bonnet soufré sur la tête, qu'un homme nu l'est à se mettre au lit, et il me semble que vous n'auriez guère plus de répugnance pour cette cérémonie. Mais moi, je tiens à ce que je possède. Ma fortune m'appartient encore; elle suffit pour me faire vivre décemment, et j'en rends grace au ciel. J'ai soixante ans, j'ai encore bon pied, bon œil, et je ne suis nullement pressé de voir arriver la fin de la vie. Quand je serais pauvre comme Job, et que j'aurais un pied dans la tombe, ne dois-je pas encore tenir à ma fille, à qui vos doctrines ont déjà coûté si cher?

— Votre fille, ami Simon, peut s'appeler avec vérité un ange sur la terre.

— Oui, et grace à vos leçons, père Clément, il est probable qu'on pourra bientôt l'appeler un ange dans le ciel, et qu'elle y sera transportée sur un charriot de feu.

— Mon bon frère, cessez, je vous prie, de parler de ce que vous ne comprenez pas. Puisque c'est perdre le temps que de vous montrer la lumière à laquelle vous fermez les yeux, écoutez ce que j'ai à vous dire relativement à votre fille dont le bonheur temporel est aussi cher à Clément Blair qu'il peut l'être à son propre père, quoique je ne le mette pas un instant en comparaison avec sa félicité éternelle.

Des larmes brillaient dans les yeux du vieillard tandis qu'il parlait ainsi, et Simon Glover se sentit attendri.

— Père Clément, lui dit-il, on vous croirait le meilleur et le plus aimable des hommes. Comment se fait-il donc qu'en quelque lieu que vous portiez vos pas, vous n'engendriez que mauvaise volonté contre vous? Je gagerais ma vie que vous avez déjà trouvé le moyen d'offenser cette demi-douzaine de pauvres moines enfermés dans leur cage entourée d'eau, et qu'il vous a été défendu de vous présenter aux funérailles.

— C'est la vérité, mon fils; et je doute que leur méchanceté me permette de rester dans ce pays. Je n'ai fait que leur dire quelques mots sur la folie superstitieuse de se rendre dans l'église de Saint-Fillan pour découvrir le vol par le moyen de sa cloche et pour rendre la raison aux malheureux qui en sont privés en les baignant dans une citerne; et sur-le-champ les persécuteurs m'ont retranché de leur communion, comme ils voudront bientôt me retrancher du nombre des vivants.

— Vous y voilà! voyez ce que c'est qu'un homme qui ne veut pas se tenir pour averti? Eh bien! père Clément, je vous dirai qu'on n'aura jamais aucune raison pour me retrancher du nombre des vivants, si ce n'est pour avoir fréquenté votre compagnie. Je vous prie donc de m'apprendre ce que vous avez à me dire de ma fille; et ensuite soyons voisins l'un de l'autre un peu moins que nous ne l'avons été.

— Voici donc, frère Simon, ce que j'ai à vous apprendre. Ce jeune chef contemple avec orgueil son pouvoir et la gloire qu'il y attache; il existe pourtant une chose qu'il y préfère, et c'est votre fille.

— Lui! Conachar! mon apprenti fugitif lever les yeux sur ma fille!

— Hélas! combien l'orgueil mondain a de force! il s'attache à nous comme le lierre à la muraille, et rien ne peut l'en détacher. — Lever les yeux sur votre fille, mon bon Simon! hélas, non! le chef du clan de Quhele, grand comme il est, et espérant de le devenir bientôt encore davantage, laisse tomber un regard sur la fille du bourgeois de Perth, et croit s'abaisser en agissant ainsi. Mais pour me servir de son expression profane, Catherine lui est plus chère que la vie en ce monde et le ciel dans l'autre.— Il ne peut vivre sans elle.

— En ce cas, il peut mourir si bon lui semble ; car je l'ai promise à un honnête bourgeois de Perth, et je ne manquerais pas à ma parole quand il s'agirait de lui donner pour époux le prince d'Écosse.

— J'avais prévu que telle serait votre réponse. Je voudrais, mon digne ami, que vous pussiez apporter dans vos intérêts spirituels une partie de la résolution intrépide avec laquelle vous conduisez vos affaires temporelles.

— Silence! père Clément, silence! Quand vous retombez sur ce sujet, vos discours sentent la poix enflammée ; c'est une odeur que je n'aime point. Quant à Catherine, je m'arrangerai de mon mieux pour ne pas offenser le jeune chef; mais il est heureux pour moi qu'elle soit hors de sa portée.

— Il faut donc qu'elle soit bien loin, dit le vieux moine. Et maintenant, frère Simon, puisque ma présence et mes opinions vous paraissent dangereuses, je resterai seul avec ma doctrine et les dangers qu'elle attire sur moi. Mais si vos yeux, moins aveuglés qu'ils ne le sont à présent par les craintes et les espérances mondaines, jetaient jamais un regard en arrière sur celui qui peut bientôt vous être enlevé, souvenez-vous que ce n'est qu'un sentiment profond de la vérité et de l'importance de la doctrine qu'il enseignait qui a pu apprendre à Clément Blair à mépriser et même à provoquer l'animosité de ceux qui sont armés de puissance et de méchanceté, à exciter la crainte des envieux et des hommes timides, à vivre dans le monde comme s'il n'y appartenait pas, à consentir que les hommes le regardassent comme privé de raison, dans l'espoir de gagner des ames à Dieu. Le ciel m'est témoin que rien de ce qui est légal et permis ne me rebuterait pour gagner l'affection de mes semblables ; car ce n'est pas peu de chose que d'être évité par les gens estimables comme un pestiféré, d'être persécuté par les pharisiens du jour comme un hérétique infidèle, d'être l'objet du mépris et de l'horreur de la multitude qui me regarde comme un fou dangereux. Mais quand tous ces maux seraient multipliés au centuple, le feu qui m'anime ne serait pas étouffé, la voix intérieure qui me dit : — Parle ! — n'en serait pas moins écoutée. Malheur à moi si je ne prêche pas l'Évangile, quand même je devrais finir par le prêcher sur un bûcher enflammé !

Ainsi parlait ce moine intrépide, un de ces hommes suscités par le ciel de temps en temps pour conserver au milieu des siècles d'ignorance et transmettre à ceux qui devraient les suivre la manifestation d'un pur christianisme depuis le temps des apôtres jusqu'au moment où, favorisée par l'invention de l'imprimerie, la réformation parut dans toute sa splendeur. Le gantier ne put fermer les yeux sur l'égoïsme de sa politique, et il se méprisa lui-même en voyant le vieux moine se détourner de lui avec un air de sainte résignation. Il fut tenté un moment de suivre l'exemple que lui donnaient la philanthropie et le zèle désintéressé du prédicateur ; mais ce mouvement fut comme l'éclair qui pénètre un instant dans un souterrain ténébreux où il ne se trouve rien pour conserver sa flamme. Il descendit à pas lents de la montagne en suivant un chemin différent de celui qu'avait pris le père Clément, qu'il oublia bientôt ainsi que sa doctrine, pour ne songer qu'à l'inquiétude que lui causait le destin de sa fille et le sien.

CHAPITRE XXVIII.

La cérémonie des obsèques étant terminée, la même flottille qui était arrivée formant sur les eaux du lac une pompe mélancolique et solennelle, se prépara à repartir bannières déployées et avec toutes les démonstrations de la joie et de la gaîté ; car on n'avait pas de temps à perdre pour célébrer une fête, quand l'époque fixée pour le combat entre les montagnards du clan de Quhele et leurs redoutables rivaux était si voisine. Il avait donc été convenu que la solennité funèbre serait immédiatement suivie de la fête qui avait ordinairement lieu lors de l'inauguration du nouveau chef.

Quelques objections furent faites à cet arrangement, qu'on prétendait de mauvais augure. Mais d'une autre part il avait en sa faveur les habitudes et les sentimens des montagnards, qui encore aujourd'hui sont accoutumés à mêler une gaîté de fête à leurs cérémonies de deuil, comme une sorte de mélancolie à leurs divertissemens. La répugnance ordinaire à parler de ceux qu'on a aimés et qu'on a perdus, et même à y penser, est moins commune chez cette race grave et enthousiaste que partout ailleurs. Non-seulement on y entend les jeunes gens citer avec éloge, comme c'est l'usage en tout pays, les parens qui, suivant le cours de la nature, ont quitté ce monde avant eux, mais la veuve fait de l'époux qu'elle a perdu un sujet de conversation ordinaire, et ce qui est encore plus étrange, les père et mère font de fréquentes allusions à la beauté de la fille ou à la valeur du fils qui ont cessé d'exister. Les montagnards écossais paraissent considérer la mort de leurs parens comme une séparation moins complète et moins absolue qu'on ne l'envisage dans les autres pays. Ils parlent des objets chéris qui sont entrés dans la tombe avant eux comme s'ils avaient entrepris un long voyage dans lequel ils doivent bientôt eux-mêmes les suivre. Le festin funéraire, coutume universelle dans toute l'Écosse, n'offrait donc dans l'opinion de ceux qui devaient y assister rien d'incompatible avec les réjouissances qui devaient célébrer l'inauguration du nouveau chef.

Ce nouveau chef, le jeune Mac Ian, monta sur la barque qui avait si récemment transporté le défunt au lieu de sa sépulture, et les ménestrels firent retentir les airs de leurs chants les plus joyeux pour féliciter Eachin sur son avénement, de même qu'ils avaient fait entendre les sons les plus lugubres quand ils avaient accompagné Gilchrist au tombeau sur toute la flottille qui le suivait; des airs de triomphe remplaçaient les cris lamentables qui avaient si peu de temps auparavant troublé les échos du lac Tay. Mille acclamations saluèrent le jeune chef quand on le vit debout sur la poupe, armé de toutes pièces, dans la fleur de la beauté et toute l'activité de la jeunesse, là même où le corps de son père avait été entouré d'amis plongés dans l'affliction, et dont la bouche ne s'ouvrait maintenant que pour des accens d'allégresse. Une barque de la flottille se tenait toujours près de la barge d'honneur. Torquil du Chêne, géant à cheveux gris, en maniait le gouvernail, et ses huit enfans, tous d'une stature au-dessus de la taille ordinaire, faisaient mouvoir les rames. Semblable à un chien-loup favori détaché de sa chaîne et sautant autour de son maître, la barque conduite par ses frères de lait passait à côté de la barge du chef, tantôt à droite, tantôt à gauche, et décrivait même un cercle tout autour avec l'expression d'une joie extrême, tandis qu'avec la vigilance jalouse de l'animal auquel nous l'avons comparée, elle rendait dangereux à tout autre esquif de la flottille d'en approcher d'aussi près, par le risque qu'elle aurait couru d'être renversée et coulée à fond par la hardiesse et l'impétuosité de ses manœuvres. Élevés à un rang éminent dans leur clan par l'avénement de leur frère de lait à la première dignité, ils témoignaient de cette manière tumultueuse et presque terrible la part qu'ils prenaient au triomphe de leur chef.

Beaucoup plus loin et avec des sentimens bien différens, au moins de la part d'un des individus qui s'y trouvaient, s'avançait la petite barque conduite par Booshalloch et un de ses fils, et sur laquelle Simon Glover était passager.

— Si nous devons aller jusqu'à l'extrémité du lac, dit Simon à son ami, il se passera bien des heures avant que nous y arrivions.

Tandis qu'il parlait ainsi et à un signal qui fut fait de la barge du chef, l'équipage de la barque des frères de lait, ou des Leichtachs, laissa reposer ses rames jusqu'à l'instant où celle de Booshalloch arriva. Lui jetant alors une corde faite de courroies que Niel attacha à sa proue, les rameurs se remirent en besogne, et quoiqu'ils eussent la petite barque en remorque, ils fendirent l'eau du lac presque avec la même rapidité qu'auparavant. Le frêle esquif était entraîné avec une impétuosité qui semblait menacer de le faire chavirer, ou d'en arracher la proue.

Simon Glover vit avec inquiétude l'impétuosité furieuse de leur course, et la proue de la barque qu'il montait se baisser quelquefois à un pouce ou deux du niveau de l'eau. Son ami Niel Booshalloch avait beau l'assurer que tout cela se faisait en son honneur, il n'en désirait pas moins que la traversée se terminât promptement et heureusement. Ce fut ce qui arriva et plus tôt qu'il ne s'y attendait, car l'endroit où la fête devait se donner n'était qu'à quatre milles de distance de l'île où la sépulture avait eu lieu. On l'avait choisi pour faciliter la marche du chef qui devait partir du côté du sud-est aussitôt que le banquet serait terminé.

Une baie sur la côte méridionale du lac Tay présentait un beau rivage couvert d'un sable étincelant, où les barques pouvaient aborder aisément, et au-delà une prairie ornée d'un gazon assez vert pour la saison, autour de laquelle s'élevaient des montagnes couvertes d'arbres et de buissons : c'était sur cette prairie qu'on avait fait avec prodigalité tous les préparatifs pour la fête.

Les montagnards, bien connus par leur habileté à manier la hache, avaient construit pour le banquet une longue salle champêtre qui pouvait contenir deux cents hommes, et tout autour un grand nombre de huttes plus petites semblaient destinées pour y passer la nuit. Les poutres et les supports de ce grand bâtiment étaient de gros pins des montagnes, auxquels on avait laissé leur écorce. Les murs en étaient construits de planches épaisses de même bois, ou de plus petits arbres équarris, joints ensemble par des rameaux de sapin et d'autres arbres verts qu'on trouvait en abondance dans les bois voisins ; les montagnes avaient fourni des bruyères pour en couvrir le toit. Ce fut dans ce palais champêtre que les personnages les plus importans furent invités à prendre place. Ceux d'un rang inférieur devaient être régalés sous divers hangars construits avec moins de soin, et des tables de gazon ou de planches brutes placées en plein air, étaient destinées à la multitude. Plus loin on voyait des brasiers de charbon ardent et des bûchers de bois enflammé, autour desquels des cuisiniers sans nombre tournaient, s'agitaient comme des démons travaillant dans leur élément. De grands trous creusés dans les flancs d'une montagne et garnis de pierres rougies au feu servaient à faire cuire des pièces immenses de bœuf, de mouton et de venaison. Des broches de bois soutenaient des moutons et des chevreaux qu'on faisait rôtir tout entiers. D'autres étaient coupés par morceaux, et on les faisait bouillir dans des chaudrons faits avec le cuir des animaux dont la chair allait garnir les tables. Enfin on faisait griller sur des charbons, avec plus de cérémonie, des brochets, des truites, des saumons et des *chars*[1]. Le gantier avait assisté à plus d'un banquet chez les montagnards, mais il n'en avait vu aucun dont les apprêts eussent été faits avec cette profusion barbare.

Il n'eut cependant que peu de temps pour admirer la scène qui l'entourait, car dès qu'ils furent sur le rivage, Booshalloch lui dit avec quelque embarras que comme ils n'avaient pas été invités à s'asseoir à la table d'honneur, contre son attente, ils feraient bien de s'assurer une place à l'une de celles qui étaient dressées sous des hangars ; et il le conduisait de ce côté quand il fut arrêté par un des gardes-du-corps du chef qui paraissait remplir les fonctions de maître des cérémonies, et qui lui dit quelques mots à l'oreille.

— C'est ce que je croyais, dit le gardien des bestiaux ; je pensais bien que ni l'étranger, ni un homme qui occupe une place comme la mienne, ne seraient exclus de la première table.

On les conduisit dans le grand bâtiment où était une longue table dont la plupart des places étaient déjà occupées par des convives, tandis que des montagnards qui remplissaient le rôle de domestiques y plaçaient avec profusion les mets fort simples qui composaient le festin. Le jeune chef vit cer-

---

[1] Poisson du genre du saumon — Éd.

tainement entrer Glover et son compagnon, mais il ne leur donna aucune marque d'attention, et on les plaça au bas bout de la table, bien au-dessous de la salière[1], antique et énorme pièce d'argenterie, seul objet de quelque valeur qui pût frapper les yeux, et que tout le clan regardait comme une espèce de palladium, qu'on n'exposait aux regards et dont on ne se servait que dans les occasions les plus solennelles, comme la fête qu'on célébrait ce jour-là.

Booshalloch un peu mécontent dit tout bas à Simon en se mettant à table : — Les temps sont changés, ami Simon. Son père, puisse son ame être en paix! nous aurait parlé à tous deux ; mais il a pris de mauvaises manières en vivant avec vous autres Sassenachs[2] dans les basses-terres.

Glover ne jugea pas à propos de répondre à cette remarque, et il s'occupa à regarder les branches d'arbres verts, les peaux et les autres ornemens qui décoraient l'intérieur de la salle. Les plus remarquables étaient un grand nombre de cottes de mailles fabriquées dans les montagnes, de bonnets d'acier, de haches d'armes et d'épées à deux mains, qui étaient suspendus au haut des murailles avec des boucliers richement travaillés. Chaque cotte de mailles était suspendue sur une peau de daim bien apprêtée, qui faisait voir l'armure avec avantage et la préservait de l'humidité.

— Ce sont, dit Booshalloch à demi-voix, les armes des champions choisis par notre clan. Ils sont au nombre de vingt-neuf, comme vous le voyez, Eachin étant lui-même le trentième ; et s'il n'avait pas porté son armure aujourd'hui, vous la verriez suspendue ici comme les autres : et après tout, il n'a pas un haubert aussi bon qu'il devrait en porter un le di-

[1] Ce qu'on appelait alors la salière était une espèce de surtout auquel on donnait une forme de fantaisie : quelquefois celle d'une montagne, d'une tour, d'un château. Il s'y trouvait des compartimens où l'on plaçait le sel, les épices et différentes sauces. Elle occupait le milieu de la table. Les convives d'un rang distingué s'asseyaient vers le haut bout en dessus de la salière : ceux d'une moindre condition, et même les domestiques, étaient placés en dessous, c'est-à-dire vers le bas bout. — Tr.

[2] Sassenachs ou Saxons. Les montagnards donnaient le nom de Sassenachs aux habitans des basses-terres. — Éd.

manche des Rameaux. Ces neuf armures de si grande taille sont pour les Leichtachs, de qui on attend tant de choses.

— Et ces bonnes peaux de daim, dit Simon en qui l'esprit de sa profession s'éveillait en voyant les marchandises de son commerce, croyez-vous que le chef soit disposé à les vendre ? On en a besoin pour fabriquer les pourpoints que les chevaliers portent sur leur armure.

— Ne vous ai-je pas prié de ne pas dire un mot à ce sujet ? répondit Niel.

— C'est des cottes de mailles que je veux parler, répliqua Simon. Puis-je vous demander s'il y en a quelqu'une qui ait été faite par notre célèbre armurier de Perth nommé Henry Smith?

— Tu es encore plus malencontreux qu'auparavant, dit Niel. Le nom de cet homme produit sur l'esprit d'Eachin le même effet qu'un ouragan sur les eaux du lac; et cependant personne n'en connaît la cause.

— Je puis la deviner, pensa notre gantier; mais il garda cette pensée renfermée dans son cœur. Ayant amené deux fois la conversation sur des sujets de si mauvais augure, il ne chercha pas à en entamer un troisième, et il ne songea plus qu'à faire honneur au repas comme ceux qui l'entouraient.

En parlant des apprêts du festin, nous en avons dit assez pour que le lecteur puisse conclure qu'il offrait la plus grande simplicité, quant à la qualité des mets. Ils consistaient principalement en énormes pièces de viande qu'on mangea sans beaucoup de scrupule, en dépit du carême, et quoique plusieurs moines du couvent de l'île honorassent le banquet de leur présence. Les assiettes étaient de bois, et il en était de même des coupes, dans lesquelles les convives buvaient indistinctement toutes les liqueurs qu'on leur présentait, et même le jus des viandes qu'on regardait comme une friandise. Il y avait aussi du laitage préparé de différentes manières, servi de même sur des plats de bois, et dont on faisait grand cas. Le pain était l'objet le plus rare du festin; mais par une distinction spéciale, on servit deux petits pains à Glover et à son ami Niel. Pour manger, et à la vérité la même coutume avait lieu alors dans toute la Grande-Bretagne, les convives se servaient de leurs petits couteaux de chasse nommés *skenes*, ou de leurs grands poignards appelés *dirks*, sans s'inquiéter de la réflexion qu'ils pouvaient avoir quelquefois servi à un usage tout différent et plus fatal.

Au haut bout de la table était un fauteuil non occupé, élevé de deux marches au-dessus du plancher, couvert d'un dais formé par des branches de houx et de lierre, et sur lequel étaient appuyés une épée dans son fourreau, et une bannière ployée : c'était le siége du chef défunt, et on l'avait laissé vacant par respect pour sa mémoire. Eachin occupait une chaise plus basse à main droite de la place d'honneur.

Le lecteur se tromperait grandement si d'après cette description il supposait que les convives se conduisirent comme une troupe de loups affamés, en profitant en vrais gloutons d'un repas tel qu'ils en trouvaient rarement. Au contraire, tous les membres du clan de Quhele se comportèrent avec cette sorte de réserve polie, et cette attention aux besoins des autres, qu'on trouve souvent chez les nations primitives, et surtout parmi celles qui ont toujours les armes à la main, parce que le soin d'observer les règles de la politesse est nécessaire pour éviter les querelles, l'effusion de sang et la mort. Les convives prirent les places qui leur furent assignées par Torquil du Chêne qui, remplissant les fonctions de maréchal *Taeh*, c'est-à-dire d'intendant du festin, indiquait à chacun celle qu'il devait occuper en la touchant d'une baguette blanche sans prononcer un seul mot. Ainsi placés en ordre ils attendirent patiemment la distribution des vivres, qui fut faite par les Leichtachs, les hommes les plus braves, les guerriers les plus distingués du clan, recevant une double portion qu'on appelait emphatiquement *biey fir*, ou portion d'un homme. Lorsque les écuyers tranchans eurent terminé leurs fonctions ils prirent leurs places à table, et chacun d'eux reçut une de ces doubles portions. On plaça de l'eau à portée de chacun, et une poignée de mousse tenait lieu de serviette, de sorte que, comme à un banquet de l'Orient, on se lavait les mains chaque fois qu'on renouvelait le service. Le barde chanta les louanges du chef défunt, et exprima la confiance du clan dans les vertus naissantes de son successeur. Le Seanachie fit l'histoire de la généalogie de la tribu, qu'il fit remonter à la race des Dalriades[1]. Les joueurs de harpe[2] firent retentir la salle du son de leurs instrumens, tandis que celui des cornemuses égayait la multitude en plein air. La conversation fut grave, civile et paisible; on ne se permit aucun bon mot qui passât les bornes d'une plaisanterie agréable, et qui pût exciter plus qu'un sourire passager; nulle voix ne s'éleva au-dessus des autres, et l'entretien ne dégénéra jamais en argumentation. Simon Glover avait entendu cent fois plus de bruit dans un repas de corps dans la ville de Perth que n'en firent en cette occasion deux cents montagnards sauvages.

Les liqueurs qu'on servit n'eurent pas même le pouvoir de faire oublier aux convives les lois du décorum et de la gravité. Elles étaient de différentes espèces.— Le vin ne parut qu'en petite quantité et l'on n'en offrit qu'aux personnages les plus distingués. Simon Glover eut encore l'honneur de se trouver compris dans ce nombre privilégié. Il est vrai que le petit pain et le vin furent les seuls marques d'attention qu'il reçut pendant tout le festin; mais Niel, voulant faire à son maître une réputation d'hospitalité, ne manqua pas d'insister sur ce qui était selon lui les preuves d'une haute considération. — Les liqueurs distillées, si généralement en usage depuis chez les montagnards, étaient alors presque inconnues. On ne servit que très peu d'usquebaugh, et il était tellement saturé d'une décoction de safran et d'autres herbes aromatiques, qu'il aurait pu passer pour une potion médicinale plutôt que pour une liqueur destinée à un jour de fête. — Le cidre et

---

(1) Les premières colonies des Scotts venaient, dit-on, d'une contrée de l'Irlande appelée *Dalriada*. L'histoire des Dalriades est enveloppée de beaucoup d'obscurités. On compte vingt-trois rois Dalriades dans la longue série des rois d'Ecosse dont les portraits ornent encore le château d'Holyrood. — Éd.

(2) Les anciens bardes d'Écosse connaissaient cet instrument qui n'existe plus dans les Highlands. — Éd.

l'hydromel ne furent pas épargnés; mais la boisson la plus générale fut l'ale dont on avait brassé une grande quantité pour cette occasion. On n'en but pourtant qu'avec une modération que ne connaissent guère les Highlanders modernes. Une coupe à la mémoire du chef défunt fut le premier toast qu'on porta lorsque le repas fut terminé; et un murmure sourd de bénédictions se faisait entendre dans toute la compagnie, quand les moines unissant leurs voix entonnèrent un *requiem*. Un silence complet s'ensuivit comme si l'on eût attendu quelque chose d'extraordinaire. Alors Eachin se leva, monta au siége resté vacant avec un air mâle et fier, mais accompagné de modestie, et dit avec un ton de dignité et de fermeté :

— Je réclame, comme m'appartenant de droit, ce siége et l'héritage de mon père. Ainsi puissent m'être favorables Dieu et saint Barr!

— Comment gouvernerez-vous les enfans de votre père? lui demanda un vieillard, oncle du défunt.

— Je les défendrai avec la claymore de mon père, et je leur rendrai justice sous la bannière de mon père.

Le vieillard, d'une main tremblante, tira du fourreau l'arme pesante; et la prenant par la lame il en présenta la poignée au jeune chef. En même temps Torquil du Chêne déploya la bannière du clan et la fit flotter plusieurs fois sur la tête d'Eachin, qui avec autant de grace que de dextérité, fit brandir son énorme claymore comme pour la défendre. Les convives poussèrent des acclamations bruyantes pour annoncer qu'ils acceptaient le chef patriarcal, et il n'y eut personne qui dans le jeune homme habile et plein de grace qui était devant eux fût disposé à reconnaître celui dont la naissance avait donné lieu à de sinistres prédictions. Tandis qu'il était debout, couvert d'une brillante armure, appuyé sur le glaive et témoignant par des gestes gracieux sa reconnaissance des acclamations qui retentissaient dans la salle et sur toute la prairie, Simon Glover était tenté de douter que la figure majestueuse qu'il avait sous les yeux fût celle du même jeune homme qu'il avait souvent traité avec si peu de cérémonie, et il commença à craindre qu'il n'en résultât quelques conséquences fâcheuses pour lui. Un chœur général des instrumens de tous les ménestrels succéda aux acclamations, et les rochers et les bois répétèrent les sons joyeux des harpes et des cornemuses comme ils avaient répété peu auparavant les lamentations de la douleur.

Nous n'entrerons pas dans de plus longs détails sur cette fête d'inauguration; nous passerons sous silence les toasts qu'on but en l'honneur des anciens héros du clan, et surtout aux vingt-neuf braves qui allaient bientôt combattre pour lui sous les yeux et sous les ordres de leur jeune chef. Les bardes, qui dans les anciens temps joignaient à leur fonction de poètes celle de prophètes, se hasardèrent à leur prédire la victoire la plus éclatante, et peignirent dans leurs chants la fureur avec laquelle le Faucon Bleu, emblème du clan de Quhele, mettrait en pièces le Chat de la Montagne, symbole bien connu du clan de Chattan.

Le soleil était sur le point de se coucher, quand une coupe en bois de chêne et cerclée en argent, qu'on appelait la Coupe de Grace, fit le tour de la table pour donner aux convives le signal de se séparer. Cependant ceux qui désiraient prolonger la fête encore plus long-temps furent libres de se satisfaire en passant sous des hangars. Quant à Simon Glover, Booshalloch le conduisit à une petite hutte qui semblait avoir été construite pour l'usage d'un seul individu. Un lit de fougère et de mousse y avait été arrangé aussi bien que la saison le permettait, et une ample provision de mets semblables à ceux qui avaient été servis au festin prouvait qu'on avait eu dessein que rien ne pût lui manquer.

— Ne quittez pas cette hutte, dit Booshalloch en prenant congé de son ami, de son protégé; c'est le lieu de repos qui vous est destiné; mais on peut perdre son appartement dans une nuit de confusion semblable, et si le blaireau quitte son terrier le renard peut s'en emparer.

Cet arrangement ne fut nullement désagréable à Simon Glover. Le tumulte de cette journée l'avait fatigué, et il sentait le besoin de prendre du repos. Il mangea un morceau, — but une coupe de vin pour chasser le froid, — murmura sa prière du soir, — s'enveloppa de son manteau, et se jeta sur une couche qu'une ancienne connaissance lui avait rendu familière et même agréable. Le bruit qui régnait encore autour de lui, et même les acclamations que poussait de temps en temps la foule qui continuait à se divertir, n'interrompirent pas son repos bien long-temps, et au bout d'environ dix minutes il était aussi profondément endormi que s'il eût été couché sur son propre lit dans Curfew-Street.

CHAPITRE XXIX.

PERONIUS. — « Toujours parlant de ma fille. »
SHAKSPEARE. *Hamlet.*

Deux heures avant que le coq de bruyères eût chanté, Simon fut éveillé par une voix bien connue qui l'appela par son nom.

— Quoi, Conachar! s'écria-t-il en s'éveillant en sursaut ; — est-il donc déjà si tard? Ouvrant les yeux, il vit devant lui l'individu auquel il songeait, et au même instant les événemens de la veille s'étant retracés à son souvenir, il s'aperçut avec surprise que la vision conservait la forme qu'il lui avait donnée pendant son sommeil.

Ce n'était pas le chef montagnard armé de pied en cap et tenant en main sa claymore, comme il l'avait vu la veille ; c'était Conachar de Curfew-Street, sous ses humbles vêtemens d'apprenti, et tenant en main une baguette de bois de chêne qu'il avait sous les yeux. Une apparition n'aurait pas surpris davantage notre bourgeois de Perth. Tandis qu'il le regardait avec surprise, le jeune homme dirigea vers lui la clarté d'une lanterne qu'il portait, et dans laquelle brûlait un morceau de bois de marécages[1], et il répondit à l'exclamation que le gantier avait faite en s'éveillant :

— Oui, père Simon; c'est Conachar qui vient renouveler connaissance avec vous dans un moment où l'on y fera moins d'attention.

En parlant ainsi, il s'assit sur un tréteau qui servait de chaise, et plaçant sa lanterne à côté de lui, il continua à parler du ton le plus amical.

— J'ai goûté de votre bonne chère plus d'une fois, père Simon; j'espère que vous n'en avez pas manqué dans ma famille.

— Non certainement, Eachin Mac Ian, répondit le gantier, — car la simplicité de la langue et des mœurs celtiques n'admet aucuns titres honorifiques, — elle était même trop bonne pour ce temps de carême, et beaucoup trop bonne pour moi, car je dois rougir en pensant que vous avez trouvé une chère bien inférieure dans Curfew-Street.

— Je me servirai de votre propre expression, père Simon : elle était trop bonne pour ce que méritait un apprenti fainéant, et pour les besoins d'un jeune montagnard. Mais si vous avez été satisfait hier de la chère que vous avez trouvée, l'avez-vous été également de l'accueil que vous avez reçu? Ne le niez pas : je sais que vous ne l'avez pas été. Mais mon autorité sur mon clan est encore bien jeune, et je ne dois pas fixer trop tôt son attention sur le temps que j'ai passé dans les basses-terres; époque que je n'oublierai pourtant jamais.

— J'en comprends parfaitement la cause; aussi est-ce malgré moi, et en quelque sorte à mon corps défendant, que je suis venu si tôt vous rendre une visite.

— Paix, père Glover! paix! Je suis charmé que vous soyez

---

[1] On trouve dans certains marécages d'Écosse et d'Irlande, et à différentes profondeurs, une immense quantité d'arbres couchés transversalement, et qui semblent avoir été séparés de leurs racines par l'action du feu, quoiqu'on n'en voie de traces qu'à l'endroit de cette séparation; phénomène qui n'a pas encore été expliqué d'une manière satisfaisante. Le bois de ces arbres est parfaitement conservé. On s'en sert pour la construction des bâtimens, et comme il est imprégné d'une grande quantité de sucs bitumineux, on en fait des torches qui brûlent parfaitement. — TR.

venu voir une partie de ma splendeur montagnarde pendant qu'elle brille encore. Revenez ici après le dimanche des Rameaux, et qui sait ce que vous pourrez trouver et qui vous verrez sur le territoire que nous possédons aujourd'hui? Le chat sauvage peut creuser sa tanière dans l'endroit où s'élève maintenant la salle de banquet de Mac Ian.

Le jeune chef se tut, et appuya sur ses lèvres le haut de sa baguette, comme pour s'empêcher d'en dire davantage.

— Il n'y a rien à craindre à cet égard, Eachin, dit Simon avec cette manière vague que prend souvent un consolateur tiède quand il veut détourner l'esprit d'un ami de réflexions occasionnées par un danger inévitable.

— Il y a tout à craindre, répondit Eachin; il y a péril d'une ruine totale, et certitude positive d'une grande perte. Je suis surpris que mon père ait accepté cette proposition astucieuse d'Albany. Je voudrais que Mac Gillie Chattachan s'entendît avec moi, et alors au lieu de répandre notre meilleur sang l'un contre l'autre, nous descendrions ensemble dans le Strathmore, nous tuerions tout ce qui nous résisterait, et nous prendrions possession du pays. Je serais maître de Perth, il le serait de Dundee, et toute la grande vallée nous appartiendrait jusqu'aux bords du Frith et du Tay. Telle est la politique que j'ai apprise de votre vieille tête grise, père Simon, tandis que je tenais une assiette, debout derrière vous, et que je vous écoutais jaser le soir avec le bailli Craigdallie.

— On a bien raison de dire que la langue est un membre désordonné, pensa le gantier. Voilà que j'ai tenu une chandelle au diable pour lui montrer le chemin.

Mais il se contenta de dire tout haut : — Ces plans viennent trop tard.

— Trop tard sans doute, répondit Eachin. Les conventions du combat ont reçu nos marques et nos sceaux; des insultes et des forfanteries mutuelles ont fait de la haine ardente du clan de Quhele et de celui de Chattan une flamme inextinguible. Oui, le temps en est passé. Mais parlons de vos affaires, père Glover. C'est la religion qui vous a amené ici, à ce que Niel Booshalloch m'a dit. Certainement j'avais appris à connaître assez bien votre prudence pour ne pas vous soupçonner d'être en querelle avec l'Église. Quant à mon ancienne connaissance le père Clément, c'est un de ces hommes qui courent après la couronne du martyre; il croit qu'un poteau entouré de fagots embrasés est plus digne d'embrassemens qu'une jeune épouse. C'est un vrai chevalier errant, armé de toutes pièces pour la défense de ses opinions religieuses, et partout où il va il trouve à combattre. Il s'est déjà fait une querelle avec les moines de l'île de Sibyle, je ne sais sur quel point de doctrine. L'avez-vous vu?

— Je l'ai vu, mais je ne lui ai parlé qu'un instant; j'étais pressé par le temps.

— Il peut vous avoir dit qu'il existe une troisième personne, une personne qui vraisemblablement, je crois, pourrait fuir pour la religion à meilleur titre que vous, citoyen circonspect, ou que lui, prédicateur fougueux, et qui serait bien accueillie si elle venait réclamer notre protection. Ton esprit est bien obscur, vieillard, ou tu ne veux pas me comprendre... ta fille Catherine !

Le jeune chef dit ces derniers mots en anglais, et il continua la conversation dans la même langue, comme s'il eût craint d'être entendu et même comme s'il eût hésité involontairement à s'exprimer comme il le faisait.

— Ma fille Catherine, dit le gantier se rappelant ce que lui avait dit le père Clément; elle se porte bien; elle est en sûreté.

— Mais où est-elle?... avec qui se trouve-t-elle?... pourquoi n'est-elle pas venue avec vous?... Croyez-vous que le clan de Quhèle n'ait pas pour servir la fille de l'ancien maître de son chef quelques *caillachs*[1] aussi actives que la vieille Dorothée dont la main a plus d'une fois échauffé mes joues?

— Je vous remercie encore une fois, et je ne doute ni de votre pouvoir ni de votre bonne volonté pour protéger ma fille ainsi que moi-même. Mais une honorable dame, amie de sir Patrice Charteris, lui a offert un asile sûr, sans qu'elle eût

---

(1) Femmes (*caillettes*). — ÉD.

besoin de courir les risques d'un voyage fatigant à travers un pays désolé et déchiré par des dissensions.

— Oh! oui, sir Patrice Charteris, dit Eachin d'un ton plus réservé et plus froid; sans contredit il doit être préféré à tout autre. Il est votre ami, je crois?

Simon Glover mourait d'envie de punir cette affectation d'un jeune homme qu'il avait grondé quatre fois dans un seul jour pour courir dans la rue afin de voir passer sir Patrice Charteris et sa suite; mais il retint la repartie qui était prête à lui échapper, et répondit simplement :

— Sir Patrice Charteris a été prévôt de Perth pendant sept ans, et il est probable qu'il l'est encore, puisqu'on élit les magistrats, non en carême, mais à la Saint-Martin.

— Ah! père Glover, dit Eachin d'un ton plus amical et plus familier, vous êtes si habitué à voir à Perth des spectacles somptueux, que la vue de notre fête barbare a dû être bien peu de chose pour vous en comparaison. Que pensez-vous de notre cérémonie d'hier?

— Elle était noble et touchante, surtout pour moi qui connaissais votre père. Quand vous étiez appuyé sur votre claymore et que vous regardiez autour de vous, il me semblait que je voyais mon ancien ami Gilchrist Mac Ian sorti glorieux du tombeau et ayant retrouvé sa vigueur et sa jeunesse.

— J'y ai joué mon rôle avec hardiesse, j'espère, et je n'ai guère donné lieu de reconnaître en moi ce misérable jeune apprenti que vous aviez coutume de... de traiter comme il le méritait.

— Eachin ne ressemble pas plus à Conachar qu'un saumon ne ressemble à un *par*[1], quoiqu'on prétende que c'est le même poisson à un âge différent, ou qu'un papillon ne ressemble à une chenille.

— Croyez-vous que pendant que je me revêtais de l'autorité qu'aiment tant toutes les femmes, j'aurais été moi-même

(1) Petit poisson qu'on dit être le frai du saumon. — TR.

un objet sur lequel les yeux d'une jeune fille se seraient arrêtés avec plaisir? Pour parler clairement, qu'aurait pensé de moi Catherine dans cette cérémonie?

— Voilà que nous approchons des écueils, pensa Simon Glover, et si je ne suis pas bon pilote, mon navire échouera sur la côte. — La plupart des femmes aiment ce qui frappe les yeux, Eachin, répondit-il ; mais je crois que ma fille Catherine est une exception. Elle se réjouirait de la bonne fortune de son ancien ami, du compagnon de sa jeunesse, mais le magnifique Mac Ian, chef du clan de Quhele, ne serait pas pour elle plus que l'orphelin Conachar.

— Elle a toujours été généreuse et désintéressée. Mais vous-même, père Simon, vous qui avez vu le monde bien plus long-temps que votre fille, vous pouvez mieux juger de quelle valeur sont le pouvoir et la richesse pour ceux qui en jouissent. Réfléchissez-y, et dites-moi sincèrement ce que vous penseriez si vous voyiez Catherine sous le dais qui me couvrait la tête hier au soir, souveraine de cent montagnes, ayant droit à l'obéissance et au respect de dix mille vassaux, et pour prix de tous ces avantages mettant sa main dans celle de l'homme qui l'aime plus que personne au monde.

— Vous voulez dire dans la vôtre, Conachar.

— Oui, nommez-moi Conachar. J'aime ce nom, parce que c'est celui sous lequel j'ai été connu de Catherine.

— Eh bien! dit le gantier cherchant à donner à sa réponse la tournure la moins offensante possible, je vous dirai donc sincèrement qu'en ce cas je souhaiterais de tout mon cœur que Catherine et moi nous fussions en sûreté dans mon humble boutique de Curfew-Street, sans avoir d'autres vassaux que la vieille Dorothée.

— Et avec le pauvre Conachar aussi, j'espère? Vous ne voudriez pas le laisser languir dans une grandeur solitaire.

— Je ne voudrais pas être assez injuste envers mes anciens amis du clan de Quhele, pour les priver dans un moment critique d'un jeune chef plein de bravoure, ni ravir à ce chef la gloire dont il doit se couvrir à leur tête dans le combat qui va avoir lieu.

Eachin se mordit les lèvres pour cacher son dépit. — Ce ne sont que des mots, rien que des mots, des mots vides de sens, père Simon, dit-il. Vous craignez le clan de Quhele plus que vous ne l'aimez, et vous supposez qu'il serait transporté d'une indignation redoutable si leur chef épousait la fille d'un bourgeois de Perth.

— Et quand je craindrais un pareil résultat, Hector Mac Ian, n'aurais-je pas raison? Comment se sont terminés des mariages mal assortis dans la maison de Mac Callanmore, dans celle des puissans Mac Leans, et même dans celle des lords des Iles? Par le divorce, par l'exhérédation, quelquefois même par un destin encore plus funeste pour l'ambitieuse qui s'y était introduite. Vous ne pourriez épouser ma fille devant un prêtre; vous ne pourriez l'épouser que de la main gauche, et je... Il réprima la vivacité avec laquelle il allait se laisser emporter, et ajouta : — Et je suis un honnête quoique humble bourgeois de Perth, qui préférerais voir ma fille l'épouse légitime et reconnue d'un citoyen de mon propre rang, plutôt que la maîtresse en titre d'un monarque.

— J'épouserai Catherine devant un prêtre et devant le monde entier; devant l'autel et devant les pierres noires d'Iona! s'écria l'impétueux jeune homme. Elle est l'amour de ma jeunesse, et il n'y a pas un lien de religion et d'honneur que je ne sois prêt à employer pour m'unir à elle. J'ai pressenti mes vassaux. Si nous remportons la victoire dans ce combat, et avec l'espoir d'obtenir Catherine mon cœur me dit que nous la remporterons, je posséderai tellement leur affection que si mon bon plaisir était de prendre une épouse dans une maison de charité, ils la recevraient avec le même respect que si elle était fille de Mac Callanmore. Mais vous rejetez ma demande! ajouta Eachin avec aigreur.

— Vous mettez dans ma bouche des paroles offensantes, dit le vieillard, et vous pouvez me punir ensuite comme si je les avais prononcées, puisque je suis entièrement en votre pouvoir. Mais ma fille n'épousera jamais, de mon consentement, qu'un homme de sa condition. Son cœur se briserait au milieu des guerres et des scènes sanglantes auxquelles votre situation vous expose constamment. Si vous l'aimez réellement, et que vous vous souveniez de la terreur que lui inspirent les querelles et les combats, vous ne voudriez pas qu'elle eût à vivre au milieu des horreurs de la guerre, qui doit être votre occupation inévitable et éternelle comme elle était celle de votre père. Choisissez une épouse parmi les filles des chefs de vos montagnes, mon fils, ou parmi celles des fiers nobles des basses-terres. Vous êtes jeune, bien fait, riche, noble, puissant, et vous ne ferez pas la cour en vain. Vous trouverez facilement une épouse qui se réjouira de vos victoires, et qui vous consolera dans vos revers. Les unes et les autres seraient également effrayantes pour Catherine. Un guerrier doit porter un gantelet d'acier; un gant de peau de chevreuil serait mis en pièces en une heure.

Un nuage sombre passa sur le front du jeune chef, qui un moment auparavant avait été animé d'un feu si vif.

— Adieu donc, dit-il, la seule espérance qui aurait pu me conduire à la renommée ou à la victoire. Il resta quelques instans en silence, plongé dans de profondes réflexions, les yeux baissés, fronçant les sourcils et les bras croisés. Enfin il leva les yeux sur Glover, et lui dit : — Mon père, car vous avez été un père pour moi, je vais vous dire un secret. La raison et l'orgueil me conseillent de me taire, mais le destin m'ordonne de parler, et il faut que je lui obéisse. Je vais vous confier le secret le plus cher qu'un homme ait jamais confié à un homme; mais prenez garde, de quelque manière que se termine cette conférence, prenez bien garde de ne jamais laisser échapper une syllabe de ce que vous allez apprendre; car sachez que si vous en parliez dans le coin le plus éloigné de l'Écosse, j'ai des oreilles pour l'entendre, même à cette distance, et une main et un poignard pour atteindre le cœur du traître. Je suis... le mot ne veut pas sortir de ma bouche.

— Ne le prononcez donc pas, dit le prudent gantier; un

secret n'est plus en sûreté quand il a passé les lèvres de celui à qui il appartient, et je ne désire nullement recevoir une confidence aussi dangereuse que celle dont vous me menacez.

— Il faut que je le prononce et que vous l'entendiez. Dans ce siècle guerrier, mon père, vous avez sans doute vous-même combattu?

— Une fois seulement, et ce fut quand les Anglais attaquèrent la Belle Ville. Je fus sommé de prendre les armes pour la défendre, comme j'y étais obligé, puisque tous les corps de métiers sont tenus de veiller à la sûreté de la ville et de la protéger.

— Et qu'éprouvâtes-vous en cette occasion?

— Quel rapport a cette question à ce qui nous occupe? demanda Simon avec quelque surprise.

— Un rapport très direct, sans quoi je ne l'aurais pas faite, répondit Eachin avec le ton de hauteur qu'il prenait de temps en temps.

— Il est facile de décider un vieillard à parler des anciens temps, dit Simon, qui après un moment de réflexion ne fut pas fâché de laisser arriver la conversation sur un autre sujet que sa fille. J'avouerai donc que le sentiment que j'éprouvai alors n'avait rien de cette confiance, de cette ardeur, de ce plaisir même dont j'ai vu d'autres hommes animés en marchant au combat. J'avais embrassé une profession paisible et mené une vie tranquille, et quoique le courage ne m'ait pas manqué quand l'occasion l'exigeait, j'ai rarement plus mal dormi que la nuit qui précéda cette affaire. J'avais l'esprit tourmenté par tout ce que j'ai entendu dire des archers saxons, ce qui n'était que la pure vérité, qu'ils décochaient des flèches d'une aune de longueur, et qu'ils se servaient d'arcs d'un tiers plus longs que les nôtres. Quand je m'endormais un instant, si une paille de mon matelas me piquait le côté, je m'éveillais en tressaillant, croyant sentir une flèche anglaise qui m'entrait dans le corps. Vers le matin, comme je commençais à goûter un peu de repos par excès de fatigue, je fus éveillé par la cloche de la ville qui appelait les bourgeois sur les murailles. Jamais, ni auparavant ni depuis ce temps, aucun bruit ne m'a paru aussi semblable à celui de la cloche qu'on sonne pour annoncer un enterrement.

— Continuez. Qu'arriva-t-il ensuite?

— Je mis mon armure, une armure telle quelle, et je reçus la bénédiction de ma mère, femme d'un grand courage, qui me parla des exploits qu'avait faits mon père pour l'honneur de la Belle Ville. Ses discours m'encouragèrent, et je me sentis encore plus hardi quand je me trouvai au milieu des autres artisans, tous armés de leurs arcs; car vous savez que les citoyens de Perth sont habiles dans le maniement de cette arme. On nous distribua à divers postes sur les murailles. Des chevaliers et des écuyers revêtus d'armures à l'épreuve étaient mêlés avec nous, et faisaient bonne contenance, comptant peut-être sur la bonté de leurs cuirasses. Pour nous encourager ils nous informèrent qu'ils tailleraient en pièces à coups d'épée et de hache quiconque de nous essaierait seulement de quitter son poste. Le vieux Kempe de Kinfauns, alors notre prévôt et père de sir Patrice, eut la bonté de me donner cet avis à moi-même. C'était le petit-fils du Corsaire Rouge, Thomas de Longueville; il était homme à tenir sa parole, et il s'adressait à moi, peut-être parce qu'une nuit passée presque sans dormir me faisait paraître plus pâle que de coutume et que d'ailleurs j'étais encore bien jeune.

— Et cette exhortation ajouta-t-elle à vos craintes ou à votre résolution? demanda Eachin qui semblait l'écouter avec beaucoup d'attention.

— Elle ajouta à ma résolution, car je ne connais rien qui puisse rendre un homme plus hardi à braver le danger qu'il a devant lui, que de savoir qu'il en a sur ses talons un autre prêt à le pousser en avant. Eh bien! je montai sur les murailles avec un courage..... passable, et je fus placé avec d'autres sur la tour de Spey, étant regardé comme un bon tireur d'arc. Mais un frisson me saisit quand je vis les Anglais s'avancer en bon ordre pour nous attaquer, leurs archers en avant et leurs hommes d'armes ensuite en trois fortes colonnes. Ils marchaient d'un pas ferme, et quelques-uns de nous auraient voulu tirer sur eux; mais on nous le défendit strictement, et nous fûmes obligés de rester immobiles, nous tenant à l'abri derrière le parapet autant que nous le pouvions. Lorsque les Anglais formèrent leurs lignes, chacun d'eux se trouvant comme par magie à la place qu'il devait occuper, et se préparant à se couvrir de grands boucliers appelés pavois, qu'ils plantaient devant eux, j'éprouvai encore une étrange difficulté de respirer, et j'aurais voulu retourner à la maison pour boire un verre d'eau distillée[1]. Mais en jetant un regard derrière moi, je vis le digne Kempe de Kinfauns tenant en main une grande arbalète bandée, et je crus que ce serait dommage qu'il perdît un trait contre un bon Écossais, tandis qu'il était en présence d'un si grand nombre d'Anglais. Je restai donc où j'étais, dans un angle assez favorable formé par deux parapets. Les Anglais avancèrent et levèrent leurs arcs, non au niveau de leur poitrine comme le font vos montagnards, mais à l'oreille, et nous envoyèrent une volée de leurs queues d'hirondelles avant que nous eussions le temps de crier saint André. Je fermai les yeux quand je les vis bander leurs arcs, et je crois que je tressaillis quand j'entendis leurs premiers traits frapper contre le parapet. Mais ayant regardé autour de moi et ne voyant de blessé que John Squallit le crieur de la ville, à qui une flèche avait traversé la mâchoire, je repris courage et je tirai à mon tour de grand cœur, et en ayant soin de bien viser. Un petit homme que j'avais ajusté pendant qu'il se montrait un instant de derrière son grand bouclier, tomba l'épaule percée, et le prévôt s'écria : — Bien cousu, Simon le gantier! — Que saint Jean protége sa bonne ville, mes braves compagnons! criai-je à mon tour, quoique je ne fusse encore qu'apprenti; mais c'était pour l'honneur de la corporation. Et si vous voulez m'en croire, pendant tout le reste de l'escarmouche qui se termina par la retraite de l'ennemi, je bandai mon arc et je décochai mes flèches avec le même calme que si j'avais tiré au blanc et non contre des

---

(1) Nom qu'on donne à l'eau-de-vie et autres liqueurs spiritueuses. — Tr.

hommes. Je gagnai quelque réputation, et j'ai toujours pensé depuis ce temps, qu'en cas de nécessité, — car ce n'aurait jamais été par goût et par choix, — je ne l'aurais pas perdue. Mais ce fut la seule fois que je portai les armes dans ce qu'on peut appeler une bataille. J'ai couru d'autres dangers ; j'ai tâché de les éviter en homme sage, mais quand ils étaient inévitables j'y ai fait face en homme brave : ce n'est qu'ainsi qu'on peut vivre et lever la tête en Écosse.

— Je comprends ce que vous me dites, mais vous trouverez plus difficile de croire ce que j'ai à vous dire, sachant de quelle race je suis descendu, et ayant connu celui que nous avons mis dans la tombe il n'y a pas vingt-quatre heures. — Il est heureux qu'il soit dans un lieu où il n'apprendra jamais ce que vous allez entendre. Regardez, mon père, la lumière que je porte se consume et commence à pâlir ; mais avant qu'elle expire le mot honteux sera prononcé.... Mon père, je suis — UN LACHE ! le mot est prononcé enfin, et le secret de mon ignominie est confié à un autre.

L'angoisse du jeune homme était telle en faisant ce fatal aveu, qu'il se laissa tomber presque sans connaissance. Glover, saisi de crainte aussi bien que de compassion, mit tous ses soins à le rappeler à la vie, et y réussit, mais sans pouvoir lui rendre le calme. Eachin se couvrit le visage des deux mains, et versa un torrent de larmes amères.

— Pour l'amour de Notre-Dame ! dit le vieillard, calmez-vous, et révoquez ce vilain mot. Je vous connais mieux que vous ne vous connaissez vous-même. Vous n'êtes pas un lâche, seulement vous êtes trop jeune, vous avez trop peu d'expérience et l'imagination trop vive pour avoir la valeur ferme d'une grise barbe. Je n'entendrais pas un autre parler de vous ainsi, Conachar, sans lui donner un démenti. Je le répète, vous n'êtes pas un lâche. J'ai vu jaillir de vous de vives étincelles de courage, et souvent même pour des causes bien légères.

— De vives étincelles d'orgueil et de colère ! répliqua le malheureux jeune homme, mais quand les avez-vous vu soutenues par la résolution qui aurait dû les accompagner? Les étincelles dont vous parlez tombaient sur mon cœur lâche comme sur un glaçon que rien ne peut échauffer. Si mon orgueil offensé me portait à frapper, ma lâcheté un instant après me forçait à fuir.

— Manque d'habitude, dit Simon. C'est en escaladant des murailles que les enfans apprennent à gravir les rochers. Commencez par de légers combats, exercez-vous tous les jours au maniement des armes en joutant contre vos amis.

— En ai-je loisir? s'écria le jeune chef en tressaillant comme si quelque idée horrible se fût présentée à son imagination. Combien de jours reste-t-il à s'écouler entre celui-ci et le dimanche des Rameaux? Et que doit-il arriver alors? Une lice fermée d'où l'on ne peut pas plus sortir que le pauvre ours enchaîné au poteau. Soixante hommes, les plus braves, les plus déterminés, un seul excepté, qui puissent descendre de toutes nos montagnes, tous altérés du sang les uns des autres... Un roi, ses nobles, et des milliers de curieux, présens comme à un spectacle pour encourager leur fureur infernale... Les combattans se précipitent les uns sur les autres comme des êtres privés de raison; l'acier retentit, le sang coule; ils se déchirent comme des bêtes sauvages; les blessés sont foulés aux pieds par leurs compagnons; le sang ruisselle, les bras s'affaiblissent, mais il ne peut y avoir ni pourparler, ni trève, ni suspension d'armes tant que la vie reste à deux combattans ennemis. Il ne s'agit pas de se cacher derrière des parapets, de lancer des flèches au loin; il faut combattre corps à corps, bras contre bras, jusqu'à ce que la main ne puisse plus se soulever pour maintenir cet affreux combat. Si la peinture seule en est si horrible, que croyez-vous que sera la réalité?

Le gantier garda le silence.

— Je vous demande encore une fois, qu'en pensez-vous?

— Je ne puis qu'avoir compassion de vous, Conachar. Il est dur de descendre d'une si brave lignée, d'être fils d'un si noble père, de se trouver par droit de naissance chef d'un peuple si belliqueux, et de manquer ou de croire que vous manquiez, car je pense encore que la faute en est dans une imagination trop vive qui s'exagère le danger, que vous manquiez, dis-je, de cette qualité qui est le partage de tout coq qui mérite une poignée de grain, de tout chien qui est digne d'une curée. Mais comment se fait-il qu'avec cette persuasion que vous êtes hors d'état de livrer ce combat, vous m'ayez proposé à l'instant même de partager votre rang avec Catherine? Votre pouvoir dépend entièrement de ce combat et ce n'est pas ma fille qui peut vous aider à remporter la victoire.

—Vous vous trompez, vieillard. Si Catherine voulait répondre à l'amour ardent que j'ai conçu pour elle, cette certitude me conduirait en face des ennemis avec toute l'ardeur d'un cheval de bataille. Quelque accablant que soit le sentiment intime de ma faiblesse, l'intérêt que Catherine prendrait à moi m'armerait de force. Promettez-moi, oh! promettez-moi qu'elle sera à moi si nous remportons la victoire, et Gow lui-même, Gow dont le cœur est du même métal que son enclume, ne se sera jamais battu avec tant de courage. Une passion est vaincue par une passion plus forte.

— C'est de la folie, Conachar. Le souvenir de votre intérêt, de votre honneur, de votre naissance ne peut-il vous donner autant de courage que la pensée d'une jeune fille! Fi donc, fi!

—Vous ne me dites que ce que je me suis déjà dit moi-même, répondit Eachin en soupirant, mais tout cela est inutile. Ce n'est que lorsque le cerf timide est accouplé avec sa biche qu'il devient désespéré et dangereux. Est-ce l'effet de ma constitution, ou comme le diront nos caillachs des montagnes, celui du lait de la biche blanche? est-ce la suite de mon éducation paisible et de la contrainte dans laquelle vous m'avez tenu? ou comme vous le pensez, celle d'une imagination qui se peint le danger comme encore plus terrible qu'il ne l'est en réalité? c'est ce que je ne saurais dire : mais je connais ma faiblesse, et... oui, il faut le dire, elle est telle que je ne saurais la vaincre, et si vous pouviez consentir à mes désirs, à une condition, ... je n'hésiterais pas un instant : je renoncerais au rang auquel je suis élevé, et je me dévouerais à la vie la plus humble.

— Quoi ! vous vous feriez gantier enfin, Conachar ? Voilà qui est plus fort que la légende de saint Crépin. Non, non, vous n'avez pas la main faite pour ce métier ; vous ne me gâterez plus de peaux de daims.

— Ne plaisantez pas, mon père ; je parle très sérieusement. Si je ne puis me livrer au travail, j'apporterai assez de richesses pour vivre sans cela. Ils me proclameront apostat au son des cors et des cornemuses ; j'y consens : Catherine ne m'en aimera que mieux pour avoir préféré le sentier de la paix au chemin ensanglanté. Le père Clément nous apprendra à avoir pitié du monde, et à lui pardonner quand il nous chargera de reproches qui ne nous feront aucune blessure. Je serai le plus heureux des hommes ; Catherine jouira de tout ce que pourra lui procurer une affection sans bornes, et elle n'aura pas à craindre les spectacles d'horreurs et les sons effrayans que lui aurait préparés le mariage mal assorti que vous projetiez. Et vous, père Glover, tranquillement assis au coin de votre cheminée, vous serez le mortel le plus satisfait et le plus respectable qu'ait jamais...

— Arrêtez, Eachin, arrêtez, je vous prie ; la branche de sapin qui vous éclaire, et avec laquelle ce discours doit se terminer, tire à sa fin, et je voudrais dire un mot à mon tour, car la franchise est ce qu'il y a de mieux en affaire. Quelque chagrin, quelque désespoir que vous puissiez éprouver, je dois mettre un terme à ces visions en vous disant tout d'un coup que Catherine ne peut jamais être à vous. Un gant est un emblème de bonne foi, et par conséquent un homme de ma profession doit moins qu'aucun autre manquer à sa parole. La main de Catherine est promise, promise à un homme que vous pouvez haïr, mais que vous devez estimer : à Henry l'armurier. Ce mariage est sortable ; il est conforme à leurs désirs mutuels, et j'ai donné ma parole. Il vaut mieux être franc avec vous : soyez mécontent si bon vous semble ; je suis entièrement en votre pouvoir, mais rien au monde ne me fera manquer à ma promesse.

Glover ne parlait d'un ton si décidé que parce qu'il savait par expérience que le caractère irritable de son ci-devant apprenti cédait en bien des cas à une résolution ferme et prononcée. Cependant se rappelant où il était, ce ne fut pas sans quelque mouvement de crainte qu'il vit la flamme mourante s'élancer en l'air et répandre comme un éclair momentané sur le visage d'Eachin qui était pâle comme la mort, tandis que ses yeux roulaient comme ceux d'un homme agité par le délire de la fièvre. La lumière retomba sur-le-champ et s'éteignit ; Simon craignit un instant d'avoir à disputer sa vie contre un jeune homme qu'il savait être capable de se porter à des voies de fait dans ses accès de colère, quelque court que fût son emportement. Il fut délivré de cette inquiétude en entendant Eachin lui dire d'une voix rauque et altérée :

— Que ce dont nous avons parlé cette nuit reste couvert du silence ! Si tu le mets au jour, tu ferais mieux de creuser ton tombeau !

A ces mots la porte de la hutte s'ouvrit, et y laissa entrer un rayon de la lune. Simon vit le jeune chef qui en sortait, et la porte se refermant, il se trouva de nouveau dans l'obscurité.

Le vieux Glover se sentit soulagé d'un grand poids en voyant se terminer d'une manière si paisible une conversation dangereuse dans laquelle il craignait d'avoir offensé Eachin. Il fut pourtant vivement affligé de la situation où se trouvait un jeune homme qu'il avait élevé lui-même.

— Ce pauvre enfant ! pensa-t-il, se voir assis à un poste si éminent pour en être précipité avec mépris ! Je savais en partie ce qu'il m'a dit, car j'avais souvent remarqué que Conachar était plus disposé à se quereller qu'à se battre. Mais, sans être sir William Wallace, je ne puis concevoir cette poltronnerie excessive que ni la honte ni la nécessité ne peuvent surmonter. Et se proposer pour mari de ma fille, comme si une femme devait avoir une provision de courage pour elle et pour son mari! Non, non; Catherine doit épouser un homme à qui elle puisse dire: — Mon mari, épargnez votre ennemi; et non un homme en faveur duquel elle doive s'écrier: — Généreux ennemi, épargnez mon mari!

Fatigué par ces réflexions le vieillard se rendormit enfin. Il fut éveillé le matin par son ami Booshalloch, qui d'un air un peu déconcerté lui proposa de revenir avec lui dans sa chaumière sur la prairie, près du Ballough, c'est-à-dire de l'endroit où le Tay sort du lac. Il lui dit que le chef ne pouvait le voir ce matin, et chercha à l'excuser en ajoutant qu'il était tout occupé des préparatifs du combat; qu'Eachin Mac Ian pensait que Simon Glover ne pouvait être nulle part plus en sûreté que dans la chaumière de Niel, où l'air serait favorable à sa santé, et qu'il avait donné ordre qu'on pourvût à tous ses besoins.

Niel Booshalloch s'étendit sur toutes ces circonstances pour pallier l'espèce de manque d'égards que montrait le chef en congédiant son hôte sans lui donner une audience particulière.

— Son père aurait su mieux agir, continua le gardien des troupeaux, mais où aurait-il pu apprendre de bonnes manières, ce pauvre jeune homme élevé parmi vous autres bourgeois de Perth qui, à l'exception de vous ami Glover, qui parlez notre langue aussi bien que moi-même, sont une race qui ne connaît rien à la civilité.

Simon Glover, comme on peut bien le croire, ne fut pas très fâché du manque d'égards dont son ami était mécontent. Au contraire, il aurait préféré la demeure tranquille du bon bouvier à l'hospitalité bruyante du jeune chef, quand même il n'aurait pas eu tout récemment avec Eachin une conversation sur un sujet pénible qu'il ne se souciait pas d'aborder une seconde fois.

Il se retira donc tranquillement à Ballough, où il aurait passé le temps assez agréablement s'il avait pu être certain que Catherine était en sûreté. Il faisait des excursions sur le lac, dans un petit esquif qu'un jeune montagnard conduisait tandis qu'il s'amusait à pêcher à la ligne. Il débarquait souvent sur la petite île, rendait une visite à la tombe de son ancien ami Gilchrist Mac Ian, et gagna l'amitié des moines en présentant au prieur une paire de gants de martre et à chacun des dignitaires du couvent une paire de peaux de chat sauvage. Il coupait et cousait pendant les soirées les peaux dont il faisait ces petits présens, et c'était un amusement qui lui faisait paraître le temps plus court, tandis que la famille de Niel se groupait autour de lui pour admirer son adresse et pour écouter les histoires et les ballades par lesquelles le vieillard avait le talent d'égayer la soirée.

On doit avouer que le gantier circonspect évitait toute conversation avec le père Clément, qu'il regardait mal à propos comme l'auteur de ses infortunes plutôt que comme un être innocent qui les partageait. — Pour plaire à ses fantaisies, pensait-il, je ne risquerai pas de perdre l'amitié de ces bons moines qui peuvent m'être un jour si utiles. Je crois que ses sermons m'ont déjà fait bien assez de mal : ils ne m'ont pas rendu plus savant, et ils m'ont fait devenir plus pauvre. Non, non, Catherine et lui peuvent penser comme bon leur semblera, mais je saisirai la première occasion de retourner à Perth, comme un chien que son maître rappelle ; je me soumettrai tant qu'on le voudra à la haire et au cilice ; je paierai une bonne amende, et l'Église me recevra dans son giron.

Il s'était passé plus de quinze jours depuis que Glover était arrivé à Ballough, et il commençait à être surpris de n'avoir reçu aucunes nouvelles de sa fille ni de Henry Smith, à qui il pensait que le prévôt avait appris son plan de retraite et l'endroit où il devait se rendre. Il savait que le brave Gow ne pouvait rester sur le territoire du clan de Quhele, attendu diverses querelles qu'il avait eues avec ces montagnards, et notamment avec Eachin tandis qu'il portait le nom de Conachar ; mais il lui semblait que Henry aurait pu lui envoyer quelque message, et lui donner quelque signe de souvenir par le moyen des courriers qui passaient et repassaient sans cesse entre la cour et le clan de Quhele pour régler les conditions du combat, la marche des combattans à Perth, et tous les autres détails qui devaient être concertés d'avance. On était alors à la mi-mars, et le fatal dimanche des Rameaux arrivait rapidement.

Cependant le gantier exilé n'avait pas revu une seule fois son ancien apprenti. Le soin qu'on prenait de fournir à ses besoins sous tous les rapports prouvait qu'il n'était pas oublié ; mais toutes les fois qu'il entendait le son du cor du chef retentir dans les bois, il avait soin de diriger sa promenade du côté opposé. Un matin pourtant il se trouva dans le voisinage immédiat d'Eachin, presque sans avoir le temps de l'éviter ; et voici comment.

Il se promenait livré à ses réflexions dans une petite clairière entourée de grands arbres mêlés de broussailles, lorsqu'une biche blanche sortit du bois, poursuivie par deux chiens de chasse, dont l'un la saisit à la hanche et l'autre à la gorge. Ils la renversèrent à deux cents pas environ du gantier que cet incident imprévu fit tressaillir. Au même instant le son perçant d'un cor et l'aboiement d'un limier lui apprirent que les chasseurs qui poursuivaient la biche n'étaient pas loin, et il entendit leurs cris et le bruit de leur marche dans la forêt. Un instant de réflexion aurait convaincu Simon que ce qu'il avait de mieux à faire était de rester où il était ou de se retirer à pas lents, afin de laisser au jeune chef la liberté de lui parler ou de continuer son chemin, comme il le jugerait à propos. Mais le désir d'éviter la présence d'Eachin était devenu en lui une sorte d'instinct, et alarmé de le savoir si près, il se jeta dans un buisson de coudriers et de houx, où il se trouva complètement caché. A peine y était-il qu'Eachin, les joues couvertes des couleurs que donne l'exercice, sortit du bois et entra dans la clairière, accompagné de Torquil du Chêne son père de lait. Celui-ci avec autant de vigueur que d'adresse fit tourner sur le dos la biche qui luttait encore contre les chiens, lui appuya un genou sur la poitrine, et sai-

29

sissant de la main droite ses pieds de devant, il présenta de la gauche son couteau de chasse au jeune chef pour qu'il lui coupât la gorge.

— Non, Torquil, dit Eachin, chargez-vous-en vous-même. Je n'ai pas le courage de tuer une biche si semblable à celle qui m'a nourri.

Il prononça ces mots avec un sourire mélancolique, et une larme se fraya un passage entre ses paupières. Torquil regarda un instant son jeune chef avec un air de surprise, et levant ensuite son couteau de chasse, il coupa le cou de la biche avec tant d'assurance et de dextérité, que la lame pénétra jusqu'à l'os. Se relevant alors, il dit en fixant un regard perçant sur Eachin : — Ce que je viens de faire à cet animal, je le ferais à tout homme qui aurait entendu mon fils de lait prononcer seulement le nom de biche blanche, et l'accoupler à celui d'Hector.

Si Glover n'avait pas eu auparavant de motif suffisant pour se cacher, ce discours de Torquil lui en fournissait un excellent pour ne pas se montrer.

— Je ne puis le dissimuler, mon père Torquil, dit Eachin, cela paraîtra au grand jour.

— Qu'est-ce que vous ne pouvez dissimuler? qu'est-ce qui paraîtra au grand jour? demanda Torquil étonné.

— C'est le fatal secret, pensa Simon ; et maintenant si ce colosse de conseiller privé n'est pas en état de garder le silence, je suppose que je deviendrai responsable de la publicité donnée à la honte d'Eachin.

Saisi de cette nouvelle inquiétude, il profita en même temps de sa position pour voir, autant qu'il le pouvait, ce qui se passait entre le chef affligé et son confident, poussé par cet esprit de curiosité qui s'éveille en nous dans les occasions les plus importantes comme les plus triviales de la vie, et que la crainte d'un grand danger personnel ne peut même toujours réprimer.

Tandis que Torquil écoutait ce que le jeune chef lui disait, celui-ci se laissa tomber dans ses bras, et s'appuyant sur son épaule, termina son aveu par quelques mots qu'il prononça très bas. Torquil semblait l'écouter avec un étonnement qui le rendait incapable d'en croire ses oreilles. Comme pour être bien certain que c'était Eachin qui lui parlait ainsi, il releva le jeune homme de sa posture inclinée, le redressa en le saisissant par une épaule, et fixa sur lui des yeux qui semblaient agrandis et presque pétrifiés par les merveilles qu'il écoutait. Le visage du vieillard changea tellement, et prit un air si sauvage quand il eut entendu les mots que le jeune chef avait prononcés à voix basse, que Simon craignit qu'il ne le repoussât loin de lui comme un être déshonoré, auquel cas Eachin aurait fort bien pu tomber dans le buisson où le gantier était caché, ce qui aurait pu amener sa découverte d'une manière également pénible et dangereuse. Mais les passions de Torquil, qui éprouvait pour son fils nourricier l'enthousiasme qui caractérise toujours cette sorte de relation parmi les montagnards, prirent un tout autre cours.

— Je n'en crois rien! s'écria-t-il; c'est une fausseté! Cela ne peut être vrai du fils de ton père... du fils de ta mère... encore moins de mon fils nourricier...! J'offre le gage du combat en face du ciel et de la terre à quiconque soutiendra que c'est la vérité. Un mauvais œil a jeté un sort sur toi, mon cher enfant, et la faiblesse que tu appelles lâcheté est l'ouvrage de la magie. Je me souviens de la chauve-souris qui éteignit la torche à l'instant de ta naissance... jour de joie et de douleur. Mais console-toi, mon cher Eachin, nous irons ensemble à Iona, et le bon saint Colomba[1], aidé de tous les bienheureux saints et des anges qui ont toujours favorisé ta race, retirera de ton sein le cœur de la biche blanche et te rendra celui qu'on t'a dérobé.

Eachin l'écoutait d'un air qui aurait fait croire qu'il aurait voulu pouvoir ajouter foi aux paroles de celui qui cherchait à le consoler.

— Mais, Torquil, dit-il, en supposant que cela puisse nous

---

[1] Le culte religieux de saint Colomba ou Colomban a survécu, dans les Hébrides, au catholicisme lui-même. — Éd.

servir, le jour fatal est bien voisin ; et si j'entre dans la lice, je crains de vous couvrir de honte.

— Il n'en sera rien... cela est impossible ! s'écria Torquil. L'enfer ne prévaudra pas à ce point !... Nous tremperons ta claymore dans de l'eau bénite ; nous placerons sur ton cimier de la verveine, du millepertuis et du sorbier ; nous t'entourerons, moi et tes huit frères... tu seras en sûreté comme dans un château-fort.

Le jeune chef murmura encore quelques mots d'un ton si accablé, que Simon ne put les entendre ; mais la réponse de Torquil prononcée d'une voix forte arriva distinctement à son oreille.

— Oui, il peut y avoir un moyen de te dispenser du combat. Tu es le plus jeune des champions de notre clan... Écoute-moi, tu vas voir ce que c'est que l'amour d'un père nourricier, et combien il l'emporte sur tout autre sentiment... Le plus jeune de ceux qui doivent combattre pour le clan de Chattan est Ferquhard Day. Son père a tué le mien, et le sang fume encore entre nous. Je regardais le dimanche des Rameaux comme le jour qui devait en effacer les traces... Mais fais bien attention ! Tu aurais cru que le sang de ce Ferquhard Day ne se serait pas mêlé avec le mien, si on avait versé l'un et l'autre dans le même vase, et cependant il a jeté ses yeux épris sur ma fille unique, sur Eva, la plus belle de nos filles. Imagine-toi ce que j'éprouvai en apprenant cette nouvelle. Ce fut comme si un loup des forêts du Ferragon m'avait dit : Donne-moi ta fille en mariage, Torquil. Eva ne pense pas de même ; elle aime Ferquhard, elle passe les jours à pleurer, et la crainte du combat qui va avoir lieu lui fait perdre ses forces et ses couleurs : qu'elle lui dise un mot favorable, et je sais parfaitement qu'il renoncera à ses parens, à son clan et au champ de bataille, et qu'il s'enfuira avec elle dans le désert.

— Et le plus jeune des champions du clan de Chattan s'absentant du combat, je puis, comme étant le plus jeune de ceux du clan de Quhele, être dispensé d'y prendre part, dit

Eachin en rougissant du moyen honteux de sûreté qui lui était offert.

— Vois, mon chef, dit Torquil, et juge de mes sentimens pour toi... D'autres peuvent t'immoler leur vie et celle de leurs enfans : moi je te sacrifie l'honneur de ma famille.

— Mon ami! mon père! s'écria Eachin en serrant Torquil entre ses bras, quel vil misérable je dois être, puisque j'ai l'ame assez lâche pour accepter un tel sacrifice!

— N'en parlons pas! dit Torquil; les bois ont des oreilles... Retournons au camp, et nous enverrons chercher cette venaison... En arrière! Ici! s'écria-t-il en s'adressant à ses chiens.

Heureusement pour Simon, le limier s'était frotté le nez dans le sang de la biche, sans quoi il aurait pu découvrir la retraite du gantier dans le buisson. Mais ayant perdu ainsi une partie de la finesse de son odorat, il suivit tranquillement les deux chasseurs avec les autres chiens.

Quand le gantier ne put ni les voir ni les entendre, il se releva fort satisfait de leur départ, et il se mit en marche dans une direction opposée, aussi vite que son âge le lui permettait. Sa première réflexion eut pour objet la fidélité du père nourricier.

— Le cœur de ces montagnards sauvages est fidèle et loyal, pensa-t-il. Cet homme ressemble plus aux géans des romans qu'à un être pétri de la même argile que nous ; et cependant des chrétiens pourraient recevoir de lui une leçon de fidélité. Son expédient annonce pourtant bien de la simplicité : faire disparaître un homme du rôle des ennemis! comme s'il ne se trouverait pas une vingtaine de ces chats sauvages disposés à prendre sa place.

C'était ainsi que raisonnait notre gantier ; mais il ne savait pas qu'on avait publié les proclamations les plus strictes pour défendre à tout individu des deux clans ennemis, à leurs parens, à leurs alliés, à leurs serviteurs, d'approcher de quinze milles de Perth pendant les huit jours qui précéderaient et qui suivraient le combat, et qu'un corps de troupes devait veiller à l'exécution de cet ordre.

En arrivant chez Booshalloch, notre ami Simon trouva d'autres nouvelles qui l'y attendaient. Elles étaient apportées par le père Clément, qui vint en manteau de pèlerin ou dalmatique, prêt à retourner vers le sud et désirant faire ses adieux à son compagnon d'exil, ou le prendre pour compagnon de voyage.

— Mais, demanda Glover, quel motif vous détermine si soudainement à retourner dans un lieu où vous serez en péril?

— N'avez-vous pas appris, répondit le père Clément, que le comte de March et les Anglais ses alliés ayant fait retraite en Angleterre devant Douglas, ce bon comte s'est occupé à remédier aux maux de l'état, et a écrit à la cour pour demander qu'on révoquât l'ordre donné à la Haute Cour de Commission d'informer contre l'hérésie, comme n'étant propre qu'à troubler les consciences; qu'on soumît au parlement la nomination de Robert de Wardlaw à l'évêché de Saint-André, et qu'on prît quelques autres mesures agréables aux communes. La plupart des nobles qui sont avec le roi à Perth, et entre autres sir Patrice Charteris votre digne prévôt, ont appuyé les demandes de Douglas, et le duc d'Albany, soit de bonne volonté, soit par politique, ce que j'ignore, y a consenti. Il est facile de porter notre bon roi à des mesures de douceur et d'indulgence; et ainsi les dents de nos oppresseurs sont limées, et leur proie est arrachée à leurs griffes déchirantes... M'accompagnerez-vous dans les basses-terres, ou passerez-vous encore quelque temps ici?

Niel Booshalloch épargna à son ami l'embarras de répondre.

— Il était, dit-il, autorisé par le chef à dire que Simon Glover resterait à Ballough jusqu'à ce que les champions partissent pour le combat.

Le gantier ne trouva pas cette réponse tout-à-fait d'accord avec une liberté parfaite; mais il s'en inquiéta peu en ce moment, parce qu'il y trouvait une bonne excuse pour ne point partir avec le moine.

— C'est un homme exemplaire, dit-il à son ami dès que le père Clément fut parti ; un grand savant et un grand saint. C'est presque dommage qu'il ne soit plus en danger d'être brûlé, car son sermon au poteau ferait des conversions par milliers. O Niel Booshalloch ! le bûcher du père Clément serait un sacrifice de bonne odeur et un holocauste pour tous les dévots chrétiens. Mais à quoi servirait de brûler un pauvre ignorant bourgeois comme moi ? On n'offre pas de vieux gants de peau pour de l'encens, à ce que je crois, et ce n'est pas avec des cuirs écrus qu'on nourrit le feu d'un holocauste. Pour dire la vérité, j'ai trop peu de savoir, et je crains trop la brûlure pour qu'une pareille affaire me fasse honneur ; et par conséquent il ne m'en reviendrait, comme nous le disons, que la peur et le mal.

— Et c'est la vérité, répondit Booshalloch.

CHAPITRE XXX.

Il faut que nous retournions vers les personnages de notre histoire que nous avons laissés à Perth quand nous avons accompagné le gantier et sa jolie fille à Kinfauns et que nous avons quitté ce château hospitalier pour suivre Simon jusqu'au lac Tay. Le prince d'Écosse étant celui dont le rang est le plus élevé, réclame d'abord notre attention.

Ce jeune homme indiscret et inconsidéré ne souffrait pas sans quelque impatience sa résidence solitaire chez le lord grand-connétable, dont la compagnie, quoique satisfaisante sous tous les rapports, lui déplaisait uniquement parce qu'il le regardait en quelque sorte comme son geôlier. Courroucé contre son oncle et mécontent de son père, il désirait assez naturellement la société de sir John Ramorny à qui il s'était habitué depuis long-temps à laisser le soin de lui procurer des amusemens, et même, quoiqu'il eût regardé cette imputation comme une insulte, de le diriger et de le conduire. Il lui écrivit donc de venir le trouver, si sa santé le lui permettait, et de se rendre par eau dans un petit pavillon du jardin du grand-connétable qui, comme celui de sir John, s'étendait jusque sur les bords du Tay. En renouvelant une intimité si dangereuse, le duc de Rothsay se souvint seulement qu'il avait été l'ami généreux de sir Ramorny, tandis que de son côté sir John en recevant cette invitation ne se rappela que les insultes que lui avaient fait essuyer les caprices de son protecteur, la perte de sa main, le ton léger dont le prince en avait parlé, et la promptitude avec laquelle il avait abandonné sa cause dans l'affaire du meurtre du bonnetier. Il sourit amèrement en recevant le billet du prince.

— Eviot, dit-il, qu'on me prépare une bonne barque avec six hommes sûrs. Fais bien attention, des hommes sûrs. Ne perds pas un instant, et envoie-moi Dwining sur-le-champ. — Le ciel me sourit, mon digne ami, dit-il à son chirurgien ; je me battais les flancs pour trouver un moyen d'approcher de cet enfant qui ne sait ce qu'il veut, et voilà qu'il m'invite à aller le voir.

— Heim ! je vois la chose très clairement, répondit Dwining ; le ciel sourit à certaines conséquences fatales qui en résulteront. Hé ! hé ! hé !

— N'importe, le piége est prêt, mon cher ami, et il s'y trouve un appât qui le ferait sortir d'un sanctuaire quand il y aurait dans le cimetière une troupe d'hommes armés à l'attendre. Cela n'est pourtant guère nécessaire ; l'ennui qu'il éprouve de lui-même aurait suffi pour le décider. Prépare tout ce qu'il te faut, car tu viens avec nous. Écris-lui, puisque écrire m'est devenu impossible, que je vais me rendre à ses ordres à l'instant même. Écris-moi cela comme un clerc. Il sait lire, et c'est à moi qu'il en est redevable.

— Il devra d'autres connaissances à votre vaillance avant de mourir ; hé ! hé ! hé ! Mais votre marché avec le duc d'Albany est-il sûr ?

— Assez pour satisfaire mon ambition, ta cupidité et notre

vengeance à tous deux. A bord ! à bord ! Eviot, jette dans la barque quelques flacons du meilleur vin et quelques viandes froides.

— Mais votre bras, sir John, ne vous fait-il pas souffrir?

— Les palpitations de mon cœur me font oublier les élancemens de ma blessure : il bat contre ma poitrine comme s'il voulait s'en échapper.

— A Dieu ne plaise! dit Dwining. Ce serait un étrange spectacle si cela arrivait, pensa-t-il en lui-même; je serais charmé de le disséquer, mais je craindrais que l'enveloppe de pierre qui l'entoure n'ébréchât mes meilleurs instrumens.

Au bout de quelques minutes ils étaient dans la barque, tandis qu'un messager se hâtait de porter la réponse au prince.

Rothsay était assis avec le connétable après avoir dîné. Il était sombre et silencieux, et le comte venait de lui demander si son bon plaisir était qu'on desservît, quand un billet qu'on remit au prince changea tout à coup sa physionomie.

— Comme il vous plaira, lui répondit-il, car je vais me rendre dans le pavillon du jardin, toujours avec votre permission, milord connétable, pour recevoir la visite de mon ci-devant grand-écuyer.

— Milord! dit le comte d'Errol.

— Oui, milord : faut-il que je vous en demande deux fois la permission?

— Non sûrement, milord; mais Votre Altesse Royale se souvient-elle que sir John Ramorny...

— Il n'est pas la peste, je crois. Allons, Errol, vous voudriez jouer le rôle de geôlier farouche, mais il ne convient nullement à votre caractère. Adieu pour une demi-heure.

— Nouvelle folie! dit le comte d'Errol tandis que le prince, ouvrant une porte de la salle au rez-de-chaussée où ils étaient, entrait dans le jardin; car c'en est une véritable que de rappeler près de lui ce misérable; mais il est infatué.

Cependant le prince se retournant lui dit à la hâte :

— L'hospitalité de Votre Seigneurie voudra bien nous faire

porter dans le pavillon un flacon ou deux, accompagnés d'une légère collation. J'aime cet *al fresco* de la rivière.

Le connétable ne lui répondit qu'en le saluant, et il donna sur-le-champ les ordres nécessaires; de sorte que lorsque sir John, sortant de sa barque, entra dans le pavillon, il y trouva déjà un repas tout préparé.

— Je suis fâché au fond du cœur de trouver Votre Altesse en chartre privée, dit Ramorny avec un air de compassion parfaitement joué.

— Ton chagrin en sera un pour moi, répondit le prince. Il est très vrai qu'Errol, qui est un homme très estimable, m'a tellement ennuyé ici par son air grave et par ses discours qui peuvent passer pour de graves leçons, qu'il m'a forcé d'avoir encore recours à toi, réprouvé que tu es. Si je n'ai rien de bon à attendre de toi, peut-être pourrai-je en tirer quelque chose d'amusant. Cependant avant d'aller plus loin, je dois te dire que ce qui s'est passé le mercredi des Cendres est une infamie. J'espère que tu n'y as trempé en rien.

— Sur ma parole, milord, ce n'est qu'une méprise de cet animal de Bonthron. Je lui avais seulement donné à entendre qu'une bastonnade devait être la récompense du drôle qui m'a fait perdre une main, et voilà mon coquin qui fait une double bévue. Il prend un homme pour un autre, et au lieu de bâton il se sert d'une hache.

— Il est encore heureux que tout se soit borné là.— Ce bonnetier, c'est peu de chose; mais je ne vous aurais jamais pardonné si l'armurier eût été la victime.— Il n'a pas son pareil dans toute la Grande-Bretagne.— J'espère que le scélérat a été attaché à une potence assez haute?

— Si trente pieds vous paraissent suffire...

— Bah! ne parlons plus de lui; le nom seul de ce misérable donne un goût de sang à ce bon vin.— Et quelles nouvelles dans Perth, Ramorny? Que font nos filles de joie et nos gaillards?

— On n'y pense guère à la gaillardise, milord. Tous les yeux sont fixés sur les mouvemens de Douglas-le-Noir, qui arrive avec cinq mille hommes d'élite pour nous mettre tous à la raison, comme s'il marchait à un autre Otterburne[1]. On dit qu'il va être encore une fois lieutenant-général du royaume; et il est certain que beaucoup de gens se sont déclarés en sa faveur.

— Il serait donc grand temps que mes pieds fussent libres, sans quoi je pourrais trouver un geôlier pire qu'Errol.

— Ah, milord! si vous étiez une fois hors d'ici, vous auriez bientôt un parti en état de faire tête à celui de Douglas.

— Ramorny, dit le prince d'un ton grave, je n'ai gardé qu'un souvenir confus d'une proposition horrible que vous m'avez faite il n'y a pas bien long-temps. Prenez garde de me donner de pareils conseils. — Je voudrais être libre; je voudrais être maître de mes mouvemens; mais je ne prendrai jamais les armes contre mon père, ni contre ceux à qui il lui plaît d'accorder sa confiance.

— Ce n'était que de la liberté personnelle de Votre Altesse que je me permettais de parler. Si j'étais à la place de Votre Grace, je me jeterais dans cette bonne barque que vous voyez sur le Tay; je me ferais conduire tranquillement dans le comté de Fife où vous avez nombre d'amis, et je m'installerais sans façon à Falkland. C'est un château royal; et quoique le roi en ait fait présent à votre oncle, Votre Grace peut bien se permettre de faire sa résidence chez un si proche parent.

— Il a pris bien d'autres libertés avec mes biens, comme le domaine de Renfrew en est la preuve. — Mais un moment, Ramorny, un moment! — N'ai-je pas entendu dire à Errol que lady Marjory Douglas, qu'on appelle duchesse de Rothsay, est à Falkland? Je ne voudrais ni loger sous le même toit que cette dame, ni l'insulter en l'obligeant à en partir.

— Elle y a demeuré, milord; mais j'ai reçu l'avis certain qu'elle est allée rejoindre son père.

— Ah! pour animer Douglas contre moi ou peut-être pour le prier de m'épargner, pourvu que j'aille à genoux lui demander une place dans son lit, comme les pèlerins disent qu'est

---

(1) Bataille gagnée par un lord Douglas. — Éd.

obligé de le faire l'émir ou l'amiral à qui un soudan sarrasin donne sa fille en mariage? Ramorny, j'agirai d'après la maxime de Douglas même : il vaut mieux entendre l'alouette chanter qu'écouter la souris trotter? Je ne me laisserai pas mettre les fers aux pieds et aux mains.

— Nulle place ne vous convient donc mieux que Falkland? J'ai assez d'hommes d'armes pour vous y maintenir, et si Votre Altesse désirait en partir, une petite course conduit à la mer de trois côtés différens.

— Vous avez raison, dit le prince inconsidéré, mais nous y mourrons d'ennui. Ni gaîté, ni musique, ni femmes.

— Pardon, noble duc; mais quoique lady Marjory Douglas en soit partie comme une dame errante de roman pour implorer le puissant secours de son père, j'ose dire qu'il se trouve à Falkland une plus jeune fille, une fille plus aimable, ou du moins qu'elle sera bientôt en route pour s'y rendre. — Votre Altesse n'a pas oublié la Jolie Fille de Perth?

— Oublié la plus jolie fille d'Écosse! — Non, — pas plus que tu n'as oublié que tu as mis la main à l'expédition de Curfew-Street la nuit de la veille de Saint-Valentin.

— Que j'y ai mis la main? — Votre Altesse veut dire que je l'y ai perdue. Aussi vrai que je ne la retrouverai jamais, Catherine Glover est en ce moment ou sera bientôt à Falkland. Je ne flatterai pas Votre Altesse en disant qu'elle espère vous y trouver. — Le fait est qu'elle a dessein de se placer sous la protection de lady Marjory.

— La petite traîtresse! — Elle se tourne contre moi! elle mérite punition, Ramorny.

— J'espère que la pénitence que lui imposera Votre Altesse sera douce.

— Sur ma foi! il y a long-temps que j'aurais voulu être son père confesseur; mais je l'ai toujours trouvée si réservée!

— L'occasion vous a manqué, milord; et même à présent le moment est pressant.

— En vérité, je ne suis que trop disposé à faire une folie; mais mon père....

— Sa personne est en sûreté, et il est aussi libre qu'il peut jamais l'être, tandis que Votre Altesse....

— Doit porter des fers, quand ce ne serait que ceux de l'hymen.— Je le sais.— Je vois arriver Douglas donnant la main à sa fille, qui a l'air aussi hautain et les traits aussi durs que son père même, sauf quelques traces de vieillesse.

— Et c'est à Falkland que vit dans la solitude la plus belle fille d'Écosse.— Ici tout est pénitence et contrainte, là tout sera joie et liberté.

— Tu l'emportes, mon sage conseiller; mais fais bien attention que ce sera la dernière de mes folies.

— Je l'espère ainsi; car quand vous serez en liberté vous pourrez entrer en arrangement avec votre père.

— Je vais lui écrire, Ramorny.— Avance-moi cette écritoire.— Non, je ne puis mettre mes pensées en ordre.— Ecris toi-même.

— Votre Altesse royale oublie.... dit Ramorny en montrant son bras mutilé.

— Ah! cette maudite main! — Que ferons-nous donc?

— Si c'était le bon plaisir de Votre Altesse, elle pourrait employer la main du médecin Dwining. — Il écrit comme un clerc.

— Connaît-il les circonstances? en a-t-il quelque idée?

— Il sait tout, répondit Ramorny; et s'approchant de la fenêtre il appela Dwining qui était resté dans la barque.

Dwining s'avança vers le prince avec autant de circonspection que s'il eût marché sur des œufs, les yeux baissés et tout son corps semblant encore se rapetisser par suite d'une crainte respectueuse.

— Tenez, l'ami, dit le prince, voici tout ce qu'il faut pour écrire; je vais mettre vos talens à l'épreuve. — Vous savez ce dont il s'agit.— Exposez ma conduite à mon père sous un jour favorable.

Dwining s'assit, et en quelques minutes écrivit une lettre qu'il remit à sir John Ramorny.

— Sur ma foi! le diable t'a aidé, Dwining, dit le chevalier.

Écoutez, milord. « — Mon père respecté et mon souverain seigneur, apprenez que des considérations importantes me portent à quitter votre cour, ayant dessein de fixer mon séjour à Falkland, tant parce que ce château appartient à mon cher oncle Albany, avec lequel je sais que Votre Majesté désire que je me conduise avec toute la familiarité de l'affection, que parce que c'était la résidence d'une personne dont j'ai été séparé trop long-temps et à qui je me hâte de porter les vœux de la plus vive tendresse, à compter de ce jour. »

Le duc de Rothsay et Ramorny partirent d'un éclat de rire, et Dwining, qui avait écouté son ouvrage comme si c'eût été sa sentence de mort, encouragé par leurs applaudissemens, leva les yeux, fit entendre à demi-voix son exclamation de plaisir hé! hé! hé! puis reprit sa gravité silencieuse, comme s'il eût craint d'avoir passé les bornes d'un humble respect.

— Admirable, dit le prince, admirable! le vieillard expliquera ces mots à la duchesse de Rothsay, comme on l'appelle. Dwining, tu devrais être *a secretis* de Sa Sainteté le pape, s'il est vrai, comme on le dit, qu'il ait quelquefois besoin d'un scribe en état de trouver un mot à double entente. Je vais signer cette lettre, et j'aurai le mérite de l'invention.

— Et maintenant, milord, dit Ramorny après avoir cacheté la lettre qu'il laissa sur la table, ne voulez-vous pas monter sur la barque?

— Il faut attendre mon chambellan, mes habits, tout ce qui m'est nécessaire. Vous ferez bien aussi d'appeler mon écuyer tranchant.

— Le temps presse, milord, et ces préparatifs ne feront que donner des soupçons. Vos officiers viendront vous rejoindre demain; et pour aujourd'hui mes humbles services pourront vous suffire à table et dans votre appartement.

— Pour cette fois, c'est toi qui oublies, dit le prince en lui touchant son bras blessé avec une badine qu'il tenait à la main. Souviens-toi donc que tu n'es en état ni de découper un chapon, ni d'attacher une aiguillette. Tu ferais, ma foi!

un joli valet de chambre, un excellent écuyer tranchant !

Ramorny frémit de rage et de crainte ; car sa blessure était encore si sensible, qu'il suffisait qu'il vît un doigt se diriger vers son bras pour le faire trembler.

— Plaît-il à Votre Altesse de sortir ?

— Non pas sans prendre congé du lord-connétable. Rothsay ne doit pas sortir de la maison du comte d'Errol comme un voleur qui s'enfuit de prison. Priez-le de venir ici.

— Cela peut être dangereux pour nos projets, milord.

— Au diable le danger, tes projets et toi-même ! je veux agir et j'agirai à l'égard d'Errol d'une manière digne de lui et de moi.

Le comte, averti des désirs du prince, ne tarda pas à se présenter.

— Je vous ai donné la peine de venir ici, milord, dit Rothsay avec cet air de politesse et de dignité qu'il savait si bien prendre, pour vous faire mes remerciemens de votre hospitalité et de votre compagnie. Je ne puis en jouir plus longtemps, des affaires pressantes m'appelant à Falkland.

— Milord, dit le grand-connétable, j'espère que Votre Grace n'oublie pas que vous êtes sous ma garde.

— Comment ! sous votre garde ! Si je suis prisonnier, dites-le clairement ; si je ne le suis pas, je prendrai la liberté de partir.

— Je désirerais, milord, que Votre Altesse voulût demander la permission de Sa Majesté pour faire ce voyage. Le roi en éprouvera beaucoup de mécontentement.

— Voulez-vous dire du mécontentement contre vous, ou contre moi, milord ?

— Je vous ai déjà dit que Votre Altesse est ici sous ma garde ; mais si vous avez résolu d'en partir, je n'ai pas reçu l'ordre (à Dieu ne plaise !) d'employer la force pour vous retenir. Je ne puis que vous supplier, par égard pour vous-même, de....

— Je suis le meilleur juge de mes propres intérêts. Adieu, milord.

Le prince opiniâtre entra dans la barque avec Dwining et Ramorny; sans attendre personne de la suite du duc, Eviot repoussa du rivage l'esquif qui descendit rapidement le Tay, à l'aide d'une voile, des rames et du reflux.

Pendant quelque temps le duc de Rothsay parut pensif et taciturne, et ses compagnons n'interrompirent pas ses réflexions. Enfin il leva la tête et dit : — Mon père aime une plaisanterie, et il ne prendra pas celle-ci plus au sérieux qu'elle ne le mérite. C'est une folie de jeunesse qu'il traitera comme il a traité les autres. Voyez, mes maîtres, voici le vieux fort de Kinfauns, s'élevant sur les rives du Tay. Maintenant, Ramorny, dis-moi comment tu t'y es pris pour tirer la Jolie Fille de Perth des mains de ce prévôt entêté; car Errol m'a dit qu'on assurait qu'il l'avait prise sous sa protection.

— C'est la vérité, milord; et dans le dessein de la placer sous celle de la duchesse de.... je veux dire de lady Marjory Douglas. Or ce prévôt à tête lourde, qui n'est après tout qu'un sot courageux, a, comme la plupart des gens de cette espèce, un affidé doué de quelque adresse et de quelque astuce qu'il emploie en toute occasion, et dont en général il adopte les idées au point de les croire siennes. C'est à un pareil confident que je m'adresse quand je veux connaître les projets de quelque baron imbécile. Celui de sir Patrice se nomme Kitt Henshaw; c'est un ancien marinier du Tay, qui ayant de son temps vogué jusqu'à Campvere, obtient de son patron le respect dû à un homme qui a vu les pays étrangers. Cet agent est devenu le mien, et je lui ai suggéré divers prétextes qu'il a fait valoir pour retarder le départ de Catherine.

— Et à quoi bon?

— Je ne sais s'il est sage de le dire à Votre Altesse, de crainte que vous ne désapprouviez mes vues. Je désirais que les membres chargés d'informer contre les hérétiques trouvassent la Jolie Fille de Perth à Kinfauns; car cette beauté farouche est réfractaire aux doctrines de l'Église, et certes, je souhaitais que le chevalier supportât sa part des amendes et des confiscations qui devaient être prononcées. Les moines n'auraient pas été fâchés de le tenir entre leurs griffes, car il a eu souvent des querelles avec eux relativement à la dîme du saumon.

— Mais pourquoi aurais-tu voulu ruiner la fortune du chevalier, et peut-être conduire au bûcher une jeune et jolie femme?

— Bon, milord! Les moines ne font jamais brûler les jolies filles. Une vieille femme aurait pu courir quelque danger. Mais quant à milord prévôt, comme les bourgeois l'appellent, si on lui avait rogné quelques-uns de ses bons acres de terre, c'eût été quelque réparation pour la manière dont il m'a bravé dans l'église de Saint-Jean.

— Il me semble, Ramorny, que c'est une vengeance bien basse.

— N'en croyez rien, milord. Celui qui ne peut employer son bras pour se faire justice doit avoir recours à sa tête. Au surplus cette chance me fut enlevée par le consciencieux Douglas, qui se déclara en faveur des consciences timorées. Alors le vieux Henshaw ne trouva plus d'obstacle à conduire à Falkland la Jolie Fille de Perth, non pour partager l'ennui de la société de lady Marjory, comme elle se l'imagine ainsi que sir Patrice Charteris, mais pour empêcher Votre Altesse de s'ennuyer quand nous rentrerons au château après avoir chassé dans le parc.

Il y eut encore un long intervalle de silence, pendant lequel le prince parut réfléchir profondément. — Ramorny, dit-il enfin, j'ai un scrupule dans cette affaire; mais si je te le fais connaître, le diable du sophisme dont tu es possédé t'inspirera des raisonnemens qui le feront disparaître, comme cela est arrivé déjà. Cette fille est la plus belle que j'aie jamais vue ou connue, à l'exception d'une seule; et je ne l'en aime que mieux parce qu'elle a quelques-uns des traits d'Élisabeth de Dunbar. Mais Catherine Glover est promise, et sur le point d'être mariée à Henry l'armurier, artisan qui n'a pas son égal dans sa profession, et homme d'armes dont on chercherait long-temps le pareil par-dessus le marché. Mettre fin à cette intrigue, ce serait faire à ce brave garçon une trop forte injure.

— Votre Altesse ne s'attend pas à me voir prendre fort à cœur les intérêts de Henry Smith, dit Ramorny en jetant un regard sur son bras mutilé.

— Par la croix de saint André! John Ramorny, tu reviens trop souvent sur cet accident. Il y a des gens qui mettent le bout du doigt dans le plat; mais toi, il faut que tu y plonges ta main saignante tout entière. L'affaire est faite; on ne peut y remédier; il faut l'oublier.

— Vous y faites allusion plus souvent que moi, milord; par dérision, il est vrai, tandis que je... Mais je puis garder le silence sur ce sujet, s'il m'est impossible de l'oublier.

— Eh bien donc! je te dis que j'ai des scrupules sur cette intrigue. Te souviens-tu lorsque nous fîmes la partie d'aller entendre prêcher le père Clément, ou pour mieux dire d'aller voir cette belle hérétique, il parla d'une manière presque aussi touchante qu'un ménestrel du riche qui enlève l'unique brebis du pauvre?

— Grand malheur, en vérité, que le fils aîné de la femme de ce manant ait pour père le prince d'Écosse! Combien de comtes souhaiteraient le même destin à leurs belles comtesses! Combien de gens ont eu la même bonne fortune, sans en avoir perdu une heure de sommeil!

— Et s'il m'est permis de prendre la liberté de parler, dit Dwining, les anciennes lois d'Écosse accordaient à tout seigneur féodal ce privilége sur ses vassales, quoique plusieurs par cupidité et faute de noblesse d'ame y aient renoncé pour de l'argent.

— Il ne me faut pas des argumens bien pressans, dit le prince, pour me déterminer à être galant auprès d'une jolie femme, mais cette Catherine m'a toujours montré de la froideur.

— Ma foi! dit Ramorny, si vous ne savez, vous jeune, bien fait, et prince, comment faire agréer vos soins à une jolie femme, il ne me reste plus rien à dire.

— Et si je pouvais sans trop d'audace prendre encore la

parole, dit le médecin, j'ajouterais que personne n'ignore dans Perth que ce Gow n'a jamais été l'objet du choix de cette jeune fille, et que c'est son père qui la force à l'accepter pour mari. Je sais pertinemment qu'elle l'a refusé à plusieurs reprises.

— Si tu peux nous assurer ce fait, cela change la face des choses, dit Rothsay. Vulcain était forgeron comme Henry Gow. Il s'obstina à épouser Vénus, et nos chroniques nous apprennent ce qui en résulta.

— Eh bien! dit sir John Ramorny, puisse lady Vénus vivre et être adorée long-temps, et succès au galant chevalier Mars qui va courtiser sa divinité!

La conversation roula pendant quelques minutes sur ces allusions d'une folle gaîté; mais le duc de Rothsay ne tarda pas à prendre un autre ton.

— J'ai laissé derrière moi l'air de ma prison, dit-il, et cependant mon enjouement ne peut renaître. Je suis accablé de cette sorte de langueur qui a quelque chose de mélancolique, sans être désagréable, qu'on éprouve quand on est épuisé par l'exercice ou rassasié de plaisir. Un peu de musique qui se glisserait dans l'oreille, sans être assez haute pour faire lever les yeux, serait une fête digne des dieux.

— Votre Altesse n'a qu'à faire connaître ses désirs, dit Ramorny, et les nymphes du Tay lui sont aussi favorables que celles qui habitent la surface de la terre. Écoutez! c'est un luth.

— Un luth! dit le duc de Rothsay en écoutant; et l'on en pince supérieurement. Je voudrais pouvoir me rappeler cette cadence qui semble mourir. Faites avancer la barque du côté d'où vient cette musique.

— C'est le vieux Henshaw qui remonte le fleuve, dit Ramorny. Holà! batelier!

Le marinier répondit à cet appel, et s'approcha de la barque du prince.

— Oh! oh! mon ancienne amie! s'écria le prince en reconnaissant la figure et l'accoutrement de Louise, la chanteuse provençale. Je crois que je te dois quelque chose pour la frayeur que je t'ai occasionnée, tout au moins, le jour de Saint-Valentin. Passe dans cette barque, toi, ton chien, ton luth et tout ce qui t'appartient. Je te ferai entrer au service d'une dame qui nourrira ton chien même de blancs de chapons, et qui t'abreuvera de vin des Canaries.

— J'espère, dit Ramorny, que Votre Altesse songera...

— Je ne songe qu'à mon plaisir, John, et je te prie d'être assez complaisant pour y songer aussi.

— Est-ce véritablement au service d'une dame que vous voulez me faire entrer? demanda Louise. Et où demeure-t-elle?

— A Falkland, répondit le prince.

— Oh! j'ai entendu parler de cette grande dame, dit Louise; et vous me ferez réellement entrer au service de votre épouse royale?

— Je le ferai, sur mon honneur, répondit le prince, aussitôt que je la reconnaîtrai en cette qualité, ajouta-t-il à demi-voix. — Remarque bien cette réserve, dit-il à part à Ramorny.

Les passagers qui étaient dans la barque entendirent cette conversation, et concluant qu'une réconciliation allait avoir lieu entre le prince et son épouse, ils engagèrent Louise à profiter de sa bonne fortune, et à accepter une place parmi les femmes de la suite de la duchesse de Rothsay. Quelques-uns lui offrirent un léger tribut en récompense de l'exercice de ses talens.

Pendant ce moment de délai Ramorny dit à l'oreille de Dwining : — Allons, drôle, trouve quelque objection. Cette addition est de trop. Que ton esprit s'évertue, tandis que je vais dire un mot à Henshaw.

— Si je puis me permettre de parler, dit Dwining, je vous dirai, milord, en homme qui a fait ses études en Espagne et en Arabie, qu'une maladie contagieuse s'est déclarée à Edimbourg, et qu'il serait dangereux d'admettre près de Votre Altesse une jeune femme qui court ainsi le pays.

— Ah! répondit Rothsay; et que t'importe si je veux être empoisonné par la peste ou par un apothicaire? Faut-il que toi aussi tu contraries mes fantaisies?

Tandis que le prince mettait ainsi fin aux remontrances de Dwining, sir John Ramorny avait saisi un instant pour apprendre d'Henshaw que le départ de la duchesse de Rothsay de Falkland était encore complètement ignoré, et que Catherine Glover y arriverait dans la soirée ou le lendemain matin avec l'espoir d'être prise sous la protection de cette noble dame.

Le duc de Rothsay, plongé dans de profondes réflexions, reçut cette nouvelle si froidement que Ramorny se permit à son tour de lui faire une remontrance. —Vous désiriez la liberté, lui dit-il; elle vous arrive. Vous soupiriez pour la beauté; elle vous attend, sans plus de délai qu'il n'en faut pour rendre ses faveurs plus précieuses. Même vos moindres désirs semblent une loi pour le destin; car vous souhaitiez de la musique dans un instant où il semblait impossible de vous en procurer, et sur-le-champ un luth et une chanteuse sont à vos ordres. Il faut savoir jouir des dons que la fortune nous fait ainsi, sans quoi nous sommes comme des enfans gâtés qui brisent et jettent loin d'eux les jouets pour la possession desquels ils ont pleuré.

—Pour jouir du plaisir, Ramorny, il faut avoir connu la peine, de même qu'il faut jeûner pour avoir bon appétit. Nous qui pouvons avoir tout ce que nous désirons, nous en jouissons peu quand nous le possédons. —Vois-tu ce nuage épais qui est prêt à nous inonder de pluie? Il me semble qu'il m'étouffe; — l'eau me paraît trouble et noire; les rives du fleuve ont perdu à mes yeux toute leur beauté.

— Pardonnez à votre serviteur, milord; mais vous vous abandonnez trop à votre imagination, comme un cavalier peu habile laisse un cheval fougueux se cabrer au point de tomber sur son maître et de l'écraser. Secouez cette léthargie, je vous en supplie. —Dirai-je à cette chanteuse de vous donner un peu de musique?

— Oui, qu'elle chante, — mais que ce soit quelque chose de mélancolique. Les sons de la gaîté n'auraient pas d'harmonie en ce moment pour mon oreille.

Louise commença une chanson mélancolique en français-normand ; et un air non moins triste accompagnait les paroles dont voici l'imitation.

> Tu peux encor faire entendre un soupir,
> Et regarder cette aimable prairie,
> Ce ciel si beau, cette rive fleurie;
> Mais de tes jours la source va tarir :
> Tu dois mourir.
>
> A ton destin résigné sans gémir
> Le sang fait-il battre encor tes artères?
> Pour toi qu'un moine offre au ciel des prières,
> Entends la cloche, — elle fait retentir :
> Tu vas mourir!
>
> Sache braver ce dernier coup du sort.
> C'est un moment d'angoisse passagère,
> Le court frisson d'une fièvre éphémère;
> Et l'on ne craint soucis ni déconfort,
> Quand on est mort.

Le prince ne fit aucune observation sur cette chanson, et Louise obéissant aux ordres de Ramorny, continua de temps en temps à faire entendre ses chants. Dans la soirée il tomba de la pluie. D'abord elle était peu forte, mais elle finit par tomber en torrens, et elle était accompagnée d'un vent glacial. Le prince n'avait ni manteau ni rien pour se couvrir, et il refusa avec humeur celui que portait Ramorny, qui le lui offrit.

—Il ne convient pas que Rothsay porte vos vieux habits, sir John. — Cette neige fondue me gèle jusqu'à la moelle des os. C'est votre faute. Pourquoi vous êtes-vous permis de faire partir la barque sans attendre mes gens et mon bagage?

Ramorny ne chercha point à se justifier, car il savait que lorsque le prince était dans un de ses accès d'humeur, il aimait mieux se plaindre que de s'entendre fermer la bouche par des excuses. Rothsay tantôt continua ses plaintes, tantôt garda un sombre silence jusqu'à ce qu'on arrivât au village de Newburgh, habité par des pêcheurs. Là nos voyageurs quittèrent la barque et prirent des chevaux que Ramorny y avait fait placer plusieurs jours auparavant dans l'attente de cette occasion. La mauvaise humeur du prince continuant, il critiqua sa monture, n'épargna pas celles des autres, et se soulagea par des sarcasmes amers et piquans qu'il adressait quelquefois directement à Ramorny. Enfin ils se mirent en route. La nuit commençait à tomber, et la pluie ne cessait pas. Rothsay précédait les autres, aveugle à toute espèce de danger. La chanteuse, à qui par son ordre exprès on avait donné un cheval, les accompagnait; et il fut heureux pour elle qu'elle fût habituée à souffrir les injures du temps et à voyager à cheval comme à pied, car ce fut ce qui lui donna la force de supporter avec autant de fermeté que les hommes les fatigues de cette course nocturne. Ramorny fut obligé de se maintenir à côté du prince, n'étant pas sans inquiétude que quelque nouveau caprice ne le portât à s'éloigner de lui et à chercher un abri chez quelque baron loyal où il échapperait au piége qui lui était préparé. Il passa donc tout le temps du voyage dans des souffrances inexprimables d'esprit et de corps.

Enfin ils entrèrent dans la forêt de Falkland, et la clarté de la lune qui se montra un instant leur fit voir la tour sombre et immense qui était une dépendance de la couronne, quoiqu'elle eût été donnée pour un certain temps à Albany. A un signal donné le pont-levis se baissa. Des torches brillèrent dans la cour, et plusieurs serviteurs se présentèrent. On aida le prince à descendre de cheval, et on le fit entrer dans un appartement où il fut suivi par Ramorny et Dwining. Le premier le supplia de prendre l'avis du médecin. Le duc de Rothsay n'en voulut rien faire, et ordonna avec hauteur qu'on préparât son lit. Il resta quelque temps à grelotter devant un grand feu, couvert de ses vêtemens mouillés, et il se retira dans son appartement sans adresser un seul mot à personne.

— Vous voyez l'humeur fantasque de ce jeune homme, de cet enfant, dit Ramorny à Dwining. Serez-vous surpris qu'un serviteur qui a fait pour lui tout ce que j'ai fait soit fatigué d'un tel maître?

— Non vraiment, répondit Dwining; ce motif et la promesse du comté de Lindores ébranleraient la fidélité la plus à l'épreuve. — Mais nous mettrons-nous en besogne avec lui ce soir même? Si ses yeux disent la vérité, il porte dans son sein les germes d'une fièvre qui rendra notre ouvrage plus facile, et qui mettra tout sur le compte de la nature.

— C'est une occasion perdue, dit Ramorny; mais il ne faut frapper notre coup que lorsqu'il aura vu cette beauté, Catherine Glover. Elle pourra ensuite servir de témoin pour déclarer qu'elle l'a vu en bonne santé, et maître de toutes ses actions, peu de temps avant que... Vous m'entendez?

Dwining fit un signe affirmatif, et répondit :

— Il n'y a pas de temps de perdu. Il n'est pas difficile de flétrir une fleur épuisée pour avoir fleuri trop tôt.

CHAPITRE XXXI.

Le lendemain matin l'humeur du duc de Rothsay n'était plus la même. A la vérité il se plaignait de souffrir et d'avoir de la fièvre; mais ces souffrances, au lieu de l'accabler, semblaient être un stimulant pour lui. Il traitait Ramorny avec familiarité, et quoiqu'il ne dît rien qui eût rapport à ce qui s'était passé la soirée précédente, il était clair qu'il se rappelait ce qu'il désirait effacer du souvenir de ses compagnons; — la mauvaise humeur qu'il avait montrée. Il était civil avec tout le monde, et il plaisanta avec Ramorny relativement à l'arrivée de Catherine.

— Comme la jolie prude sera surprise, dit-il, quand elle se verra entourée d'hommes, au lieu d'être admise, comme elle s'y attend, parmi les barbes et les coiffes des femmes de lady Marjory! Je suppose que le beau sexe n'est pas très nombreux dans ce château, Ramorny?

— Non, sans doute; à l'exception de la chanteuse, il ne s'y

trouve qu'une couple de servantes dont nous ne pourrions pas nous passer. — Mais à propos de la chanteuse, elle demande à chaque instant la maîtresse au service de laquelle Votre Altesse lui a promis de la faire entrer. La congédierai-je, afin qu'elle ait le loisir d'aller la chercher?

— Nullement : elle servira à amuser Catherine. — Mais écoute-moi ; ne serait-il pas à propos de recevoir cette belle réservée avec une espèce de mascarade?

— Que voulez-vous dire, milord?

— Tu es bien borné, Ramorny. — Nous ne la tromperons pas dans son attente ; elle compte trouver ici la duchesse de Rothsay ; je serai moi-même duc et duchesse.

— Je ne vous comprends pas encore.

— Personne n'est plus bête qu'un homme d'esprit quand il ne saisit pas une idée sur-le-champ. — Mon épouse, comme on l'appelle, a été aussi pressée de quitter Falkland que je l'ai été d'y arriver. Nous sommes venus ici, toi et moi, sans nos bagages. Il y a dans la garde-robe attenante à ma chambre à coucher assez de vêtemens de femme pour tout un carnaval. — Vois-tu, je jouerai le rôle de dame Marjory, placé sur ce lit avec un voile noir et une guirlande de feuilles de saule, pour indiquer que je suis une épouse délaissée. Toi, John, tu auras l'air assez raide et assez empesé pour passer pour sa dame d'honneur du comté de Galloway la comtesse Hermigide, et Dwining représentera parfaitement la vieille Héeate, sa nourrice; si ce n'est qu'elle a plus de poils sur la lèvre supérieure qu'il n'en a sur toute sa figure, en y comprenant même son crâne. Il faudrait qu'il se procurât une barbe pour lui ressembler un peu mieux. Prends tes filles de cuisine, et les pages un peu passables que tu peux avoir, pour en faire les dames de ma chambre. — M'entends-tu? — Allons, vite, à l'ouvrage !

—Ramorny entra dans l'antichambre et apprit à Dwining le projet du prince.

— Charge-toi de satisfaire les caprices de ce fou, lui dit-il ; je ne me soucie guère de le voir, sachant ce qui va lui arriver.

— Laissez-moi le soin de tout, dit Dwining en levant les épaules. Quelle espèce de boucher que celui qui peut couper le cou d'un agneau et qui craint de l'entendre bêler ?

— C'est bon ! c'est bon ! Ne crains pas que je manque de fermeté. — Je ne puis oublier qu'il m'aurait relégué dans un cloître, sans plus de cérémonie qu'on n'en fait pour jeter le tronçon d'une lance rompue. Va-t'en ! — Un instant, cependant. — Avant d'arranger cette sorte de mascarade il faut imaginer quelque chose pour tromper ce crâne épais de Charteris. Il est assez probable que si on le laisse croire que la duchesse de Rothsay est encore ici et que Catherine Glover est auprès d'elle, il y viendra pour offrir ses services, ses respects, etc. ; et je n'ai pas besoin de te dire que sa présence ne serait pas sans inconvénient. — Cela est même d'autant plus vraisemblable que certaines gens supposent un motif assez tendre à la protection que ce chevalier à tête de fer accorde à la Jolie Fille de Perth.

— Cela me suffit. Laissez-moi le soin de traiter avec lui. Je lui enverrai une lettre conçue de manière que d'ici à un mois il sera aussi disposé à faire un voyage en enfer qu'à Falkland. — Pouvez-vous me dire comment se nomme le confesseur de la duchesse ?

— Waltheof, un frère gris.

— Suffit ! — Je pars de là.

En quelques minutes, car il était aussi habile qu'un clerc, Dwining fit une lettre qu'il remit entre les mains de Ramorny.

— Voilà qui est admirable, dit celui-ci, et cette lettre aurait fait ta fortune avec Rothsay. — Je crois que j'aurais été trop jaloux pour te laisser dans sa maison, si ce n'était que ses jours touchent à leur fin.

— Lisez-la tout haut, dit Dwining, afin que nous jugions si le style marche couramment. — Ramorny lut ce qui suit :

« Par ordre de haute et puissante princesse Marjory, duchese de Rothsay, nous, Waltheof, frère indigne de l'ordre de Saint-François, nous vous faisons savoir, sir Patrice Charteris, chevalier de Kinfauns, que Son Altesse est fort surprise que vous ayez eu la témérité d'envoyer en sa présence une femme dont elle ne peut juger le caractère que défavorablement, puisque sans aucune nécessité elle a passé plus d'une semaine dans votre château, sans autre compagnie de son sexe que des servantes ; conduite plus que suspecte, dont le bruit s'est répandu dans les comtés de Fife, d'Angus et de Perth. Néanmoins Son Altesse, prenant en considération la fragilité humaine, n'a pas fait fouetter avec des orties cette jeune dévergondée, et ne lui a même imposé aucune pénitence ; mais comme deux bons moines du couvent de Lindores, les pères Thickscull et Dundermore, ont été rappelés dans les montagnes par un ordre spécial, Son Altesse a confié à leurs soins cette jeune fille Catherine, en les chargeant de la conduire près de son père qu'elle dit être en ce moment dans les environs du lac de Tay. Elle y trouvera sous sa protection une situation plus convenable à ses qualités et à ses habitudes que le château de Falkland, tant que la duchesse de Rothsay l'habitera. Elle a chargé les deux bons pères de donner à cette jeune femme des instructions capables de lui inspirer l'horreur du péché d'incontinence, et elle vous recommande à vous-même la confession et la pénitence. »

Signé WALTHEOF.

« Par ordre de haute et puissante princesse, etc. »

— Excellent ! excellent ! s'écria Ramorny en finissant cette lecture.— Cette réprimande inattendue fera perdre l'esprit à Charteris. Depuis long-temps il rend une sorte d'hommage à cette noble dame, et il sera complètement confondu en se voyant soupçonné d'incontinence quand il s'attendait à avoir tout l'honneur d'une action charitable. Comme tu dis, il se passera du temps avant qu'il songe à venir ici chercher sa Jolie Fille, ou présenter ses hommages à lady Marjory.— Mais songe à la mascarade, et je vais m'occuper des préparatifs pour terminer le bal.

Il était une heure avant midi quand Catherine, escortée par le vieux Henshaw et par un homme au service du chevalier de Kinfauns, arriva devant la tour de Falkland. La grande bannière qui était déployée laissait voir les armes de Rothsay ; les domestiques qui se montrèrent portaient la livrée du prince ; tout confirmait l'opinion générale que la duchesse continuait à y résider. Le cœur de Catherine palpitait, car elle avait entendu dire que la duchesse avait la hauteur et la fierté de Douglas, et elle ne savait trop quel accueil elle allait en recevoir. En entrant dans le château elle remarqua que la suite de la duchesse était moins nombreuse qu'elle ne s'y était attendue ; mais comme Son Altesse vivait dans une profonde retraite, elle en fut peu surprise. En entrant dans une espèce d'antichambre elle trouva une petite vieille femme qui semblait courbée par l'âge et qui se soutenait sur une canne d'ébène.

—Tu es la bienvenue, ma fille, dit-elle en embrassant Catherine, la bienvenue dans une maison d'affliction comme je puis le dire ; et j'espère, l'embrassant encore une fois, que tu seras une consolation pour ma précieuse et royale fille la duchesse. Assieds-toi, ma fille, et j'irai voir si milady est de loisir pour te recevoir. Ah ! mon enfant, tu es bien aimable en vérité, si Notre-Dame a accordé à ton ame autant de vertus que ton corps a de charmes.

A ces mots la vieille femme prétendue se traîna à pas lents dans l'appartement voisin où elle trouva Rothsay costumé comme il l'avait projeté, et Ramorny, qui avait évité de prendre part à la mascarade, sous ses vêtemens ordinaires.

—Tu es un précieux coquin, sire docteur, dit le prince ; sur mon honneur ! il me semble que tu aurais le courage de remplir seul tous les rôles, même celui d'amant.

— Si c'était pour en éviter la peine à Votre Altesse, répondit Dwining avec son — hé ! hé ! hé ! — ordinaire.

— Non ! non ! dit Rothsay, je n'aurai jamais besoin de ton aide. Mais dis-moi, suis-je bien placé sur cette couche ? ai-je bien l'air d'une dame languissante ?

— Le teint un peu trop brillant et les traits trop doux pour bien ressembler à lady Marjory Douglas, si j'ose parler ainsi, répondit Dwining.

— Retire-toi, drôle, et fais entrer ce beau glaçon. Ne crains pas qu'elle me reproche d'être un efféminé. Et toi aussi, Ramorny, laisse-moi.

Tandis que le chevalier sortait par une porte, la vieille femme supposée fit entrer Catherine Glover par une autre. On avait eu soin de rendre la chambre obscure, de sorte que Catherine crut voir une femme étendue sur une couche et ne conçut aucun soupçon.

— Est-ce la jeune fille ? demanda Rothsay d'une voix naturellement douce, et qu'il eut soin d'adoucir encore en parlant bas. Qu'elle s'approche, et qu'elle nous baise la main.

La nourrice prétendue conduisit la jeune fille tremblante près du lit, et lui fit signe de s'agenouiller. Catherine obéit, et baisa avec autant de respect que de simplicité la main couverte d'un gant que lui tendait la soi-disant duchessse.

— Ne craignez rien, dit la même voix harmonieuse ; vous voyez en moi un triste exemple de la vanité des grandeurs humaines. Heureux, mon enfant, ceux que leur rang place au-dessous des orages politiques.

En parlant ainsi, la prétendue duchesse jeta ses bras autour du cou de Catherine, et l'attira vers elle comme pour lui prouver en l'embrassant qu'elle était la bienvenue. Mais ce baiser fut donné avec une ardeur qui excédait tellement le rôle de protectrice, que Catherine crut que la duchesse avait perdu l'esprit, et poussa un grand cri.

— Paix, folle ! dit le prince ; c'est moi : Robert de Rothsay.

Catherine regarda autour d'elle. La nourrice était partie. Le duc ayant déchiré la robe qui le couvrait, était debout devant elle sous ses vêtemens ordinaires ; et elle se vit au pouvoir d'un jeune libertin audacieux.

— Maintenant que le ciel me protége ! pensa-t-elle ; et il me protégera si je ne m'abandonne pas moi-même.

Armée de cette résolution, elle réprima la disposition qu'elle avait eue à pousser des cris ; et autant qu'elle le put elle chercha à dissimuler sa crainte.

— La plaisanterie est finie, dit-elle avec autant de fermeté qu'elle put en affecter; puis-je maintenant prier Votre Altesse de me laisser aller? car Rothsay la tenait encore par le bras.

— Ne luttez pas contre moi, ma belle captive : que craignez-vous?

— Je ne lutte point, milord. Puisqu'il vous plaît de me retenir, je ne veux pas en luttant vous donner occasion de me maltraiter, et vous exposer à vous faire des reproches à vous-même quand vous aurez eu le temps de réfléchir.

— Comment, traîtresse! vous m'avez retenu captif pendant des mois entiers, et vous ne voulez pas que j'aie mon tour un instant?

— Ces discours seraient de la galanterie, milord, si nous étions dans les rues de Perth, où je pourrais les écouter ou les éviter, comme bon me semblerait; mais ici c'est de la tyrannie.

— Et quand je vous lâcherais le bras, où iriez-vous? les ponts sont levés, les herses sont baissées, les gens de ma suite ont l'oreille sourde aux cris d'une jeune fille. Soyez donc complaisante, et vous saurez ce que c'est que d'obliger un prince.

— Laissez-moi donc aller, milord. J'en appelle de vous à vous-même, du prince de Rothsay au prince d'Ecosse. Je suis fille d'un humble mais honnête citoyen, milord. Je puis presque dire que je suis épouse d'un homme brave et honnête. Si j'ai donné à Votre Altesse quelque encouragement pour agir comme elle l'a fait, c'est sans en avoir eu l'intention. Après vous avoir ainsi parlé, je vous supplie donc de ne pas abuser de votre pouvoir sur moi, et de me permettre de me retirer. Votre Altesse ne peut rien obtenir de moi que par des moyens indignes d'un chevalier et d'un homme.

— Vous êtes hardie, Catherine, mais vos paroles sont un cartel que je ne puis, ni comme chevalier, ni comme homme, me dispenser d'accepter. Il faut que je vous apprenne quel risque on court à faire de pareils défis.

En parlant ainsi il voulut la prendre dans ses bras, mais elle réussit à le repousser, et elle continua avec le même ton de fermeté:

— J'ai autant de force pour me défendre dans une lutte honorable, milord, que vous pouvez en avoir pour m'attaquer avec des intentions honteuses. Ne nous forcez pas à rougir tous deux en la mettant à l'épreuve. Vous pouvez me faire mourir sous les coups; vous pouvez appeler de l'aide pour m'accabler plus aisément; mais vous ne vaincrez pas autrement ma résistance.

— Pour quelle brute me prenez-vous donc, Catherine? Je ne prétends employer d'autre force que celle qui fournit à une femme une excuse pour céder à sa propre faiblesse.

Il s'assit avec quelque émotion.

— En ce cas, milord, réservez-la pour celles qui désirent trouver une pareille excuse. Ma résistance est celle de l'esprit le plus déterminé que l'amour de l'honneur et la crainte de l'ignominie aient jamais inspirée. Hélas! milord, si vous en triomphiez, vous rompriez tous les liens qui m'attachent à la vie, tous ceux qui vous enchaînent à l'honneur. J'ai été amenée ici par trahison, par des ruses que je ne puis connaître; mais si j'en sortais déshonorée, ce ne serait que pour dénoncer dans toute l'Europe celui qui aurait détruit mon bonheur. Je prendrais en main le bâton de pèlerin, et partout où la chevalerie est honorée, partout où le nom de l'Ecosse est connu, je proclamerais l'héritier de cent rois, le fils du bon Robert Stuart, le successeur futur du héros Bruce, un homme perfide et sans foi, indigne de la couronne qu'il attend et des éperons qu'il porte. Chaque dame dans toute l'Europe croirait ses lèvres souillées si elle prononçait votre nom, tous vos frères d'armes vous regarderaient comme un chevalier discourtois et félon, si vous aviez faussé le premier serment de la chevalerie, qui est de protéger la femme et de défendre le faible.

Rothsay se leva, et la regarda avec un mélange d'admiration et de ressentiment. — Vous oubliez à qui vous parlez, jeune fille, dit-il; sachez que la distinction que je vous accorde exciterait la reconnaissance de certaines femmes dont vous êtes née pour porter la robe.

— Encore une fois, milord, réservez-la pour celles qui y

attachent du prix ; ou pour mieux dire, réservez votre temps et votre santé pour des objets plus nobles et plus dignes de vous, pour la défense de votre patrie, pour le bonheur de vos sujets. Hélas! milord, avec quelle joie un peuple tout entier vous reconnaîtrait-il pour son chef! avec quel empressement se presserait-il autour de vous, si vous montriez le désir de le défendre contre l'oppression du puissant, contre la violence de celui qui méprise les lois, contre la séduction de l'homme vicieux et contre la tyrannie de l'hypocrite !

Le duc de Rothsay, dont les sentimens vertueux étaient aussi facilement excités qu'endormis, fut électrisé par l'enthousiasme avec lequel elle venait de parler. — Pardon si je vous ai alarmée, Catherine, lui dit-il; vous avez l'ame trop noble pour servir de jouet à un plaisir passager, et je me suis mépris en concevant cette pensée. Quand même votre naissance serait digne de la noblesse de votre esprit et de votre beauté, je n'ai pas un cœur à vous offrir ; car ce n'est que par l'hommage du cœur qu'on peut en obtenir un comme le vôtre. Mais mes espérances ont été flétries, Catherine ; la seule femme que j'aie véritablement aimée m'a été arrachée par une politique capricieuse, et l'on m'a forcé à prendre une épouse que je détesterai toujours, quand même elle aurait la douceur et la bonté qui peuvent seules rendre une femme aimable à mes yeux. Ma santé s'est délabrée dès ma première jeunesse; que me reste-t-il, si ce n'est de cueillir le peu de fleurs qui peuvent se présenter à moi sur le court passage de la vie au tombeau? Regardez mes joues animées par la fièvre ; tâtez, si vous le voulez, mon pouls intermittent, et ayez pitié de moi, excusez-moi, si celui dont les droits comme prince et comme homme ont été foulés aux pieds et usurpés, éprouve de temps en temps quelque indifférence relativement aux droits des autres, et se laisse aller à l'égoïste désir du moment.

— O milord ! s'écria Catherine avec l'enthousiasme qui appartenait à son caractère ; mon cher lord, dirai-je, car l'héritier de Bruce doit être cher à tous les enfans de l'Écosse ; que je ne vous entende point parler ainsi, je vous en supplie!

Le plus illustre de vos ancêtres endura l'exil et la persécution, les maux de la famine et les dangers de la guerre pour rendre libre son pays ; sachez prendre sur vous le même empire pour vous rendre libre vous-même. Arrachez-vous à ceux qui cherchent à s'aplanir le chemin des grandeurs en nourrissant vos faiblesses. Méfiez-vous de Ramorny. Vous ne le connaissez pas, j'en suis sûre ; vous ne pouvez pas le connaître. Le misérable qui a pu chercher à porter une fille à se livrer à l'infamie en menaçant la vie de son vieux père, est capable de tout ce qu'il y a de plus vil, de tout ce qu'il y a de plus traître.

— Ramorny a-t-il fait cette menace ? demanda le prince.

— Il l'a faite, milord, et il n'oserait le nier.

— Je ne l'oublierai pas. Il a perdu mon amitié ; mais il a beaucoup souffert pour moi, et je dois voir ses services honorablement récompensés.

— Ses services ! Ah ! milord ! si les chroniques disent la vérité, de pareils services ont causé la ruine de Troie et ont livré l'Espagne aux infidèles.

— Paix ! jeune fille ; parlez avec retenue, dit le prince en faisant un geste de la main. Notre conférence est terminée.

— Encore un mot, duc de Rothsay, dit Catherine d'un ton animé, tandis que ses beaux traits prenaient l'expression qu'auraient ceux d'un ange qui descendrait du ciel pour donner un avis ; je ne puis dire ce qui me fait parler si hardiment ; mais je sens la vérité dans mon cœur comme un feu qui le dévore, et je la dirai : — Quittez ce château sans une heure de délai ; l'air en est malsain pour vous. Congédiez ce Ramorny avant que dix minutes se soient écoulées : sa compagnie est dangereuse.

— Quelle raison avez-vous pour parler ainsi ?

— Aucune en particulier, milord, répondit Catherine presque intimidée de sa propre hardiesse ; aucune peut-être, si ce n'est la crainte que votre sûreté ne soit compromise ici.

— L'héritier de Bruce ne doit pas écouter des craintes vagues, dit le prince... Holà, quelqu'un !

Ramorny entra et salua avec respect le prince et même Catherine, qu'il regardait peut-être comme allant probablement être élevée au rang de sultane favorite, et par conséquent ayant droit à des égards respectueux.

— Ramorny, dit le prince, y a-t-il dans cette maison quelque femme de bonne renommée qui puisse tenir compagnie à cette jeune fille jusqu'à ce que nous l'envoyions où elle peut désirer d'aller?

— S'il ne vous déplaît pas d'entendre la vérité, milord, je dirai que c'est une denrée assez rare dans la maison de Votre Altesse : et pour ne pas mentir, la chanteuse est celle qui a le plus de décence parmi nous.

— Qu'elle fasse donc compagnie à cette jeune personne, faute de mieux... Adieu, jeune fille; prenez patience pendant quelques heures.

Catherine se retira.

— Quoi! milord, dit Ramorny, vous vous séparez si promptement de la Jolie Fille de Perth! C'est véritablement abuser de la victoire.

— Il n'y a ici ni victoire ni défaite, répondit le duc d'un ton sec. Cette fille ne m'aime pas; et je ne l'aime point assez pour me donner la peine de vaincre ses scrupules.

— Le chaste Malcolm la Vierge a revu le jour dans un de ses descendans, dit Ramorny.

— De grace, monsieur, demandez une trêve à votre esprit, dit le prince, ou cherchez un autre sujet pour lui donner carrière. Il est midi, je crois; vous m'obligerez d'ordonner qu'on serve le dîner.

Ramorny se retira, mais Rothsay crut remarquer un sourire sur ses traits. Être en butte aux sarcasmes de cet homme, c'était pour lui un degré de contrariété peu ordinaire. Cependant il l'admit à sa table, et accorda même aussi cet honneur à Dwining. La conversation fut d'une gaîté qui allait jusqu'à la licence, le prince lui-même encourageant ce ton comme s'il avait eu dessein de faire oublier la sévérité de mœurs qu'il avait montrée dans la matinée, et que Ramorny, qui était versé dans la connaissance des anciennes chroniques, eut la hardiesse de comparer à la continence de Scipion.

Malgré la santé encore chancelante du duc de Rothsay, le repas se prolongea sans nécessité et l'on oublia toutes les bornes de la tempérance. Soit que ce fût uniquement la suite de la force du vin qu'il avait bu, ou de la faiblesse de sa constitution ; soit, ce qui est plus probable, que Dwining eût frelaté le dernier verre de vin que le prince avait pris, il arriva que vers la fin du repas le duc tomba dans une sorte de sommeil léthargique dont il fut impossible de l'éveiller. Sir John Ramorny et Dwining le portèrent dans sa chambre, sans autre assistance que celle d'une autre personne qui sera nommée ci-après.

Le lendemain matin on annonça que le prince était attaqué d'une maladie contagieuse, et pour empêcher qu'elle ne se répandît dans toute la maison, personne ne fût admis à le servir que son ci-devant grand-écuyer, son médecin Dwining et l'individu dont il a déjà été fait mention ; l'un d'eux semblait toujours rester dans l'appartement, tandis que les autres dans leurs relations avec le reste de la maison observaient les précautions propres à confirmer l'opinion qu'il était dangereusement attaqué d'une maladie contagieuse.

CHAPITRE XXXII.

Le destin de l'héritier imprudent du trône d'Écosse était bien différent de ce qu'on le supposait généralement dans l'intérieur du château de Falkland. Son oncle ambitieux avait résolu sa mort comme étant le moyen d'abattre la première et la plus redoutable barrière qui existait entre sa propre famille et le trône. Jacques, second fils du roi, n'était encore qu'un enfant, et il pourrait s'en débarrasser plus à loisir. Les vues d'agrandissement de Ramorny, et le ressentiment qu'il avait conçu depuis peu contre son maître en avaient fait un agent volontaire pour immoler le jeune Rothsay; et la cupidité de Dwining, jointe à la méchanceté naturelle de son caractère, l'y rendaient également disposé. Il avait été déterminé avec la cruauté la plus froidement calculée qu'on devait éviter avec soin tous moyens qui pourraient laisser derrière eux quelques traces de violence, et laisser sa vie s'éteindre par la privation des alimens qui devait détruire rapidement une constitution frêle et affaiblie. Le prince d'Écosse ne devait pas être assassiné; mais comme Ramorny s'était exprimé dans une autre occasion, — il devait seulement cesser d'exister.

La chambre à coucher de Rothsay dans la tour de Falkland avait été bien choisie pour l'exécution de cet horrible complot. Un petit escalier étroit dont l'existence était à peine connue conduisait de là par une trappe dans les cachots souterrains du château, par un passage dont se servait le seigneur féodal quand il voulait visiter en secret, et sous quelque déguisement, les habitans de ces régions consacrées au désespoir. Ce fut par cet escalier que les scélérats transportèrent le prince plongé dans un assoupissement léthargique, au fond d'un cachot si profondément creusé dans les entrailles de la terre, que ni les gémissemens ni les cris du captif ne pouvaient se faire entendre, tandis que la solidité de la porte, des gonds et de la serrure aurait résisté long-temps aux efforts qu'on aurait faits pour l'enfoncer quand même on fût parvenu à en découvrir l'entrée. Bonthron, que l'on avait sauvé du gibet pour le faire participer à ce nouveau crime, devint l'instrument de Ramorny dans l'exécution de cet acte de cruauté inouïe contre son maître trahi.

Ce misérable retourna au cachot précisément à l'instant où le prince commençait à sortir de sa léthargie, et que recouvrant le sentiment il se sentit saisi d'un froid mortel, et chargé de fers qui lui permettaient à peine de faire un mouvement sur sa paille humide; sa première idée fut qu'il faisait un rêve horrible, — la seconde lui offrit un pressentiment confus de la vérité. — Il appela, il cria, il poussa des hurlemens de frénésie; mais nul secours n'arriva, et l'écho de la voûte de son cachot répondit seul à ses cris. L'agent de l'enfer entendit ces exclamations du désespoir, et en jouit comme d'une indemnité des sarcasmes et des reproches que lui avait adressés le prince par suite de l'aversion qu'un mouvement d'instinct lui inspirait contre ce scélérat. Lorsque le malheureux jeune homme épuisé et perdant tout espoir garda le silence, le barbare résolut de se présenter aux yeux de son prisonnier; il tira les verroux, détacha la chaîne et ouvrit la porte. Rothsay se souleva autant que ses fers le lui permettaient; une lueur rouge qui se répandit dans le caveau lui fit d'abord fermer les yeux, et quand il les rouvrit, ce fut pour reconnaître la figure sauvage d'un être qu'il avait tout lieu de regarder comme mort; il se laissa retomber sur sa paille avec horreur. — Je suis jugé et condamné, s'écria-t-il, et le plus abominable démon de l'enfer est envoyé pour me tourmenter.

— Je vis, milord, dit Bonthron, et pour que vous viviez et que vous jouissiez de la vie, mettez-vous sur votre séant, et mangez votre déjeuner.

— Délivre-moi de ces fers, dit le prince; tire-moi de ce cachot, et quelque scélérat que tu sois, tu seras l'homme le plus riche d'Écosse.

— Quand vous me donneriez en or le poids de vos fers, répondit Bonthron, j'aimerais mieux vous en voir chargé que de posséder ce trésor. — Mais regardez, vous aimiez à faire bonne chère, voyez celle que je vous ai préparée. A ces mots le misérable, avec un sourire infernal, prenant un paquet qu'il portait sous le bras, écarta un morceau de cuir qui le couvrait, et faisant passer à plusieurs reprises la lumière de sa lampe devant l'objet qu'il apportait, il montra au malheureux prince la tête d'un bœuf récemment séparée du corps, ce qui est connu en Ecosse comme étant une annonce de mort inévitable; il la plaça au pied du lit, ou plutôt de la litière où le prince était étendu. Ménagez bien ces vivres, ajouta-t-il, car il est probable qu'il se passera du temps avant que vous ayez un autre repas.

— Dites-moi seulement une chose, misérable, dit Rothsay ; Ramorny sait-il de quelle manière je suis traité?

— Sans cela, comment t'aurait-on attiré ici? répondit le meurtrier; pauvre bécasse, tu t'es laissé prendre au piége!

A ces mots il ferma la porte, poussa les verrous, et laissa le prince infortuné dans les ténèbres, la solitude et le désespoir.

— O mon père! mon père! s'écria-t-il, tu as véritablement été prophète! Le bâton sur lequel je m'appuyais est devenu un javelot. — Nous ne nous étendrons pas sur les heures et les jours qu'il passa ensuite en proie à toutes les souffrances et à tous les tourmens du corps et de l'esprit.

Mais la volonté du ciel n'était pas qu'un si grand crime fût commis avec impunité.

Catherine Glover et la chanteuse, quoique négligées par les autres habitans du château qui semblaient n'être occupés que de la situation du prince, ne purent cependant obtenir la permission d'en sortir avant qu'on eût vu comment se terminerait cette maladie alarmante, et si elle était réellement contagieuse. Forcées de se faire société l'une à l'autre, ces deux femmes isolées devinrent compagnes, sinon amies, et leur union se resserra davantage quand Catherine eut appris que c'était précisément la chanteuse à cause de laquelle Henry Smith avait encouru son déplaisir. Elle entendit avec transport cette jeune femme justifier complètement son protecteur, et lui donner toutes les louanges que méritait sa conduite ; d'une autre part Louise, qui sentait la supériorité de la condition et du caractère de Catherine, insistait volontiers sur un sujet qui paraissait lui plaire, et elle prouvait sa reconnaissance pour le brave armurier en répétant souvent la chanson du Bleu Bonnet, qui fut long-temps une chanson favorite en Écosse.

O Bleu Bonnet, toujours fier et fidèle,
De ta parole esclave en paladin,
Toi dont le cœur est loyal pour ta belle,
Comme ta lance est ferme dans ta main,
Donne à mes chants un sacré caractère;
Puis-je en trouver un plus digne sujet?

J'ai parcouru l'Europe entière,
Je n'ai trouvé qu'un Bleu Bonnet.

Levant l'épée et brandissant la lance,
Mes yeux ont vu la fleur des chevaliers
De l'Allemagne et de la belle France
Se couronner des plus nobles lauriers.
J'ai vu les fils de la libre Angleterre,
Sans se tromper, au but lancer un trait :
Mais dans l'Europe tout entière
Je n'ai trouvé qu'un Bleu Bonnet.

En un mot, quoique la profession peu honorable de la chanteuse eût été pour Catherine en toute autre circonstance un motif qui l'aurait empêchée d'en faire volontairement sa compagnie, cependant forcée comme elle l'était alors à passer avec elle les journées entières, elle trouva de la part de Louise toutes les prévenances d'une humble compagne.

Elles vécurent de cette manière quatre à cinq jours, et afin d'éviter autant que possible les regards et peut-être l'incivilité des domestiques, elles préparaient elles-mêmes leur nourriture dans leur appartement. Cependant, comme quelques relations avec les gens de la maison n'en étaient pas moins indispensables, Louise, plus accoutumée aux expédiens, plus hardie par habitude et désirant plaire à Catherine, se chargeait volontairement de descendre à l'office pour demander à l'intendant ce qui était nécessaire pour leur repas frugal, qu'elle préparait ensuite avec toute la dextérité de son pays.

Louise était descendue dans ce dessein le sixième jour, un peu avant midi, et le désir de respirer un air frais, ou l'espoir de trouver une salade, quelques légumes ou quelques fleurs précoces pour orner leur table, la conduisit dans le petit jardin qui dépendait du château. Elle rentra dans l'appartement qu'elles occupaient dans la tour, pâle comme la mort et agitée comme la feuille du tremble. Sa terreur se communiqua sur-le-champ à Catherine, qui eut à peine la force de lui demander quel nouveau malheur était arrivé.

— Le duc de Rothsay est-il mort?

— Pire ! on le fait mourir de faim.

— Quelle folie, Louise !

— Non ! non ! non ! non ! s'écria Louise, respirant à peine, parlant bas, et si vite que l'oreille de Catherine pouvait à peine la suivre. Je cherchais quelques fleurs pour orner la table, parce que vous m'aviez dit hier que vous les aimiez. Mon pauvre petit chien entra dans un buisson d'ifs et de houx qui croissent parmi de vieilles ruines près du mur du château, et revint à moi en jappant d'un ton plaintif. J'avançai pour voir quelle pouvait en être la cause, et j'entendis un gémissement comme de quelqu'un qui aurait été à toute extrémité, mais si faible qu'il semblait partir du centre de la terre. Enfin je vis qu'il sortait d'une fente dans la muraille qui est couverte de lierre, et quand j'en approchai l'oreille, je reconnus distinctement la voix du prince, qui disait : — Cela ne peut maintenant durer long-temps ; et alors il me sembla qu'il faisait une prière.

— Juste ciel ! et lui avez-vous parlé !

— Je lui dis : — Est-ce vous, milord ? et il répondit : — Qui me donne ce nom par dérision ? Je lui demandai en quoi je pouvais l'aider ; et il dit d'une voix que je n'oublierai jamais : — De la nourriture ! je meurs de faim ! — Je suis revenue sur-le-champ pour vous en informer. Que faire ? donnerons-nous l'alarme dans la maison ?

— Hélas ! au lieu de le secourir, ce serait peut-être accélérer sa perte.

— Mais que ferons-nous donc ?

— Je n'en sais rien encore, répondit Catherine, prompte et hardie dans les occasions importantes, quoique ayant moins de dextérité que sa compagne pour trouver des ressources dans les occasions ordinaires ; je n'en sais rien encore, mais nous ferons quelque chose. Un descendant de Bruce ne périra point sans secours.

A ces mots elle prit le vase qui contenait leur soupe et la viande qui avait servi à la faire, enveloppa dans un coin de son plaid quelques gâteaux fort minces qu'elle avait fait cuire sous la cendre, et faisant signe à sa compagne de la suivre avec un petit pot de lait qui faisait partie de leurs provisions, elle prit à la hâte le chemin du jardin.

— Oh! oh! notre belle vestale a quitté sa chambre, dit un domestique, la seule personne qu'elle rencontra ; mais Catherine ne s'arrêta point, ne lui répondit rien, et elle arriva dans le jardin sans autre interruption.

Louise lui montra un tas de ruines couvertes de broussailles qui se trouvait près du mur du château. C'étaient probablement les débris de quelque bâtiment en saillie qui y était joint autrefois, et dans lequel se terminait l'étroite ouverture qui communiquait avec le cachot, sans doute pour y donner de l'air. Le temps et la dégradation de la muraille avaient un peu élargi cette fente, de sorte qu'elle laissait pénétrer dans l'intérieur un faible rayon de lumière, quoique ceux qui entraient avec des torches ne pussent l'apercevoir.

— C'est le silence de la mort! dit Catherine après avoir écouté un instant avec attention. Juste ciel! il n'existe plus!

— Il faut risquer quelque chose, dit Louise en passant légèrement les doigts sur les cordes de sa viole.

Un soupir fut la seule réponse qui sortit de la profondeur du cachot.

Catherine alors se hasarda à parler : — Je suis ici, milord, je suis ici ; je vous apporte de la nourriture.

— Ah! Ramorny! dit le prince, cette cruelle plaisanterie vient trop tard, je me meurs.

— Son esprit est égaré, pensa Catherine, et rien n'est moins étonnant : mais tant que la vie reste, l'espérance subsiste.

— C'est moi, milord, c'est Catherine Glover. Je vous apporte de la nourriture ; mais je ne sais comment vous la faire passer.

— Que le ciel vous bénisse! Je croyais mes souffrances terminées ; mais je les sens renaître en moi en entendant parler de nourriture.

— Je vous en apporte, milord ; mais comment vous la faire passer? L'ouverture est si étroite! la muraille est si épaisse!

Ah! j'en trouve un moyen. Oui! vite, Louise, coupez-moi une branche de saule, la plus longue que vous pourrez trouver.

La chanteuse obéit sur-le-champ, et Catherine ayant fendu le gros bout de la branche, elle transmit au prince par ce moyen les gâteaux qu'elle avait apportés et qu'elle trempa dans le bouillon pour qu'ils pussent lui servir en même temps de nourriture et de boisson.

L'infortuné jeune homme mangea peu et avec beaucoup de difficulté; mais il appela toutes les bénédictions du ciel sur la tête de celle qui lui apportait ce secours. — Je voulais faire de vous la victime de mes vices, lui dit-il, et c'est vous qui cherchez à me sauver la vie! Mais retirez-vous; craignez qu'on ne vous voie.

— Je vous rapporterai de la nourriture dès que j'en trouverai l'occasion, dit Catherine. Mais en ce moment Louise la tira par la manche et l'avertit de garder le silence et de se cacher.

Toutes deux se couchèrent derrière les ruines, et elles entendirent Ramorny et Dwining causer ensemble en se promenant dans le jardin.

— Il est plus fort que je ne le pensais, dit le premier à demi-voix. Combien de temps résista Dalvolsey quand le chevalier de Liddesdale le tint enfermé dans son château de l'Hermitage?

— Quinze jours, répondit Dwining; mais c'était un homme robuste, et il trouva quelques secours dans le grain qui tombait d'un grenier situé au-dessus de sa prison.

— Ne vaudrait-il pas mieux finir l'affaire par une voie plus prompte? Douglas-le-Noir vient de ce côté. Il n'est pas dans le secret d'Albany; il demandera à voir le prince : il faut donc que tout soit terminé avant qu'il arrive.

Ils s'éloignèrent en continuant cette affreuse conversation.

— Maintenant regagnons la cour, dit Catherine à sa compagne, quand elle vit qu'ils avaient quitté le jardin. J'avais formé un plan pour m'échapper moi-même, je le ferai servir à sauver le prince. La laitière arrive ordinairement au château vers l'heure des vêpres, et elle a coutume de laisser sa mante dans le passage quand elle va porter son lait à l'office. Prenez cette mante, couvrez-vous-en avec soin et présentez-vous hardiment à la porte. Le portier est presque toujours ivre à cette heure ; il vous prendra pour la laitière, et si vous montrez un peu de confiance, vous passerez la porte et le pont-levis sans qu'il songe à vous arrêter. Allons, courez chercher Douglas ; c'est le secours le plus prompt, le seul secours que nous puissions espérer.

— Mais n'est-ce pas ce terrible seigneur qui m'a menacée d'une punition honteuse ?

— Croyez-moi, Louise, des êtres tels que vous et moi ne restent pas une heure dans la mémoire de Douglas, ni en bien, ni en mal. Dites-lui que son gendre, que le prince d'Écosse meurt dans le château de Falkland ; qu'il y meurt d'une mort lente amenée par la faim. Vous obtiendrez de lui non-seulement votre pardon, mais une récompense.

— Je me soucie peu de la récompense ; une bonne action porte sa récompense avec soi. Mais il me semble qu'il est plus dangereux de rester ici que d'en partir. Que ce soit donc moi qui reste ; je me chargerai de nourrir ce malheureux prince, et vous irez lui chercher du secours. S'ils me tuent avant que vous reveniez, je vous laisse ma viole, et je vous recommande mon pauvre Charlot.

— Non, Louise, vous êtes une voyageuse plus privilégiée et plus expérimentée que je ne le suis. C'est vous qui partirez, et si vous me trouvez morte à votre retour, ce qui n'est pas impossible, portez à mon pauvre père cet anneau et cette boucle de mes cheveux, et dites-lui que Catherine est morte en cherchant à sauver le sang de Bruce. Donnez aussi cette autre boucle à Henry, en lui disant que Catherine a pensé à lui jusqu'à son dernier moment ; et s'il l'a trouvée trop scrupuleuse relativement à l'effusion du sang des autres, il verra que ce n'était point à cause du prix qu'elle attachait au sien.

Elles s'embrassèrent en sanglotant, et elles passèrent le reste du jour jusqu'au soir à imaginer quelque meilleur moyen pour faire passer de la nourriture au prisonnier, et à construire un tube composé de roseaux creux s'emboîtant les uns dans les autres, pour pouvoir lui transmettre des liquides. La cloche du village de Falkland sonna enfin les vêpres. La laitière arriva avec ses seaux pour apporter la provision ordinaire de lait et pour raconter ou apprendre les nouvelles qui pouvaient courir. Dès qu'elle fut entrée dans l'office, Louise se jetant de nouveau dans les bras de Catherine et l'assurant d'une fidélité inviolable, descendit l'escalier en silence, portant Charlot sous son bras. Un moment après Catherine pouvant à peine respirer la vit passer d'un air fort tranquille sur le pont-levis, couverte de la mante de la laitière.

— Hé! May Bridjet! cria le portier; vous vous en allez bien vite ce soir! On ne rit guère à l'office, n'est-ce pas? Maladie et gaîté ne vont pas de compagnie.

— J'ai oublié mes tailles, répondit la Provençale avec une présence d'esprit admirable ; je vais les chercher, et je reviens en moins de temps qu'il n'en faudrait pour écrémer une terrine de lait.

Elle continua sa marche, évita de passer par le village de Falkland, et prit un petit sentier qui traversait le parc. Catherine respira plus librement, et rendit graces à Dieu, quand elle la vit disparaître dans l'éloignement. Elle passa pourtant encore dans quelque inquiétude l'heure qui s'écoula avant qu'on s'aperçût de l'évasion de Louise; ce qui arriva aussitôt que la laitière ayant employé une heure à faire ce qu'elle aurait pu terminer en dix minutes, découvrit en se disposant à partir que sa mante de frise grise avait disparu. On fit sur-le-champ une recherche exacte, et enfin les servantes de la maison se rappelèrent la chanteuse, et commencèrent à soupçonner qu'elle pouvait fort bien avoir voulu se procurer une mante neuve en remplacement d'une vieille. Le portier questionné soutint qu'il avait vu partir la laitière immédiatement après le dernier coup de vêpres, et la laitière se présentant elle-même pour démentir cette assertion, il ne trouva d'autre alternative que de dire que c'était le diable qui en avait pris la place.

Néanmoins, comme on chercha inutilement la chanteuse dans tout le château, on devina aisément la vérité ; et l'intendant alla avertir sir John Ramorny et Dwining, qui étaient alors presque inséparables, qu'une des captives s'était évadée. La moindre chose éveille les soupçons des coupables. Ils se regardèrent l'un et l'autre d'un air consterné, et se rendirent ensemble sur-le-champ dans l'humble appartement de Catherine, afin de la prendre par surprise autant que possible, et de l'interroger sur le fait de la disparition de Louise.

— Où est votre compagne, jeune femme ? dit Ramorny d'un air de gravité sévère.

— Je n'ai pas de compagne ici, répondit Catherine.

— Ne plaisantez pas ! reprit le chevalier. Je vous parle de la chanteuse qui habitait cette chambre avec vous.

— Elle est partie, à ce qu'on dit, répondit Catherine, partie il y a environ une heure.

— Et où est-elle allée ? demanda Dwining.

— Comment saurais-je de quel côté peut porter ses pas une femme errante par profession? répondit Catherine. Elle était sans doute ennuyée de mener une vie solitaire, si différente de celle que lui offrent les danses, les festins et toutes les scènes joyeuses que lui procure son métier. Elle est partie, et ma seule surprise c'est qu'elle soit restée si long-temps.

— Et c'est tout ce que vous avez à me dire?

— Tout ce que j'ai à vous dire, sir John, répondit Catherine avec fermeté; et si le prince lui-même m'interrogeait, je ne pourrais lui en dire davantage.

— Il n'y a guère de danger qu'il vous fasse de nouveau l'honneur de vous parler en personne, dit Ramorny, quand même le malheur de le perdre serait épargné à l'Ecosse.

— Le duc de Rothsay est-il donc si mal? demanda Catherine.

— Il n'y a de ressource que dans le ciel, répondit Ramorny en levant les yeux au plafond.

— En ce cas, puisse le ciel lui accorder son aide, dit Catherine, si les secours humains sont insuffisans !

— *Amen!* dit Ramorny avec une gravité imperturbable, tandis que Dwining cherchait à donner à sa physionomie cette expression ; mais on eût dit que ce n'était pas sans une lutte pénible qu'il supprimait son air de triomphe malicieux, et ce sourire ironique qu'un discours qui avait une tendance religieuse ne manquait jamais d'appeler sur ses lèvres.

— Et ce sont des hommes, des habitans de la terre, et non des démons incarnés, pensa Catherine pendant que les deux inquisiteurs trompés dans leur attente sortaient de l'appartement, qui en appellent ainsi au ciel, tandis qu'ils boivent goutte à goutte le sang de leur maître infortuné ! — Pourquoi la foudre dort-elle ? Mais elle grondera avant peu, et fasse le ciel que ce soit pour sauver comme pour punir !

L'heure du dîner offrit seule un moment pendant lequel tout ce qui était dans le château étant occupé de ce repas, Catherine crut trouver l'occasion la plus favorable pour s'approcher du cachot du prince sans courir le risque d'être aperçue. En attendant cet instant, elle remarqua quelque mouvement dans le château, qui avait été silencieux comme le tombeau depuis l'emprisonnement du duc de Rothsay. Elle entendait lever et baisser la herse, et à ce bruit se joignait celui des pieds des chevaux, des hommes d'armes tantôt sortant du château, tantôt y rentrant, leurs coursiers couverts d'écumes. Elle vit aussi que tous les individus qu'elle apercevait par hasard étaient armés. Toutes ces circonstances firent battre son cœur bien vivement, car elle en tirait la conséquence que le secours approchait, et d'ailleurs cette sorte d'agitation générale rendait le petit jardin plus solitaire que jamais. Enfin l'heure de midi arriva. Elle avait eu soin, sous prétexte de pourvoir à ses premiers besoins auxquels l'intendant parut disposé à satisfaire, de se munir à l'office du genre de nourriture qu'il lui serait le plus facile de faire passer au malheureux prisonnier. Elle se rendit près des ruines ; elle prononça quelques mots à voix basse pour l'avertir de son arrivée. Elle ne reçut aucune réponse. Elle parla plus haut, le même silence continua.

— Il dort. Elle murmura ces mots à demi-voix, et ils furent

suivis d'un tressaillement, d'un frisson et d'un cri d'effroi, quand elle entendit une voix répliquer derrière elle :

— Oui, il dort, mais c'est pour toujours.

Elle se retourna, et vit derrière elle sir John Ramorny, armé de pied en cap ; mais la visière de son casque était levée, et il avait l'air d'un homme prêt à mourir, plutôt que d'un chevalier disposé à combattre. Il prononça ces mots d'un ton grave, tenant une sorte de milieu entre celui qu'aurait pu prendre le calme observateur d'un événement important, et celui de l'agent lui-même de la catastrophe.

— Catherine, continua Ramorny, ce que je vous dis est vrai. Il est mort ; vous avez fait pour lui tout ce qui vous était possible, vous ne pouvez en faire davantage.

— Je ne puis ni ne veux le croire, dit Catherine. Que le ciel me protége ! Penser qu'un tel forfait a pu s'accomplir, ce serait douter de la Providence.

— Il ne faut pas douter de la Providence, Catherine, parce qu'elle a permis qu'un homme dépravé fût victime de ses propres vices. Suivez-moi, j'ai à vous parler de choses qui vous concernent. Suivez-moi, vous dis-je, ajouta Ramorny en voyant qu'elle hésitait, à moins que vous ne préfériez rester à la merci de cette brute de Bonthron ou du médecin Henbane Dwining.

— Je vous suivrai, dit Catherine ; vous ne pouvez me faire plus de mal que le ciel ne le permettra.

— Il la fit rentrer dans la tour et lui fit monter ensuite escaliers sur escaliers, échelles sur échelles.

La résolution de Catherine lui manqua. — Je n'irai pas plus loin, dit-elle ; où voulez-vous me conduire ? si c'est à la mort, je puis mourir ici.

— Je vous conduis seulement sur les murailles, folle, répondit Ramorny en ouvrant une porte qui donnait entrée sur la plate-forme de la tour où des soldats préparaient les mangonneaux (ainsi qu'on appelait alors des machines de guerre pour lancer des traits ou des pierres), apprêtaient les arbalètes et empilaient de grosses pierres. Mais les défenseurs du château n'étaient guère plus de vingt, et Catherine crut remarquer en eux des symptômes de doutes et d'irrésolution.

— Catherine, dit Ramorny, je ne dois pas quitter ce poste d'où dépend la défense du château ; mais je puis vous parler ici aussi bien que partout ailleurs.

— Parlez, je suis prête à vous entendre.

—Vous vous êtes procuré la connaissance d'un secret dangereux ; avez-vous assez de fermeté pour le garder ?

— Je ne vous comprends pas, sir John.

— Vous me comprenez, vous savez que j'ai fait périr.... assassiné, si vous le voulez, mon ancien maître le duc de Rothsay. Il n'a pas été difficile d'éteindre l'étincelle de vie que vous cherchiez à entretenir. Ses dernières paroles furent pour appeler son père. Vous chancelez ; armez-vous de force, vous avez encore autre chose à entendre. Vous connaissez le crime, mais vous ne savez pas quelles sont les provocations qui l'ont fait commettre. Voyez ! ce gantelet est vide, j'ai perdu la main droite à son service, et quand je me suis trouvé hors d'état de le servir plus long-temps, il m'a chassé loin de lui comme un chien boiteux qui ne peut plus suivre le gibier ; cette perte cruelle est devenue l'objet de ses sarcasmes, et il m'a recommandé le cloître au lieu des salons et des plaisirs qui étaient ma sphère naturelle. Songez à cela ! vous aurez pitié de moi et vous m'aiderez.

— En quoi avez-vous besoin de mon aide? demanda Catherine toute tremblante : je ne puis ni réparer votre perte, ni empêcher que le crime n'ait été commis.

— Mais vous pouvez garder le silence sur ce que vous avez vu et entendu dans le jardin. Je ne vous demande que l'oubli, car je sais qu'on ajoutera foi à vos paroles, soit que vous attestiez ce qui s'est passé, soit que vous consentiez à le nier. Quant au témoignage de votre compagne, de cette coureuse étrangère, il ne pèsera pas la tête d'une épingle. Si vous m'accordez ma demande, votre parole sera ma garantie, et j'ouvrirai la porte de ce château à ceux qui s'en approchent en ce moment; si vous ne me promettez pas le silence, je le défendrai jusqu'à ce qu'il ne reste pas un seul homme vivant sur les murailles, et je vous précipiterai du haut de ce parapet. Oui, examinez-en la hauteur, ce n'est point un saut facile à faire, sept escaliers vous ont fait monter ici fatiguée et hors d'haleine; mais vous en descendrez en moins de temps qu'il ne vous en faudrait pour soupirer. Parlez, la Jolie Fille, et songez que vous avez affaire à un homme qui n'a nulle envie de vous nuire, mais dont la résolution est arrêtée.

Catherine épouvantée n'avait pas la force de répondre à un homme qui paraissait si désespéré; mais l'arrivée de Dwining lui épargna la nécessité de le faire. Il s'approcha du chevalier avec un air d'humilité qui lui était ordinaire et avec ce sourire ironique mal déguisé qui donnait un démenti à ses manières.

— J'ai tort, noble chevalier, de me présenter devant Votre Vaillance, quand vous êtes occupé avec une belle damoiselle; mais j'ai une question à vous faire sur une bagatelle.

— Parle, bourreau! De mauvaises nouvelles sont un jeu pour toi, même quand elles te menacent, pourvu qu'elles soient aussi menaçantes pour d'autres.

— Hé! hé! hé! hem! Je désirais seulement savoir si Votre Seigneurie avait dessein d'entreprendre la tâche chevaleresque de défendre ce château à l'aide de sa seule main. Pardon, je voulais dire à l'aide de son bras seul. La question n'est pas sans intérêt, car je ne puis aider que bien peu à la défense, à moins que vous ne puissiez persuader aux assiégeans de prendre médecine. Hé! hé! hé! Bonthron est aussi ivre qu'il peut le devenir par le moyen de l'ale et de l'eau-de-vie, et lui, vous et moi, nous composons toute la partie de la garnison qui soit disposée à faire résistance.

— Comment! ces autres chiens ne se battront-ils pas?

— Je n'ai jamais vu personne qui en montrât une si faible velléité, jamais. Mais tenez, en voici deux. *Venit summa dies.* Hé! hé! hé!

Eviot et Buncle s'approchèrent avec un air de sombre résolution, en hommes qui avaient bien pris le parti de braver l'autorité à laquelle ils avaient obéi si long-temps.

— Comment ! s'écria Ramorny en marchant à leur rencontre ; pourquoi avez-vous abandonné votre poste ? pourquoi avez-vous quitté la redoute, Eviot ? Et vous, drôle, ne vous ai-je pas chargé de veiller aux mangonneaux ?

— Nous avons un mot à vous dire, sir John Ramorny, répondit Eviot ; et c'est que nous ne combattrons pas pour cette querelle.

— Quoi ! mes écuyers vouloir me faire la loi !

— Nous étions vos écuyers, vos pages, sir John, quand vous étiez grand-écuyer de la maison du duc de Rothsay. Le bruit court que le duc a cessé de vivre : nous désirons savoir la vérité.

— Quel est le traître qui ose répandre de pareils mensonges? demanda Ramorny.

— Tous ceux qui sont sortis du château pour aller à la découverte, et moi parmi les autres, y ont rapporté la même nouvelle. La chanteuse qui s'est évadée hier a répandu partout le bruit que le duc de Rothsay a été assassiné ou est sur le point de l'être. Douglas arrive avec une force imposante, et...

— Et vous voulez profiter d'un bruit mensonger pour trahir votre maître, lâches que vous êtes? s'écria Ramorny avec indignation.

— Sir John, dit Eviot, trouvez bon que Buncle et moi nous voyions le duc de Rothsay, et que nous recevions directement ses ordres ; et si nous ne défendons pas ensuite le château jusqu'à la mort, je consens à être pendu sur la tour la plus haute.

— S'il est mort de mort naturelle, nous ouvrirons le château au comte de Douglas, qui est, dit-on, lieutenant-général du royaume. — Mais si, ce qu'à Dieu ne plaise ! le noble prince est mort assassiné, nous ne nous rendrons pas complices de ses meurtriers, quels qu'ils puissent être, en prenant leur défense.

— Eviot, dit Ramorny en levant son bras mutilé, si ce gantelet n'eût pas été vide, tu n'aurais pas vécu assez long-temps pour prononcer deux mots de ce discours insolent.

— N'importe, répondit le page, nous ne faisons que notre

devoir. Je vous ai suivi long-temps, sir John; mais à présent je retiens la bride.

— Adieu donc! et malédiction sur vous tous! s'écria le chevalier courroucé. Qu'on prépare mon cheval.

— Sa Vaillance va prendre la fuite, dit Dwining à Catherine dont il s'était approché sans qu'elle s'en aperçût. Catherine, vous êtes une folle superstitieuse, comme la plupart des femmes; cependant vous n'êtes pas sans esprit, et je vous parle comme à un être doué de plus d'intelligence que ce troupeau de buffles qui nous entourent. — Ces orgueilleux barons qui dominent le monde, que sont-ils dans le jour de l'adversité? de la paille d'avoine que disperse le vent. — Que leurs mains frappent comme des marteaux, que leurs jambes, semblables à des piliers, éprouvent quelque accident, adieu les braves hommes d'armes; le cœur et le courage ne sont rien pour eux, les membres et l'agilité sont tout. — Donnez-leur la force animale, ce sont des taureaux furieux — Parvenez à les en priver, et vos héros de la chevalerie ne sont plus que des chevaux dont on a coupé les jarrets. Il n'en est pas de même du sage. Tant qu'il reste un grain de bon sens dans son corps froissé et mutilé, son esprit est aussi fort que jamais. — Catherine, ce matin je méditais votre mort; mais il me semble que je ne suis pas fâché que vous me surviviez, afin que vous puissiez dire de quelle manière le pauvre apothicaire, le doreur de pilules, le pileur de drogues, le vendeur de poison, a subi son destin, en la compagnie du noble chevalier de Ramorny, vrai baron de fait, et comte de Lindores en perspective. — Que Dieu sauve Sa Seigneurie!

— Vieillard, dit Catherine, si vous êtes réellement si près de subir le destin que vous avez mérité, d'autres pensées vous conviendraient mieux que la vaine gloire d'une philosophie frivole. — Demandez à voir un saint homme qui...

— Oui, répliqua Dwining d'un ton méprisant, que je m'adresse à un moine crasseux qui... — hé! hé! hé! — qui ne comprend pas le latin barbare qu'il répète par routine. Ce serait un excellent conseiller pour un homme qui a étudié en

Espagne et en Arabie! Non, Catherine, je me choisirai un confesseur qu'on puisse regarder avec plaisir, et c'est vous qui serez honorée de cette fonction. — Maintenant, jetez les yeux sur Sa Vaillance. La sueur coule sur ses sourcils. — Ses lèvres tremblent de crainte...; car Sa Vaillance... — hé! hé! hé! — plaide pour sa vie devant ses domestiques, et n'a pas assez d'éloquence pour les déterminer à lui permettre de s'enfuir. — Voyez comme les muscles de sa physionomie travaillent, tandis qu'il supplie ces brutes, ces ingrats qui lui ont eu tant d'obligations de lui laisser, pour sauver sa vie, la même chance qu'a le lièvre poursuivi par les lévriers. — Voyez aussi l'air sombre et déterminé avec lequel ces traîtres, la tête baissée et comme flottant entre la contrainte et la honte, refusent à leur maître cette pauvre et dernière ressource. — Ces êtres vils se croient cependant supérieurs à un homme comme moi; et vous, folle que vous êtes, vous vous faites une idée assez basse de votre Dieu pour supposer que de pareils misérables soient l'ouvrage de sa toute-puissance!

— Non, esprit malfaisant, s'écria Catherine avec chaleur; le Dieu que j'adore a doué ces hommes, en les créant, des attributions nécessaires pour le connaître et l'adorer, pour aimer et défendre leurs semblables, pour vivre dans la sainteté et pratiquer toutes les vertus. Ce sont leurs vices et les tentations du malin esprit qui les ont rendus ce qu'ils sont. Oh! puisse cette leçon faire impression sur votre cœur de roche! Dieu vous a donné plus de connaissances qu'aux autres; il vous a accordé des yeux capables de pénétrer dans les secrets de la nature, un esprit intelligent, une main habile; mais l'orgueil a empoisonné ces dons précieux, et a fait de vous un athée impie quand vous auriez pu être un sage chrétien.

— Athée, dites-vous? répondit Dwining; il est possible que j'aie quelques doutes à ce sujet; mais ils seront bientôt résolus. Je vois arriver quelqu'un qui m'enverra, comme il en a déjà envoyé tant d'autres, dans un lieu où tous les mystères seront éclaircis.

Les yeux de Catherine suivirent la direction de ceux du

médecin vers une percée de la forêt, et elle la vit occupée par un corps nombreux de cavaliers qui arrivaient au grand galop. Une bannière était déployée au milieu d'eux; et quoique Catherine ne pût voir les armoiries qui y étaient brodées, le murmure qui s'éleva autour d'elle lui apprit que c'était celle de Douglas-le-Noir. Ils s'arrêtèrent à la portée d'un trait. Un héraut suivi de deux trompettes s'approcha de la porte, et ceux-ci ayant sonné de leurs instrumens, il demanda qu'on l'ouvrît à noble et puissant seigneur Archibald comte de Douglas, lieutenant-général du royaume, revêtu des pleins-pouvoirs de Sa Majesté, commandant en même temps à la garnison du château de mettre bas les armes, sous peine de haute trahison.

— Vous l'entendez, dit Eviot à Ramorny qui avait encore un air sombre d'indécision, donnerez-vous ordre de rendre le château, ou faut-il que je...?

— Non, drôle! s'écria le chevalier, je commanderai jusqu'au dernier instant. — Qu'on ouvre les portes, qu'on baisse le pont-levis, et qu'on rende le château à Douglas.

— Voilà ce qu'on peut appeler une excellente preuve de libre arbitre, dit Dwining : c'est précisément comme si ces instrumens de cuivre que nous venons d'entendre prétendaient que les sons qu'en ont tirés deux soldats enroués leur appartiennent.

— Malheureux veillard, dit Catherine, ou gardez le silence, ou dirigez vos pensées vers l'éternité qui est sur le point de commencer pour vous.

— Et que vous importe? répondit Dwining. Vous ne pouvez vous empêcher d'entendre ce que je vous dis, et vous ne manquerez pas de le répéter ensuite ; car c'est encore ce dont aucune femme ne peut s'empêcher. Perth et toute l'Écosse sauront quel homme on a perdu en perdant Henbane Dwining.

Le cliquetis des armures annonça que les nouveau-venus avaient mis pied à terre, étaient entrés dans le château, et en désarmaient la petite garnison. Douglas lui-même parut sur les murailles avec quelques hommes de sa suite, et il leur fit signe de s'emparer de la personne de Ramorny et de celle de Dwining. D'autres amenèrent devant lui Bonthron qu'ils avaient trouvé dans quelque coin, et qui était plongé dans la stupeur de l'ivresse.

— Ces trois hommes sont les seuls qui aient eu accès près du prince pendant sa prétendue maladie, demanda Douglas, continuant une enquête qu'il avait commencée en entrant dans le vestibule.

— Personne ne l'a vu, répondit Eviot ; et cependant j'avais offert mes services.

— Conduis-nous dans l'appartement du duc, et qu'on y amène les prisonniers. Il doit aussi se trouver une femme dans le château, si elle n'a pas été assassinée ou congédiée ; — la compagne de la chanteuse qui a donné la première alarme.

— La voici, milord, dit Eviot faisant avancer Catherine vers le comte.

Sa beauté et son agitation firent quelque impression même sur l'impassible Douglas.

— Ne crains rien, jeune fille, lui dit-il ; tu as mérité des éloges et des récompenses. — Dis-moi, comme si tu étais à confesse, tout ce que tu as vu dans ce château.

Quelques mots suffirent à Catherine pour raconter tout ce qu'elle savait de cette déplorable histoire.

— Cela s'accorde de point en point avec le récit de la chanteuse, dit Douglas. Maintenant rendons-nous à l'appartement du prince.

Ils entrèrent dans la chambre que l'infortuné duc de Rothsay avait été censé habiter, mais on ne put trouver la clef de la porte, et Douglas fut obligé de la faire enfoncer. Dès qu'ils y furent, ils virent les restes décharnés du prince qui semblaient avoir été jetés à la hâte sur son lit. Cependant il paraissait d'après divers préparatifs que les meurtriers avaient eu le dessein d'arranger décemment son corps de manière à lui donner un air de mort naturelle, mais ils avaient été déconcertés par l'évasion de Louise. Douglas fixa les yeux sur les restes de ce jeune prince que ses caprices et ses passions désordonnées avaient conduit à une fin si prématurée, à une catastrophe si fatale.

— J'avais des injures à venger, dit-il, mais à la vue d'un tel spectacle il est impossible de s'en souvenir.

— Hé! hé! hé! Les choses auraient été arrangées plus au goût de Votre Omnipotence, dit Dwining, mais vous êtes arrivé trop soudainement, et un maître trop pressé est toujours négligemment servi.

Douglas ne parut pas entendre ce que disait son prisonnier, tant il était occupé à regarder les traits défaits et les membres décharnés du cadavre qu'il avait sous les yeux. Catherine hors d'état de soutenir cette vue plus long-temps, et prête à perdre connaissance, reçut enfin la permission de se retirer. Au milieu de la confusion qui régnait dans tout le château, elle parvint à regagner son appartement où elle fut pressée entre les bras de Louise qui était revenue à la suite de la cavalerie.

Cependant Douglas continua son enquête. On trouva serrée dans la main du prince une touffe de cheveux dont la couleur et la dureté ressemblaient parfaitement aux crins noirs de Bonthron. Ainsi, quoique la faim eût commencé cette œuvre de mort, il paraissait qu'un acte de violence avait terminé les jours de Rothsay. L'escalier dérobé conduisant au cachot dont les clefs étaient attachées à la ceinture de l'assassin subalterne;
— la situation de ce cachot; — la fente à la muraille près du tas de ruines; — la misérable litière de paille, et les fers qui étaient restés étaient autant de preuves de la vérité des déclarations de Catherine et de Louise.

— Nous n'hésiterons pas un instant, dit Douglas à son proche parent lord Balveny, dès qu'ils furent sortis du cachot. Qu'on emmène les meurtriers, et qu'on les pende sur le haut de la tour!

— Mais, milord, il pourrait être à propos d'observer quelques formes de jugement, répondit Balveny.

— A quoi bon? dit Douglas. Je les ai surpris en flagrant délit, et je puis prendre sur moi d'ordonner leur exécution. —

Un instant pourtant. — N'avons-nous pas dans notre troupe quelques hommes de Jedwood?

— Nous ne manquons ni de Turnbulls, ni de Rutherfords, ni d'Ainslies, etc., répondit lord Balveny.

— Eh bien! reprit le comte, chargez-les de faire une enquête. Ce sont des hommes loyaux, de braves gens, si ce n'est qu'ils font un peu de tout pour vivre. Faites-moi exécuter ces scélérats, tandis que je tiendrai une cour de justice dans la grande salle, et nous verrons qui aura le plus tôt fini sa besogne, du jury ou du maréchal-prévôt. — Nous rendrons justice à la Jedwood : Pendez à la hâte ! et jugez à loisir !

— Un instant, milord, s'écria Ramorny, vous pouvez vous repentir de votre précipitation. — Me permettrez-vous de vous dire un mot en particulier?

— Non, pour le monde entier, s'écria Douglas. Dis tout haut ce que tu as à dire, et devant tous ceux qui sont ici.

— Sachez donc tous, dit Ramorny à voix haute, que ce noble comte avait reçu du duc d'Albany et de moi-même, par la main de ce traître, de ce lâche Buncle, — qu'il le nie s'il le peut, — des lettres conseillant d'écarter quelque temps le duc de Rothsay de la cour, et de le tenir en retraite dans ce château de Falkland.

— Mais pas un mot de le jeter dans un cachot ; — de le faire périr de faim ; — de l'étrangler, répliqua Douglas avec un sourire austère. — Faites emmener ces scélérats, Balveny ; ils souillent trop long-temps l'air que Dieu nous permet de respirer.

On conduisit les prisonniers sur le haut de la tour. Mais pendant qu'on y faisait les préparatifs de leur exécution, l'apothicaire exprima un désir si ardent pour le bien de son ame, disait-il, de revoir encore une fois Catherine, qu'elle consentit à remonter sur la plate-forme et à être témoin d'une scène contre laquelle son cœur se révoltait, dans l'espoir que l'endurcissement de Dwining aurait fait place à de meilleurs sentimens à l'approche de ses derniers momens. Un seul regard lui fit voir Bonthron plongé dans la stupeur la plus complète que l'ivresse puisse produire; Ramorny dépouillé de son armure cherchant en vain à cacher sa crainte, et convérsant avec un prêtre dont il avait demandé le secours ; et Dwining ayant le même air d'humilité basse et rampante qu'elle lui avait toujours connu. Il tenait en main une petite plume d'argent, avec laquelle il venait d'écrire quelques mots sur un morceau de parchemin.

— Catherine, dit-il, je désire, hé! hé! hé! — je désire vous parler de la nature de ma foi religieuse.

— Si tel est votre dessein, pourquoi perdre avec moi un temps si précieux? — Adressez-vous à ce bon père.

— Ce bon père est déjà, — hé! hé! hé! — un adorateur de la divinité que j'ai servie. Je désire donc procurer à l'autel de mon idole une nouvelle adoratrice en vous, Catherine. Cet écrit vous apprendra comment vous pouvez entrer dans ma chapelle, où j'ai si souvent offert mes hommages en sûreté au Dieu que je me suis fait. Je vous laisse à titre de legs toutes les images qu'il contient, uniquement parce que je vous hais et vous méprise un peu moins que ces misérables, et absurdes créatures que j'ai été obligé jusqu'ici d'appeler mes semblables. — Et maintenant retirez-vous ; ou plutôt restez, et vous verrez que la fin du charlatan ne démentira pas sa vie.

— A Notre-Dame ne plaise! dit Catherine.

— Maintenant, reprit Dwining, je n'ai plus qu'un seul mot à dire; et ce noble lord peut l'entendre si bon lui semble.

Lord Balveny s'approcha avec quelque curiosité ; car l'air de résolution déterminée d'un homme qui n'avait jamais manié une épée ni porté une armure, et qui n'était à l'extérieur qu'un pauvre nain maigre et hideux, lui paraissait quelque chose qui ressemblait à de la sorcellerie.

— Vous voyez ce petit instrument, dit l'apothicaire en montrant la plume d'argent ; eh bien! il peut me fournir le moyen d'échapper au pouvoir de Douglas-le-Noir lui-même.

— Ne lui donnez ni encre ni parchemin, s'écria Balveny à la hâte ; il écrirait un charme.

— Hé! hé! hé! ce n'est point cela, n'en déplaise à Votre

Sagesse et à Votre Vaillance, dit Dwining en dévissant le haut de la plume formant un petit étui, où il prit quelque chose qui semblait un morceau d'éponge ou quelque substance semblable, mais qui n'était pas plus gros qu'un pois. A présent, faites attention !... Il fit passer entre ses lèvres ce qu'il venait de prendre. — L'effet en fut instantané. Il tomba, et ce n'était déjà plus qu'un cadavre, mais dont les traits exprimaient encore une ironie méprisante.

Catherine poussa un grand cri, et descendit précipitamment pour se soustraire à ce spectacle horrible. Lord Balveny resta un moment dans la stupeur de la surprise, après quoi il s'écria : — Ceci peut être de la magie ! Pendez-le ! mort ou vif; pendez-le ! Si son infâme esprit ne s'est retiré que pour un temps, il ne retrouvera du moins à son retour qu'un cou disloqué.

On obéit à cet ordre, et il donna ensuite celui de procéder à l'exécution de Bonthron et de Ramorny. Le premier fut pendu avant qu'il eût l'air de bien comprendre ce qu'on voulait faire de lui. Ramorny, pâle comme la mort, mais conservant encore le même esprit d'orgueil qui avait causé sa ruine, fit valoir son rang de chevalier, et réclama le privilége de mourir par le glaive, et non par la corde.

— Douglas ne change jamais rien aux sentences qu'il prononce, répondit Balveny. Cependant les priviléges seront respectés. — Qu'on fasse venir ici le cuisinier avec son couperet ! — Le cuisinier ne tarda pas à se rendre à ses ordres. — Pourquoi trembles-tu? drôle ! dit lord Balveny. Brise-moi avec ton couperet les éperons dorés qui sont aux talons de cet homme. — Bien ! maintenant, John Ramorny, tu n'es plus chevalier; tu es un roturier, et tu peux figurer au gibet.

— Maréchal-prévôt, pendez-le entre ses deux compagnons, et plus haut qu'eux, s'il est possible.

Un quart d'heure après Balveny alla informer Douglas que les criminels étaient exécutés.

— En ce cas, il n'y a plus besoin de jugement, répondit le comte. Mais qu'en dites-vous, messieurs les jurés? ces trois hommes étaient-ils coupables de haute trahison, — oui ou non?

— Coupables, répondirent les jurés complaisans avec une unanimité édifiante; nous n'avons pas besoin d'autres preuves.

— Qu'on sonne donc le boute-selle, dit Douglas, et montons à cheval. Nous n'emmènerons qu'une suite peu nombreuse. Que chacun garde le silence sur tout ce qui s'est passé ici jusqu'à ce que le roi en soit informé, ce qui ne pourra avoir lieu qu'après le combat du dimanche des Rameaux. Lord Balveny, choisissez les hommes qui nous accompagneront, et prévenez-les, ainsi que ceux qui resteront ici, que quiconque jasera sera puni de mort.

Quelques minutes après Douglas était à cheval avec le cortége qui devait le suivre. Il envoya un exprès à sa fille la duchesse veuve Rothsay, pour l'avertir de se rendre à Perth en suivant les côtes du Lochleven, sans approcher de Falkland, et il confia à ses soins Catherine Glover et Louise, comme deux jeunes personnes à la sûreté desquelles il prenait intérêt.

Comme ils traversaient la forêt ils jetèrent un regard en arrière, et ils virent les corps des trois criminels qui ne semblaient plus que trois points noirs sur la plus haute tour du château.

La main est punie, dit Douglas; mais qui accusera la tête qui a conçu ce forfait?

— Vous voulez dire le duc d'Albany? dit Balveny.

— Oui, mon cher parent, répondit Douglas; et si je suivais l'impulsion de mon cœur, je l'accuserais de ce crime, car je ne doute pas qu'il ne l'ait autorisé. Mais il n'en existe d'autre preuve que de forts soupçons, et d'Albany s'est attaché de nombreux amis de la maison de Stuart; et dans le fait, la faiblesse du roi et la conduite désordonnée de Rothsay ne leur laissaient pas le choix d'un autre chef. Si j'allais donc rompre les nœuds de l'union que j'ai récemment formée avec Albany, il en résulterait une guerre civile qui serait la ruine de la pauvre Écosse dans un moment où elle est menacée d'une invasion par l'activité de Percy, appuyée de la trahison de March. Non, Balveny, il faut laisser au ciel le soin du châtiment d'Albany, et dans le temps que sa sagesse aura choisi, sa vengeance éclatera sur lui et sur sa maison.

CHAPITRE XXXIII.

Nous rappellerons maintenant au souvenir de nos lecteurs que Simon Glover et sa fille avaient été forcés de quitter à la hâte leur demeure sans avoir le temps d'instruire Henry Smith de leur départ et de la cause alarmante qui l'occasionnait. Quand donc l'amant arriva dans Curfew-Street le matin de leur fuite, au lieu de la réception cordiale du bon bourgeois et de l'accueil semblable au temps d'avril, c'est-à-dire moitié soleil, moitié pluie, qui lui avait été promis de la part de l'aimable fille de Simon, il apprit seulement la nouvelle désolante que son père et elle étaient partis de grand matin avec un étranger qui se cachait le visage avec grand soin pour ne pas être reconnu. Dorothée, dont le lecteur connaît déjà les talens pour anticiper le mal et pour communiquer les mêmes idées aux autres, jugea à propos d'y ajouter qu'elle ne doutait pas que son maître et sa jeune maîtresse ne fussent partis pour les montagnes, afin d'éviter la visite de deux ou trois appariteurs qui, au nom d'une commission nommée par le roi, étaient arrivés dans la maison après leur départ, y avaient fait une perquisition, avaient apposé leurs sceaux sur tous les endroits qui pouvaient contenir des papiers, et avaient laissé pour le père et la fille une sommation de comparaître un certain jour devant la cour de commission, à peine d'être déclarés proscrits. Dorothée eut soin de peindre tous ces détails alarmans sous les couleurs les plus sombres, et la seule consolation qu'elle offrit à l'amant affligé fut de l'informer que son maître l'avait chargée de lui dire de rester tranquillement à Perth, et qu'il recevrait bientôt de leurs nouvelles. Cet avis changea la première résolution de Smith, qui avait été de les suivre sur-le-champ sur les montagnes et de partager le destin qui pouvait leur être réservé.

D'ailleurs quand il réfléchit aux différentes querelles qu'il avait eues avec divers individus du clan de Quhele, et surtout à son altercation personnelle avec Conachar qui était alors devenu un chef puissant, il ne put s'empêcher de penser que son arrivée peu désirée sur le lieu où ils avaient trouvé une retraite pouvait nuire à leur sûreté, au lieu de leur être de quelque utilité. Il connaissait l'intimité habituelle de Simon avec le chef du clan de Quhele, et il en concluait justement que Glover y jouissait d'une protection que sa présence rendrait peut-être moins certaine, tandis que sa prouesse personnelle ne pouvait être pour lui qu'une bien faible ressource dans une querelle avec tout une tribu de montagnards vindicatifs. Cependant son cœur battait en même temps d'indignation quand il songeait que Catherine était au pouvoir du jeune Conachar, qu'il regardait comme un rival déclaré, et qui avait alors tant de moyens de faire valoir ses prétentions. Ce jeune chef ne pouvait-il faire de la main de la fille le prix de la sûreté du père? Il croyait pouvoir compter sur l'affection de Catherine; mais elle avait tant de désintéressement dans sa manière de penser, et une tendresse si vive pour son père, que si l'attachement qu'elle avait pour son amant était mis en balance contre la sûreté, peut-être contre la vie de celui à qui elle devait le jour, il ne pouvait guère douter que le premier sentiment ne se trouvât le plus léger. Tourmenté par des pensées sur lesquelles nous n'avons pas besoin d'insister plus long-temps, il résolut pourtant de rester chez lui, d'étouffer ses inquiétudes autant qu'il le pourrait, et d'attendre les nouvelles que le vieillard lui avait fait promettre. Elles arrivèrent, mais elles ne rendirent pas la tranquillité à son esprit.

Sir Patrice Charteris n'avait pas oublié sa promesse de communiquer à l'armurier les projets des fugitifs. Mais au milieu du tumulte qui fut occasionné par le mouvement des troupes, il ne put lui en porter lui-même la nouvelle. Il chargea donc son agent Henshaw de la lui apprendre. Or ce digne personnage était, comme le lecteur le sait, dans les intérêts de Ramorny, à qui il importait de cacher à tout le monde, et surtout à un amant aussi actif et aussi entreprenant que Henry, le lieu véritable de la résidence de Catherine. Henshaw annonça donc à l'armurier inquiet que son ami Glover était en sûreté dans les montagnes, et quoiqu'il affectât d'être plus réservé relativement à Catherine, il ne dit rien qui pût l'empêcher de continuer à croire qu'elle était, ainsi que son père, sous la protection du clan de Quhele. Mais il réitéra au nom de sir Patrice l'assurance que le père et la fille étaient en parfaite sûreté, et que Henry ne pouvait mieux consulter ses propres intérêts et les leurs qu'en attendant tranquillement le cours des événemens.

Le cœur déchiré, Henry Gow résolut donc de ne faire aucune démarche jusqu'à ce qu'il eût reçu des nouvelles plus certaines, et il s'occupa à finir une cotte de mailles qu'il avait dessein de rendre la mieux trempée et la mieux polie que ses mains habiles eussent jamais fabriquée. Les travaux de sa profession lui étaient plus agréables qu'aucune autre occupation qu'il aurait pu choisir, et ils lui servaient d'excuse pour se renfermer dans sa boutique et éviter la société, où les bruits vagues qui circulaient tous les jours n'auraient servi qu'à l'inquiéter et à le troubler. Il résolut de se fier à l'amitié éprouvée de Simon, à la foi de sa fille et à la protection du prévôt, qui, pensait-il, après tous les éloges qu'il avait donnés à sa valeur lors de son combat contre Bonthron, ne l'abandonnerait jamais dans la situation critique où il se trouvait. Cependant les jours se passaient, le temps s'écoulait, et ce ne fut que lorsque le dimanche des Rameaux était sur le point d'arriver que sir Patrice Charteris, étant allé à Perth pour prendre quelques arrangemens relativement au combat qui allait avoir lieu, songea à faire une visite à l'armurier du Wynd.

Il entra dans l'atelier avec un air de compassion qui ne lui était pas ordinaire, et qui fit sur-le-champ soupçonner à Henry qu'il lui apportait de mauvaises nouvelles. L'armurier prit l'alarme, et le marteau levé resta suspendu sur le fer rouge, tandis que le bras agité qui le tenait, auparavant fort comme celui d'un géant, perdit sa vigueur au point qu'il put à peine déposer son instrument par terre, au lieu de le laisser échapper de sa main.

— Mon pauvre Henry, dit sir Patrice, je vous apporte des nouvelles peu agréables, mais elles ne sont pas certaines, et quand elles seraient vraies, elles sont de telle nature qu'un homme aussi brave que vous ne devrait pas les prendre trop à cœur.

— Au nom du ciel! milord prévôt, j'espère que vous ne m'apportez pas de mauvaises nouvelles de Simon Glover ou de sa fille?

— Relativement à eux, non; ils sont en sûreté et se portent bien; mais c'est relativement à vous, Henry, que mes nouvelles ne sont pas si bonnes. Henshaw vous a sans doute appris que j'avais cherché à placer Catherine sous la protection d'une honorable dame, la duchesse de Rothsay : mais cette dame a refusé de s'en charger, et a envoyé Catherine auprès de son père dans les montagnes. Vous pouvez avoir entendu dire que Gilchrist Mac Ian est mort, et que son fils Eachin, qui était connu dans Perth comme l'apprenti du vieux Simon, sous le nom de Conachar, est maintenant chef du clan de Quhele, et j'ai appris d'un de mes domestiques que le bruit court parmi les Mac Ian que le jeune chef recherche la main de Catherine. Mon domestique l'a appris (comme un secret pourtant) pendant qu'il était dans le Breadalbane pour prendre quelques arrangemens relativement au combat qui va avoir lieu. Ce fait n'a rien de certain, mais il a une forte apparence de probabilité.

— Le domestique de Votre Seigneurie a-t-il vu Simon Glover et sa fille? demanda Henry, pouvant à peine respirer, et toussant pour cacher au prévôt l'excès de son agitation.

— Non. Les montagnards semblaient avoir quelque méfiance; ils lui refusèrent la permission de parler au vieillard, et il craignit de les alarmer en leur demandant à voir Catherine. D'ailleurs il ne parle pas leur langue, et celui qui a donné ces détails ne sait l'anglais que fort imparfaitement, de sorte qu'il peut y avoir quelque méprise. Cependant il est certain que ce bruit court, et j'ai pensé qu'il valait mieux que vous en fussiez informé. Mais vous pouvez être bien sûr que le mariage ne peut avoir lieu avant que l'affaire du dimanche des Rameaux ne soit décidée; et je vous conseille de ne faire aucune démarche avant que nous soyons instruits de toutes les circonstances de cette affaire; car la certitude est toujours désirable, même quand elle est pénible. — N'allez-vous pas vous rendre à l'assemblée du conseil de la ville? ajouta-t-il après un moment de silence. On va y parler des préparatifs de la lice dans le North-Inch, et l'on sera charmé de vous y voir.

— Non, milord.

— Je vois par cette réponse laconique, Smith, que cette affaire vous chagrine; mais après tout, les femmes sont des girouettes; c'est une vérité incontestable; Salomon et bien d'autres l'ont éprouvé avant nous.

Et sir Patrice se retira, bien convaincu qu'il s'était acquitté des fonctions de consolateur de la manière la plus satisfaisante.

Le malheureux amant apprit cette nouvelle et écouta ce commentaire avec des sentimens bien différens.

— Le prévôt, se dit-il avec amertume, est un excellent homme, et certes il fait sonner si haut sa chevalerie, que s'il dit des sottises, un pauvre homme doit les regarder comme des paroles pleines de bon sens, de même qu'il faut qu'il fasse l'éloge de la petite bière, si on lui en présente dans le gobelet d'argent de Sa Seigneurie. Que signifierait tout cela dans une autre situation? Supposez que je roulasse du haut en bas de Corrichie Dhu, et qu'avant d'être tombé au pied de ce rocher escarpé j'entendisse milord prévôt arriver en me disant : Henry, le précipice est profond, et je suis fâché de vous dire que vous êtes en bon chemin d'y tomber. Mais ne perdez point courage, le ciel peut vous envoyer une pierre ou un buisson pour vous arrêter. Cependant j'ai cru que ce serait une consolation pour vous de savoir le pire qui peut vous arriver. Je ne sais trop, à quelques centaines de pieds près, quelle est la profondeur du précipice, mais vous pourrez vous en faire une idée quand vous serez au fond. Et écoutez, quand viendrez-vous faire une partie de boules? Et tout ce verbiage doit-il tenir lieu de quelque tentative amicale pour empêcher un pauvre diable de se rompre le cou? Quand je pense à cela, je suis prêt à perdre l'esprit, et je serais tenté de prendre mon marteau et de tout briser autour de moi. Mais je serai calme, et si cet épervier des montagnes, qui se prétend un faucon, s'abat sur ma tourterelle, il apprendra qu'un bourgeois de Perth est en état de bander un arc.

C'était alors le jeudi qui précède le dimanche de Rameaux; et les champions des deux clans ennemis devaient arriver le lendemain, afin d'avoir le samedi pour se reposer, se rafraîchir, et se préparer au combat. Deux ou trois individus de chaque parti étaient venus d'avance pour prendre des arrangemens pour le campement de leurs compagnons, et recevoir les instructions convenables sur l'ordre dans lequel ils devaient se présenter au combat. Henry ne fut donc pas très surpris de voir un grand et vigoureux montagnard entrer dans le Wynd où il demeurait, et jeter ses regards de tous côtés à peu près comme les habitans d'un pays sauvage examinent les curiosités d'une contrée plus civilisée. Smith le regarda de mauvais œil, non-seulement à cause de son pays en général contre lequel il avait naturellement des préventions, mais surtout parce qu'il le voyait porter le plaid particulier au clan de Qubele; une branche de chêne brodée en soie indiquait aussi que cet individu était un des gardes personnels du jeune Eachin, sur les efforts desquels on comptait surtout pour le succès du combat.

Après avoir fait ces observations, Henry se retira dans sa forge, car la vue de cet homme lui échauffait la bile; et sachant que ce montagnard venu pour être un des champions d'un combat solennel ne pouvait devenir l'objet d'une querelle privée, il voulut du moins éviter d'avoir aucune relation amicale avec lui. Cependant au bout de quelques minutes la porte de son atelier s'ouvrit, et ce montagnard laissant flotter son plaid de manière à relever encore la hauteur de sa taille, entra dans la forge avec la démarche fière d'un homme qui se sent une dignité bien supérieure à tout ce qu'il va rencontrer. Il s'arrêta en entrant, et regarda autour de lui, semblant s'attendre à être reçu avec courtoisie et regardé avec admiration. Mais Henry n'était nullement disposé à satifaire sa vanité, et il continua à battre une cuirasse qui était sur son enclume, comme s'il ne se fût pas aperçu qu'il n'était plus seul.

— N'êtes-vous pas le *Gow Crom* (c'est-à-dire le forgeron aux jambes torses)? demanda le montagnard.

— C'est ainsi que m'appellent ceux qui veulent avoir l'épine du dos tordue, répondit Smith.

— Je n'ai pas dessein de vous offenser. Je viens pour acheter une armure.

— En ce cas vos jambes nues peuvent vous conduire hors d'ici. Je n'en ai point à vendre.

— Si nous n'étions pas à deux jours du dimanche des Rameaux, je vous apprendrais à chanter sur un autre ton.

— Et comme nous sommes au jour d'aujourd'hui, répliqua Henry avec le même ton d'indifférence méprisante, je vous prie de vous retirer de mon jour.

— Vous êtes un homme incivil; mais je suis moi-même un *fir nan ord*[1], et je sais que le forgeron est impétueux quand le fer est chaud.

— Si vous êtes forgeron, vous pouvez vous forger vous-même une armure.

---

(1) Forgeron, homme de marteau. — Tr.

— Et c'est ce que je ferais sans avoir besoin de votre aide, Gow Chrom ; mais on dit qu'en forgeant vos épées et vos armures, vous sifflez des airs et chantez des paroles qui donnent le pouvoir à vos lames de couper l'acier comme si c'était du papier, et qui font que vos cuirasses résistent à la pique et à la lance comme si ce n'étaient que des pointes d'épingles.

— C'est qu'on fait croire à votre ignorance toutes les balivernes auxquelles les chrétiens refusent d'ajouter foi. Je siffle en travaillant tout ce qui me vient à l'idée, comme un honnête artisan ; et souvent c'est la chanson montagnarde : — Je marche au gibet. — Toutes les fois que je chante cet air mon marteau tombe naturellement en mesure.

— L'ami, dit le montagnard avec hauteur, il n'est pas bien de donner des coups d'éperon à un cheval qui a les jambes liées. Vous savez que je ne puis me battre en ce moment, et il y a peu de bravoure à me lâcher des sarcasmes.

— Par les clous et le marteau ! vous avez raison, s'écria Smith en changeant de ton. Mais expliquez-vous, l'ami ; que désirez-vous de moi ? Je ne suis pas en humeur de perdre mon temps.

— Un haubert pour mon chef, Eachin Mac Ian.

— Vous êtes forgeron, dites-vous ; êtes-vous en état de juger de ceci ? demanda notre armurier en tirant d'une caisse la cotte de mailles qu'il avait tout récemment travaillée.

Le montagnard l'examina avec un degré d'admiration dans lequel il entrait quelque jalousie. Il en regarda attentivement toutes les parties, et finit par déclarer que c'était la meilleure armure qu'il eût jamais vue.

— Cent bœufs ou vaches et un troupeau raisonnable de moutons, ce ne serait pas acheter cette armure à bien bon marché, dit-il, pour première tentative ; et cependant je ne vous en offrirai pas moins, n'importe où je les prendrai.

— C'est une belle offre, sans doute ; mais ni or ni marchandises n'achèteront jamais cette cotte de mailles. Je veux faire sur cette armure l'épreuve de mon épée, et je ne la donnerai qu'à celui qui voudra la revêtir pour se battre avec moi de taille et d'estoc, à armes égales. Elle est à votre chef à ces conditions.

— Allons donc! allons donc! — Buvez un coup et allez vous coucher, s'écria le montagnard du ton le plus méprisant. Avez-vous perdu l'esprit? Vous imaginez-vous que le chef du clan de Quhele daignera se battre contre un petit bourgeois de Perth comme vous? — Écoutez-moi; je vous ferai plus d'honneur que toute votre parenté n'en a reçu; je vous combattrai moi-même pour cette belle cotte de mailles.

— Il faut d'abord prouver que vous êtes de ma force, dit Henry en souriant.

— Comment! moi qui suis un des Leichtachs d'Eachin, je ne serais pas de votre force!

— Vous pouvez essayer, si vous voulez.

— Vous dites que vous êtes un *fir nan ord*.

— Savez-vous lancer le marteau?

— Si je le sais? — Demandez à l'aigle s'il vole au-dessus du Ferragon?

— Mais avant de lutter avec moi, il faut vous essayer contre un de mes Leichtachs.— Ici, Dunter, avance pour l'honneur de Perth! — Et maintenant, montagnard, voici une belle rangée de marteaux.— Choisis celui que tu voudras et passons dans le jardin.

Le montagnard, qui se nommait Norman nan Ord ou Norman du Marteau, montra qu'il méritait ce surnom en choisissant le plus lourd de ceux qui lui étaient présentés, ce qui fit sourire Henry. Dunter, un des ouvriers de Smith, lança son marteau à une distance qu'on pouvait appeler prodigieuse; mais le montagnard, faisant un effort désespéré, jeta le sien deux ou trois pieds plus loin. Il regarda Henry avec un air de triomphe, et celui-ci se contenta de sourire de nouveau.

— Ferez-vous mieux? demanda le montagnard à Smith en lui offrant le marteau.

— Non pas avec ce joujou d'enfant, répondit Henry; à peine est-il assez lourd pour voler contre le vent.— Janniken! apporte-moi Samson! Non; apporte-moi l'Enfant; Samson est un tant soit peu trop lourd.

Le marteau qu'on lui apporta était deux fois aussi pesant que celui que le montagnard avait choisi comme étant d'un poids extraordinaire. Norman le regarda d'un air surpris, mais son étonnement augmenta quand Henry, se mettant en position, donna le branle un instant à ce lourd instrument qui partit de sa main comme s'il eût été lancé par une machine de guerre. On entendit siffler l'air à travers lequel volait cette masse énorme. Elle tomba enfin, et le fer s'en enfonça d'un pied dans la terre, près d'une toise au-delà de l'endroit où le marteau de Norman était tombé.

Le montagnard, vaincu et mortifié, alla ramasser le marteau, le pesa dans sa main, et l'examina avec attention comme s'il se fût attendu à découvrir dans cet instrument quelque chose de différent d'un marteau ordinaire. Enfin il le rendit à Smith avec un sourire mélancolique.

— Ferez-vous mieux? lui demanda Henry à son tour.

— Norman a déjà trop perdu à ce jeu, répondit le montagnard en levant les épaules et en secouant la tête; il a perdu son propre nom d'homme à marteau. Mais le *Gow Chrom* travaille-t-il réellement à son enclume avec cette masse de fer qui ferait la charge d'un cheval?

— C'est ce que vous allez voir, confrère, répondit Henry en le reconduisant dans sa forge. — Dunter, dit-il alors, place-moi sur l'enclume cette barre de fer qui est dans la fournaise. Prenant alors un marteau monstrueux, celui qu'il appelait Samson, il se mit à battre le métal, tantôt de la main droite, tantôt de la gauche et quelquefois des deux en même temps, avec tant de force et de dextérité, qu'il forgea un petit fer à cheval en la moitié de temps qu'un forgeron ordinaire aurait employé pour en faire un avec un outil plus facile à manier.

— *Oigh! Oigh!* s'écria le montagnard. Mais pourquoi voudriez-vous vous battre contre notre chef, qui est d'un rang bien au-dessus du vôtre, quand vous seriez le meilleur forgeron qui ait jamais travaillé à l'aide du vent et du feu?

— Écoutez-moi, dit Henry, vous m'avez l'air d'un bon diable, et je vous dirai la vérité. Votre maître m'a outragé, et je lui donne cette armure de bon cœur pour avoir la chance de le combattre.

— S'il vous a outragé il vous doit une rencontre, dit le garde du corps montagnard. Un outrage fait à un homme renverse la plume d'aigle de la toque du chef. Quand il serait le premier chef de toutes nos montagnes, — et c'est bien ce qu'est Eachin, — il faut qu'il combatte celui qu'il a outragé, ou il perd une rose de sa guirlande.

— L'engagerez-vous à le faire après le combat de dimanche ?

— Je ferai de mon mieux, si les faucons ne sont pas occupés à ronger mes os ; car il est bon que vous sachiez, confrère, que le clan de Chattan a des griffes qui pénètrent profondément.

— Je donne cette armure à votre chef à cette condition ; mais je lui ferai honte en face du roi et de toute la cour, s'il ne m'en paie pas le prix convenu.

— Ne craignez rien ! ne craignez rien ! je l'amènerai moi-même au combat ; soyez-en bien assuré.

— Vous me ferez plaisir ; et pour que vous vous rappeliez cette promesse, je vous fais présent de ce dirk [1]. Regardez-le bien ! Si vous le tenez d'une main ferme et que vous frappiez votre ennemi entre le bas de son casque et le haut de son hausse-col, il n'aura pas besoin de chirurgien.

Le montagnard fut prodigue de remerciemens et se retira.

— Je lui ai donné la meilleure cotte de mailles que j'aie jamais fabriquée, se dit l'armurier à lui-même, se repentant presque de sa libéralité, pour la chance qu'il obtiendra de son chef la faveur de se mesurer avec moi ; et alors que Catherine appartienne à celui qui la gagnera de bon jeu. Mais je crains bien que le jeune chef ne trouve quelque prétexte pour s'en dispenser, à moins qu'il n'ait assez de bonheur, le dimanche des Rameaux, pour vouloir essayer un autre combat. Il y a quelque espoir cependant ; car j'ai vu quelquefois

---

(1) Nom du poignard des montagnards. — TR.

un novice qui n'était qu'un nain avant d'avoir tiré l'épée pour la première fois devenir ensuite un tueur de géans.

Ce fut ainsi, avec peu d'espoir, mais armé de la résolution la plus déterminée, que Henry Smith attendit l'instant qui devait décider de son destin. Ses pressentimens les plus fâcheux venaient du silence de Glover et de sa fille. — Ils sont honteux de m'avouer la vérité, pensait-il, et c'est pour cela qu'ils gardent le silence.

Le vendredi à midi les deux petites troupes représentant les clans ennemis arrivèrent à leur destination respective, où elles devaient faire halte et prendre des rafraîchissemens.

Les champions du clan de Quhele reçurent l'hospitalité dans la riche abbaye de Scone, tandis que le prévôt régala leurs rivaux dans son château de Kinfauns. On mit le soin le plus scrupuleux à traiter les deux partis avec les mêmes attentions, et de ne fournir ni à l'un ni à l'autre aucun prétexte pour se plaindre de partialité. Pendant ce temps tous les articles d'étiquette furent discutés et réglés entre le lord grand-connétable Errol et le jeune comte de Crawford, agissant, le premier de la part du clan de Chattan, et le second comme protecteur de celui de Quhele. Des messagers étaient sans cesse dépêchés d'un comté à l'autre, et ils eurent plus de six entrevues en trente heures, avant que tout le cérémonial du combat pût être complètement arrangé.

D'une autre part, pour empêcher la renaissance d'anciennes querelles dont il existait bien des germes entre les bourgeois et les montagnards leurs voisins, une proclamation défendit aux citoyens d'approcher d'un demi-mille des deux endroits où étaient logés les représentans des deux clans, et aux futurs combattans d'entrer dans Perth sans permission spéciale. On forma un cordon de troupes pour assurer l'exécution de cette mesure, et elles obéirent si rigoureusement à leur consigne, que Simon Glover lui-même, quoique bourgeois et citoyen de Perth, ne put obtenir d'entrer dans la ville parce qu'il était arrivé avec les champions d'Eachin Mac Ian, et qu'il portait le plaid bien connu de ce clan. Cet obstacle imprévu empêcha

Simon d'aller chercher Henry Smith et de lui faire part de tout ce qui lui était arrivé depuis leur séparation ; communication qui, si elle avait eu lieu, aurait changé le dénouement de notre histoire.

Le samedi soir une autre arrivée eut lieu, et la ville y prit presque autant d'intérêt qu'aux préparatifs du combat si prochain : c'était le comte de Douglas qui entra dans la ville à la tête de trente cavaliers seulement, mais qui tous étaient chevaliers ou gentilshommes du premier rang. Tous les yeux suivaient ce pair redouté, comme on suit le vol d'un aigle au milieu des nuages, sans savoir vers quel point l'oiseau de Jupiter se dirigera, mais avec le silence d'une attention sérieuse, comme si l'on pouvait deviner quel but il se propose en parcourant ainsi le firmament. Le comte traversa la ville au petit pas et en sortit par la porte du Nord. Il mit ensuite pied à terre au couvent des dominicains et demanda à voir le duc d'Albany. Il fut conduit sur-le-champ en sa présence, et le duc le reçut comme un homme qui voulait être gracieux et conciliant, mais qui sentait l'art, et qui ne pouvait cacher l'inquiétude. Après les premiers complimens le comte dit d'un ton grave : — Je vous apporte de mauvaises nouvelles, milord ; le neveu de Votre Grace, le duc de Rothsay n'existe plus ; tout annonce qu'il a péri victime de manœuvres criminelles.

— Manœuvres ! répéta le duc avec confusion. — Quelles manœuvres ? — Qui a osé pratiquer des manœuvres contre l'héritier du trône d'Écosse ?

— Ce n'est pas à moi qu'il appartient de l'expliquer, dit Douglas ; mais on dit que l'aigle a été tué par une flèche armée de plumes tirées de ses propres ailes ; et que le chêne a été fendu par un coin fait de son propre bois.

— Comte de Douglas, dit le duc d'Albany, je ne me mêle pas de deviner les énigmes.

— Ni moi d'en proposer, répondit Douglas avec hauteur.
—Votre Grace trouvera dans ces papiers des détails qui méritent d'être lus. Je vais me promener une demi-heure dans

le jardin du cloître, et ensuite je viendrai vous rejoindre.

— Vous ne vous rendrez pas près du roi, milord? dit Albany.

— Non, répondit Douglas; je présume que Votre Grace pensera comme moi que nous devons cacher à notre souverain cette grande calamité de famille, jusqu'à ce que l'affaire de demain soit terminée.

— J'y consens volontiers, dit Albany; si le roi apprenait cette perte, il ne pourrait assister au combat; et s'il n'y paraissait pas en personne, il est probable que ces gens refuseraient de se battre, et que toutes nos peines seraient perdues; mais asseyez-vous, je vous prie, milord, pendant que je vais lire ces détails affligeans relativement au pauvre Rothsay.

Il examina les pièces que le comte venait de lui remettre, jetant seulement un coup d'œil sur les unes, et lisant les autres avec autant d'attention que si le contenu en eût été pour lui de la plus haute importance. Quand il eut employé ainsi environ un quart d'heure, il leva les yeux, et dit d'un ton grave :

— C'est une consolation, milord, de ne trouver dans ces pièces fatales rien qui puisse faire renaître les divisions qui ont eu lieu dans le conseil du roi, et qui en ont été bannies par l'arrangement solennel qui a eu lieu entre Votre Seigneurie et moi. Par suite de cet arrangement, mon malheureux neveu devait être écarté des affaires publiques jusqu'à ce que le temps eût mûri son jugement. Le destin vient d'en disposer, et en prévenant les mesures que nous devions prendre, il les a rendues inutiles.

— Si Votre Grace, répliqua le comte, ne voit rien qui doive troubler la bonne intelligence que la tranquillité et la sûreté de l'Écosse exigent que nous maintenions entre nous, je ne suis pas assez peu ami de mon pays pour y regarder de trop près.

— Je vous comprends, milord, dit Albany avec vivacité. Vous vous êtes imaginé un peu à la hâte que je me trouverais offensé que Votre Seigneurie ait exercé ses pouvoirs de lieutenant-général du royaume et ait puni ces détestables meurtriers sur mon domaine de Falkland. Croyez au contraire que je vous suis obligé de m'avoir dispensé d'ordonner le supplice de ces scélérats, que je n'aurais pu voir sans que mon cœur se brisât. Le parlement d'Écosse fera sans doute une enquête sur ce sacrilége, et je m'estime heureux que le glaive de la vengeance ait armé la main d'un homme aussi important que Votre Seigneurie. Nos communications à ce sujet, comme vous devez vous le rappeler, ne tendaient qu'à tenir mon infortuné neveu dans la retraite, jusqu'à ce qu'un an ou deux lui eussent donné plus de discrétion.

— Tel était certainement le projet de Votre Grace, autant que vous m'en avez fait part, dit le comte; je puis le certifier en toute sûreté de conscience.

— Eh bien donc! noble comte, reprit Albany, on ne peut nous blâmer parce que des scélérats, pour satisfaire leur vengeance personnelle, paraissent avoir donné un dénouement sanglant à ce qui n'était de notre part qu'un projet honnête.

— Le parlement en jugera d'après sa sagesse, dit Douglas. Quant à moi, ma conscience m'acquitte.

— Et la mienne m'absout, ajouta le duc d'un ton solennel. Et maintenant, milord, que dirons-nous relativement à la garde de la personne du jeune Jacques[1], qui devient maintenant le successeur présomptif de son père?

— C'est au roi à en décider, répondit Douglas que cette conférence impatientait. Je consentirai qu'on fixe sa résidence partout où l'on voudra, excepté à Stirling, à Doune ou à Falkland.

A ces mots il sortit brusquement.

— Le voilà parti, murmura l'astucieux Albany; il est forcé d'être mon allié, et cependant il se sent disposé à être mon ennemi mortel. N'importe! Rothsay dort avec ses pères; Jacques peut le suivre avec le temps, et alors une couronne sera la récompense de toutes mes perplexités.

---

[1] Second fils de Robert III, frère de l'infortuné duc de Rothsay, et ensuite Jacques Ier, roi d'Écosse. (*Note de l'auteur.*)

CHAPITRE XXXIV.

L'AURORE du dimanche des Rameaux parut enfin. A une époque plus reculée de la religion chrétienne, employer à un combat un des jours de la semaine sainte aurait été regardé comme une profanation méritant l'excommunication. L'Église romaine, à son honneur infini, avait décidé que pendant la sainte saison de Pâques, quand on célébrait la rédemption de l'homme déchu, le glaive de la guerre rentrerait dans le fourreau, et les monarques respecteraient l'époque nommée la Trêve-de-Dieu. La fureur effrénée des dernières guerres entre l'Écosse et l'Angleterre avait fait oublier l'observation de cette ordonnance religieuse. Très souvent un parti choisissait pour une attaque la fête la plus solennelle, parce qu'il espérait trouver l'autre occupé de devoirs religieux, et hors d'état de se défendre. Ainsi l'on avait cessé d'observer la trêve qui marquait autrefois cette époque de l'année, et il devint même peu extraordinaire de choisir les fêtes les plus saintes de l'Église pour le jugement du combat judiciaire, auquel celui qui allait avoir lieu avait une grande ressemblance.

Les devoirs religieux de ce jour furent pourtant remplis en cette occasion avec toute la solennité d'usage, et les combattans eux-mêmes y prirent part. Portant en mains des branches d'if à défaut de rameaux de palmiers, ils se rendirent respectivement aux couvens des dominicains et des chartreux pour y entendre la grand'messe, et du moins par un acte extérieur de dévotion, se préparer au combat sanglant qui devait marquer cette journée. On avait eu grand soin que pendant leur marche aucun des deux partis ne pût entendre le son des cornemuses de l'autre ; car il était certain que, de même que des coqs se défiant mutuellement par leurs chants, ils se seraient cherchés les uns les autres avant d'être arrivés au lieu destiné pour le combat.

Les habitans de Perth se portèrent en foule dans les rues pour voir passer cette procession extraordinaire ; et ils remplirent les églises où les représentans des deux clans entendaient la messe, pour voir comment ils s'y conduiraient et pour tâcher de juger d'après les apparences auquel des deux partis resterait l'avantage. Quoiqu'ils ne fréquentassent pas très habituellement les édifices consacrés à la religion, leur conduite dans l'église fut conforme à toutes les règles du décorum ; et malgré leur naturel sauvage et indomptable, presque aucun de ces montagnards ne parut curieux ou surpris. Bien des choses se présentaient pourtant alors à leurs yeux probablement pour la première fois ; mais ils croyaient au-dessous de leur dignité et indigne de leur caractère de montrer de l'étonnement ou de la curiosité.

Parmi les juges les plus compétens, très peu osèrent hasarder une prédiction sur l'événement du combat. Cependant la grande taille de Torquil et de ses huit robustes fils porta quelques individus qui prétendaient à la connaissance des nerfs et des muscles du corps humain à croire que la victoire pourrait bien se déclarer pour le clan de Quhele. L'opinion des femmes se décida surtout par l'air noble, les beaux traits et les matières aisées d'Eachin Mac Ian. Certaines gens cherchaient à se rappeler où ils l'avaient déjà vu ; mais la splendeur de son costume militaire faisait qu'un seul individu pouvait reconnaître dans le jeune chef montagnard l'humble apprenti de Glover.

Cet individu, comme on peut bien le supposer, était notre armurier, au premier rang dans la foule qui se pressait pour voir les champions du clan de Quhele. Ce fut avec un sentiment confus de haine, de jalousie et presque d'admiration qu'il vit l'apprenti du gantier dépouillé d'un extérieur bas et abject, briller comme un chef qui par la vivacité de ses yeux, la noblesse de son front, l'aisance de sa tournure, la splendeur de ses armes et l'heureuse proportion de tous ses membres semblait bien digne de commander à des hommes choisis pour vivre ou mourir en honneur de leur race. Smith eut quelque peine à se persuader qu'il voyait ce jeune homme violent qu'il avait repoussé loin de lui comme il aurait chassé une guêpe qui l'aurait piqué, et qu'un mouvement de compassion l'aurait porté à ne pas écraser.

— Il a bonne mine avec mon noble haubert, le meilleur que j'aie jamais fabriqué, murmura Henry en se parlant à lui-même. Si pourtant lui et moi nous étions dans un lieu où il ne se trouverait ni œil pour voir, ni main pour aider, par tout ce qu'il y a de saint dans cette église, cette bonne armure reviendrait à son maître. Je donnerais tout ce que je possède au monde pour pouvoir lui appliquer trois bons coups de sabre sur les épaules, et briser mon propre ouvrage ; mais je n'aurai jamais un pareil bonheur. S'il échappe au combat, il aura acquis une si haute renommée de courage qu'il pourra dédaigner de faire courir à sa fortune naissante le risque d'une rencontre avec un pauvre bourgeois. Il ne voudra pas me combattre lui-même ; il m'enverra un champion, mon confrère, le *fir nan ord,* et tout ce que j'y pourrai gagner sera d'assommer un taureau montagnard. Si je pouvais voir Simon Glover ! J'irai le chercher dans l'autre église, car certainement il doit être de retour des montagnes.

On commençait à sortir de l'église des dominicains lorsque Henry prit cette résolution, et il chercha à la mettre à exécution le plus promptement possible en traversant la foule aussi vite que le permettaient la sainteté du lieu et la solemnité de l'occasion. En s'ouvrant un chemin dans les flots de la multitude, il fut porté un instant si près d'Eachin, que leurs yeux se rencontrèrent. Le teint bruni du hardi armurier devint aussi rouge que le fer sur lequel il travaillait, et conserva cette teinte foncée pendant plusieurs minutes. Les traits d'Eachin se couvrirent d'une rougeur d'indignation plus brillante, et un éclair de haine et de fierté partit de ses yeux.

Mais cette teinte aussi vive que subite fit place à une pâleur mortelle, et il détourna ses regards à l'instant même pour éviter le coup d'œil ferme et menaçant qui était dirigé sur lui.

Torquil, dont les yeux étaient toujours fixés sur son fils nourricier, remarqua son émotion, et chercha avec inquiétude autour de lui quelle pouvait en être la cause. Mais Henry était déjà bien loin, et en chemin pour le couvent des chartreux. Le service divin y était aussi terminé, et ceux qui venaient de porter des palmes en honneur du grand événement qui amenait la paix sur la terre aux hommes de bonne volonté se rendaient alors vers le lieu du combat, les uns se préparant à priver leurs semblables de la vie ou à perdre la leur, les autres disposés à voir cette lutte mortelle avec le plaisir sauvage que les païens prenaient aux combats de leurs gladiateurs.

La foule était si grande que tout autre individu aurait pu désespérer de s'y frayer un chemin; mais la déférence générale qu'on avait pour Henry comme champion de Perth, et la conviction universelle qu'il était en état de se frayer un passage, déterminaient chacun à lui faire place, de sorte qu'il se trouva bientôt près des guerriers du clan de Chattan. Leurs joueurs de cornemuses marchaient en tête de leurs colonnes. Suivait leur bannière bien connue, offrant aux yeux un chat des montagnes rampant avec la devise : *Ne touchez pas le chat sans gants*. Le chef du clan marchait ensuite, tenant son épée à deux mains, comme pour protéger l'emblème de sa tribu. C'était un homme de moyenne taille, âgé de plus de cinquante ans, mais dont les traits et les membres n'annonçaient ni diminution de forces physiques, ni aucun symptôme de vieillesse. Quelques poils gris se montraient parmi des cheveux d'un roux ardent, courts, et bouclés naturellement; mais on remarquait dans ses pas et dans ses gestes, soit à la danse, soit à la chasse, soit au combat, la même légèreté que s'il n'eût pas encore atteint sa trentième année. Ses yeux gris brillaient d'un éclat sauvage qui annonçait un mélange de valeur et de férocité; mais la sagesse et l'expérience formaient l'expression de son front, de ses sourcils et de ses lèvres. Les champions de son clan le suivaient deux à deux. L'inquiétude se peignait sur la physionomie de plusieurs d'entre eux, car ils avaient découvert ce matin même qu'un de leurs compagnons était absent, et dans un combat qui devait être désespéré, comme on s'y attendait, la retraite d'un individu paraissait une chose importante à tous les autres, à l'exception de leur chef, l'intrépide Mac Gillie Chattanach.

— Qu'on ne dise rien de son absence aux Saxons, dit ce brave montagnard en apprenant la diminution de sa troupe. Les langues menteuses des basses-terres pourraient dire qu'il s'est trouvé un lâche dans le clan de Chattan, et peut-être même que les autres ont favorisé sa fuite afin d'avoir un prétexte pour éviter le combat. Je suis sûr que Ferquhard Day se trouvera dans nos rangs avant que nous soyons prêts à combattre; et s'il ne s'y trouvait pas, ne suis-je pas en état de faire tête à deux hommes du clan de Quhele? ne les combattrions-nous pas quinze contre trente, plutôt que de renoncer à la gloire que nous devons acquérir aujourd'hui?

Le discours du brave chef fut couvert d'applaudissemens; et pourtant plus d'un regard inquiet se dirigeait encore de côté et d'autre, dans l'espoir de voir le déserteur venir rejoindre sa bannière. Le chef était peut-être le seul homme de sa troupe qui fût complètement indifférent à son absence.

Ils traversèrent les rues de la ville sans apercevoir Ferquhard Day qui, arrivé déjà bien au-delà des montagnes, s'occupait à recevoir les dédommagemens que l'amour peut accorder pour la perte de l'honneur. Mac Gillie Chattanach marchait sans avoir l'air de songer au déserteur, et il arriva enfin sur le North-Inch, belle plaine bien nivelée, située près des murs de la ville, et qui servait aux exercices militaires des habitans.

Cette plaine est arrosée d'un côté par le Tay, fleuve large et profond. On y avait construit une forte palissade, bordant de trois côtés un espace de soixante-quinze toises de longueur sur trente-sept de largeur. C'était la lice, et le quatrième côté en semblait suffisamment protégé par le Tay. La palissade était entourée d'un amphithéâtre destiné aux spectateurs de la classe mitoyenne, mais qui laissait libre un espace que devaient occuper des hommes armés à pied et à cheval, et les curieux des rangs inférieurs. A l'extrémité de la lice la plus proche de la ville était une grande et haute galerie pour le roi et ses courtisans, décorée d'une treille champêtre et de tant d'ornemens dorés, que cet endroit conserve encore aujourd'hui le nom de Galerie dorée.

Les cornemuses montagnardes qui avaient fait entendre chemin faisant les *pibrochs* ou chants guerriers des deux clans rivaux, se turent en arrivant sur l'Inch; car tel était l'ordre qui avait été donné. Deux vieux guerriers ayant un air de dignité, portant chacun la bannière de leur clan, s'avancèrent aux extrémités opposées de la lice, et enfonçant dans la terre le bois de leur étendard, ils s'apprêtèrent à être spectateurs d'un combat auquel ils ne devaient pas prendre part. Les joueurs de cornemuse, qui devaient aussi rester neutres dans cette querelle, s'assirent près de leurs bannières respectives.

La populace, en voyant arriver, ces deux troupes poussa les acclamations générales par lesquelles elle accueille en semblable occasion tous ceux dont elle espère tirer un amusement quelconque. Les combattans futurs ne répondirent pas à ces cris, mais chaque parti s'avança vers l'une des extrémités de la lice, où étaient des portes par lesquelles ils devaient entrer dans l'enceinte. Un corps nombreux d'hommes d'armes gardait ces deux entrées; et le comte maréchal à l'une, et le lord grand-connétable à l'autre, examinaient avec soin chaque individu pour s'assurer s'il avait les armes requises, c'est-à-dire le heaume d'acier, la cotte de mailles, l'épée à deux mains et le poignard. Ils comptaient aussi le nombre des combattans, et la multitude craignit d'être privée du spectacle qu'elle attendait quand le comte d'Errol, levant la main, s'écria : — Holà ! le combat ne doit pas avoir lieu, car il manque un combattant au clan de Chattan.

— Qu'importe? s'écria le jeune comte de Crawford; c'était à eux à savoir mieux compter avant de quitter leurs montagnes.

Cependant le comte-maréchal pensa comme le grand-connétable, que le combat ne pouvait avoir lieu sans que l'égalité fût rétablie entre les deux troupes, et toute la multitude assemblée commença à craindre que, après tant de préparatifs, il n'y eût point de combat.

De tous les spectateurs, il n'y en avait peut-être que deux à qui la perspective de l'ajournement du combat fût agréable; et c'était le chef du clan de Quhele et le roi Robert, au bon cœur duquel cette scène répugnait. Cependant les deux chefs accompagnés chacun d'un ami ou conseiller, eurent un pourparler au milieu de la lice, assistés du comte-maréchal, du lord grand-connétable, du comte de Crawford et de sir Patrice Charteris, pour prendre un parti sur ce qu'il convenait de faire. Le chef du clan de Chattan déclara qu'il était prêt à combattre sur-le-champ, qu'il le désirait même, sans égard à la différence du nombre.

— C'est à quoi le clan de Quhele ne consentira jamais, dit Torquil du Chêne. Vous ne pouvez gagner de l'honneur à nos dépens l'épée à la main, et vous ne cherchez qu'un subterfuge pour pouvoir dire quand vous aurez été battus, comme vous savez que vous le serez, que vous ne l'avez été que parce que le nombre de vos bras n'était pas complet; mais je fais une proposition : Ferquhard Day était le plus jeune de votre troupe, Eachin Mac Ian est le moins âgé de la nôtre ; nous consentirons qu'il se retire du nombre des combattans pour rétablir l'égalité dérangée par la fuite de votre déserteur.

— C'est une proposition souverainement injuste et inégale, s'écria Toshach Beg, le second, comme on pourrait l'appeler, de Mac Gillie Chattanach. La vie du chef est pour le clan le souffle de nos narines ; et nous ne consentirons jamais que notre chef soit exposé à des dangers que le vôtre ne partagerait pas.

Torquil vit avec beaucoup d'inquiétude que son plan allait

échouer, puisqu'on s'opposait à ce que le chef du clan de Quhele se retirât du combat, et il cherchait quelque motif à alléguer à l'appui de sa proposition, quand Eachin lui-même prit la parole. Il faut observer ici que sa timidité n'avait pas ce caractère égoïste qui engage un homme à supporter tranquillement le déshonneur plutôt que de courir quelque danger. Au contraire, il était moralement brave, quoique timide par tempérament, et la honte de paraître vouloir éviter le combat devint en ce moment plus puissante sur lui que la crainte d'y prendre part.

— Je ne veux pas, s'écria-t-il, entendre parler d'une proposition qui condamnerait mon épée à rester dans le fourreau pendant le combat glorieux de ce jour. Si je suis jeune dans les armes, je suis entouré d'assez de braves gens que je puis imiter si je ne puis les égaler.

Il prononça ces mots avec une ardeur qui en imposa à Torquil, et peut-être au jeune chef lui-même.

— Maintenant, que Dieu bénisse son noble cœur! pensa le père nourricier. J'étais sûr que le charme abominable qu'on a jeté sur lui finirait par se rompre, et que l'esprit de timidité qui le possédait s'enfuirait dès qu'il entendrait le son du pibroch, et qu'il verrait flotter le brattach [1].

— Milord maréchal, dit le grand-connétable, le combat ne peut se retarder beaucoup plus long-temps, car il est près de midi. Que le chef du clan de Chattan prenne une demi-heure pour trouver s'il le peut un substitut à son déserteur; et s'il n'en trouve pas, qu'il combatte malgré l'infériorité du nombre.

— J'y consens, répondit le comte-maréchal; mais comme il n'y a pas un seul individu de son clan à moins de cinquante milles d'ici, je ne vois pas comment Mac Gillie Chattanach peut trouver un auxiliaire.

— C'est son affaire, dit le comte d'Errol. Mais s'il offre une bonne récompense, il se trouve autour de la lice assez de braves gens qui seront disposés à exercer leurs membres dans

(1) L'étendard. —Éd.

une partie comme celle qu'on peut attendre. Moi-même, si mes fonctions et mon rang me le permettaient, je ne serais pas fâché de tirer l'épée au milieu de ces aventuriers sauvages, et je croirais pouvoir y gagner quelque renom.

Ils communiquèrent leur décision aux montagnards, et le chef du clan de Chattan répondit : — Vous avez noblement et impartialement jugé, milords, et je me crois obligé de suivre vos instructions. — Faites donc une proclamation, hérauts, pour annoncer que si quelqu'un veut partager avec le clan de Chattan la chance et l'honneur de cette journée, il lui sera payé comptant une couronne d'or, et il aura la liberté de combattre dans mes rangs jusqu'au trépas.

— Vous êtes bien économe de votre trésor, chef, dit le comte-maréchal. Une couronne d'or est un pauvre paiement pour une campagne comme celle qui va s'ouvrir.

— S'il y a quelqu'un qui soit disposé à combattre pour l'honneur, répondit Mac Gillie Chattanach, ce prix suffira, et je n'ai pas besoin des services d'un drôle qui ne tire son épée que pour de l'or.

Les hérauts avaient déjà fait la moité du tour de la lice, s'arrêtant de temps en temps pour faire la proclamation, comme ils en avaient reçu l'ordre, sans que personne montrât la moindre disposition à accepter l'enrôlement proposé. Les uns lâchaient des sarcasmes contre la pauvreté des montagnards qui offraient une si misérable récompense pour un service si dangereux; les autres affectaient de l'indignation de voir mettre à si bas prix le sang des citoyens; personne n'annonçait la plus légère intention de devenir le trentième champion du clan de Chattan. Enfin le son de la voix des hérauts arriva jusqu'aux oreilles de Henry Smith, qui était debout en dehors de la barrière, causant de temps en temps avec le bailli Craigdallie, ou plutôt écoutant avec distraction ce que le magistrat lui disait.

— Eh! que proclame-t-on là? demanda-t-il.

— Une offre libérale de la part de Mac Gillie Chattanach, répondit le bailli. Il propose une couronne d'or à quiconque voudra se faire chat sauvage pour aujourd'hui, et probablement se faire tuer pour son service. Voilà tout.

— Quoi! s'écria l'armurier avec vivacité, fait-on une proclamation afin de trouver un homme pour combattre contre le clan de Quhele?

— Oui, sur ma foi, répondit Craigdallie; mais je ne crois pas qu'il se trouve dans tout Perth un pareil fou.

A peine avait-il prononcé ces mots, qu'il vit Henry franchir la palissade d'un seul saut, et courant dans la lice, il s'écria:

— Me voici, sire héraut, moi Henry du Wynd, prêt à me battre contre le clan de Quhele.

Des cris d'admiration partirent de tous côtés, tandis que quelques braves bourgeois, ne pouvant trouver aucune raison pour expliquer la conduite de Henry, en conclurent que le goût qu'il avait pour se battre lui avait fait absolument tourner la tête. Le prévôt lui-même ne sut qu'en penser.

— Vous êtes fou, Henry, lui dit-il; vous n'avez ni épée à deux mains, ni cottes de mailles.

— C'est la vérité, répondit Henry, car j'ai fait présent d'une cotte de mailles que j'avais fabriquée pour moi-même, à ce jeune chef du clan de Quhele, qui sentira bientôt sur ses épaules comment je frappe pour river mes clous. Quant à une épée à deux mains, ce joujou d'enfant pendu à mon côté me suffira jusqu'à ce que je ramasse une arme plus lourde sur le champ de bataille.

— Cela ne peut se passer ainsi, dit le comte d'Errol. Écoute, brave armurier: par sainte Marie! tu porteras mon haubert de Milan et ma bonne épée d'Espagne.

— Je remercie Votre Seigneurie, milord, dit Smith; mais le fléau à l'aide duquel un de vos braves ancêtres changea la face des affaires dans la journée de Loncarty aurait pu me suffire. Je ne suis pas habitué à me servir d'armes ou d'armures que je n'ai pas fabriquées moi-même, parce que je ne saurais pas quel coup le haubert pourrait recevoir sans se fendre, et quel coup l'épée pourrait porter sans se briser.

Pendant ce temps la renommée avait répandu jusque dans

la ville de Perth la nouvelle que l'intrépide Smith allait combattre sans armure. Comme le moment fixé pour le combat approchait, on entendit la voix perçante d'une femme qui demandait passage au milieu de la foule. Cédant à ses importunités, la multitude lui fit place, et elle s'avança à la hâte, respirant à peine, et courbée sous le fardeau d'une cotte de mailles et d'une grande épée à deux mains. On reconnut en elle la veuve d'Olivier Proudfute; et les armes dont elle était chargée étaient celles de Smith dont son mari était couvert quand il avait été assassiné, et qui avaient été naturellement portées chez elle avec son corps. Sa veuve reconnaissante les apportait dans la lice pour les remettre à qui elles appartenaient, dans un moment où ces armes dont il connaissait la bonté lui étaient d'une telle importance. Henry les reçut avec joie; la veuve, d'une main tremblante, l'aida à s'en couvrir à la hâte, et prit ensuite congé de lui en s'écriant : — Que Dieu protége le champion des orphelins! malheur à quiconque se présentera devant lui!

Sentant une nouvelle confiance en se trouvant revêtu d'une armure à l'épreuve, Henry frappa la terre du pied comme pour mieux adapter sa cotte de mailles à ses membres, et tirant du fourreau son épée à deux mains, il la fit brandir et siffler sur sa tête, en traçant dans l'air la forme du chiffre 8 avec une aisance et une légèreté qui prouvaient avec quelle force et quelle dextérité il savait manier cette arme pesante. Les champions reçurent alors l'ordre de faire le tour de la lice, et l'on disposa leur marche de manière à ce que les deux partis ennemis ne se rencontrassent point et qu'ils pussent rendre hommage au roi tour à tour en passant devant la galerie dans laquelle il était assis.

Pendant que ce cérémonial s'accomplissait, la plupart des spectateurs s'occupaient encore à comparer avec soin la taille, les membres et les muscles des champions des deux partis, cherchant à former des conjectures sur le résultat du combat. Une querelle d'un siècle, avec tous les actes d'agression et de représailles qui avaient eu lieu pendant cet espace de temps, agitait le sein de chaque combattant. Leurs traits avaient pris l'expression la plus sauvage de l'orgueil, de la haine et de la résolution désespérée de combattre jusqu'au dernier soupir.

Tandis qu'ils défilaient, un murmure de joie et des applaudissemens se faisaient entendre parmi les spectateurs qui attendaient impatiemment cette scène sanglante. Des gageures furent proposées et acceptées, tant sur le résultat du combat général que sur les faits d'armes de certains champions. L'air franc, tranquille, mais animé de Henry Smith fixa sur lui l'intérêt universel, et l'on paria qu'il tuerait trois de ses ennemis avant d'être renversé lui-même.

A peine Smith avait-il revêtu son armure que les chefs ordonnèrent aux champions de prendre leurs places, et au même instant Henry entendit sortir de la foule que l'attente rendait alors silencieuse, la voix de Simon Glover qui l'appelait et qui criait : — Henry Smith ! Henry Smith ! quelle folie te possède donc ?

— Oui, il désire empêcher son gendre, son gendre actuel ou futur, de passer par les mains de l'armurier. Telle fut la première pensée de Henry. La seconde fut de se retourner et d'aller lui parler. Mais la troisième lui rappela que l'honneur ne lui permettait ni d'abandonner sous aucun prétexte la troupe dont il avait embrassé la cause, ni même de paraître vouloir différer de combattre.

Il ne songea donc plus qu'à l'affaire du moment. Les deux troupes furent rangées par leurs chefs respectifs sur trois lignes de dix hommes chacune. Ils furent placés à assez de distance les uns des autres pour que chaque individu eût pleine liberté de faire mouvoir dans tous les sens son épée, dont la lame avait cinq pieds de longueur non compris la poignée. La seconde et la troisième lignes devaient servir de réserve en cas que la première éprouvât un échec. Sur la droite des rangs du clan de Quhele, le chef Eachin Mac-Ian se plaça en seconde ligne entre deux de ses frères de lait. Quatre d'entre eux occupaient l'extrémité droite de la première ligne, tandis que le père et les deux autres couvraient les derrières de leur chef chéri. Torquil avait pris sa place immédiatement derrière lui, afin d'être plus à portée de le défendre. Ainsi Eachin se trouvait au centre de neuf hommes des plus robustes de sa troupe, ayant devant lui quatre défenseurs, un de chaque côté et trois en arrière.

Les rangs du clan de Chattan furent disposés dans le même ordre, si ce n'est que le chef se plaça au centre de la seconde ligne au lieu d'occuper l'extrême droite. Henry Smith qui ne voyait dans les rangs opposés qu'un seul ennemi, le malheureux Eachin, proposa de se placer à l'extrême gauche de la première ligne du clan de Chattan. Mais Mac Gillie n'approuva pas cet arrangement, et ayant rappelé à Henry qu'il lui devait obéissance puisqu'il était à sa solde, il lui ordonna de se placer sur la troisième ligne, immédiatement derrière lui. C'était un poste honorable que Henry ne pouvait certainement refuser, mais qu'il n'accepta qu'à contre-cœur.

Lorsque les deux clans furent ainsi rangés en face l'un de l'autre, ils annoncèrent leur animosité héréditaire et leur impatience d'en venir aux mains par des cris sauvages qui, poussés d'abord par le clan de Quhele, furent répétés par celui de Chattan, tous faisant en même temps brandir leurs épées et se menaçant les uns les autres, comme s'ils eussent voulu vaincre l'imagination de leurs ennemis avant de les combattre corps à corps.

En ce moment de crise Torquil, qui n'avait jamais craint pour lui-même, n'était pas sans alarmes pour son fils nourricier. Il se rassura cependant en le voyant, d'un air de résolution, adresser à ses compagnons avec fermeté quelques mots propres à les animer au combat, et leur exprimer sa détermination de partager leur destin et de vaincre ou de mourir avec eux ; mais il n'eut pas le temps de faire une plus longue harangue. Les trompettes du roi sonnèrent la charge, les cornemuses firent entendre leur son aigre, et les combattans marchant en bon ordre, doublant le pas à mesure qu'ils avançaient et finissant par courir, se rencontrèrent au centre de la lice comme un torrent furieux rencontre le flux qui s'avance.

Pendant quelques instans les deux premières lignes où les combattans s'attaquaient les uns les autres avec leurs longues épées, ne présentèrent aux yeux qu'une suite de combats singuliers. Mais les champions placés sur les deux autres lignes, poussés par la haine et par la soif de la gloire, prirent bientôt part à l'action, remplirent les intervalles qui séparaient les combattans qui étaient au premier rang, et firent de cette scène un chaos tumultueux au-dessus duquel on voyait se lever et descendre les énormes épées, les unes encore étincelantes, les autres dégouttant déjà de sang et semblant, d'après la rapidité des coups, être mues par quelque mécanisme compliqué, plutôt que maniées par la main humaine. Quelques-uns des combattans, trop serrés pour pouvoir se servir de ces longues armes, avaient déjà eu recours à leurs poignards, et cherchaient à attaquer de plus près les ennemis qui leur étaient opposés. Pendant ce temps le sang ruisselait et les gémissemens de ceux qui tombaient commençaient à se mêler aux cris de ceux qui combattaient. Ces cris, d'après la manière dont ils sont poussés par les montagnards, mériteraient plutôt le nom de hurlemens. Ceux des spectateurs dont les yeux étaient le plus accoutumés à de pareilles scènes de tumulte et de sang ne pouvaient pourtant encore découvrir aucun avantage remporté par l'un ou l'autre parti. La supériorité à différens intervalles paraissait appartenir tantôt au clan de Quhele, tantôt à celui de Chattan, mais elle n'était que momentanée, et celui qui l'avait obtenue la perdait presque au même instant par une attaque plus vive de ses ennemis. Les sons aigus des cornemuses se faisaient entendre au-dessus du tumulte, et excitaient la fureur des combattans à de nouveaux efforts.

Tout d'un coup et comme par consentement mutuel, les instrumens des deux troupes sonnèrent la retraite, faisant entendre des sons lugubres, comme si c'eût été un chant funèbre en l'honneur de ceux qui avaient perdu le jour. Les deux partis se séparèrent pour respirer quelques minutes. Les yeux des spectateurs examinèrent avec attention leurs rangs éclaircis tandis qu'ils se retiraient du combat, mais ils trouvèrent encore impossible de décider quel côté avait supporté la plus grande perte. Il semblait que le clan de Chattan avait perdu moins d'hommes que ses antagonistes ; mais en compensation les plaids ensanglantés de ses champions, — car de part et d'autre la plupart des combattans s'étaient débarrassés de leurs manteaux, — prouvaient qu'il comptait plus de blessés que le clan de Quhele. Au total, environ vingt hommes restaient sur le champ de bataille, morts ou mourans. Des bras et des jambes séparés du tronc, des têtes fendues jusqu'aux vertèbres, de larges entailles allant de l'épaule jusqu'à la poitrine, attestaient en même temps l'acharnement furieux du combat, la nature fatale des armes dont on se servait et la force terrible des bras qui les maniaient. Le chef du clan de Chattan s'était comporté avec le courage le plus déterminé et avait reçu une légère blessure. Eachin, entouré de ses gardes-du-corps, avait aussi combattu avec courage. Son épée était ensanglantée, son air hardi, son port belliqueux ; et il sourit quand le vieux Torquil le serra dans ses bras en le comblant d'éloges et de bénédictions.

Les deux chefs après avoir donné à leur troupe deux minutes pour respirer, rétablirent leurs lignes réduites alors à environ les deux tiers de leur premier nombre. Ils prirent position sur un terrain plus voisin de la rivière que celui sur lequel ils avaient d'abord combattu, et qui était couvert de morts et de blessés. On voyait quelques-uns de ceux-ci se soulever de temps en temps pour voir ce qui se passait sur le champ de bataille, et retomber, la plupart pour mourir de l'effusion de sang occasionnée par les larges et profondes blessures que leur avait faites la claymore.

Henry Smith se distinguait aisément, tant par son costume tout différent de celui des montagnards que parce qu'il était resté sur l'endroit même où il avait combattu, debout, appuyé sur son épée près d'un cadavre dont la tête couverte d'une toque sur laquelle était brodée la branche de chêne, marque distinctive des gardes-du-corps d'Eachin, avait été jetée à dix pieds plus loin par la force du coup qui l'avait séparée du tronc. Depuis qu'il avait tué cet homme, Henry n'avait pas frappé un seul coup. Il s'était contenté de parer ceux qui lui avaient été portés, et quelques-uns dirigés contre le chef. Mac Gillie Chattanach conçut quelque alarme quand, après avoir donné le signal à ses gens de former leurs rangs, il vit ce formidable auxiliaire rester à quelque distance et se montrer peu disposé à joindre les autres.

— Qu'as-tu donc? lui demanda-t-il ; un corps si robuste peut-il être animé par un esprit bas et lâche? Allons! prépare-toi à combattre.

— Vous m'avez dit, il y a quelques instans, que j'étais à votre solde ; si cela est, répondit Henry en montrant le cadavre étendu à ses pieds, j'ai fait assez de besogne pour la solde d'un jour.

— Celui qui me sert sans compter les heures, dit le chef, je le récompense sans compter ses gages.

— En ce cas, répliqua Smith, je combats comme volontaire, et je prendrai le poste qui me conviendra.

— Comme tu le voudras, répondit Mac Gillie Chattanach qui jugea prudent de se prêter aux fantaisies d'un auxiliaire si important.

— Cela suffit, dit Henry ; et appuyant son épée sur son épaule, il rejoignit le reste des combattans et se plaça en face du chef du clan de Quhele.

Ce fut alors que pour la première fois la résolution d'Eachin parut chanceler. Il avait long-temps regardé Henry comme le combattant le plus redoutable que Perth et tous ses environs eussent pu envoyer dans la lice. A la haine qu'il avait conçue contre lui comme son rival se joignait le souvenir de la facilité avec laquelle, quoique sans armes, il avait déjoué peu de temps auparavant son attaque soudaine et désespérée ; et quand il le vit les yeux dirigés de son côté, levant son fer ensanglanté prêt à l'attaquer personnellement, le courage lui manqua, et il donna quelques symptômes de crainte qui n'échappèrent pas à l'attention de son père nourricier.

Il fut heureux pour Eachin que Torquil, en vrai fils de Gaël, fût incapable de concevoir l'idée qu'un individu de sa tribu, et moins que tout autre, son chef, son fils nourricier, pût manquer de courage physique. S'il avait pu se l'imaginer, son désespoir et sa rage auraient pu le porter même à trancher le fil des jours d'Eachin pour l'empêcher d'entacher son honneur. Mais son esprit se refusa à la pensée qui lui paraissait monstrueuse et contre nature, que son fils nourricier pût être accessible à la lâcheté. L'état où il le voyait était une énigme pour lui, et la supposition qu'il était sous l'influence d'un enchantement était la solution que lui offrait la superstition. Il lui demanda donc avec inquiétude, mais à voix basse :
— Le charme agit-il maintenant sur ton esprit, Eachin ?

— Oui, misérable que je suis, répondit l'infortuné jeune homme en montrant l'armurier, et voilà le cruel enchanteur.

— Quoi ! s'écria Torquil, et vous portez une armure fabriquée de sa main ? — Norman, misérable enfant, pourquoi lui avez-vous apporté cette maudite cotte de mailles ?

— Si ma flèche s'est écartée du but, répondit Norman an Ord, ma vie sera la seconde que je décocherai. — Tenez ferme et vous me verrez rompre le charme.

— Oui, tenons ferme ! dit Torquil ; il peut être un habile enchanteur, mais mon oreille a entendu, et ma langue a prédit qu'Eachin sortira de ce combat, sain, libre et sans blessure. Voyons si le sorcier saxon peut y donner un démenti. Il peut être robuste, mais toute la forêt du Chêne[1] tombera, branches, tronc et racines, avant qu'il porte la main sur mon fils nourricier. Placez-vous autour de lui, mes fils ! *Bas air son Eachin !*

Les fils de Torquil répétèrent ces mots, qui signifient : Mourons pour Hector !

---

(1) Allusion au nom de Torquil du Chêne et à ses enfans. — Tr.

Encouragé par leur dévouement, Eachin parut se ranimer, et cria d'un ton ferme à ses joueurs de cornemuse : *Seid suas!* c'est-à-dire, sonnez de vos instrumens !

Les sons sauvages du pibroch annoncèrent de nouveau la charge ; mais les deux partis ennemis s'approchèrent d'un pas plus lent que la première fois, en hommes qui avaient appris à se connaître et à respecter mutuellement leur valeur. Henry dans son impatience de combattre marcha plus vite que ses compagnons, et fit signe à Eachin d'avancer à sa rencontre. Mais Norman s'élança pour couvrir son frère de lait, et il y eut une pause générale, quoique bien courte, comme si les deux partis eussent voulu tirer de ce combat singulier un augure de la fortune du jour. Le montagnard s'avança l'épée haute comme pour en porter un coup ; mais à l'instant où il arriva à portée de cette arme, il sauta légèrement pardessus l'épée de Smith, tira son dirk, et se trouvant corps à corps avec Henry, lui porta un coup du poignard qu'il en avait reçu sur le côté du cou, en le faisant descendre vers la poitrine, et s'écriant en même temps : — Tu m'as appris toi-même comment il faut frapper.

Mais Henry portait son excellent haubert, doublement défendu par une doublure d'acier parfaitement trempé. Si son armure eût été moins bonne, cet instant eût terminé la carrière de ses combats ; elle ne put même le préserver d'une légère blessure.

— Fou ! répliqua-t-il en portant à Norman un coup du pommeau de son épée, qui le repoussa en arrière, je t'ai appris à frapper, mais non à parer ; et levant en même temps son épée, il la fit tomber avec une telle force sur la tête de son adversaire qu'il lui fendit le crâme, malgré la toque d'acier dont il était couvert. Sautant alors par-dessus le corps inanimé de son ennemi, il courut vers le jeune chef, qui était en face de lui.

Mais la voix de Torquil, forte comme le tonnerre, s'écria : — *Far eil air son Eachin!* c'est-à-dire, qu'un autre meure pour Hector ! et les deux frères placés de chaque côté de leur chef, s'élançant en avant et attaquant Henry en même temps, obligèrent celui-ci à se tenir sur la défensive.

— En avant, enfans du Chat-Tigre! s'écria Mac Gillie Chattanach; en avant! au secours du brave Saxon! que ces éperviers sentent vos griffes!

Quoique ayant déjà reçu plusieurs blessures, le chef courut lui-même à l'aide de Henry, et il terrassa un des Leichtachs qui l'attaquaient, tandis que la bonne épée de Henry le débarrassait de l'autre.

— *Reist air son Eachin*, qu'on meure encore pour Hector! cria le fidèle père nourricier.

— *Bas air son Eachin*, mourons pour Hector! répétèrent deux de ses fils partageant le même dévouement; et ils soutinrent l'attaque de l'armurier et de ceux qui étaient venus à son aide; tandis qu'Eachin se portant vers l'aile gauche, y chercha des adversaires moins formidables, et par quelques étincelles de valeur ranima l'espoir chancelant de ses compagnons. Les deux enfans du Chêne qui avaient couvert ce mouvement eurent le même destin que leurs frères, car le cri du chef du clan de Chattan avait attiré de ce côté quelques-uns de ses plus braves guerriers. Les fils de Torquil ne moururent pourtant pas sans vengeance, les vivans comme les morts conservant des marques terribles de leurs claymores. Mais la nécessité de retenir autour de la personne du jeune chef les soldats les plus distingués fut une circonstance qui influa désavantageusement pour le clan de Quhele sur le résultat du combat. Les rangs des combattans étaient alors tellement éclaircis, qu'il était facile de voir que le clan de Chattan n'en comptait plus que quinze dont plusieurs étaient blessés, et qu'il n'en restait à celui de Quhele que dix dont faisaient encore partie quatre des gardes-du-corps d'Eachin, en y comprenant Torquil.

On continua pourtant à combattre avec acharnement, et la fureur semblait redoubler à mesure que les forces physiques manquaient aux combattans. Henry Smith, quoique couvert de plusieurs blessures, ne songeait qu'à exterminer les braves qui continuaient à couvrir l'objet de son animosité, ou à s'ouvrir un chemin jusqu'à lui; mais le brave Torquil répétait le cri : — *Fareil air son Eachin!* Les mots — *Bas air son Eachin!* y répondaient avec enthousiasme, et quoique le clan de Quhele eut alors l'infériorité du nombre, l'événement du combat paraissait encore douteux. Une lassitude absolue força les deux partis à une autre pause.

On vit alors qu'il ne restait que douze hommes du clan de Chattan, mais deux ou trois pouvaient à peine se soutenir sans s'appuyer sur leurs claymores. Le clan de Quhele n'en comptait plus que cinq : Torquil et le plus jeune de ses fils, tous deux légèrement blessés, faisaient partie de ce nombre. Eachin seul, d'après le soin qu'on avait pris de parer tous les coups dirigés contre lui, n'avait reçu aucune blessure. L'épuisement avait changé la rage des deux partis en un sombre désespoir. Ceux qui vivaient encore marchaient en chancelant comme des somnambules au milieu des corps inanimés étendus par terre, qu'ils regardaient comme pour ranimer leur haine contre ceux de leurs ennemis qui survivaient, en considérant les amis qu'ils avaient perdus.

Bientôt les spectateurs virent ceux qui avaient échappé à ce combat meurtrier se rassembler sur la rive du Tay, terrain que le sang répandu rendait le moins glissant, et qui était le moins encombré de cadavres, pour y terminer l'œuvre d'extermination.

— Pour l'amour du ciel, au nom de la merci que nous lui demandons tous les jours, dit le bon vieux roi au duc d'Albany, mettons fin à ce combat! Ne souffrons pas que ces infortunés restes de créatures humaines continuent une pareille boucherie! Sûrement ils écouteront la raison maintenant, et ils accepteront la paix à des conditions équitables.

— Calmez-vous, sire, lui répondit son frère. Ces montagnards sont une peste pour les basses-terres. Les deux chefs vivent encore. S'ils se retirent sans danger, la besogne de cette journée ne sert à rien. Souvenez-vous que vous avez promis au conseil de ne pas crier : Assez !

— Vous me forcez à commettre un grand crime, Albany, tant comme roi qui doit protéger ses sujets que comme chrétien qui doit aimer ses frères.

— Vous vous trompez, sire ; ces gens-là ne sont pas des sujets fidèles, mais des rebelles désobéissans, comme lord Crawford peut en rendre témoignage : et ce sont encore moins des chrétiens, car le prieur des dominicains vous certifiera pour moi qu'ils sont plus d'à-demi païens.

Le roi poussa un profond soupir. — Faites ce qu'il vous plaira, dit-il ; vous êtes trop savant pour moi, je ne puis lutter contre vous. Je ne puis que me détourner, fermer les yeux pour ne pas voir un carnage qui me perce le cœur, et me boucher les oreilles pour ne pas entendre le bruit qui l'annonce. Mais je sais que Dieu me punira d'avoir permis cet horrible massacre, et même d'y avoir assisté.

— Sonnez, trompettes ! s'écria Albany : leurs blessures deviendront raides s'ils s'amusent plus long-temps.

Pendant cette conversation Torquil embrassait et encourageait son jeune chef.

— Résiste au charme seulement quelques minutes encore, lui dit-il ; console-toi, tu sortiras du combat sans blessure, sans une égratignure. Console-toi, te dis-je.

— Comment puis-je me consoler, répondit Eachin, quand mes braves frères sont morts à mes pieds l'un après l'autre, sont morts pour moi qui ne méritais pas un tel dévouement?

— Et pourquoi étaient-ils nés, si ce n'est pour mourir pour leur chef? répondit Torquil avec sang-froid. Faut-il regretter que la flèche ne rentre pas dans le carquois quand elle a atteint le but? Console-toi, te dis-je encore. Voici Tormot et moi qui ne sommes que légèrement blessés, tandis que ces chats sauvages se traînent sur la plaine comme s'ils étaient à demi étranglés par les chiens. Tenons ferme encore quelques instans et le triomphe sera pour vous, quoiqu'il puisse arriver que vous restiez seul pour chanter victoire. — Ménestrels, sonnez la charge !

Le son des instrumens guerriers se fit entendre des deux

côtés en même temps, et les restes des deux clans ennemis en vinrent aux mains pour la troisième fois, non plus à la vérité avec la même vigueur, mais avec un acharnement qui n'avait rien perdu de sa violence. Ceux dont le devoir était de garder la neutralité prirent eux-mêmes alors part au combat, trouvant impossible de rester dans l'inaction. Les deux vieux guerriers qui portaient la bannière de leur tribu s'étaient avancés peu à peu des deux extrémités de la lice, et s'étaient approchés du théâtre de cette lutte sanglante. Quand ils virent de plus près cette scène de carnage, ils furent saisis du désir irrésistible de venger leurs frères ou de mourir avec eux. Ils s'attaquèrent furieusement l'un l'autre avec les lances auxquelles les étendards étaient attachés, se saisirent au corps après s'être fait plusieurs blessures, sans abandonner leurs bannières, et continuèrent cette lutte avec une ardeur si aveugle qu'ils tombèrent ensemble dans le Tay, où on les trouva noyés après le combat, mais encore enlacés dans les bras l'un de l'autre. La fureur des armes, la rage et le désespoir s'emparèrent ensuite des ménestrels. Les deux joueurs de cornemuse qui pendant le combat avaient fait tous leurs efforts pour ranimer le courage de leurs concitoyens, voyant la querelle presque terminée faute de bras pour la soutenir, jetèrent leurs instrumens, et se précipitèrent l'un contre l'autre le poignard à la main. Chacun d'eux sougeant à donner la mort à son adversaire plutôt qu'à se défendre, le musicien du clan de Quhele fut tué presque sur-le-champ, et celui du clan de Chattan tomba au même instant mortellement blessé. Il ramassa pourtant son instrument, et les sons expirans de son pibroch continuèrent à animer les combattans, jusqu'au moment où la vie abandonna celui qui les faisait entendre. L'instrument dont il se servit, ou du moins la partie qu'on appelle le chalumeau, se conserve encore aujourd'hui dans la famille d'un chef montagnard, où elle est en grande vénération sous le nom de *Federat Dhu*, ou chalumeau noir[1].

(1) Clunie Mac Pherson, aujourd'hui chef de son clan, possède cet ancien trophée constatant la présence de ses ancêtres sur le North-Inch. Une autre tradition dit

Cependant, durant cette dernière charge, le jeune Tormot avait été, comme ses frères, dévoué par son père à la défense du jeune chef, et le fer impitoyable de Smith lui avait fait une blessure mortelle. Les deux guerriers qui restaient du clan de Quhele avaient aussi succombé, et Torquil, avec son fils nourricier et Tormot, forcés de battre en retraite, s'arrêtèrent sur le bord du Tay pour y faire un dernier effort, tandis que huit à dix hommes qui restaient du clan de Chattan s'avançaient à intervalles inégaux aussi vite que leurs blessures le leur permettaient pour les attaquer. Torquil arrivait à peine à l'endroit où il avait résolu de vendre sa vie bien cher, quand Tormot tomba à ses pieds et expira à l'instant. Sa mort arracha à son père le premier, le seul soupir qu'il eût poussé pendant ce combat terrible.

— Mon fils Tormot ! s'écria-t-il ; le plus jeune et le plus cher de tous mes fils ! Mais si je sauve Eachin, tout est sauvé ! Mon cher fils nourricier, j'ai fait pour toi tout ce que peut faire un homme, excepté le dernier sacrifice. Laisse-moi détacher les agrafes de cette fatale armure, et prends celle de Tormot ; elle est légère et elle t'ira bien. Pendant ce temps je vais courir sur ces blessés qui s'avancent, et je les traiterai de mon mieux. J'espère qu'ils ne me donneront pas trop forte besogne, car ils se suivent l'un l'autre comme des chevaux épuisés. Au moins, mon fils chéri, si je ne puis te sauver, je te montrerai comment un homme doit mourir.

Tout en parlant ainsi, Torquil détachait les agrafes du haubert du jeune chef, sa superstition lui persuadant qu'il romprait ainsi le charme dont l'avaient frappé la crainte et la nécromancie.

— O mon père ! et plus que mon père ! s'écria le malheu-

qu'un ménestrel aérien parut en cette occasion dans les airs au-dessus du clan de Chattan, et qu'après avoir fait entendre quelques sons sauvages de son instrument, il le laissa tomber. Comme il était de verre, la chute le brisa, et il n'en resta que le chalumeau, qui, suivant l'usage, était fait de *lignum vitæ*. Le joueur de cornemuse de la tribu de Mac Pherson ramassa ce tuyau enchanté, et l'on en regarde la possession comme assurant la prospérité de ce clan. (*Note de l'auteur.*)

reux Eachin, restez près de moi! vous ayant à mon côté je sens que je puis combattre jusqu'au dernier soupir.

— Impossible! répondit Torquil. Il faut que je les empêche d'arriver pendant que tu mettras l'armure de Tormot. Dieu te protége à jamais, enfant chéri de mon ame!

Brandissant son épée, Torquil du Chêne se précipita en avant, en poussant ce même cri fatal qui avait tant de fois retenti sur cette plaine ensanglantée : — *Bas air son Eachin!* Ces mots se firent entendre trois fois prononcés d'une voix de tonnerre, et chaque fois qu'il poussa ce cri de guerre, il fit mordre la poussière à un des guerriers du clan de Chattan qu'il rencontrait successivement. — Bravo, vieux faucon! courage! s'écrièrent les spectateurs en voyant des efforts prodigieux qui semblaient même en ce dernier moment pouvoir encore changer la fortune du jour. Tout à coup le silence succéda à ces cris, et l'on entendit un cliquetis d'épées aussi terrible que si le combat n'eût fait que commencer, par la rencontre de Henry Smith et de Torquil du Chêne. Ils s'attaquèrent d'estoc et de taille avec la même ardeur que si leurs épées n'eussent fait que sortir du fourreau en ce moment. Leur animosité était mutuelle, car Torquil reconnaissait l'infâme sorcier, comme il le supposait, qui avait jeté un charme sur son fils nourricier, et Henry voyait devant lui le géant qui pendant tout le combat l'avait empêché d'exécuter le seul dessein qui lui avait fait prendre les armes. Ils combattirent avec une égalité qui n'aurait peut-être pas existé si Henry, plus blessé que son antagoniste, n'eût perdu quelque chose de son agilité ordinaire.

Pendant ce temps, Eachin, se trouvant seul, après de vains efforts pour se couvrir de l'armure de son frère de lait, devint animé par un mouvement de honte et de désespoir, et courut en avant pour porter du secours à son père nourricier dans cette lutte terrible avant que quelque autre guerrier du clan de Chattan eût le temps d'arriver jusqu'à lui. Il n'en était qu'à quinze pas, bien déterminé à prendre sa part dans ce combat à mort, quand son père nourricier tomba, la poitrine fendue d'un coup d'épée, depuis la clavicule presque jusqu'au cœur, et murmurant encore en rendant le dernier soupir : —*Bas air son Eachin.* — Le malheureux jeune homme vit en même temps le dernier de ses amis succomber, et l'ennemi mortel qui l'avait poursuivi avec acharnement pendant tout le combat, debout devant lui, à la distance de la longueur de son épée, et brandissant cette arme pesante qui lui avait ouvert un chemin à travers tant d'obstacles pour attaquer sa vie. Peut-être cette vue suffit-elle pour porter au plus haut point sa timidité naturelle ; peut-être aussi se rappela-t-il au même instant qu'il n'avait plus d'armure, et que plusieurs autres ennemis, blessés à la vérité et marchant d'un pas inégal, mais altérés de sang et de vengeance, approchaient de lui à la hâte. Le fait est que son cœur se resserra, sa vue s'obscurcit, ses oreilles tintèrent, sa tête fut attaquée de vertige, toute autre considération disparut devant la crainte de la mort dont il était menacé. Il porta pourtant au hasard un coup d'épée à Henry, et évitant celui qui lui fut adressé en retour, en sautant lestement à reculons, il se précipita dans le Tay avant que l'armurier eût le temps de lever le bras une seconde fois. Des huées bruyantes que le mépris fit partir de toutes parts le poursuivirent pendant qu'il traversait ce fleuve à la nage, quoique parmi tous ceux qui faisaient de lui un objet de dérision il n'y en eût peut-être pas douze qui eussent montré plus de courage dans les mêmes circonstances. Henry suivit des yeux le fuyard avec surprise et en silence, mais il ne put réfléchir sur les conséquences de sa fuite, à cause de la faiblesse qui sembla l'accabler dès qu'il ne fut plus animé par le combat. Il s'assit sur le bord du fleuve, et chercha à arrêter le sang qui coulait de plusieurs de ses blessures.

Les vainqueurs reçurent le tribut d'applaudissemens qui leur était dû. Le duc d'Albany et plusieurs autres seigneurs entrèrent dans la lice, et Henry fut honoré de leur attention particulière.

— Si tu veux t'attacher à moi, mon brave, lui dit Douglas, je changerai ton tablier de cuir pour un ceinturon de chevalier, et je te donnerai un domaine de cent livres de revenu annuel pour que tu puisses soutenir ton rang.

— Je vous remercie bien humblement, milord, répondit l'armurier avec un ton d'accablement. J'ai déjà répandu bien assez de sang, et le ciel m'en a puni en ne me permettant pas d'atteindre le seul but que j'avais en vue en prenant part à ce combat.

— Comment, l'ami! dit Douglas, n'as-tu pas combattu pour le clan de Chattan? n'as-tu pas remporté une glorieuse victoire?

— *J'ai combattu pour ma propre main*, répondit Smith avec un ton d'indifférence; et cette expression devint un proverbe qui est encore aujourd'hui en usage en Écosse. Le bon roi Robert survint en ce moment, monté sur un palefroi marchant à l'amble. Il était entré dans la lice pour faire donner des secours aux blessés.

— Comte de Douglas, dit-il, vous fatiguez ce pauvre jeune homme en lui parlant d'affaires temporelles, quand il paraît n'avoir que peu de temps pour songer aux spirituelles. N'a-t-il pas ici quelques amis pour le transporter en lieu où l'on puisse pourvoir aux besoins de son corps et de son ame?

— Il compte autant d'amis qu'il se trouve d'hommes braves dans Perth, sire, dit sir Patrice Charteris, et je me regarde comme un de ceux qui prennent à lui le plus d'intérêt.

— La caque sent toujours le hareng, dit le hautain Douglas en détournant son cheval; la proposition de recevoir l'ordre de la chevalerie de la main de Douglas l'aurait rappelé des portes de la mort si une goutte de sang noble avait coulé dans ses veines.

Sans faire attention au sarcasme du puissant comte Douglas, le chevalier de Kinfauns descendit de cheval, dans l'intention de soutenir dans ses bras Henry Smith, qui était tombé à la renverse d'épuisement; mais il fut prévenu par Simon Glover, qui venait d'arriver avec plusieurs des premiers bourgeois de la ville.

— Henry! mon cher fils Henry! s'écria le vieillard, pourquoi as-tu pris part à ce fatal combat? Quoi! mourant! sans parole!

— Non, dit Henry; non pas sans parole. Catherine..... Il ne put en dire davantage.

— Catherine se porte bien, j'espère, dit Simon, et elle sera à toi, c'est-à-dire si....

— Si elle est en sûreté, veux-tu dire, vieillard? dit Douglas qui, quoique piqué du refus qu'il avait essuyé de Henry, avait trop de magnanimité pour ne pas prendre intérêt à ce qui se passait dans ce groupe. Elle est en sûreté; si la bannière de Douglas est en état de la protéger; et elle sera riche, car Douglas peut donner la richesse à ceux qui l'estiment plus que l'honneur.

— Quant à la sûreté, milord, répondit Glover, que le noble Douglas daigne accepter les remerciemens et les bénédictions d'un père; mais pour la richesse, nous sommes assez riches, milord. Ce n'est pas l'or qui me rendra ce fils bien-aimé.

— Merveille! s'écria le comte : un manant refuse la noblesse! un bourgeois méprise l'or!

— Avec la permission de Votre Seigneurie, dit sir Patrice Charteris, moi, qui suis noble et chevalier, je prendrai la liberté de dire qu'un homme aussi brave que Henry du Wynd n'a pas besoin de titres honorifiques, et qu'un honnête bourgeois comme ce vieillard respectable peut aisément se passer d'or.

— Vous avez raison de parler pour votre ville, sir Patrice, répliqua Douglas, et je ne m'en offense pas. Je ne force personne à accepter mes bienfaits. Et s'approchant d'Albany, il lui dit à demi-voix :— Il serait à propos que Votre Grace éloignât le roi de cette scène de carnage; car il faut qu'il apprenne ce soir ce qui sera public demain matin dans toute l'Écosse. Cette querelle est terminée; mais je regrette de voir étendus sur le carreau tant de braves Écossais dont les bras auraient pu décider les batailles à l'avantage de leur patrie.

Ce ne fut pas sans peine qu'on détermina le roi Robert à quitter cette lice ensanglantée. Les larmes coulaient le long de ses joues vénérables et de sa barbe blanche; il conjura les nobles et les prêtres qui l'entouraient d'accorder tous leurs soins aux corps et aux ames du petit nombre de blessés à qui l'on pouvait espérer de conserver la vie, et de donner aux morts une sepulture honorable. Les prêtres qui étaient présens promirent de se charger de ce double devoir, et ils tinrent leur promesse avec autant de zèle que de fidélité.

— Ainsi finit ce combat célèbre. De soixante-quatre braves guerriers en y comprenant les ménestrels et les porte-étendards qui étaient entrés dans cette lice fatale, il n'en restait que sept, qu'on plaça sur des litières dans un état peu différent de celui des morts et des mourans dont ils étaient entourés, et qu'on emporta comme eux du lieu sur lequel ils avaient combattu. Eachin seul l'avait quitté sans blessure... et sans honneur.

Il ne nous reste qu'à ajouter que pas un seul des champions du clan de Quhele ne survécut à ce combat sanglant. La dissolution de cette confédération fut la suite de leur défaite. Les noms des clans qui la composaient ne sont plus qu'un objet de conjectures pour l'antiquaire; car après cette dernière affaire ils ne se réunirent jamais sous la même bannière. Le clan de Chattan, au contraire, continua à fleurir et à s'accroître, et les meilleures familles des montagnes du nord de l'Écosse se font gloire de descendre de la race des Chats de Montagnes.

CHAPITRE XXXV.

Tandis que le roi retournait à pas lents vers le couvent qu'il habitait alors, Albany, les traits décomposés, dit au comte de Douglas en balbutiant : — Votre Seigneurie qui a vu cette scène lamentable à Falkland, ne se chargera-t-elle pas d'apprendre une si triste nouvelle à mon malheureux frère?

— Je ne m'en chargerais pas pour toute l'Écosse, répondit Douglas. J'aimerais mieux découvrir ma poitrine à portée de flèche pour servir de but à cent archers du Tynedale. Non, par sainte Brigite de Douglas! je ne pourrais que lui dire que j'ai vu ce malheureux jeune prince mort ; Votre Grace pourra peut-être mieux que moi lui expliquer comment cet événement est arrivé. Si ce n'était à cause de la rébellion de March et de la guerre contre l'Angleterre, je pourrais dire ce que j'en pense. A ces mots le comte, saluant le roi, prit le chemin qui conduisait à son logement, laissant Albany se tirer d'affaire comme il le pourrait.

— A cause de la rébellion de March et de la guerre contre l'Angleterre? se dit le duc à lui-même. — Oui, et à cause de ton propre intérêt, comte orgueilleux ; car tout impérieux que tu es, tu n'oserais le séparer du mien. — Eh bien ! puisque cette tâche tombe sur moi, il faudra bien m'en acquitter.

Il suivit le roi dans son appartement. Robert prit son siége ordinaire, et regarda son frère avec étonnement.

— Comme tes traits sont défaits, Robin ! lui dit-il. Je voudrais que tu réfléchisses plus sérieusement quand il s'agit de faire répandre le sang, puisque tu es si profondément affecté quand il est répandu. Et cependant, Robin, je ne t'en aime que davantage en voyant que ton bon naturel se montre quelquefois, même à travers ta politique étudiée.

— Plût au ciel ! mon frère, mon roi, dit Albany d'une voix étouffée, que je n'eusse rien de plus funeste à vous apprendre que ce que nous avons vu sur la plaine ensanglantée que nous venons de quitter ! Je ne donnerais que bien peu de regrets aux misérables sauvages dont les cadavres y sont empilés. Mais.... Il s'interrompit.

— Comment ! s'écria le roi frappé de terreur ; quel est ce nouveau malheur? Rothsay... oui, ce doit être lui, c'est Rothsay... Explique-toi ! quelle nouvelle folie a-t-il faite? que peut-il lui être arrivé?

— Sire, mon roi, le cours des folies de mon infortuné neveu est fini avec lui.

— Il est mort ! il est mort ! s'écria l'infortuné père désespéré. — Albany, comme ton frère, je te conjure de.... Mais non, je ne suis plus ton frère ; c'est comme ton roi, homme subtil et ténébreux, que je t'ordonne de m'apprendre toute la vérité, quelque affreuse qu'elle soit.

Albany bégaya : — Sire, les détails ne me sont qu'imparfaitement connus. Mais il n'est que trop certain que mon malheureux neveu a été trouvé, la dernière nuit, mort dans son appartement par suite d'une maladie soudaine, à ce que j'ai entendu dire.

— O Rothsay ! ô mon bien-aimé Robert ! plût à Dieu que je fusse mort pour toi, mon fils ! mon cher fils !

Ainsi parlait, en employant les expressions touchantes de la Sainte-Ecriture, ce père infortuné, privé de la plus douce espérance, et arrachant sa barbe et ses cheveux blancs ; tandis qu'Albany, muet et bourrelé de remords, n'osait interrompre l'explosion de sa douleur. Mais l'angoisse du roi se changea presque au même instant en un accès de fureur si contraire à son caractère doux et timide, que les remords d'Albany firent place à la crainte.

— Et telle est la fin de tes maximes morales et de tes punitions religieuses ! s'écria Robert. Mais le père insensé qui remit son fils entre tes mains, qui livra l'innocent agneau au boucher est un roi, et tu l'apprendras à tes dépens. Le meurtrier restera-t-il en présence de son frère ? les mains teintes du sang du fils de ce frère ? Non ! — Holà ! holà ! quelqu'un ! — Mac Louis ! — mes Brandanes ! — Trahison ! — au meurtre ! — aux armes, si vous aimez Stuart !

Mac Louis, à la tête de plusieurs gardes, entra précipitamment dans l'appartement.

— Meurtre et trahison, s'écria le malheureux roi. Brandanes, votre noble prince... Son chagrin et son agitation ne lui permirent pas de leur annoncer la fatale nouvelle qu'il avait dessein de leur apprendre. Enfin il reprit son discours entrecoupé : — Qu'on prépare sur-le-champ une hache et un billot dans la cour. Qu'on arrête.... Il ne put encore venir à bout de finir cette phrase.

— Qui faut-il arrêter, sire, demanda Mac Louis, qui voyant le roi dominé par l'influence d'une fureur si peu conforme à sa douceur ordinaire, fut presque tenté de croire que son cerveau était dérangé par les horreurs inouïes du combat sanglant dont il venait d'être témoin. Qui faut-il que j'arrête, sire? répéta-t-il; je ne vois ici que le duc d'Albany, le frère de Votre Majesté.

— Tu as raison, dit le roi, son court accès de fureur commençant déjà à se calmer; il n'y a ici personne qu'Albany, personne que le fils de mon père, personne que mon frère. O mon Dieu! donnez-moi la force de résister à cette colère criminelle qui brûle dans mon sein! — *Sancta Maria, ora pro nobis.*

Mac Louis jeta un regard de surprise sur le duc d'Albany, qui chercha à cacher sa confusion sous une affectation de vive pitié.

— Ce cruel malheur, dit-il à l'oreille de l'officier, l'a trop fortement ému pour que sa raison n'en soit pas dérangée.

— Quel malheur, milord? demanda Mac Louis; je n'en ai appris aucun.

— Quoi! répliqua le duc, vous n'avez pas appris la mort de mon neveu Rothsay?

— Le duc de Rothsay mort, milord! s'écria le fidèle Brandane saisi d'horreur et d'étonnement; quand? comment? où?

— Il y a deux jours; les circonstances n'en sont pas encore connues; dans mon château de Falkland.

Mac Louis regarda fixement le duc un seul instant. Puis, l'œil étincelant et d'un air déterminé, il dit au roi qui semblait encore occupé d'une prière mentale : — Sire, il n'y a qu'une minute ou deux, vous avez prononcé une phrase..... une phrase à laquelle il manquait un mot. Prononcez-le! Votre bon plaisir est une loi pour vos Brandanes.

— Je priais le ciel de me préserver de la tentation, Mac Louis, dit le monarque désolé, et c'est vous qui m'y exposez! Voudriez-vous donner une arme à un furieux? — O Albany! mon ami, mon frère, mon conseiller de cœur! comment, comment as-tu pu te résoudre à agir ainsi?

Albany voyant que le roi commençait à s'adoucir, répondit avec plus de fermeté qu'auparavant : — Mon château, sire, n'oppose pas une barrière au pouvoir de la mort. Je n'ai pas mérité les indignes soupçons qu'annoncent les expressions de Votre Majesté. Je les pardonne à la douleur d'un père privé de son fils; mais je suis prêt a faire serment devant la croix et l'autel, sur ma part du salut, par l'ame de nos parens communs....

— Tais-toi! Robert, dit le roi: n'ajoute pas le parjure au meurtre, et tout cela pour t'approcher d'un pas plus près d'un trône et d'un sceptre! — Prends-les tout d'un coup, et puisses-tu sentir comme moi qu'ils sont de fer rougi! — O Rothsay! Rothsay! tu as du moins échappé au malheur d'être roi!

— Sire, dit Mac Louis, permettez-moi de vous rappeler que le trône et le sceptre d'Écosse, quand Votre Majesté cessera d'en être en possession, appartiennent de droit à votre fils le prince Jacques, qui succède aux droits de son frère.

— Tu as raison, Mac Louis, s'écria le roi avec vivacité; et il succédera, le pauvre enfant, aux périls de son frère. Je te remercie Mac Louis, je te remercie; tu m'as rappelé qu'il me reste encore quelque chose à faire sur la terre. Fais mettre sous les armes tes Brandanes le plus promptement possible. Que personne ne nous accompagne que ceux dont la fidélité t'est connue; personne surtout qui ait eu des liaisons avec le duc d'Albany, — je veux dire avec cet homme qui se dit mon frère. — Ordonne qu'on prépare ma litière à l'instant même. Nous nous rendrons dans le comté de Dunbarton ou dans celui de Bute, Mac Louis. Des montagnes, des précipices et le cœur de mes Brandanes défendront cet enfant, jusqu'à ce que nous ayons placé l'Océan entre lui et l'ambition cruelle de son oncle. — Adieu, Robert d'Albany! adieu pour toujours, homme sanguinaire et endurci! Jouis de la portion de pouvoir que Douglas voudra bien te laisser, mais ne cherche pas à me revoir. — Garde-toi bien surtout d'approcher du fils qui me reste, car en ce cas mes gardes auront ordre de te percer de leurs pertuisanes. — Mac Louis, aie soin de donner cet ordre.

Le duc d'Albany se retira sans chercher davantage à se justifier, et sans répliquer un seul mot.

Ce qui suit appartient à l'histoire. Dans la session suivante du parlement d'Ecosse, le duc d'Albany obtint de ce corps de le déclarer innocent de la mort de Rothsay, tandis qu'il montra qu'il s'en reconnaissait lui-même coupable en prenant des lettres d'amnistie ou de pardon pour le crime. Le malheureux et vieux monarque se renferma dans son château de Rothsay dans le comté de Bute, pour pleurer le fils qu'il avait perdu, et veiller avec inquiétude à la conservation des jours de celui qui lui restait. Il ne vit pas de meilleur moyen pour mettre en sûreté le jeune Jacques que de l'envoyer en France pour recevoir son éducation à la cour du souverain de ce pays. Mais le vaisseau qui y conduisait le prince d'Ecosse fut pris par un croiseur anglais, et quoiqu'il y eût alors une trève entre les deux royaumes, Henry IV fut assez peu généreux pour le garder prisonnier. Ce dernier coup acheva de briser le cœur de l'infortuné Robert III. La vengeance suivit, quoique à pas lents, la trahison et la cruauté de son frère. A la vérité les cheveux blancs d'Albany descendirent en paix au tombeau, et il transmit à son fils Murdoch la régence qu'il avait acquise par des voies si criminelles. Mais dix-neuf ans après la mort du vieux monarque, Jacques Ier revint en Ecosse, et le duc Murdoch d'Albany expia sur l'échafaud, ainsi que ses enfans, les crimes de son père et les siens.

CHAPITRE XXXVI.

Nous retournerons maintenant près de la Jolie Fille de Perth, que Douglas, après la scène horrible qui s'était passée à Falkland, avait envoyée près de sa fille, la duchesse veuve de Rothsay, pour être placée sous sa protection. Cette dame faisait alors sa résidence temporaire dans une maison religieuse nommée Campsie, dont les ruines occupent encore aujourd'hui une situation pittoresque sur les bords du Tay. Elle s'élevait sur le sommet d'une montagne escarpée qui descend dans ce beau fleuve, particulièrement remarquable en cet endroit par la cataracte nommée Campsie-Linn, où ses eaux se précipitent en tumulte par-dessus une chaîne de rochers de basalte qui en arrête le cours comme une digue élevée par la main de l'homme. Charmés de la beauté d'un site si romantique, les moines de Cupar y élevèrent un édifice dédié à un saint obscur nommé saint Hunnand, et ils avaient coutume de s'y retirer, soit pour jouir de la vue de ce paysage pittoresque, soit pour se livrer au recueillement de la dévotion. Ils en avaient ouvert les portes avec empressement pour y recevoir la noble dame qui y demeurait en ce moment, tout ce pays étant sous l'influence du puissant lord Drummond, allié de Douglas. La lettre du comte fut remise à la duchesse par le chef de l'escorte qui conduisait à Campsie Catherine et Louise. Quelque raison qu'elle eût de se plaindre de Rothsay, sa fin tragique et inattendue fit une vive impression sur cette noble dame, et elle passa la plus grande partie de la nuit à se livrer à son chagrin et à des exercices de piété.

Le lendemain matin, qui était celui du mémorable dimanche des Rameaux, la duchesse fit venir en sa présence Catherine et Louise. Toutes deux étaient encore plongées dans un accablement causé par les scènes horribles qui s'étaient passées si récemment sous leurs yeux, et l'air de la duchesse Marjory, comme celui de son père, était fait pour inspirer une crainte respectueuse plutôt que pour attirer la confiance. Elle leur parla pourtant avec bonté, quoiqu'elle parût plongée dans une profonde affliction, et elle apprit d'elles tout ce qu'elles pouvaient lui dire du destin d'un époux imprudent et égaré. Elle se montra reconnaissante des efforts que Catherine et Louise avaient faits pour sauver Rothsay du sort horrible qui lui était destiné. Elle les invita à se joindre à ses prières, et quand l'heure du dîner arriva, elle leur donna sa main à baiser et les congédia en les assurant toutes deux, et particulièrement Catherine, de sa protection, qui leur garantirait, dit-elle, celle de son père, et qui serait pour l'une et l'autre un mur de défense aussi long-temps qu'elle vivrait elle-même.

Elles quittèrent la princesse veuve pour aller prendre leur repas avec ses duègnes et ses dames, dont, au milieu de leur profond chagrin, l'air de dignité imposante glaça le cœur léger de la chanteuse française, et fit même éprouver quelque contrainte au caractère plus sérieux de Catherine Glover. Les deux amies, car nous pouvons les nommer ainsi, ne furent donc pas fâchées de se dérober à la société de ces dames qui, étant toutes de noble naissance, croyaient y déroger en admettant dans leur compagnie la fille d'un bourgeois et une chanteuse errante, et qui les virent avec plaisir sortir pour aller faire une promenade dans les environs du couvent. Un petit jardin, rempli d'arbustes et d'arbres fruitiers, s'avançait d'un côté du monastère jusqu'au précipice, dont il n'était séparé que par un parapet construit sur le bord du rocher, et si peu élevé que l'œil pouvait mesurer la profondeur de l'abîme, et voir l'eau du fleuve se précipiter en écumant et à grand bruit au-dessus du récif qui était sous leurs pieds.

La Jolie Fille de Perth et sa compagne se promenaient à pas lents dans un sentier qui bordait ce parapet dans l'intérieur du jardin, en regardant une vue pittoresque qui les mettait à portée de juger de ce qu'elle devait être quand la saison plus avancée ornait les arbres et la terre de leur parure. Elles gardèrent quelque temps un profond silence. Enfin la gaîté et la hardiesse de l'esprit de Louise s'élevèrent au-dessus des circonstances dans lesquelles elle était encore placée.

Les horreurs de Falkland, belle Catherine, dit-elle, vous laissent-elles encore plongée dans l'abattement? Tâchez de les oublier comme je le fais : nous ne pouvons fouler légèrement le sentier de la vie si nous ne secouons les gouttes de pluie qui tombent sur nos mantes.

— Ces horreurs sont de nature à ne pas s'oublier, répondit Catherine; mais c'est l'inquiétude pour la sûreté de mon père qui m'agite en ce moment, et je ne puis m'empêcher de penser combien de braves gens perdent peut-être la vie en cet instant, seulement à six milles d'ici.

— Vous voulez parler du combat entre soixante champions

dont l'écuyer de Douglas vous a parlé hier? Quel spectacle ce serait pour les yeux d'un ménestrel! Mais fi de mes yeux de femme! ils n'ont jamais pu voir des épées se croiser sans être éblouis. Mais voyez donc! regardez là-bas, Catherine; là-bas: ce messager qui paraît si pressé apporte certainement des nouvelles du combat.

— Il me semble que je reconnais celui qui court si vite, dit Catherine; mais si c'est celui que je pense, quelques étranges pensées semblent lui donner des ailes.

Tandis qu'elle parlait ainsi, l'individu qui courait avec tant de précipitation se dirigeait vers le jardin. Le petit chien de Louise courut à sa rencontre en aboyant; mais il revint à la hâte, et se tapit en rampant derrière sa maîtresse, en continuant à gronder; car les animaux eux-mêmes savent distinguer quand l'homme est emporté par l'énergie fougueuse d'une passion irrésistible, et ils craignent de le rencontrer dans sa carrière ou de se trouver sur son passage. Le fugitif entra dans le jardin sans ralentir sa course. Il avait la tête nue et les cheveux épars. Son riche hoqueton et ses autres vêtemens semblaient avoir été tout récemment trempés dans l'eau; ses brodequins de cuir étaient coupés et déchirés, et ses pieds laissaient des traces de sang sur le sol qu'ils pressaient. Il avait l'air hagard, égaré, ou suivant l'expression écossaise, exalté[1].

— Conachar! dit Catherine tandis qu'il avançait sans paraître voir ce qui était devant lui, comme le font les lièvres, dit-on, quand ils sont serrés de près par les lévriers; mais il s'arrêta tout à coup en entendant prononcer son nom.

— Conachar! dit Catherine, ou pour mieux dire, Eachin Mac Ian, que signifie tout cela? le clan de Quhele a-t-il été vaincu?

— J'ai porté les noms que me donne cette jeune fille, dit le fugitif après un moment de réflexion; oui, je m'appelais Conachar quand j'étais heureux, et Eachin quand j'étais puissant; mais à présent je n'ai plus de nom: il n'existe aucun clan qui porte celui que tu viens de prononcer, et il faut que tu sois

---

[1] *Raised*, exalté, en délire. — Éd.

folle pour parler de ce qui n'existe pas à quelqu'un qui n'a plus d'existence.

— Hélas! infortuné...

— Et pourquoi infortuné? Si je suis un lâche et un traître, la trahison et la lâcheté ne commandent-elles pas aux élémens? n'ai-je pas bravé l'eau du Tay sans qu'elle m'étouffât? n'ai-je pas couru sur la terre sans qu'elle s'ouvrît pour m'engloutir? quel mortel pourrait s'opposer à mes desseins?

— Hélas! il est dans le délire, dit Catherine; allez appeler du secours, Louise; il ne me fera aucun mal, et je crains qu'il ne s'en fasse à lui-même. Voyez quels regards il jette sur cette terrible cataracte.

Louise se hâta de faire ce que venait de lui ordonner Catherine, et l'esprit à demi égaré d'Eachin sembla se calmer par son absence : — Catherine, dit-il, à présent qu'elle est partie, je te dirai que je te reconnais. Je sais combien tu aimes la paix, combien tu détestes la guerre : écoute-moi; plutôt que de porter un coup à mon ennemi j'ai renoncé à tout ce qu'un homme a de plus cher; j'ai perdu honneur, renommée, amis, et quels amis! ajouta-t-il en se couvrant le visage des deux mains : oh! leur amour surpassait l'amour d'une femme. Pourquoi cacherais-je mes pleurs? Tout le monde a vu ma honte, tout le monde doit voir mon chagrin : oui, tout le monde peut le voir, mais qui en aura pitié? Catherine, tandis que je courais le long de la vallée comme un insensé, les hommes et les femmes me criaient : — Fi! fi! Le mendiant à qui je jetai une pièce d'argent pour en acheter une bénédiction s'en détourna avec dédain en s'écriant : — Malédiction au lâche! Chaque cloche dont j'entendais le son me semblait répéter : — Honte au fuyard! Les troupeaux en bêlant et en mugissant, les vents en sifflant, ces eaux furieuses en grondant, faisaient entendre à mes oreilles : — Infamie au poltron! Mes fidèles Leichtachs sont à ma poursuite, et ils me crient d'une voix faible : — Frappe un seul coup pour nous venger : nous sommes morts pour toi!

Tandis que le malheureux jeune homme prononçait ces

paroles incohérentes, un léger bruit se fit entendre dans les buissons. — Il n'y a qu'un moyen, s'écria-t-il en sautant sur le parapet et en jetant en même temps un coup d'œil effrayé vers les buissons qu'une couple de domestiques traversaient avec précaution dans le dessein de le surprendre ; mais dès l'instant qu'il en vit sortir une figure humaine, il leva les mains au-dessus de sa tête d'un air égaré, et s'écriant : *Bas an air Eachin !* il se précipita dans la cataracte qui écumait sous ses pieds.

Il est inutile de dire qu'un duvet de chardon, seul, aurait pu ne pas être brisé en pièces par une pareille chute. Mais les eaux du fleuve étaient très hautes, et les restes du malheureux jeune homme ne se retrouvèrent jamais. La tradition fournit plus d'un supplément à son histoire : suivant les uns, le jeune chef du clan de Quhele gagna la rive à la nage bien au-dessous de Campsie-Linn, et tandis qu'il errait, livré au désespoir, dans les déserts de Rannoch, il y rencontra le père Clément qui habitait un ermitage dans cette solitude, comme les anciens moines d'Écosse nommés Culdes. Il convertit, dit-on, le repentant Conachar, qui partagea la cellule, les exercices religieux et les privations du bon père, jusqu'à l'instant où la mort les retira tous les deux de ce monde.

Une autre légende beaucoup plus étrange suppose qu'il fut sauvé de la mort par les Daione-Shie, c'est-à-dire les fées, et qu'il continue à errer dans les bois et les endroits solitaires, armé comme les anciens montagnards, mais portant son épée de la main gauche. Le fantôme semble toujours plongé dans un profond chagrin. Quelquefois il paraît disposé à attaquer le voyageur, mais quand on lui résiste avec courage il prend toujours la fuite. Cette légende est fondée sur deux points particuliers de son histoire, sa timidité naturelle et le suicide qu'il commit, circonstances sans exemple dans l'histoire d'un chef montagnard.

Lorsque Simon Glover, après avoir veillé à ce que son ami Henry Smith reçût les secours dont il avait besoin dans sa maison de Curfew-Street, arriva dans la soirée du même jour à Campsie, il y trouva sa fille attaquée d'une forte fièvre, suite de l'agitation que lui avaient occasionnée les scènes dont elle avait été si récemment témoin, et surtout la catastrophe qui l'avait séparée tout à coup de l'infortuné compagnon de sa première jeunesse. L'affection de Louise en fit une garde-malade si attentive et si soigneuse, que Glover déclara que ce ne serait pas sa faute si elle avait à l'avenir recours à sa viole autrement que pour s'amuser elle-même.

Il se passa quelque temps avant que Simon se hasardât à informer sa fille des derniers exploits de Henry et des blessures sérieuses qu'il avait reçues dans le combat; et il eut soin de faire valoir la circonstance encourageante que son amant fidèle avait refusé les honneurs et les richesses plutôt que de devenir un soldat de profession et de s'attacher à Douglas. Catherine soupira profondément en écoutant la relation du combat sanglant qui avait eu lieu le dimanche des Rameaux sur le North-Inch. Mais elle avait probablement réfléchi que les hommes prennent rarement l'avance sur leur siècle en fait de civilisation, et qu'un courage téméraire et excessif comme celui de Henry était préférable, dans l'âge de fer où il vivait, à la lâcheté qui avait amené la catastrophe de Conachar. Si elle avait quelques doutes à ce sujet, ils furent dissipés en temps convenable par les protestations de Henry dès que sa santé rétablie lui permit de plaider lui-même sa cause.

— Je rougis presque de dire, Catherine, lui assura-t-il, que l'idée seule d'un combat me répugne aujourd'hui. Celui du dimanche des Rameaux a offert assez de carnage pour rassasier un tigre. Je suis donc résolu à suspendre désormais ma grande épée et à ne plus la tirer du fourreau que contre les ennemis de l'Écosse.

— Et si l'Écosse en avait besoin, répondit Catherine, je l'attacherais moi-même à votre ceinturon.

— Et nous paierons libéralement, Catherine, dit Glover au comble de ses vœux, pour faire dire des messes pour le repos de l'ame de ceux dont l'épée de Henry a abrégé les jours. Cela fera oublier quelques petites peccadilles et nous remettra dans les bonnes graces de la sainte Église.

— Et nous pourrons y employer, mon père, dit Catherine, les trésors que le misérable Dwining m'a légués; car je crois que vous ne voudriez pas qu'une fortune qui est peut-être le prix du sang fût mêlée à celle que vous devez à une honorable industrie.

— J'aimerais autant introduire la peste dans ma maison, répondit Glover d'un ton décidé.

En conséquence les trésors du scélérat apothicaire furent distribués aux quatre monastères de Perth; et depuis cette époque pas le moindre soupçon ne s'éleva sur les principes orthodoxes du vieux Simon ou de sa fille.

Le mariage de Henry et de Catherine eut lieu quatre mois après le combat de North-Inch, et jamais les corporations des gantiers et des armuriers ne dansèrent la danse du sabre avec plus de gaîté qu'aux noces du plus brave bourgeois et de la plus jolie fille de Perth. Dix mois après un berceau arrangé avec soin contenait un bel enfant que Louise berçait en chantant :

O Bleu Bonnet, toujours fier et fidèle!

Les noms des parrain et marraine de l'enfant, portés sur son acte de naissance, sont : — Haut et puissant seigneur Archibald, comte de Douglas; honorable et brave chevalier sir Patrice Charteris de Kinfauns; et gracieuse princesse Marjory, veuve douairière de Son Altesse sérénissime Robert, de son vivant duc de Rothsay. Avec de pareils protecteurs, une famille s'élève rapidement. Aussi plusieurs des familles les plus respectables d'Écosse, et surtout du comté de Perth, et grand nombre d'individus distingués dans la carrière des arts et dans celle des armes, se font gloire de descendre du *Gow Chrom* et de la Jolie Fille de Perth [1].

(1) Une certaine hostilité bien moins littéraire que politique, s'était récemment attachée au nom et au talent même de sir Walter Scott; mais déjà on se lassait de bouder un auteur favori qu'on ne pouvait se lasser de relire lorsque la *Jolie Fille de Perth* est venue dissiper entièrement ces fâcheux nuages. Ce roman a obtenu un

succès égal à celui d'*Ivanhoé* et des *Puritains*. Nous n'en conclurons pas néanmoins qu'il puisse être mis sur la même ligne que ces deux chefs-d'œuvre, malgré le bonheur avec lequel Walter Scott a tracé le caractère du vieux roi Robert III, digne du Prusias de notre Corneille, et celui du jeune Rothsay, qui rappelle le Henry V de Shakspeare; mais sans citer quelques autres portraits non moins remarquables et quelques scènes d'un véritable intérêt dramatique, ce qui, selon nous, peut classer *la Jolie Fille de Perth* au nombre des meilleurs ouvrages de Walter Scott, c'est le mérite historique de ce roman, où nous trouvons la vivante peinture d'une époque jusqu'ici peu connue : c'est pour ainsi dire une brillante prosopopée de l'Écosse du moyen-âge avec le cortége nombreux de ses princes, de ses nobles, de son clergé, de ses bourgeois et de ses hommes d'armes, des clans sauvages de ses montagnes, de toutes les classes enfin de sa population. Ce mérite, nous l'avons déjà applaudi dans plus d'un ouvrage du même auteur, mais dans peu, ce nous semble, le tableau est aussi complet, aussi varié que dans *la Jolie Fille de Perth*.

Le lecteur nous saura gré de rapprocher de la conclusion quelques lignes sur la famille du malheureux Robert : ce monarque fit partir son fils Jacques pour la France, afin de le soustraire aux dangereux projets d'Albany; mais le jeune prince, qui n'avait encore qu'onze ans, fut pris par un corsaire anglais et conduit à Londres. Le roi Henry, en violation de la trêve entre l'Angleterre et l'Écosse, le retint captif; à cette nouvelle, Robert III mourut de désespoir la dix-septième année de son règne.

Le duc d'Albany entama une négociation pour racheter son neveu, et leva même un impôt, sous prétexte de payer sa rançon ; mais le régent d'Écosse et le roi d'Angleterre étaient également intéressés à faire traîner cette négociation en longueur, et Jacques ne fut rendu à la liberté qu'après dix-huit ans de captivité, à la mort de Henry V, moyennant 40,000 livres sterling qu'exigea le protecteur Bedford. Le duc d'Albany n'était plus, et son fils Murdocq lui avait succédé à la régence, comme si c'eût été une charge héréditaire. Jacques Ier monta sur le trône aux acclamations de ses sujets, et il se trouva assez fort pour faire juger et exécuter le régent son cousin. Le règne du fils de Robert III fut un des plus glorieux dans l'histoire de la dynastie des Stuarts. — Éd.

FIN DE LA JOLIE FILLE DE PERTH.